定西古籍文献选注

主编 连振波 李政荣

上海大学出版社
·上海·

图书在版编目(CIP)数据

定西古籍文献选注 / 连振波主编. —上海：上海大学出版社，2020.10
ISBN 978-7-5671-3931-2

Ⅰ.①定… Ⅱ.①连… Ⅲ.①地方文献-汇编-定西 Ⅳ.①K294.23

中国版本图书馆CIP数据核字(2020)第165118号

责任编辑　贾素慧
封面设计　缪炎栩
技术编辑　金　鑫　钱宇坤

定西古籍文献选注

连振波　李政荣　主编

上海大学出版社出版发行
(上海市上大路99号　邮政编码200444)
(http://www.shupress.cn　发行热线021-66135112)
出版人　戴骏豪

*

南京展望文化发展有限公司排版
江阴市机关印刷服务有限公司印刷　各地新华书店经销
开本787mm×1092mm 1/16　印张43.75　字数918千字
2020年10月第1版　2020年10月第1次印刷
ISBN 978-7-5671-3931-2/K·222　定价 180.00元

版权所有　侵权必究
如发现本书有印装质量问题请与印刷厂质量科联系
联系电话：0510-86688678

定西市"华夏文明传承创新区·古籍整理丛书"之一

2017年国家哲学社会科学项目"陇学研究"(17BZX069)阶段性成果

《定西古籍文献选注》编委会

主任：王美萍

委员：张全有　田学荣　何振英　王在凯　张继荣

主编：连振波　李政荣

编委：（以姓氏笔画为序）
　　　李璧强　张永安　张志梅　陈　蕾　韩　莉
　　　谢春丽　窦绍静

前言

定西为华夏文明传承创新区核心地带,据陇中腹地,扼关陇巴蜀咽喉,为丝绸之路要冲。以定西为核心地带的陇中文化,是缔造华夏文明的核心之一,其丰富性、原创性和多样性,为中华文化的繁荣发展,作出了重要贡献。

一、关于定西

定西地处"陇中",是华夏文明传承创新区建设的核心地带。从公元前6000年至前2000年,定西的先祖在洮渭两岸,建立自己的村落,"刀耕火种","一画开天",肇始了华夏早期文明。尧舜时期,舜、禹征伐四夷,"窜三苗至三危",戎狄部落占据陇中,形成先秦时期陇右地区以戎狄为主的民族和社会形态,成为华夏文明中不可或缺的组成部分。公元前280年(秦昭王二十七年),"使司马错发陇西……拔之"(《史记·秦本纪》)。古羌戎之地,如古平襄(通渭县)襄戎之地,古伏羌(今甘谷县)冀戎之地,陇西貘戎之地,并入到秦国版图,并设陇西郡。陇西郡,涵盖渭水中上游、洮河流域中下游,以及白龙江、嘉陵江的源头地区。下辖狄道、安故、氐道、首阳、大夏、襄武、临洮等十一个县。治在狄道(今临洮)。秦始皇遂"使蒙恬将兵略地,西逐诸戎,北却众狄,筑长城以界之"。汉武帝元鼎三年(前114),分陇西郡一部分置天水郡,治平襄(今通渭)。东汉改为汉阳郡。更始二年(24)2月,隗嚣为上将军,割据天水,定都平襄。北魏时(530),设渭州,州治襄武(今陇西)。唐太宗贞观元年(687),分全国为10道,以东起陇山,西达沙洲(甘肃酒泉)的地域始设陇右道,下辖18个州。《资治通鉴》记载"天下富庶者无如陇右"。北宋王韶"熙河开边",先后收复了宕、叠、洮、岷、河、临(熙)6州。元祐二年(1087),阿里骨与西夏合攻宋朝,相约以熙、河、岷3州归吐蕃,兰州及西使城(定西城)归西夏。崇宁三年(1104)宋再次收复失地,置陇右都护府。韩琦经略陇西,筑威远楼。韩琦、范育奏请筑汝遮堡(今定西安定区)。其后,金人南下,陇右各州同归金人统治,陇右都护府不复存在。金于公元1229年,设巩昌府,治陇西。辖地相当于今临潭、岷县以东,定西、会宁以南,通渭、甘谷以西,宕昌、西和以北地区。元代设巩昌都总帅府,辖今兰州市以东和四川、陕西省的部分地区。明洪武九年(1376),改行中书省为布政使司,巩昌府属陕西布政使司。清康熙三年,分陕西为左、右布政使司。陕西右布政使司在巩昌府(今陇西县),并为治所。下辖:陇西、安定、会宁、通渭、宁远(今甘肃省武山县)、伏羌(今甘肃省甘谷县)、西河(今甘肃省西和县)7县;岷州(今甘肃省岷县)1散州;洮州(今甘肃省临潭县)1散厅。

康熙七年(1668),巩昌布政使司移兰州,改为甘肃布政使司。定西属陕西承宣布政使司巩昌府。民国3年(1914),改安定县为定西县,属甘肃省兰山道。民国25年(1936)属甘肃省第一行政督察专员公署。民国33年(1944)改属第九行政督察专员公署。1949年9月,原会宁分区更名定西分区,专署由会宁移驻定西。1949年,设定西专区,专署驻定西县,辖定西、会宁、榆中、静宁、靖远、海原、西吉等7县。1950年,将静宁、海原、西吉3县划归平凉专区;原属临夏专区的临洮、洮沙2县和原岷县专区所属会川、渭源2县划入定西专区,撤销洮沙县并入临洮县;1956年,原由省直辖的皋兰县及原属张掖专区的永登、景泰2县,原属天水专区的陇西、通渭2县划入定西专区。

1958年由皋兰、靖远2县部分地区合并设白银市,原由省直辖,后委托定西专区代管。1961年,将临洮、岷县2县划归临洮专区;1963年原属白银市领导的靖远、皋兰2县和原临洮专区所属临洮、渭源2县划入定西专区。1970年,定西专区改称定西地区;将榆中、皋兰2县划归兰州市领导;定西地区辖定西、靖远、会宁、通渭、陇西、渭源、临洮等7县。2003年4月4日,撤销定西地区,设立地级定西市,定西市辖原定西地区通渭县、陇西县、渭源县、临洮县、漳县、岷县和新设立的安定区。显而易见,定西既是一个具体的行政区划,又是一个具有复杂历史变迁的地域概念。

二、定西古籍文献研究的意义

(一) 陇中古籍文献资料丰富

定西有非常丰厚的历史文化传统。主要表现在以下三个方面:

1. 历史跨度大,文献资料丰富。太昊伏羲生于古成纪(今甘肃静宁),狩猎畜牧,画制八卦,为人类的文明迈出了坚实的一步,后秦祖、石作蜀、壤驷赤等孔门贤人把儒学引入陇右。《易经》之爻辞、系辞等,古代歌谣中如《击壤歌》《采薇歌》等,唐代李翱(今甘肃秦安人)师从韩愈学习古文,作《复性书》论述儒家"中道"。陇中文学源远流长,是中国文学的重要一脉。定西作为陇中的核心区域,文学文献资料非常丰富,具有得天独厚的优势。

2. 定西文化博大精深,异彩纷呈。陇中出现了众多的政治、文化名人,文化遗存丰富多彩。如秦霸西戎之后,推广"明法""壹教""吏之为师"三项教育政策。秦人以此"鞭笞天下"。促进了当地生产力和文化的发展。

东汉初年,隗嚣割据政权十分重视文教,任用王猛、班彪等名士,极大地促进了陇中文学、文化的发展。秦嘉、徐淑为代表的早期文人五言诗歌创作,在文学史上占有一席之地。陇中小说最早源于王嘉《拾遗记》。王嘉是陇西首阳人,前秦著名道家楼观派传人,以道家思想为主,而兼有儒释二家思想。唐五代时,陇中文人的创作成就堪称一流。《全唐五代小说》(李时人编校、何满子审定)中共收录作家有一百三十位,陇籍作家有八位;收录的作品有两千一百多篇。在近人编选的两部权威性传奇选集《唐宋传奇集》(鲁迅著)和《唐人小说》(汪辟疆著)中,前书共录唐人传奇三十二篇,其中陇籍作家作品六篇;后书共录作品六十八篇,其中陇籍作家作品二十三篇。唐传奇"陇西三李"影响巨大,李朝威仅凭《柳毅传》一篇,便足以名世。李公佐《南柯太守传》,家喻户晓。李复言《续玄怪录》,明清小说、戏曲多从中取材。

3. 民族文化光彩夺目,万卷缥缃。陇中政权更迭频繁,前后出现苻坚集团、吕光集团和李昊集团为代表的少数民族政权。这些人把关陇地区的先进文化和思想带到了河陇地区,同时又在外来文化的传入,如佛教文化方面,起到了非常重要的桥梁纽带作用。如略阳临渭氐人苻氏建立前秦政权,不仅一度统一了北方,俨然以北方强国的姿态与东晋王朝分庭抗礼,而且在文治方面也达到了前所未有的高度。苻氏家族崇尚儒学,苻朗专心研读经籍,手不释卷,常常谈论玄虚,"著《苻子》数十篇行于世,亦《老》《庄》之流也"。这些少数民族政权建设者,长期生活在陇中的汉族文化圈内,钦慕中原文化,崇儒重教,也推动了民间授学和著述之风,对陇右的文化繁荣起到了重要作用。

(二) 定西古典文学的特色

定西是多民族聚集的地方,陇山渭水孕育了陇人粗犷豪迈之气,由于自然环境恶劣和生存状况艰辛,陇中人民具有对生命的敬畏悲怆之情。总体来说,定西古代文学有以下四个特点:

1. 劲健苍凉的风格特点。陇人的诗歌绝非小桥流水、莺飞草长,而是大漠孤烟、长河落日、阳关古道。陇山、陇水、陇上、陇头在中国文学言语中,是有特定感情色彩、地域蕴含的词汇,具有苍凉悲壮之感。"陇头流水,鸣声幽咽。遥望秦川,心肝断绝"。陇中民歌,刚健雄奇,荡气回肠。

2. 尚义重情的情感内涵。定西文学创作与其强健剽悍的尚武气质、粗犷豪迈的民风相结合,与浓浓的黄土气息相结合,产生的雄壮之气、真率之情,表现在诗歌中,是质朴雄浑的力量。东汉末年,秦嘉徐淑伉俪情深,不幸秦嘉客死异乡。徐淑在家因兄长迫嫁而毁形以抗,不久,亦哀恸而亡。这种为爱情献身的专一精神,在陇中的诗文中随处可见。《柳毅传》在重情重义的道义框架内,有情人终成眷属。清牛树梅《过关山》的昂扬豪迈之气,如"一路青云接,苍茫碧翠横""立马正峰中,乾坤一望通""人歌流水曲,我唱大江东"。

3. 质朴与多元的审美取向。历史上,定西是西戎、匈奴、鲜卑、吐蕃和西夏、蒙古人的居住地,许多少数民族在这里建立政权,民族融合和民族冲突的印记十分明显。丝绸之路,贯穿全境;万里长城,横亘中央;渭水洮河,流经域内,形成了"两河一路"的文化格局。陇中文学的特色,亦因此而获得呈现。吴镇的《我忆临洮好》:"花儿饶比兴,番女亦风流。"可以看出陇中文学所特有的民族文化多元融合的特点。这种多元性不但丰富了陇中雅俗共赏的文学形式,也是陇中文学自身发展的一种遗传基因,贯穿陇中文学发展的始终。

4. 独具一格的地域特色。朱熹在《诗集传》中指出:"雍州土厚水深,其民厚重质直,无郑卫骄惰浮靡之习,以善导之,则易以兴起而笃于仁义;以猛驱之,则其强毅果敢之资亦足以强兵力农而成富强之业,非山东诸国所及也。"陇中的文学特征也浸染着浓郁的风土特色。

从地域和文化特性上看,陇中民族的审美习惯于呈现自然的原态色彩,陇中花儿的艺术特点主要是情景交融,感情真挚,有浓郁的地方特色。

三、定西典籍文献的编选凡例

(一)关于收录年限。本书选录年限大体起自上古时代,下至辛亥革命时期(1911年以前)。陇中历史悠久,上古文献如《尚书》《山海经》《三坟书》《诗经》等均有记载。近年来,许多学术研究涉及远古陇中文化的研究,包括古易、古歌、民谣等,本书亦有收录。下限晚清学者较多,如安维峻、王海帆等,属晚清民国时期,本书不一定准确界定,通常亦作收录。

(二)关于作品内容。本书收录的文献,主要是以定西(古陇中地)为代表的优秀作品,一是突出陇地具有代表性的历史人物,其忠孝节义之言行和高风亮节之事迹予以收录;二是与本地相关的名臣勋帅的策论奏稿;三是吟咏记述陇中(以定西为主)的诗文传奇,选录陇中(定西籍)作者的诗文和非定西籍但咏陇作品二部分;四是陇中化育后人的文化教育文章;五是陇中山川记胜、楹联匾额等文献资料。陇中是清圣伯夷、叔齐故里,武王伐纣,二人扣马谏阻。武王灭商后,他们耻食周粟,采薇而食,饿死于首阳山。《论语·公冶长》:"伯夷、叔齐不念旧恶,怨是用希。"是抱节守志的典范。伯夷、叔齐之下,忠孝节烈事故,千载不绝于耳。辛庆忌不畏杀身成仁,有"朱云折槛"等典故。这类记载,一般分散在《史记》《汉书》等史书中,另一部分此类典籍,存在于个人文集或地方方志,如东汉徐淑《为誓书与兄弟》,来自严可均《铁桥漫稿》,表现中国历史上最早女诗人的高贵品质。另如"严如父,慈如母;不可犯,良可慕"的王瓒事迹,取自墓志铭的文献。与陇中(定西)相关的政事文章,奏稿策论,不绝于史。著名的有赵充国《屯田疏》,隗嚣《移檄告郡国》,李世民《帝范》,王韶《平戎策》,范育《请筑汝遮城疏》等。此类文献文章,或为域内名宦策论,或为外地名臣的奏稿策论,或摘自史传,或取自方志,摘选有代表性者录入。陇中文献,诗文资料最多,其创作主要分为三期,一是前秦时期,作品尚不多,其代表性作品尽量收集齐全。二是汉唐时期,散文小说领时代风气之先。尤其以唐传奇小说为最。三是明清时期,陇中文学大盛。明代以杨继盛、胡缵宗、金銮等人为代表,具有很高的影响力。清代出现了以张晋、胡釴、吴镇、牛树梅、安维峻等一批在清代文坛有一定影响力的作家。外地来陇的著名作家有许珌、牛运震、杨芳灿等人。晚清主要有王源瀚、孙海、巨国桂、李景豫、马疏、王笠天、王作枢、王宪、吴恩权、李桂玉等。孔门弟子子夏传道陕西,秦祖、石作蜀、壤驷赤三贤却植根陇右。中唐之时,李翱《复性书》讲述性理,理学初盛。明代段坚、周蕙、胡缵宗等人游历各地,与薛敬之、王阳明、湛若水、吕柟、马理等亦师亦友,把陇人学术推向了全国。清代李南晖、牛树梅、安维峻等人再续关陇理学近百年之久。主要代表作有胡缵宗《愿学编》、巩建丰《就正篇》、李南晖《慎思录》、牛作麟《牛氏家言》等。定西名胜古迹,楹联刻石众多,表达了对陇地人物、山水、建筑的热情赞美。凝聚着陇地的人文精萃,物华天宝,特予收录。

(三)对作品区域的界定。在历史上,定西为陇中的核心区域。但是,行政区划变化不定,现阶段"六县一区"的地域分布,仍只是短短 30 余年。故本书所收录人物和作品,一般尊重陇中历史,以不同时期的陇中行政区域为参考,大致以明清巩昌府辖区为核心,选取出生或生活在陇中(以定西为核心)的人物作品。有些地方,今天虽不属于定西行政辖区,但很长一段时间属于定西,或有明确文献记载,属于定西,其文章典籍,同样予以收录。

(四)体例安排。本书从整体上,体现以定西为核心的陇中古代文学文献,但对一些具有代表性的作者,则进行介绍;二是研究与普及兼顾,并以普及为主。本书主要是让更多的人了解定西古代文献的丰富性,让更多的研究者总体了解定西古代典籍的内容,所以整理与简注同步,整理具有完整性、多样性,注释部分较简略,只为辅助型阅读方便。按照书史记传、政事奏议、诗文传奇,论学文教、山川记胜、楹联刻石的顺序编排。在同一小类中,又按照作者生年先后为序,生卒年均不详者,以同代排列。

单篇文献一般由三部分组成:作者简介、文本、注释。作者简介一般只出现在第一次,后面不再介绍。对有争议的内容,加以适当的考证文字以辨析出之。作者籍贯,均写古地名,并在括号内注明今地名,有疑议者,加以说明。注释部分,原本若有注文,属作者自注者,按原注保留。今注释文字一般置于正文之后,编号每篇自为起讫。注释码标于正文右上角。注释力求简明扼要,方便阅读。

目录

第一章 史书传记 001

一、伯夷叔齐 003
　　不食周粟 003

二、李广 006
　　李广难封 006

三、赵充国 008
　　失之毫厘，差以千里 008

四、辛庆忌 010
　　折冲厌难，胜于亡形 010
　　尸位素餐，朱云折槛 011
　　山东出相，山西出将 011

五、隗嚣 013
　　遵高祖旧制，修孝文遗德 013

六、马援 014
　　薏苡明珠 014
　　聚米为山 015
　　马革裹尸 015

七、徐淑 016
　　厉高节于弱志，发明德于暗昧 016

八、庞德 019
　　宁为国家鬼，不为贼将 019
九、封衡 020
　　顺其根，契造化 020
十、李暠 021
　　从善如顺流，去恶如探汤 021
十一、辛威 023
　　冒刃冲锋，前无横阵 023
十二、李白 025
　　横被六合，力敌造化 025
十三、哥舒翰 028
　　发愤折节，仗剑河西 028
　　野狐向窟嗥 029
十四、辛秘 031
　　斩将屠营，武功冠江南 031
十五、李氏 033
　　孟母之风，敬姜之诲 033
十六、王德 036
　　枭酋靡万众，精忠贯金石 036
十七、汪世显 039
　　刈旗斩将，勇压三军 039
十八、汪德臣 042
　　一门忠义，烈日秋霜 042
十九、汪惟正 047
　　屡战屡捷　政清事简 047
二十、郭虾蟆 050
　　汝帅若欲背国家，任自为之，何及于我？ 050
二十一、赵安 052
　　常以遨逸，怀其艰难；常以戒惧，保其富贵 052

二十二、赵荣 054
　　壮士同我讨罪 054
二十三、王瓒 056
　　严如父，慈如母；不可犯，良可慕 056
二十四、张世亨 059
　　君子遗爱　百姓感戴 059
二十五、张万纪 061
　　几度为亲焚谏草，百僚忌尔著时名 061
二十六、杨继盛 063
　　铁肩担道义，辣手著文章 063
二十七、赵率教 065
　　委身许国，见危不避 065
二十八、关永杰 067
　　强植不阿，民畏爱之 067
二十九、杨庆 068
　　礼教为归，羽翼经传 068
三十、王进宝 070
　　此仁义将军也！ 070
三十一、潘育龙 072
　　朕巡历诸省，绿旗无如潘育龙兵者 072
三十二、李南晖 074
　　溅血里门，炳灵蜀土 074
三十三、牛树梅 077
　　天留牛青天以劝善 077
　　吾何为独不然？ 078
　　斯人不出，如苍生何？ 078
　　忧民如病，好士若贪 080
　　诚明至德，忧乐关于天下 081
三十四、祁嗣唐 083
　　家不惮出重资，身不惜履危境 083
三十五、安维峻 086
　　以言获罪，直声震中外 086

三十六、杨三 088
　　一童能执戈，汪锜千秋名不磨 088
三十七、安沣 089
　　愿从军杀贼，以慰父灵 089

第二章 政事奏议 091

一、赵充国 093
　　屯田疏（其一） 093
　　屯田疏（其二） 093

二、隗嚣 096
　　移檄告郡国 096

三、班彪 098
　　王命论 098

四、马援 101
　　与嚣将杨广书 101

五、王遵 103
　　喻牛邯书 103

六、李翱 105
　　百官行状奏 105
　　进士策问二道 107

七、韩琦 109
　　请筑笮篱寨疏 109

八、杨文广 113
　　杨文广筑笮篱城 113

九、范育 115
　　请筑汝遮城疏（一） 115
　　请筑汝遮城疏（二） 118
　　措置河南蕃族疏 120

十、王韶 124
　　平戎策（节选） 124

十一、种谊 126
　　种谊破鬼章 126

十二、徐达 129
　　徐达沈儿峪破扩廓 129

十三、杨继盛 131
　　奏劾严嵩疏 131

十四、牛树梅 134
　　与刘霞仙藩司论平反徐璋案说帖 134
　　禀覆铜务实在情形 136

十五、安维峻 139
　　请诛李鸿章疏 139

第三章 诗歌 141

一、古歌谣 143
　　击壤歌 143

二、伯夷叔齐 144
　　采薇歌 144

三、诗经·秦风 145
　　车邻 145
　　蒹葭 145
　　小戎 146
　　无衣 147
　　驷驖 147

四、李陵 149
　　别歌 149
　　赠苏武 149

五、秦嘉 151
　　寄内诗 151
　　赠妇诗 151
　　述婚诗 153

六、徐淑 155
　　答秦嘉诗 155

七、无名氏 156
　　陇头歌辞 156
八、张骏 157
　　薤露行 157
　　东门行 158
九、王嘉 159
　　皇娥歌 159
　　白帝子歌 159
　　采桑诗 160
十、苻融 161
　　企喻歌（其四） 161
十一、辛德源 162
　　短歌行 162
　　霹雳引 162
　　猗兰操 163
　　成连 163
　　芙蓉花 163
　　东飞伯劳歌 164
　　星名 164
　　白马篇 165
十二、李白 166
　　赠张相镐 166
　　北风行 167
　　庐山谣寄卢侍御虚舟 168
　　白马篇 169
　　胡无人 170
　　梁甫吟 171
　　战城南 172
　　答王十二寒夜独酌有怀 173
　　远别离 175
　　送友人寻越中山水 176
　　天马歌 177

　　西岳云台歌送丹丘子 179
　　秋日登扬州西灵塔 180
　　北上行 180
　　鸣皋歌，送岑徵君（时梁园三尺雪，在清泠池作） 181
十三、李贺 184
　　酒罢张大彻索赠诗（时张初效潞幕） 184
　　致酒行 185
　　苏小小歌 185
　　天上谣 186
　　秋来 186
　　老夫采玉歌 187
　　春坊正字剑子歌 187
　　开愁歌 188
　　秦王饮酒 189
　　南山田中行 190
　　杨生青花紫石砚歌 190
　　神弦 191
　　神弦曲 191
　　绿章封事（为吴道士夜醮作） 192
　　琴曲歌辞·湘妃 193
　　相和歌辞·江南弄 193
十四、李行言 195
　　秋晚度废关 195
十五、李幼卿 196
　　前年春，与独孤常州兄花时为别，倏已三年矣。今莺花又尔，睹物增怀，因之抒情，聊以奉寄 196
　　游烂柯山 196
　　题琅琊山东峰禅室落成 197
十六、李约 198
　　观祈雨 198

过华清宫　198

从军行三首　198

十七、权德舆　199

暮春闲居示同志　199

观葬者　199

岭上逢久别者又别　199

十八、李程　200

赋得竹箭有筠　200

春台晴望　200

玉壶冰　201

赠毛仙翁　201

十九、李谅　203

苏州元日郡斋感怀寄越州元相公、杭州白舍人　203

湘中纪行　203

二十、牛僧孺　205

乐天、梦得有岁夜诗聊以奉和　205

席上赠刘梦得　205

二十一、李廓　206

落第诗　206

夏日途中　206

猛士行　207

送振武将军　207

杂歌谣辞·鸡鸣曲　207

赠商山东于岭僧　208

上令狐舍人　208

二十二、李景　209

除夜长安作　209

都堂试贡士日庆春雪　209

二十三、牛征　210

登越王楼即事　210

二十四、牛峤　211

登陈拾遗书台览杜工部留题慨然成咏　211

玉楼春　212

更漏子　212

定西番　213

江城子　213

望江怨　214

女冠子　214

菩萨蛮（七首选三）　214

感恩多　215

二十五、李建勋　216

白雁　216

惜花　216

送人　216

夏日酬祥、松二公见访　217

闲居秋思呈祥、松二公　217

溪斋　217

小园　217

宿山房　218

孤雁　218

感故府二首　218

田家三首（其二）　219

蔷薇二首（其一）　219

宫词　219

岁暮晚泊，望庐山不见，因怀岳僧呈察判　219

迎神　220

二十六、牛希济　221

奉诏赋蜀主降唐　221

临江仙　221

生查子　221

酒泉子　222
谒金门　222

二十七、李中　223
寒江暮泊寄左偃　223
宿庐山白云峰重道者院　223
海上从事秋日抒怀　224
途中闻子规　224
思九江旧居（其二）　224
春日野望怀故人　224
江行夜泊　225
秋夕书事寄友人　225
腊中作　225
江行晚泊寄溢城知友　225
悼亡　226
海城秋夕寄怀舍弟　226
采莲女　226
庭竹　226
对竹　226
下蔡春偶作　227
晚春客次偶吟　227
哭舍弟二首　227
邮亭早起　228
客中寒食　228
旅馆秋夕　228
宿青溪米处士幽居　228
旅夜闻笛　229

二十八、唐代民歌　230
哥舒歌　230

二十九、刘锜　231
鹧鸪天　231
午寝　231
资福寺　231

三十、邓千江　232
望海潮・上张六太尉　232

三十一、张炎　234
南浦・春水　234
高阳台・西湖春感　235
月下笛　235
解连环・孤雁　236
甘州・寄李筠房　237

三十二、何贤　238
题石笋　238

三十三、曹英　239
赋得北岭横云　239

三十四、张拱端　240
会宁八景（选四）　240

三十五、王瓒　242
温泉冬涨　242

三十六、王铎　243
怀马将军　243

三十七、胡缵宗　244
拟古杂诗　244
偶成巴东　244
习古斋　245
君不见行赠朱士光太守　245
怀杨殿撰用修三首　246
东阿道中　247
白龙吟四首　247
登天柱阁三首　248
太湖六首　248

三十八、刘世纶　250
闻洮警有感　250

三十九、于敖　251
铁城　251

四十、张万纪 252
　　超然台有怀椒山年兄 252
　　临江仙·游西岩寺效陈简斋体 252
四十一、金銮 254
　　春城曲 254
　　雨霁山城闲步 254
　　泊淮上 254
　　除夕 255
　　【北双调】沉醉东风·忧旱 255
　　【北双调】河西六娘子·闺情 255
　　【南商调】黄莺儿·秋雨 255
　　【南商调】黄莺儿·秋风 256
　　【南商调】黄莺儿·秋露 256
　　【南商调】黄莺儿·新月 256
　　【南商调】黄莺儿·咏燕 256
　　【南商调】黄莺儿·咏蝶 256
　　【南仙吕】一封书·闲适四首 256
　　【北中吕】朝天子·怀楚中故人 257
　　【北中吕】朝天子·秋灯 257
　　汤沂东海上凯歌 257
四十二、杨恩 260
　　南山樵 260
　　拾菜歌 260
　　纳粮户 260
四十三、朱衣 261
　　贺李将军平番 261
　　大别山 261
　　南河渡 262
　　兴国寺 262
　　题仙女山 262
四十四、杨行恕 264
　　莲峰第一台 264

首阳山 264
货郎洞 265
香山 265
佛沟寺晤灵峰上人 265
四十五、潘光祖 266
　　游栖霞寺 266
四十六、关永杰 267
　　题莲峰山货郎洞 267
　　续题货郎洞（二首选一） 267
　　夷齐祠 267
　　南庄客至 268
　　关山居人 268
　　柳 268
四十七、王予望 269
　　癸巳腊月都门春 269
　　平原镇苦雨 269
　　庆云道中宿僧舍 269
　　闽中梵天寺送同学黄曙声 270
　　辛亥除夕 270
　　辛亥九月初四寿友人 270
　　仁寿山作 271
　　陇干正月七日闻雁 271
四十八、刘甲科 272
　　池塘 272
　　卫所废署 272
四十九、张晋 273
　　渡渭思亲 273
　　早耕 273
　　相思曲 273
　　荣华 273
　　岳武穆王庙（其二） 274
　　椒山先生祠（其一） 274

大风　274

舟中新月　274

渔火　275

秋望　275

长安（其六）　275

梅花　276

寄孺登友梅二先辈　276

河上作　276

古诗十三首选二　276

纪水　277

乞农书　277

醉书吉太丘战袍上　278

九日醉歌　278

阮郎归·弹筝　279

浪淘沙·春思　279

浪淘沙·闺情　279

五十、张谦　280

舟行口号　280

树　280

舟夜　280

寄许铁堂先生　280

塞上诗　281

宝剑歌　281

醉歌行为范阳张梦宽作　281

五十一、王羌特　283

刘阮复到天台不见仙　283

五十二、巩建丰　284

不寐　284

素云　284

五十三、吴伯裔　285

山居怀人　285

金城怀古　285

五十四、吴之珽　286

陇西竹枝词八首　286

春日登五台　287

舟至无锡复观惠泉遂登锡山　287

夜月放棹望无锡舟中作　287

舟行　288

游莲峰山　288

雨中汪口放船　288

哭杨潜斋先辈　288

夏月游西岩　289

游山　289

息肩亭怀古　289

春风第一支　290

五十五、梁仲元　291

会宁怀古诗　291

五十六、孙昭　293

独秀石歌　293

五十七、吴中相　294

赏菊　294

梅　294

五十八、岳钟琪　295

出塞　295

军中感兴　295

抒怀　295

老马　296

春风后见盆桃有感　296

浣花溪秋日　296

题云栈　296

五十九、李南晖　297

南屏山色　297

励兄志　297

自京回任纪入境一十八韵　298

秋夜独酌二首（京师旅邸之作） 299
挽王希旦先生诗（三十首）并序（选四） 299
太白积雪一感 300
清明祭扫 301
威邑八景（选四） 301
留别镜塘 302
孟家敦道中作 303
雁字诗 303

六十、胡钐 304
武威道中 304
凉州 304
早发永昌县 305
苏武故里 305
送徐二拓之平番 305
怀远县 306
即事 306
秋日雨后独步 307
肃州怀古 307
古浪峡 307

六十一、杨于果 309
竹枝词四首 309

六十二、余珩 311
出龙岗八景八首（选六） 311

六十三、陈长复 313
独坐桃花树下 313
秋日忆汉上友人 313
废丘关 313
留侯辟谷处 314
咏大石 314

六十四、马朝荣 315
红崖 315

七夕行 315

六十五、吴秉元 316
题友人明湖泛月图 316

六十六、吴镇 317
客至 317
赠江明府乙帆 317
送人 318
武当山作（其四） 318
渔人 318
访张薇客不遇 318
山居晚眺 318
送刘云阶东归 319
李汇川雨中邀饮五泉（其二） 319
挽胡静庵先生 319
夜半偶忆静庵呼灯就枕上作三首（选一） 319
悼亡妇史孺人 319
洮水清 320
趵突泉 320
登临露骨山 321
候马亭歌 321
故乡行 321
灞桥歌送真谷先生旋里 322
空山堂师远寄长歌敬和一首以代短札 322
赋得黄金台 323
大雪访张温如 324
老卒 324
忆少年·题桐荫倚石图 324
鹊桥仙 325

六十七、吴简默 326
江上留别 326

旅夜书怀寄文贤若　326
　　别墅杂咏　326
六十八、文国干　327
　　秋水阁　327
　　老农　327
六十九、马绍融　328
　　题晓风楼　328
　　冬日永宁桥野望　328
七十、张志达　329
　　白塔晨烟　329
　　铁锡沟　329
七十一、南炙曾　330
　　石堡村　330
　　丙辰除夕独酌咏怀五首（其五）　330
　　癸丑悼亡十二首（选三）　330
七十二、柳迈祖　331
　　题陈枫阶明府枫径停车图　331
七十三、张毓秀　333
　　开印后去候审案适遇其宴客　333
　　西厅花　333
七十四、李华春　334
　　盘豆驿　334
　　六盘山　334
七十五、张克念　335
　　望红道峪　335
　　集句二首　335
七十六、吴锭　336
　　闭户　336
　　山居忆张星乙　336
　　九月五日初雪　336
　　宿康子中山亭　337

七十七、赵援　338
　　和赵钝庵花朝前三日夜饮原韵　338
七十八、李苞　339
　　发桦林坪住泸定桥　339
　　宿头道水客栈　339
　　早行过折多山　339
　　再宿中渡　340
　　自麻盖中过雪山至西俄洛　340
　　谒少陵祠（其二）　340
七十九、李尚德　342
　　月夜作　342
八十、吴承祖　343
　　游韩城九龙庙　343
八十一、吴承福　344
　　别墅读书山犬环吠　344
八十二、吴承禧　345
　　题农家至乐图　345
　　西岩寺即事　345
　　晚晴　345
八十三、孙孝增　346
　　渭川秋望　346
八十四、李作新　347
　　怀戎堡竹枝词　347
八十五、吴思全　348
　　板子矶　348
　　送黄四兄出仕　348
　　赠高丽友人　349
　　诗送高阴松行　349
八十六、马疏　350
　　秋晚　350
　　晨起　350
　　日日出北门　351

古风二首呈介侯师（其一）　351
正月十三日舟中作　351
中秋月　352
八月十八夜　352
元日登楼　353
秋怀二首（其一）　353
出城　353
野望　353

八十七、陈时夏　354
送陈宜亭先生还新兴　354
仁寿山杂咏　354
重登莲峰山　355
岷阳道中　355
登莲峰山　355

八十八、王宪　356
游贵清山放歌行　356
贵青山八景　357
送子栋二弟旋里并勖四首　358
悼亡妻　358

八十九、王寀　359
夜雨有怀　359

九十、杨凤龄　360
鸟鼠同穴　360
古锦囊　360

九十一、牛作麟　362
舒愁歌　362
思儿歌　362

九十二、牛树梅　363
春日言志　363
书舍小景　363
过六盘山　363
赠李鉴堂笔　363

渡孟津河　364
华山道　364
新晴　364
种松歌　364
采风叹　365
象岭　367
剑门　367
再过深州追吊去秋阵亡官兵　368
即景　368
说学四首　368

九十三、侯树衔　370
感旧　370
购马七绝　370
疮痍自嘲　370
忆赴兴文任　370
巩郡失守后作　371
陇头谣　371
赋得坐看云起时　371
天水旅次口占四首　372
天水旅次写怀　372
游莲峰　丁巳又五月　372
对花集句（时同治四年主讲兰山）　373
悼亡七绝　373
客中六月六日感怀集句　373
清明集句　时同治乙丑主讲兰山　374
水仙　374
杏花　374
蓼花　374
兰花　374
西江月·秋夜雨　374
如梦令·夜秋风　375
行香子·自叹　375

凤凰台上忆吹箫·感怀　375

九十四、范钟　376
　　旧说南安郡十首　376
　　听月　377
　　除夕留月亭即事　377
　　莎衣行　377

九十五、杨文耀　378
　　登贵清山石峡　378
　　望贵清山寺院　378

九十六、王贯三　379
　　看夜雪　379
　　雨中杜鹃　379
　　渔父　379
　　待雨　379
　　荒荒园诗十首　380
　　为农　380
　　书愤　380
　　冬日有伤流亡者　380
　　写家书　381
　　蚊　381
　　蝇　381
　　鹦鹉　381
　　鹭鸶　381
　　过陇西　381
　　秋感　382
　　醒后漫成　382
　　苦雨　382
　　苦雪　382
　　渔父　383
　　如梦令二首　383
　　鹧鸪天　383
　　踏莎行　383

九十七、王作枢　384
　　雨霁城东春望　384
　　夏雨即景　384
　　过凉州　384
　　车道岭晓行　384
　　陇西晚行　384
　　秋夜闻警登城　385
　　春夜闻警　385
　　青岚山怀古　385
　　游崆峒山吟　385
　　大军行　387

九十八、白鹤鸣　389
　　陋室　389
　　雁　389
　　晚年自叹　389

九十九、赵运昌　390
　　孤鹤　390
　　小立　390
　　云鹤　390
　　山城夜雨　390
　　卓笔峰　391
　　和临洮余印庚九日望乡诗　391
　　卜宅　391
　　山居　391
　　郡城失守弟兄相继病亡计生者己身之外只余妻子　391
　　秋雨连日积水入室深尺许时读芥子园以消遣　392
　　路经磨石峪　392
　　哀故乡　392
　　赠松石斋主人　393
　　九日　393

遭变后寄李海臣县尉　393

秋夜闻草虫　393

卖砚二章　394

喜诗成集　394

谢关柳堂馈粮　394

客舍　395

一百、安维峻　396

　　游崆峒题　396

一百零一、尹世彩　397

　　山镇　397

　　题马　397

一百零二、祁荫杰　398

　　宿长寿岭　398

　　烈士吟　398

一百零三、黄文中　399

　　岁暮洮河沿观冰　399

一百零四、王海帆　400

　　感事　400

　　陇山　400

　　游贵清山（五首选三）　400

　　漓云三叠前韵见遗，适值亡女淑九月十七
　　　日之变，乃依韵哭之，并柬漓云　401

　　漓云四叠前韵寄示挽诗（四选二）　401

　　二月望游北关后五台，题壁限芽字　401

　　渭源道中　401

　　一瘦马振鬣长啸于斜阳芳草之中，不知何
　　　人手笔，感题其上　401

　　病中自遣　402

　　晨起望云　402

　　夜宿玉皇阁（选一）　402

　　闲居即事　402

　　战后途中　403

中秋夜定西县政府　403

思家　403

思乡　403

接先室人殁电后哀伤未出，重九日为友邀
　登东山，距殁已旬有八日，路阻莫归，口
　号志痛　403

风雨夜有成　403

岁暮杂感　404

第四章 小说散文 405

一、秦嘉 407
　　与妻徐淑书 407
　　重报妻书 408

二、徐淑 409
　　答夫秦嘉书 409
　　又报嘉书 410
　　为誓书与兄弟 411

三、王嘉 413
　　春皇庖牺 413
　　炎帝神农 415
　　轩辕黄帝 416
　　少昊 418
　　颛顼 419
　　高辛 420
　　唐尧 421
　　虞舜 423
　　夏禹 425
　　殷汤 428

四、李朝威 431
　　柳毅传 431

五、李公佐 438
　　南柯太守传 438
　　谢小娥传 443

六、李复言 447
　　续玄怪录·张逢 447

七、牛僧孺 449
　　元无有 449

八、吴镇 451
　　双忠赞 451

九、黄文中 453
　　西湖楹帖集自序 453

第五章 山川名胜 455

一、宇文逌 457
　　至渭源 457
　　过鸟鼠山 458

二、岑参 459
　　过渭州经渭水思秦川 459
　　初过陇山途中呈宇文判官 459
　　发临洮将赴北庭留别 460

三、解缙 461
　　西行 461

四、刘仑 462
　　鸟鼠山 462

五、杨行恕 463
　　首阳山 463
　　莲峰第一台 464

六、牛树梅 465
　　谒清圣墓祠 465

七、成大猷 466
　　首阳怀古 466
　　滴水崖观瀑布歌 466
　　汪陵丰碑 467

八、张逢壬 468
　　题莲花山 468
　　玉峰吟 468

九、胡缵宗 469
　　可泉 469
　　可泉歌 469

十、张谦 472
　　塞上诗 472

十一、王予望 473
　　五竹山 473
　　岷山道中有怀 473

十二、于玭 474
　　陇上行 474

十三、高巘 475
　　陇头水 475

十四、刘璞 476
　　陇民 476
　　关山 476

十五、沈德潜 477
　　陇头流水 477

十六、谭嗣同 478
　　陇山道中 478

十七、罗彰彝 479
　　登关山顶 479

十八、牛树梅 480
　　禅牧山歌 480
　　过关山二首 480

十九、马从龙 481
　　陇西八观（集唐）选四 481

二十、吴中相 483
　　马鹿山 483

二十一、鲜继侁 484
李长吉墓 484

二十二、乔大贵 485
夷齐祠 485

二十三、张翼儒 486
悠江夜月 486
中林春晓 486
桃岭红霞 486

二十四、吴镇 487
我忆临洮好（十首） 487

二十五、杨恩 489
伏羌道中 489

第六章 论学文教 491

一、李翱 493
复性书 493

二、姚镆 502
崇羲书院记 502

三、张万纪 504
超然书院记 504

四、杨庆 507
《静规》自序 507

五、杨昌浚 510
《慎思录》序 510

六、李南晖 512
慎思录（节选） 512

七、翁祖烈 519
牛愚山先生小传 519

八、赵昀 521
《牛氏家言》序 521

九、马秀儒 523
《牛氏家言》序 523

十、雷尔卿 525
　　读《牛氏家言》有感 525
十一、牛作麟 527
　　寄长儿 527
　　论学 528
　　语长儿 529
　　论气脉长短 530
　　自异说 532
　　自馆寄长儿 533
　　养气说 536
　　义命治心说 536
　　论文品 537
　　送长儿朝考（以下丁亥）537
十二、牛树梅 540
　　谕诸生（主讲锦江书院）540
　　书院宜戒各条 541
　　书院应行各条 542
　　谕诸生 544
　　士说 545
　　风气说 546
　　仁字说 547
　　认仁 548
　　体心 549
　　"慎独说"覆雷乙垣 550
十三、王云凤 551
　　重建学宫碑 551
十四、张嘉孚 553
　　修学碑记 553
十五、秦大夔 555
　　重修通渭庙学碑 555
十六、吉人 558
　　巩昌府迁学记 558

十七、邹元标 562
　　新修巩昌府陇西县儒学记 562
十八、袁枚 565
　　松花庵诗集序 565
十九、吴镇 566
　　牧伯呼延公设复洮阳书院碑记 566
二十、佚名 568
　　新建陇西县学宫碑记 568
二十一、张岳崧 571
　　南安书院碑 571
二十二、颜士璋 574
　　重建巩昌府学宫碑 574
二十三、张经 576
　　创修襄武书院碑 576
二十四、祁永膺 578
　　重修陇西师范高等两学堂碑记 578
二十五、杨芳灿 581
　　奎文书院碑记 581
二十六、张翼儒 584
　　书院训士文 584

第七章 楹联刻石 587

一、临洮县 589

  （一）临洮高庙山太白庙总殿联　589

  （二）临洮玉井峰泰山庙联　589

  （三）左宗棠狄道瑞谷联　589

  （四）临洮岳麓山超然书院联　589

  （五）临洮西岩寺门联　589

  （六）豆神庙联　590

二、陇西县 591

  （一）陇西威远楼联　591

  （二）陇西仁寿山联　592

  （三）陇西太平堡城头悬钟楼联　593

  （四）陇西巩昌府署联　593

  （五）陇西县署联　594

  （六）陇西游击署联　595

  （七）陇西保昌楼联　595

  （八）重建牌门联　596

  （九）别开堡门联　596

  （十）陇西南安书院联　596

  （十一）陇西襄武书院联　596

  （十二）为李伯仁葬母戏台联　597

  （十三）关帝戏台联　597

  （十四）祖师戏台联　598

  （十五）祖师庙修看戏楼联　598

  （十六）道场演戏联　598

  （十七）陇西雪山庙戏台联　598

  （十八）陇西皮影戏戏台联　598

  （十九）陇西文昌宫联　599

  （二〇）陇西讲习会联　599

  （二十一）陇西第五师范联　599

  （二十二）陇西贡院联　600

  （二十三）陇西贡院明伦堂联　600

  （二十四）巩昌府隍庙联　600

  （二十五）陇西兴陇寺魁星联　600

  （二十六）陇西送子观音庙联　600

  （二十七）陇西天竺寺大殿联　601

  （二十八）陇西武库门联　601

  （二十九）李氏陇西堂联　601

三、渭源县 602

  （一）渭源鸟鼠山品字泉联　602

  （二）渭源首阳山莲峰山联　602

  （三）渭源灞陵桥联　603

  （四）草亭联　604

  （五）为友园亭联　604

四、岷县 605

  （一）岷县县城拱碧亭联　605

  （二）岷县二郎山正气亭联　605

  （三）岷县高等小学堂联　605

  （四）岷县民国时县参议会门联　605

  （五）岷县铁城城隍庙联　605

  （六）岷县三岔门联　606

  （七）王公书院联　606

五、漳县 607
    （一）漳县贵清山联 607
    （二）漳县殪虎桥凤凰崖石刻联 607
    （三）漳县逸园联 607
    （四）漳县某戏台联 608
    （五）漳县环林寺联 608
    （六）漳县成氏先茔联 608

六、定西 609
    （一）定西西岩寺联 609
    （二）定西城隍庙联 609
    （三）许公祠旧联 610

七、通渭 611
    （一）通渭牛树梅联语 611
    （二）通渭县城隍庙联 612
    （三）通渭县关帝庙联 612
    （四）通渭县太白庙联 612
    （五）挽牛树梅联 612
    （六）李南晖祠堂联 612
    （七）通渭县元始天尊混元阁联 613

第八章 陇地风物 615

一、沈约 617
    有所思 617

二、萧绎 618
    陇头水 618

三、王褒 619
    关山篇 619

四、刘孝威 620
    陇头水 620

五、顾野王 621
    陇头水 621

六、张正见 622
    陇头吟 622

七、杨广 623
    西征临渭源 623

八、卢照邻 624
    早度分水岭 624

九、骆宾王 625
    陇山 625

十、沈佺期 626
　　陇头水 626

十一、王维 627
　　陇头吟 627

十二、高适 628
　　登陇 628

十三、王昌龄 629
　　塞下曲 629
　　从军行 629

十四、杜甫 630
　　秦州杂诗 630

十五、李益 631
　　观回军 631

十六、张籍 632
　　关山月 632

十七、吴融 633
　　题分水岭 633

十八、马戴 634
　　出塞词 634

十九、黄庭坚 635
　　刘晦叔许洮河绿石砚 635
　　以古诗谢王仲至惠洮州砺石、黄玉印材 635
　　以团茶、洮河绿石砚赠无咎、文潜 636

二十、陆游 637
　　陇头水 637

二十一、张舜民 638
　　巩州首阳铺鸟鼠同穴 638

二十二、冯延登 639
　　洮石砚 639

二十三、无名氏 640
　　关山月 640

二十四、无名氏 641
　　关山雪 641

二十五、蒋之奇 642
　　寄超然台故友 642

二十六、张耒 643
　　以黄鲁直惠洮河绿石，作米壶砚诗 643

二十七、晁补之 644
　　砚林集 644

二十八、洪咨夔 645
　　洗砚诗 645

二十九、雷渊 646
　　洮石砚诗 646

三十、董师中 647
　　自临洮还 647

三十一、魏初 648
　　读汪氏义武忠烈二碑 648

三十二、同恕 649
　　挽汪左丞 649

三十三、揭傒斯 650
　　送汪司徒致政归巩昌 650

三十四、王恽 651
　　寄赠总帅便宜汪惟正并序 651

三十五、蒲道源 652
　　与汪同知 652

三十六、马祖常 653
　　饮酒 653

三十七、游师雄 654
　　贺岷州守种谊破鬼章二首 654

三十八、元好问 655
　　赋泽人郭唐臣所藏山谷洮石砚 655

三十九、许铋 656
　　解组后别安定父老四首 656

访王贻上于慈仁寺双松下仝作歌　658
　　送舍弟珮南归五首　659
　　关山月　660
　　陪姜司理游兴云寺同和刘黄门壁间韵四首（选一）　660
　　武部谒杨公椒山词三首（选一）　661
　　临洮寒食　661

四十、杨继盛　662
　　送狄道训导李南峰掌教清水　662
　　送张兑溪之庐州　662
　　绝命诗　663

四十一、李镜清　664
　　题杨椒山祠　664

四十二、周应沣　665
　　定西怀古　665

四十三、慕寿祺　666
　　超然台（在狄道城东，杨椒山讲学处。民国七年）　666

第 一 章

史书传记
SHI SHU ZHUAN JI

一、伯夷叔齐

伯夷、叔齐是商末孤竹国二公子。孤竹君死后,叔齐让位给伯夷,伯夷不受,叔齐也不愿继位,先后都逃往周。武王伐纣,二人扣马谏阻。武王灭商后,他们耻食周粟,采薇而食,饿死于首阳山。后人视之为抱节守志的典范。

不食周粟

孔子曰:"伯夷、叔齐,不念旧恶,怨是用希(1)。求仁得仁,又何怨乎?"余悲伯夷之意,睹轶诗可异焉。其传曰:

伯夷、叔齐,孤竹(2)君之二子也。父欲立叔齐,及父卒,叔齐让伯夷。伯夷曰:"父命也。"遂逃去。叔齐亦不肯立而逃之。国人立其中子。于是伯夷、叔齐闻西伯昌(3)善养老,盍往归焉。及至,西伯卒,武王载木主(4),号为文王,东伐纣。伯夷、叔齐叩马而谏曰:"父死不葬,爰及干戈(5),可谓孝乎?以臣弑君,可谓仁乎?"左右欲兵之。太公曰:"此义人也。"扶而去之。武王已平殷乱,天下宗周(6),而伯夷、叔齐耻之,义不食周粟,隐于首阳山,采薇而食之。及饿且死,作歌,其辞曰:"登彼西山兮,采其薇矣。以暴易暴兮,不知其非矣。神农、虞、夏忽焉(7)没兮,我安适(8)归矣?于嗟徂(9)兮,命之衰矣!"遂饿死于首阳山。

司马迁《史记·伯夷列传》

【注】

(1)是用:因此。

(2)孤竹:古国名。

(3)西伯昌:即周文王姬昌。时为西方诸侯之长。故称。

(4)木主:牌位。上书死者姓名,以供祭祀。

(5)爰:就。及:发动。

(6)宗周:尊奉周王室为宗主国。

(7)神农、虞、夏:远古帝王,传说中的理想盛世。神农,即炎帝,中国远古时期部落首领,与黄帝同为中华民族始祖。传说是说远古时代姜姓部落首领,又称赤帝。虞:有虞氏舜建立的王朝。夏:夏禹建立的王朝。忽焉:迅速地。

(8) 适:到,去。

(9) 于嗟(xū jiē):叹词。表示悲叹。"于"通"吁"。徂:通"殂",死亡。

【辨析】

关于首阳山,我国境内的首阳山有6处。一说在辽西,原名阳山;二说河南偃师,原名首山;三说山西和顺,原名阳区山;四说山西蒲坂河曲之中,原名雷首山或首山;五说陕西岐山之西,原名不详;六说陇西首阳山(即今甘肃渭源县境内的首阳山)。孰对孰错,历来争论颇多。真实首阳山到底在哪里?西北师范大学文学院范三畏教授认为,伯夷叔齐采薇饿死之地就是甘肃渭源首阳山,主要论据以下5个方面:

一是渭源首阳山自古就有其名说。据《渭源县志》记载:周秦时期,渭源为戎族领地,秦献公元年(前384)到汉高祖二年(前205),渭源一直由貔道管辖;汉高祖二年,由貔道分置首阳县,因伯夷、叔齐葬于境内首阳山,县因山得名。其城设址在首阳山出口10多公里处的渭河北岸乱阳口附近。这个名称直到西魏文帝大统十七年(551)始更名为渭源县,因其境内有渭水,县因水而名。

二是从地理位置说。《史记》中所录伯夷、叔齐《采薇歌》曰:"登彼西山兮,采其薇矣。以暴易暴兮,不知其非矣。神农、虞、夏忽焉没兮,我安适归矣?于嗟徂兮,命之衰矣!"据史料记载周族的先民们在很早就居住在西北泾、渭水一带,周文王逐渐消灭了西北小国,周武王在沣水东岸建立都城镐京(今陕西长安县),商朝又以关中平原为基地逐渐强大。因此,根据地理方位推断,唯渭源首阳山在镐京以西的地方,它才有资格称得上"西山"。《定西史略》讲,二人"越过陇山进入甘肃,溯渭河西进,经今清水、秦安、通渭、陇西、渭源"。庄子言"二子北至于首阳之山",此处"北至"之地,即为渭源首阳山。

三是采薇说。《采薇歌》是中国最古老的一首有作者署名的抒情诗。薇被当地人叫做"蕨菜"。蕨菜,是一种草本植物,俗称"龙头菜""猫爪子"菜,又誉为"吉祥菜",据史料记载:"蕨,出生时,卷曲状如儿拳,长则宽展如雉尾,高三、四尺,茎嫩时无叶,采来加以热汤,去其涎滑,晒干做蔬,味甘滑,肉煮甚美。姜醋拌食亦佳。"从唐朝开始,人们就喜欢食用蕨菜,现已有两千多年历史了。古代的一些著名诗人赞它"山童新采蕨芽肥""石暄蕨芽紫"……清朝时,蕨菜也被列为贡品,每年选择"茎色青紫,肥润"的蕨菜,晒后,贡奉朝廷。

渭源县首阳山一带雨量充足,气候阴湿寒冷,良好的土壤益于"薇"之生长。该县南部土石山地盛产薇,据乾隆《甘肃通志》载:"蕨可作蔬,根可捣粉,首阳白蕨最有名。"首阳白蕨色白、质嫩、味美,明清以来就被客商运往沿海各省,远销海内外。关于白蕨菜,据当地的老人们说那是神仙菜,一般人见不到,普通蕨菜4月份才有。俗话说:"首阳山的白蕨菜,早上出来晚上败!"可见民间对圣贤的无限尊崇,已上升为神话。蕨菜喜阴湿,高山生长,多生长在海拔2000米左右的森林地带。渭源首阳山主峰海拔2412米,这样的地方远离周都,又居高山秀林,更适合隐居吧。别处的首阳山既无"薇",焉能"采薇"?

四是文献说。现存大量的碑文、诗词、注解、考辨文字等都证实了甘肃渭源县首阳山的真实性。今天留存的渭源首阳山石碑达十几块,各类文字达十多万字。其中考证最认真的非明代杨恩的《首阳山辩碑》莫属,后人多以此为蓝本。古代也有两位权威人士的说法为渭源首阳山的真实性添写了浓重的一笔。一位是班昭的《幽通赋注》,另一位是南宋祝穆的《方舆胜览》。西北师大文学院范三畏教授著书《旷古逸史·夷齐首阳采薇蕨》一文也认定首阳山在渭源。渭源县旅游局徐化民先生编著的《莲峰山风土录》收录的关于此山的诗词、散文、金石碑文等达64首(篇),其中《首阳山小考》一文有详细说明。

五是首阳县旧址说。离首阳山不远有一现属陇西县名曰首阳镇南门村大小堡子社的地方,人称"熟羊城"。其实就是古代的首阳县城。"熟羊"和"首阳"只是方言的讹传而已。这里的群众都说这里以前叫"熟羊城"。虽然城垣已毁,但遗迹可辨。从现存的遗址看,这里曾经是很大的一个城池。之所以叫做大小堡子,是因为中间曾经是一座城堡,后来又在这个城堡外围加筑了一道城墙,是为大堡子,也叫穿甲(意为给曾经的小堡子穿了一层盔甲)。谭其骧主编的《中国历史地图集》中我们也可以查到,西汉时的确有首阳县,从其标注来看,应是现首阳镇大、小堡子村的位置。

范三畏教授说,其他地方不管怎么争论,从历史资料来看,其地名要么有"首"没有"阳",要么有"阳"没有"首"。而只有甘肃从汉代开始就有"首阳县"县治,县名的来源一定与当地的山、河,或者某个著名的特征有关,可以想象,肯定是因为有首阳山而名,所以叫首阳县。伯夷、叔齐因守志而饿死于首阳,首阳山也就因贤圣而彰显其名了。

二、李广

李广(？—前119)，陇西成纪(今甘肃秦安)人，西汉名将，匈奴畏服，称之为"飞将军"。李广曾任陇西太守，善射。

李广难封

广廉，得赏赐辄分其麾下，饮食与士共之。终广之身，为二千石四十余年，家无余财，终不言家产事。广为人长，猿臂，其善射亦天性也，虽其子孙他人学者，莫能及广。广讷口少言，与人居则画地为军陈⁽¹⁾，射阔狭以饮。专以射为戏，竟死⁽²⁾。广之将兵，乏绝之处，见水，士卒不尽饮，广不近水；士卒不尽食，广不尝食。宽缓不苛，士以此爱乐为用。其射，见敌急⁽³⁾，非在数十步之内，度不中不发，发即应弦而倒。用此⁽⁴⁾，其将兵数困辱⁽⁵⁾，其射猛兽亦为所伤云。

居顷之，石建卒，于是上召广代建为郎中令。元朔六年，广复为后将军，从大将军军出定襄，击匈奴。诸将多中首虏率⁽⁶⁾，以功为侯者，而广军无功。后二岁，广以郎中令将四千骑出右北平，博望侯张骞将万骑与广俱，异道。行可数百里，匈奴左贤王将四万骑围广，广军士皆恐，广乃使其子敢往驰之。敢独与数十骑驰，直贯胡骑⁽⁷⁾，出其左右而还，告广曰："胡虏易与耳⁽⁸⁾。"军士乃安。广为圜陈外向⁽⁹⁾，胡急击之，矢下如雨。汉兵死者过半，汉矢且尽。广乃令士持满毋发，而广身自以大黄射其裨将⁽¹⁰⁾，杀数人，胡虏益解⁽¹¹⁾。会日暮，吏士皆无人色，而广意气自如，益治军。军中自是服其勇也。明日，复力战，而博望侯军亦至，匈奴军乃解去。汉军罢⁽¹²⁾，弗能追。是时广军几没，罢归。汉法，博望侯留迟后期，当死，赎为庶人。广军功自如，无赏。

初，广之从弟李蔡与广俱事孝文帝。景帝时，蔡积功劳至二千石。孝武帝时，至代相。以元朔五年为轻车将军。从大将军击右贤王，有功中率，封为乐安侯。元狩二年中，代公孙弘为丞相。蔡为人在下中⁽¹³⁾，名声出广下甚远，然广不得爵邑，官不过九卿，而蔡为列侯，位至三公。诸广之军吏及士卒或取封侯。广尝与望气王朔燕语⁽¹⁴⁾曰："自汉击匈奴而广未尝不在其中，而诸部校尉以下，才能不及中人，然以击胡军功取侯者数十人，而广不为后人，然无尺寸之功以得封邑者，何也？岂吾相不当侯邪？且固命也？"朔曰："将军自念，岂尝有所恨乎？"广曰："吾尝为陇西守，羌尝反，吾诱而降，降者八百余人，吾诈而同日杀之。至今大恨独此耳。"朔曰："祸莫大于杀已降，此乃将军所以不得侯者也。"

司马迁《史记·李将军列传》

【注】

(1) 陈：同"阵"。

(2) 竟：终了，直到。

(3) 急：急难，危难，危急。

(4) 用：因，以。

(5) 数：屡次，多次。

(6) 中(zhòng)：符合。率(lǜ)：标准，规定。首虏率：指按斩敌首级多少而加官晋爵的标准。

(7) 直贯：一直穿过。

(8) 易与：容易对付。

(9) 圜陈：即圆阵，布成圆形阵势。外向：面向外，背靠背。

(10) 大黄：弩弓名，又叫黄肩弩，黄色可连发的大弓。裨将：副将。

(11) 解：通"懈"，松懈，松弛。益解：进攻势头有所减弱。

(12) 罢，通"疲"。

(13) 下中：属下等中的中等，指才干而言。汉时论人分九品，即上、中、下三等中又各分上、中、下，共九等。下中，第八等。

(14) 望气：以观察天象、云气的办法预测人的吉凶祸福。王朔：当时有名的望气家。燕语：聊天，闲谈。

【辨析】

关于陇西郡，据《后汉书·西羌传》记载，周赧王四十三年(前272)，秦灭义渠国，于其地置陇西郡、北地郡二郡。陇西郡，因在陇山(六盘山南段别称，为渭河平原和陇西高原之分界)以西而得名。郡治在狄道(今甘肃省临洮县)。秦统一中国后，实行郡县制，分全国为三十六郡，仍置陇西郡，治所未变。辖县不详，近人后晓荣《秦代政区地理》考证21县，为狄道县、西县、兰干县、略阳县、上邽县、冀县、邸道县、故道县、临洮县、獂道县、绵诸县、襄武县、阿阳县、下辨县、辨道、戎道、武都道、予道、薄道、成纪县、枹罕县，相当于现在的兰州市、定西市、天水市、陇南地区一部和临夏一部的总和(《西汉政区地理》)。为当时右拒西羌、左护咸阳之要郡，兵家必争之要地。

三、赵充国

赵充国,字翁孙,陇西上邽(今甘肃清水)人。为人沉勇有大略,少好将帅之节,而学兵法,通知四夷事。武帝时拜为中郎,迁连骑将军长史。提出"以兵屯田",守榆中要塞(在今甘肃榆中、定西一带)。昭帝时,击匈奴,获西祁王,擢为后将军。与大将军霍光定策尊立宣帝,封营平侯。去世后,与霍光等人一同画肖像于未央宫麒麟阁中,为"麒麟阁十一功臣"之一。

失之毫厘,差以千里

充国病,上赐书曰:"制诏后将军:闻苦脚胫、寒泄(1),将军年老加疾,一朝之变不可讳(2),朕甚忧之。今诏破羌将军诣屯所,为将军副,急因天时大利、吏士锐气,以十二月击先零羌(3)。即(4)疾剧,留屯勿行,独遣破羌、强弩将军(5)。"时羌降者万余人矣。充国度其必坏。欲罢骑兵屯田,以待其敝。作奏未上,会得进兵玺书,中郎将卬(6)惧,使客谏充国曰:"诚令兵出,破军杀将,以倾国家,将军守之可也。即利与病,又何足争?一旦不合上意,遣绣衣(7)来责将军,将军之身不能自保,何国家之安?"充国叹曰:"是何言之不忠也!本用吾言,羌虏得至是邪?往者举可先行羌者,吾举辛武贤,丞相御史复白遣义渠安国,竟沮败羌(8)。金城、湟中谷斛八钱,吾谓耿中丞(9),籴二百万斛谷,羌人不敢动矣(10)。耿中丞请籴百万斛,乃得四十万斛耳。义渠再使,且费其半,失此二册(策)(11),羌人故敢为逆。失之毫厘,差以千里,是既然矣。今兵久不决,四夷卒(猝)有动摇,相因而起,虽有知(智)者不能善其后,羌独足忧邪(12)!吾固以死守之,明主可为忠言。"遂上屯田奏。

班固《汉书·赵充国辛庆忌传》

【注】

(1)苦脚胫:谓小腿酸痛。寒泄:下痢。

(2)一朝之变:即指死。

(3)先零羌:西汉时西羌中继研种羌以后最强大的部落联盟。羌人许多叛乱多以先零羌为主要力量。

(4) 即：若也，如果。

(5) 破羌、强弩将军：指辛武贤、许延寿二将军。

(6) 卬：赵卬，赵充国儿子，时任中郎将。

(7) 绣衣：指绣衣直指使者。汉武帝时始置。汉朝特派至各地执行天子旨意。绣衣直指本由侍御史充任，故亦称绣衣御史。

(8) 沮败：挫败，败坏，破坏。神爵元年(前61)，汉派义渠安国巡视羌人地区，至则召先零诸羌首领三十余人，以桀黠为名，均加诛杀，激起羌人反叛。

(9) 耿中丞：耿寿昌，当时任大司农中丞。曾在边郡创建"常平仓"，谷贱时高价收入，谷贵时低价出售，以调节谷价。

(10) 籴二百万斛谷二句：意谓储谷则可备战。二百万：《通览》作"三百万"。

(11) 二策：一指行羌者问题，竟遣义渠安国，激起羌变；一指籴谷问题，来谷甚少，使得转输烦费。

(12) 羌独足忧：意谓可忧者不独在羌。

四、辛庆忌

辛庆忌(？—前12)，字子真，狄道(今甘肃临洮)人，破羌将军辛武贤之子，西汉将领。

折冲厌难，胜于亡形

成帝初，征为光禄大夫，迁左曹中郎将，至执金吾⁽¹⁾。……时数有灾异，丞相司直何武上封事⁽²⁾曰："虞有宫之奇，晋献不寐⁽³⁾；卫青在位，淮南寝谋⁽⁴⁾。故贤人立朝，折冲厌难，胜于亡形⁽⁵⁾。《司马法》曰：'天下虽安，忘战必危。'夫将不预设，则亡以应卒⁽⁶⁾；士不素厉⁽⁷⁾，则难使死敌。是以先帝建列将之官，近戚主内，异姓距外⁽⁸⁾，故奸轨⁽⁹⁾不得萌动而破灭，诚万世之长册⁽¹⁰⁾也。光禄勋庆忌行义修正，柔毅⁽¹¹⁾敦厚，谋虑深远。前在边郡，数破敌获虏，外夷莫不闻。乃者⁽¹²⁾大异并见，未有其应。加以兵革久寝。《春秋》'大灾未至而预御之'⁽¹³⁾，庆忌宜在爪牙官以备不虞⁽¹⁴⁾。"其后拜为右将军诸吏散骑给事中，岁余徙为左将军。

班固《汉书·赵充国辛庆忌传》

【注】

(1) 执金吾：官名。汉武帝时改中尉为执金吾，为督巡三辅治安的长官。

(2) 丞相司直：官名，西汉武帝时始置。帮助丞相检举不法。封事：密封的奏章。

(3) 虞：春秋时小国。宫之奇，虞国大夫。晋献公欲伐虞，以宫之奇在，寝不寐。

(4) 寝谋：停止谋划，停止实行计划。卫青：汉武帝时大司马大将军，能征善战，淮南王刘安意欲谋反，曾怵于卫青压力，举棋不定。

(5) 折冲厌难：指能压服困难，御敌制胜。亡：同"无"。

(6) 卒：通"猝"。

(7) 厉：通"励"，振奋。

(8) 距：通"拒"。

(9) 奸轨：《集解》郑玄注"由内为奸，起外为轨"。

(10) 册：通"策"。

(11) 柔毅：颜师古注"和柔而能沉毅也"。

(12) 乃者：往时、前者、前次之意。兵革久寝：久无战事。

(13)《春秋》句：《春秋》庄公十八年（前676），"公追戎于济西"。《公羊传》曰"大其未至而预御之也"。

(14) 不虞：意料不到。

尸位素餐，朱云折槛

成帝时，丞相故安昌侯张禹，以帝师位特进(1)，甚尊重。故槐里令朱云上书求见，公卿在前。云曰："今朝廷大臣上不能匡主，下亡以益民，皆尸位素餐(2)……臣愿赐尚方斩马剑(3)，断佞臣一人以厉(4)其余。"上问："谁也？"对曰："安昌侯张禹。"上大怒，曰："小臣居下讪上，廷辱师傅，罪死不赦。"御史将云下，云攀殿槛(5)，槛折。云呼曰："臣得下从龙逄、比干(6)游于地下，足矣！未知圣朝何如耳？"御史遂将云去。于是，左将军辛庆忌免冠，解印绶，叩头殿下曰："此臣素著狂直(7)于世，使其言是，不可诛；其言非，固当容之。臣敢以死相争。"庆忌叩头流血，上意解，然后得已。及后当治槛，上曰："勿易！因而辑之，以旌直臣。"

班固《汉书·朱云传》

【注】

(1) 特进：官名。西汉后期始置，本非正式官名，为引见之称。如成帝时张禹以老病罢，仍以列侯身份朔望朝见，位特进，见礼如丞相。行之既久，渐成加官。以赐列侯中有特殊地位者，朝会时位仅次三公。

(2) 尸位素餐：空占着职位而不做事，白吃饭。语出《朱云传》。

(3) 斩马剑：汉宝剑名，刃利可斩马，藏于皇室，古云尚方斩马剑，即后世的尚方宝剑。

(4) 厉：同"励"，振奋。

(5) 槛（jiàn）：栏杆。

(6) 龙逄、比干：龙逄即关龙逄，夏朝直臣，谏夏桀而死。比干，商朝忠臣，谏纣王而死。

(7) 狂直：疏狂率直。

山东出相，山西出将

秦汉已来，山东出相(1)，山西出将。秦将军白起，郿人(2)；王翦，频阳人(3)。汉兴，郁郅王围、甘延寿，义渠公孙贺、傅介子，成纪(4)李广、李蔡，杜陵苏建、苏武，上邽(5)上官桀、赵充国，襄武(6)

廉褒,狄道辛武贤、庆忌,皆以勇武显闻。苏、辛父子著节,此其可称列者也,其余不可胜数。何则？山西天水、陇西、安定、北地处势迫近羌胡,民俗修习战备,高上[7]勇力鞍马骑射。故《秦诗》曰:"王于兴师,修我甲兵,与子皆[8]行。"其风声气俗自古而然,今之歌谣慷慨,风流犹存耳。

班固《汉书·赵充国辛庆忌传》

【注】

(1) 山东：指函谷关、崤山以东。

(2) 郿：县名。在今陕西眉县东。

(3) 频阳：县名。在今陕西富平县东北。

(4) 成纪：县名。今甘肃通渭东北,今属静宁县。

(5) 上邽：今甘肃天水县西南。

(6) 襄武：县名。今甘肃陇西县。

(7) 上：通"尚",崇尚。

(8) 皆：同"偕"。

五、隗嚣

隗嚣(kúi xiāo)(？—33)，字季孟，陇西成纪(今甘肃秦安)人，新朝末年地方割据军阀，定都天水平襄(今定西通渭)。

遵高祖旧制，修孝文遗德

隗嚣，字季孟，天水成纪人也。少仕州郡。王莽国师刘歆引嚣为士。歆死，嚣归乡里。季父崔，素豪侠，能得众。闻更始[1]立而莽兵连败，乃与兄义及上邽人杨广、冀[2]人周宗谋起兵应汉。嚣止之曰："夫兵，凶事也。宗族何辜[3]！"崔不听，遂聚众数千人，攻平襄[4]，杀莽镇戎大尹，崔、广等以为举事宜立主以一众心，咸谓嚣素有名，好经书，遂共推为上将军。嚣辞让不得已，曰："诸父众贤不量小子。必能用嚣言者，乃敢从命。"众皆曰："诺。"嚣既立，遣使聘请平陵人方望，以为军师。望至，说嚣曰："足下欲承天顺民，辅汉而起，今立者乃在南阳，王莽尚据长安，虽欲以汉为名，其实无所受命，何以见信[5]于众乎？宜急立高庙，称臣奉祠，所谓'神道设教[6]'，求助人神者也。"嚣从其言，遂立庙邑东，祀高祖、太宗、世宗。嚣等皆称臣执事，史奉璧而告。事毕，移檄告郡国："遵高祖之旧制，修孝文之遗德。有不从命，武军平之。驰命四夷，复其爵号。然后还师振旅，申命百姓，各安其所。"

范晔《后汉书·隗嚣传》

【注】

(1) 更始：指更始帝刘玄(？—25)，字圣公，西汉皇室后裔，23年被拥立为更始皇帝，后来消灭了王莽政权，定都长安，不久又被起义推翻，于25年被杀。

(2) 冀：古代为冀戎之地，今甘肃省甘谷县。

(3) 辜：罪过。

(4) 平襄：县名。今甘肃通渭，古代为襄戎，隗嚣割据陇右，定都于此。

(5) 见信：取信。

(6) 神道设教：指利用鬼神迷信作为教育手段。神道，本指天教，即神明之理，后指关于鬼神祸福之说。

六、马援

马援(前14—49),字文渊,扶风茂陵(今陕西兴平东北)人,官至伏波将军,封新息侯,被人尊称为"马伏波",东汉著名军事家。马援曾羁留西州,受到隗嚣器重,被任命为绥德将军。后归光武帝刘秀。

薏苡明珠

初,援在交阯⁽¹⁾,常饵薏苡实⁽²⁾,用能轻身省欲,以胜瘴气。南方薏苡实大,援欲以为种,军还,载之一车。时人以为南土珍怪⁽³⁾,权贵皆望之。援时方有宠,故莫以闻。及卒后,有上书谮⁽⁴⁾之者,以为前所载还,皆明珠文犀⁽⁵⁾。马武与於陵侯侯昱等皆以章言其状⁽⁶⁾,帝益怒。援妻孥惶惧,不敢以丧还旧茔,裁买城西数亩地槁葬⁽⁷⁾而已。宾客故人莫敢吊会。严与援妻子草索相连⁽⁸⁾,诣阙请罪。帝乃出松⁽⁹⁾书以示之,方知所坐⁽¹⁰⁾,上书诉冤,前后六上,辞甚哀切,然后得葬。

范晔《后汉书·马援列传》

【注】

(1) 交阯:亦名交趾,中国西汉至唐朝的郡名,位于今越南北部红河流域。

(2) 饵:动词,吃。薏苡实:薏米。

(3) 珍怪:珍奇罕见的事物。

(4) 谮(zèn):中伤,诬陷。

(5) 文犀:有文采的犀角。

(6) 马武(?—61):字子张,东汉初年将领。协助刘秀建立东汉,是东汉中兴名将,"云台二十八将"中排名第十五。刘秀称帝后,任捕虏将军,封杨虚侯。侯昱:东汉初曾任太仆,历官刺史,建武十三年,侯霸因病去世,袭封于陵侯。建武二十四年曾随马援出征。

(7) 槁葬:草草埋葬。

(8) 严:马严。马援侄。汉章帝朝大臣。草索相连:用草绳连在一起,自缚请罪。

(9) 松：梁松，汉光武帝女婿。曾问候生病的马援，马援认为梁松是晚辈没有回礼，怀恨在心。马援死后，借故陷害马援。

(10) 坐：罪。

聚米为山

八年，帝自西征嚣，至漆(1)，诸将多以王师之重，不宜远入险阻，计尤豫(2)未决。会召援，夜至，帝大喜，引入，具以群议质之。援因说隗嚣将帅有土崩之势，兵进有必破之状。又于帝前聚米为山谷，指画形势，开示众军所从道径往来，分析曲折，昭然可晓。帝曰："虏在吾目中矣。"明旦，遂进军至第一(3)，嚣众大溃。

范晔《后汉书·马援列传》

【注】

(1) 漆：漆县。古县名，秦置，治今陕西彬州市。

(2) 尤(yóu)豫：犹豫，迟疑不定貌。

(3) 第一：指第一城。

马革裹尸

初，援军还，将至，故人多迎劳之。平陵人孟冀，名有计谋，于坐贺援。援谓之曰："吾望子有善言，反同众人邪？昔伏波将军路博德(1)开置七郡，裁(2)封数百户；今我微劳，猥飨(3)大县，功薄赏厚，何以能长久乎？先生奚用相济？"冀曰："愚不及。"援曰："方今匈奴、乌桓尚扰北边，欲自请击之。男儿要当死于边野，以马革裹尸还葬耳，何能卧床上在儿女子手中邪！"冀曰："谅(4)为烈士，当如此矣。"

范晔《后汉书·马援列传》

【注】

(1) 路博德：生卒年不详，西汉武帝朝名将，先后征战岭南，平定叛乱，将海南纳入中国版图，直接管辖。曾受封伏波将军、环离侯。

(2) 裁：通"才"。

(3) 猥飨：猥，谦辞，鄙陋。飨通"享"，享受。

(4) 谅：确实，实在。

七、徐淑

徐淑,东汉人,秦嘉之妻,东汉汉阳郡(今通渭平襄)人。

厉高节于弱志,发明德于暗昧

盖闻君子导人以德,矫⁽¹⁾俗以礼,是以烈士有不移之志,贞女无回二⁽²⁾之行。淑虽妇人,穷慕杀身成义,死而后已。夙遭祸罚,丧其所天⁽³⁾。男弱未冠,女弱未笄⁽⁴⁾,是以俛俛⁽⁵⁾求生。将欲长育二子,上奉祖宗之嗣,下继祖祢⁽⁶⁾之礼,然后觐于黄泉,永无愧色。

仁兄德弟,既不能厉高节于弱志,发明德于暗昧⁽⁷⁾,许我他人,逼我干上⁽⁸⁾,乃命官人,讼之简书⁽⁹⁾。夫智者不可惑以事,仁者不可胁以死。晏婴不以白刃临颈改正直之词⁽¹⁰⁾,梁寡不以毁形之痛忘执节之义⁽¹¹⁾,高山景行⁽¹²⁾,岂不思齐⁽¹³⁾?计兄弟备托学门,不能匡我以道,博我以文,虽曰既学,吾谓之未也。

李昉、李穆、徐铉等《太平御览》卷四百四十一,引杜预《女记》

【注】

(1) 矫:纠正。

(2) 回二:改志,二心。指改嫁。

(3) 夙遭:从前遭遇。天:指丈夫。

(4) 未冠、未笄(jī):未成年。古代男子二十岁行冠礼,算是成人。女子十五岁可以盘发插笄,算是成人。

(5) 俛俛(mǐn miǎn):勤勉,努力。

(6) 祖祢:先祖的庙为祖,父亲的庙为祢。

(7) 弱志:我的志愿。暗昧:蒙昧。

(8) 许我从人:答应别家的求婚,让我出嫁。干上:麻烦上面掌权的人。

(9) 官人:官府的办事者。讼之简书:送出控告书。

(10) "晏婴"二句:春秋时,崔杼弑齐庄公,立景公,威胁诸将军、大夫歃血为盟,不同意的七人陆续被杀。晏婴抗命不屈,理直气壮,崔杼无可奈何。

(11)"梁寡"二句:战国时,梁有女子高行,夫死早寡不嫁,拒绝梁王聘娶,自己以刀割鼻表明守节的志向。

(12)高山景行:"高山仰止,景行行止"的简略,见《论语》,比喻对有德行者的仰慕。

(13)思齐:见贤思齐的简略。

【辨析】

徐淑是东汉末期女诗人。《玉台新咏》最早选注了秦嘉徐淑的诗作,后世才得以了解这一对凄美的爱情诗人。钟嵘《诗品》曰:"士会夫妻事既可伤,文亦凄怨。二汉为五言者,不过数家,而妇人居二。徐淑叙别之作,亚于《团扇》矣。"其人格精神主要表现在:

1. "行谊高卓"。唐刘知几《史通(卷八)·人物》:"观东汉一代,贤明妇人,如秦嘉妻徐氏,动合礼仪,言成规矩,毁形不嫁,哀恸伤生,此则才德兼美者也。董祀妻蔡氏,载诞胡子,受辱虏廷,文词有余,节概不足,此则言相乖者也。至蔚宗《后汉》,传标《列女》,徐淑不齿,而蔡琰见书,欲使彤管所载,将安准的?"明胡应麟《诗薮》云:"汉魏间夫妇具有文词而最名显者,司马相如卓文君,秦嘉徐淑,魏文甄后,然文君改醮,甄后不终。立身大节,并无足取。惟徐氏行谊高卓,然史称夫死不嫁,毁形伤生,则嘉亦非偕老可知。"由此可见,无论钟嵘,还是刘知几、胡应麟,都把秦嘉徐淑与同时代最伟大诗人、最惊心动魄的爱情相比,徐淑绝不逊色于卓文君、蔡文姬,反而是"行谊高卓"。

徐淑勉励丈夫"虽失高素皓然之业,亦是仲尼执鞭之操也"。她引用孔子的事迹来勉励丈夫,用真实行动来实现心中的理想。她在自己生病后,为了不使丈夫"内顾旷职",毅然决然"不告而别"回到故里养病。徐淑《誓书与兄弟》义正词严,体现徐淑贞洁不屈的精神。

2. 藐视名教。

据清严可均《铁桥漫稿·后汉秦嘉妻徐淑传》:"嘉遂行,入洛,寻除黄门郎。居数年,病卒于津乡亭。初,徐生一女,无子,及嘉奉使,淑乞子而养之。寻寡,时犹丰少,兄弟将嫁之,誓而不许。"同样面对兄弟的胁迫,《孔雀东南飞》中刘兰芝的态度是"谢家事夫婿,中道还兄门。处分适兄意,那得自任专!"虽然她内心中十分刚烈,为了爱情"举身赴清池",但是,她除了以死抗争,并无其他。但徐淑却不同,她并没有选择死亡,"男弱未冠,女弱未笄,是以偓促求生。"但她更是为了爱情忠贞。"上奉祖宗之嗣,下继祢祢之礼,然后觐于黄泉,永无愧色"。从汉代的礼法看,已经出嫁的女人,娘家兄弟是没有决定权的,除非像刘兰芝一样,被休回了娘家。"妇人,从人者也;幼从父兄,嫁从夫,夫死从子"。因此,秦嘉亡故后,徐淑有子无子就显得尤为关键。因为徐淑有子则完全可以"夫死从子",不受兄弟"逼嫁"的威逼。另据《礼记·本命》中载:"妇有七去:不顺父母去,无子去,淫去,妒去,有恶疾去,多言去,窃盗去。"焦母迫害刘兰芝用的是第一条。而在秦嘉去世后,徐淑也因为"无子"而被迫再嫁是顺理成章的。徐淑以"乞子"而养来蔑视"名教",并以"礼教"之矛攻"礼教"之盾,反而使自己不依从兄弟意志。

3. 敢于反抗。徐淑维护了尊严,不为胁迫利诱所动,保持了自己爱情的纯真。"许我他人,逼我于上,乃命官人,讼云简书",面对这样险恶的炎凉世态,徐淑却千里奔丧,扶柩故里,独力抗争,守身如玉。她虽然遭遇了丧夫之痛,但她选择的不是对命运的逆来顺受,而是拿起了"礼教"的武器,以"梁寡""晏婴"为楷模,"晏婴不以白刃临颈,改正直之词;梁寡不以毁形之痛,忘执节之义"。爱情专一,婉如秋水;义理庄严,铁骨铮铮。徐淑是我国女性觉醒的先驱,她不是像刘兰芝、班婕妤、杞梁妻等选择了对死亡的"顺从",而是捍卫了作为人的自由、尊严、独立和光荣,更对自己一往情深的爱情进行了理性升华,使封建卫道士颜面扫地,无地自容,只好把这样伟大的"夫妻诗人"剔除在所谓的正史之外。因此,徐淑有蔡文姬的才华,有梁高行的贞操,有刘兰芝的命运,更有杞梁妻的刚烈和勇敢!却不能被士大夫和世俗社会所接受包容。这或许是《后汉书》不给这对夫妻诗人立传,钟嵘突兀说出"夫妻事既可伤,文亦凄怨"的缘由。

徐淑是我国文学史上一位不可忽略的女性诗人。她的反抗触动了士大夫的神经——她对命运的积极反抗是叛逆者的行为。她不仅是秦嘉的知音、贤内助,更是鞭策秦嘉积极上进的一面镜子。她遭遇着与刘兰芝一样的命运,但是,她顽强地捍卫着自己的人格和爱情尊严,不向命运低头,甚至用封建礼教自身的虚伪性,捍卫了自己的情操和尊严。她的《答夫书》千古流传,一对比翼齐飞的恩爱夫妻的事迹;她的《誓书与兄弟》,让一个纯洁、坚强、勇敢的中国女诗人屹立在中华文化的历史长河。

八、庞德

庞德（？—219），字令明，南安郡狟道县（今甘肃陇西）人，汉末三国时期曹魏名将。

宁为国家鬼，不为贼将

侯音、卫开等以宛叛，德将所领与曹仁共攻拔宛，斩音、开，遂南屯樊，讨关羽。樊下诸将以德兄在汉中，颇疑之。德常曰："我受国恩，义在效死。我欲身自击羽。今年我不杀羽，羽当杀我。"后亲与羽交战，射羽中额。时德常乘白马，羽军谓之白马将军，皆惮之。仁使德屯樊北十里，会天霖雨十余日，汉水暴溢，樊下平地五六丈，德与诸将避水上堤。羽乘船攻之，以大船四面射堤上。德被甲持弓，箭不虚发。将军董衡、部曲将董超等欲降，德皆收斩之。自平旦力战至日过中，羽攻益急，矢尽，短兵接战。德谓督将成何曰："吾闻良将不怯死以苟免，烈士不毁节以求生，今日，我死日也。"战益怒，气愈壮，而水浸盛，吏士皆降。德与麾下将一人，五伯二人，弯弓傅矢，乘小船欲还仁营。水盛船覆，失弓矢，独抱船覆水中，为羽所得，立而不跪。羽谓曰："卿兄在汉中，我欲以卿为将，不早降何为？"德骂羽曰："竖子，何谓降也！魏王带甲百万，威振天下。汝刘备庸才耳，岂能敌邪！我宁为国家鬼，不为贼将也。"遂为羽所杀。太祖闻而悲之，为之流涕，封其二子为列侯。文帝即王位，乃遣使就德墓赐谥，策曰："昔先轸丧元，王蠋绝脰，陨身殉节，前代美之。惟侯式昭果毅，蹈难成名，声溢当时，义高在昔，寡人愍焉，谥曰壮侯。"赐子会等四人爵关内侯，邑各百户。会勇烈有父风，官至中尉将军，封列侯。

陈寿《三国志·卷十八·二李臧文吕许典二庞阎传》

九、封衡

封衡(116？—220)，字君达，号青牛道士，陇西狄道(今甘肃临洮)，东汉道士、医学家。

顺其根，契造化

封衡，字君达，陇西人也⁽¹⁾。幼学道，通老庄学，勤访真诀⁽²⁾。初服黄连，五十年后入鸟兽山采药⁽³⁾，又服术⁽⁴⁾百余年，还乡里，如二十许人。闻有病死者，识与不识，便以腰间竹管药与之，或下针，应手立愈。受啬精气⁽⁵⁾，不极视大言。凡图籍传记，无不习诵。复遇鲁女生，授还丹诀及《五岳真形图》，遂周游天下。故山官水神潜相迎伺，而凶鬼怪物无不窜避。人或疑之，以矢刀刺御，皆不能害。常驾一青牛，人莫知其名，因号青牛道士。

魏武帝问养性大略，师曰："体欲常劳，食欲常少，劳勿过极，少勿过虚，去肥浓，节酸咸，减思虑，损喜怒，除驰逐，慎房室，则几于道矣。故圣人春夏养阳，秋冬养阴，以顺其根，以契造化之妙。"

葛洪《神仙传》

【注】

(1) 陇西：郡名，治今甘肃临洮县。

(2) 真诀：妙法，秘诀。

(3) 鸟兽山：四库本及《艺文类聚》卷七十八所引《神仙传》皆作"鸟鼠山"。鸟鼠山一名青雀山，在今甘肃渭源县西。

(4) 术：指白术。

(5) 受啬：义难通，疑当作"爱啬"。

十、李暠

李暠(351—417),字玄盛,小字长生,陇西成纪(今甘肃秦安)人,十六国时期西凉政权建立者,唐朝李氏亦称李暠为其先祖,唐玄宗李隆基天宝二年(753)追尊为兴圣皇帝。

从善如顺流,去恶如探汤

吾自立身[1],不营世利;经涉累朝[2],通否任时[3];初不役智,有所要求,今日之举[4],非本愿也。然事会相驱[5],遂荷州土[6],忧责不轻[7],门户事重。虽详人事,未知天心,登车理辔[8],百虑填胸。后事付汝等。粗举旦夕近事数条,遭意便言[9],不能次比[10]。至于杜渐防萌[11],深识情变,此当任汝所见深浅,非吾敕诫所益也。汝等虽年未至大,若能克己纂修[12],比之古人,亦可以当事业矣。苟其不然,虽至白首,亦复何成!汝等其戒之慎之!

节酒慎言,喜怒必思。爱而知恶,憎而知善。动念宽恕,审而后举。众之所恶,勿轻承信。详审人,核真伪,远佞谀[13],近忠正。蠲刑狱[14],忍烦扰。存高年,恤丧病。勤省按[15],听讼诉。刑法所应,和颜任理,慎勿以情,轻加声色。赏勿漏疏,罚勿容亲。耳目人间,知外患苦。禁御左右,无作威福。勿伐善施劳[16],逆诈亿必[17],以示己明。广加咨询,无自专用。从善如顺流,去恶如探汤[18]。富贵而不骄者,至难也,念此贯心,勿忘须臾。僚佐邑宿[19],尽礼承敬,宴飨馔食,事事留怀。古今成败,不可不知,退朝之暇,念观典籍,面墙而立[20],不成人也。

《晋书·凉武昭王李玄盛传·诫诸子手令》

【注】

(1) 立身:独立做人。

(2) 经涉:经历。累朝:几代王朝。

(3) 通否(pǐ):通,畅达。否,穷,不通。

(4) 今日之举:指定都酒泉事。

(5) 事会:事机。

(6) 荷:承受,承蒙。

(7) 忧责：责任,重任。

(8) 理辔：又作"揽辔",指抓住缰绳。典出《后汉书·范滂传》,原文:"滂登车揽辔,慨然有澄清天下之志。"后来这个典故引申为改革政治以使天下清明的鸿志。

(9) 遭意：随意。

(10) 次比：按顺序排列。

(11) 杜渐防萌：义同"防微杜渐",即防患于未然。

(12) 纂修：指继续修治。

(13) 佞谀：指取悦于他人的小人和势利之徒。

(14) 蠲(juān)：消除；减免。

(15) 省按：审察研究。

(16) 伐善施劳：不夸耀自己的长处和功劳,不把自己的辛苦事和责任推给他人承担。语出《论语·公冶长》：颜渊曰"愿无伐善,无施劳"。

(17) 逆诈亿必：逆诈,事情尚未分明就怀疑别人会欺骗自己。亿,通"臆",臆必,想当然,任意推断。

(18) 从善如顺流：接受他人的意见很愉快和虚心。去恶如探汤：比喻去恶之快捷、神速。汤：滚沸的水。

(19) 僚佐：同僚或辅佐之人。邑宿：县乡的老年尊长之人。

(20) 面墙而立：比喻不学之人,如面对墙壁而立,一无所见。出处《尚书·周官》："不学墙面。"孔安国传："人而不学,其犹正墙面而立。"

十一、辛威

辛威(？—580)，陇西狄道(今甘肃临洮)人，北朝北周将领。少慷慨，有志略。初从北魏名将贺拔岳征伐有功，代辅国将军，赐姓普屯。后归北周文王宇文泰，引为帐内。从擒窦泰，复弘农，战沙苑，皆先登陷阵，勇冠一时。以功晋爵为白土县公，历鄜州、河州刺史。周孝闵帝即位，拜大将军，进爵枹罕郡公。后累进位上柱国，进封宿国公，迁少傅卒。

冒刃冲锋，前无横阵

太祖文皇帝雪旧君之耻[1]，连西伯之功，始裂鸿沟，初登函谷。公擢衣沐发，杖剑辕门。撤洗足而相迎，下宾阶而顾问[2]。自此即居帐内，仍为直寝[3]，授宁远将军、羽林监、白土县开国伯，邑五百户。大统元年，从迎大驾，进爵为侯，增邑三百户，加冠军将军、散骑常侍，转大都督。公善于用兵，长于抚御。自攻洛阳，定弘农，战河桥，平沙苑，冒刃冲锋，前无横阵。况以弦木六钧，函犀七属[4]，门多悬甲，射必中鞍，山积器械，谷量牛马，军吏计功，司勋赏策。授使持节、银青光禄大夫，进爵为公，增邑八百户。昔者受律赤符[5]，韩信当乎千里，治兵白帝，张飞拟于万人。比迹今日，公之谓也。五年，授使持节、都督扬州诸军事、扬州刺史。浮于江海，达于淮泗，涤荡既敷[6]，瑶琨即序[7]。十三年，授车骑大将军、仪同三司，寻迁骠骑大将军、开府，仍赐姓普屯，即为官族。入陪武帐，出总戎韬[8]，置府于阳关，张旃于瀚海[9]，故得上书于汉，即用同宗，争长于周，还无异姓。十六年，授鄜州诸军事、鄜州刺史。公频领两牧，风政神明[10]，虎去西河，枭移东郡。河湄瑞气，特表廉平，鄜祀神光，偏明正直。

庾信《周上柱国宿国公河州都督普屯威神道碑》

【注】

(1) 太祖文皇帝：指宇文泰(507—556)，字黑獭(一作黑泰)，代郡武川(今内蒙古武川西)人，西魏王朝的实际建立者和权臣，也是北周政权的奠基者，西魏禅周后，追尊为文王，庙号太祖，武成元年(559)，追尊为文皇帝。旧君：指西魏文帝，西魏立国之初，与东魏力量悬殊，受到东魏不断侵扰，大统三年(537)秋，沙苑之战后被动局面逐渐得到扭转。

(2) 宾阶：西阶。古时宾主相见，宾自西阶上，故称。

(3) 直寝：官名，宿卫侍从。

(4) 函犀：犀牛皮制的甲。七属：谓用七节甲片联缀而成。

(5) 受律赤符：言信拜大将，受汉符命也。赤符，汉朝的符命。汉为火德，火色赤，故称。

(6) 涤荡既敷：涤荡，冲洗，清除。指消灭敌对势力。敷，普遍。

(7) 瑶琨即序：瑶琨，泛指美玉，比喻美好的功德。即序，就序。

(8) 戎韬：韬略，军事谋略。

(9) 张旃(zhān)：旃，古代一种赤色曲柄的旗，使者出使的标志。在途中不能打开，叫"敛旃"，到达所使国边境后要打开，叫"张旃"。

(10) 风政：教化政治，政绩。

十二、李白

李白(701—762),字太白,号青莲居士,又号"谪仙人",陇西成纪(今甘肃秦安)人,后人誉为"诗仙",与杜甫并称"李杜"。

横被六合,力敌造化

李白,字太白,陇西成纪人,凉武昭王暠九世孙[1]。蝉联珪组[2],世为显著。中叶非罪[3],谪居条支[4],易姓与名。然自穷蝉至舜[5],五世为庶[6],累世不大曜,亦可叹焉。神龙之始[7],逃归于蜀,复指李树,而生伯阳[8]。惊姜之夕,长庚入梦[9],故生而名白,以太白字之。世称太白之精,得之矣[10]。

不读非圣之书,耻为郑、卫之作[11],故其言多似天仙之辞。凡所著称,言多讽兴[12]。自三代已来[13],《风》《骚》之后[14],驰驱屈、宋[15],鞭挞杨、马[16],千载独步,唯公一人。故王公趋风,列岳结轨[17];群贤翕习,如鸟归凤。卢黄门云[18]:陈拾遗"横制颓波,天下质文,翕然一变[19]。"至今朝诗体,尚有梁、陈宫掖之风,至公大变,扫地并尽。今古文集,遏而不行。唯公文章,横被六合[20],可谓力敌造化欤!

李阳冰《草堂集序》

【注】

(1) 李暠:五胡十六国西凉国创建者。

(2) 蝉联:连续相承。珪组:玉圭与印绶。引申指爵位、官职。

(3) 中叶:中期。非罪:无辜的罪名。

(4) 条支:唐代西域地名,包括波斯(安息)的西部边界和部分叙利亚地区。唐朝时所设的条支都督府在今塔吉克斯坦一带。

(5) 穷蝉:穷蝉是上古时代汉族传说中的姑幕国领袖,玄帝颛顼的儿子,帝舜五世祖。

(6) 五世为庶:五世均为平民。这里比喻李白的祖先因谪居条支均未做官。

(7) 神龙:唐中宗李显年号。

（8）复指李树，而生伯阳：伯阳，老子别号。古代传说老子母亲在李树下诞下老子。老子生而能言，指着李树说："以此为我姓。"这里借指李白父亲李客从西域逃归蜀后，恢复李姓，后来生下李白。

（9）惊姜之夕，长庚入梦：此处指李白的母亲临产之夕梦见太白金星。《左传·隐公元年》载郑庄公母亲生庄公时，因难产受惊，故称临产为惊姜。长庚，即金星，亦名太白星。

（10）世称太白之精，得之矣：当时人认为李白器宇轩昂，是太白金星的化身，这话是不错的。

（11）郑卫之作：指《诗经》中《郑风》《卫风》，古人认为其淫靡颓废，泛指不雅正的作品。

（12）言多讽兴：指李白的诗歌有充实的政治内容。讽，用委婉含蓄的话感动别人。兴，寄托事物而抒发感情。

（13）三代：夏、商、周。

（14）《风》《骚》：《风》指《诗经》中的国风，代指《诗经》，《骚》指《楚辞》。

（15）驰驱屈、宋：继承并肩了战国时的优秀诗人屈原和宋玉。

（16）鞭挞扬、马：超过了西汉时期的文学家扬雄和司马相如。

（17）王公趋风，列岳结轨：指当时的王公显贵因仰慕李白风采而与之交游。趋风，羡慕风采而趋附。列岳，唐尧时有四岳，是四方诸侯之长，借指地方大员。结轨，车轨相连，经常往来。

（18）卢黄门：黄门侍郎卢藏用。

（19）"陈拾遗"句：陈拾遗，初唐诗人陈子昂，拾遗是官名。颓波，指六朝时的颓废诗风。质文，内容和文采。翕然，变动的样子。意思是陈子昂竭力扭转六朝颓废诗风，端正了唐诗发展的方向。

（20）横被六合：意思是说，李白的诗歌气魄宏伟，充塞于天地之间。被，通"披"，覆盖。六合，东、南、西、北、上、下。

【辨析】

范传正《唐左拾遗翰林学士李公新墓碑并序》："公名白，字太白。……公之生也，先府君指天枝以复姓，先夫人梦长庚而告祥，名之与字，咸所取象。"

李阳冰《序》说："李白，字太白，陇西成纪人，凉武昭王暠九世孙。"魏颢（唐前进士，曾亲访李白，二人"相见泯合"）《李翰林集序》说："白本陇西，乃放形，因家于绵。"范传正《墓碑说》："公名白，字太白，其先陇西成纪人。绝嗣之家，难求谱牒。"《新唐书》说："李白，字太白，兴圣皇帝九世孙。其先，隋末以罪徙西域，神龙初遁还，客巴西。"这几个重要的叙述，除李阳冰外，都谈的是李白的原籍。

李白《赠张相镐》诗云："本家陇西人，先为汉边将。功略盖天地，名飞青云上。"这是李白对家族的自叙。在唐来说,高祖李渊为李暠七世孙,李白是李渊之后二代。唐宗室世系:"暠子曰歆,歆子曰重耳……虎子曰炳。炳子曰渊,于是代隋而有天下,是谓唐高祖。""白本宗室子",但李白未入其籍,这是因为徙于碎叶后,"流离散落,隐易姓名,故自国朝以来,漏于属籍"。这些反复说明,自汉以来,陇西成纪是李氏之祖籍,他们一脉相承,相继不泯。李白原籍陇西成纪,甚是讲得清楚了。

十三、哥舒翰

哥舒翰(？—757)，突骑施(西突厥别部)首领哥舒部落人，屡破吐蕃，天宝六年(747)，擢授右武卫员外将军，充陇西节度副使、都知关西兵马使、河源军使。天宝十二年(753)八月三十日，进封西平郡王。天宝十三年(754)，又拜太子太保，加实封三百户，兼御史大夫。安史之乱，兵败潼关后被俘，一年后被安庆绪杀害。

发愤折节，仗剑河西

哥舒翰，突骑施首领哥舒部落之裔也[1]。蕃人多以部落称姓，因以为氏。祖沮，左清道率[2]。父道元，安西副都护，世居安西[3]。翰家富于财，倜傥任侠，好然诺，纵蒲酒[4]。

年四十，遭父丧，三年客居京师，为长安尉不礼[5]，慨然发愤折节[6]，仗剑之河西。初事节度使王倕，倕攻新城，使翰经略，三军无不震慑。后节度使王忠嗣补为衙将。翰好读《左氏春秋传》及《汉书》，疏财重气，士多归之。忠嗣以为大斗军副使，尝使翰讨吐蕃于新城，有同列为副者，见翰礼倨[7]，不为用，翰怒，挝杀之[8]，军中股栗[9]。迁左卫郎将。后吐蕃寇边，翰拒之于苦拔海，其众三行，从山差池而下[10]，翰持半段枪当其锋击之，三行皆败，无不摧靡[11]，由是知名。

天宝六载，擢授右武卫员外将军，充陇西节度副使、都知关西兵马使、河源军使。先是，吐蕃每至麦熟时，即率部众至积石军获取之[12]，共呼为"吐蕃麦庄"，前后无敢拒之者。至是，翰使王难得、杨景晖等潜引兵至积石军，设伏以待之。吐蕃以五千骑至，翰于城中率骁勇驰击，杀之略尽，余或挺走，伏兵邀击，匹马不还。翰有家奴曰左车，年十五六，亦有膂力。翰善使枪，追贼及之，以枪搭其肩而喝之，贼惊顾，翰从而刺其喉，皆刭高三五尺而堕，无不死者。左车辄下马斩首，率以为常。

其冬，玄宗在华清宫，王忠嗣被劾[13]。敕召翰至，与语悦之，遂以为鸿胪卿，兼西平郡太守，摄御史中丞，代忠嗣为陇右节度支度营田副大使，知节度事。仍极言救忠嗣，上起入禁中，翰叩头随之而前，言词慷慨，声泪俱下，帝感而宽之，贬忠嗣为汉阳太守，朝廷义而壮之[14]。

刘昫等撰《旧唐书·列传·哥舒翰传》

【注】

(1) 突骑施：中国唐代时期一边远部落，属于西突厥，在当时隶属于安西都护府管辖。

(2) 左清道率：太子东宫属官，左、右清道率掌东宫内外昼夜巡警之事，并统领外府直荡番上者。

(3) 安西：今酒泉市瓜州县，地处甘肃省河西走廊西端，自古以来就是东进西出的交通枢纽，古丝绸之路的商贾重镇。

(4) 倜傥：形容人有才华而言行不受世俗礼节的拘束。好然诺：说到一定能做到。蒲酒：菖蒲酒。

(5) 不礼：轻视，不以礼相待。

(6) 折节：指降低自己身份或改变平时的志趣行为。

(7) 礼倨：傲慢无礼。

(8) 挝(zhuā)杀：击杀。

(9) 股栗：因害怕而双腿打颤，即战战兢兢。

(10) 三行：三个梯队。差池：意外。

(11) 摧靡：犹披靡。风吹到的地方，草木随之倒伏。比喻力量所到之处，什么也阻挡不了。

(12) 积石军：历史地名，唐仪凤二年(677)置，属陇右节度使。驻地在今青海贵德县西十里。

(13) 王忠嗣(706—749)：初名训，祖籍山西太原祁县，后移居华州郑县。唐朝名将。官至河西、陇右、朔方、河东四镇节度使，封清源县公。

(14) 义而壮之：(朝廷上下)认为哥舒翰仗义、豪迈。

野狐向窟嗥

翰素与禄山、思顺不协(1)，上每和解之为兄弟(2)。其冬，禄山、思顺、翰并来朝，上使内侍高力士及中贵人于京城东驸马崔惠童池亭宴会。翰母尉迟氏，于阗之族也。禄山以思顺恶翰，尝衔之(3)，至是忽谓翰曰："我父是胡，母是突厥；公父是突厥，母是胡。与公族类同，何不相亲乎？"翰应之曰："古人云，野狐向窟嗥，不祥，以其忘本也(4)。敢不尽心焉！"禄山以为讥其胡也，大怒，骂翰曰："突厥敢如此耶！"翰欲应之，高力士目翰(5)，翰遂止。十二载，进封凉国公，食实封三百户，加河西节度使，寻封西平郡王。时杨国忠有隙于禄山，频奏其反状，故厚赏翰以亲结之。十三载，拜太子太保，更加实封三百户，又兼御史大夫。

《旧唐书·哥舒翰传》

【注】

(1) 思顺：安思顺，唐蕃将，安禄山之族兄。曾任朔方军、河西军节度使。素与哥舒翰不睦，安禄山叛变后，为哥舒翰构陷，被唐玄宗处死。

(2) 上：指唐玄宗。曾撮合安禄山、安思顺与哥舒翰冰释前嫌。

(3) 衔之：指对哥舒翰怀恨在心。

(4) 野狐向窟嗥，不祥，以其忘本也：突厥谚语，警示人们背叛自己的亲族就会遭受天谴，应对安禄山希望同类相亲之意。

(5) 目翰：对哥舒翰用眼示意。

十四、辛秘

辛秘(757—820),字藏之,陇西(今甘肃陇西)人,唐朝宪宗时官至昭义军节度使,精通礼仪,善书法,谥曰昭。

斩将屠营,武功冠江南

元和皇帝初元年[1],高选刺史[2],公出为湖州。时观察使李锜不奉召[3],举江南六州兵获京口,窥采石,度临江素流,因命心腹将率壮士,高职重贿钩其胆[4],且约曰:"若等当以其日同起,取五刺史[5],欲斩以号令。"在锜镇实多年,交有素,故刺史不得隶兵马。及难作,颜防用李云驱市人举当,一战败走[6]。李素受缚于苏项,钉舡艎[7]。唯公以儒雅[8],贼未急迫,公乃夜起,抚左右曰:"使若等有父母妻子成其家,皆天子恩也,若能随李锜为贼乎?"左右泣曰:"唯公命。"乃开罗城门,收湖下子弟,得人数百,公亲以衣衣之,以食食之。烝里掩出[9],劓垒始呼[10],大战州东,斩将屠营[11],值旦悉先歼,登城号令,中外恬然[12],于是时武功冠江南。锜为之失势就缚。

牛僧孺《昭义军节度使辛公神道碑》

【注】

(1) 元和:唐宪宗的年号。

(2) 高选:选拔。

(3) 观察使:官名,全名观察处置使,查访地方官政绩,设置节度使的地方往往由节度使兼任。李锜:淄川王李孝同的五世孙,永贞元年三月,升为镇海节度使,但解除盐铁转运使一职,实是明升暗降,削减他从中赚钱的机会。元和二年十月起兵造反,一月后兵败被俘,他和儿子李师回被唐宪宗腰斩,终年六十七岁。不奉召:不接受朝廷召唤的命令。

(4) 重贿:贵重的珍宝。钩其胆:收买,壮胆。

(5) 五刺史:指苏州、常州、湖州、杭州、睦州五州刺史。

(6) "颜防"句:颜防,唐书法家,琅耶临沂人,时任常州刺史。李云,颜防门人。颜防用李云计,斩李锜心腹常州镇将李深,传檄苏、杭、湖、睦四州,请同进讨。

(7)"李素"句：李素，时任苏州刺史，李锜谋反，李素率左右兵将与李锜心腹苏州镇将姚志安大战，战败被俘，被钉于船舷献给李锜。苏顼，人名，不详。舡艎(chuán huáng)：船舷。舡，通"船"。

(8)公：指辛秘。

(9)掩出：突然杀出。

(10)劘(mó)垒：靠近敌垒。

(11)斩将屠营：辛秘命令牙将丘知二率领新招募的几百壮士在晚上开城，偷袭李锜心腹湖州镇将赵惟忠大营，杀死赵惟忠。

(12)中外恬然：指城内外秩序井然，百姓安泰。

十五、李氏

李氏，唐常州刺史杨德裔之妻，杨炯伯母。

孟母之风，敬姜之诲[1]

夫人姓李氏，陇西狄道人也，自凉武昭王以后[2]，一门三公，为四海著族，国史家牒详之矣[3]。祖充颖，后周大将军，滑州刺史，流江郡公。考元明，皇朝上仪同、□、□、济三州刺史[4]，成纪县男[5]，出入三朝。剖符分竹[6]，秦陇河济之地人到于今称之，天下士大夫知与不知，莫不想望其风采。

夫人生而纯深，幼而恭敬，长而敦睦，成而和惠[7]。年及初笄[8]，甫归于我。执箕帚，奉舅姑，人不间于其娣姒妾媵之言[9]，闺门之内穆如也[10]。故宗党推其令问[11]，乡闾以为美谈。

东平公守清白之基，逢太平之日，辟命交至[12]，声闻于天[13]，诏征尚书郎，迁御史中丞，出为棣、曹、恒、常四州刺史。夫人辅佐君子，聿修内政。平旦纚笄，则有君臣之严；沃盥馈食，则有父子之敬；报反而行，则有兄弟之道；受期必诚，则有朋友之信：其妇德也如此[14]。历职中外，声名藉甚，和其琴瑟，正其邦家者，夫人与有力焉。盖常喟然而言曰："古者卿之内子为大带命妇，成祭服社而献功，可不勖哉！可不勖哉！"[15]由是服澣濯之衣，躬纺织之事[16]，筐、筥、锜、釜之器，所以执其劳；蘋、蘩、蕰、藻之菜，所以明其德[17]。非夫博文达礼，贞婉听从者孰能与于此乎！

及公乞骸告老，退归初服[18]，夫人年逾耳顺，视听不衰，每献岁发春，日南长至[19]。群从子弟称觞上寿者，动至数十百，未尝不欢言善诱，借以温颜，侃侃焉，訚訚焉，有孟母之风焉，有敬姜之诲焉[20]。维永淳元年秋八月旁死魄[21]，寝疾弥留，终于华阴之望仙里，享年八十有一。冬十一月一日丙辰，迁窆于永丰乡之平原[22]，从先兆也。

——杨炯《伯母东平郡夫人李氏墓志铭》

【注】

(1) 选自清·张维编著《陇右金石录》所收唐·杨炯《伯母东平郡夫人李氏墓志铭》。

(2) 凉武昭王：姓李，名暠，陇西成纪人，前汉将军李广十六世孙，西凉政权建立者，谥曰

"武昭"。

(3)家牒：指旧时家族世系的谱牒。

(4)上仪同：官阶名。

(5)男：封建制度五等爵位的第五等。

(6)剖符分竹：封建时代的帝王在建国之后，就会封赏有功的诸侯将士，将符节剖分为二，君臣各执一半，作为信守的约证，叫做"剖符"。用铜或竹、木制成，上刻有字，亦称"分竹"。

(7)纯深：纯正幽静。恭敬：尊敬长辈，恭在貌，敬在心。敦睦：亲善和谐。和惠：温和仁惠。

(8)初笄：古代女子十五岁，始加笄，见《礼记·内则》。后指女子成年。

(9)妾媵：古代诸侯贵族女子出嫁，以侄娣从嫁，称媵。后因以"妾媵"泛指侍妾。

(10)穆如：恭敬肃穆的样子。

(11)令问：美好的声名。"问"通"闻"。

(12)辟命：征召，任命。

(13)声闻于天：语出《诗经·小雅·鹤鸣》"鹤鸣于九皋，声闻九天"。

(14)纚笄(lí jī)束发加簪。《礼记·内则》："妇事舅姑，如事父母。鸡初鸣，咸盥漱，栉縰，笄总，衣绅……进盥少者，奉盘长者，奉水请沃盥。盥卒，授巾。"栉，梳发；"縰"通"纚"，束发用的布帛。又《女孝经·纪德行章第十》："女子之事夫也，纚笄而朝，则有君臣之严；沃盥馈食，则有父子之敬；报反而行，则有兄弟之道；受期必诚，则有朋友之信；言行无玷，则有理家之度。五者备矣，然后能事夫。"报反：报答反馈。受期：答应的期限。

(15)"古者"句：《敬姜论劳逸》："卿之内为大带，命妇成祭服。列士之妻，加之以朝服。自庶士以下，皆衣其夫。社而赋事，烝而献功，男女效绩，愆则有辟。古之制也！君子劳心，小人劳力，先王之训也！自上以下，谁敢淫心舍力？"内子：古代卿大夫的嫡妻称为"内子"。大带命妇：犹诰命夫人，封建时代受封号的妇人。大带，腰带。卿的妻子要亲自做腰带，贵妇人要亲自做祭服。社，土神，这里指祭祀土神。献功，献上自己的劳动成果。勖：意为勉励。

(16)"服浣濯之衣"句：语出《毛诗正义》，意谓躬检节用，穿洗涤过的旧衣服。亲自从事纺绩劳动。

(17)"筐、筥"句：方称筐，圆称筥。锜(qí)：有三足的锅。釜：无足锅。《左传·隐公三年》："苟有明信，涧溪沼沚之毛，蘋蘩薀藻之菜，筐筥锜釜之器，潢污行潦之水，可荐于鬼神，可羞于王公。"

(18)初服：未出仕时穿的衣服。

(19)献岁发春，日南长至：献岁发春，指过年更岁。日南长至：指冬至日。"日之行天，有南有北，常立八尺之表以候景之短长。夏至之景尺有五寸，日最长而景最短，是谓日北至也""冬至之景一丈三尺,日最短而景最长,是谓日南至也"。

(20) 孟母之风,敬姜之诲:刘向《烈女传》"邹孟轲之母,号孟母。孟子长,学六艺,成大儒之名,君子谓孟母善以渐化,谓孟母知为人母之道,谓孟母知礼而明姑母之道,谓孟母知妇道"。又曰:"鲁季敬姜,鲁季敬姜者,莒女也。号戴己。鲁大夫公父穆伯之妻,文伯之母季康子之从祖叔母也。博达知礼。穆伯先死,敬姜守养。备于教化"。

(21) 旁死魄:旧历初二。旁,近。死魄,《律例志》:"死魄,朔也。生魄,望也。"

(22) 迁窆(biǎn):迁葬。

十六、王德

王德(？—1155),字子华,宋通远军熟羊砦(今甘肃陇西首阳)人,从小生活在战火纷飞的西部边陲,常习骑射,素有报国鸿志,他戎马倥偬,南征北战,与金兵鏖战近30年,坚守着南宋王朝的东部防线,战功卓著,成为彪炳史册的抗金英雄。

枭酋靡万众,精忠贯金石[1]

公讳德,字子华,代为熙河著姓,占籍巩州。(略)公体貌雄伟,少有大志,慷慨喜任侠,不拘细节。世保赐田,习骑射,射必命中。居西陲[2],距虏不远,故虏畏之,莫敢犯塞。

燕云之役[3],诏天下武勇,公求用于熙帅姚公古。时古提军与宣抚折公彦质遇怀、泽间,患谍者多诈,遂遣公往,尽得虏情,斩虏酋一人,持其首还,以功补初等官。古复命公俘生口,将亲诘之。公引十六骑疾驰入上党,手擒伪守姚太师以归。古大警异,谓公曰:"昔傅义阳、班定远之果敢[4],何足拟伦,他日功名当不减二子尔,尔其勉旃[5]。"古罢,力荐之于折,折亦以公勇谊可任,命充前军将官,往解围太原。公击乱敌之支军,斩三级。袭榆次[6],入之。会北邻请盟[7],班师。公西还,充熙河经略司右军将官,时靖康元年冬也。

熙帅遣公率军勤王,诣入援京城,所受永兴帅范公致虚节度,与席忠合军而东。襄汉间剧贼张笞、尚虎,公克平之。闻上践祚[8],公慨然谓所部曰:"今幸王室再造,而军旅方兴,实吾属死难之秋也。"遂引军倍道趋南都[9]。建炎元年夏,诏以隶制置使武僖刘公,充右军将官。

群盗李昱据济南叛,诏武僖进讨,武僖命公行。公临阵,亲枭昱首于万众之中,余党悉降。是冬,击张遇于池阳,走之。(略)

三年春,(略)惟扬震扰,西军或率众还陕,公谓所亲曰:"今国步方艰,而各归保家室,非臣节也。"乃招缉叛亡,奖率吏士,将如东吴。(略)

闻明受之变[10],公愤疾之亟,勒众宵济采石[11]。时武僖守京口,闻公盛兵南渡,遂驰诣建业迎公,谓公曰:"惟扬不守[12],诸军散归,吾独以身从驾济江。上□□控阨江险,迄今师徒不集,公诚耻之。唯公仗义,夜涉长江,来徇国家一日之急,其精忠可谓能贯金石矣。"公举所部属焉。或请公自护其军,公曰:"吾本期靖难,岂乘时邀己欲者乎?"闻者多之。(略)

绍兴元年夏,扬州镇抚使郭仲威跋扈尤甚,密诏生致之[13]。武僖遣公往,公宣言"游徼淮上[14]",至惟扬,仲威来谒,公手擒之于摘星台。于时数万之众,曾不血刃而取,兹皆稀世之功也。

（略）三年夏,武僖宣抚江淮,将移军建业,韩通义悉众奄至京口[15],城中震恐。公谓其下曰:"通义亟来无他,独与吾有隙耳[16]!当身先迎之,用安众心。"左右曰:"今投不测,请以骑从。"公不听,独驰而往。其下白通义,言公且至。初不之信,公入谒帐中,通义怃然为骇曰:"公诚烈丈夫!曩者小嫌,各勿介怀。"因置酒高会,结欢而别。（略）

六年冬,逆豫遣子麟[17],率众寇淝水,有雄吞江淮志。议者欲弃合肥,守巢邑山寨。公怒曰:"逆雏犯顺,将送死于我,今仗国威灵,破之必矣。"于是督军由安丰历谢步,走崔皋于霍邱,溃贾泽于正阳,大败王遇于羊前,覆其众,兹皆敌之骁将。麟以诸将战不利,益军大入,连营抵合肥。武僖出营七里冈,公还援之。上亲洒宸翰[18],嘱公,令悉力捍贼,其词曰:"卿宜竭力,协济事功,副朕平日眷待之意。"公拜命,鸣咽流涕,顾二子曰:"上付托若此,吾父子愿以肝脑涂地!"遂背城力战,公先犯其锋,二子驰突之,所向无前,贼崩溃。麟引数骑亡去,追至寿春,横尸属道,赴淝水死者过半,降数万人,获马数千疋。第功[19],历正侍、通侍大夫,领武康军承宣使。以公战多,遂真拜相州观察使。制曰:"兹属逆雏之猘獗,首提锐旅以荡攘,凡蜂屯而蚁聚,咸电扫以风驱。"列于从班。（略）

十一年春,金人率步骑大入淮淝,江东震动,咸请分兵守江。公曰:"敌远来趋战,强弩末势,当其未定,济师急击,以折其气。若弃淮守江,则唇亡齿寒矣!"遂率所部涉采石,循王督军踵之[20]。至中流,众闻贼盛,莫敢前。公首登岸,约循王明旦会食历阳。循王宿江中,公夜袭历阳,拔之。晨迎循王,悉如公料。又败北军于万岁岭,乘胜克昭关,追至柘皋。酋帅兀术率铁骑十余万,分两隅夹道而陈。公谓诸帅曰:"贼右隅皆劲骑,吾先为破之,遏其奔冲,然后诸军奋击之。"公麾军渡桥,贾勇先登[21],薄其右隅,贼陈动[22]。一酋被铠跃马,指画部队,公引弓一发,酋应弦堕马,叱左右斩其首还。公大呼驰击,贯贼阵,诸军鼓噪乘之,贼大败,辎械被野,俘斩万数,遂复合肥。公振旅还,策勋,制授清远节,词曰:"属狂胡之匪茹,哀丑类以深侵。初豕突于淮壖,寖鸱张于江浒。赖尔先登之勇,遏其方锐之锋,仍兼骑将之任。"循王既拜枢府。十二年,除公建康都帅,遂抚全师。公号令协中,恩威浃下,虽远人修好,不复用兵,其于军政未尝少弛。（略）

战必胜,攻必取,国士无双,诚类乎韩淮阴。求其忠劲特立,抗志不回,过信远甚。其始入潞,擒姚太师械送京师,渊圣皇帝临轩问姚被擒状,言:"亡臣为夜叉所获。"故今天子每以"夜叉"称之。

傅雱《宋故赠检校少保王公神道碑》

【注】

(1) 选自《宋故赠检校少保王公神道碑》,原文较长,选入时有删节。

(2)西陲:泛指西部边疆,因为各朝代版图不同,所以西陲所指的地方也不一样。

(3)燕云之役:指发生在宋徽宗宣和年间的宋辽之战,加速了北宋的灭亡。

(4)傅义阳:即傅介子(?—前65),北地(今甘肃庆阳西北)人,西汉勇士和著名外交家,以功封义阳侯。班定远,即班超(32—102),字仲升,扶风郡平陵县(今陕西咸阳东北)人,东汉时期著名军事家、外交家。

(5)勉旃:努力。

(6)榆次:古称"魏榆",位于山西中部的太原盆地,东与寿阳县、和顺县交界,西同清徐县毗邻,南与太谷县接壤,西北与太原市相连。

(7)北邻:指女真族建立的金。1120年宋金结盟。

(8)践祚:天子即位,靖康二年(1127)五月初一,金兵俘徽、钦二宗北去后,赵构在南京应天府(今河南商丘)即位,改元建炎,成为南宋第一位皇帝。

(9)倍道趋南都:兼程赶往南京应天府。

(10)明受之变:又称刘苗之变、苗刘兵变,建炎三年(1129)由苗傅和刘正彦发动,诛杀宋高宗赵构宠幸的权臣及宦官以清君侧,并逼迫赵构将皇位禅让给三岁的皇太子赵旉。

(11)宵济采石:连夜渡江到达采石矶。采石矶亦名牛渚山,位于今安徽省马鞍山市西南隅,长江东岸。北通南京,南达芜湖,为南京西南屏障,战略要地。

(12)惟扬:维扬,即扬州。

(13)生致:生擒,活捉。

(14)游徼:巡游。

(15)韩通义:抗金名将韩世忠。死后追封通义郡王,故称韩通义。

(16)有隙:有矛盾。宋高宗建炎三年,韩世忠爱将陈彦章欲收编王德部众不成,拔刀刺王德,反为王德所杀,从此与韩世忠结下矛盾。

(17)逆豫:即刘豫(1073—1143或1146),字彦游,永静军阜城(今属河北)人,金朝扶植的傀儡政权伪齐皇帝。

(18)亲洒宸翰:皇帝亲笔书写手诏、御札。

(19)第功:评定功劳等次。

(20)循王督军踵之:循王,抗金名将张俊,死后追封循王。踵之,作为后援。

(21)贾勇:鼓足勇气。

(22)陈:通"阵"。

十七、汪世显

汪世显,巩昌盐川(今甘肃漳县)人。系出汪古族,遂以汪为氏。原仕金,历同知平凉府事、陇州防御使、巩昌府治中、同知。与巩昌府总帅完颜仲德共拒蒙古军。金开兴元年(1232),代为巩昌府便宜总帅。天兴三年(1234),金亡,据地自守。蒙古窝阔台汗七年(1235),归降蒙古,仍守原职。十一年,破开州。十二年,攻重庆。十三年,从阔端攻成都,杀宋蜀帅陈隆之。乃马真后称制二年(1243),为便宜都总帅,领秦、巩等二十余州事。中统三年(1262),追封陇西公,谥义武。延佑七年(1320),加封陇右王。

刈旗斩将,勇压三军[1]

王名世显,字仲明,巩昌人。仕金,以战功擢千夫长,累迁巩昌府便宜总帅。金亡,踰年,始属国朝,仍旧赐金虎符,伐蜀有功。癸卯岁卒,年四十九。

公系出南京徽州歙郡之颍川,贞祐二年,西北觥觥,阶战功起家[2]为千夫长,八转,领同知平凉府事。正大四年,领陇州防御使,进征行从宜,分治陕西西路,调度窘迫,公发家赀,率豪右助边,邻郡效之,军饷以之不绝。六年,以巩昌冲要之地,升巩昌府,改兼治中,转同知兼参议帅府机务。是时,所在残灭[3],饥疫渐臻,公与便宜总帅完颜仲德拥将士吏民出保石门。九年,仲德勤王东下[4],公拜便宜总帅,制旨大约属以社稷为念,公感泣自奋,至于粮械,莫不精赡[5]。明年,京师变[6],郡县风靡,公独为之坚守。越三年,犹按堵如故,而外攻不弛,谓其众曰:"宗祀已矣,吾何爱一死,千万人之命悬于吾手,平居享高爵厚禄,死其分也。余众奚罪? 与其自经于沟渎,姑殉一时之节,孰若屈己以纾斯人之祸乎[7]?"会皇子顿兵城下,率僚佐耆老,持牛羊酒币迎焉。皇子曰:"吾征讨有年,所至皆下,汝独固守,何也?"对曰:"有君在上,卖国市恩之人,谅不可取。"皇子大悦,敕其下丝发无所犯,盖乙未冬十月四日也。旦诣行帐,宠之以章服,职仍故云云。即日南征,鸠士马,截嘉陵,蹴大安,未几凯旋,叠承奖赉[8]。

丙申,备前锋,进次大安,田、杨诸蛮结阵来援。公麾轻骑五百扰之,众乱,首尾不相藉[9],溃走。日暮,南将曹将军潜兵作犄角计,公单骑突之,格杀数十人。黎明军合,殪其主将[10],皇子嘉叹之,赐兵马佩刀。介退语所亲曰:"吾已撤蜀之藩篱,行寝其堂奥矣[11]。"

丁酉春，夜入武信城，灯市帖然⁽¹²⁾，出其不意，全获府库，遂蹂资、普。戊戌，军葭萌之南，都统青涧刘阻山为栅，公选数百骑夺栅而入，多所俘杀，得其辎械，乘胜赴资州，壁垒间识公旗帜，骇怖奔逸，略嘉定、峨眉以归。

己亥秋，俾隶塔海公节制，道险，霖雨阻潦，攀木缘磴，撤开州。闻蜀军列万州南岸，公伺夜伏兵上流，舟北岸以疑之，既而由上流鼓革舟而下，袭破之，追奔直抵夔，公返而搏之，几无噍类⁽¹³⁾。跂巫山，与援军遻，复剿三千余级。比春，分兵掊江引还。及涪州，修浮梁，信宿而办⁽¹⁴⁾，以南道之师环攻重庆，守者开门延敌，他将莫能支，公提戈首入，人服其胆勇，蕲并力以拔其城，会大暑，乃罢。秋，入觐，帝数其功，赐金虎符，公拜谢，曰："实陛下威德所致，臣何预焉。"上乐其知体，首肯者再四。

辛丑，蜀师陈隆之自称百万众，驰书索战，坚壁不出。公晓以祸福，十二日夜，田显缒城效款⁽¹⁵⁾，觉之，公曰："事急矣。"叱梯城入救，军民从显而出者七千余口，获陈隆之，斩之。五日，公领精锐五百捣汉州，州兵三千出战，城闭，尽陷。三日，军毕集，又三日，克之。露布以闻，王击节叹赏，乃赐田显符印。

癸卯春，公且疾，忽被召，即戒首途⁽¹⁶⁾。既见，赐虎符，擢便宜都总帅，手诏抚秦、巩、定西、金、兰、洮、会、环、陇、庆阳、平凉、德顺、镇戎、原、阶、成、岷、叠、西和二十余州，事无巨细，惟公裁决。以忧深责重，疾再作，竟不起。

公器局宏远，天资仁孝，奉养太夫人，斯须靡忘。南征得旨酒，不远数千里载归，以备澌漓⁽¹⁷⁾。处丧不御酒肉，劬劳之日，必致斋荐祭。喜儒术，闻介然之善，应接无少倦。羁人寒士，解衣推食。生馆死殡，各得其所。还自蜀，辇书数千百卷，而图画半之。士卒必同甘苦，如父兄之于子弟，然临阵整肃，无敢干者。悯斯民未辑，刑清役寡，纵不克，犹乃缓期，不至急暴。上下相安，不闻告讦⁽¹⁸⁾。或有牵连，义从宽释。同属异主者，多尽力购聚之。每事先立规程而后处之。及讼庭驿舍，则静若隆平时。休沐对客，命觞雅歌，投壶而已。燕居逸游，若不胜衣。遇敌先登，刈旗斩将，勇压三军，虽古之名将无以加矣。

杨奂《汪义武公神道碑》

【注】

（1）选自元杨奂《汪义武公神道碑》。

（2）西北觭觚，阶战功起家：谓西北动荡不安，凭借战功开始创业。

（3）所在残灭：谓金政权土崩瓦解。

（4）"九年"句：金哀宗正大九年，改元正大元年，是年，完颜仲德帅孤军驰援受到元蒙攻击的汴京。

（5）精赡：精深丰富。

(6) 京师变：天兴二年(1233)金哀宗迁都蔡州(今河南汝阳),三年(1234),金在蒙宋联军夹击下灭亡。

(7) "宗祀"句：宗祀,对祖宗的祭祀。宗祀已矣,谓金朝灭亡。爱：吝惜。自经,上吊自杀。语出《论语宪问》："岂若匹夫匹妇之为谅也,自经于沟渎而莫之知也。"纾祸：解除祸患。

(8) 叠承奖赉(lài)：受到一系列的奖赏。

(9) 不相藉：不能相互照应。

(10) 殪(yì)：杀死。

(11) "吾已"句：藩篱,屏障。行,即将。堂奥,厅堂和内室,这里比喻腹地。

(12) 灯市：唐代始,正月十五夜张灯,至宋代臻于极盛。自腊月末至正月初,民间已有各种奇巧灯彩应市,称为"灯市"。帖然：顺从服气,俯首收敛。

(13) 无噍(jiào)类：噍类：咬东西的动物,指活人。比喻没有一个人生存。典出东汉·班固《汉书·高帝纪》："尝攻襄城,襄城无噍类,所过无不残灭。"

(14) 信宿：两夜。

(15) 效款：效忠,投诚。

(16) 首途：上路,启程。

(17) 滫瀡：指柔滑爽口的食物。

(18) 告讦(gào jié)：指责人过失或揭人阴私,告发。

十八、汪德臣

汪德臣（1222—1259），巩昌盐川（今甘肃漳县）人，赐名田哥，字舜辅。1243 年，父世显卒，袭为巩昌等二十余州便宜都总帅，领兵入蜀。1248 年，从征西羌。1251 年，率部援汉中，再次入蜀，大败宋军。1258 年，从蒙哥攻南宋，转战成都等地。次年，以先锋领兵攻合州钓鱼城，为宋将王坚所阻，单骑至城下说降，宋兵击飞石，受伤病死军中。

一门忠义，烈日秋霜[1]

（德臣）字舜辅，赐名田哥，即忠烈公也。太夫人潘氏所生，幼嗜学，为师门赏识。义武公有子七人，见公性倜傥，有志节，尝以远大是期。十四，遣侍太子，视之如己子，数从田猎，箭无虚发，由是益奇之。

岁癸卯[2]，义武公薨[3]，命袭父爵，佩虎符，时年二十有二。秋，领兵入蜀，拔泸而还。己巳[4]出忠涪[5]，将前军，所向克捷。丙午，攻运山，率其步卒直前，俄飞石毙所乘马，步拔外城，其弟直臣[6]死之。

戊申，讨西羌，越松潘始旋师[7]。公出则前驰，入则殿后，每有功。辛亥夏，蜀将余玠[8]寇汉中，公合诸郡昼夜星驰。玠闻公来，设虚寨而遁。秋九月，先皇帝[9]即位，公直入觐，上稔熟[10]公名，见之喜甚，所陈利病，咸见[11]嘉纳：赐尔易服，俾仍旧职。

壬子春，奉旨城沔州[12]，沔为嘉陵上游，实取蜀漕源，即葺城雉，置官属，刻日就绪。冬，（略）回抵左绵，而云顶[13]南军夜斫公营，觉之，遂杀千余人，生擒百余人以归。进攻隆庆，军复夜出，公与力战，歼焉。闻都元帅火签儿[14]阻剑门，不得前。公从高溪间道夺之，杀伤甚众。及马漕沟遇伏兵，邀[15]我归路，复与之战，又杀数百人，获其统制罗廷鹗[16]。

癸丑，诏公城益昌，诸所屯戍皆听公节制，时今上皇帝为皇太弟，将有事于西南[17]。公入见，首言益昌之事，祈免徭役，捐课税，运粮屯田，为久贮之计，所请悉从。命置行部于巩，设漕司于沔，造楮币[18]，给盐引[19]以通商贩，以贮军储。冬，公奏以兄忠臣[20]摄总府事，使己得专事益昌。于是度地于宝峰，遣弟良臣统率卒千余戍江之南，以为外援。益昌蜀喉，经营之始，百废未完，应援亦寡。然蜀人素惮公威，剑、阆诸州环视而不敢出。

甲寅，春旱，嘉陵水涩，漕运颇艰，诸将议弃之，公尽杀其所乘马，分飨[21]将士，劳[22]之曰："国家以方面付我，有死而已。"遂袭嘉州，得粮二千余石。继略[23]阴平、彰明，而云顶吕达将五千人截战。兵交，擒达，杀千余人，复获粮五千石。寻金牛以陆运，虞关以水运皆至。营田之麦，是岁亦登，食用不匮，众恃以安然。后招逃亡，谨斥堠[24]，行旅通便，市肆翕[25]集，益昌遂为名城。四月，获宋提辖崔忠、郑再生，纵。令持檄[26]谕苦竹守将南清以城降，凡彼之子弟先为我俘者悉归之。城中复有东南戍卒数百，公知其去志，给券纵之，皆感泣而去。其后山寨相继输款[27]者，怀此义也。五月，蜀帅余晦遣都统甘润领兵数万城紫金山，未就，公选精骑衔枚[28]夜突，遂破其栅，斩首万余级，溺死者不胜计，润仅以身免。

乙卯春，蜀将焦达领兵饷[29]苦竹，公战败之，悉获所送资粮。十月，军二万复至，又败之，获粮百余艘凯还，人以为神。（略）

戊午，上亲征，次汉中，公朝于行在[30]。初，诸路军立成都，猝为南人所围。都元帅纽璘索援于公。公遣将赴之，与诸将约曰："先破敌者，奏领此城。"既为我军首溃其围，奏闻，诏："籍记之，江南事定，当以付汝。"冬十月八日，驾幸益昌，驻跸[31]于北山。周览城郭，问："未降山寨去此几何？"公奏："东有巴州，西有大获、长宁，南有剑门、阴平，皆相距不远。"上曰："使来，皆云汝立利州，今朕亲见在敌中，汝身虽小，胆若山大。"问："敌兵曾薄[32]汝城否？"公奏："仗陛下洪福，未尝一来。"上曰："彼畏尔威名耳。"赐以金币，勒功[33]于石。驾临江滨，见嘉陵、白水交汇，势甚湍急，问："用船几何？"公奏："大军百万，难于运济，当别议规画。"即令鸠工[34]，架舟为梁，一夕而办。上至，顾谓诸王曰："汪总帅言不虚发，今济大江，如履平地。"赐白金三十斤，将佐金帛有差[35]。仍命刻石江滨，以纪其事。（略）

公忽微疾，上对诸王劳之曰："尔疾，皆为我家。"左持葡萄酒，右执御玉带，曰："饮我所饮，佩我所佩，应厥疾早瘳[36]。"公泣对曰："昨已蒙赐金带，复赐玉带，愿以前赐分遗[37]同事忽剌术。"上曰："他人宁肯相让？"诏从之。公奏遣人檄谕龙州将守，王德新遣亲信诣公云："能活一郡生灵，即当效顺。"公奏，受其降。十有一月八日，进攻长宁，拔之，意欲分其众，公奏曰："负固不服，罪在守臣，其众何辜？"止执王佐父子戮之。

车驾顺流东下，诏以公为御前先锋，凡有新附城寨诸事，听直入奏。至大获山，宋军出护水门，公夺之，是夜，守将扬大渊遣子祈活数万人命，公引之御榻，为之请。诘旦，大渊等率众以降。大渊尝害所遣使，时欲罪之。公请曲赦，以劝来者，制可。继，运山张大悦迎降，公引见之，吏民安堵[38]。清居、大梁亦望风来附，遂抵钓鱼山。

其将王坚素恃江险，公力战，夺战船数百余艘，杀伤不可计，公遣人谕以祸福，攻围凡五月不下，公指心自誓曰："吾家累世受恩，常怀不能报，今乘舆所至，诸城风靡，独此旅拒，捐躯图报，正其时也。"单骑逼城下，名呼坚曰："我来，欲活汝一城军民耳。"语未既，几为飞石所中。公遂感疾，上遣使问劳，诏还巩昌。公辞曰："陛下以万乘之尊，犹冒暑寒，臣待罪戎行，死复何惮！"又遣丞相兀贞赐汤剂,以缙云山寺高爽,命往居之。公虽卧病,见山多大木,犹命工度材造舟,为东下计。俄以疾薨,实己未六月二十一日也,春秋三十有八。上闻,拊髀⁽³⁹⁾叹惋,如失左右手,遣军护丧归葬。(略)巩昌吏民出迎者莫不哀恸。(略)

其年十月葬于古漳附祖茔⁽⁴⁰⁾也。中统壬戌,嗣子惟正请于朝,追封陇西公,谥曰"忠烈"。

公天资颖悟,见善明,用心刚,事无巨细,裁决适宜。握兵十七年,未尝妄杀,宽厚和易,有长者风。孝于亲友,兄弟辑睦,宗族一无间言。轻才乐施,爱恤军民,将士僚佐有疾故,必亲问吊,未尝以富贵骄人。至其莅众驭下,小有弗谨,不加以辞色。凡出师,与士卒同甘苦,遇攻战,则率将校先登,故人乐为用。士类入幕中者,多所拯拔,虽在军旅,数引儒生诵说经史,每于宾客宴会,必使尽欢。事有关于君国,则夙夜无寐,焦心劳思,故年未强而鬓发斑白。

初,南征过剑门,呼母弟翰臣,悉以前后玺书畀⁽⁴¹⁾之曰:"巩昌路已付良臣,府事汝其任之。吾家世受国恩,死其分也。忠孝不两全,倘得死所,汝兄弟善事母太夫人,无俾贻忧。"言讫,跃马就道。观公此言,可谓奋不顾身,志于殉国者矣。公之兄殁于副都统帅,弟直臣殁于中翼总领,佐臣殁于奥鲁都总领,良臣军前便宜都总帅,翰臣摄其职,清臣率巩昌。兄弟七人殁于王事者半,可谓忠义一门,虽卫青之于汉,卞壶之于晋,宜无少让。(略)

《汪忠烈公神道碑》

【注】

(1) 选自清·张维编著《陇右金石录·(王鹗)汪忠烈公神道碑》,有删节。

(2) 癸卯:即1243年。

(3) 薨:死。《说文解字·死部》"薨,公矣(侯)卒也。"

(4) 己巳:即1245年。文中此干支纪年法多次出现,不一一赘述。

(5) 忠涪:忠州(今重庆忠县)、涪州(今重庆涪陵)一带。

(6) 直臣:汪直臣,汪世显三子,汪德臣弟。随汪德臣部与南宋兵决战于运山(今四川苍溪运山镇),在攻城中阵亡。

(7) "戊申"句:汪德臣奉命讨伐西羌,他率部越川北荒原,抵松潘,击退羌人而还。戊申,1248年。

(8) 余玠(?—1253):字义夫,号樵隐,蕲州(今湖北蕲春东北)人,南宋名将。

(9) 先皇帝:指孛儿只斤·蒙哥(1209—1259),蒙古帝国大汗,史称"蒙哥汗",1251至1259年在位,为元太祖成吉思汗之孙、拖雷长子,其四弟即元世祖忽必烈。

(10) 稔(rěn)熟:熟悉。

(11) 咸:全,都;见:被。

(12) 城:用如动词,修城。沔(miǎn)州:今陕西略阳。

(13) 左绵：即绵州，在成都东北面，古人以左为东，故名左绵。云顶：山名。

(14) 火签儿：即火鲁赤，蒙古将领。

(15) 邀：阻截，阻击。

(16) 罗廷鹗：南宋将领。战斗中，遭汪德臣擒获，汪也因此威震川北。

(17) 时今句：上皇帝，指忽必烈。有事，指军事，即用兵。时值忽必烈进兵大理。

(18) 楮（chǔ）币：指宋、金、元时发行的"会子""宝券""交子"等纸币。因楮皮可造纸，一般称纸为楮，故有此名。又称楮券。《宋史·席旦传》："蜀用铁钱，以其艰于转移，故权以楮券。"

(19) 盐引：古官府在商人缴纳盐价和税款后，发给商人用以支领和运销食盐的凭证。

(20) 忠臣：指汪忠臣。德臣兄，汪世显长子。良臣：指汪良臣。德臣弟，汪世显四子。

(21) 飨（xiǎng）：用酒食慰劳。

(22) 劳：用语言慰问。

(23) 略：攻占。

(24) 斥堠：原指中国古代军中职事。斥：度，远近。堠：古代道路计程器，一种立于道路右侧用于计算里程的绿色小方碑，每五里立一堠。先秦以前，斥堠专门负责巡查各处险阻和防护设施，候捕盗贼。秦汉以后，称远出哨探敌情的侦察兵为斥堠，亦作"斥候"。此处用如动词。

(25) 翕（xī）集：聚集。

(26) 檄（xī）：古代用以征召或声讨的文书。

(27) 输款：犹投诚。《太平广记》卷一九二引唐·胡璩《谭宾录·马勋》："其将张用诚阴谋叛背，输款於李怀光。"

(28) 衔枚：古代秘密行军时口中衔着枚，以防出声，被人发觉。枚：士卒口衔用以防止喧哗的器具，形如筷子。

(29) 饷：古指军粮及军队的俸给。此处用如动词，指押送军饷。

(30) 行在：指天子（蒙哥汗）巡行所到之地。

(31) 驻跸（bì）：古时帝王后妃出行，途中暂停小住。

(32) 薄：通"迫"，逼近，接近。

(33) 勒功：把记功文字刻在石上。亦指建立功勋。汉·司马相如《封禅文》："勒功中岳，以章至尊。"又明·徐熥《送李太守擢宪滇南》诗："他日勒功留片碣，点苍如黛石嵯峨。"

(34) 鸠工：聚集工匠。

(35) 有差：不一，有区别。

(36) 瘳（chōu）：病愈。汉·许慎《说文解字》："疾愈也。"

(37) 遗（wèi）：馈赠。

(38) 安堵：安居，安定。汉·司马迁《史记·田单列传》："即墨即降，愿无虏掠吾族家妻妾，令安堵。"

(39)拊髀(fǔ bì)：以手拍股。表示激动、赞赏等心情。语出自《庄子·在宥》："鸿蒙方将拊髀雀跃而游。"文中，犹言痛惜之情。

(40)注：此汪氏一族籍巩昌盐川（今甘肃省定西市漳县），境内有漳水。德臣逝后归葬于祖坟，因有此句。

(41)畀(bì)：给，给予。

十九、汪惟正

汪惟正(1242—1285),元巩昌盐川(今甘肃漳县)人,字公理,汪德臣子。袭父爵为巩昌便宜都总帅,守青居山。缚杀叛人乞台不花等。世祖中统三年,又平部长火都叛。至元间,在蜀与宋军作战,屡捷。十四年,藩王土鲁叛于六盘,副别速带击败之,擒土鲁。官至陕西行中书省左丞。

屡战屡捷　政清事简

公讳惟正,字公理,忠烈公之冢嗣[1]。自幼入小学,记诵超凡儿。既长,喜收书,蜀中得图书数万卷,一贮于巩昌私第,一贮于蓼川别墅[2],时共文士抽绎古今理乱,将相始终得失,兵家战阵、奇正、孤虚、风角[3],若指诸掌。每出猎,部勒从骑,为备扬倚伏之状,识者咸谓:后必能为国之爪牙[4]。(略)

庚申,今上即位,建元中统[5]。立陕西、四川宣抚司,治长安。是年,公真授巩昌等二十四处便宜都总帅。

初,宪宗[6]以大将军浑都海守六盘山,骑兵二万;以大将乞台不花守青居,兵数千。至是,六盘山叛将北归,宣司[7]方并秦陇兵追袭,未克。甘凉已嚣然。继闻乞台不花有异志,宣司遣使与公计,密图之曰:"六盘、青居,实相表里,彼既先叛,此若外应,一旦协诸军叛乱,蹂汉中,出散关,秦力不支,以重朝廷西顾之忧,公将奈何?"公毅然曰:"速则有济,议决矣!"是夜,遣力士缚乞台不花帐中,缢杀之。后果得反状。上嘉其功,东川军事悉以委公。二年,公始入朝,赐甲胄、宝鞍。又明年,诏公还于巩昌。

巩昌西有火都者,部长也,刚狠不检,为巩民患有素。乘六盘之乱,亦以部兵叛,狐疑犹豫,去留未决,旁掠西民,咸被其害。公曰:"彼犬也,狂啮方疾[8],且觇[9]我境内,当与之战耳。苟不利,城邑为墟,陇右不靖[10],为胜之以不战耳。"大征兵踵[11]之,不与战。彼欲休,我则扰之;彼欲战,我则避之。延两月,涉千里,彼食乏,势日蹙[12]。公曰:"可矣!"屡战屡捷,彼遂寠。先遣三十人约降,公以二十人留,令十人还报火都,曰:"可速来!"因潜兵蹑其后,彼不意兵倏至,擒火都杀之,西人始安。(略)

皇子安西王[13]既胙土[14]秦蜀,因巩人之思公,乃召公还。十四年冬十月,诏王北伐。明年春,公方禀事王相府,藩王土鲁叛于六盘。王相府以安西监郡别速带领兵数千而西,以公为副。监郡不闲[15]兵事,军行乱次。越三日,公曰:"兵不可以无律也。"始正部曲[16],阵击刁斗,设营卫,监郡倚公为重。抵平凉,先以檄征巩兵,是时至者八十人,皆健斗者。公曰:"得此足用,吾无忧矣!"至六盘,叛者据西山。分安西兵为左、右翼,独以巩兵居中。前,未至里许,皆下马,持弓矢。公方与督战,中贵[17]上食,中贵变色辞谢,公曰:"无恐,第观士战。"彼遣百骑突我,公令曰:"引[18]满毋发!"将及,公又令曰:"视必中而发!"又渐逼,众矢齐发,饮镞者三之一焉,驰还。公麾兵逐之,争走险。我登则彼下,我下则彼登。三逾山而北,追至武延川,之萧河,生擒叛将燕只哥,继获土鲁。安西王至自北伐,公迎拜道左,王枚数其功以劳之,曰:"今日始知总帅矣!"大宴王府,论功行赏。授公金尊、金杯、貂裘,饮以卮酒。执事赞曰:"赏公也,毋拜!"致公位诸将上,衣貂,将就位,始再拜于王,礼也。明日,公启禀王妃曰:"臣有母,曩者[19]之战,以兵寡不敌为臣忧。战而报捷,昨已辱上赐,不识老母能沾其恩否?"妃曰:"汝克忠我家,我宁不念而母耶?"赐珠络帽衣。公入谢,妃曰:"汝母福人,有子如是,故得皇家儿妇制衣,持归,寿尔母。"

上召公来朝,比至京师,遣使者数辈速其至。及见,赐享,推玉食[20]以食之。赐白金五千两,锦衣一袭,授金吾卫上将军,开城路宣慰使。十七年,授龙虎卫上将军,拜中书左丞,行秦蜀中书省事,治长安。去蜀远,虞[21]缓急失事宜。皇太子召公议,乃分政入蜀。公乞效边陲,优诏不允,上赐白玉带,皇太子亦赐锦衣。蜀自被兵残,民无完户,居荒山野草间,一闻马嘶,惊畏如雷震,辄卷衣被逃避。公叹曰:"沃野良田,耕凿茸旧者无几,何以为治?"乃下令禁:官吏军士,侵扰者抵罪。政清事简,蜀人便之。迁资德大夫,仍旧职。

二十二年,复授陕西、四川行中书省左丞,还治长安。公朝上都,感腹疾,上遣医赐药,尚膳赐食。疾稍平,条奏数事,上皆嘉纳焉。乃西归。八月,至华州,疾复剧。弟惟能、惟和在侧,公谓曰:"我将不起,祖妣、吾父,不得终养,吾母又如是,可恨[22]已。"他事皆不及,薨。实二十有九日也,享年四十四。十一月初四日,归葬巩昌盐川之祖茔,礼也。(略)

上闻公薨,嗟惜久之,命太常谥曰"贞肃"。

《贞肃公汪惟正神道碑》

【注】

(1) 冢嗣:嫡长子。出自《国语·晋语三》:"十四年,君之冢嗣其替乎?"

(2) 蓼川别墅:不确证。较普遍的观点认为在今武山县温泉乡(今汪家塄干新旧庄)或"关下"(今观儿下)。

(3) 此句主要列举汪氏所藏书的类别。奇正,古兵法术语,出自《孙子·势》。孤虚,古方术用语,即计日时,以十天干顺次与十二地支相配为一旬,所余的两地支称之为"孤",与孤相对者为"虚"。古时常用以推算吉凶祸福及事之成败。风角,古占卜之法,以五音占四方之风而定吉凶。

(4) 爪牙：原指动物的尖爪和利牙。古代是得力帮手之义，一般指武臣、武将，属于褒义。汉·班固《汉书·李广传》："将军者，国之爪牙也。"

(5) 庚申：1260年。今上：指元世祖忽必烈。

(6) 宪宗：指元宪宗蒙哥。

(7) 宣司：即宣抚司。

(8) 啮(niè)：咬，犹侵扰。方：正。疾：急剧，猛烈。

(9) 觇(chān)：窥视。

(10) 靖：平定，安定。

(11) 踵：用如动，追逐，尾随。

(12) 蹙(cù)：通"蹴"，紧迫，有局促不安之意。

(13) 安西王：忙哥剌，忽必烈三子。

(14) 胙(zuò)土：指帝王将土地赐封功臣宗室，以酬其勋劳。

(15) 不闲：不娴熟，不精通。

(16) 部曲：古代军队编制单位，大将军营五部，校尉一人；部有曲，曲有军候一人。此处借指军队。

(17) 中贵：即中官、宦官，泛指皇帝宠爱的近臣。

(18) 引：拉弓（射箭）。

(19) 曩(nǎng)者：以往，从前。

(20) 玉食：珍贵的饮食，此指君王所赐之食。

(21) 虞：预防，防范。

(22) 恨：遗憾，后悔。汉·司马迁《史记·萧相国世家》："臣死不恨矣！"

二十、郭虾蟆

郭虾蟆(1192—1236),又名郭斌。会州(今甘肃会宁)人。金朝名将,金宣宗时,与其兄郭禄大以善射从军。禄大因军功卓著,被遥授同知平凉府兼会州刺史,赐姓颜盏,镇守会州,虾蟆随兄军中。后屡立战功,得金哀宗重用。金亡后三年,郭虾蟆仍旧困守孤城,战到最后,自焚而死。

汝帅若欲背国家,任自为之,何及于我?

郭虾蟆,会州人⁽¹⁾。世为保甲射生手,与兄禄大俱以善射应募。兴定初,禄大以功迁遥授同知平凉府事、兼会州刺史,进官一阶,赐姓颜盏。夏人攻会州,禄大遥见其主兵者人马皆衣金,出入阵中,约二百余步,一发中其吭,殪之。又射一人,矢贯两手于树,敌大骇。城破,禄大、虾蟆俱被擒。夏人怜其技,囚之,兄弟皆誓死不屈。朝廷闻之,议加优奖,而未知存没,乃特迁禄大子伴牛官一阶,授巡尉职,以旌其忠。其后兄弟谋奔会,自拔其须,事觉,禄大竟为所杀,虾蟆独拔归。上思禄大之忠,命复迁伴牛官一阶,遥授会州军事判官,虾蟆遥授巩州钤辖。会言者乞奖用禄大弟,遂迁虾蟆官两阶,授同知兰州军州事。

兴定五年冬,夏人万余侵定西,虾蟆败之,斩首七百,获马五十匹,以功迁同临洮府事。元光二年,夏人步骑数十万攻凤翔甚急,元帅赤盏合喜以虾蟆总领军事。从巡城,壕外一人坐胡床,以箭力不及,气貌若蔑视城守者。合喜指似虾蟆云:"汝能射此人否?"虾蟆测量远近,曰:"可。"虾蟆平时发矢,伺腋下甲不掩处射之无不中,即持弓矢伺坐者举肘,一发而毙。兵退,升遥授静难军节度使,寻改通远军节度使,授山东西路斡可必剌谋克,仍遣使赏赉,遍谕诸郡焉。

是年冬,虾蟆与巩州元帅田瑞攻取会州。虾蟆率骑兵五百皆被赭衲,蔽州之南山而下,夏人猝望之以为神。城上有举手于悬风版者,虾蟆射之,手与版俱贯。凡射死数百人。夏人震恐,乃出降。盖会州为夏人所据近四年,至是复焉。

正大初,田瑞据巩州叛,诏陕西两行省并力击之。虾蟆率众先登,瑞开门突出,为其弟济所杀,斩首五千余级,以功迁遥授凤翔府事、本路兵马都总管、元帅左都监、兼行兰、会、洮、河元帅府事。六年九月,虾蟆进西马二匹,诏曰:"卿武艺超绝。此马可充战用,朕乘此岂能尽其力。既入进,即尚厩物也,就以赐卿。"仍赐金鼎一、玉兔鹘一,并所遣郭伦哥等物有差。

天兴二年,哀宗迁蔡州,虑孤城不能保,拟迁巩昌,以粘葛完展为巩昌行省。三年春正月,完展闻蔡已破,欲安众心,城守以待嗣立者,乃遣人称使者至自蔡,有旨宣谕。绥德州帅汪世显者亦知蔡凶问,且嫉完展制己,欲发矫诏事,因以兵图之,然惧虾蟆威望,乃遣使约虾蟆并力破巩昌。使者至,虾蟆谓之曰:"粘葛公奉诏为行省,号令孰敢不从。今主上受围于蔡,拟迁巩昌。国家危急之际,我辈既不能致死赴援,又不能叶众奉迎,乃欲攻粘葛公,先废迁幸之地,上至何所归乎。汝帅若欲背国家,任自为之,何及于我。"世显即攻巩昌破之,劫杀完展,送款于大元,复遣使者二十余辈谕虾蟆以祸福,不从。

甲午春,金国已亡,西州无不归顺者,独虾蟆坚守孤城。丙申岁冬十月,大兵并力攻之。虾蟆度不能支,集州中所有金银铜铁,杂铸为炮以击攻者,杀牛马以食战士,又自焚庐舍积聚,曰:"无至资兵。"日与血战,而大兵亦不能卒拔。及军士死伤者众,乃命积薪于州廨,呼集家人及城中将校妻女,闭诸一室,将自焚之。虾蟆之妾欲有所诉,立斩以徇。火既炽,率将士于火前持满以待。城破,兵填委以入,鏖战既久,士卒有弓尽矢绝者,挺身入火中。虾蟆独上大草积,以门扉自蔽,发二三百矢无不中者,矢尽,投弓剑于火自焚。城中无一人肯降者。虾蟆死时年四十五。土人为立祠。

《金史·列传第六十二·忠义四》

【注】

(1)会州:今甘肃会宁县。明清以来,辖于巩昌府,1949年后归定西行署,二十世纪八十年代,划归白银市。

二十一、赵安

赵安,狄道(今甘肃临洮)人,明朝官员。

常以遐逸,怀其艰难;常以戒惧,保其富贵[1]

维正统五年岁次庚申七月辛丑朔越二十二日壬戌,皇帝制曰:人臣以忠事为贤,人主以褒功为明,此古今之通义也。尔左军都督府都督同知赵安,以刚勇果毅之资,事我皇曾祖,多效劳勤。继事皇考,益著边功。朕嗣大位,适西鄙未靖[2],命尔整饬边防,率师备御,乃能抒忠奋勇,斩馘[3]俘虏,厥绩茂焉。朕用尔嘉,特授奉天翊卫宣力武臣,特进荣禄大夫[4]、柱国,封会川伯,食禄一千石。乃与尔誓:除谋逆不宥,其余若犯死罪,免尔壹死。于乎[5]!位不其骄,禄不欺移,其益逊乃志[6],持乃禄。朕无忘尔功,尔亦无忘朕训,常以遐逸[7],怀其艰难;常以戒惧,保其富贵。慎哉!钦哉!惟克永世。

《明英宗赐会川伯赵安丹书铁券文》

【注】

(1)本文选自明英宗赐会川伯赵安丹书铁券文。丹书铁券:古代帝王赐给功臣世代享受优遇或免罪的凭证。文凭用丹书写铁板上,故名。为了取信和防止假冒,将铁券从中剖开,朝廷和诸侯各存一半。本文是明英宗赐给会川伯赵安的丹书铁券,也是甘肃现存的皇帝所赐的唯一一件免死铁券。

(2)西鄙未靖:指西边边境未得安宁。

(3)斩馘:即斩杀敌人。馘,古代战争中割取敌人的左耳以计数献功。

(4)特进荣禄大夫:明代官职名。明文散官正一品初授特进荣禄大夫,升授特进光禄大夫。特进,特予晋升。

(5)于乎:呜呼。

(6)其益逊乃志:其,语气词,表示希望。益逊乃志,使你的心志更加谦逊。

(7)遐逸:闲散安逸。

【辨析】

　　《赵氏家谱》记载,会川赵氏土司建置自明代赵安始,经明、清、民国三朝代,历时486年。土司接传,多为子袭父职,如无子,侄男继嗣。赵氏土司袭传19代,其行政机关就设在今渭源县会川镇。在当时省、道两级的隶属下,形成了特殊的军政组织,辖制封土领域,统理藏汉军民,以巩固边防,维护皇权。其家族以会川伯赵安为荣,在皇赐铁券的感召激励下,报效朝廷,镇守西部边陲,功绩显著。其中二代土司赵英(赵安长子)袭职,镇守凉州,屡建边功,特升世袭土司指挥使。其子赵铉袭职,镇守永昌,功绩卓著,边界安靖。十八代土司赵元铭于清光绪十九年(1893)袭职,因作战勇敢,以功赏加二品衔,并授予"巴图鲁"的称号。十九代土司赵柱,民国四年(1915)六月袭职。民国十五年(1926),甘肃督办刘郁芬实施"改土归流",取消土司,从此土司制宣告取消。纵观家族史,赵氏后代没有因为家藏"免死铁券"而居功自傲,而是鞠躬尽瘁、忠心耿耿地为朝廷效力,治理辖域军政事务,备受当地藏汉军民尊崇,在甘、青土司中威势显赫,同时也得到了各朝代的信任。

　　明英宗朱祁镇两次称帝,先后使用过正统、天顺两个年号。明朝时甘、青一代隶属陕西,今甘肃会川和青海民和相距不远。甘肃会川的这枚铁券是正统年间被赐予的,而青海的那枚是天顺年间,两枚铁券被赐予的时间相差18年。铁券实物展现给我们的是一个家庭由独立的吐蕃政权到部族统领,然后再演变为世袭土司的历史踪迹。对于甘肃来讲,这枚铁券存续下来,还有另一番意义。甘肃历来战事不断,再加上民国二年的那次人为毁档,明肃王旧档基本无存,铁券文字反映的事实就更加珍贵了。

二十二、赵荣

赵荣(？—1475)，字孟仁，甘肃通渭(今甘肃通渭县义岗川悠江铺)人，明代工部尚书兼大理寺卿。

壮士同我讨罪[1]

赵荣，字孟仁，其先西域人。元时入中国，家闽县。舅萨琦，官翰林，从入都，以能书授中书舍人。正统十四年十月，也先拥上皇至大同[2]，知府霍瑄谒见，恸哭而返。也先遂犯京师，奉上皇登土城，邀大臣出迓。荣慨然请行。大学士高谷拊其背曰："子，忠义人也。"解所佩犀带赠之，即擢大理右少卿，充鸿胪卿。偕右通政王复出城朝见，进羊酒诸物。也先以非大臣，遣之还，而邀于谦、石亨、王直、胡濙出。景帝不遣。改荣太常少卿，仍供事内阁。景泰元年七月擢工部右侍郎，偕杨善等往。敕书无奉迎语，善口辩，荣左右之，竟奉上皇归。进左侍郎。

行人[3]王晏请开沁河通漕运，再下廷议，言不便，遣荣往勘。还，亦言不便。寻奉敕会山东、河南三司相度河道。众以荣不由科目，慢之。荣怒，多所挞辱，又自摄衣探水深浅。三司各上章言荣单马驰走，惊骇军民，杖伤县官，鬻廪米多取其直[4]。抚、按[5]薛希琏、张琛亦以闻。章下治河金都御史徐有贞核奏。法司言，荣虽失大体，终为急于国事，鬻米从人所为。诸臣侮大臣，抗敕旨，宜逮治，希琏、琛亦宜罪。帝令按臣责取诸臣供状，宥之[6]。

天顺元年进尚书。曹钦[7]反，荣策马大呼于市曰："曹贼作逆，壮士同我讨罪。"果有至者，即率之往。贼平，英宗与李贤言，叹荣忠，命兼大理寺卿，食其俸。七年以疾罢。成化十一年卒。赐恤如制。

《明史·卷一百七十一·列传第五十九》

【注】

(1) 本文选自《明史·卷一百七十一·列传第五十九》。

(2)"正统"句：正统十四年六月，蒙古瓦剌部首领也先大举进兵明境，明英宗朱祁镇在宦官王振的怂恿下，不顾群臣劝阻，七月明英宗令皇弟朱祁钰留守，亲率大军出征。明军大败，明英宗被俘。于谦等拥立朱祁钰为帝,坚决抵抗。十月十一日,也先挟持英宗进犯北京,列阵西直门外,把英宗置于德胜门外空房内,企图迫使明军献城,遭到拒绝。当晚发生激战,也先失败。也先假托放回英宗,诱使于谦迎驾,被于谦识破,派王复、赵荣赴瓦剌军营见英宗。

（3）行人：官名,掌接待诸侯及诸侯之上卿之礼。

（4）鬻：卖。廪米：指官府按月发给在学生员的粮食。直：通"值",价格,价钱。

（5）抚、按：指巡抚和按察使。

（6）宥：饶恕、宽容、原谅。

（7）曹钦（？—1461）：太监曹吉祥的嗣子,天顺五年（1461）七月,曹吉祥与曹钦商定废明英宗,事败,曹钦投井自杀。

【辨析】

《闽书》卷七四《英旧志·赵荣传》：

赵荣,字孟仁。其先通渭人。佣书侍郎萨琦门下,杨文敏见而异之,以善书荐预修《宣庙实录》。事竣,正统戊午,授中书舍人,直文渊阁。母卒,卜地阜城门外,负土筑坟,哀伤甚至,有灵芝甘露之异。

赵荣《墓志铭》："世为陕西通渭人。"

二十三、王瓒

王瓒(1448—1504),字宗器,号中林,明代甘肃通渭县人。

严如父,慈如母;不可犯,良可慕[1]

公讳瓒,字宗器,上世祥符人也[2]。始祖偲义,隐德不仕,元季兵乱,弃家徙蜀。历徽州,居临巩间。谓西土莫若通渭,地僻,耕牧便也。于是遂定居通渭,而子孙世为通渭人云。

偲义生信之。信之生真,配王氏,至真盖日盛矣。真生孝义,孝义生亿,亿生思恭,有奇操,悦诗书谈论之事,乡人敬爱之,配张氏,生公,后封工部员外郎。泊宜人云[3]:初张宜人娠公时,梦日坠怀中。濒产,封君又梦伟男子修髯丹颊,绿衣而前曰:"且起,看生好子。"已而生公,盖正统戊辰五月十三日也。

公生十三,为县学弟子。十七被试,深为临川伍公所赏,叹曰:"勉哉!当为关中豪杰,无但科第也。"成化甲午,年二十七,举乡试高等,至辛丑第进士,甲辰授工部虞衡主事,丙午课税荆州,有平政,人至今称之。丁未升本部员外郎[4]。

弘治己酉,上数以水灾,命中使刘瑾同工部踏勘沟渠[5]。工部以公往,瑾耻与员外郎同,乃以白头帖子[6]追部侍郎杨理及锦衣指挥刘刚[7],二人亟趋赴追。公愤然上疏,略曰:"侍郎、大司空之贰[8],股肱之臣也;指挥近密爪牙之司,腹心之防也。瑾乃召之如奴仆,而二人望风奔命,若承制诏。国体所系,岂小小也?宜付瑾于法,以作理刚之气。"不报[9]。瑾执奏[10]公骑马不逊,公复劾瑾擅弄威福,渐不可长。于是下公狱,寻赦出之。

庚戌升本司郎中,奉敕督修兴王府,兴王者即恭穆献皇帝也。王以梁郢旧府,偏处一隅,不吉,欲宅中央吉,一时抚巡皆难之。公独曰:"王必以中央为吉,即当治中央,毋使事后复纷更扰民也。"众悟,悉从公言。府既成,王来之国,赐公金帛,辞不受,至二十往返。后王闻公生日,遣内使者赐黄金四十两,高丽布二十柜,亦不受。比事竣,辞归,王复以金帛香物赐公,公取香一枝,焚于庭北面,稽首谢曰:"受此足矣。"王叹息久之曰:"郎中清苦至若此!"

公同事有太监林茂,索货于诸从役者,诸从役者苦之。公以让林[11],林感谢公意,悉反货于诸从役者。于是人语之曰:"王公之直,林公之改过,皆不可及也。"

初公治府时,明立约束,揭表要成,不逸奸,不劳愚。均平整齐,上下信服。每至寒沍⁽¹²⁾,则不拘丈⁽¹³⁾,移牒案直以过春握土不硬为候,毋先而旷,毋后而辜,言出众去,期不后。时人初以公为迂,至是皆重以服公。又虑督工诸官,更代不常,抑且废事。于是上疏,乞以各官职名下吏兵二部,或有转迁,必俟工完报尔。后镇远侯以征剿调都指挥彭英,英辄往调,公劾遣之。由是而湖广诸公皆惮公,无敢擅动督工官者。公在安陆五年,役者气相郁蒸⁽¹⁴⁾,疫疠时作,公为置药予之,所活不可胜纪,人亲之如父母,洎公去,乃为立生祠报焉。

弘治丙辰,升怀庆府知府,其政一以鲁斋先生⁽¹⁵⁾为则,因时损益,务在宜民,故民熙然从也。戊午有内艰⁽¹⁶⁾归,已即其家复除开封。至开封,其政一如怀庆,而刚严过之,盖郡附藩省⁽¹⁷⁾多侮法者耳。故开封人歌曰:"包公后,王开府。严如父,慈如母。不可犯,良可慕。"未几,复有外艰,承讣即行。及葬时,以先时霖雨浃旬⁽¹⁸⁾,道上水积尺余,冬寒皆冰。公以疏恶麻履走冰上,故及墓,嗽甚不能言,竟卧病,百余日而卒,此弘治甲子二月二十五日也,春秋凡五十有七。(略)

公孝友天成,为诸生时,虏大入寇,弟瑜出,莫知所在,公中夜缒城而下,五十里外间关求之,竟得弟以还。封君病齿,三日不食,公亦三日不食。居丧居官,哀恸之诚,思念之笃,世所未有,诚所谓全德之英,振古之豪杰也。公与文章无所弗善,而尤耽于诗,有《中林集》一卷藏于家,中林者,公之自号,故公取以名集焉耳。

康海《明故中宪大夫河南开封府王公配宜人张氏合葬墓志铭》

【注】

(1) 选自(明)康海《明故中宪大夫河南开封府王公配宜人张氏合葬墓志铭》。康海(1475—1540),文学家,字德涵,号对山、沜东渔父,陕西武功人,弘治十五年(1502),登进士第一,大魁天下。明"前七子"之一。

(2) 祥符:隶属于今河南开封。

(3) 洎:到,及。

(4) 本部员外郎:据前文推断,即工部员外郎。工部副职,正员以外的郎官,从五品。

(5) 中使刘瑾:中使,宫中派出的使者。多指宦官。刘瑾(1451—1510),陕西兴平人,本姓谈,六岁时被太监刘顺收养,后净身入宫当了太监,从此改姓刘。弘治年间犯罪赦免后侍奉朱厚照,博得明武宗的宠爱,数次升迁,官拜司礼监掌印太监。掌权后趁机专擅朝政,作威作福,鱼肉百姓,为"八虎"之首,时人称他为"立皇帝",武宗为"坐皇帝"。刘瑾被捕后,从其家中查出金银数百万两,并有伪玺、玉带等违禁物。正德五年(1510)八月,刘瑾被判以凌迟。

(6) 白头帖子:匿名信;不具名的招帖。

(7) 侍郎杨理:侍郎,中国古代官名,明清时代是政府各部的副部长,设左右侍郎各一名,正三品。杨理,明淮安府山阳人,字贯之。成化二年进士。时任工部右侍郎。

(8)大司空之贰：官名。"司空"这个官职，是从尧帝以来就设有的，但历代的职务有所不同。明、清习惯上称工部尚书为大司空。贰，这里指副手。

(9)不报：不批复，不答复。

(10)执奏：持章表上奏君主。

(11)让：责备，谴责。

(12)寒沍：寒极而结冰。

(13)拘丈：犹墨守成规。

(14)郁蒸：气压低，湿度大，气温高。

(15)鲁斋先生：元代许衡(1209—1281)，字仲平，号鲁斋，世称"鲁斋先生"。怀庆路河内(今河南省焦作市中站区李封村)人。金末元初著名理学家、教育家。

(16)内艰：古代称遭母丧为内艰。后文"外艰"即遭父丧。

(17)藩省：封建时代称属国属地或分封的土地。

(18)浃旬：一旬。

二十四、张世亨

张世亨,贯直隶真定府晋州(今河北晋州)人,字达卿,行一。明弘治九年由御史晋拜宪副(按察副使)莅岷。

君子遗爱　百姓感戴[1]

夫[2]人之爱,钟于情,系于感,出于秉彝[3]之同,然者也。惟感之者深且久,故遗之于将来者,不以其去住而隆替焉。传曰:"有斐君子,终不可谖兮!"[4]殆[5]谓是欤?洮岷河州诸塞,鼎列为西域极边。(略)要皆得人以镇定之,若李晟、种谔、王韶诸名将率重其地,而慎兹选也。(略)

弘治丙辰[6]春,张公世亨以名御史晋拜宪副来莅岷台。入政之初,祗[7]遵敕谕,凡城塞、金鼓类,缮治而备葺之,诸番闻风远遁,暇日巡行城郭,瞻彼洮叠[8]二水,往来病涉者[9]众,乃于洮则船,于叠则桥。载观夫子庙,旧则创于城西,谓非圣祀妥侑[10]之所宜,慨然欲改,乃卜[11]中城,向明维吉,因鼎建[12]焉。财不伤费,人不告劳,仅月余而功就绪。堂所称是,远近腾欢,有识者皆嗟异之,以为逆数。昔之备边兹土[13],上有补于当宁[14],下有俾于穷荒,孰有如吾张公者,其志与才,岂一官之所能羁哉!未几,果擢陕西按察司。岷人皇皇,如赤子之失母,甫行,扶老携幼,涕泣而从。饯[15]者载于道,留者牵其衣,间有强脱其靴履者。既去,有肖其真容者,有纪其政绩者,咸愿勒石以昭永久。

呜呼!公何以得岷人之爱之深如此耶?盖钟于下之情,系于上之感,上下交而德业成,于是乎益有证于秉彝之好矣。公今渐服显位,而三边八郡之政,与治岷之政无以异,则爱之遗也,岂独在吾岷哉!殆匹于古之韩范[16]遍于西土也。余不敏,叨公之庇久已,谨书此以记之。

《宪副张公遗爱碑》

【注】

(1) 本文选自清张维编著《陇右金石录·宪副张公遗爱碑》。

(2) 夫(fú):句首发语词。

(3) 秉彝:持执常道。意为坚守本心,秉持正义、真理走下去。彝,常理,真理。

（4）引自《国风·卫风·淇奥》。大意是："高雅真君子，一见难忘记。"斐，原作"匪"，有文采貌。谖（xuān）：忘记。

（5）殆（dài）：大概。

（6）弘治丙辰：明朝弘治九年（1496）。弘治，明朝第九个皇帝明孝宗朱祐樘年号。

（7）祗：敬，恭敬。

（8）洮叠：洮，岷州城北的洮河；叠，岷州城东叠藏河，也作"迭藏河"。

（9）病涉者：心惊胆战过河之人。病，患，忧惧。涉，徒行历水。

（10）妥侑：意为敬请（神灵、祖先）享用祭品。

（11）卜：占卜吉凶。

（12）鼎建：犹营建。

（13）备边兹土：驻守在这片土地。备边，守边。兹，此，这。

（14）当（dāng）宁：指皇帝临朝听政，也泛指皇帝。宁，指古代宫室门内屏外之地，君主在此接受诸侯的朝见。

（15）饯：设酒食送行。

（16）韩范：宋时名臣韩琦和范仲淹并称。二人率军防御西夏，在军中享有很高的威望，人称"韩范"。当时，边疆传颂一首歌谣：军中有一韩，西贼闻之心骨寒；军中有一范，西贼闻之惊破胆。详见《宋史·韩琦传》。此处以张世亨比之于韩、范。

二十五、张万纪

张万纪,字舜卿,号兑溪,明朝临洮府狄道县(今甘肃临洮)人,明嘉靖二十六年进士,授户科给事中。其人清正忠介,直言敢谏,弹劾严党,与杨继盛相交甚密。后为庐州知州,百姓立忠谏名臣坊及祠堂。

几度为亲焚谏草,百僚忌尔著时名⁽¹⁾

张万纪,字舜卿,号兑溪。曾祖旺,有隐德,别有传。万纪中嘉靖丁未进士,以行人选吏科给事中。时严党尹耕以知府骤升佥事,流毒河间,怨声载路。万纪劾之,词意激切,世宗可其奏,逮耕谪戍,寻升礼科右给事中。

时世宗建醮⁽²⁾西城,诸司相率进香,万纪独弗往,诏廷杖四十,臀肉尽落。万纪复书谏之,略曰:大明御极⁽³⁾,正元恺⁽⁴⁾得志之时,神圣中天,非异端扰乱之时,何期妖风大起,元臣逢迎,蛊惑圣心,引致妖道陈真人入京。锦衣卫陆柄先为之结识,元臣夏言、严嵩交相迎援,擅藏秘宅,每探讨异术,以图讽媚⁽⁵⁾,致妖人得以入禁⁽⁶⁾,复有建醮之举,靡费内帑,五月朝事不设,论者寒心。臣不忍观,故未敢随班上香,缘获抗违之罪,蒙廷杖既绝复苏。际此朝政紊坏,不敢不冒干⁽⁷⁾圣听,以冀肃清。夫妖人袭不经之语,闭塞天聪,为祸非渺,二臣引援,罪恶非细。此陛下所宜加禁治,挽人心而肃世道者也。疏入不报,但赐白镪十两,纱衣一袭而已。

未几,复闻严氏欲杀忠愍⁽⁸⁾,其疏将救之。严氏闻之,遂出万纪守庐州,忠愍顿足叹曰:"豪杰去矣!"别以诗云:"几度为亲焚谏草,百僚忌尔著时名⁽⁹⁾。"盖惜之也。抵庐,问疾苦,查冤抑,罢诸不急之务。时舒城令征税不慎,胥吏以石易银,罪坐⁽¹⁰⁾令。万纪以字迹廉⁽¹¹⁾得其人,置之法,令得复官。在郡五月,境内肃然。复罄囊凿山开渠,灌地千顷,庐民为建生祠。

会严党终衔⁽¹²⁾之,假星变⁽¹³⁾,考察落职归里,躬耕事亲四十余年,自号超然山人。每谒椒山祠,必垂涕为诗,里人多传诵之。隆庆初,遭母忧,哀毁尽礼。天久旱,葬之明日,霖雨沛下,侍御邢公以孝感旌其门。崇祯初,抚按科道⁽¹⁴⁾凡九荐不起,只复原职,进阶中宪大夫而已。卒祀乡贤,巡抚王旋为置忠谏名臣坊。

《(乾隆)狄道州志·张万纪传》

【注】

(1) 本文选自《(乾隆)狄道州志·张万纪传》。

(2) 建醮(jiào)：道士设法坛做法事。明世宗嘉靖帝很有作为,但喜好道术。

(3) 御极：登极,即位。这里指嘉靖帝登极。

(4) 元恺：贤臣,才士。

(5) 讽媚：引诱迷惑。

(6) 入禁：这里指进入帝王居处的地方。

(7) 冒干：触犯,冒犯。

(8) 忠愍：指明嘉靖著名谏臣杨继盛,上述弹劾严嵩,反被严嵩所害。后追谥"忠愍"。

(9) "几度为亲"句：杨继盛《送张兑溪之庐州》诗中的句子。

(10) 罪坐：归罪,连坐。

(11) 廉：考察,视察。

(12) 衔：这里指怀恨在心。

(13) 假星变：借口星象变化。

(14) 巡按科道：指各级地方官员。

二十六、杨继盛

杨继盛(1516—1555),字仲芳,号椒山,直隶容城(今河北容城)人,谥号"忠愍",明朝名臣,官至兵部侍郎。后遭严嵩迫害,贬至狄道(今甘肃临洮),建椒山书院,颇有政声。

铁肩担道义,辣手著文章[1]

杨继盛,字仲芳,容城人[2]。(略)嘉靖二十六年登进士,授南京吏部主事,从尚书韩邦奇游,覃思律吕之学[3],手制十二律,吹之声毕和,邦奇大喜,尽以所学授之。继盛名益著,召改兵部员外郎。俺答蹦京师[4],咸宁侯仇鸾以勤王故有宠[5],帝命鸾为大将军,倚以办寇。鸾中情怯[6],畏寇甚,方请开互市市马,冀与俺答媾[7],幸无战斗,固恩宠。继盛以为仇耻未雪,遽议和示弱,大辱国,乃奏言十不可、五谬。(略)

疏入,帝颇心动,下鸾及成国公朱希忠、大学士严嵩、徐阶、吕本,兵部尚书赵锦、侍郎聂豹、张时彻议。鸾攘臂詈曰:"竖子目不睹寇,宜其易之。"诸大臣遂言遣官已行,势难中止。帝尚犹豫,鸾复进密疏,乃下继盛诏狱,贬狄道典史。其地杂番[8],俗罕知诗书,继盛简[9]子弟秀者百余人,聘三经师教之。鬻所乘马[10],出妇服装,市田资诸生[11]。县有煤山,为番人所据,民仰薪二百里外[12],继盛召番人谕之,咸服曰:"杨公即须我曹[13]穿帐,亦舍之,况煤山耶!"番民信爱之,呼曰"杨父"。

已而,俺答数败约入寇,鸾奸大露,疽发背死,戮其尸。帝乃思继盛言,稍迁诸城[14]知县。月余调南京户部主事。三日,迁刑部员外郎。当是时,严嵩最用事,恨鸾凌己,心善继盛首攻鸾,欲骤贵之,复改兵部武选司。而继盛恶嵩甚于鸾,且念起谪籍[15],一岁四迁官,思所以报国。抵任甫一月,草奏劾嵩。(略)

疏入,帝已怒。嵩见召问二王语[16],喜,谓可指此为罪,密构于帝。帝益大怒,下继盛诏狱,诘何故引二王?继盛曰:"非二王,谁不慑嵩者。"狱上,乃杖之百,令刑部定罪。系三载,有为营救于嵩者。其党胡植、鄢懋卿怵之曰:"公不睹养虎者耶,将自贻患!"嵩颔之。会都御史张经、李天宠坐大辟,嵩揣帝意必杀二人,比秋审,因附继盛名并奏,得报。(略)遂以三十四年十月朔弃西市,年四十。

《明史·杨继盛传》

【注】

(1) 选自《明史卷二零九·杨继盛传》,题目系杨继盛为大明湖铁公祠撰写的楹联语。

(2) 容城:河北保定市容城县。

(3) 覃思:深思。律吕之学:音乐。律吕,中国古代审定乐音高低的标准,共十二律(十二个管子),以管的长短来确定音的不同高度,单数称阳律,又称"六律",偶数称阴律,又称"六吕"。

(4) "俺答"句:俺答,明朝蒙古族崛起的土默特部。嘉靖二十九年(1550)兵临北京城下,胁求通贡,史称庚戌之变。次年明朝迫于俺答威势,开马市于宣府、大同等地,旋因闭市而战事复开。

(5) "咸宁侯"句:仇鸾(1489—1552),字伯翔,陕西镇原(今属甘肃)人,明朝将领,权倾一时。

(6) 中情怯:内心怯懦,即胆子小。

(7) 媾:讲和,交好。

(8) 杂番:汉藏杂居。

(9) 简:挑选。

(10) 鬻:卖。

(11) 市:买,购置。

(12) 仰薪:打柴,砍柴。

(13) 我曹:我辈,我等。

(14) 诸城:隶属山东潍坊,舜文化的发祥地。

(15) 谪籍:古代登记谪降者的册籍。亦借指谪降者的行列。

(16) 召见二王语:杨继盛弹劾严嵩,奏章结尾写道:"愿陛下听臣之言,察嵩之奸,或召问裕、景二王,或询诸阁臣,重则置宪,轻则勒致仕。"这就犯了大忌。一来,世宗听信道家者言,根本不愿见二王;二来,藩王不当过问政事。为明世宗忌恨,更成为权奸严嵩用以加害杨继盛之把柄。

二十七、赵率教

赵率教(1569—1629),字希龙,号明善,生于靖虏卫(今甘肃靖远),明朝将领。

委身许国,见危不避

赵率教,陕西人。万历中,历官延绥参将,屡著战功。已,劾罢。辽事急,诏废将蓄家丁者赴军前立功。率教受知于经略袁应泰,擢副总兵,典中军事。

天启元年,辽阳破,率教潜逃,罪当死,幸免。明年,王化贞弃广宁,关外诸城尽空。率教请于经略王在晋,愿收复前屯卫城,率家丁三十八人以往。蒙古据其地,不敢进,抵中前所而止。其年,游击鲁之甲以枢辅孙承宗令,救难民六千口,至前屯,尽驱蒙古于郊外。率教乃得入,编次难民为兵,缮雉堞,谨斥堠,军府由是粗立。既而承宗令裨将阵练以川、湖土兵来助,前屯守始固。而率教所招流亡至五六万。择其壮者从军,悉加训练。余给牛种,大兴屯田,身自督课,至手足胼胝。承宗出关阅视,大喜,以己所乘舆赠之。

蒙古虎墩兔素为总督王象乾所抚。其部下抽扣儿者,善为盗,率教捕斩四人。招抚佥事万有孚与率教有隙,遂以故败款事诉之象乾。象乾告兵部尚书董汉儒,将斩之,赖承宗贻书汉儒,得不死。

时承宗分关内外为五部。以马世龙、王世钦、尤世禄领中、左、右部,而令率教与副将孙谏领前、后部,部各万五千人。率教仍驻前屯。四年九月,承宗暴其功于朝。擢署都督佥事,加衔总兵。五年冬,承宗去,高第来代,诸将多所更置。率教善事第,第亦委信之。

六年二月,蒙古以宁远被围,乘间入犯平川、三山堡。率教御之,斩首百余级,夺马二百匹,追至高台堡乃还。捷闻,帝大喜,立擢都督同知,实授总兵官,代杨麒镇山海关。寻论功,再进右都督,世荫本卫副千户。时满桂守宁远,亦有盛名,与率教深相得。及宁远被围,率教遣一都司、四守备东援。桂恶其稽缓,拒不纳,以袁崇焕言,乃令入。既解围,率教欲分功。桂不许,且责其不亲援,两人遂有隙。中朝闻之,下敕戒谕。而桂又与崇焕不和。乃召还桂,令率教尽统关内外兵,移镇宁远。

七年正月,大清兵南征朝鲜。率教督兵抵三岔河为牵制,卒无功。三月,崇焕议修筑锦州、大凌河、中左所三城，渐图恢复。率教移镇锦州护工，再加左都督。五月，大清兵围锦州，率教与中官纪用、副将左辅、朱梅等婴城固守。发大炮，颇多击伤。相持二十四日，围始解。时桂亦著功宁远，因称"宁、锦大捷"。魏忠贤等蒙重赏。率教加太子少傅，荫锦衣千户，世袭。崇祯元年八月移镇永平，兼辖蓟镇八路。逾月，挂平辽将军印，再移至关门。明年，大清兵由大安口南下。率教驰援，三昼夜抵三屯营。总兵朱国彦不令入，遂策马而西。十一月四日战于遵化，中流矢阵亡，一军尽殁。帝闻痛悼，赐恤典，立祠奉祀。率教为将廉勇，待士有恩，勤身奉公，劳而不懈，与满桂并称良将。二人既殁，益无能办东事者。

《明史·列传第一百五十九赵率教传》

二十八、关永杰

关永杰,字人孟,号岳华,明代巩昌卫(今甘肃陇西)人。崇祯四年(1631)辛未科进士,三甲第223名。驻守军事要冲陈州,被李自成大军攻破,身中乱刃而死。卒后,赠光禄寺少卿,入祀名宦乡贤。文章以奇警世,诗才隽逸。诗文集有《岳华集》等。

强植不阿,民畏爱之[1]

关永杰,字人孟,巩昌卫人。世官百户。永杰好读书,每遇忠义事,辄书之壁。状貌奇伟,类世人所绘壮缪侯像[2]。崇祯四年会试入都,与侪辈游壮缪祠[3]。有道士前曰:"昨梦神告:'吾后人当有登第者,后且继我忠义,可语之。'"永杰愕然,颇自喜。已果登第,授开封推官,强植不阿[4],民畏爱之。忧归[5],起官绍兴。迁兵部主事,督师杨嗣昌荐其才,请用之军前,乃擢睢陈兵备佥事[6],驻陈州。陈故贼冲,岁被蹂躏,永杰日夜为儆备[7]。十五年二月,李自成数十万众来攻,永杰与知州侯君擢、乡官崔泌之、举人王受爵等率士民分堞守。贼遣使说降,斩其头,悬之城上。贼怒,攻破之,永杰格杀数贼,身中乱刃而死。

《明史·列传第一百八十一忠义五》

【注】

(1) 本文选自《明史·列传第一百八十一忠义五》。

(2) 壮缪侯:即三国蜀汉名将关羽。关羽死后,后主刘禅于景耀三年追谥其为壮缪侯。

(3) 侪辈:同辈,朋辈。

(4) 强植不阿:抑强扶弱,不向豪强屈从、逢迎。

(5) 忧归:服丧期满,回京复命。忧,丁忧,为父、母服丧守制。

(6) 睢陈:指睢州(今属河南商丘)陈州(今河南周口市淮阳县)。

(7) 儆备:警戒防备。

二十九、杨庆

杨庆(1612—1704),字宪伯,一字有庆,明末清初陇西人,终身不仕,著作等身,有"陇西文献"之美誉。五六岁见字即辨形审音,父奇之,课之书,能了大义。稍长,刻志研究,其学由穷理而慎独。后纵游齐、鲁、燕、晋间,得阅故家图书。归而阖门,俯读仰思,有得则书,著作有:《杨氏家乘》《史略》《蒙训定本》《大成通志》《类形》《类音》《类义》《吾从编》二卷、《诗解》四卷、《礼解》十卷、《四书讲义》四卷、《古韵叶韵》四卷、《易叶》一卷、《诗叶》一卷、《道源图书》二卷、《训蒙》一卷、《大学定本》一卷、《史略寸》二卷、《潜斋处语》一卷、《静观》一卷、《佐同录》一百二卷、《参合》一卷。

礼教为归,羽翼经传[1]

余自戊寅春见侍御史于蕃宋先生于燕台邸第,时先生犹官翰林,为访关左右文章人物,知南安有二杨,一为秀才杨宪伯,一为明经杨子直,皆有志于学,而宪伯之年特高,郡人称为宪伯先生者也。是年秋,补官陇西,得见先生,年八十有七矣。筋力强健,周旋中礼,诗书之泽溢于容貌词气之间。既而见明经[2],工古文诗词,欲追前代作家,非如经生仅以帖括相矜许者[3]。至问其著述之多,则谦让未遑,且云关以西必推宪伯先生也。

先生讳庆,宪伯其字,自年十五著《吾从编》始,至今九十二岁著《道源图书集》止,统计所著共一百七十二卷,口吟手披,删定考正,编纂等身,或刊行,或藏稿,皆足以羽翼经传[4],有益于世道人心,成人小子将有攸赖[5],而其最大者莫如《大成通志》一书。志为孔子而作,有纪,有疏,有年表、世家、列传,及说要、节要等类,凡十有八卷,抚军刘公斗倡为刊行。

其立身行己,一以礼教为归,孳孳汲汲[6],至老不倦。事父元清公、母汪太君,孝养竭力。丧葬奠祭,必亲必敬,哀毁思慕[7],无遗憾于心。抚育诸侄犹己子,分授先世所遗田土衣物,必厚与之。夫孝友睦姻出于天性,先生体于身,传于家,称于宗族乡党,俨为后学楷模。呜呼!观于此可以知先生著书立说之本矣。

少交游,寡言笑,终日正襟危坐,不为苟动。而当其上下古今,辨论天人性命、仪数、音律、文字之学,则神气发扬,娓娓不已,与关中吕泾野、冯少墟、吾东林、顾端文、高忠宪诸先生[8]之书俱有心契。而养生导引之术亦旁涉焉,终岁不见官府。而当道咨询利弊,集议地方事宜,人所不能决不敢言者,惟先生不为瞻顾,侃侃而谈。如鼎革初⁽⁹⁾,有奉檄将括地加赋者,力陈不可,事得寝⁽¹⁰⁾,至今赖之。又生平不慕荣贵,不骛声誉。长躯方面⁽¹¹⁾,白须朱颜,目光炯炯射人,望而知为寿者相,有道之士也。

坚辞抚军请授博士之疏,三谢郡县公举乡饮之招,以贫终其身,年九十有三,无疾卒,与余交五年。癸未春,余以事往西安,甲申夏归,而先生殁且葬,不得一永诀为恨事。读宋侍御诗,杨明经年谱,知必有以不朽先生者。不嫌冗复,再为立传,以写余哀,以告来者。

鲁廷琰修　田吕叶纂《(乾隆)陇西县志十二卷》卷十

【注】

(1) 本文选自吕高培《杨秀才传碑》。吕高培,康熙五十五年举人,知县,甘肃陇西人。

(2) 明经:汉朝出现之选举官员的科目,始于汉武帝时期,至宋神宗时期废除。被推举者须明习经学,故以"明经"为名。清代贡生,别称"明经"。

(3) 贴括:唐制,明经科以帖经试士。把经文贴去若干字,令应试者对答。后考生因帖经难记,乃总括经文编成歌诀,便于记诵应时,称"帖括"。矜许:夸耀自负。

(4) 羽翼经传:指有助于儒家经典的学习、流布。

(5) 攸赖:所赖,有所依赖。

(6) 孳孳汲汲:形容心情急切、勤勉不懈的样子。

(7) 哀毁思慕:哀毁,谓居亲丧悲伤异常而毁损其身。后常作居丧尽礼之辞。思慕:怀念;追慕。感到有强烈的愿望和渴望。

(8) 诸先生:俱为明代著名关学大师。

(9) 鼎革:改朝换代,这里指明清易代。

(10) 寝:平息,停止。

(11) 长躯方面:修长的身躯,方正的面庞。

三十、王进宝

王进宝(1626—1685),字显吾,甘肃靖远人,清朝名将,河西四汉将之一。康熙二年(1663),王进宝任甘肃提标左营游击,累升至西宁总兵。三藩之乱时,授为陕西提督、奋威将军、一等男爵。后夺取汉中、保宁,留镇四川,进封三等子爵。康熙二十四年(1685)病逝,追赠太子太保,谥号忠勇。

此仁义将军也!

王进宝,字显吾,甘肃靖远人。精骑射。顺治初,从孟乔芳讨定河西回,授守备,隶甘肃总兵张勇标下。十一年,勇调经略右标总兵,南征,进宝从徇湖南。十五年,下贵州,师次十万谿,悬崖千仞,明将李定国遣其将罗大顺扼险屯守。进宝率众攀崖直上,捣其巢,大顺奔溃,以功迁经略右标中营游击。康熙二年,勇还为甘肃提督,进宝亦改授提标左营游击,随军有功,迁参将。厄鲁特蒙古欲得大草滩驻牧,勇用进宝议,持不可。既,城永固,以进宝为副将驻其地。十二年,擢西宁总兵。

王辅臣攻陷兰州,勇遣进宝率师讨之。次黄河,夜以革囊结筏自蔡湾渡,破贼皋兰龙尾山,获辅臣将李廷玉。遂东拔安定,复金县。西攻临洮,会大雪,谍贼不诚备,袭破之。辅臣使持吴三桂札招进宝,进宝以闻,加左都督。四月,进攻兰州。辅臣遣兵开壁出战,进宝督兵奋击,自旦至日中,擒斩过半。贼败入壁,为长围困之,断其粮运。六月,辅臣兵造筏黄河,谋潜遁。进宝缘河要之,贼计蹙,其将赵士升出降。

其秋,三桂遣其将王屏藩、吴之茂自四川入陕西,为辅臣声援。之茂据西和凤凰山,进宝督兵讨之,初合,我师败绩;夜,之茂兵来袭,进宝以计环攻之,蹙之党家山,大溃,多坠崖死。十五年,擢陕西提督,仍兼领西宁总兵,驻秦州。之茂进据北山,断临洮、巩昌道。进宝与将军佛尼埒分兵赴援,击败之,获其将徐大仁。战罗家堡,再战盐关,屡胜。之茂集溃兵万余屯铁叶碛、红山堡,筑垒,护以密桩,潜出运刍粮。进宝遣兵破贼牡丹园,获粮械。大将军图海进攻平凉,辅臣引四川叛将谭弘犯通渭。进宝引数十骑入自东峡口,闻将军赫叶战败,寇方张,令诸军伐木曳以行,尘大起,寇骇走,追杀数十里。分兵进攻,复静宁,于是平凉遂下。六月,师次乐门,甫立营,之茂兵来攻,进宝督兵环击,歼其裨将数辈。复与佛尼埒合兵,战屡胜,之茂仅以十余骑溃走。平原、固原悉定。论功,授二等阿思哈尼哈番。上褒进宝忠义,进一等,授奋威将军,仍兼提督平凉诸军事。

十七年,复庆阳,斩其将袁本秀。十八年,图海议取汉中。图海与总兵费雅达自栈道先驱,进宝疏乞令长子用予随征,上授以副将。师进次宝鸡,进宝遣用予击贼红花铺,大败之,克凤、两当二县。复进次武关,令用予将偏师绕出关后,进宝督兵夜斩关入,获其将罗朝兴等。复进夺鸡头关,直趋汉中,屏籓率其众自青石关走广元,进宝遣兵追击,其将杨永祚、孙启耀来降,遂尽复汉中地。时赵良栋亦克略阳,命分道定四川。将军吴丹、鄂克济哈率满洲兵继进,进宝自青石关进次神宣驿,督兵夺朝天关,疾驰进,拔广元。屏籓走保宁。

十九年,分兵趋保宁,距城二十里当孔道立营,屏籓以二万人出战,进宝督兵奋击,大破之。追至锦屏山,连拔贼垒,夺浮桥。薄城,守兵贯弓注矢,进宝披襟示之曰"何不射我?"守兵皆惊愕。用予斩门入,进宝戢诸军毋惊井里,皆曰:"此仁义将军也!"屏籓与其将陈君极缢焉,获之茂与其将张起龙、郭天春等十七人,诛之。分部诸将及次子用宾复昭化、剑州、苍溪、蓬州、广安、合州、西充、岳池诸州县悉定。

赵尔巽等撰《清史稿卷226—卷307》

三十一、潘育龙

潘育龙(？—1719)，字飞天，甘肃靖远人。康熙十五年，随抚远大将军图海夺取平凉城北的虎山墩，因功升任守备。后征剿叛乱的蒙古准噶尔部，因功升肃州总兵。康熙三十五年，康熙亲征噶尔丹，潘育龙在昭莫多被飞弹射中，仍殊死战斗，升任陕西提督。康熙五十八年，病逝，追赠太子少保，谥襄勇。

朕巡历诸省，绿旗无如潘育龙兵者

潘育龙，字飞天，甘肃靖远人。初入伍，从征李来亨等于茅麓山，有功。康熙十四年，王辅臣叛，育龙从副将偏图攻三水、淳化，复从扬威将军阿密达战泾州。宁夏道梗，大将军董额使育龙赴提督陈福军，自红河川、白马城诸要隘转战七昼夜，达宁夏。驻灵州，招抚散卒。总督哈占调援山阳，败贼于甘沟口。十五年，从抚远大将军图海夺平凉城北虎山墩。累擢守备。十七年，吴三桂兵犯牛头山、香泉，育龙从总兵王好问等出间道击破之。十八年，克梁河关，斩三桂将李景才、景文略等；薄兴安，三桂将谢泗、王永世以城降。叙功，擢都司佥书。叛将谭弘据川东，育龙从哈占进剿，复大竹、渠县。迁游击。

二十七年，以总督噶思泰荐，擢甘州副将。学士达瑚等自西藏使旋，至嘉峪关外，为西海阿奇罗卜藏所掠。将军孙思克使育龙偕游击韩成等捣其巢，斩级四百有奇，阿奇罗卜藏遁。事闻，诏嘉奖。三十年，赴宁夏防剿噶尔丹。时改肃州协为镇，即以育龙为总兵。三十一年，降番罕笃与罗卜藏额林臣、奇齐克等复叛，育龙追至库列图岭，斩四十余级，获百二十人。三十四年，噶尔丹属回塔什兰和卓等五百余人入犯，渡三岔河，育龙击擒之。三十五年，从征噶尔丹，遇贼昭莫多，飞炮中育龙右颐，益力战，贼败遁。师还，召至京师，上抚视其创，命御医诊视，赐衣一袭。移镇天津。叙功，予拖沙喇哈番世职。

四十年，擢陕西提督，赐孔雀翎。四十二年，上西巡，育龙迎谒山西，赐御书榜。驻跸渭南，阅固原将卒校射，顾大学士马齐等曰："朕巡历诸省，绿旗无如潘育龙兵者。"命加秩。寻特授镇绥将军，领提督如故。四十九年，上幸五台，育龙迎谒，赏赉优渥，亲制诗章宠之。时有陈四等率妻子游行鬻技，走马上竿，屦索算卦，俗名曰卦子。人既众，遂为盗。育龙捕得五百九十余人。有司谳鞫,因疏请饬各省督抚责所属乡村堡寨,遇令改业,编户为民,给荒地开垦,马骡牲畜变为牛种,载入《赋役全书》。下部议行。寻以病累疏乞休,诏辄慰留。五十八年,卒,赠太子少保,赐祭葬,谥襄勇。

赵尔巽等撰《清史稿》卷226—卷307

三十二、李南晖

李南晖(1709—?)，字仲晦，号青峰，又号西海云樵，甘肃通渭人。乾隆四十九年在石峰堡事变中被害，时年七十五岁，按知府礼葬安葬，追封为太仆寺正卿，入昭忠祠，国史馆立传，并饬令有关省县列入"乡贤"。《清史稿》《甘肃人物志》《陇右著作录》《通渭县志》《四川通志》《威远县志》有传。

溅血里门，炳灵蜀土⁽¹⁾

李南晖，字仲晦，号青峰，甘肃通渭县人。县西中林山秀挺多树木，李氏祖墓在焉。南晖生时，山下忽涌一泉，清冽可鉴，饮之有墨瀋味⁽²⁾，严冬不冻，术者云："当出著作大儒。"少时家贫，入塾后，日犹磨面供餐，然志气不少挫。尝与同学言志，南晖独云："愿飨文庙特豚⁽³⁾。"闻者皆笑之。雍正甲寅，拔萃入选，乙卯举于乡，会试频不第。甲子大挑，南晖貌伟，法宜得一等，耻以貌博官，避不肯就。

陇上学者治经，多循科场功令⁽⁴⁾，《易》《诗》用朱子，《书》用蔡沈，《礼》用陈澔注⁽⁵⁾，不复知汉唐人古义。南晖独治《十三经注疏》，久之皆贯通，然尤邃于《易》，探奇辟奥，至汉、宋儒者所未至。乾隆中选授四川威远县知县，因俗立政，荒逖向风⁽⁶⁾。捐建青峰书院，专课经学，邑士知穷经自此始。纂辑县志，缮城筑堤，兴修万年桥。大工数兴，而民欢趋之，呼其桥曰"李公桥"，堤曰"李公堤"。华阳县有大狱⁽⁷⁾，尸久不获，大吏使南晖往鞫，南晖筮以《周易》⁽⁸⁾，曰："尸在邹知府坟坎中。"果如言得之，狱遂具。大军征西藏，调督丹东台站军粮，叙功入见，命回任候升，迁有日矣，径投牒引疾归⁽⁹⁾。士民万余人卧地攀留，南晖慰之，曰："后五年吾当再来，候西南城有灯光，即我至也。"

初，南晖未通籍时⁽¹⁰⁾，尝主讲秦州书院。秦州，伏羲故里也，画卦台在州北。南晖抵馆，梦一异人魁颜古衣冠，来为讲《易》，既觉，思解顿开，有若神牖⁽¹¹⁾。自是日夜钻厉⁽¹²⁾，日以学《易》为事，即居官莅下，未尝一日废《易》。既归田，遂著《读易观象》，越三年乃成，编为四十卷。编迄筮之，得《履》九二⁽¹³⁾，叹曰："《易》道通坦，庶在此书，然百年后始当行世，今且幽之为吉。"因装置复壁中，戒子孙勿发。又二年，而土回之变作⁽¹⁴⁾。先是，固原回酋田五倡传新教，据石峰堡反，煽结数州县,通渭回族起应之,官民弃城窜走,城遂陷。南晖麾家人出避,衣朝服坐宗祠待贼,贼至大骂,被戕,年七十有四。次子思沆伏父身,伸手接刃,贼截其五指犹不去,遂与从弟师沆俱死之。时乾隆四十九年五月十二日也。后七日夜初鼓,威远城西南有红灯见,士民走相告曰:"李侯至矣!"争焚香迎祭。始南晖在官,择地建羲皇庙,庙后虚构一亭,至是县人辟亭为祠,遣使至通渭取画像塑置其中,岁时祀之。

通渭之被寇也,城中屋宇多毁,李氏藏书皆尽,独《周易观象》(15)以壁藏得免。他所著《慎思录》十二卷,《静观斋诗稿》《憩云集》各若干卷,俱未刻。贼平后,督臣以南晖死事状入奏,诏以知府礼葬,赠太仆寺卿,入祀昭忠、乡贤二祠,事迹付史馆。子宗沆,荫知县,世袭恩骑尉罔替。论曰:《易》以象侀理,索象者失凿,阐理者沦虚,分途互诟,讫莫能画一。今青峰之书,象备而礼该,要皆贯穿全经,融会吻合,汉、宋学之乖隔,其自先生一之欤? 卷帙浩繁,又乏大力者揄扬,脱稿百年,尚未梓行,惜哉! 先生躬行所学,终身履蹈设施,无一非《易》。晚遭大蹇,致命遂志,犹《易》理也。乃至溅血里门,炳灵蜀土(16),剋期五载之前,如赴平生之约。道通幽渺,神乎! 神乎!

王权《笠云山房诗文集》

【注】

(1) 选自王权《笠云山房诗文集》。王权(1822—1905),字心如,号笠云,甘肃巩昌府伏羌县(今甘谷县)人,清朝官员、学者。

(2) 墨瀋:墨汁。

(3) "愿飨"句:飨:通"享",享用。文庙:奉祀孔子的庙宇。特豚:古代祭祀时用的整牛整猪。

(4) 功令:古时国家考核和选用学官的法令。

(5) 朱子:朱熹尊称。朱熹(1130—1200),字元晦,又字仲晦,号晦庵,晚称晦翁,谥文,世称朱文公,出生于南剑州尤溪(今属福建省尤溪县),宋朝著名的理学家、思想家、哲学家、教育家、诗人,闽学派的代表人物,儒学集大成者,世尊称为朱子。后文蔡沈(1167—1230)一名蔡沉,南宋学者。字仲默,号九峰,南宋建州建阳(今属福建)人。专意为学,不求仕进,少从朱熹游,后隐居九峰山下,注《尚书》,撰《书集传》,其书融汇众说,注释明晰,为元代以后试士必用。陈澔(1260—1341)字可大,号云住,人称经归先生,南康路都昌县(今江西都昌)人,宋末元初著名理学家、教育家。

(6) 荒迩:这里指边远之地。

(7) 大狱:重大案件。

(8) 筮:古代用蓍草占卦。后泛指占卦。

(9) 投牒:投弃授官的簿录。借指弃官、辞职。引疾:托病辞官。引,推脱,假托。

(10)指初做官。意为官中有了名籍,通籍后,俸去书来,落落大满。

(11)神牖:若有神人点化、诱导。牖,蕴含引诱、引导、点化及影响的意思。

(12)钻厉:钻研琢磨。

(13)《履》九二:《履》,卦名,上乾下兑。九,阳爻为九,阴爻为六。二,指《履》卦六爻中的第二爻。《履》九二爻辞曰:"履道坦坦幽人贞吉。"

(14)土回之变:乾隆时期,回教新、老两派矛盾尖锐,清廷支持老教,打压新教,引发新教对抗清廷的两次暴动。乾隆四十九年四月,伏羌阿訇田五在平凉起事,战火延至陇南、陇东、陇西各地。后来,田五阿訇战死,余众退入通渭石峰堡,据险固守。坚守三个月后,战乱始平定。

(15)《周易观象》:即《读易观象惺惺录》。是《周易》研究中的注释类代表作,在两千多年以来的《周易》研究领域有重大建树,其贡献及史料价值,在有清一代实为翘楚。

(16)炳灵:焕发灵气。

附:

李南晖,字仲晦,青峰其号,又号西海云樵。生康熙四十四年二月二十八日。初就傅,聪明过人,磨一大砚,乡先生戏与出对曰:"砚大文章大。"即应声曰:"心宽天地宽。"家甚贫,尝于下学后研磨待一餐,而志气昂昂,从不向人作乞怜状。王先生希旦深器之。既入庠,博涉群书,与同辈言志"辄在孔庙两庑间"。雍正十二年初,岁试即冠军,旋登拔翠。时严冬,单布袍而已,学使延请襄阅试卷。次年举乡试第七名,计偕北上,六荐礼闱不售,主本省秦州、河南桐柏、陕西中部等书院讲席。所至称巨公。诗字留题,信口随手,多可传者。

初,公之少也,尝有所激,献对于南门关庙云:"匹马可独行,仗此生凌霄浩气,会风虎云龙,别自有千年事业;双眉常不展,悯当时满目群雄,同石牛腐鼠,那堪登一部《春秋》。"其后注《易》,动援龙比苏卿、关壮缪、岳忠武等,以证爻义。盖其忠义出于天成而不自觉其流露也。

光绪版《通渭县志》摘录

三十三、牛树梅

牛树梅,字玉堂,号雪樵,甘肃通渭人。道光二十一年恩科进士,历任雅安县、隆昌县、彰明县知县,资州直隶州知州、宁远府知府,四川百姓呼为"青天"。咸丰三年,尚书徐泽醇荐其"朴诚廉干",诏参陕甘总督舒兴阿军事。咸丰八年,湖广总督官文荐"循良第一"。同治元年,四川总督骆秉章复荐之,清廷以为"恺悌益民",擢授四川按察使。

天留牛青天以劝善[1]

牛树梅,字雪樵,甘肃通渭人。道光二十一年进士,授四川彰明知县。以不扰为治。决狱明慎,民隐无不达,咸爱戴之。邻县江油匪徒何远富,纠众劫中坝场,地与彰明之太平场相近。树梅率民团御之。匪言我不践彰明一草一木也。迨官军击散匪众,远富匿下庄白鹤洞,恃险负隅。遥呼曰:"须牛青天来,吾即出。"树梅至,果自缚出。擢茂州直隶州知州,寻署宁远知府。地大震,全城陷没,死伤甚众。树梅压于土,获生。蜀人谓"天留牛青天以劝善"。树梅自咎德薄,不能庇民,益修省。所以赈恤灾黎甚厚,民愈戴之。父忧去官。

咸丰三年,尚书徐泽醇[2]荐其朴诚廉干,诏参陕甘总督舒兴阿军事。八年,湖广总督官文[3]荐循良第一,发湖北,病未往。同治元年,四川总督骆秉章[4]复荐之,擢授四川按察使[5]。百姓喜相告曰:"牛青天再至矣!"三年,内召,以老病不出。主成都锦江书院[6]。

《清史稿·牛树梅传》

【注】

(1) 本文选自《清史稿·牛树梅传》。

(2) 徐泽醇(1787—1858):字梅桥,号乐天翁。汉军正蓝旗人,清朝政治人物。道光二十九年授四川总督。咸丰二年(1852),进京任礼部尚书,次年赞署户部尚书。咸丰八年(1858)卒官。谥恭勤。

(3) 官文(1798—1871):又名僎,王佳氏,字秀峰,又字樨伯,满洲正白旗人,道光初由拜堂阿补蓝翎侍卫,擢荆州将军、湖广总督。咸丰十年拜文渊阁大学士。同治三年,升入满洲正白旗,封一等果威伯,后历直隶总督、内大臣。

(4) 骆秉章(1793—1866),原名骆俊,字吁门,号儒斋,广东花县人。晚清湘军重要将领。咸丰十一年(1861)任四川总督。同治六年(1866)病逝,赠太子太傅,入祀贤良祠,谥号文忠。与曾国藩、左宗棠、李鸿章等人并称"晚清八大名臣"。

(5) 按察使:官名,别名臬司、臬台,正三品。宋仿唐初刺史制设立,主要任务是赴各道巡察,考核吏治,主管一个省范围的刑法之事,相当于现代的省级公、检、法机关。由宋代提点刑狱演变而来。

(6) 锦江书院:位于四川成都。清康熙四十三年(1794)四川按察使刘德芳在文翁石室旧址上建成,牛树梅为第七任山长。四川大学源头之一。

吾何为独不然？(1)

公生嘉庆四年己未正月二十四日,幼颖异,六岁授书,常视日影所至为定时,不失分寸。与群小儿处坐,即以指画地学书。亲友以小就相期,则夷然而笑焉。少有情操,好施与。父母与之钱,私储以济所亲之困乏。九岁能文。年十三,岁饥。枵腹(2)忍饥而读。自题《左传》护背云:"伊尹(3)耕于有莘之野,太公(4)钓于渭水之滨,是皆然矣！吾何为独不然？"未弱冠,入邑庠。与弟树桃从父,请求为己之学。家窘,徒步赴秋闱。往返四五十日,费不过三四千。去数日,弟与叔登北山最高处,适秋霁,关山一带,青霭如绘。叔东望而凄然曰:"山色苍茫中,不知汝兄在某凹某岘间,孤身只影独行也。"

曾和瑞《牛雪樵先生传》

【注】

(1) 本文选自曾和瑞《牛雪樵先生传》。曾和瑞,字辑五,成都华阳人。著有《辨学集》一卷,《老子集辨》《庄子集辨》《庄子辨学集》四卷,《三省志》一卷。

(2) 枵腹:空腹,谓饥饿。

(3) 伊尹:名伊,一说名挚,夏末商初人。奴隶出身,被有莘国君庖人收养。耕于莘野,乐尧舜之道。曾辅佐商汤王建立商朝,杰出的思想家、政治家、军事家,中国历史上第一个贤能相国、帝王之师、中华厨祖。代表作有《汝鸠》《汤誓》《伊训》。

(4) 太公:姜尚,字子牙,号飞熊,也称吕尚。商朝末年人,其始祖四岳伯夷佐大禹治水有功而被封于吕地,因此得吕氏。

斯人不出,如苍生何？

雪樵先生仁兄大人阁下:

成都晤别,匆匆十一年矣。兼葭榛苓⁽¹⁾之思,久阻于荆棘萑苻⁽²⁾,雁滞鸿疏,情何有及? 比闻讲学珂里⁽³⁾,养重东山⁽⁴⁾,杖履优游,夫惟曼福! 第儒林列座,已见完人;而循吏一书,须诵全部。时事孔棘⁽⁵⁾,须赖大君子数人,济变亨屯⁽⁶⁾,体国经野,正不必眈眈泉石,遽作名山不朽也。

湖北自咸丰二年以来,三见沧桑,民不堪命。血战二年,丙辰冬,省垣克复,全楚肃清。分师援江援皖,围贼巢于浔阳。丁巳秋间,攻克湖口,舟师直逼安庆,楚圉⁽⁷⁾益固。惟疮痍满地,民困未苏,所赖于抚绥安辑者良多。况筹防筹剿余烬之中,又须积储。搜刮之则残,噢咻⁽⁸⁾之则匮,徒善徒法未足为治,亟需大德大材,宏经猷⁽⁹⁾而资矜式⁽¹⁰⁾。现在楚省(督抚)两院和衷共济,忧民如病,好士若贪,时以国计民生为念。制府官秀翁宽仁厚德,涵盖群伦。中丞胡蕴翁,武纬文经,整纲饬纪,其汲汲求才之忱,如饥如渴。薇栢二垣⁽¹¹⁾,雍陆⁽¹²⁾一堂,是以群策群力,乐效驰驱。大家卧薪尝胆,刊浮靡,抑奔竞,楚省宦场翕然丕变。弟以菲材,辗转烽尘,三年自东湖调江夏,四年署荆门,州荆州,五年复德安,洊升郡守,旋署武昌府。六年复武汉。七年,滥厕监司。仍权首府。谬蒙两师知遇,俾得殚竭愚忱。夫以弟之恶劣,尚许驽趋,可知两师之不弃菲⁽¹³⁾矣。

阁下绩绍文翁⁽¹⁴⁾,学宗关洛⁽¹⁵⁾,循吏名儒,声闻海宇。我中丞早溢耳而倾心,每以"斯人不出,如苍生何?"向弟频频称颂。兹于正月下旬,会衔专折,奏请老兄及李午山先生二公,星夜来楚,共襄治理,使弟等有所师资。此实中丞诚求若渴之肫诚也。用敢备抒情悃,敬达宪怀,伏愿高踪俯就。命下之日,幡然惠然,扬旆脂车,光临鄂渚,俾我抚宪,得尽礼罗。楚民得庇仁宇,则乡云出山,霖雨将遍天下,岂但楚北人士,幸拜马首之尘也耶? 聚讲帷而栽桃李,何如列座台而化蒲芦? 善教善政,阁下其噬。

肯来游次,第敷施为。望专此缕布,敦请执事,敬候台安!

伏祈垂眷,鸿誃贲临⁽¹⁶⁾,不胜瞻望屏营⁽¹⁷⁾之至。

严树森《致雪樵先生书》

【注】

(1) 榛苓:榛木与苓草。《诗·邶风·简兮》:"山有榛,隰有苓,云谁之思? 西方美人。""蒹葭""榛苓"均表示对贤者的仰慕思念。

(2) 萑苻:泽名,后多借指贼之巢穴。《左传·昭公二十年》:"郑国多盗,取人于萑苻之泽。"

(3) 珂里:对他人故里的美称。

(4) 养重东山:指雪樵仿东晋谢安,隐居乡里,不愿做官。刘义庆《世说新语·排调》:"谢公在东山,朝命屡降而不动,后出为桓宣武司马,将发新亭,朝士咸出瞻送。高灵时为中丞,亦往相祖,先时多少饮酒,因椅如醉,戏曰:'卿屡违朝旨,高卧东山,诸人每相与言,安石不肯出,将如苍生何。今亦苍生将如卿何?'谢笑而不答。"

(5)孔棘：很紧急；很急迫。《诗·小雅·采薇》："岂不日戒，狎狁孔棘。"郑玄笺："孔，甚也；棘，急也。"

(6)亨屯：乾卦元亨利贞者也。子夏传云："元，始也。亨，通也。利，和也。贞，正也。"以嘉美之事，会合万物，令使开通而为"亨"。屯，难也。刚柔始交而难生，初相逢遇。亨屯者，使危难困厄得到解救和通达。

(7)圉：边陲。

(8)噢咻：亦作"噢休"，谓抚慰病痛，引申为安抚，笼络。唐柳宗元《谢李中丞安抚崔简戚属启》："匡困资无，阖境知噢咻之德。"

(9)猷：道；法则。《诗·小雅》："秩秩大猷，圣人莫之。"

(10)矜式：示范，楷模。清顾炎武《过李子德》："异国逢矜式，同人待隐沦。"

(11)薇柏二垣：代指总督和巡抚衙门。薇，生水旁，叶似萍，蒸食利人。许慎《说文》："薇，似藿。乃菜之微者也。"柏，同栢。

(12)雍陆：和谐团结。雍，和谐。雍雍，鸟和鸣声或乐声和谐，如"雍雍鸣雁"。

(13)葑菲：葑，即芜菁，又名蔓菁。菲，即萝卜。葑与菲根茎和叶均可供食用。后用"葑菲"表示尚有一德可取或为人有所用的谦辞。《诗经·邶风·谷风》："采葑采菲，无以下体。"

(14)绩绍文翁：绩绍，继承业绩。文翁（前156—前101），名党，字仲翁，庐江舒人（今属安徽舒城），西汉循吏。汉景帝末年为蜀郡守，兴教育、举贤能、修水利，政绩卓著。

(15)关洛：关学与洛学。

(16)赍临：光临。语出《诗·小雅·白驹》："赍然来思。"朱熹："赍然，光采之貌也。"

(17)屏营：仿徨。《国语·吴语》："王亲独行，屏营仿徨于山林之中，三日乃见其涓人畴。"

忧民如病，好士若贪

正初，答张星史书，借询尊况。有云"渭春才智，必能上达，现任何所，有便尚祈示知之"语。三月十七日，陡接瑶函，如获异宝。开缄快读，惊悉两院会衔，猥以贱名，入奏调楚差委。书中缕述时事，开喻鄙怀，肫切(1)恳挚，如渴如饥！阁下之实政虚心，一纸中昭然若揭矣。惟虫声蚁迹，奚自达于中丞？此必阁下因爱忘丑，为此过情揄扬。凡所奖饰之词，罔非汗颜之处。比得中丞赐书，则又从而甚之。

自顾秽形，惭沮无地，恐伤阁下知人之明犹小，而成中丞过听之咎者甚大也。然中丞亹亹(2)数百言，字字血脉，语语肝膈。来谕所云，忧民如病，好士若贪者，不啻和盘托出。而春风长养之气，蔼然言外。罗诵之余，不禁望风倾倒。而为江汉残黎，辄作为邦百年之祝也。

惟是弟实菲材(3)，有辱甄拔。兼之年衰多病，不堪驱策！自庚戌秋间，于宁远府任内，惨遭地震,伤身丧子,万姓同劫,遂得怔忡[4]之病。次年,决计告养。惊闻父病,单骑兼程,未抵家而讣音至矣。未及终制,被调从军,长侄之入嗣者,又复病亡,媳亦殉烈,闻信惊悼,病乃加剧。回忆在川之时,先严每以虚名损福为戒,老人先见,不爽如斯。今又刻划无盐[5],至于过甚。中心凛凛,若有意外之惧者。弟履历中,今年五十有六,而实满六旬已,是日就衰退之时,加以怔忡之久,遂成健忘。或方与人言,忽忘首尾。或拣书取物,移步之顷,忽忘所为。贮想移时,空手而返。似此心神,尚可为居官办事之人哉?弟非孤冷之人,亦无徒耽安逸之心,今也遭此异数,未尝不勃然神旺,无奈缘浅福薄,不能仰副栽培!反躬自问,惶怯难名。除于中丞另禀叩谢外,尚祈阁下曲谅,代为调护,无令以方命负恩为罪也。则始终俯爱之情,感佩难暨矣。目眊[6]手强,不能真书,又不欲假手他人,计故人一见字迹为快也。

仅此布覆。

牛树梅《覆严渭春中丞》

【注】

(1) 肫切:真诚恳切。

(2) 亹亹(wěi):诗文或谈论动人,有吸引力,使人不知疲倦。梁钟嵘《诗品·晋黄门郎张协》:"词采葱蒨,音韵铿锵,使人味之亹亹不倦。"

(3) 菲材:自谦之词,浅薄的才能。

(4) 怔忡:疾病名。病人自觉心中剧烈跳动不能自主的一种急性病症。

(5) 刻划无盐;无盐:传说中的古代齐国丑女钟无盐。精细地描摹丑女无盐。比喻以丑比美,引喻比拟得不恰当。典出《晋书·周颛传》:"庾亮尝谓颛曰:'诸人咸以君方乐广。'颛曰:'何乃刻画无盐,唐突西施也。'"

(6) 眊(mào):眼睛失神,看不清。《说文》:"目少精也。"《孟子·离娄上》:"胸中不正,则眸子眊焉。"

诚明至德,忧乐关于天下

雪樵先生仁兄大人阁下:

钦迟[1]德望,中心藏之。每与蜀中故人传述,治行直驾龚黄召杜[2]之上,而存诚主敬之功,则又如宋之司马。公脚踏实地,盖当代醇儒[3],不仅循良第一也。仰止之情,笔难尽述。前托严渭春观察代致私诚,计已上登左右。

弟从事楚疆,寸长未效,幸赖诸将之力,本境得以粗安。刻下九江城,贼援尽势穷,如在竿之鱼,泡沫将尽。李迪庵[4]方伯约会杨厚庵[5]军门,水师自二月十六日起,昼夜环攻,规复之期,总在三月。至皖之宿太、英霍,豫之商固,贼徒屯聚,迭起循生,分兵进剿,尚未得手。惟鄂中屡经兵燹,凋残之余,元气未复。转移之术,爱民为先。盖官之治民,如医之治病,若不从病根治起,即外症尽除,无补于身,且日见危殆而人不知。湖北之事,吏事较兵事尤重,诚得一二正人君子,相与从容而补救之,人心风俗,必有蒸蒸日上者。夫轮囷⁽⁶⁾之干,胜巨室而益显其奇;旱槁之苗,得时雨而顿改其色。阁下诚明至德,忧乐关于天下。抚时局之艰难,念生民之憔悴,当以隐居独善为不然矣!自古无不可救之祸患,而特患司事之人而不注意于人才。又古今以来,凡叛国叛蕃,均可隐居,而独于盗贼纵横之时,身不能隐。明于天人之际⁽⁷⁾者,当不以鄙言为谬妄矣!

弟前已奏调湖北,业蒙恩准!伏冀阁下,迅速来鄂,为楚人之矜式⁽⁸⁾,使正气常伸,元气可复!弟亦惟托于地方,决不以军事相混也。

专泐速驾⁽⁹⁾,并将奏稿、恩旨抄呈!即乞垂鉴,顺请道安,临颖不尽依驰⁽¹⁰⁾。

胡林翼《致牛雪樵先生书》

【注】

(1) 钦迟:敬仰。《晋书·陶潜》:"刺史王弘以元熙中临州,甚钦迟之。"

(2) 龚黄召杜:龚黄,汉循吏龚遂与黄霸的并称,亦泛指循吏。召杜,指西汉召信臣和东汉杜诗。召信臣与杜诗先后任南阳太守,行善政,人称"召父杜母"。

(3) 醇儒:学识精粹纯正的儒者。《汉书·贾山传》:"所言涉猎书记,不能为醇儒。"

(4) 李迪庵:即李续宾(1818—1858),字迪庵,又字克惠,湖南湘乡(今湖南娄底涟源)人,清朝名将。

(5) 李厚庵:即杨岳斌(1822—1890),湘军水师统帅。原名载福,字厚庵。湖南善化(今长沙)人。

(6) 轮囷:盘曲貌。《文选·邹阳〈狱中上书自明〉》:"蟠木根柢,轮囷离奇。"

(7) 天人之际:天,自然规律或曰天道。人,人事。际,际遇。自然和人事之间的相互关系。司马迁《报任少卿书》:"亦欲以究天人之际,通古今之变,成一家之言。"

(8) 矜式:楷模。

(9) 专泐速驾:专泐,同辈之间书信结尾用语,泐,用笔书写。速驾,快速动身,这里指让邮差快速传递书信。

(10) 临颖:书信用语,即临笔。依驰:依恋向往,行远而念。

三十四、祁嗣唐

祁嗣唐，字孝绪，陇西人，以诸生由议叙任四川西充县知县，告养归里。咸丰四年，郡北三十里阳坡寨暴发白莲教起义，祁嗣唐与县令周必超前往劝谕。祁嗣唐自请单骑前往，遇害。

家不惮出重资，身不惜履危境[1]

祁公讳嗣唐，字孝绪，陇西人，以诸生由议叙任四川西充县知县，告养归里。咸丰四年春，郡北三十里阳坡寨子有妖妇吴王氏，号九天仙女，与其党王九娃等以邪术煽诱一方，谋不轨。庠生石梓告变，官以为妄，斥之。已而又告，并愿以家口质坐，乃侦查之。逆党知败露，遂拥众据山堡，僭号金天王，远近汹汹。

公谋于从弟汉阴厅同知兑公曰："么么乡民讵真反乎[2]？岁比不登[3]，或因穷思滥[4]，持之急，故负隅耳。若吾二人者，各出钱数百缗，而劝官赈之粟，并亲往谕抚之，当自散耳。"乃请于县及府，邑令周公必超从之。至中途，公谓令曰："彼闻官府来，且惊恐不便。吾二人则乡里文弱耳，先往可乎？"令遂止。弟兑亦不欲行，公乃单骑往。将至堡，贼数人持械出迎，公立马俟之，至则未接语而刃已及体矣。公斥马仆令速遁，而已骂贼死。既闻耗，守谢客不出，令乃与游击马某急集兵役，祁氏亦骤赁乡勇数百人以从，攻之。妖妇坐堡墙，手持扇，风霾交作，炮子不发，命取猫犬血衅其子[5]，一发而毙，堡中乱，乘势亟登，尽歼之。有逸者，则命其乡民捕之，数日毕获，竟无脱者。公既死，尸暴露三日，及舁归[6]，血色犹鲜红，颜面如生，邑人哀临如市，哭声遍衢巷，既为醵金[7]，建祠于北郊外，官绅题赠累累以百数，令据实申报当事者，请于朝，恤荫如例。

或曰："祁之死出于意外，非逆知其死而不避也[8]。题赠者每以成仁取义等语，是文不入题也。"呜呼！信如斯言，是公冒昧一行，无异愚者之自罹于祸也，而又何说哉！

夫古来忠臣义士，黾勉发奋[9]，所期者济事耳，其不幸而至于死者，皆意外也。且即以战阵论，斯真履死地者也，然以斯言绳之，必如先轸之免胄，越因之属剑[10]，斯可谓义矣。若夫死于矢，死于炮，与凡淖陷、马蹶[11]，而不能自脱者，是皆猝出意外，非逆知其死而不避者也。而以为殉义，以为死忠，赠恤及之，史乘载之，毋亦不审题矣乎！

公非有地方之责也，方逆匪蠢动，时人皆无策，而公为之策。家不惮出重资，身不惜履危境。

向使逆劫未成，幸而从公，则所以纾地方之忧而活数百人之性命者，可不谓伟节欤[12]！无何匪恶已盈，冒然戕公，公以三月十五日死，而贼以十八日灭，官民一勇之气，皆为公作也，否则以今日衙门办盗之风，与军伍临敌之习势，且文报往返，观望延捱，使其党日集，其计日密，郡城咫尺，事殆未可知也。是公一身玉碎而所全者，又复可以数计哉！

且公亦何尝不愚也，当其时居民匿矣，行路梗矣。身任其事，众所尚为安危者闻风缩首而不敢一出矣，同谋而行者中阻矣，公乃匪瞻匪顾[13]，赤两手以撄虎狼之牙[14]，不谓之愚不可也。

然夫子称宁武[15]，只此不避艰险之心，足以亘万世而常存，保身以济君，则幸也，不可必也，使必以是为不可及，谓之仁何！故公所不足者，智巧耳，外此，无讥焉。若曰公之行也，未免疏于料贼而轻于一试，似矣！然虽在凶贼，苟非攫闪援荚之异类[16]，则必察来者之为何人，为何意有不合而后杀之者，此情理所有，公之所及料也。若夫不问谁何，不审来意，而遽集刃于其身，此情理所未有，公之所不及料也。郪生见烹[17]，而以为智之不若人，岂其然哉！

公被创数十，身无完肤，贼亦何仇于公？则以骂之者烈，故所以死之者惨也。其来也有是胆，斯其遇害也有是骂，浩然之气，死数日而不渝其色，此殆有与天地相通者，而竟不能尽可于人心，何也？

夫公诚不预知其死也，使预知其死，必不往，此固明显易见者。然不出于此，必求济于彼，公非坐视之人。万一堤溃防决，必将仍随文武后，梃然以身当冲而无所畏[18]，亦心迹之可共信者矣。迩年，南省贼氛，或言某官城破不屈状，公遽拍手曰："我何不为彼县知县乎？"遇害之前数日，其弟治地于园内，为书屋基，公在旁曰："要修须大些。"弟曰："书屋何必太大？"公曰："作官者，常变无准，若我再出而殉时难，不便入宅，则停我于此耳。"弟恶其言而迂之。呜呼！观于此，而公之素志可知矣。

公生平退然呐然[19]，郡人每言其治事之才，胆识过人，不似其言貌，而岂知忠烈之性，尤不可以恂恂之言貌求之哉[20]！忆吾邑李青峰先生殉乾隆四十九年回匪难，吾少时尚闻有訾议之言作为诗对者。悲夫！人情之日薄，而士论之无足凭也。余故叙其事而论之。然公之品不以人言轻，又岂以余言重！则即以是为赘言也可。

鲁廷琰修　田吕叶纂《（乾隆）陇西县志十二卷》卷之十

【注】

（1）选自牛树梅《祁公殉难传并论》。

（2）么么：贬义词，微小。讵：岂，怎。

（3）岁比不登：农业连年歉收。

（4）因穷思滥：走投无路的时候，铤而走险，胡作非为。

（5）衅：古代用牲畜的血涂器物的缝隙。

(6) 舁(yú)归：抬回来。

(7) 醵(jù)金：凑集众人的钱财。

(8) 逆知：预知。

(9) 黾勉：勉励，尽力。

(10) 先轸之免胄,越囚之属剑：先轸是春秋时期晋文公、晋襄公两朝主帅。晋文公死后，秦晋在崤山激战，秦军大败，三位主帅被俘，但晋襄公听从母亲建议，放走了三位被俘的秦国主帅，遭到先轸的唾骂。先轸自觉失礼，后来在与白狄的战争中脱胄卸甲，发起自杀式冲锋，被乱箭射死，以死谢罪。事见《左传·僖三十三年》。越囚，指春秋时越国大夫文种。属(zhǔ)剑：即属镂剑，剑名，当年吴王夫差以此剑赐伍子胥自裁，后来越王勾践灭吴称霸后，又以此剑赐相国文种自裁。事见《吴越春秋辑校汇考·吴越春秋勾践伐吴外传第十》。

(11) 淖陷马蹶：陷于泥淖或马失前蹄跌在地上。

(12) 伟节：高尚的节操。

(13) 匪瞻匪顾：不瞻前顾后，犹豫不决。

(14) 撄：触犯。

(15) 夫子称宁武：《论语·公冶长》"宁武子邦有道则知，邦无道则愚。其知可及也，其愚不可及也。"

(16) 攫闪援英之异类：意为凶贼同党。

(17) 郦生见烹：郦生即汉初名士郦食其，具有非凡的政治远见和卓越的军事见解，在刘邦统一全国的战争中立下卓越功勋。袭取陈留，收复荥阳，凭借三寸不烂之舌，成功游说齐王田广，东下齐国七十二城。但受到韩信嫉恨，带兵偷袭齐王，齐王误以为被郦食其出卖，烹杀了郦食其。事见《史记·郦生陆贾列传》。

(18) 梃然：劲直的样子。梃者，独也。

(19) 退然呐然：退然，柔和、柔弱。《礼记·檀弓下》："文子其中，退然如不胜衣。"郑玄注："中，身也；退，柔和貌。"呐然，形容说话声音低沉或含混不清。典出《礼记·檀弓下》："其言呐呐然，如不出其口。"

(20) 恂恂(xún)：恭谨温顺的样子。

三十五、安维峻

安维峻（1854—1925），字晓峰，号盘阿道人，甘肃秦安人，清代著名的谏官，因上《请诛李鸿章疏》，贬官回籍，主讲巩昌（今甘肃陇西县）府南安书院，人称为"关西儒宗"。

以言获罪，直声震中外[1]

安维峻，字晓峰，甘肃秦安人。初以拔贡朝考，用七品小京官。光绪六年，成进士，改庶吉士，授编修。十九年，转御史。未一年，先后上六十余疏。日韩衅起[2]，时上虽亲政，遇事必请太后意旨，和战不能独决，及战屡败，世皆归咎李鸿章主款[3]。于是维峻上言："李鸿章平日挟外洋以自重，固不欲战，有言战者，动遭呵斥。淮军将领望风希旨[4]，未见贼先退避，偶见贼即惊溃。我不能激励将士，决计一战，乃俯首听命于贼。然则此举非议和也，直纳款耳[5]，不但误国，而且卖国。中外臣民，无不切齿痛恨。"而又谓"和议出自皇太后，太监李莲英实左右之，臣未敢深信。何者？皇太后既归政，若仍遇事牵制，将何以上对祖宗，下对天下臣民？至李莲英是何人斯[6]，敢干政事乎？如果属实，律以祖宗法制，岂复可容？唯是朝廷受李鸿章恫喝[7]，不及详审，而枢臣中或系私党，甘心左袒，或恐决裂，姑事调停。李鸿章事事挟制朝廷，抗违谕旨。唯冀皇上赫然震怒，明正其罪，布告天下，如是而将士有不奋兴、贼人有不破灭者，即请斩臣以正妄言之罪。"疏入，上谕："军国要事，仰承懿训遵行[8]，天下共谅。乃安维峻封奏，托诸传闻，竟有'皇太后遇事牵制'之语，妄言无忌，恐开离间之端。"命革职发军台。维峻以言获罪，直声震中外，人多荣之。访问者萃于门，饯送者塞于道，或赠以言，或资以赆[9]，车马饮食，众皆为供应。抵戍所，都统以下皆敬以客礼，聘主讲抡才书院。二十五年，释还，遂归里。三十四年，起授内阁侍读，充京师大学总教习[10]。宣统三年，复辞归。越十有五年，卒。

维峻崇朴实，尚践履[11]，不喜为博辨，尤严义利之分。归后退隐柏崖，杜门著书，隐然以名教纲常为己任。每谈及世变，辄忧形于色，卒抑郁以终。著有《四书讲义》《诗文集》。

《清史稿·卷四百四十五安维峻传》

【注】

(1) 选自《清史稿·安维峻传》。
(2) 日韩衅起：指光绪二十年(1894)甲午战争爆发，日军攻陷朝鲜首都平壤。
(3) 主款：主持，负责。
(4) 望风希旨：指说话行事迎合上面的意旨。
(5) 纳款：归顺或降服。
(6) 斯：句尾语气词，无实义。
(7) 恫喝：扬言灾祸或苦难就要来临，以此威胁(朝臣)。
(8) 懿训：这里指太后旨意。
(9) 赆：临别时赠送给远行人的路费、礼物。
(10) 京师大学：北京大学前身。总教习，相当于今之教务长。
(11) 践履：践履本为足踏地之意，后转为步行、经历等义，再引申为行动、实行、实践。

三十六、杨三

杨三,名不详,晚清渭源县会川望族,组织团练抵御回乱中战死。

一童能执戈,汪锜千秋名不磨[1]

官堡镇有杨氏、盛氏[2],素称望族。同治初年,河回倡乱,旧回族在俱者,屡兴起而应之。杨三,烈士也。商同盛际唐练团堵击,贼不得逞。后因贼众,猝乘力不支,村人逃散。杨君卒死于难,盛、杨二家尽遭屠毒,盛君虽以奋斗得脱,然已无家矣。事不见通志,今修邑乘搜讨及此[3],歌以吊之:

一童能执戈,汪锜千秋名不磨。一女能赴戎,木兰至今播英风。渭邑官堡镇,素来称名胜。旧有回族百数家,频欲乘机效响应。杨三练团癸亥年,商同盛庥(小名际唐)扫锋烟。妖贼愤恨不得逞,想见义气凌青天。天乎奈何不厌祸,前后村庄尽贼伙。屡战屡胜,旋胜旋蹙[4]。奋身力竭卒不支,两家男妇遭鱼肉。转斗山岭川谷间,烈士杀身竟不还。葬不知何处,死不知何日。功不著当时,名不垂史笔。嗟嗟!新修通志勤采选,曷不为附殉难忠义传?不然节妇数万例同书,忍使沉沦淹没付子虚!耆旧口传经累代,惜无一人纪梗概。我向官堡山下望,荒村更无遗址在。卷地瑟瑟秋风来,四面愁云吹不开。草枯犹似箭锋簇,叶落时作箭时哀。流水潺湲暮烟湿,老树昏鸦向人立。故迹尽化轻飞尘,天地苍茫万感集。迄今翠柏压青松,烈士手植须如龙。我欲详究事颠末,但闻山僧礼佛敲晚钟。

陈鸿宝《吊渭源杨三烈士有序》

【注】

(1)本文出自《渭源县志》。作者陈鸿宝,江西泰和人,光绪庚子辛丑并科举人,三十三年以算学专门报送会考及第,殿试以知县即用,宣统三年任渭源知县。汪锜:是鲁国公子公为的嬖僮。在齐鲁之间的一次战斗中,他俩同乘一辆战车奋勇拚杀,一同战死,一同停殡。国人因汪锜年纪甚轻而欲以殇礼葬之,孔子听说后则曰:"能执干戈以卫社稷,可无殇也。"

(2)官堡镇:渭源县会川镇旧称官堡镇。

(3)邑乘(shèng):县志。乘,春秋时晋国的史书,后用以称一般的史书。

(4)旋胜旋蹙:意谓战场形势由盛转衰。蹙:困窘,窘迫。

三十七、安沣

愿从军杀贼,以慰父灵⁽¹⁾

安沣,字屺瞻,守中子也⁽²⁾。廪生,性孝友。光绪二十一年,董福祥剿匪⁽³⁾,抵安定。沣募数十骑,谒董曰:"吾父守中,惨死于乱。愿从军杀贼,以慰父灵。"董允之。从征河、湟,积功保知县。庚子变起⁽⁴⁾,随董入京。八国联军陷京城后,与董护跸⁽⁵⁾,走宣化、长安。和议成,董以挂误解职⁽⁶⁾,沣亦归里。卒于家。

《甘肃新通志》

【注】

(1) 选自宣统元年刻本《甘肃新通志》。

(2) 守中:安沣系安守中长子。其祖父安豫"早岁以孝闻","生平见义必为,力所能给,无稍吝。器识尤过人,事有关地方利病者,善必赞成之。微有未安,必力持不可。如道光间之力阻加赋,同治间之捐镶修城,皆其大较"。

安守中,北乡十八里铺人,候选知县。家素裕。……八年,贼复围城,守中督团往击,贼不得逞,围解。九年,县东山民堡告急,守中往援,遇贼于黄牛湾,大破之,贼遁去。十年二月二十五日,贼掠县境,守中率民团出战,斩馘数人,贼却。追至兔儿嘴,遇伏贼,围之数重。守中奋击,身被十余创,左右曰:"贼众我寡,当速奔。"守中曰:"我奔,则此军无噍类矣。"复率众力战。贼发炮轰击,守中殒于阵,时年四十有六。(《重修定西县志》卷二十八)

(3) "光绪"句:光绪二十一年(1895)春,第三次河湟事变爆发。清廷派董福祥平定事变。董福祥(1840—1908),字星五,甘肃环县(当时属宁夏固原)人,清末著名将领,官至太子少保、甘肃提督、随扈大臣,赐号阿尔杭阿巴图鲁。

(4) 庚子事变:指八国联军入侵北京。

(5) 护跸:指护送光绪帝和慈禧太后。跸,帝王出行的车驾。

(6) 挂误:因受牵连而失官。指因部下安沣杀死了日本书记官杉山彬而受牵连被解职。

【辨析】

"杉山彬被杀"事件真相

据《中国历史大事年表》记载:"6月11日,日本使馆书记官杉山彬迎候联军途中,被甘军董福祥部士兵杀死于永定门外。"事实上,杀死杉山彬的并不是所谓的士兵,而是甘肃提督董福祥武威军骑兵左营管带(花翎同知衔,陕西候补知县)安沣。安沣,字岂(屺)瞻,甘肃定西十八里铺安家庄人。"光绪二十六年,八国联军攻陷北京。岂瞻公因抗敌,左肩受伤。曾手刃日本书记官杉山彬。"据安沣嫡孙安汝德(现居甘肃定西安定区十八里铺安沣故居)根据安沣本人口述回忆,此事详情该是另一番景象:

五月十四日(公历6月10日),英国海军中将爱德华·霍巴特·西摩尔率领各国联军2 000余人由天津租界出发,大举进犯北京。五月十五日(6月11日),驻京日本大使馆书记员杉山彬乘坐马拉东洋轿车去永定门车站迎接,在返回途中,两名日本人对一名抱有婴儿的中国贵妇非礼纠缠,意欲奸淫。其中一人将该婴孩从怀中夺走,随即摔死于道旁。这时,杉山彬乘车至永定门外。安沣作为甘肃提督董福祥武威军骑兵左营管带(因军功被保举同知衔陕西候补知县),拦车论理,反而遭杉山彬抢先开枪射击,打伤安沣左臂。安沣登时愤怒,将杉山彬从车内扯下,以刀直刺其腹。于是,众甘军激于义愤,肢解杉山彬尸于道。同时,没收了马拉东洋轿车。

当时,安沣率部驻守在永定门,所部系武威军骑兵左营,是董福祥的骑兵精锐,安沣本人也是董福祥平定"河湟事变"时招募的爱将,作为一个有良知的血性将领,他见到日本人公然淫杀妇孺时,拔刀怒吼也在情理之中。

第二章

政事奏议

一、赵充国

赵充国(前137—前52),字翁孙,汉族,原为陇西上邽(今甘肃天水)人,后移居湟中(今青海西宁)。西汉著名将领。

屯田疏(其一)

臣闻兵者,所以明德除害也,故举得于外,则福生于内,不可不慎。臣所将吏士马牛食,月用粮谷十九万九千六百三十斛,盐千六百九十三斛,茭藁二十五万二百八十六石[1]。难久不解,繇役不息。又恐它夷卒有不虞之变,相因并起,为明主忧,诚非素定庙胜之册[2]。且羌虏易以计破,难用兵碎也,故臣愚以为击之不便。

计度临羌东至浩亹[3],羌虏故田及公田,民所未垦,可二千顷以上,其间邮亭多坏败者。臣前部士入山,伐材木大小六万余枚,皆在水次。愿罢骑兵,留驰刑应募,及淮阳、汝南步兵与史士私从者,合凡万二百八十一人,用谷月二万七千三百六十三斛,盐三百八斛,分屯要害处。冰解漕下,缮乡亭,浚沟渠,治湟狭以西道桥七十所,令可至鲜水左右。田事出,赋人二十亩。至四月草生,发郡骑及属国胡骑伉健各千,倅马什二,就草,为田者游兵。以充入金城郡,益积畜,省大费。今大司农所转谷至者,足支万人一岁食。

谨上田处及器用簿,唯陛下裁许。

【注】

(1) 茭:多年生草本植物可做蔬菜。藁:茎直立中空,根可入药。亦称"西芎""抚芎"。
(2) 庙胜:指朝廷预先制定的克敌制胜的谋略。
(3) 临羌:古县名,西汉置,治所在今青海湟源东南,魏、晋间治所稍东移于湟水北岸,北魏废。浩亹(hào mén),水名。亦名阁门河,今名大通河。

屯田疏(其二)

臣闻帝王之兵,以全取胜,是以贵谋而贱战。战而百胜,非善之善者也,故先为不可胜以待敌之可胜。蛮夷习俗虽殊于礼义之国,然其欲避害就利,爱亲戚,畏死亡,一也。今虏亡其美地荐草[1],愁子寄托远遁[2],骨肉心离,人有畔志,而明主般师罢兵,万人留田,顺天时,因地利,以待可胜之虏,虽未即伏辜,兵决可期月而望。羌虏瓦解,前后降者万七百余人,及受言去者凡七十辈,此坐支解羌虏之具也。

臣谨条不出兵留田便宜十二事。步兵九校,吏士万人,留顿以为武备,因田致谷,威德并行,一也。又因排折羌虏,令不得归肥饶之地,贫破其众,以成羌虏相畔之渐,二也。居民得并田作,不失农业,三也。军马一月之食,度支士卒一岁,罢骑兵以省大费,四也。至春省甲士卒,循河湟漕谷至临羌,以示羌虏,扬威武,传世折冲之具,五也。以闲暇时下所伐材,缮治邮亭,充入金城,六也。兵出,乘危徼幸,不出,令反畔之虏窜于风寒之地,离霜露疾疫瘃堕之患[3],坐得必胜之道,七也。亡经阻远追死伤之害,八也。内不损威武之重,外不令虏得乘间之势,九也。又亡惊动河南大开、小开使生它变之忧,十也。治湟狭中道桥,令可至鲜水,以制西域,信威千里,从枕席上过师,十一也。大费既省,繇役豫息,以戒不虞,十二也。留屯田得十二便,出兵失十二利。臣充国材下,犬马齿衰,不识长册,唯明诏博详公卿议臣采择。

班固《汉书·赵充国辛庆忌传》

【注】

(1) 荐草:茂盛的牧草。

(2) 愁子:孺子。

(3) 瘃(zhú):即冻疮。

【辨析】

赵充国为人沉勇有大略,少好将帅之节,而学兵法,通知四夷事。武帝时拜为中郎,迁连骑将军长史。提出"以兵屯田",守榆中要塞(在今甘肃榆中、定西一带)。昭帝时,击匈奴,获西祁王,擢为后将军。与大将军霍光定册尊立宣帝,封营平侯。去世后,与霍光等人一同画肖像于未央宫麒麟阁中,为"麒麟阁十一功臣"之一。

《天水师院学报》雍际春先生认为:西汉宣帝元康年间,河湟西羌贵族反叛,赵充国受命西征。平叛初战告捷之后,赵充国即从"全师、保胜、安边"的西北战略全局着眼,提出放弃单纯军事征伐,力主罢骑兵,留步卒万人屯田"以待其敝"的策略。为此,他"昧死陈愚",接连三上"屯田奏",终得宣帝认可,遂于元康四年(前62)秋"诏罢兵,独充国留屯田"。至次年五月,屯田策大获成功,叛羌基本平定,于是,赵充国又上书"请罢兵","振旅而还"。赵充国河湟屯田,历来被认为是中国古代大规模屯田之始,并对后世产生了巨大影响,也备受人们推崇。然而,究实而论,赵充国屯田只是一种军事策谋,并非实有屯田一事。首先,史料中没有留下关于这次屯田直接的垦荒种根和收获的任何记载,充其量只是留屯期间,进行了一些恢复邮亭、修路架桥、开沟浚渠等加强交通、军备的辅助性工作。其次,赵充国在屯田三奏中,反复强调以计谋平定西羌的重要性:"虏易以计破,难用兵碎";"兵以计为本,故多算胜少算";"骑兵号罢,虏见万人留田为必禽之具,其土崩归德宜不久矣。"并明确指出:"是臣之愚计所以度虏且必瓦解其处,不战而自破之册(策)也。"可见,赵充国所说的"屯田",其真意在行屯田之名,示羌人以久驻之实,进而实现分化、怀柔和平定羌乱的目的。第三,从时间上看,赵充国三上屯田奏在元康四年秋,而宣帝准奏并独留充国部屯田,时已届当年秋冬之际或冬季,第二年五月赵充国即班师回朝。从宣帝准允屯田至罢兵班师,前后历时仅半年有余,若实施屯田,则不仅时间穷蹙,也与地处内陆高寒之区的河湟一带农辜节令不符。河湟地区气候寒凉,节气远较中原内地为迟,且生长期长,农历五月正值作物生长期,赵充国在一上屯田奏中曾明确说当地"四月草生",如实有屯田,则焉有不等旅食收获而五月班师之理?可见,历来论赵充国屯田,多以屯田之实施来评价和赞誉其平羌的作用,而完全忽视了所谓"屯田"只是赵充国借以实现平羌的军事策谋的真意所在,这不能不说是一个流传千古的历史误解!

宋人赵彦卫《云麓漫钞》卷十曾对赵充国"屯田"为军事策谋有精妙分析:"赵充国屯田事,乃兵家计策,不惟宣帝与汉庭诸公、先零、罕、幵为之惑,班固亦不识其几。汉用兵皆调发于郡国,千里行师,遇虏辄北。今罕、幵等羌亦乌合,充国知其不能久,故欲以计挫之。但云:'兵难隃度,愿至金城,图上方略';又曰:'明主可为忠言,兵当以全取胜。'及到彼,但欲为留屯计,凡与汉庭往复论难者,不过粮草多寡耳,几初不露也。羌人见其设施出于所料之外,实不可久留,故输款而退,赵亦奏凯而还。在边不过自冬徂夏,元不曾收得一粒谷,想亦不曾下种;不然,五月谷将穗,那肯留以遗羌邪?学者不以时月考之,每语屯田,必为称首,可笑!"其论甚是。

二、隗嚣

隗嚣(？—33)，字季孟，天水成纪(今甘肃秦安县)人。新朝末年地方割据军阀。

移檄告郡国

新都侯王莽，慢侮天地，悖道逆理。鸩杀孝平皇帝[1]，篡夺其位。矫托天命，伪作符书，欺惑众庶，震怒上帝。反戾饰文，以为祥瑞。戏弄神祇，歌颂祸殃。楚越之竹，不足以书其恶。天下昭然，所共闻见。今略举大端，以喻民吏。

盖天为父，地为母，祸福之应，各以事降。莽明知之，而冥昧触冒，不顾大忌，诡乱天术，援引史传。昔秦始皇毁坏谥法[2]，以一二世而至万世，而莽下三万六千岁之历，言身当尽此度。循亡秦之轨，推无穷之数。是其逆天之大罪也！

分裂郡国，短截地络。田为王田，买卖不得。规锢山泽，夺民本业。造起九庙，穷极土作。发冢河东，攻劫丘垄。此其逆地之大罪也。

尊任残贼，信用奸佞，诛戮忠正，覆按口语，赤车奔驰，法冠晨夜，冤系无辜，妄族众庶。行炮烙之刑[3]，除顺时之法，灌以醇醯，裂以五毒。政令日变，官名月易，货币岁改，吏民昏乱，不知所以，商旅穷窘，号泣市道。设为六管，增重赋敛，刻剥百姓，厚自奉养，苞苴流行[4]，财入公辅，上下贪贿，莫相检考。民坐挟涂炭，没入钟官[5]，徒隶殷积，数十万人，工匠饥死，长安皆臭。既乱诸夏，狂心益悖，北攻强胡，南扰劲越，西侵羌戎，东摘濊貊[6]。使四境之外，并入为害，缘边之郡，江海之濒，涤地无类。故攻战之所败，苛法之所陷，饥馑之所夭，疾疫之所及，以万万计。其死者则露尸不掩，生者则奔亡流散，幼孤妇女，流离系虏。此其逆人之大罪也。

【注】

(1) 元始六年(6)，王莽鸩杀汉平帝，立孺子婴(即刘婴)为皇太子，王莽为摄皇帝，改年号"摄政"。后王莽篡汉，入高祖庙，御王冠即天子位，国号"新"。

(2) 谥(shì)：古代帝王或大官死后评给的称号。

(3) 炮烙：古代一种刑法，用烧红的铁器灼烫身体的酷刑。

(4) 苞苴：贿赂。

(5) 钟官：官名。

(6) 濊貊(wèi mò)：朝鲜族一支，为北貊的一部。

三、班彪

班彪(3—54),字叔皮,东汉重要经学家,班固、班昭之父。班彪学博才高,专力从事于史学著述,声闻海域。班彪为劝隗嚣归依汉室,作《王命论》感化之。

王命论

昔在帝尧之禅曰:"咨尔舜,天之历数在尔躬。"⁽¹⁾舜亦以命禹。暨于稷契⁽²⁾,咸佐唐虞,光济四海,奕世载德,至于汤武,而有天下。虽其遭遇异时,禅代不同,至于应天顺民,其揆一也⁽³⁾。是故刘氏承尧之祚,氏族之世,着乎《春秋》。唐据火德,而汉绍之,始起沛泽,则神母夜号,以章赤帝之符。由是言之,帝王之祚,必有明圣显懿之德,丰功厚利积累之业,然后精诚通于神明,流泽加于生民,故能为鬼神所福飨(享),天下所归往,未见运世无本,功德不纪,而得屈(崛)起在此位者也。世俗见高祖兴于布衣,不达其故,以为适遭暴乱,得奋其剑,游说之士至比天下于逐鹿,幸捷而得之,不知神器有命,不可以智力求也。悲夫!此世所以多乱臣贼子者也。若然者,岂徒暗于天道哉?又不睹之于人事矣!

夫饿馑流隶,饥寒道路,思有褐之袭,儋石之畜(蓄),所愿不过一金,然终于转死沟壑。何则?贫穷亦有命也。况乎天子之贵,四海之富,神明之祚,可得而妄处哉?故虽遭罹厄会,窃其权柄,勇如信、布,强如梁、籍,成如王莽,然卒润镬伏质(锧),亨(烹)醢分裂;又况么么,尚不及数子,而欲暗奸(干)天位者乎!是故驽蹇之乘不骋千里之涂(途),燕雀之畴不奋六翮之用,楶棁之才不荷栋梁之任,斗筲之子不乘帝王之重。《易》曰"鼎折足,覆公餗",不胜其任也。

当秦之末,豪桀(杰)共推陈婴而王之,婴母止之曰:"自吾为子家妇,而世贫贱,卒(猝)富贵不祥,不如以兵属人,事成少受其利,不成祸有所归。"婴从其言,而陈氏以宁。王陵之母亦见项氏之必亡,而刘氏之将兴也。是时陵为汉将,而母获于楚,有汉使来,陵母见之,谓曰:"愿告吾子,汉王长者,必得天下,子谨事之,无有二心。"遂对汉使伏剑而死,以固勉陵。其后果定于汉,陵为宰相封侯。夫以匹妇之明,犹能推事理之致,探祸福之机,而全宗祀于无穷,垂策书于春秋,而况大丈夫之事乎!是故穷达有命,吉凶由人,婴母知废,陵母知兴,审此四者,帝王之分(份)决矣。

盖在高祖,其兴也有五:一曰帝尧之苗裔,二曰体貌多奇异,三曰神武有征应,四曰宽明而仁恕,五曰知人善任使。加之以信诚好谋,达于听受,见善如不及,用人如由己,从谏如顺流,趣(趋)时如响赴;当食吐哺,纳子房之策;拔足挥洗,揖郦生之说;痦(悟)戍卒之言,断怀土之情;高四皓之明,割肌肤之爱:举韩信于行陈(阵),收陈平于亡命,英雄陈力,群策毕举:此高祖之大略,所以成帝业也。若乃灵瑞符应,又可略闻矣。初刘媪任(妊)高祖而梦与神遇,震电晦冥,有龙蛇之怪。及其长而多灵,有异于众,是以王、武感物而折券,吕公睹形而进女;秦皇东游以厌其气,吕后望云而知所处;始受命则白蛇分,西入关则五星聚。故淮阴、留侯谓之天授,非人力也。

历古今之得失,验行事之成败,稽帝王之世运,考五者之所谓,取舍不厌斯位,符瑞不同斯度,而苟昧于权利,越次妄据,外不量力,内不知命,则必丧保家之主,失天年之寿,遇折足之凶,伏鈇(斧)钺之诛。英雄诚知觉痦(悟),畏若祸戒,超然远览,渊然深识,收陵、婴之明分,绝信、布之觊觎,距(拒)逐鹿之謷说,审神器之有授,毋贪不可几(冀),为二母之所笑,则福祚流于子孙,天禄其永终矣。

《汉书卷一百上·叙传第七十上》

【注】

(1) 语出《尚书》,大意是:你这舜,天命历数的安排,你要承担帝王的重任。
(2) 稷契(xiè):稷和契的并称。契为商人先祖,后稷,姬姓,名弃,黄帝玄孙,帝喾嫡长子。
(3) 揆:测量。《说文》:"度也。"

附:

叔皮唯圣人之道然后尽心焉。年二十,遭王莽败,世祖即位于冀州。时隗嚣据垄(陇)拥众,招辑(集)英俊,而公孙述称帝于蜀汉,天下云扰,大者连州郡,小者据县邑。嚣问彪曰:"往者周亡,战国并争,天下分裂,数世然后乃定,其抑者从(纵)横之事复起于今乎?将承运迭兴在于一人也?愿先生论之。"

对曰:"周之废兴与汉异。昔周立爵五等,诸侯从政,本根既微,枝叶强大,故其末流有从(纵)横之事,其势然也。汉家承秦之制,并立郡县,主有专己之威,臣无百年之柄,至于成帝,假借外家,哀、平短祚,国嗣三绝,危自上起,伤不及下。故王氏之贵,倾擅朝廷,能窃号位,而不根于民。是以即真之后,天下莫不引领而叹,十余年间,外内骚扰,远近俱发,假号云合,咸称刘氏,不谋而同辞。方今雄桀(杰)带州城者,皆无七国世业之资。《诗》云'皇矣上帝,临下有赫,鉴观四方,求民之莫。'今民皆讴吟思汉,乡(向)仰刘氏,已可知矣。"

嚣曰:"先生言周、汉之势,可也,至于但见愚民习识刘氏姓号之故,而谓汉家复兴,疏矣!昔秦失其鹿,刘季逐而掎之,时民复知汉乎!"既感嚣言,又愍狂狡之不息,乃著《王命论》以救时难。知隗嚣终不痦(悟),乃避地于河西。河西大将军窦融嘉其美德,访问焉。举茂材,为徐令,以病去官。后数应三公之召。仕不为禄,所如不合;学不为人,博而不俗;言不为华,述而不作。

【辨析】

　　《王命论》充斥着宿命观点,"穷达有命,吉凶由人",使许多有志之士望而却步,安于现状,乐于满足,听天由命。对刘邦的兴起,文中总结了五个方面的因素:一曰帝尧之苗裔,二曰体貌多奇异,三曰神武有征应,四曰宽明而仁恕,五曰知人善任使。此外又"加之以信诚好谋,达于听受,见善如不及,用人如由己,从谏如顺流,趣时如响起。"即在"宿命"的外衣下,终于客观地指出了"宽明而仁恕,知人善任使,信诚好谋"才是其兴起的主因。当然,"驽蹇之乘,不骋千里之途;燕雀之畴,不奋六翮之用;楘樧之材,不荷栋梁之任",提醒世人要正视自己的才能和现实条件,凡事量力而行,量才而行。否则,就会"鼎折足,覆公餗。"不胜其任也。

四、马援

马援(前14—49),字文渊,扶风茂陵人。著名军事家,东汉开国功臣之一。新莽末年,马援为陇右隗嚣的属下,后归顺光武帝刘秀,官至伏波将军,封新息侯,被人尊称为"马伏波"。

与嚣将杨广书[1]

春卿无恙,前别冀南[2],寂无音驿[3]。援间还长安,因留上林。窃见四海已定,兆民同情,而季孟闭拒背畔[4],为天下表的[5]。常惧海内切齿,思相屠裂,故遗书恋恋,以致恻隐之计。乃闻季孟归罪于援,而纳王游翁诡邪之说[6],自谓函谷以西,举足可定,以今而观,竟何如邪?援间至河内,过存伯春[7],见其奴吉从西方还,说伯春小弟仲舒望见吉[8],欲问伯春无它否,竟不能言,晓夕号泣,婉转尘中。又说其家悲愁之状,不可言也。夫怨仇可刺不可毁,援闻之,不自知泣下也。援素知季孟孝爱,曾、闵不过[9]。夫孝于其亲,岂不慈于其子?可有子抱三木[10],而跳梁妄作,自同分羹之事乎[11]?季孟平生自言所以拥兵众者,欲以保全父母之国而完坟墓也,又言苟厚土大夫而已。而今所欲全者将破亡之,所欲完者,将毁伤之,所欲厚者将反薄之。季孟尝折愧子阳而不受其爵[12],今更共陆陆[13],欲往附之,将难为颜乎?若复责以重质,当安从得子主给是哉!往时子阳独欲以王相待,而春卿拒之;今者归老,更欲低头与小儿曹共槽枥而食,并肩侧身于怨家之朝乎?男儿溺死何伤而拘游哉[14]!今国家待春卿意深,宜使牛孺卿与诸耆老大人共说季孟[15],若计画不从,真可引领去矣。前披舆地图,见天下郡国百有六所,奈何欲以区区二邦以当诸夏百有四乎?春卿事季孟,外有君臣之义,内有朋友之道。言君臣邪,固当谏争;语朋友邪,应有切磋。岂有知其无成,而但萎腇咋舌,叉手从族乎[16]?及今成计,殊尚善也;过是,欲少味矣。且来君叔天下信士[17],朝廷重之,其意依依,常独为西州言。援商朝廷[18],尤欲立信于此,必不负约。援不得久留,愿急赐报。

《后汉书·马援传》

【注】

(1) 杨广(?—32):新莽末陇西上邽人,字春卿。拥立隗嚣为上将军以应刘玄。屡破王莽军。后不愿降光武帝,战死。

(2) 冀南:天水冀县。

(3) 音驿:书信传递。

(4) 季孟:指隗嚣(?—33),字季孟,天水成纪(今甘肃秦安)人。

(5) 表的:标的,箭靶。比喻攻击目标。

(6) 王游翁:即王元,东汉初京兆长陵人,一作杜陵人,字惠孟,一字游翁。为隗嚣大将军。

(7) 过存伯春:过存,登门拜访。伯春,隗嚣长子隗恂之字。

(8) 仲舒:隗嚣次子隗纯之字。

(9) 曾闵:指孔子弟子曾参、闵子骞,孝子中的典型代表。

(10) 三木:桎、梏、拲合称"三木",古代刑具。

(11) 分羹之事:乐毅先祖乐羊曾任魏国将领,魏文侯十七年(前408),中山国国君姬窟发兵进犯魏国,乐羊挂帅出征。正好乐羊之子乐舒任中山国将领,中山国君杀死乐舒,煮成肉羹送给乐羊。乐羊为表忠心,于是坐在军帐内端着肉羹吃了起来,一杯全部吃完。于是,分羹便成了心地残忍,没有父子骨肉之情的代名词。

(12) 折愧:折辱,侮辱。

(13) 陆陆:碌碌,即繁忙,劳碌。

(14) 拘游:拘谨游移。

(15) 牛孺卿:牛邯,字孺卿,生卒年不详,狄道(即今临洮)人。

(16) 萎腇(wěi něi)咋舌:叉手从族,萎腇,松缓、舒迟、软弱之义。咋舌,咬舌,形容吃惊、害怕,说不出话或不敢说话。从族,全家人跟着就死。意谓畏缩不言,叉着双手等待全家随着就死。

(17) 来君叔:来歙(?—35),字君叔,南阳新野(今河南新野南)人,东汉名将、战略家。

(18) 商:揣度。

五、王遵

王遵,生卒年不详,字子春,霸陵(今陕西西安东郊)人,新莽末年至东汉初年将领。王遵为人豪侠,有辩才。更始元年(23),与隗嚣同时起兵,后投归更始帝刘玄。

喻牛邯书

遵与隗王歃盟为汉,自经历虎口,践履死地,已十数矣。于是周洛以西[1],无所统壹,故为王策,欲东收关中,北取上郡[2],进以奉天人之用,退以惩外夷之乱。数年之间,冀圣汉复存,当挈河、陇,奉旧都,以归本朝。生民以来,臣人之势,未有便于此时者也。而王之将吏,群居穴处之徒[3],人人抵掌[4],欲为不善之计。遵与孺卿,日夜所争,害几及身者,岂一事哉!前计抑绝,后策不从,所以吟啸扼腕[5],垂涕登车。幸蒙封拜,得延论议[6],每及西州之事,未尝敢忘孺卿之言。今车驾大众已在道路,吴、耿骁将云集四境,而孺卿以奔离之卒[7],拒要厄,当军冲,视其形势何如哉?夫智者睹危思变,贤者泥而不滓[8],是以功名终申,策画复得。故夷吾束缚而相齐[9],黥布杖剑以归汉[10],去愚就义,功名并著。今孺卿当成败之际,遇严兵之锋,可为怖栗。宜断之心胸,参之有识。

《后汉书·隗嚣传》

【注】

(1) 周洛:指东都洛阳。

(2) 上郡:最早为战国时期魏文侯所置(即前446—前396年间),秦惠王十年(前328)魏献上郡15县于秦,为秦初三十六郡之一,郡治肤施县(今绥德县)。

(3) 穴处之徒:指没有见识的人。

(4) 抵掌(zhǐ zhǎng):击掌。指人在谈话中的高兴神情,亦因指快谈。

(5) 扼腕:握住手腕。

(6) 得延论议:王遵为太中大夫,在议论之职。

(7) 奔离:离散。

(8) 泥而不滓：在泥滞之中而不滓污。

(9) 夷吾束缚而相齐：管夷吾（前723—前645），名夷吾，字仲，谥号敬，因以敬仲称之。齐襄公十二年（前686），齐国内乱，逃亡到鲁国的两个公子小白（即后来的齐桓公）和纠都想赶回齐国夺取君位，鲍叔牙辅佐小白先行，管仲、召忽辅佐纠落后。管仲率人在半路截杀小白，小白装死先行到达齐国，继承了君位。齐桓公欲以鲍叔牙为相，鲍叔牙不从，推荐了管仲。这时管仲一行辅佐纠即位无望返回了鲁国，齐桓公致书鲁君，要鲁君引渡管仲报一箭之仇，于是鲁君杀死公子纠，将管仲"束缚胶目"，用槛车送往齐国，齐桓公遂拜管仲为相。

(10) 黥布杖剑以归汉：英布（？—196），六县（今安徽六安）人，秦末汉初名将。因受秦律被黥，又称黥布。初属项梁，后为项羽帐下五大将之一，封九江王，后叛楚归汉，汉朝建立后封淮南王，与韩信、彭越并称汉初三大名将。

六、李翱

　　李翱(772—841),字习之,唐陇西成纪(今甘肃天水)人。西凉王李暠的后代。唐朝文学家、哲学家。李翱是唐德宗贞元年间进士,曾历任国子博士、史馆修撰、考功员外郎、礼部郎中、中书舍人、桂州刺史、山南东道节度使等职。他曾从韩愈学古文,协助韩愈推进古文运动,两人关系在师友之间。李翱一生崇儒排佛,认为孔子是"圣人之大者也"。著有《复性书》和《李文公集》。

百官行状奏[1]

　　右,臣等无能,谬得秉笔史馆[2],以记注为职。夫劝善惩恶,正言直笔,纪圣朝功德,述忠臣贤士事业,载奸臣佞人丑行,以传无穷者,史官之任也。伏以陛下即位十五年矣[3],乃元年平夏州[4],二年平蜀斩辟[5],三年平江东,斩锜[6]、张茂昭,遂得易定[7],五年擒史宪诚[8],得泽、潞、邢、□,七年,田宏正以魏博六州来受常贡[9],十二年平淮西,斩元济,十三年王承宗献德、棣入税租,沧景除吏部,十四年平淄青,斩师道,得十二州[10]。神断武功,自古中兴之君,莫有及者。而自元和以来,未着《实录》,盛德大功,史氏未纪,忠臣贤士名德,甚有可为法者,逆臣贼人丑行,亦有可为诫者,史氏皆阙而未书。臣实惧焉,故不自量,辄欲勉强而修之。凡人之事迹,非大善大恶,则众人无由知之,故旧例皆访问于人,又取行状谥议,以为一据。今之作行状者,非其门生,即其故吏,莫不虚加仁义礼智,妄言忠肃惠和,或言盛德大业,远而愈光,或云直道正言,殁而不朽,曾不直叙其事,故善恶混然不可明。至如许敬宗、李义府、李林甫[11],国朝之奸臣也,其使门生故吏作行状,既不指其事实,虚称道忠信以加之,则可以移之于房元龄、魏征、裴炎、徐有功矣[12]。此不惟其处心不实,苟欲虚美于所受恩之地而已。盖亦为文者又非游、夏、迁、雄之列[13],务于华而忘其实,溺于辞而弃其理,故为文则失六经之古风,记事则非史迁之实录[14],不如此,则辞句鄙陋,不能自成其文矣。由是事失其本,文害于理,而行状不足以取信。若使指事书实,不饰虚言,则必有人知其真伪不然者,纵使门生故吏为之,亦不可以谬作德善之事而加之矣。臣今请作行状者,不要虚说仁义礼智,忠肃惠和,盛德大业,正言直道,芜秽简册[15],不可取信,但指事说实,直载其词,则善恶功迹,皆据事足以自见矣。假令传魏征,但记其谏争之词,足以为正直矣。如传段秀实(16),但记其倒用司农寺印以追逆兵,又以象笏击朱泚,自足以为忠烈矣。今之为行状者,都不指其事,率以虚词称之,故无魏征之谏争,而加之以正直,无秀实之义勇,而加之以忠烈者,皆是也,其何足以为据?若考功视行状之不依此者不得受(17),依此者乃下太常,并牒史馆,太常定谥,牒送史馆,则行状之言,纵未可一一皆信,与其虚加妄言都无事实者,犹山泽高下之不同也。史氏记录,须得本末,苟凭往例,皆是空言,则使史馆何所为据?伏乞下臣此奏,使考功守行善恶之词,虽故吏门生,亦不能虚作而加之矣。臣等要知事实,辄敢陈论,轻黩天威,无任战越。谨奏。

【注】

(1) 本文是就百官行状写作问题呈给宪宗皇帝的奏议,可视为一篇有重要价值的史传理论文章。作于元和十五、六年。文章从实际出发,提出了两个互相联系的问题,即史传写作是载事还是空言,是存真还是存伪。

(2) 谬得秉笔史馆:李翱曾任史馆修撰,故如此说。

(3) 陛下:指唐宪宗。

(4) 夏州:陕西靖边县白城子。

(5) 平蜀斩辟:西川节度副使知节度事刘闢,求兼领三川,朝廷不许,发兵反叛,被擒送至长安诛之。《通鉴》系此事于元和元年,作者误记。

(6) 江东:江南东道,今江苏苏州市。锜,镇海节度使李锜,反叛遭斩。

(7) 张茂昭:义武节度使。易,易州,今河北易县。定,定州,河北定县。

(8) 史宪诚:元和中为中军都知兵马使,乘乱擅总军务,遂授以节度使。卒赠太尉。

(9) 田宏正:字道安,唐平州卢龙(今属河北)人。

(10) 十四年三句:指平卢都知兵马使刘悟杀李师道归朝廷事。淄青:方镇名,或称淄青平卢,平卢,唐时最大的方镇之一,今山东除临清、聊城少数县城外,尽属其境。师道:平卢节度使李师道。十二州:郓、曹、濮、淄、青、齐、登、莱、兖、海、沂、密等州。

(11) 许敬宗:唐高宗时大臣,任礼部尚书,与李义府等立武则天为后。李义府,唐大臣,高宗时任中书舍人、中书侍郎参知政事,与许敬宗共执朝政。李林甫,唐宗室,玄宗时礼部尚书,封晋国公,为人口蜜腹剑,力主安禄山重兵在手。

(12) 房玄龄:隋末进士,唐初大臣,唐太宗重要助手之一。魏征:唐太宗重臣,著名政治家,主编《群书治要》。裴炎:唐高宗时侍中、中书令,后请武后归政被杀。徐有功,初唐蒲州司法参军,累迁司刑丞,为狱持平守正,为人平情待下,正直事上,数冒犯武后,诤谏不折。

(13) 为文:写作文章。游、夏、迁、雄,指子游、子夏、司马迁、扬雄,四人皆以擅长著述而闻名。务,追求,致力于。华,文辞华丽。溺,沉溺。理,事理,事实。

(14) 史迁：《史记》的作者司马迁。实录：真实的记录。

(15) 芜秽：污秽，玷污。简册：指史籍。

(16) 段秀实：字成公，唐沂阳（今陕西千阳）人。

(17) 考功：指吏部的考功司。

进士策问二道

问：初定两税时⁽¹⁾，钱直卑而粟帛贵⁽²⁾，粟一斗价盈百，帛一匹价盈二千。税户之岁供千百者，不过粟五十石，帛二十有余匹而充矣，故国用皆足，而百姓未以为病。其法弗更⁽³⁾，及兹三十年，百姓土田为有力者所并，三分逾一其初矣，其输钱数如故。钱直日高，粟帛日卑，粟一斗价不出二十，帛一匹价不出八百。税户之岁供千百者，粟至二百石，帛至八十匹然后可。为钱数不加，而其税以一为四，百姓日蹙而散为商以游⁽⁴⁾，十三四矣⁽⁵⁾。四年春，天子哀之，诏天下守土臣定留州使额钱⁽⁶⁾，其正料米如故，其余估高下如上供，百姓赖之。以比两税之初，轻重犹未相似。有何术可使国用富而百姓不虚，游人尽归于农而皆乐，有力所并者税之如户，而士兵不怨？夫岂无策而臻于是耶，吾子盍悉怀以来告⁽⁷⁾。

问：吐蕃之为中国忧也久矣！和亲赂遗之⁽⁸⁾，皆不足以来好息师⁽⁹⁾。信其甘言而与之诅盟耶⁽¹⁰⁾，于是深怀阴邪，乘我之去兵，而欺神虐人⁽¹¹⁾，系房卿士大夫，至兹为羞。备御之耶⁽¹²⁾，则暴天下数十万之兵，或悲号其父母妻子，且烦馈饟军衣食之劳，百姓以虚。弗备御之耶，必将伺我之间，攻陷城邑，掠玉帛子女，杀其老弱，系累其丁壮以归。自古帝王岂无诛夷狄之成策耶？何边境未安若斯之甚耶？二三子其将亦有说乎。

【注】

(1) 两税：指唐代建中年间开始在夏和秋征收的两次土地税，也称两税法改革。

(2) 直：同"值"，指物和价相当。

(3) 弗更：没有变更。

(4) 蹙：紧迫、穷迫。

(5) 十三四：指十之三四，也就是十分之三、四。

(6) 守土：是指守卫疆土，亦指地方官掌治其所辖区域。

(7) 盍：何不。

(8) 和亲赂遗：指与吐蕃进行的各种友好政策。和亲，也叫作"和戎""和蕃"，指古中原王朝与周边少数民族或者各少数民族首领之间出于各种各样和目的而达成的政治联姻。赂遗，是指以财物赠送。

(9)来好息师：犹言和睦共处，平息战争。

(10)诅盟：谓结盟。

(11)欺神虐人：当初在神前订立盟约，(现在)背弃盟约就是欺神，劫掠百姓就是虐人。

(12)备御：设置边防，抵御外敌。

七、韩琦

韩琦(1008—1075),字稚圭,自号赣叟,相州安阳(今河南安阳)人。北宋政治家、词人。宋仁宗时,他与范仲淹率军防御西夏,人称"韩范"。历经仁宗、英宗和神宗三朝,亲历抵御西夏、庆历新政等。熙宁八年(1075)六月,韩琦去世,享年68岁。宋神宗为他御撰墓碑:"两朝顾命定策元勋"。追赠尚书令,谥号忠献,配享宋英宗庙庭。有《安阳集》五十卷。

请筑笮篥寨疏[1]

乙亥,名秦州新筑大甘口谷寨曰甘谷城,即笮篥城也。先是,韩琦遣李立之驰奏请修笮篥城。枢密院难曰[2]:"笮篥是秦州熟户地土[3],将来兴置一两处,接连古渭[4],又须添屯军马,计置粮草,复如古渭之患。况西蕃熟户[5],本要为汉藩篱[6],若与筑城,令熟户自守,必知熟户不能自守,须借汉兵,傥有贼至[7],则汉兵当锋,熟户受庇,汉有余力为之则可,但虚内而事外,非计之得。前后臣僚累有奏请,以此未曾施行,更切仔细相度以闻。"琦复奏曰:

窃观先世图制匈奴,患其西兼诸国,故表河列郡,谓之断匈奴右臂,隔绝南羌[8]。今西夏所据,盖多得匈奴故地,自昔取一时之计,弃废灵州以来[9],因失断臂之势,故德明、元昊更无忌惮[10],得以吞噬西蕃,以至其甘、凉、瓜、肃诸郡。皆为贼有,势既大。至宝元初,始敢僭号[11]。以背朝廷。是时贼方与诸路边兵相攻战,故秦、渭一带,西蕃未暇窥夺。臣庆历初曾知秦州[12],今二十六七年矣。是时永宁、安远之北,绵亘一二百里之外,皆是西蕃熟户,其间有不授捕职名目,官中亦不勾点彼族兵马者,则谓之生户,并与熟户交居,共为篱落,故秦州最号藩篱之壮。迄元昊纳款[13],未尝侵犯。只自庆历通好,后来西人以寇抄为事[14],见秦、渭间西蕃最为繁盛,又为我之降人献说[15],以谓西界诸郡当贵广有所出,可以先取西蕃,然后以兵扼要害,则西川诸郡,一皆得之。遂一向攻胁秦、渭诸蕃。大半为其所属浸淫[16],直逼秦州西路城寨,比庆历中,藩篱大段薄弱。近年西人复将西市城修茸,建为保泰军,于其中修盖行衙,闻甚宏壮,令伪驸马花马总领之[17]。只去古渭寨一百二十里,即近蔡挺与白知军者公文往来之处[18]。去汉界之近如此,自前未有也。又秦州上丁族瞎药怨,质其父厮铎心[19],及逃去,与木征相合[20]。木征者,即唃厮啰之孙、瞎毡之子也。其木征、瞎药更与自来秦州多点集不起广有力量青唐族相结,谋立文法,去西界所建西市城甚近,阴与夏人通款(21)。若渐次尽为西夏所诱,不独古渭孤危,秦州西路城寨日为贼逼,则其董毡一带至回纥以来搬次(22),尽为阻隔。秦州豢马,自亦稀绝,可谓秦塞之深患也。与臣二十六七年在秦州时,边事变易全然不同。臣不因再忝西帅(23),亦不能知此子细。所以久在西陲谙知边事者,皆谓城筚篥,则可与鸡川、古渭通,成外御之势(24),隔绝得西人?吞古渭一带诸蕃与瞎药、木征、青唐等族相结之患。少得前世所谓断臂之策,兼自来鄜延、环庆、泾原等路沿边,例皆以城寨包卫熟户,使诸族知有家计,则可以相资表里,号为篱落之固;不然则诸族老小,散居山谷田野间,去城寨稍远,西贼一来,官军既难救应,则尽为贼所杀掠,此安可谓之篱落也?臣复见泾原路原州有明珠、灭臧、唐奴三族(25),广有人力,以居处恃险,点集不起(26)。屡杀官军,出入西界买卖,都无忌疑。庆历中,每西人入寇,则前为乡导(27),同为抄劫。后来范仲淹遂于三族之北(28),与西界相接处,修置靖安、绥宁二寨,佛空平、耳朵城二堡,其明珠等三族于是不敢作过,听从点集。始为篱落之用。臣今所以乞城筚篥者,非好生事也。盖欲与西人议事未复好间,乘此机会,可以城之。既城此则经久,有臣前所陈之利,忽而不为,则他日有臣前所陈之害,故城与不城,其利害实系于国家而不系于臣,在朝廷之深算也。若谓其修城之后,又积兵聚粮之费,力有未及。臣以为不然。盖筚篥既城,则秦州三阳、伏羌、永宁、来远、宁远诸寨皆在近里(29),可以均匀抽减逐寨之兵,往彼屯泊,更有创置酒税场课利(30),相兼充赡。复闻筚篥城侧近有隙地(31),自可招置弓箭手七八百人,就使守之,则边防之势,其雄重可知矣。臣今画鄜延、环庆、泾原路沿边城寨对西界小纸图黏连在后,陛下观之,则可见今之诸路,例皆以城寨包卫熟户,非妄言也。望与二府大臣裁酌。

《续资治通鉴长编拾补》卷三上

【注】

(1) 宋神宗赵顼熙宁元年(1068),陕西经略使韩琦奏请修建城堡,保护秦州西北边境的居民,防范西夏党项人的入侵,朝廷准奏。七月,韩琦派秦凤路副都总管杨文广前往离秦州(今甘肃天水市)西北大约一百八十五里的地方修筑筚篥城(今天水市甘谷县)。筚篥(bì lì),原是一种古代管乐器,即觱篥,也称管子,多用于军中和民间音乐。疏,臣子向帝王分条陈述的意见书。另本文收录于韩琦《安阳集》。

(2) 枢密院:五代至元时期的最高军事机构。

(3) 熟户:旧时指归顺的或发展程度较高的少数民族。

(4) 古渭:今陇西一带。

(5) 西蕃:亦作"西藩""西番",我国古代对西域一带及西部边境地区的泛称。

(6) 藩篱:此指屏障。

(7) 傥:同"倘"。

(8)"窃观……,隔绝南羌。"一段:指的是汉武帝时期,卫青、霍去病进击匈奴,占据河西地区,并先后设置酒泉、张掖、敦煌、武威四郡(列郡),可谓断了匈奴右臂,并隔绝了匈奴与南羌的联系与结盟,一改此前被动防守的态势。

(9)灵州:西汉惠帝四年(前191)置灵洲县,属北地郡,故址在今宁夏吴忠市境内。东汉为灵州。北魏为薄骨律镇,后复改为灵州。西魏改置灵州普乐郡。北周时改为灵州、灵武郡。隋改为灵武郡,治所回乐县。唐复置灵州,朔方节度使驻此。天宝初改曰灵武郡,后又改为灵州。宋时为西夏翔庆军、西平府。

(10)德明、元昊:李德明,即夏太宗(981—1032),《辽史》因避辽穆宗耶律明之讳记为李德昭,西夏开国皇帝景宗李元昊的父亲。为人深沉有器度,多权谋。李元昊,西夏开国皇帝。

(11)僭号:指李元昊不再向宋称臣,自己称帝。

(12)知秦州:著名战役好水川之战中,李元昊用计打败韩琦。战后宋廷追究败军之责,韩琦被调职他用,降为右司谏、知秦州。

(13)纳款:归顺,投诚。

(14)寇抄:劫掠。

(15)献说:进献意见。

(16)浸淫:蔓延,扩展。

(17)伪驸马:最初夏向宋朝称臣,后李元昊称帝,自称一国。宋对此表示不予承认,故称为"伪"。

(18)蔡挺(1014—1079):字子政,宋城(今河南商丘)人。景祐元年(1034)进士,官至直龙图阁,知庆州,屡拒西夏犯边。神宗即位,加天章阁待制,知渭州。治军有方,甲兵整习。

(19)上丁族:古秦州地区吐蕃上丁族。瞎药,又称为"瞎药鸡罗",吐蕃大首领木征的高级谋士。

(20)木征:北宋时青海东部吐蕃首领。亦作摩正,清人译为辖奇鼎摩正、玛尔戬,瞎毡长子。

(21)通款:亦作"通欵"。谓与敌方通和言好。

(22)董毡:(1032—1083)亦作董戬,唃厮罗三子。唃厮罗死,内部分裂,他嗣为保顺军节度使,势力最强。继续执行联宋抗夏政策。熙宁三年(1070),乘虚入夏境,大获而归。元丰四年(1081),遣兵策应宋击西夏,又集十二万之众约期与宋会师。累封武威郡王。

(23)忝,辱:有愧于,此处用作谦辞。

(24)鸡川:今甘肃通渭一带。

(25)泾原路:古代行政区划名。明珠、灭藏、唐奴:此三族为北宋、西夏边境蕃部大族,活动于环州、原州之界,佛空平一带。

(26)点集:按名册征集。

(27) 乡导：带路，引道。带路的人。乡，通"向"，即向导。

(28) 范仲淹：字希文，苏州吴县人。北宋杰出的思想家、政治家、文学家。

(29) 秦州三阳、伏羌、永宁、来远、宁远：古时皆在秦州西、甘谷城南。今甘肃天水一带。

(30) 酒税场课：酒税，中国时对酒所征的税。西汉时期始征酒税，历代沿袭。场课，指对食盐产制运销所征的捐税。

(31) 隙地：指空闲着的地方。

八、杨文广

杨文广(999—1074),字仲容,并州太原(今山西太原)人,北宋名将,杨延昭之子、杨业之孙。宋神宗时因抗击西夏建功,历官秦凤副都总管、定州路副都总管、步军都虞侯。

杨文广筑筚篥城

初,秦凤副都总管杨文广受韩琦檄筑筚篥城[1]。文广即饬诸将[2],声言城喷珠,率众至其处,日已暮,乃急趋筚篥城,屯列既定[3],迟明,虏骑大至[4],知不可犯而去,遗书当白国主,以数万精兵逐汝[5]。文广遣裨将袭其后[6],所获甚多。或问其故,文广曰:"先人有夺人之心,必争之地,彼若知而据之,则未可图也。"文广,业之孙也。韩琦又言已牒秦凤路于擦珠谷[7],筑一大堡,又乞废罢纳迷、丹山、菜园、白石、了锺五堡,使臣戍兵。擦珠堡成,赐名通渭。

《纪事本末》卷八十三。按:《续宋编年资治通鉴》:秋七月,城筚篥。初,秦州生户为谅祚劫而西徙,有空城百里,名筚篥,知府马仲甫请城而耕之。《宋史·马仲甫传》:秦州古渭介青唐之南,夏人在其北,中通一径,小警则路绝。仲甫得筚篥城故趾,自鸡川砦筑堡,北抵南谷,环数百里为内地,诏赐名甘谷堡。故时羌人入城贸易,皆僦邸,仲甫设馆处之,阳示礼厚,实闲之也。《安阳集·家传》云:公又委秦凤帅马仲甫兴置贡珠、甘谷诸堡。自是夏人不敢近寨,劝诱古渭一带蕃部,献地八千余里,以招置弓箭手,于是篱落壮固,边声振矣。西夏乃械送害杨定者李崇贵、杨道喜诣阙请命。朝廷遣韩缜同公属官刘航至延安,与西人薛宗道议事,仍令偕至长安,禀公而后往。

《续资治通鉴长编拾补》卷三上

【注】

(1) 秦凤:宋元时行政区域名,治所在秦州(今甘肃天水市),辖境较广,亦有伸缩。檄(xí):是中国古代官府往来文书的下行文种名称之一,一般用以征召、晓喻或声讨等。

(2) 饬:整顿。

(3) 屯列:布防,屯驻。

(4) 虏骑:指西夏兵。

（5）"遗书当白国主"一句：意思是留下书信扬言要告诉国君，请数万精兵来攻城。

（6）裨将：副将。裨（pí）：古代的次等礼服。将（jiàng）：将领。

（7）牒：是中国古代官府往来公案或凭证等文书。此处用如动词。擦珠谷，今甘肃省通渭县什川乡古城沟。

九、范育

范育，北宋朝人，字选之，河州（今甘肃临夏）人，北宋初举进士，官至枢密都承旨，元祐初（1086）出任熙州（今临洮、岷县地区）知州，时西夏进攻，将帅计划放弃质、孤二地，退守兰州，范育力争，说："熙河以兰州为要塞，此两堡者，兰州之蔽也，弃之兰州则危，兰州危，则熙河有腰背之忧矣。"又请求在李诺、平汝、遮川修城，说："此为赵充国（汉将）屯田古榆塞之地也"。未被采纳。不久，范育奉旨任户部侍郎，后因病去世。至南宋高宗绍兴二年（1132），南宋朝廷采用范育反对弃地及进筑城堡防守之策，宋高宗追赠范育为"文阁学士"。

请筑汝遮城疏（一）[1]

先是，游师雄乞自兰州李诺平[2]东抵通远军、定西城与通渭寨[3]之间建汝遮、纳迷、结珠龙三寨及置护耕七堡，以固藩篱。（此据张舜民志游师雄墓云奏疏不报，考范育参详状，则非不报也。不知舜民何故云耳。）穆衍又乞于质孤、胜如二垒之间城李诺平，以控要害，及言纳迷、汝遮、浅井、隆诺皆宜起亭障[4]，以通泾原之援[5]。（此据穆衍墓志及本传）诏以师雄所言令范育参详。范育言：

臣今勘会昨来本路建修筑之议[6]，盖为自兰州已东至定西城，自定西城已东至秦州隆诺堡三百里之间，戎马奔冲之地，止有定西一城外，更无边面蕃篱之固，贼可长驱深入，故极陈利害，欲渐完城垒，以捍贼冲，以固边势。幸蒙朝旨采纳，乘去秋贼既聚复散[7]，势未可集之时，立诏本路趣城定远[8]，及令条画诸堡寨次第[9]。臣谓朝廷留意边防大计，深中事机[10]，自兹本路遂有安强之势，足以制贼，保边息民有日矣。是以臣累奏，欲乘今春青草未生，马瘠、贼兵难聚之时，先修要害之城，乘时量力，不劳而集。及更遵朝命省工减费，贵于速就，至今未奉朝旨，臣已具后时，乞候今秋或来春别乘机会修筑，闻奏去讫。臣今再详游师雄所奏，与本路同者五，不同者六，推原所以同不同之由，盖亦有说。

窃缘本路建议之始，其说有四：其一，据要害。其二，护居民。其三，相接应。其四，守信约。如定远之保金城，扞熙州[11]，控大川；汝遮之基石碛，固定西，扼贼路，所谓据要害者也。定远之卫龛谷[12]，质孤、胜如、纳迷之蔽裕勒藏六族[13]，结珠龙川之保弓箭手，所谓护居民者也。大柳平、汝遮岘、花川东西在本寨之中,所谓相接应者也。质孤、胜如常设据有城郭居室,定远建于内,汝遮在第二寨之南,结珠龙川亦在诸岘之间,其外皆弓箭手耕种之地。以臣常建与夏人议,乞以见今耕种崖岘卓望口铺为界[14],故营度诸寨皆在其中,非有涉于贼境,是本路所守,无相侵轶,信与直之道也。又去年九月八日朝旨,不得将修移立堡侵出蔡骃赍出商量画界至之外,此又遵依朝旨。虽异日贷夏贼侵陵之罪而与之分画[15],终持一定之议,所谓守信约者也。(蔡骃使陕西,在六年七月二十四日。)凡此四者,足以固藩篱,保边势,又不失全信义以制远人。臣之区区,实在于此。

臣又闻:结珠龙川,西人语谓十八为"结珠",谓谷为"龙",盖言诸谷共凑一川耳。故游师雄欲每于贼马出入之路,据其要害,建为一堡,如此则结珠龙川一带悉无寇患,然其地多在一抹取直之外[16]。缘臣之议论遵于朝命,不踰官守,未免拘挛之失,在其中矣。若游师雄将君命图利害,不得不为朝廷极言而究陈之,此所以有异同之论也。然异时夏贼纳款,一切将循旧约,则臣之前议无时而不可用。若正其犯顺干纪之罪[17],一新大号,则师雄之论乃边防之至计。若又能舍区区之守,破拘挛之议[18],则六堡之外盖有不劳而制贼者,此又臣之不可得而言也。

臣观十一堡寨之议固有缓急大小。其十姑置之则犹可已,独汝遮之利,大言之,则虽欲扫天都,复会州,定河南[19],盖不可不城者也;小言之,则守已然之信约,完一面之藩篱,亦不可不城也。臣又尝访汝遮之利,盖汝遮既建,虽其西不为纳迷等三堡寨,其东不为结珠龙川三堡寨,止于未相照应,然犹可制边患。苟汝遮不建,则其西别建纳迷三堡寨,可保护裕勒藏诸族,又须于闪竿滩、笃罗川一带别建堡寨三数,以遏贼路;其东虽建结珠龙川三堡寨,止可保护耕民,又须如游师雄所议,于贼马来路建设诸堡,以制贼冲。如此则功费益大,守御益多,殆非据要易从之术。脱尽不为之,则幸西贼无谋即已,或奸谋一启,彼且长驱数万之师出石硖,过汝遮,趋闪竿滩,径犯熟羊、渭源,则熙州危矣[20];据蟾牟山[21],袭通渭,过三岔,分兵掠永宁、来远,直趋通远,则一路摇矣。本路之兵分守三百里边面,其势不能合以御贼,奔命则劳,守株则弊,臣恐不足以制寇,此最本路之深忧。臣所以夙夜皇皇,饥不及食,寝不敢安,经营板筑之计[22],冀朝廷之必从。今既失其时,后日事机盖不可必。臣为朝廷守御,不能竭力必争就此大计,臣恐它日熙河之患有不可胜言者[23]。臣愚不胜愤懑,伏望朝廷深计而熟谋之。再念臣智识浅昧,才术迂疏,猥当帅任,固有不逮[24]。伏望朝廷选能臣体究利害,图建长久之利,庶几不误边防大计[25]。

《续资治通鉴长编》卷十

【注】

(1)汝遮城:又名努扎城,努扎堡。一般认为在定西市安定区岘口镇境内。

(2)游师雄(1037—1097),字景叔,北宋名臣,将领、诗人、书法家,京兆府武功(今陕西武功县武功镇)人。其人文韬武略,建功颇丰。兰州李诺平,种谊认为兰州与通远相互孤立,需有中间保障,请求在李诺平筑城,宋哲宗采纳其意见。于元祐七年筑李诺平堡,赐名定远,即今兰州东定远镇一带。

(3) 通远军、定西城与通渭寨:通远军,北宋设置,后升为巩州,今甘肃陇西县治。定西城,坐落在陇中祖厉河上游,关川河支流的东、西两河交汇之滨。今定西市安定区巉口镇卅里铺周家庄。通渭寨,遗址位于定西市通渭县什川乡古城村李家坪社,依山而筑,为通渭境内遗留宋代古寨之一。

(4) 亭鄣:古代边塞要地设置的堡垒。

(5) 泾原:自唐时期设镇,长期辖有泾、原二州,故名。相当于今甘肃、宁夏的六盘山以东,浦河以西地区。

(6) 勘会:审核议定。

(7) 去:距离。

(8) 趣(cù):通"促",赶快,从速。

(9) 条画:筹划,谋划。

(10) 事机:古代军事术语。指在战争中用来打击敌方的计谋。

(11) 扞:"捍"之古字,捍卫,保卫。

(12) 龛谷:即龛谷峡。在今兰州市榆中县小康营乡东南2公里处。古时是临洮通往兰州的必经之路,是重要的交通要塞。

(13) 裕勒藏:又称禹藏。北宋时期,西使城(今甘肃榆中)吐蕃首领禹藏花麻。嘉祐八年二月,因与宋朝不和,把西使城及兰州献给西夏。

(14) 崖巉:险峻的山崖。

(15) 贷:宽恕,饶恕。

(16) 一抹:一齐。

(17) 犯顺干纪:违反正道,违犯法纪。犯、干意思相近,有违反、违犯之意。

(18) 拘挛:本义指肌肉收缩,不能伸展自如。此处引申为拘泥。

(19) 扫天都,复会州,定河南:指收复被西夏侵占的会州和黄河以南之地。

(20) 熙州:在今临洮。

(21) 蟾牟山:在今定西市安定区杏园乡牛家营村。

(22) 板筑:本指我国古老的一种筑墙之法。此处代指筑城之事。

(23) 不可胜言:指说不尽,形容非常多或到达极点,出自《史记·大宛列传》。

(24) 不逮:(力所)不及。

(25) 庶几:或许可以,表示希望或者猜测。

请筑汝遮城疏（二）

熙河兰岷路筑定远城，凡二十四日毕功。经略使范育[1]，副都总管王文郁，钤辖[2]、知兰州种谊赐诏锦谕。（种谊墓志云："四年，移知镇戎，未赴，改权熙河钤辖、知兰州，兼管沿边安抚司。兰州与通远军边面连属，中间堡障不相接，质孤、麻子等川，田美能稼穑，皆□不耕。谊累上计请城纳迷堡，李诺平、大柳平、结珠龙川，扼其要害，募民耕殖，以省馈运[3]。六年，有诏，命帅臣范育城其所当先。时一路将佐皆难之[4]，不敢奉诏，独谊请自任其责。于是委谊城李诺平，凡二十四日而毕，今定远城是也。降诏褒谕，赐谊银、绢各百五十。"按定远城毕功在七年四月，墓志云六年，盖考之不详。谊传大抵因墓志，□事尤篦，今不取。）（兰州城定远毕功在七年五月一日，今以范育此奏附五月一日之后）范育言：

窃臣近累乞于汝遮谷修八百步大寨及先次修筑，至今未奉指挥。臣勘会兰州既城定远，其东必更城纳迷，又为二堡；定西以东必更城结珠龙川，又为二堡。然后三百里之间形势相接，弓箭手可居，地利可据。然此六寨堡者，皆视汝遮为轻重。盖先城汝遮，则六寨堡易守。臣谓汝遮之役[5]当先而不当后，其说有三，其城当大而不当小，其说亦有三。请终陈之：

今欲先城结珠龙川，则其地形当通谷大川，有贼马来路数十处，少驻兵则不足以扞贼，多驻兵则川谷无水，屯兵数万，非穿井数百无以给也。若先城汝遮，则其形势东距浅井数百里，南视结珠龙川数百里，以坚城驻重兵，贼常有后忧，不敢引兵而南，使其恃觕[6]深入，我且要其归路，正所谓扼其吭而抚其背。此汝遮之城当先而不当后者一也。

今欲先城纳迷，则贼必出兵石硖，由汝遮西向而争，非以重兵东塞汝遮之路，北制大隆萨、结珠龙谷，则城未易建也。若先城汝遮，役虽未毕，兵不再烦，因其余力，傍建纳迷，并兴诸堡，工省而易就。此汝遮之城当先而不当后者二也。臣又闻边防有要害，机事有先后。今本路建筑非一，若不据要，则将无可缓者；若不乘机，则将无可后者。故先筑汝遮以据其要，则其中数百里之地，贼皆不敢窥，其外路川谷，贼皆不敢肆其出入。居者得安于室，耕者得安于野，行者得安于路，巡逻之兵可以息肩而卧矣[7]。彼六寨堡者，更量本路事力，可兴则兴，可止则止，可缓则缓，可速则速。一乘其机，则先者已立，后者不劳，实安边省费之大利。此汝遮之城当先而不当后者三也。

又汝遮北控石硖大兵出入之路，东扼大、小实结等谷，其形势足以制贼，使不敢泰然南下，如垣墉之御寇，堤防之止水也[8]。其西则障蔽数川，使裕勒藏六族无抄掠之虞，远之使定远、质孤、胜如无大寇之虑，如居室之有门鐍[9]也。其南则表里定西，照应结珠龙川以东，直至秦州诸堡寨，如咽喉之视腹心也。今若止为护耕小堡，则外不足以制贼，傍不足以固邻，内不足以自卫，与无堡同。此汝遮之城当大而不当小者一也。

又护耕小堡不足守御，当贼之去，其傍弓箭手视之以为生，易其田畴，安其室家，峙其糇粮，聚其畜产,比贼暴至,则委之而趋避(10),是以数十里之民兵生业,常寄虎狼之口,而待其吞噬也。夫为边防之守,乃欲舍其要害之势,而为苟简之计(11),且将陷民以资敌,臣未见其可也。此汝遮之城当大而不当小者二也。

又若汝遮既为大城,独在东西觿城(12)之表而据其要害,则其傍诸寨堡皆外借其势,故城不必大。纳迷、结珠龙川止六百步,可以守矣;大柳平、汝遮岘、蟾弁山、花川止三百步,可以保矣。若汝遮止为小堡,则其傍诸寨堡皆戎马四驰之郊,城有不得守,守有不得安,虽劳人费财,未能消异日之边患。此汝遮之城当大而不当小者三也。

臣伏望(13)朝廷深计汝遮之不可后城,乘土消日舒,工役可兴之时,草枯马瘠,贼兵难集之际,先谋修筑。又计汝遮不可作护耕小堡,检会(14)臣累奏乞建八百步大寨利害,早降指挥,使本路先期计办(15),一举就功,以消夏贼之狂谋,以定边防之大计,臣不胜恳祷。

《续资治通鉴长编》卷四百七十三

【注】

(1) 经略使范育:时范育任熙河路经略安抚使。故《请筑汝遮城疏》两篇中范育自称"本路"。

(2) 钤(qián)辖:本义节制管辖。此处为宋代武官名称。

(3) 馈运:犹言军用粮草。

(4) 将佐:指所属将领及佐吏。

(5) 汝遮之役:指筑汝遮城的事情。

(6) 觿:通"众",在部分史书,比如《三国志》《汉书》中经常出现"率觿"等词语。此处指兵力多。

(7) 息肩而卧:指可以卸下警惕安稳休息。息肩,指让肩头得到休息。比喻卸除责任或免除劳役。

(8) 垣墉之御寇,堤防之止水:犹言修城墙抵御贼寇,修堤坝防止洪水。垣墉(yuán yōng),解释为墙壁。

(9) 钁(jué):锁。

(10) 委之:抛弃掉它们(指已经经营好的堡寨)。

(11) 苟简:指苟且简略;草率简陋。语出《庄子·天运》:"食於苟简之田,立於不贷之圃。"

(12) 觿:注同(6)。

(13) 伏望:表希望的敬词。一般用于下对上。

(14) 检会:犹言查考。

(15) 计办:计划办理。

附：

一

游师雄相度本路修筑堡寨十一处,数内兰州合修纳迷寨、大柳平、汝遮岘堡共三处,通远军修结珠龙寨一处,系与去年十月二十三日朝旨定西城东至隆诺堡中间,及定西城西至李诺平中间,两下各修置守御堡寨一坐,照护小堡子二坐,共为六坐及与本路措置利害并同外,有通远军合修汝遮寨一处,系与朝旨于汝遮元踏地基上修一护穄堡子去处亦同,惟游师雄乞作七百步,本路乞修六百步,城围小有不同。其游师雄相度到通远军合修哲图、博锡、若兰、赞占、蟾牟山堡等六处,即与朝旨及本路相度到结珠龙岘、花川堡两处,地名利害委有不同。于是,王岩叟与吕大防等议进筑汝遮等堡。岩叟以为自开熙河至今,篱落未全,故数遭侵掠之患,民不得安居。边臣力以为言,数遣使按覆,又皆以为当先汝遮,次纳迷等诸堡。西方来者万口一词,而韩忠彦以为十年不作何害,万一版筑之际为贼所梗,不能成功,则责在庙堂。大防初难之,既而却令就汝遮之地为小堡,以问边帅,帅曰:"为小堡无益。等为之,不若遂为守御寨,扼其要以绝后患。"又诘:"楼橹材植,凡一城之费有无已备?"答曰:"有。"又诘曰:"虽备,在何所?"答曰:"备于其侧某城某堡端使。"又以为言,理皆切至。岩叟请大防早降指挥付其帅,令伺便而作。忽变议曰:"俟一作过一进筑,以为惩艾。"岩叟曰:"今夏贼既负恩作过,乘此可修篱落,以塞后患。万一年岁间来请和,遂不复能作,则是自家篱落为他残害坏却,新篱落不曾作得。一事无能为,复与之和,受弊如故,此可恨惜耳。"大防曰:"得彼和后,不作得亦不奈何。"苏颂、苏辙以大防之言为然。忠彦又曰:"吾辈尝罪王珪、蔡确劝先帝开拓,今彦霖乃亦欲开拓。"岩叟曰:"非开拓也。欲据险为自全之计耳。不作良便,但在庙堂不与了却合了底事,恐未免讥议。"

二

据郭汉儒(字杰三)等撰修《民国三十八年重修定西县志》卷二"舆地二·沿革"载:"《续资治通鉴长编》:'汝遮堡有二,一为李宪所筑,后改名定西城;一为范育奏请、章楶建筑,赐名安西城。'"另据刘汉杰、冯麟等撰修《定西县志》(甘肃人民出版社 1990 年 10 版)"大事记"载:"1081 年(元丰四年)八月,李宪总领七军至西市新城(今榆中三角城),击败夏人两万余骑,驻兵汝遮谷。十月,总兵东上,平夏人于高川、石峡(今鲁家沟、石峡湾一带),次葫芦河川而还。1082 年(元丰五年),熙河大经制司奏请:自努札堡以西属通远军。十二月,李宪奏请筑努札堡,以努札堡为定西城。"

措置河南[1]蕃族疏

熙河兰岷路经略使范育言:

措置河南蕃族利害,枢密院看详有未尽事理。其一,河南所乞归顺部族,有无结呱龊[2]所管族分,结呃龊愿与不愿归汉[3]?若其人与阿里骨同意,本不知族下有谋,万一手下自有兵马,必须用兵相敌,乃是河南从此未得安静。未委可与不可先以瞎养兀[4]事开说结呃龊,使晓知祸福,令其属汉,毋助阿里骨,然后河南可以不招而定。结呃龊其父被擒,终有怨汉之意,若未能听服,即河南部族如何可以招纳?其二,阿里骨境内虽闻携贰[5],终未得的实[6],若便招其部族,有无事体未安?其三,假令不问结呃龊强弱,阿里骨存亡,便筑城招纳愿顺之人,缘夏贼未顺,若两贼相合,以挠熙河,何以枝梧[7]?其四,顺汉首领皆因包顺[8]送到蕃字,抚定之后,本人必望主领河南一带,奏乞包顺充都首领。缘今来河南一带地分,兵势可与不可专委一员管勾[9],并河南一带见系结呃龊管勾,万一结呃龊果肯顺汉,若并隶包顺,即于结呃龊未安;或止令结呃龊依旧管勾,又于包顺未便。当如何措置,可以诱激包顺用心勾当[10],又使结呃龊乐为汉用?其五,约度[11]到今来所费不过三十万贯,缘向去抚定应部族首领以下请给犒设之类,及创添城寨兵将诸色费用,且以通远军、熙岷等州蕃部请给,比较岁约添几何,既无盐井、坑冶等课利[12],又无民兵营田地,即向去经费如何可以应副[13]?其六,今来招抚河南部族,系令输诚顺汉,所乞筑城,止是洮州及以东地内,今若如规画之间,一切抚定,则地分大段阔远,不委将来合为界处、四至相望,并去见今州、城、堡、寨,约多少地里,内岷州地里必更辽远。未委用与不用更置城寨,就近统制弹压?其七,河南见属西蕃,大小族分[14]都计若干,珠旺各在何处有,是何族分已曾送款,是何族分未有归汉之意,各别绘图以闻。

《续资治通鉴长编·卷四百九十六》

【注】

(1) 河南:指黄河上游以南地区,包括甘肃、宁夏、青海等的大部分地区。北宋时期,由吐蕃众部族统领,基本以西宁为中心,西宁又称青唐,故此部族统称青唐吐蕃。文中所提及岷州、洮州、熙州皆属其地。

(2) 结呃龊(wǎ chuò):北宋时期青唐羌酋长鬼章之子。北宋元祐二年,青唐吐蕃政权的第三任赞普阿里骨(下文有提及)一改吐蕃"联宋抗夏"的政策,转而"依夏抗宋",遂命令鬼章派结呃龊进军洮东地区。阿里骨本为第二任赞普董毡养子,继立之后因血统种姓缘故,受到很多青唐吐蕃内部的反对,尤其是在"联夏抗宋"之后,引起一些"向汉亲宋"部族的强烈反对。

(3) 归汉:指归宋。

(4) 瞎养兀:注(3)所提及董毡之侄,与宋亲和。

(5) 携贰:离心,有二心。《国语·周语上》:"其刑矫诬,百姓携贰,明神不蠲。"韦昭注:"携,离;贰,二心也。"

(6) 的(de)实:真实,实情,实在。

(7) 枝梧(zhī wú):支撑,抵抗。

(8) 包顺：即青唐地区最大的吐蕃部落酋豪俞龙珂。他于神宗熙宁四年，受北宋名将王韶招抚，率所属十二万口附宋，并被赐名包顺。

(9) 管勾：此处为办理、管理之意，宋代始以管勾为官职。金、元承袭。

(10) 勾当(gòu dàng)：指主管，料理。《北史·叙传》："事无大小，士彦一委仲举，推寻勾当，丝发无遗，於军用甚有助焉。"也有本领、能耐；做事、谋生之意。

(11) 约度：估计，衡量。

(12) 盐井、坑冶等课利：指盐、铁等的赋税。盐井，盐井又称盐矿，是食盐的生产源头之一，一般多指内陆地区的盐矿。坑冶，开采与冶炼。课利，定额的赋税。

(13) 应副：指应对，应附。

(14) 族分：指本族繁衍下来的人。

附：

旧录云：枢密院自元年经画西羌，撮拾前人遗迹，条画计略，卒为空言，致此益不循服。夏人尤察其虚文，数犯边，杀略不可胜计，终元佑不能定。新录辨云：上文是枢密院看详，范育措置河南蕃族利害，有未尽事理，因为七说问之。务在审度事势，招纳降附。今史臣忽如此诋之，殊不可晓。范育在绍圣间，独以元佑时守边有劳，不附奸臣受赏。此书载枢密院看详文字，必其间有范育措画已经施行者，如云"卒为空言，益不循服"，是育与有罪也。此言本以枢密院，而实附范育，其自相抵忤为多，合删五十二字。要是范育答此七问，九月一日范育云云，却非此答。二十八日己卯，育再具事件，可考。

己卯，熙河兰岷路经略司(范育)言："得南筶族供备库副使兀征声延状，闻阿里骨恶温溪沁向汉，以邈川献与夏国，方使人召溪沁令赴青唐。又阿里骨疑心牟族党叛己者，杀其大首领溪论儿、驴彪等三人。朝廷以温溪沁与阿里骨久已不协，外虽往来，内实猜贰，常疑溪沁为汉间已。其所传探虽未的实，缘溪沁先已许至阿里骨处，及阿里骨方忧内溃，欲阴结夏贼自固，万一溪沁为阿里骨以计拘留，或为驴彪等阴有杀害，夏贼乘之以袭取邈川，则西贼展界，遂至河州，从此渐窥河南诸羌，恐为患不小。"诏范育约度，温溪沁如未往青唐，即以勾当别事为名，差人至溪沁处，仍以所闻作帅臣意，密委差去人面谕溪沁，令自谨备，毋轻易出入，以防他虞。并令范育相度，若夏贼果攻邈川，救之则阻河，不救则溪沁素忠于汉，难以坐观，不为应援。又失邈川，益生边患。仰深计熟虑，豫为方略，密具以闻。范育再具到洮州青藏等处修城，招纳河南部族未尽事件。枢密院言："阿里骨近累乞汉家久远不侵占蕃家地土文字，经略司已委曲回答云：'汝但不于汉界作过，我汉家自是于蕃界别不生事。'方西夏未顺，日严边备，若先自违约，招纳河南生羌，不惟失信于外国，又与西蕃生衅，徒使两贼相藉合谋，腹背为患，深为不便。除洮州界修建城寨，自合依本司奏候夏国疆界了当，西蕃部族一向宁息，别议兴修外，诏范育疾速诫约缘边，不得擅便招纳西蕃部族，却致引惹生事。如有密谕诚款之人,即仰多方存恤,以意羁縻,婉顺发遣,依旧住坐。"育寻遣使谕邈川,未至而温溪沁溪巴温遂往青唐,果为阿里骨拘留。(《青唐录》载此事于六年六月,误也。今改之。《青唐录》云,汉使未至青唐,温溪沁、溪巴温已为阿里骨拘留。范育所差人,盖往邈川谕温溪沁父子勿往青唐也。今稍删润修入,八月六日丁巳,七事可考)

十、王韶

王韶(1030—1081),字子纯,号敷阳子,谥号襄敏,江州德安(今江西德安)人,北宋名将。嘉佑二年(1057),进士及第。授新安主簿,迁建昌军司理参军。熙宁元年(1068),上《平戎策》,提出"收复河湟,招抚羌族,孤立西夏"方略,为宋神宗所纳,被任命为秦凤路经略司机宜文字,率军击溃羌人、西夏的军队,设置熙州,主导熙河之役,收复熙、河、洮、岷、宕、亹六州,拓边二千余里,对西夏形成包围之势。累进观文殿学士、礼部侍郎等职,官至枢密副使,以"奇计、奇捷、奇赏"著称,戏称之"三奇副使"。王安石变法失败,贬知洪州,迁知鄂州。元丰二年(1079),拜观文殿学士、知洪州,封太原郡开国侯。元丰四年(1081),王韶去世,年五十二,追赠金紫光禄大夫,谥号襄敏。政和四年(1114),追赠太尉、司空、燕国公。

平戎策(节选)

西夏可取。欲取西夏,当先复河、湟,则夏人有腹背受敌之忧。夏人比年⁽¹⁾攻青唐,不能克,万一克之,必并兵南向,大掠秦、渭之间⁽²⁾,牧马于兰、会⁽³⁾,断古渭境,尽服南山生羌,西筑武胜⁽⁴⁾,遣兵时掠洮、河,则陇、蜀诸郡当尽惊扰,瞎征兄弟其能自保邪⁽⁵⁾?今唃氏子孙⁽⁶⁾,唯董毡粗能自立,瞎征、欺巴温之徒,文法所及,各不过一二百里,其势岂能与西人抗哉!武威之南,至于洮、河、兰、鄯,皆故汉郡县,所谓湟中、浩亹、大小榆、枹罕⁽⁷⁾,土地肥美,宜五种者在焉。幸今诸羌瓜分,莫相统一,此正可并合而兼抚之时也。诸种既服⁽⁸⁾,唃氏敢不归?唃氏归则河西李氏在吾股掌中矣⁽⁹⁾。且唃氏子孙,瞎征差盛⁽¹⁰⁾,为诸羌所畏,若招谕之,使居武胜或渭源城,使纠合宗党,制其部族,习用汉法,异时族类虽盛,不过一延州李士彬、环州慕恩耳⁽¹¹⁾。为汉有肘腋之助⁽¹²⁾,且使夏人无所连结,策之上也。

《宋史·王韶传》

【注】

(1) 比年:指每年;连年。

(2) 秦、渭之间:指秦州、古渭之间的地区。即今天水至陇西的陇中一带。

(3) 兰、会：兰即兰州地区。会指会州，公元八世纪后期、十一世纪前期曾先后属吐蕃、西夏。北宋元符二年再置会州，辖境相当今靖远、定西、会宁等县地。

(4) 南山生羌，西筑武胜：南山，具体指什么地方广有争议，较可靠的说法是今四川南部山区。生羌，指未汉化的羌族。武胜，今四川广安一带。

(5) 瞎征：青唐吐蕃第四任赞普，是第三任赞普阿里骨之子。受吐蕃内部贵族叛乱等因素，始终不能自立。后投降北宋，转任邈川、熙州、湟州等多地。后卒于中原邓州。

(6) 唃氏子孙：指唃厮啰（gū sī luō）的后代。唃氏，唃厮啰，青唐吐蕃首领，唃厮啰政权建立者。

(7) 湟中、浩亹、大小榆、枹罕：湟中，即湟中县，西宁市下辖县，位于青海省东部。北宋时期，曾先后隶属吐蕃、宋，后被金、夏据有。浩亹（wěi），水名。又名阁门河今名大通河。源出祁连山脉东段托来南山和大通山之间东南流经甘肃、青海边境在民和县享堂入湟水。大小榆，古地区名。大榆谷、小榆谷的合称，一作二榆。在今青海贵德东河曲一带。土地肥美，北阻大河为固，近得西海（今青海湖）鱼盐之利。枹罕（fú hǎn），今甘肃省临夏县附近地区。此四地为富庶肥沃的河湟地区，历来受各政权所争夺。

(8) 诸种：指各个少数民族部族。

(9) 河西李氏：指当时在黄河以西的李元昊李氏政权。

(10) 差胜：颇为强盛。差，指颇，稍微。

(11) 延州李士彬、环州慕恩：延州李士彬，原北宋将领，延州金明寨部都监。西夏李元昊遣人诈降李士彬，并佯败于李士彬以骄其志。而后以降卒为内应突袭金明寨，一举攻破，并俘虏李士彬。北宋失去西夏长驱中原的重要门户延州，直接导致宋朝对西夏"三川口之战"的惨败。环州，今甘肃省庆阳市环县一带。慕恩，指当时据守环州、暗中于西夏勾结的羌族部落首领。

(12) 肘腋：犹言从旁相助。

十一、种谊

种谊,字寿翁,河南洛阳人,北宋名将种世衡幼子,种古、种谔之弟。元祐元年(1086),种谊担任岷州知州。

种谊破鬼章[1]

种谊字寿翁。熙宁中,古入对[2],神宗问其家世,命谊以官。从高遵裕复洮、岷[3],又平山后羌,至熙河副将。使青唐[4],董毡遣鬼章迎候境上,取道故为回枉[5],以夸险远。谊固习其地里[6],诮[7]之曰:"尔跳梁坎井间[8],谓我不知远近邪?"命趋便道。鬼章怒,胁以兵,谊声气不动,卒改涂[9]。外为路都监[10]。自兰州渡河讨贼,斩首六百,累转西京使。元祐初,知岷州。鬼章诱杀景思立,后益自矜[11],大有窥故土之心,使其子诣宗哥请益兵入寇,且结属羌为内应。谊刺得其情[12],上疏请除之。诏遣游师雄就商利害,遂与姚兕合兵出讨。羌迎战,击走之[13],追奔至洮州。谊亟进攻[14],晨雾蔽野,跬步不可辨[15]。谊曰:"吾军远来,彼固不知厚薄,乘此可一鼓而下也[16]。"遂亲鼓之。有顷,雾霁,先登者已得城,鬼章就执[17]。谊戏问之曰:"别后安否?"不能对,徐[18]谓人曰:"我生恶种使[19],今日果为所擒。天不使我复有故土,命也。"遂俘以归。拜西上阁门使、康州刺史,徙知鄜州。

论曰:宋惩五季藩镇之弊[20],稍用逢掖治边陲、领介胄[21]。然兵势国之大事,非素明习,而欲应变决策于急遽危难之际,岂不仆哉[22]。种氏自世衡立功青涧,抚循士卒,威动羌、夏,诸子俱有将材,至师道、师中已三世,号山西名将[23]。徽宗任宦竖起边衅[24],师道之言不售[25],卒基南北之祸。金以孤军深入,师道请迟西师之至而击之,长驱上党;师中欲出其背以掩之,可谓至计矣。李纲、许翰顾以为怯缓逗挠[26],动失机会,遂至大衄[27],而国随以败,惜哉!

《宋史·卷三百三十五·列传第九十四》

【注】

(1)鬼章:鬼章青宜结,北宋时期吐蕃青唐羌酋长。因听吐蕃赞普阿里骨言犯宋境,被活捉。

(2)古入对:古,指种谊哥哥种古。入对,古时臣下进皇宫回答皇帝提出的问题或质问。

(3) 复：收复。

(4) 青唐：吐蕃城名。故址在今青海西宁市；一说在今乐都。公元十一世纪三十年代至九十年代首领唃厮罗、董毡、阿里骨、瞎征等皆都于此。

(5) 故为回枉：故意迂回曲折，走冤枉路。回枉：冤枉，冤屈。

(6) 习：熟悉。

(7) 诮(qiào)：责备。

(8) 跳梁坎井间：谓在难行道路上胡走乱蹦。跳梁，指乱蹦乱跳。坎井，指陷阱，井，通"阱"，喻艰难或险阻。

(9) 涂：通"途"，道路。

(10) 路都监：职官名称。宋代设路"都监"，掌管本路禁军的屯戍、训练和边防事务。

(11) 自矜：自负、自夸。

(12) 刺：暗中侦查，探听。

(13) 走：败逃。

(14) 亟(jí)：急切。

(15) 跬步：本指半步，跨一脚，引申至举步、迈步，此处形容极近的距离。

(16) 一鼓：犹言一鼓作气。

(17) 就执：被抓住。就，被。执，捕捉，逮捕。

(18) 徐：(后来)慢慢地。

(19) 种使：指种谊。

(20) 五季：指五代时期。

(21) 逢掖：古代读书人所穿的一种袖子宽大的衣服。"逢，犹大也。大掖之衣，大袂禅衣也。"此处指儒生。

(22) 仆：失败。

(23) "种氏自世衡立功青涧……，号陕西名将"一段所述提及种氏，指北宋山西籍种氏一门将领。祖种世衡为"种家军"开山人，子辈古、诊、谔、咏、谔、所、记、谊，孙辈种师道、师中，皆为将才。下文所提及师道即种师道。

(24) 宦竖：指宦官童贯。

(25) 不售：不能实现。

(26) 逗挠：谓因怯阵而避敌。

(27) 大衄(nù)：指军队受重创。

范育言："阿里骨差遵博斯吉赉到蕃字来乞陇逋了安。昨擒鬼章同时获首领十人(1)，赏赐门等四人已病死,心牟温鸡、东旸鸡二人已得朝旨赐阿里骨,余四人,内陇逋了安在岷州包顺处羁管。今阿里骨词意恭顺,其陇逋了安虽羁縻在汉⁽²⁾,于国无补,欲依阿里骨所乞遣还。"⁽³⁾从之。

《续资治通鉴长编》卷十

【注】

(1) 上文所出"鬼章""陇逋了安""赏旸门""心牟温鸡""东旸鸡"皆为当时随阿里骨抗宋的青唐吐蕃各部族首领名。

(2) 羁縻:拘禁。

(3) "……遣还"句:宋将游师雄、种谊等擒获鬼章的战役,挫败了吐蕃赞普阿里骨的锐气。青唐吐蕃角厮啰政权由盛至衰。阿里骨方改变态度,"词意恭顺",向宋求和,派人携贵重物品"上表宋廷谢罪",又求宋释放被俘的各部族首领。

十二、徐达

徐达(1332—1385),汉族,明朝开国军事统帅,字天德。濠州钟离(今安徽凤阳东北)人。元末,他参加了朱元璋领导的起义军。1363年大败陈友谅。1364年,朱元璋任他为左相国。1367年,率军消灭张士诚地方割据势力。同年任征虏大将军,与副将军常遇春一起挥师北伐中原,推翻元朝残暴黑暗的统治,1368年攻入大都(今北京),元朝灭亡。以后又连年出兵打击元朝残余势力。官至右丞相,封魏国公。

徐达沈儿峪破扩廓(1)

将论功大封,会扩廓攻兰州,杀指挥使,副将军遇春已卒(2),三年春,帝复以达为大将军(3),平章李文忠为副将军,分道出兵。达自潼关出西道(4),捣定西(5),取扩廓。文忠自居庸出东道(6),绝大漠,追元嗣主(7)。达至定西,扩廓退屯沈儿峪,进军薄之(8)。隔沟而垒,日数交。扩廓遣精兵从间道劫东南垒,左丞胡德济仓卒失措(9),军惊扰,达帅兵击却之(10)。德济,大海子也,达以其功臣子,械送之京师,而斩其下指挥等数人以徇(11)。明日,整兵夺沟,殊死战,大破扩廓兵。擒郯王、文济王及国公、平章以下文武僚属千八百六十余人,将士八万四千五百余人,马驼杂畜以巨万计。扩廓仅挟妻子数人奔和林。德济至京,帝释之,而以书谕达:"将军效卫青不斩苏建耳(12),独不见穰苴之待庄贾乎(13)?将军诛之,则已。今下廷议,吾且念其信州、诸暨功,不忍加诛。继自今,将军毋事姑息。"达既破扩廓,即帅师自徽州南一百八渡至略阳,克沔州,入连云栈,攻兴元,取之。

《明史·列传第十三·徐达 常遇春》

【注】

(1) 沈儿峪:一说认为,在安定州(今定西市安定区)的巉口关、车道岘(今榆中县的车道岭)之间。二说在安定区福台墩的大涧沟一带。三说在安定区称钩驿道回沟一带。另一种认为,在安定区鲁家沟乡的大涧沟一带,尚无定论。扩廓,即扩廓帖木儿,元末将领。本名王保保。元末兵起后,组织地主武装,镇压红巾军,元顺帝赐名扩廓帖木儿。元都陷落后,在明军进逼下,率众奔甘肃。后拥兵塞上,屡扰西北边地。明太祖洪武三年(1370),为明将徐达败于沈儿峪,北逃和林(今蒙古哈尔和林)。

(2)遇春：常遇春。字伯仁，号燕衡，南直隶凤阳府怀远县(今安徽省蚌埠市怀远县)人。元末红巾军杰出将领，明朝开国名将。官至中书平章军国重事，兼太子少保，封鄂国公。洪武二年，北伐中原，暴卒军中，年仅四十。

(3)帝：明洪武帝朱元璋。

(4)潼关：位于陕西省渭南市潼关县北，北临黄河，南踞山腰。始建于东汉建安元年(196)。潼关是关中的东大门，历来为兵家必争之地，居中华十大名关第二位，素有"第一关"的美誉。

(5)定西：或称定西州。北宋绍圣二年(1096)始筑定西城，名为"定西寨"，成为正式军事建制，隶属巩州管辖。金时期始建定西县，后升为州，辖定西、安西、通西等县。治所在定西县(今定西市安定区)元朝建立后，定西州建制保留。元至正十二年(1352)因陇中地震，元王朝将定西州改为安定州，取"安宁稳定"之意。明初，建制因袭。至洪武十年(1377)，将定西州降为安定县。

(6)居庸：即居庸关，是京北长城沿线的著名古关城，"天下九塞"之一。关城所在的峡谷，属太行余脉军都山，地形极为险要，自先秦以来即为重要军事关隘，为兵家所争。

(7)元嗣主：孛儿只斤·妥懽帖睦尔，即元顺帝。元朝第十一位皇帝，明朝为其尊号"顺帝"。

(8)薄：逼近，迫近。

(9)胡德济：胡德济，字世美，籍贯不详，明初朱元璋手下军事将领胡大海养子。多有军功。后从徐达出定西。胡军失利，徐达斩其部将数人，械至京师。帝念旧功，释之。复以为都指挥使。

(10)却之：使……退却。

(11)徇：示众。

(12)卫青不斩苏建：卫青，西汉名将，武帝第二任皇后卫子夫弟，官至大司马大将军，封长平侯。其人善用兵，军功卓著。苏建，西汉将领。多次跟随卫青出征匈奴。一次，时任右将军的苏建与前将军赵信率兵与匈奴骑兵遭遇，因寡不敌众而全军覆没，苏只身逃归，军法当斩。卫青声称不可用大将军之尊位擅自专权处决天子之臣，当交由武帝裁决。后苏建被押送至武帝处，免死，赎为庶人。

(13)穰苴之待庄贾：穰苴，田穰苴(生卒不详)，又称司马穰苴，春秋末期齐国人，齐田氏家族支庶。其军功卓著。齐景公时期，晋燕两国犯境，穰苴受晏婴推荐，领兵退敌。庄贾，齐景公宠臣。应穰苴要求，被任命为监军，庄贾素来傲慢矜贵，不将穰苴放在眼里，不赴出兵之约。穰苴以军法将其斩首，得以树立军威，一举退敌。

十三、杨继盛

杨继盛，字仲芳，号椒山，直隶容城（今河北容城）人。嘉靖二十六年进士。详见本书《忠孝节烈杨继盛》简介。

奏劾严嵩疏

奏曰：

臣孤直罪臣$^{(1)}$，蒙天地恩，超擢不次$^{(2)}$。夙夜祗惧$^{(3)}$，思图报称$^{(4)}$，盖未有急于请诛贼臣者也。方今外贼惟俺答$^{(5)}$，内贼惟严嵩，未有内贼不去，而可除外贼者。去年春雷久不声，占$^{(6)}$曰："大臣专政。"冬日下有赤色，占曰："下有叛臣。"又四方地震，日月交食。臣以为灾皆嵩致，请以嵩十大罪为陛下陈之。

高皇帝罢丞相，设立殿阁之臣，备顾问视制草而已$^{(7)}$，嵩乃俨然以丞相自居。凡府部题覆，先面白而后草奏。百官请命，奔走直房如市$^{(8)}$。无丞相名，而有丞相权。天下知有嵩，不知有陛下。是坏祖宗之成法。大罪一也。陛下用一人，嵩曰"我荐也"；斥一人，曰"此非我所亲，故罢之"。陛下宥一人，嵩曰"我救也"；罚一人，曰"此得罪于我，故报之"。伺陛下喜怒以恣威福。群臣感嵩甚于感陛下，畏嵩甚于畏陛下。是窃君上之大权。大罪二也。陛下有善政，嵩必令世蕃告人曰："主上不及此，我议而成之。"又以所进揭帖刊刻行世$^{(9)}$，名曰《嘉靖疏议》，欲天下以陛下之善尽归于嵩。是掩君上之治功$^{(10)}$。大罪三也。陛下令嵩司票拟$^{(11)}$，盖其职也。嵩何取而令子世蕃代拟？又何取而约诸义子赵文华辈群聚而代拟？题疏方上，天语已传$^{(12)}$。如沈鍊劾嵩疏，陛下以命吕本，本即潜送世蕃所，令其拟上。是嵩以臣而窃君之权，世蕃复以子而盗父之柄，故京师有"大丞相、小丞相"之谣。是纵奸子之僭窃。大罪四也。严效忠、严鹄，乳臭子耳，未尝一涉行伍。嵩先令效忠冒两广功，授锦衣所镇抚矣。效忠以病告，鹄袭兄职。又冒琼州功，擢千户。以故总督欧阳必进躐掌工部$^{(13)}$，总兵陈圭几统后府，巡按$^{(14)}$黄如桂亦骤亚太仆$^{(15)}$。既藉私党以官其子孙，又因子孙以拔其私党。是冒朝廷之军功。大罪五也。逆鸾先已下狱论罪，贿世蕃三千金，荐为大将。鸾冒擒哈舟儿功，世蕃亦得增秩$^{(16)}$。嵩父子自夸能荐鸾矣，及知陛下有疑鸾心，复互相排诋，以泯前迹。鸾勾贼，而嵩、世蕃复勾鸾。是引背逆之奸臣。大罪六也。前俺答深入，击其惰归,此一大机也。兵部尚书丁汝夔问计于嵩,嵩戒无战。及汝夔逮治,嵩复以论救绐之。汝夔临死大呼曰:嵩误我。是误国家之军机。大罪七也。郎中徐学诗劾嵩革任矣,复欲斥其兄中书舍人应丰。给事厉汝进劾嵩谪典史矣⁽¹⁷⁾,复以考察令吏部削其籍。内外之臣,被中伤者何可胜计?是专黜陟之大柄。大罪八也。凡文武迁擢,不论可否,但衡金之多寡而畀之。将弁惟贿嵩,不得不朘削士卒⁽¹⁸⁾;有司惟贿嵩,不得不掊克百姓⁽¹⁹⁾。士卒失所,百姓流离,毒遍海内。臣恐今日之患不在境外而在域中。是失天下之人心。大罪九也。自嵩用事,风俗大变。贿赂者荐及盗跖⁽²⁰⁾,疏拙者黜逮夷、齐⁽²¹⁾。守法度者为迂疏,巧弥缝者为才能。励节介者为矫激,善奔者为练事。自古风俗之坏,未有甚于今日者。盖嵩好利,天下皆尚贪。嵩好谀,天下皆尚谄。源之弗洁,流何以澄?是敝天下之风俗。大罪十也。

嵩有是十罪,而又济之以五奸。知左右侍从之能察意旨也,厚贿结纳。凡陛下言动举措,莫不报嵩。是陛下之左右皆贼嵩之间谍也。以通政司之主出纳也,用赵文华为使。凡有疏至,先送嵩阅竟,然后入御。王宗茂劾嵩之章停五日乃上,故嵩得展转遮饰。是陛下之喉舌乃贼嵩之鹰犬也⁽²²⁾。畏厂卫之缉访也,令子世蕃结为婚姻。陛下试诘嵩诸孙之妇,皆谁氏乎?是陛下之爪牙皆贼嵩之瓜葛也。畏科道之多言也,进士非其私属,不得预中书、行人选。推官、知县非通贿⁽²³⁾,不得预给事、御史选。既选之后,入则杯酒结欢,出则馈促尽相属⁽²⁴⁾。所有爱憎,授之论刺。历俸五六年,无所建白,即擢京卿⁽²⁵⁾。诸臣忍负国家,不敢忤权臣。是陛下之耳目皆贼嵩之奴隶也。科道虽入笼络,而部寺中或有如徐学诗之辈亦可惧也,令子世蕃择其有才望者,罗置门下。凡有事欲行者,先令报嵩,预为布置,连络蟠结,深根固蒂,各部堂司大半皆其羽翼。是陛下之臣工皆贼嵩之心膂也⁽²⁶⁾。

陛下奈何爱一贼臣,而忍百万苍生陷于涂炭哉?至如大学士徐阶蒙陛下特擢,乃亦每事依违⁽²⁷⁾,不敢持正,不可不谓之负国也。愿陛下听臣之言,察嵩之奸。或召问裕、景二王,或询诸阁臣。重则置宪,轻则勒致仕⁽²⁸⁾。内贼既去,外贼自除。虽俺答亦必畏陛下圣断,不战而丧胆矣。

张廷玉等《明史》卷二〇九列传第九十七"杨继盛"

【注】

(1) 臣孤直罪臣:本文为上奏皇帝的奏折,故此句是杨继盛自谦之称,以示恭敬。孤直,孤高耿直。

(2) 超擢不次:不按正常次序破格提拔。擢,提拔。不次,不依正常次序。

(3) 祗(zhī)惧:敬惧,小心谨慎。

(4) 报称:报答人的恩德与实惠相称。

(5) 俺答:明代蒙古右翼土默特,首领俺答汗。其部在丰州滩(今内蒙古自治区呼和浩特)一带。明嘉靖初年崭露头角,后势力日强,控制蒙古右翼地区,将察哈尔宗主汗迫往辽东。嘉靖二十九年(1550)兵临北京城下,武力胁求通贡,史称庚戌之变。在整个嘉靖年间,俺答部对明王形成巨大威胁,故称外贼。

(6) 殿阁:明清以大学士为宰相之任,皆加殿阁名。

(7) 视制草:古代词臣奉旨修正诏谕。后来泛指代皇帝起草制书。

(8) 直房:当值办事之处。

(9) 揭帖:古时公文书的一种。

(10) 治功:指实施法制而获得的功效。

(11) 票拟:明代自宣德以后,凡政府重要文书,由内阁首辅先拟定办法,将所拟批答之辞墨写票签上,呈送皇帝批准,谓之票拟。

(12) 天语:帝王的诏谕。

(13) 躐(liè)掌:越级掌握。躐,超越。

(14) 巡按:官名。明永乐元年遣御史至各地巡察,称巡按御史,三年一换,职权同汉刺史。

(15) 太仆:官名。秦汉为九卿之一,掌舆马牲畜之事。北齐置太仆寺有卿、少卿各一人,历代因之。

(16) 秩:官吏的职位和品级。

(17) 给事:即给事中,明六部均设有给事中,掌侍从规谏,稽察六部之弊误,有驳正制勒之违失章奏封还之权。

(18) 腹削:剥削。

(19) 掊(póu)克:以苛税搜刮民财。

(20) 盗跖:相传为春秋末期人柳下跖。柳下跖为贪得无厌的人。

(21) 夷齐:伯夷、叔齐。均为品德高洁的人。

(22) 喉舌:比喻掌握枢要、出纳王命的重要官员。鹰犬:比喻受驱使、奔走的人。后多指豪门权贵的爪牙。

(23) 推官:官名。元明时各、府置推官一人,专管一府刑狱。

(24) 馈促:赠给行者的礼物(旅费)。

(25) 京卿:也称京堂,对一般高级官员的敬称,一般指三品或四品官员。

(26) 心膂(lǚ):膂,脊梁骨,心和脊梁骨都是人体最重要的,喻亲信,作为骨干的人。

(27) 依违:迟疑不决。

(28) 致仕:旧时指交还官职,即辞官。

十四、牛树梅

与刘霞仙藩司论平反徐璋案说帖

徐璋有功无罪,郭安邦以投降之贼⁽¹⁾,挟嫌诬禀。问官复挟嫌以构成之。方伯惑于樊棘之言⁽²⁾,不肯会详⁽³⁾。相持三月有余,而后勉强照办,然徐璋以督司降补,终不免与怨。拟以前此奏参太重,不能不稍为余地也。案既详定,而有人以徐璋保叙之功,特参此案。并谓制宪故与臬司相拗⁽⁴⁾,而不知由于藩司,藩司亦为人所用也。

徐璋之案,阁下以弟之愚朴,恐为伊所欺蔽,今将审讯始末情节,开列于后。尚祈详查。

据郭安邦讦禀⁽⁵⁾,内称有绥定营邓晓山、王会斋,入来贼营,安邦晤见,即将投诚真心备述,随同引谒徐主。后立即晓众人以大义,解散二万余人等语。然讯实郭安邦投诚,先在宜宾县属之白花场,通信后,在富顺属之双石铺。遣散期间,往来说话,驮去钱饷,具系遣人。直至散留三千人之后,移扎贡井⁽⁶⁾,徐璋方与见面,并非先见徐璋后行解散二万余人,此其不实者一也;又称徐主嘱王霭堂、邓晓山,劝令拜门,以金菩萨为贽等语。夫当起初谒见,尚未拜门之时,未免彼此猜防,情谊未洽,金佛尚在贼营,郭安邦未必自炫其宝,徐璋何由而知?王霭堂等又何由而知?而乃嘱者嘱,劝者劝,必强令以为贽乎?此其不实者二也;至云拜门之时,即给三品翎顶印信,并嘱到省务拜张定川门下⁽⁷⁾,何愁不戴红顶子?郭安邦以为推诚相与,即将文卷金佛等箱一并交于徐璋,乃复至贼营。先杀妻女、监军,随奔双石铺投诚等语,核与讯明投诚见面次第,全属颠倒,此其不实者三也;又禀内所云,拜门之房内,初次堂讯云,在贡井天池寺内。二次又云,在自流井陕西会馆,情词捏造,前供后忘,已可概见。又具供,夜半无人,私相授受,并将金佛一箱打开,徐璋以手提验,复又入箱,上加印版封条。随在分县衙门,要牲口驮载等语。然查访各箱,实无印封痕迹,徐璋亦不应有预刻印版之事。况金佛既交徐璋,则徐璋之珍秘可知,何以搬取来省之时,郭安邦自己写信遣其弟郭安仁等,就其妻子楼上取来?而徐璋并不与闻乎?此其不实者四也。查郭安邦于九月十一日,并其眷属辎重,移扎贡井。是晚,着人向分县衙门,要驮骡十匹,次早牵回四匹,只用六匹,驮箱十二口,系颜怀德等经理,并其妻子,送往威远县城居住。至十月廿,边因所居不甚相宜,复盘回贡井。时郭安邦将要上省,复着颜怀德等一并送上李家崖寨子,自始至终只说是衣物箱十二口,直至自省搬取之时方信写卷箱。其弟又说内有金佛一尊,颜怀德验明点交其妻。

又说实有衣物箱两口留下,所以只有十口箱盘来盘去。辎重眷属未尝相离,他人实不知内系何物,安有金佛为贽之事?况据徐璋供,郭安邦晋省之时,颇与郭瑞林(安邦堂弟)不睦,瑞林特诉徐璋,谓有若干千斤重金佛一尊,为安邦私吞,将于寻衅。徐璋乃知有金佛之说。郭瑞林系投诚引线,若使起初拜门,即以金佛为贽,郭瑞林断无不知之理,何至事后以私吞寻衅?

夫以上各条,实与奏案无关要紧(奏案将金佛一节删去),然案情之虚实,不能不从此等处旁敲侧击。且金佛为事由所在,所以究问特详,金佛虚则余可知矣!至于奏案紧要,则在以泸州招贼,要挟张定川出狱脱罪之事,及用钱一万九千余串,与郭安邦所评大相悬绝耳。以用项而言,当时投诚之约既定,郭安邦定要为留三千人,徐璋许以批禀回来方好定议。计自井至省,禀批往返不过七八日,供给之费,尚可支持。不意制军两宪,适以交代耽延[8],自九月十一日直至十月十五日,批禀方回,饬令遣散。而所留三千人及夫子一千余人,已供应一月有余矣。遣散之后,仍留三百六十人,复又供应十余日,方才上省。计郭安邦在厂驻扎四十余日,饭菜零用,马匹草料,供应稍有不到,各勇或打或骂,均经徐璋及绅商等设法劝捐抬垫。一万九千余串外,徐璋尚有私借千余串。当时只求无事,不计赔累。其钱均由绅商支取,徐璋并未染指,何从弊混?且使徐璋果有吞冒,至于一万余串之多,则自贡两厂之人,势将群起而攻之,何待郭安邦之评告?又何待上司之研究哉?若以要挟张定川之出狱,藉报师恩而然,据徐璋供,伊官职系出师瞻对、广西、湖南、湖北、安徽、江西、江南等省,身经百战,并力保叙州府危城,始得荐升游击,现有履历可考,何尝得张定川提拔?至张定川既得严谴[9],其祸莫测,从前趋附之人,引避不暇,革弁何人[10],竟甘自投罗网?况张定川并未办过军务,贼营亦不知其人,何敢作此无稽要挟之言,求详察等语?夫以用项则如彼,以要挟则如此,似乎徐璋之所辩较之郭安邦之所禀为近情。如疑徐璋为狡展[11],独不疑郭安邦为诬陷乎?同一"莫须有"之事,此评之则信以为实,彼辩之则疑以为虚,恐非平情酌理之道也!夫区区与徐璋非有故旧之谊,即曰昔年在川,曾与张定川素识,恐其代为开脱,然以私害公,君子不为。况张定川之罪,早经奏定,徐璋有要挟之言,与张定川之罪无所加,无要挟之言,与张定川之罪亦无所减,何苦为此晓晓乎[12]?区区欲定此谳[13],盖亦预知其难矣!无论同寅之中,或稍存成见,与未经细察者必不以为然。且以徐璋为无罪,显与奏案相忤,此中委难亦可代谅。

第念古人有为白匹之冤,几于身陷大戮而不顾者。既居此官,无所辞咎。然此亦就愚昧所见而言,非敢执其必是也。如恐案情为确,何妨司、道会审,并密遣诚实不欺、朴直不阿之人,从自流井、贡井一带,暗为访查,博采舆论,然后详定此谳,庶可免乎枉纵之弊矣。

应否如斯,幸一察而教之。

呜呼,人情之险,一案相忤,事后必有以中之(即前注问官也)[14]。可畏哉!

《省斋全集》卷八

【注】

(1) 郭安邦,原为李永和部下,后投至石达开部下,反复又投清廷,两万多人备歼。受骆秉章、刘蓉授意,反诬徐璋等。

(2) 樊棘之言:造谣中伤挑拨离间的话。典出《诗·小雅·青蝇》"营营青蝇,止于樊。岂弟君子,无信谗言。营营青蝇,止于棘。谗人罔极,交乱四国"。

(3) 会详:意谓会审,复审。

(4) 制宪:即总督。明清地方军政大员称呼,正二品,亦称总制,俗称制台,下属则尊称其为制帅、制宪或督宪。后文"臬司"指提刑按察使司,设按察使,正三品,掌一省刑名按劾之事,主要负责一省的刑狱诉讼事务,同时对地方官有监察之责。"藩司"即布政使,亦称"藩台",专管一省的财赋和人事,从二品。

(5) 讦(jié)禀:揭发禀告。

(6) 贡井:今自贡市辖区。明嘉靖年间,正式更名为贡井。

(7) 张定川:川军副将,同治元年,为骆秉章所参劾。徐璋与张定川有师生之谊,同受牵连入狱。

(8) 交代:接替。

(9) 严谴:严厉谴责。这里指查办。

(10) 革弁:古时指武官,因武官戴皮制的弁,后专指低级武官。弁(biàn),古时的一种官帽,赤黑色布做叫爵弁,是文冠;白鹿皮做的叫皮弁,是武冠。

(11) 狡展:犹狡赖。

(12) 哓哓(xiāo xiāo):吵嚷,唠叨。

(13) 谳(yàn):审判定罪。

(14) 中:正也。《周礼·秋官·司刺》:"以此三法者求民情,断民中,施上服下服之罪。"注曰:断民罪,使轻重得中也。

禀覆铜务实在情形

(道光三十年,庚戌,年五十二岁,署宁远府)

窃卑职一介疏庸,仰荷殊遇,委署斯篆,时切冰渊(1)。叩辞时,蒙谕到任,后查明铜务实在情形,于三月内,据实禀夺:

嗣奉(2)签催,饬查明前署府余守,任内领银采卖铜觔(3),计何月始能运交省局,并饬卑职赶紧采运,以供鼓铸各等因,仰见大人圜政厪怀(4),开忱指示,无虑不周,下怀何胜钦感!

卑职尊查,余守起运"堒垱隆基垓埏佳"七字铜觔,除"堒垱"二字计已全交省局,其余陆续赶催,总可及供本年鼓铸。至卑职所领三十万铜本银两,除移抵余守预运"佳"字铜十万斤外,尚应采运铜二十万斤,现已陆续发给炉民,承领采办。与四、五月之间,再行备文请领银两,接续采运,以资鼓铸。伏查宁郡所以衰弊之故,其端甚多。槽路日远,昔之工省而今倍;米炭日昂,昔之用省而今倍;且产矿愈劣,则得铜愈少,煎炼益艰则工费益重。分商无铜则得价既薄,而血脉亦不能流通。加以银平递减,银价日低,银色又复参杂,种种困惫已属不支,如再收发之稽延,接济之不时,或株守以停工,或重息以称贷。目今办厂之户盖少,丰裕之家,油米零赊,何以堪此?凡此情形,尚于硐老山空,关乎地运之大本大原不与焉。故向有十余户,或七八户办厂者,近日只剩一二。其所剩之户,亦由赔费太多,如鸡肋之不能遽舍耳。

卑职仰沐恩盼,特加委任,每怀面谕之语。谓卑职利心尚轻,或能察恤商炉。在卑职固无以堪此,而感恩知己,未尝不悬诸心,目以为报称万一之准的。故自到任以来,凡有可以体恤商炉之处,无不博采深思,力与调剂。现在虽未见成效,而人情大觉踊跃,歇手之户,或复欣然起办。惟是商炉致困之由,岂可以人事调剂者,不过十中之一二,而就此一二之中,卑职亦不过酌其敢为者为之。凡民情之所谓便固,有虑其不便者,在庖代之人,前瞻后顾,或致传言失当,就誉成谤。卑职盖尝有所惩于前,不得不虑之于后,矫情变旧之事故万万不敢冒昧也。

查各老厂情形,即商力少纾,欲其顿有殊效,亦恐难期,仍恐不得不属望于子厂。前余守所禀,报采二三处,众人本谓春间可望,及卑职到任,又谓五六月可望,现在有就先年老硐之中,扯水已逾半年,略见底里者;有业经得矿而矿质薄恶,煎炼费手者;其得势与否,要看六七月间如何耳。其卑职采买之铜,连余守移交之数,大约五月前可以报解二十万斤,多则非敢必也。至于运解一事,自建⁽⁵⁾至省,间关迟滞之状,余守前禀已详言之。而此外又难者,查各厂炉户,自行运至府局领价者,不过较近小厂零星数家,其余会理、盐源共设三局,安置书役到处收采,转运府局。而在会理者,去郡五站;在盐源者,一去郡三站半;一去郡四站。卑职以会理一局,终年所采足抵宁铜全数之半,最关紧要。前因履勘⁽⁶⁾数十年不结之控案,亲往局厂察看,催令赶运贮铜,乃知十二天逢一大场,始有驮脚。平日虽欲觅雇,而路远日久,货无回头,伊亦不雇单驮。至于盐源两局,山大路僻,转运更艰,殊深焦急。现在拟以采运,有破格之数,即有破格之赏,使炉户、书役,愈乐从事,或者别有起色。然非另获旺厂,则丰啬所判,终亦不能悬殊耳。惟冀仰托福荫,地宝腾越。但使下有分商之铜,即上有裕公之课,斯又官民一体,利病相关之枢纽明验也。

卑职惟有仰体均谕,以期无误鼓铸为幸。

《省斋全集》卷八

【注】

(1) 冰渊:喻指处境危险。《诗·小雅·小旻》:"如临深渊,如履薄冰。"苏轼《赐安焘乞外郡不允批答》:"而况艰难之际,一日万几,冰渊之惧,当务同济。卿练达兵要,灼知边情,寄托之深,义难引去。"

(2)嗣奉:继前人而敬受。《三国志·张飞传》:"朕承天序,嗣奉洪业。"

(3)劤:同"斤"。

(4)圜政廑怀:圜,完备,周全。廑,古同"廑"。周至完备的为政,细密谨慎的心思。

(5)建:宁远府建昌卫,其管辖区域大致为现在的四川攀西地区。

(6)履勘:实地勘测。清马建忠《借债以开铁道说》:"中国铁道未经监工估计,而由津至京,闻有一英国监工尝为履勘。"

十五、安维峻

安维峻(1854—1925),字晓峰,号盘阿道人,甘肃秦安人。

请诛李鸿章疏

奏为疆臣跋扈(1),戏侮朝廷,请明正典刑,以尊主权而平众怒,恭摺仰祈圣鉴事(2)。

窃北洋大臣李鸿章,平日挟外洋以自重(3),当倭贼犯顺,自恐寄顿倭国之私财付之东流(4),其不欲战固系隐情。及诏旨严切,一意主战,大拂李鸿章之心。于是倒行逆施,接济倭贼煤米军火,日夜望倭贼之来,以实其言。而于我军前敌粮饷火器故意勒之,有言战者动遭呵斥,闻败则喜,闻胜则怒。淮军将领,望风希旨(5),未见贼,先退避,偶遇贼,即惊溃。李鸿章之丧心病狂,九卿科道亦屡言之,臣不复赘陈。

惟叶志超、卫汝贵,均系革职拿问之人,藏匿天津,以督署为逋逃薮(6),人言啧啧,恐非无因。而于拿问之丁汝昌(7),竟敢代为乞恩,并谓美国人有能作雾气者,必须丁汝昌驾驭。此等怪诞不经之说,竟敢陈于君父之前,是以朝廷为儿戏也。而枢臣中竟无人敢为争论者(8),良由枢臣暮气已深,过劳则神昏,如在云雾之中,雾气之说,入而俱化,故不觉其非耳。张荫桓、邵友濂(9),为全权大臣,未明奉谕旨,在枢臣亦明知和议之举不可对人言。既不能以死生争,复不能以去就争,只得为掩耳盗铃之事。而不知通国之人,早已皆知也。倭贼与邵友濂有隙,竟敢令索派李鸿章之子李经方为全权大臣,当复成何国体?李经方为倭贼之婿,以张邦昌自命(10),臣前劾之,若令此等悖逆之人前往,适中倭贼之计。倭贼之议和,诱我也,我既不能激励将士,决计一战,而乃俯首听命于倭贼,然则此举非议和也,直纳款耳。不但误国,而且卖国,中外臣民,无不切齿痛恨,欲食李鸿章之肉。而又谓和议出自皇太后意旨,太监李莲英实左右之。此等市井之谈,臣未敢深信。何者?皇太后既归政皇上矣,若犹遇事牵制,将何以上对祖宗,下对天下臣民?至李莲英是何人斯,敢干预政事乎?如果属实,律以祖宗法制,李莲英岂复可容?惟是朝廷被李鸿章恫喝(11),未及详审利害,而枢臣中或系李鸿章私党,甘心左袒,或恐李鸿章反叛,姑事调停。初不知李鸿章有不臣之心,非不敢反,实不能反。彼之淮军将领,皆贪利小人,无大伎俩。其士卒横被克加,则皆离心离德。曹克忠天津新募之卒,制服李鸿章有余,此其不能反之实在情形,若能反则早反耳。既不能反,而犹事事挟制朝廷,抗违谕旨,彼其心目中,不复知有我皇上,并不知有皇太后。而乃敢以雾气之说戏侮之也,臣实耻之,臣实痛之。

惟冀皇上赫然震怒,明正李鸿章跋扈之罪,布告天下。如是而将士有不奋兴,倭贼有不破灭,即请斩臣以正妄言之罪。祖宗监临(12),臣实不惧,用是披肝胆,冒斧钺,痛哭直陈,不胜迫切待命之至。

安维峻《谏垣奏稿》

【注】

(1) 疆臣:负责镇守一方的高级地方官吏。清代称总督、巡抚为封疆大吏,省称疆吏或疆臣。

(2) 摺:用纸叠起来的册子,用作动词,上奏折。

(3) 挟:依仗,依靠。

(4) 寄顿:寄存,积压。

(5) 望风希旨:谓见机迎合他人意旨。《三国志·魏志·杜恕传》:"近司隶校尉孔羡辟大将军狂悖之弟,而有司嘿尔,望风希指,甚于受属。"亦作"望风承旨"。

(6) 逋逃薮:藏纳逃亡者的地方。《书·武成》:"今商王受无道……为天下逋逃主,萃渊薮。"这里指李鸿章刻意庇护淮军将领叶志超、卫汝贵甲午中日战争中畏敌如虎、临战逃回国内被清廷问责之事。

(7) 丁汝昌(1836—1895):安徽省庐江县人,原名先达,也作禹亭,号次章,清朝海军北洋水师提督。光绪二十年(1894),在威海卫之战中,清廷指挥失误,既要丁汝昌远行寻找日本舰队决战,又命令必须保护大沽、山海关、旅顺、威海等地万无一失,舰队不得远离,"倘有一舰阑入,定将丁汝昌从重治罪"。受到朝内顽固派、清流党攻击,七月二十六日,清廷明降谕旨:"海军提督丁汝昌即行革职",李鸿章力为辩护。

(8) 枢臣:宰辅重臣。

(9) 张荫桓(1837—1900):清末大臣,字樵野,广东南海人。长期从事外务活动,戊戌变法重要参与者之一。邵友濂(1841—1901),字筱春(字小村,一字攸枝),初名维埏。浙江余姚人。为中国清朝的政治家与外交家,曾任台湾巡抚。甲午战争失败后,1894年12月22日,邵友濂与张荫桓同为钦差大臣,出使日本乞和。

(10) 张邦昌(1081—1127):北宋末大臣。字子能,永静军东光张家湾人(今河北省阜城县大龙湾)。进士出身,徽宗、钦宗朝时,历任尚书右丞、左丞、中书侍郎、少宰、太宰兼门下侍郎等职务。金兵围开封时,他力主议和,与康王赵构作为人质前往金国,请求割地赔款以议和。归宋后,任河北路割地使。

(11) 恫喝:恐吓。

(12) 监临:监督。

第三章 诗歌

一、古歌谣

击壤歌⁽¹⁾

吾日出而作,日入而息。凿井而饮,耕田而食。帝力何有于我哉⁽²⁾!

【注】

(1) 这首歌屡见于东汉王充《论衡》之《艺增》《自然》《须颂》诸篇。《论语》:"大哉尧之为君也!巍巍乎!唯天为大,唯尧则之。荡荡乎,民无能名焉。巍巍乎其有成功也,焕乎其有文章!"《艺增》:"传曰:'有年五十击壤于路者。观者曰:大哉,尧德乎!击壤者曰:'吾日出而作,日入而息,凿井而饮,耕田而食。尧何等力!'"魏晋间,皇甫谧《帝王世纪》:"老人歌曰:'吾日出而作,日入而息,凿井而饮,耕田而食,帝力何有于我哉!'"击壤,筑土成墙,即"版筑"。

(2) 帝:天帝;帝尧。

二、伯夷叔齐

采薇歌[1]

登彼西山兮,采其薇矣!以暴易暴兮[2],不知其非矣。神农虞夏忽焉没兮[3],吾将安适归矣[4]!吁嗟徂兮[5],命之衰矣!

【注】

(1) 薇:蕨类,色白,味鲜美。

(2) 以暴易暴:指武王伐纣是以凶暴取代凶暴。

(3) 神农虞夏:古代贤君。神农即炎帝,是中国上古时期姜姓部落的首领尊称,号神农氏,与黄帝共同被尊奉为中华民族人文初祖。虞,指舜帝。夏,指夏禹。忽焉:瞬间,转眼间。

(4) 适:往,去。

(5) 吁嗟:叹息声。徂(cú):往。或以为借为"殂"。死。

三、诗经·秦风

题记：陇中为秦国故地，秦先人嬴姓部族在殷时镇守西戎，周宣王时封为西陲大夫，赐以秦（天水）之地。公元前771年，周幽王被西戎攻杀，秦襄公勤王有功，护送周平王东迁，被赐封岐山以西之地。秦据此"灭国十二，开地千里"，将西戎故地并入秦国版图。以下几首秦风，正是反映那个时间的社会民情。

车　邻

有车邻邻(1)，有马白颠(2)。未见君子(3)，寺人之令(4)。

阪有漆(5)，隰有栗(6)。既见君子，并坐鼓瑟。今者不乐，逝者其耋(7)。

阪有桑，隰有杨。既见君子，并坐鼓簧。今者不乐，逝者其亡。

【注】

(1) 邻邻：同辚辚，车行声。

(2) 白颠：白额，一种良马。

(3) 君子：此是对友人的尊称。

(4) 寺人：侍者。令：通报，传令。

(5) 阪(bǎn)：山坡。

(6) 隰(xí)：低湿的地方。

(7) 乐：作乐。逝：往，时光流逝。耋(dié)：八十岁，此处泛指老人。

蒹　葭(1)

蒹葭苍苍(2)，白露为霜。所谓伊人，在水一方。溯洄从之(3)，道阻且长。溯游从之(4)，宛在水中央。

蒹葭萋萋，白露未晞。所谓伊人，在水之湄(5)。溯洄从之，道阻且跻(6)。溯游从之，宛在水中坻⁽⁷⁾。

蒹葭采采,白露未已。所谓伊人,在水之涘⁽⁸⁾。溯洄从之,道阻且右⁽⁹⁾。溯游从之,宛在水中沚⁽¹⁰⁾。

【注】

(1) 蒹葭(jiān jiā):芦荻,芦苇。蒹,没有长穗的芦苇。葭,初生的芦苇。
(2) 苍苍:形容茂盛的样子。下文"萋萋""采采"义同。
(3) 溯洄:逆流而上。从:追,追求。
(4) 溯游:顺流而下。
(5) 湄(méi):水和草交接之处,指岸边。
(6) 跻(jī):升高,这里形容道路又陡又高。
(7) 坻(chí):水中的小洲或高地。
(8) 涘(sì):水边。
(9) 右:弯曲处。
(10) 沚(zhǐ):水中的小块陆地。

小 戎⁽¹⁾

小戎俴收,五楘梁辀⁽²⁾。游环胁驱,阴靷鋈续⁽³⁾。文茵畅毂,驾我骐馵⁽⁴⁾。言念君子,温其如玉⁽⁵⁾。在其板屋,乱我心曲⁽⁶⁾。

四牡孔阜,六辔在手。骐駵是中,騧骊是骖⁽⁷⁾。龙盾之合,鋈以觼軜⁽⁸⁾。言念君子,温其在邑。方何为期?胡然我念之。

俴驷孔群,厹矛鋈錞⁽⁹⁾。蒙伐有苑,虎韔镂膺⁽¹⁰⁾。交韔二弓,竹闭绲縢⁽¹¹⁾。言念君子,载寝载兴。厌厌良人,秩秩德音⁽¹²⁾。

【注】

(1) 小戎:士兵所乘的车。
(2) 俴(jiàn):浅的车厢。楘(mù):皮革。辀(zhōu):梁辀,即曲辕,古时马车上的一根弯曲的辕,形式像房屋的栋梁,上面有五处用皮条箍牢,所以称以五楘。
(3) 游环:活动的环,古时车前四马连在一起就用游环结在马颈套上,用它贯穿两旁骖马的外軬。阴靷(yìn)鋈(wù)续：车上饰物。

(4) 文茵：亦作"文鞇"，车中的虎皮坐褥。毂：车轮中心的圆木，周围与车辐的一端相接，中有圆孔，可以插轴，借指车轮或车。畅毂：战车。骐：有青黑色纹理的马。馵(zhù)：左蹄有白花或四蹄皆白的马。

(5) 君子：此指在外从军的丈夫。

(6) 板屋：木板盖的房屋，这是西戎，今甘肃一带的民俗，代指西戎。心曲：心灵深处。

(7) 骝：红黑色的马。骐(guā)：黑嘴的黄马。骖：驷马两旁的马。

(8) 龙盾：亦作"龙楯"，画有龙的盾牌。觼(jué)：有舌的环。軜(nà)：辔绳。

(9) 俴驷：披薄金甲的四马。孔群：群马很协调。厹(qiú)：矛头为三棱形的长矛。錞(duì)：三隅矛下的金属套。

(10) 蒙伐：上面画有花纹的盾牌。蒙，通"厖"。苑(yūn)：花纹。韔(chàng)：弓囊。镂膺：在弓囊前刻花纹。

(11) 竹闭绲縢：闭：弓檠。竹制，弓卸弦后缚在弓里防损伤的用具。绲(gǔn)：绳。縢：缠束。

(12) 厌厌：安静柔和貌。秩秩：有礼节，一说聪明多智貌。

无　衣

岂曰无衣？与子同袍(1)。王于兴师(2)，修我戈矛(3)。与子同仇！
岂曰无衣？与子同泽(4)。王于兴师，修我矛戟。与子偕作！
岂曰无衣？与子同裳(5)。王于兴师，修我甲兵。与子偕行！

【注】

(1) 袍：古代所谓袍也是长袍，但士兵的袍稍短。士兵穿同样的军服，故言"同袍""同泽""同裳"。

(2) 王：此指秦君。于：即曰。

(3) 修：整治。

(4) 泽：借为"襗"，指贴身的内衣。

(5) 裳：古人穿的遮蔽下体的衣裙，是裙的一种。

驷　驖

驷驖孔阜，六辔在手(1)。公之媚子，从公于狩(2)。

奉时辰牡,辰牡孔硕⁽³⁾。公曰左之,舍拔则获⁽⁴⁾。

游于北园,四马既闲⁽⁵⁾。輶车鸾镳,载猃歇骄⁽⁶⁾。

【注】

(1) 驷：四马。驖(tiě)：毛色黑似铁的好马。孔：非常。阜：肥大的样子。辔：马缰绳。

(2) 媚子：爱子。

(3) 奉：奉献。国君狩猎,掌管苑囿的官要驱起野兽出来,让国君射猎。时：即是。辰：即时。牡,公的野兽。朱熹《诗集传》有:"冬献狼,夏献麋,春秋献鹿豕之类。"硕：肥大。

(4) 左之：向左走。舍：放。拔：箭的末端。

(5) 闲：熟练。

(6) 輶车：轻车。鸾：车铃。镳(biāo)：马口中含的铁具。猃(xiǎn)：长嘴巴的犬。歇骄：《说文》引歇作猲,骄作獢。猲獢(xiē xiāo)：短嘴巴的犬。此句指狩猎结束把猎犬载在车上。

四、李陵

李陵(前134—前74),字少卿,陇西成纪(今甘肃天水秦安)人,李广之孙,西汉将领。

别 歌[1]

径万里兮度沙漠,为君将兮奋匈奴[2]。路穷绝兮矢刃摧,士众灭兮名已隤[3]。老母已死,虽欲报恩将安归[4]!

【注】

(1) 出自《汉书·苏武传》:"昭帝即位数年,匈奴与汉和亲,汉使求苏武等,单于许武还。李陵置酒贺武曰:异域之人,一别长绝。因起舞而歌,泣下数行,遂与武决。"

(2) 奋:鸟张开并振动翅膀,引申为反击。天汉二年(前99),李广利率领三万骑兵自酒泉出征匈奴,李陵率五千轻骑从居延出兵,反击匈奴。

(3) 隤(tuí):败坏。李陵率军北行三十日,深入敌军腹地,遭到三万匈奴骑兵包围,李陵组织反击,大败匈奴。单于召集八万多人进攻汉军,汉军且战且退,激战数日,伤亡惨重,最终被困峡谷之中,箭已用尽。李陵决定化整为零,各自突围后在遮虏鄣会合。半夜时分,李陵及随从十余人突围时遭到数千匈奴围追,李陵被迫投降。

(4) 李陵投降后一年,汉武帝将李陵三族夷灭,报国无门,只好死心塌地留在匈奴,身败名裂。

赠苏武[1]

良时不再至,离别在须臾[2]。屏营衢路侧,执手野踟蹰[3]。仰视浮云驰,奄忽互相逾[4]。风波一失所,各在天一隅。长当从此别,且复立斯须[5]。欲因晨风发,送子以贱躯。

嘉会难再遇,三载为千秋[6]。临河濯长缨,念子怅悠悠。远望悲风至,对酒不能酬。行人怀往路,何以慰我愁。独有盈觞酒,与子结绸缪[7]。

携手上河梁,游子暮何之[8]。徘徊蹊路侧,悢悢不得辞[9]。行人难久留,各言长相思。安知非日月,弦望自有时[10]。努力崇明德,皓首以为期[11]。

【注】

(1) 出自《文选》,诗题为编者所加。

(2) 良时:指欢聚时刻。须臾:片刻。

(3) 屏营:彷徨。衢路:歧路,岔道。踯躅:心里犹豫,要走不走的样子。

(4) 奄忽:疾速。

(5) 斯须:片刻,一会儿。

(6) 嘉会:美好的会面。三载:指诗人与苏武多年的交往。千秋:指"嘉会"成为永久的记忆。

(7) 绸缪:紧密缠缚,引申为情意殷切。

(8) 河梁:河桥。

(9) 蹊路侧:路旁。悢(liàng)悢:惆怅貌。一作"恨恨",犹"恳恳"。不得辞:说不出话来。

(10) 日月:偏义复词,月。弦:月半时叫"弦",阴历每月初七、八为上弦,二十三、四为下弦。望:月满叫"望",阴历大月十五,小月十六为望。这两句是说,月有缺时也有圆时,我们也应后会有期。这是安慰的话。

(11) 崇:高,这里是"提高"的意思。明德:光明的品行。

五、秦嘉

秦嘉(149—167),字士会,汉阳郡(今甘肃通渭平襄)人。东汉诗人。桓帝时,为郡吏,岁终为郡上计掾使赴洛阳,除授黄门郎。后死于津乡亭。秦嘉赴洛阳时,妻子徐淑因病还家,未能面别。秦嘉客死他乡后,徐淑兄逼她改嫁。她"毁形不嫁,哀恸伤生"(《史通·人物》),守寡终生。《诗品》言:"夫妻事既可伤,文亦凄怨。"

寄内诗

暧暧白日[1],引曜西倾[2]。啾啾鸡雀,群飞赴楹[3]。皎皎明月,煌煌列星。严霜凄怆,飞雪覆庭。寂寂独居,寥寥空室。飘飘帷帐,荧荧华烛。尔不是居[4],帷帐何施[5]?尔不是照,华烛何为?

【注】

(1) 暧暧(ài ài):昏昧不明的样子。
(2) 引曜:犹辉映。西倾:向西倾斜。
(3) 楹:堂屋前部的柱子。
(4) 是居:"居是"的倒装,居住在这里。"是照"句式同此。
(5) 何施:"施何"的倒装,设置什么。"何为"句式同此。

赠妇诗

一

人生譬朝露,居世多屯蹇[1]。忧艰常早至,欢会常苦晚。念当奉时役,去尔日遥远。遣车迎子还,空往复空返。省书情凄怆[2],临食不能饭。独坐空房中,谁与相劝勉。长夜不能眠,伏枕独辗转。忧来如寻环[3],匪席不可卷[4]。

【注】

(1) 屯蹇(zhūn jiǎn)：《易》《屯》卦和《蹇》卦的并称。意谓艰难困苦，不顺利。

(2) 省书：读信。

(3) 寻环：循环。

(4) 匪席：《诗经·国风·邶风·柏舟》"我心匪石，不可转也。我心匪席，不可卷也"。

二

皇灵无私亲⁽¹⁾，为善荷天禄⁽²⁾。伤我与尔身，少小罹茕独⁽³⁾。既得结大义⁽⁴⁾，欢乐苦不足。当念远离别，思念叙款曲⁽⁵⁾。河广无舟梁⁽⁶⁾，道近隔丘陆。临路怀惆怅，中驾正踟蹰⁽⁷⁾。浮云起高山，悲风激深谷。良马不回鞍，轻车不转毂⁽⁸⁾。针药可屡进，愁思难为数⁽⁹⁾。贞士笃终始，恩义不可促⁽¹⁰⁾。

【注】

(1) 皇灵：这里指上苍，天帝。

(2) 荷天禄：享受天赐的福禄。

(3) 罹茕独：遭受孤独。

(4) 结大义：缔结姻缘。

(5) 款曲：衷情，殷勤诚挚的心意。

(6) 舟梁：船和桥。

(7) 踟蹰(chí chú)：亦作"跐跦""踟蹰""踟躇""踯躅"，徘徊不前的样子。

(8) 良马二句：回鞍即回马，转毂即转动车轮。二句写诗人既忠于职守，又眷恋故土，情牵病妻。

(9) 难为数：难以计算。

(10) 促：接近。

三

肃肃仆夫征⁽¹⁾，锵锵扬和铃⁽²⁾。清晨当引迈⁽³⁾，束带待鸡鸣。顾看空室中，仿佛想姿形。一别怀万恨，起坐为不宁。何用叙我心？遗思致款诚⁽⁴⁾。宝钗好耀首，明镜可鉴形。芳香去垢秽，素琴有清声。诗人感木瓜，乃欲答瑶琼⁽⁵⁾。愧彼赠我厚，惭此往物轻。虽知未足报，贵用叙我情。

【注】

（1）肃：疾速的样子。

（2）锵锵：形容金石撞击发出的洪亮清越的声音。这里指马铃声。

（3）引迈：启程，上路。

（4）款诚：忠诚；真诚。

（5）"诗人"二句：化用《诗经·卫风·木瓜》"投我以木瓜，报之以琼琚，匪报也，永以为好也"。

述婚诗

一

群祥既集，二姓交欢⁽¹⁾。敬兹新姻，六礼不愆⁽²⁾。羔雁总备，玉帛戋戋⁽³⁾。君子将事，威仪孔闲⁽⁴⁾。猗兮容兮，穆矣其言⁽⁵⁾。

【注】

（1）群祥：各种祥瑞。集：聚集。交欢：结为婚姻。

（2）六礼：古代在确立婚姻过程中的六种礼仪，即纳采、问名、纳吉、纳征、请期、亲迎。愆：罪过，过失。

（3）戋戋（jiān jiān）：形容堆积得很多的样子。

（4）孔闲：非常文雅。孔：很。"闲"通"娴"，熟悉，文雅。

（5）"猗兮"二句：猗，表赞美，美盛。容：容器，引申为满，即语言内容丰富。穆：庄严，肃穆。二句意谓述婚诗的内容美盛、丰富、庄严。

二

纷彼婚姻，祸福之由⁽¹⁾。卫女兴齐，褒姒灭周⁽²⁾。战战竞竞，惧德不仇⁽³⁾。神启其吉，果获令攸⁽⁴⁾。我之爱矣，荷天之休⁽⁵⁾。

【注】

（1）由：田间小路，引申为途径，根由。全句意谓形形色色的婚姻是家庭祸福的根由。

（2）卫女：齐桓公之母。《史记·齐太公世家》："小白（齐桓公）母，卫女也，有宠于厘公。"齐桓公即位后，励精图治，九合诸侯，一匡天下。褒姒：周幽王之后。《史记·周本纪》："（褒姒）不好笑，幽王欲其笑万方，故不笑。幽王为烽燧、大鼓，有寇至则举烽火。诸侯悉至，至而无寇，褒姒乃大笑。幽王说(悦)之,为数举烽火。其后不信,诸侯益亦不至。"后来犬戎袭击幽王,围镐京,西周终因诸侯不救而灭亡。

(3)仇(qiú):古同"逑",匹配。

(4)令攸:美好的结果。

(5)休:福禄。

六、徐淑

徐淑,东汉人,秦嘉之妻,东汉汉阳郡(今甘肃通渭平襄)人。

答秦嘉诗

妾身兮不令,婴疾兮来归[1]。沉滞兮家门[2],历时兮不差[3]。旷废兮侍觐[4],情敬兮有违。君今兮奉命,远适兮京师[5]。悠悠兮离别,无因兮叙怀。瞻望兮踊跃[6],伫立兮徘徊。思君兮感结,梦想兮容晖[7]。君发兮引迈,去我兮日乖[8]。恨无兮羽翼,高飞兮相追。长吟兮永叹,泪下兮沾衣。

【注】

(1) 婴疾:患病。

(2) 沉滞:长期处于某种状况。

(3) 差:通"瘥",指痊愈。

(4) 旷为:荒废,耽搁。侍觐:服侍。整句倒装,正常语序为:"侍觐兮旷为"。下句同为倒装。

(5) 适:前往。

(6) 瞻望:远望;展望。踊跃:形容情绪高涨、热烈。

(7) 容晖:容辉,容光。

(8) 乖:背离,违背。

七、无名氏

陇头歌辞[1]

一

陇头流水,分离四下。念我行役,飘然旷野。登高远望,涕零双堕。

二

朝发欣城,暮宿陇头[2]。寒不能语,舌卷入喉。

三

陇头流水,鸣声幽咽。遥望秦川,心肝断绝[3]。

【注】

(1) 诗见《乐府诗集》卷二十五。陇头:亦作陇首、陇坂、陇关,即现在六盘山。东汉辛氏《三秦记》:"陇谓西关也,其坂九回,不知高几许,欲上者七日乃得越,高处可容百余家,下处容十万户。山顶有泉,清水四注,下有县,县因此水而名。"

(2) 欣城:地名,未详。

(3) 秦川:关中地区,就是从陇山东到函谷关一带地方。

八、张骏

张骏(307—346),字公庭,安定乌氏(今甘肃平凉西北)人,即前凉文王,十六国时期前凉政权的君主。

薤露行

在晋之二世,皇道昧不明⁽¹⁾。主暗无良臣,艰乱起朝廷。七柄失其所,权纲丧典刑⁽²⁾。愚猾窥神器,牝鸡又晨鸣。哲妇逞幽虐,宗祀一朝倾。储君缢新昌,帝执金墉城⁽³⁾。祸衅萌宫掖,胡马动北垧。三方风尘起,猃狁窃上京⁽⁴⁾。义士扼素腕,感慨怀愤盈。誓心荡众狄,积诚彻昊灵⁽⁵⁾。

【注】

(1) 指西晋第二代白痴君主晋惠帝司马衷愚蠢无能。

(2) 惠帝即位之初,便由昏庸无能的太后父外戚杨骏辅政,杨骏滥用亲信,专擅朝政,揭开了西晋末大乱的序幕。七柄:指国家祭祀、朝觐、军旅等七方面的事务。权纲:指朝政大权。典刑:常刑。

(3) "愚猾"六句:赵王司马伦野心勃勃,伺机夺取政权。于永康元年(300)起兵杀了作恶多端致怨声载道的贾后;次年,司马伦又逼惠帝让位,并迁之于金墉城(洛阳城西北角上一小城,三国魏明帝时筑,魏晋时被废的帝、后,都安置于此),自立为帝。是为"愚猾窥神器","帝执金墉城"。"神器"指帝位。"牝鸡晨鸣",母鸡报晓,指惠帝皇后贾氏干预政事。贾后为夺取朝廷实权,与楚王司马玮合谋,于元康元年(291)发动宫廷政变,诛灭杨骏及其党羽。不久,贾后唆使司马玮诛杀了与杨骏共同辅政的汝南王司马亮和元老功臣卫瓘。事后,贾后又诬司马玮矫诏擅杀功臣而诛之,从此她独揽朝政大权。贾后宫廷政变成功,为了长执权柄,便设计于许昌谋害了非她所生的储君——太子司马遹,是为"逞幽虐","宗祀一朝倾","储君缢新昌"。

(4) "祸衅"四句:双起分承,一三句写内乱,赵王司马伦篡夺帝位的同年,督镇许昌的齐王司马冏、督镇邺城的成都王司马颖、督镇关中的河间王司马颙以勤王为名,联合起兵讨伐司马伦,从此演成西晋末的"八王之乱"。二四句写外患:永嘉五年(311)北方匈奴攻克洛阳,俘晋怀帝;建兴四年(316),攻破长安,俘晋愍帝,西晋灭亡。祸衅:祸端;三方:指齐王、成都王、河间王等三镇藩王。坰:郊野。獯犹:指匈奴族。上京:首都。

(5)"义士"等四句:抒写对天下乱离的愤懑和恢复中原的雄心壮志,慷慨悲凉。昊灵:天帝,上苍。

东门行

勾芒御春正,衡纪运玉琼[1]。明庶起祥风,和气翕来征。庆云荫八极,甘雨润四坰。昊天降灵泽,朝日耀华精。嘉苗布原野,百卉敷时荣。鸠鹊与鹂黄,间关相和鸣。绿萍覆灵沼,香花扬芳馨[2]。春游诚可乐,感此白日倾。休否有终极,落叶思本茎。临川悲逝者,节变动中情[3]。

【注】

(1)"勾芒"二句:斗转星移,明媚的春天已经到来。勾芒即句芒,或名句龙,鸟身人面,乘两龙,中国古代神话中的木神(春神),主管树木的发芽生长,少昊的后代,名重,为伏羲臣。春正:正月。衡纪:即玉衡星。亦借指北斗星。玉琼:北斗第二星天璇的美称。

(2)"明庶"以下十二句:描绘优美醉人的郊野风光。"明庶",明庶风的简称,即东风。翕:聚合。庆云:祥云。四坰:四野。灵泽:滋润万物的雨水。华精:道教指眼神,这里指日光。时荣:应时花卉。灵沼:池沼的美称。

(3)"春游"六句:抒发作者游春的乐趣与珍惜时光、自强不息的心情。"逝者",化用《论语·子罕篇》"逝者如斯夫,不舍昼夜",感叹时光易逝,一去不返。休否(pǐ):吉祥和凶险。节变:指节令变化,时光流逝。

九、王嘉

王嘉(？—390)，字子年，陇西安阳(今甘肃渭源，见《辞海》"王嘉"条；另一说在今秦安县东)人。生活在十六国时期的前秦，"能言未然之事，辞如谶记"(《中国小说史略》)，清虚服气，不与人交游。初隐居安阳谷，后赵石季龙之末，由于战乱，潜入长安，隐于终南山。苻坚累次征召，不赴。及姚苌入长安，逼嘉自随，后因事害之。主要作品有《牵三歌》和志怪小说《拾遗记》。

皇娥歌[1]

天清地旷浩茫茫，万象回薄化无方[2]。涵天荡荡望沧沧，乘桴摇漾著日傍[3]。当期何所至穷桑，心知和乐悦未央[4]。

【注】

(1)《拾遗记》曰：少昊以金德王，母曰皇娥。处璇宫而夜织，或乘桴木而昼游，经历穷桑沧茫之浦。时有神童，容貌绝俗，称为白帝之子，即太白之精，降乎水际，与皇娥燕戏，游漾忘归。穷桑者，西海之滨，有孤桑之树，直上千寻，叶红椹紫，万岁一实，食之后天而老……帝子与皇娥并坐，抚桐峰梓瑟，皇娥倚瑟而清歌云云。白帝子答歌云云。及皇娥生少昊，号曰穷桑氏。

《皇娥歌》描述了古帝王少昊氏之母皇娥与神人白帝之子的恋爱故事。

(2)回薄：循环相迫变化无常。全句意谓天地清肃泰和，无边无际，万物欣欣向荣，自由自在，根据自身的规律生、长、化、收、藏。

(3)"涵天"两句：写泛舟西海之情景。天清气朗，风轻云淡，海面上倒映着蓝天白云的影子，波涛荡漾，浩茫无际。两个人划着小船轻轻摇荡，一直到了太阳旁边。

(4)"当期"两句：写皇娥对美好爱情的希冀，早日到达穷桑，结成百年之好。

白帝子歌

四维八埏眇难极，驱光逐影穷水域[1]。璇宫夜静当轩织，桐峰文梓千寻直[2]。伐梓作器成琴瑟,清歌流畅乐难极,沧湄海浦来栖息(3)。

【注】

(1) 四维八埏:四维:四方。八埏(yán):埏,地的边际,八埏犹言八荒(八方荒忽极远之地)。眇:古同"渺",远,高。两句描写泛舟大海,"驱光逐影穷水域"之情景。

(2) 璇宫:皇娥所居之处。桐峰:白帝子所居之处。两句写白帝子追忆对皇娥的思念。文梓:有文理的梓树,为良木美材,做琴瑟的上好木料。

(3) 末三句写今日之欢聚及美满的婚姻。沧湄海浦:沧海(这里指西海)之滨。湄:河岸,水与草交接的地方。浦:水边或河流入海的地区。

采桑诗(1)

阘河之桂,实大如枣。得而食之,后天而老。

【注】

(1)《拾遗记》曰:阘河之北有紫桂成林,其实如枣,群仙饵焉。韩终采药四言诗云:阘河之桂,实大如枣,得而食之,后天而老。韩终,秦始皇时方士。《史记·秦始皇本纪》:"因使韩终、侯公、石生求仙人不死之药。"

十、苻融

苻融(？—383)，字博休，苻坚的弟弟。他在王猛死后，是苻坚主要的辅佐。淝水之战时，他被晋军所杀。苻融的作品大多散佚，现在可考的只有诗一首，即《企喻歌》第四首。

企喻歌(其四)⁽¹⁾

男儿可怜虫，出门怀死忧。尸丧狭谷口，白骨无人收。

【注】

(1) 企喻歌：南朝梁鼓角横吹曲名，本为北方民族马上之乐。亦省称"企喻"。《乐府诗集》收《企喻歌》四首，这里所选为第四首。

十一、辛德源

辛德源(？—601)，字孝基，陇西狄道(今甘肃临洮)人。沉静好学，美仪容。历仕北齐、北周。因尉迟迥之乱，"隐于林虑山，郁郁不得志，著《幽居赋》以自寄"。入隋，隐于山林。秘书监牛弘推荐德源与著作郎王邵同修国史，转谘议参军，卒于任上。注《春秋三传》三十卷，《扬子法言》二十三卷。有集二十卷，又撰《政训》《内训》各二十卷。

短歌行

驰射罢金沟⁽¹⁾，戏笑上云楼。少妻鸣赵瑟，侍妓啭吴讴。杯度浮香满，扇举细尘浮⁽²⁾。星河耿凉夜，飞月艳新秋。忽念奔驹促，弥欣执烛游⁽³⁾。

【注】

(1) 金沟：西晋王济在京城洛阳买地作驰射场，用钱堆到如围墙一般高，当时人称为"金沟"。

(2) 杯度：传杯送盏。

(3) 奔驹促：犹言白驹过隙。白驹，原指骏马，后比喻日影；隙：空隙，缝隙。执烛游：化用《古诗十九首·生年不满百》："昼短苦夜长，何不秉烛游。"

霹雳引⁽¹⁾

出地声初奋，乘干威更作⁽²⁾。云衔天笑明，雨带星精落⁽³⁾。碎枕神无扰，震楹书自若。侧闻吟白虎，远见飞玄鹤。

【注】

(1) 霹雳引：古琴曲。霹雳，又急又响的雷。辛诗前四句写霹雳之声威，后四句诗人的气度，湛然常寂，不为所动。

(2) 干：盾牌。

(3) 天笑：谓不雨而天空有电火。星精：犹言星之灵气。

猗兰操[1]

奏事传青阁[2]，拂除乃陶嘉[3]。散条凝露彩，含芳映日华。已知香若麝，无怨直如麻。不学芙蓉草，空作眼中花。

【注】

(1) 猗兰操：古琴曲，相传孔子所作。蔡邕在《琴操·猗兰操》条目下说："《猗兰操》者，孔子所作也。……自伤不逢时，托辞于芗兰云。"辛诗为咏物诗，赞美具有"王者之香"的蕙兰，借以抒发自己高洁的志趣。

(2) 青阁：指朝堂；朝廷。

(3) 拂除：犹祓除。古代迷信习俗，举行仪式以除灾去邪。陶嘉，和乐吉庆。首二句以人喻花，对具有"王者之香"的蕙兰的价值给予高度评价。

成 连[1]

征夫从远役，归望绝云端。蓑立城逾坏，霜落梅初寒。雪夜愁烽湿，冰朝饮马难。寂寂长安信，谁念客衣单。

【注】

(1) 成连：教授俞伯牙成为一代著名琴师的老师。这首诗从内容看，属征役诗，描写征夫艰难的远征生活，反映归期遥遥的哀怨；从题目分析，当属描写音乐的诗，通过通感手法把属于听觉的抽象琴声化为具体可感的视觉形象。

芙蓉花

洛神挺凝素，文君拂艳红[1]。丽质徒相比[2]，鲜彩两难同。光临照波日，香随出岸风。涉江良自远，托意在无穷。

【注】

(1) "洛神"两句：以人喻花，分别用洛神宓妃与卓文君比拟白色、红色两种芙蓉花。

（2）比：齐，同，并驾齐驱。

东飞伯劳歌⁽¹⁾

合欢芳树连理枝，荆王神女乍相随⁽²⁾。谁家妖艳荡轻舟，含娇转面骋风流。犀枻兰桡翠羽盖，云罗雾縠莲花带⁽³⁾。女儿年几十六七，玉面新妆映朝日。落花从风俄度春，空留可怜何处新⁽⁴⁾。

【注】

（1）东飞伯劳歌：乐府旧体，梁武帝萧衍首创。两句一换韵，平仄互押。内容多为男欢女爱不能实现的哀叹，结句多用"可怜""可叹"等语。

（2）"合欢"两句：合欢、连理象征恩爱。荆王，指楚怀王，游高唐时梦中与巫山神女相会。首二句为后八句的反衬。

（3）犀枻句：枻、桡，船桨。犀枻兰桡，船桨的美称。翠羽盖，翠羽装饰的船篷。罗、縠，丝织品。

（4）俄：俄顷，一会儿。

星　名⁽¹⁾

边祲昏高柳，爟火照离宫⁽²⁾。明堂发三令，勾陈集五戎⁽³⁾。素扇麾全月，朱旗引半虹⁽⁴⁾。虎落惊风敛，龙城宿雾通⁽⁵⁾。击钟张大乐，置酒宴群公。关山无复阻，车书方大同⁽⁶⁾。

【注】

（1）星名：二十八宿的名称。或为组诗名称，从全诗内容看，特指勾陈。辅玉皇大帝执南北二极和天地人三才，统御众星。掌人间兵革事。

（2）边祲（jìn）：边地的灾气。爟（guàn）火：爟火即古代祭祀祓除不祥所举的火把。两句是说国家受到外敌入侵，大有黑云压城城欲摧之势。

（3）明堂：古代帝王宣明政教、举行大典的地方。勾陈：即钩陈，星官名，即是现在的北极星。详见注（1），这里代指元戎。两句是说天子发布命令，元戎集结军队，准备开赴前线。五戎：五种兵车，这里泛指军队。

（4）素扇、朱旗：军中仪仗。麾全月、引半虹：极言军容之盛。

（5）"虎落"两句："惊风敛""宿雾通"是说旗开得胜，古代以虎象征将帅、军队。龙城：位于今河北卢龙县境内,汉飞将军李广曾经镇守。

(6)"关山"两句:歌颂战争的意义。关山畅通。车同轨,书同文。

白马篇⁽¹⁾

任侠重芳辰,相从竞逐春。金羁络赤汗⁽²⁾,紫陌映红尘。宝剑横三尺,雕弓韬六钧⁽³⁾。鸣珂蹀细柳⁽⁴⁾,飞盖出宜春⁽⁵⁾。遥见浮云发,悬识陇头人。

【注】

(1)白马篇,是《杂曲歌·齐瑟行》歌辞,又作《游侠篇》,其所写的是边塞游侠的忠勇。作者平素也有"捐躯赴难,视死如归"的抱负和从军出塞的经验,写游侠也可能是自况。

(2)赤汗:赤汗马,又名汗血马,原产地在西域,今土库曼斯坦。汗血马体形好、善解人意、速度快、耐力好,适于长途行军,非常适合用作军马。

(3)六钧:六钧弓。三十斤为一钧,张满弓用力六钧,后因以指强弓。

(4)鸣珂:显贵者所乘的马以玉为饰,行则作响,因名。蹀:踏。细柳:细柳营,汉文帝时,周亚夫为将军,屯军细柳。帝自劳军,至细柳营,因无军令而不得入。于是使使者持节诏将军,亚夫传令开壁门。既入,帝按辔徐行。至营,亚夫以军礼见,成礼而去。帝曰:"此真将军矣!囊者霸上、棘门军,若儿戏耳!"(见《史记·绛侯世家》)后遂称军营纪律严明者为细柳营。细柳,在今陕西省咸阳市西南。

(5)飞盖:高高的车篷。亦借指车。宜春:指宜春宫,在渭南杜县东。

十二、李白

赠张相镐⁽¹⁾

本家陇西人,先为汉边将⁽²⁾。功略盖天地,名飞青云上。苦战竟不侯⁽³⁾,当年颇惆怅。世传崆峒勇,气激金风壮⁽⁴⁾。英烈遗厥孙,百代神犹王⁽⁵⁾。十五观奇书⁽⁶⁾,作赋凌相如⁽⁷⁾。龙颜惠殊宠,麟阁凭天居⁽⁸⁾。晚途未云已,蹭蹬遭逸毁⁽⁹⁾。想象晋末时,崩腾胡尘起⁽¹⁰⁾。衣冠陷锋镝⁽¹¹⁾,戎虏盈朝市。石勒窥神州⁽¹²⁾,刘聪劫天子⁽¹³⁾。抚剑夜吟啸,雄心日千里。誓欲斩鲸鲵,澄清洛阳水。六合洒霖雨⁽¹⁴⁾,万物无凋枯。我挥一杯水,自笑何区区。因人耻成事,贵欲决良图⁽¹⁵⁾。灭虏不言功,飘然陟方壶。唯有安期舄,留之沧海隅⁽¹⁶⁾。

【注】

(1)《赠张相镐》原为两首一组五言古诗,此诗为其二。诗中有向张镐表明心迹,欲求其用之意。叙述李白遭遇的痛苦经历,抒发了作者内心的感慨。张镐,出身于汲郡张氏,早年游学长安,初授左拾遗。安史之乱时随玄宗入蜀,后辅佐肃宗,拜谏议大夫。

(2)本家:祖籍。陇西,郡名。西汉名将李广是陇西成纪(今甘肃秦安)人,所以诗人说自己的祖籍是陇西。先,祖先,这里指李广。

(3)不侯:没有封授侯爵。这句说李广虽苦战立功,但不得封侯。

(4)崆峒:山名,在今甘肃平凉县西。相传这一带的人勇敢善战。这里也是指李广。金风:秋风。两句意为:世人称赞李广的英勇无敌,说他的气概像秋风一样劲壮。

(5)英烈:英勇壮烈。厥:其。王:通"旺"。两句意为:李广英烈的精神留传给他的子孙,百代之后还旺盛地保持着。

(6)奇书:指诸子百家的著作。

(7)凌:超越。

(8)麟阁:即麒麟阁,皇帝的藏书处,这里指翰林院。凭:紧靠。天居:皇帝居住的地方。这两句是回忆在长安时的翰林生活。

(9)晚途:晚年。未云已:未止,指自己的进取之心并没有停止。蹭蹬:路途艰阻难行的样子,比喻失意、潦倒。两句意为:我直到晚年,仍没有停止前进;政治上的失意,是因受到权奸的谗毁。

(10) 崩腾:即奔腾。胡尘起:胡骑来侵。这两句指晋末我国北方内迁各族以匈奴刘姓贵族为首发动的反晋战争。

(11) 衣冠:指官僚、豪绅等上层人士。锋:刀刃。镝(dí):箭镞(zú)。陷锋镝:遭受战争的灾祸,到处都是侵扰者的足迹。

(12) 石勒:十六国时期后赵的建立者。窥:窥伺,企图待机而动。

(13) 刘聪:十六国时期汉国的君主。劫天子:指刘聪俘虏西晋的怀、愍二帝。

(14) 六合:天地四方,这里指天下。霖雨:连绵的大雨。这里比喻恩泽。这两句用天降甘霖使万物复苏,比喻朝廷平息叛乱,使人民恢复安定的生活。

(15) "因人"两句意为:耻于依靠别人而成事,重在实现自己的宏图。

(16) "灭虏"至"留之"四句:这四句表明自己志在灭虏,不求功名利禄。陟:登。方壶:又名方丈,传说东海中三神山之一。安期:安期生,古代神话中的仙人。舄(xì):鞋子。安期舄,传说安期生仙去以后,留下了一双玉鞋。

北风行(1)

烛龙栖寒门(2),光曜犹旦开。日月照之何不及此(3)?惟有北风号怒天上来。燕山雪花大如席,片片吹落轩辕台(4)。幽州思妇十二月,停歌罢笑双蛾摧(5)。倚门望行人,念君长城苦寒良可哀(6)。别时提剑救边去,遗此虎文金鞞靫(7)。中有一双白羽箭,蜘蛛结网生尘埃。箭空在,人今战死不复回。不忍见此物,焚之已成灰(8)。黄河捧土尚可塞(9),北风雨雪恨难裁(10)。

【注】

(1) 北风行:乐府旧题,内容多写北风雨雪、行人不归的伤感之情。《乐府诗集》卷六十五列于《杂曲歌辞》。

(2) 烛龙:中国古代神话传说中的龙。人面龙身而无足,居住在不见太阳的极北的寒门,睁眼为昼,闭眼为夜。

(3) 此:指幽州,治所在今北京大兴。这里指当时安禄山统治北方,一片黑暗。

(4) 燕山:山名,在河北平原的北侧。轩辕台:纪念黄帝的建筑物,乃黄帝轩辕氏与蚩尤战于涿鹿之处,故址在今河北怀来县乔山上。这两句用夸张的语气描写北方大雪纷飞、气候严寒的景象。

(5) 双蛾摧:双眉紧锁,形容悲伤、愁闷的样子。双蛾:女子的双眉。

（6）长城：古诗中常借以泛指北方前线。良：实在。

（7）鞞靫（bǐng chá）：当作鞴靫。虎文鞞靫，绘有虎纹图案的箭袋。

（8）"焚之"句：语出古乐府《有所思》："摧烧之，当风扬其灰。"

（9）"黄河"句：《后汉书·朱冯虞郑周列传》："此犹河滨之人，捧土以塞孟津，多见其不知量也。"此反其意而用之，谓黄河之水不足道，可用捧土加以阻塞。

（10）北风雨雪：这是化用《诗经·国风·邶风·北风》中的"北风其凉，雨雪其雱"句意，原意是指国家的危机将至而气象愁惨，这里借以衬托思妇悲惨的遭遇和凄凉的心情。裁：消除。一作"哉"。

庐山谣寄卢侍御虚舟⁽¹⁾

我本楚狂人，凤歌笑孔丘⁽²⁾。手持绿玉杖⁽³⁾，朝别黄鹤楼。五岳寻仙不辞远⁽⁴⁾，一生好入名山游。庐山秀出南斗傍⁽⁵⁾，屏风九叠云锦张⁽⁶⁾。影落明湖青黛光⁽⁷⁾，金阙前开二峰长⁽⁸⁾，银河倒挂三石梁⁽⁹⁾。香炉瀑布遥相望，回崖沓嶂凌苍苍。翠影红霞映朝日，鸟飞不到吴天长⁽¹⁰⁾。登高壮观天地间，大江茫茫去不还⁽¹¹⁾。黄云万里动风色，白波九道流雪山⁽¹²⁾。好为庐山谣，兴因庐山发。闲窥石镜清我心⁽¹³⁾，谢公行处苍苔没⁽¹⁴⁾。早服还丹无世情⁽¹⁵⁾，琴心三叠道初成⁽¹⁶⁾。遥见仙人彩云里，手把芙蓉朝玉京⁽¹⁷⁾。先期汗漫九垓上⁽¹⁸⁾，愿接卢敖游太清⁽¹⁹⁾。

【注】

（1）谣：不合乐的歌，一种诗体。卢侍御虚舟：卢虚舟，字幼真，范阳（今北京大兴县）人，唐肃宗时曾任殿中侍御史，相传"操持有清廉之誉"（见清王琦注引李华《三贤论》），曾与李白同游庐山。

（2）楚狂人：春秋时楚人陆通，字接舆，因不满楚昭王的政治，佯狂不仕，时人谓之"楚狂"。凤歌笑孔丘：孔子适楚，陆通游其门而歌："凤兮凤兮，何德之衰？"劝孔不要做官，以免惹祸。这里，李白以陆通自比，表现对政治的不满，而要像楚狂那样游览名山过隐居的生活。

（3）绿玉杖：镶有绿玉的杖，传为仙人所用。

（4）五岳：即东岳泰山，西岳华山，南岳衡山，北岳恒山，中岳嵩山。此处泛指中国名山。

（5）南斗：星宿名，二十八宿中的斗宿。古天文学家认为浔阳属南斗分野（古时以地上某些地区与天某些星宿相应叫分野）。这里指秀丽的庐山之高，突兀而出。

（6）屏风九叠：指庐山五老峰东的九叠屏，因山九叠如屏而得名。

（7）"影落"句：指庐山倒映在明澈的鄱阳湖中。青黛（dài）：青黑色。

（8）金阙（què）：阙为皇宫门外的左右望楼，金阙指黄金的门楼。这里借指庐山的石门——

庐山西南有铁船峰和天池山,二山对峙,形如石门。

(9) 银河:指瀑布。三石梁:一说在五老峰西,一说在简寂观侧,一说在开先寺(秀峰寺)旁,一说在紫霄峰上。近有人考证,五老峰西之说不谬。

(10) "鸟飞"句意思:连鸟也难以飞越高峻的庐山和它辽阔的天空。吴天:九江,春秋时属吴国。

(11) 大江:长江。

(12) 白波九道:九道河流。古谓长江流至浔阳分为九条支流。李白在此沿用旧说,并非实见九道河流。雪山:白色的浪花。形容白波汹涌,堆叠如山。

(13) 石镜:古代关于石镜有多种说法,诗中的石镜应指庐山东面的"石镜"。传说在庐山东面有一圆石悬岩,平滑如镜,可照人影。清我心:清涤心中的污浊。

(14) 谢公:南朝宋谢灵运。谢灵运曾游彭蠡湖口,登庐山,有"攀崖照石镜"诗句(《谢康乐集·入彭蠡湖口》)。

(15) 服:服食。还丹:道家炼丹,将丹烧成水银,积久又还成丹,故谓"还丹"。

(16) 琴心三叠:道家修炼术语,一种心神宁静的境界。

(17) 玉京:传说元始天尊居处。道教称元始天尊在天中心之上,名玉京山。

(18) 先期:预先约好。汗漫:无边无际,意谓不可知,这里比喻神仙。一说为造物者。九垓(gāi):九天之外。

(19) 卢敖:战国时燕国人。《淮南子·道应训》载,卢敖游北海,遇见一怪仙迎风而舞,想同他做朋友而同游,怪仙笑道:"吾与汗漫期于九垓之外,吾不可以久驻。"遂纵身跳入云中。太清:最高的天空。

白马篇(1)

龙马花雪毛(2),金鞍五陵豪(3)。秋霜切玉剑,落日明珠袍(4)。斗鸡事万乘(5),轩盖一何高。弓摧南山虎(6),手接太行猱。酒后竞风采,三杯弄宝刀。杀人如剪草,剧孟同游遨(7)。发愤去函谷,从军向临洮(8)。叱咤万战场,匈奴尽奔逃。归来使酒气,未肯拜萧曹(9)。羞入原宪室(10),荒淫隐蓬蒿。

【注】

(1) 白马篇,乐府《杂曲歌辞》旧题。

(2) 龙马:《周礼·夏官·廋人》"马八尺以上为龙"。

(3) 五陵:语出班固《西都赋》:"南望杜、灞,北眺五陵。"杜、灞谓杜陵、灞陵,在城南;五陵谓长陵、安陵、阳陵、茂陵、平陵,在渭北。皆汉代帝王陵墓,并徙入以置县邑,其所徙者皆豪右、富贵、吏二千石。五陵豪,谓五陵豪侠。

(4)"秋霜"二句:所佩之剑,色如秋霜,切玉如泥;所穿之袍,缀有明珠,耀如落日。秋霜:形容剑的颜色。切玉:形容剑的锋利。明珠袍:镶珠的衣袍。

(5)斗鸡:玄宗好斗鸡,善斗鸡者每召入宫中侍奉,甚得宠幸。万乘:指天子。古制,天子有兵车万乘。轩盖:有篷盖之车,贵人所乘。

(6)弓摧南山虎:典出自《晋书·周处传》:"南山白额猛虎为患,周处入山射杀之。"

(7)剧孟:汉时大侠。此代指当时豪侠中之雄杰者。

(8)函谷:古关名,在陕州灵宝县。此代指帝京以东之要塞。临洮,地名,属陇右道洮州。在今甘肃眠县一带。此代指帝京以西之边陲。

(9)"归来"二句意谓:"五陵豪"因边功而傲视大臣。自篇首至此,皆写"五陵豪"。萧曹:即汉相萧何、曹参。此代指时相。

(10)"羞入"二句是李白以"五陵豪"自比,羡慕"五陵豪"之生涯,羞为蛰居陋室之穷儒。原宪:孔子弟子,居处简陋,上漏下湿,不以为意,端坐而弦歌。见《韩诗外传》。

胡无人(1)

严风吹霜海草凋(2),筋干精坚胡马骄(3)。汉家战士三十万,将军兼领霍嫖姚(4)。流星白羽腰间插,剑花秋莲光出匣(5)。天兵照雪下玉关,虏箭如沙射金甲(6)。云龙风虎尽交回(7),太白入月敌可摧(8)。敌可摧,旄头灭(9),履胡之肠涉胡血。悬胡青天上,埋胡紫塞傍(10)。胡无人,汉道昌。陛下之寿三千霜(11)。但歌大风云飞扬,安得猛士兮守四方。

【注】

(1)胡无人:乐府旧题。《乐府诗集》卷四十列于《相和歌辞》,题为"胡无人行"。

(2)"严风"句:谓冬天的寒风将雪刮起,塞外湖沼边的水草凋零。严风:冬天的风。海:胡地沙漠中的湖沼,即所谓"海子"。

(3)"筋干"句:意谓胡人的弓强马壮。筋干:谓弓箭精良坚固。筋:弓弦也。干:即竿,箭杆也。骄:马强壮的样子。

(4)"汉家"二句:此二句谓汉家派猛将与胡兵交战。霍嫖姚:即霍去病,这里泛指猛将。

(5)"流星"二句:此二句谓战士腰插白羽箭,宝剑出匣,光芒四射。流星白羽:指箭。流星,喻箭之疾速。白羽,以箭羽代指箭。秋莲:宝剑上饰以秋莲之花,亦喻宝剑洁白清冷。

(6)"天兵"二句:此二句写胡汉交兵,汉兵在大雪纷飞中开赴玉门关,胡兵射箭如沙顽强对抗。天兵：王师，即汉家朝廷大军。

（7）"云龙"句：喻两军厮杀之激烈，如龙虎相斗。云龙风虎，皆阵名。尽交回，言交战激烈也。

（8）"太白"句：谓这次战争，胡兵可被打败。太白，星名，一名启明星。太白入月，按星象家的说法，太白星主杀戮，入月入昴为灭胡之象。诗文中常指战事。摧：挫败。

（9）旄头灭：灭胡之星象。旄头：也作髦头，即昴星，为胡星。这里代指胡兵。

（10）紫塞：北方边塞。

（11）三千霜：三千岁。霜：谓秋也。

梁甫吟⁽¹⁾

长啸《梁甫吟》，何时见阳春？君不见，朝歌屠叟辞棘津⁽²⁾，八十西来钓渭滨！宁羞白发照清水，逢时吐气思经纶⁽³⁾。广张三千六百钓⁽⁴⁾，风期暗与文王亲。大贤虎变愚不测⁽⁵⁾，当年颇似寻常人。君不见，高阳酒徒起草中，长揖山东隆准公。入门不拜逞雄辩，两女辍洗来趋风。东下齐城七十二，指挥楚汉如旋蓬⁽⁶⁾。狂客落魄尚如此，何况壮士当群雄！我欲攀龙见明主，雷公砰訇震天鼓⁽⁷⁾。帝旁投壶多玉女⁽⁸⁾，三时大笑开电光，倏烁晦冥起风雨⁽⁹⁾。阊阖九门不可通，以额扣关阍者怒⁽¹⁰⁾。白日不照吾精诚，杞国无事忧天倾⁽¹¹⁾。猰貐磨牙竞人肉⁽¹²⁾，驺虞不折生草茎⁽¹³⁾。手接飞猱搏雕虎，侧足焦原未言苦⁽¹⁴⁾。智者可卷愚者豪⁽¹⁵⁾，世人见我轻鸿毛。力排南山三壮士，齐相杀之费二桃⁽¹⁶⁾。吴楚弄兵无剧孟，亚夫咍尔为徒劳⁽¹⁷⁾。梁甫吟，声正悲。张公两龙剑，神物合有时⁽¹⁸⁾。风云感会起屠钓，大人峨屼当安之⁽¹⁹⁾！

【注】

（1）梁甫吟：此诗借用乐府古题，袭用诸葛亮《梁父吟》立意，巧夺妙换，翻出新意，通过姜子牙、郦食其等人的故事和一些神话传说，表达遭受挫折的愤懑以及期盼明君知己的愿望。

（2）朝歌屠叟：指吕尚，即姜子牙。吕尚七十岁屠牛于朝歌，遇文王而建功立业，封于齐。

（3）经纶：喻治理国家。

（4）三千六百钓：指吕尚在渭河边垂钓十年，共三千六百日。风期：风度和谋略。

（5）大贤：指姜子牙。虎变：喻大人物行为变化莫测，骤然得志，非常人所能料。

（6）"君不见……指挥楚汉如旋蓬"六句：引西汉郦食其典故。高阳酒徒：西汉人郦食其。郦生尝自称高阳酒徒。隆准：高鼻子。隆准公：指刘邦。《史记·高祖本纪》："高祖为人，隆准而龙颜。"趋风：疾行如风前来迎接。《史记·郦生陆贾列传》记载：楚、汉在荥阳、成皋一带相持，郦生建议刘邦联齐孤立项羽。他受命到齐国游说，齐王田广表示愿以所辖七十余城归汉。旋蓬：

在空中飘旋的蓬草。

(7)攀龙：比喻依附帝王建立功业。雷公：传说中的雷神。砰訇：形容声音宏大。

(8)帝旁投壶多玉女：《神异经·东荒经》载：东王公常与一玉女玩投壶的游戏，每次投一千二百支，不中则天为之笑。天笑时，流火闪耀，即为闪电。

(9)"三时"：早、午、晚。暗指皇帝整天寻欢作乐，权奸和宦官弄权，朝廷政令无常。倏烁：电光闪耀。晦冥：昏暗。

(10)"阊阖"二句：指唐玄宗昏庸无道，宠信奸佞，使有才能的人报国无门。阊阖，神话中的天门。阍者：看守天门的人。

(11)"白日"二句：意谓皇帝不理解我，还以为我是杞人忧天。此自嘲之意。

(12)猰貐（yà yǔ）：古代神话中一种吃人的野兽。这里比喻阴险凶恶的人物。

(13)驺（zōu）虞：古代神话中一种仁兽，白质黑纹，不伤人畜，不践踏生草。这里李白以驺虞自比，表示不与奸人同流合污。

(14)焦原：传说春秋时莒国有一块约五十步方圆的大石，名叫焦原，下有百丈深渊，只有无畏的人才敢站上去。

(15)"智者"句：智者可忍一时之屈，而愚者只知一味骄横。卷（quán）：曲。

(16)"力排"二句：讽刺当时权相李林甫陷害韦坚、李邕、裴敦复等大臣。典出《晏子春秋》：齐景公手下有公孙接、田开疆、古冶子三勇士，皆力能搏虎，却不知礼义。相国晏婴便向齐景公建议除掉他们。他建议景公用两只桃子赏给有功之人。于是三勇士争功，然后又各自羞愧自杀。

(17)"吴楚"句：汉景帝时，吴楚等七国诸侯王起兵反汉。景帝派大将周亚夫领兵讨伐。周到河南见到剧孟（著名侠士），高兴地说：吴楚叛汉，却不用剧孟，注定要失败。哈尔：讥笑。

(18)"张公"二句：意谓总有一天自己会得到明君赏识。张公：指西晋张华。据《晋书·张华传》载：西晋时丰城（今江西省丰城）县令雷焕掘地得双剑，即古代名剑干将和莫邪。雷把干将送给张华，自己留下莫邪。后来张华被杀，干将失落。雷焕死后，他的儿子雷华有一天佩带着莫邪经过延平律（今福建南平市东），突然，剑从腰间跳进水中，与早已在水中的干将会合，化作两条蛟龙。

(19)风云感会：即风云际会。古人认为云从龙，风从虎，常以风云际会形容君臣相得，成就大业。大人：有才干的人。峴屼（niè wù）：不安。此指暂遇坎坷。峴，同"嵲"。

战城南⁽¹⁾

去年战，桑干源⁽²⁾；今年战，葱河道⁽³⁾。洗兵条支海上波，放马天山雪中草⁽⁴⁾。万里长征战，三军尽衰老。匈奴以杀戮为耕作，古来惟见白骨黄沙田。秦家筑城避胡处⁽⁵⁾，汉家还有烽火然⁽⁶⁾。烽火然不息,征战无已时。野战格斗死,败马号鸣向天悲。乌鸢啄人肠,衔飞上挂枯树枝。士卒涂草莽,将军空尔为⁽⁷⁾。乃知兵者是凶器,圣人不得已而用之。

【注】

(1) 战城南:乐府古题。《乐府诗集》中列入《鼓吹曲辞》中,是"汉铙歌十八曲"之一。

(2) 桑干源:即桑干河,为今永定河之上游。在今河北省西北部和山西省北部,源出山西管涔山。唐时此地常与奚、契丹发生战事。

(3) 葱河道:葱河即葱岭河。今有南北两河。南名叶尔羌河,北名喀什噶尔河。俱在新疆西南部。发源于帕米尔高原,为塔里木河支流。

(4) 洗兵:指战斗结束后,洗兵器。条支:汉西域古国名。在今伊拉克底格里斯河、幼发拉底河之间。此泛指西域。天山:一名白山。春夏有雪,出好木及金铁,匈奴谓之天山。过之皆下马拜。在今新疆境内北部。

(5) 秦家筑城:指秦始皇筑长城以防匈奴。避:一作"备"。

(6) "汉家"句:指汉代在北方修筑烽燧之事。《后汉书·光武帝纪》:"骠骑大将军杜茂将众郡施刑屯北边,筑亭候,修烽燧。"然,同"燃"。

(7) 空尔为:即一无所获。

答王十二寒夜独酌有怀⁽¹⁾

昨夜吴中雪,子猷佳兴发⁽²⁾。万里浮云卷碧山,青天中道流孤月。孤月苍浪河汉清⁽³⁾,北斗错落长庚明⁽⁴⁾。怀余对酒夜霜白,玉床金井冰峥嵘⁽⁵⁾。人生飘忽百年内,且须酣畅万古情。君不能狸膏金距学斗鸡⁽⁶⁾,坐令鼻息吹虹霓⁽⁷⁾。君不能学哥舒,横行青海夜带刀,西屠石堡取紫袍⁽⁸⁾。吟诗作赋北窗里,万言不直一杯水⁽⁹⁾。世人闻此皆掉头,有如东风射马耳。鱼目亦笑我,谓与明月同⁽¹⁰⁾。骅骝拳跼不能食⁽¹¹⁾,蹇驴得志鸣春风⁽¹²⁾。《折杨》《黄华》合流俗⁽¹³⁾,晋君听琴枉《清角》⁽¹⁴⁾。《巴人》谁肯和《阳春》⁽¹⁵⁾,楚地犹来贱奇璞⁽¹⁶⁾。黄金散尽交不成,白首为儒身被轻。一谈一笑失颜色,苍蝇贝锦喧谤声⁽¹⁷⁾。曾参岂是杀人者?谗言三及慈母惊⁽¹⁸⁾。与君论心握君手,荣辱于余亦何有?孔圣犹闻伤凤麟⁽¹⁹⁾,董龙更是何鸡狗⁽²⁰⁾!一生傲岸苦不谐,恩疏媒劳志多乖⁽²¹⁾。严陵高揖汉天子⁽²²⁾,何必长剑拄颐事玉阶⁽²³⁾。达亦不足贵,穷亦不足悲。韩信羞将绛灌比⁽²⁴⁾,祢衡耻逐屠沽儿⁽²⁵⁾。君不见李北海⁽²⁶⁾,英风豪气今何在!君不见裴尚书⁽²⁷⁾,土坟三尺蒿棘居!少年早欲五湖去⁽²⁸⁾,见此弥将钟鼎疏⁽²⁹⁾。

【注】

（1）王十二：生平不详。王赠李白《寒夜独酌有怀》诗一首，李白以此作答。

（2）子猷：即王子猷。《世说新语·任诞》："王子猷居山阴，夜大雪，眠觉，开室命酌酒，四望皎然，因起彷徨，咏左思《招隐》诗，忽忆戴安道。时戴在剡，即便夜乘小船就之。经宿方至，造门不前而返。人问其故，王曰：'吾本乘兴而行'，兴尽而返，何必见戴？"此以子猷拟王十二。

（3）苍浪：即沧浪。这里有清凉的意思。河汉：银河。

（4）长庚：星名，即太白金星。古时把黄昏时分出现于西方的金星称为长庚星。

（5）玉床：此指井上装饰华丽的栏杆。

（6）狸膏：用狐狸肉炼成的油脂，斗鸡时涂在鸡头上，对方的鸡闻到气味就畏惧后退。金距：套在鸡爪上的金属品，使鸡爪更锋利。

（7）"坐令"句：王琦注："玄宗好斗鸡，时以斗鸡供奉者，若王准、贾昌之流，皆赫奕可畏。"李白《古风·大车扬飞尘》："路逢斗鸡者，冠盖何辉赫，鼻息干虹霓。"

（8）哥舒：即哥舒翰，唐朝大将，突厥族哥舒部人。曾任陇右、河西节度使。西屠石堡：指天宝八载哥舒翰率大军强攻吐蕃的石堡城。紫袍：唐朝三品以上官员所穿的服装。

（9）不直：不值得。"直"通"值"。

（10）明月：一种名贵的珍珠。此以鱼目混为明月珠而喻朝廷小人当道。

（11）骅骝（huá liú）：骏马，此喻贤才。

（12）蹇（jiǎn）驴：跛足之驴，此喻奸佞。

（13）《折扬》《黄华》：古代俗曲。黄华又作《皇华》《黄花》。

（14）《清角》：曲调名。传说这个曲调有德之君才能听，否则会引起灾祸。据《韩非子·十过》载：春秋时晋平公强迫师旷替他演奏《清角》，结果晋国大旱三年，平公也得了病。

（15）《巴人》：即《下里巴人》，古代一种比较通俗的曲调。《阳春》：即《阳春白雪》，古代一种比较高雅的曲调。

（16）奇璞：珍奇的美玉。"璞"，内藏美玉的石头。

（17）"一谈"二句：此二句意为谈笑之间稍有不慎，就会被进谗的人作为罪过进行诽谤。苍蝇，比喻进谗言的人。贝锦：指像贝的文采一样美丽的织锦。喻诬陷他人、罗织成罪的谗言。

（18）"曾参"句：比喻流言可畏或诬枉之祸。典出《战国策·秦策二》，有与曾参同名同姓者杀了人，曾母三次听到"曾参杀人"的传言后，扔下机梭，逾墙而走。曾参：春秋时鲁国人，孔子的门徒。

（19）伤凤麟：即"伤麟叹凤"，谓感叹生不逢时，不能施行正道。古人常用麟、凤来比喻才能杰出的人。"伤麟"典出《公羊传·哀公十四年》："西狩获麟，孔子曰：'吾道穷矣！'""伤凤"典出《论语·子罕》："子曰：'凤鸟不至，河不出图，吾已矣夫！'"

(20) 董龙：前秦苻生的佞臣董荣，为尚书、右仆射。被性情刚毅的司空王堕讥为鸡狗。

(21) 恩疏：这里指君恩疏远。媒劳：指引荐的人徒费苦心。乖：事与愿违。

(22) 严陵：即东汉隐士严光，字子陵，曾与光武帝刘秀同学，刘秀做皇帝，严光隐居，帝亲访之，严终不受命。

(23) 长剑拄颐：长剑顶到下巴，形容剑长。事玉阶：在皇宫的玉阶下侍候皇帝。

(24) 韩信：汉初大将，淮阴人。楚汉战争期间，曾被封为齐王。汉王朝建立后，改封楚王，后降为淮阴侯。《史记·淮阴侯列传》载：韩信降为淮阴侯后，常称病不朝，羞与绛侯周勃、颍阴侯灌婴等并列。

(25) "祢衡"句：以祢衡自比，表示不愿与凡庸之辈结交。耻逐屠沽：典出《后汉书·祢衡传》，后汉名士祢衡清高自傲，曾以曹操任用的陈群、司马朗二人为杀猪卖酒的市侩，耻于和他们往来。

(26) 李北海：即李邕。唐代书法家，曾官北海太守。

(27) 裴尚书：即裴敦复，唐玄宗时任刑部尚书。李、裴皆当时才俊之士，同时被李林甫杀害。

(28) 五湖：太湖及其周围的四个湖。五湖去，是借春秋时越国大夫范蠡功成身退，隐居五湖的故事，说明自己从少年时代就有隐居之志。

(29) 弥：更加。钟鼎：鸣钟列鼎而食，形容贵族人家的排场。这里代指富贵。

远别离(1)

远别离，古有皇英之二女(2)，乃在洞庭之南，潇湘之浦(3)。海水直下万里深，谁人不言此离苦(4)？日惨惨兮云冥冥，猩猩啼烟兮鬼啸雨(5)。我纵言之将何补？皇穹窃恐不照余之忠诚，雷凭凭兮欲吼怒(6)。尧舜当之亦禅禹。君失臣兮龙为鱼，权归臣兮鼠变虎(7)。或云：尧幽囚，舜野死(8)。九疑联绵皆相似，重瞳孤坟竟何是(9)？帝子泣兮绿云间，随风波兮去无还(10)。恸哭兮远望，见苍梧之深山。苍梧山崩湘水绝，竹上之泪乃可灭(11)。

【注】

(1) 远别离：乐府"别离"十九曲之一，多写悲伤离别之事。本诗写玄宗因小人用事以致丧乱而失位。

(2) 皇英，指娥皇、女英，相传是尧的女儿，舜的妃子。舜南巡，两妃随行，溺死于湘江，世称湘君。她们的神魂游于洞庭之南，并出没于潇湘之滨。见《列女传·母仪传》。

(3) 潇湘：湘水中游与潇水合流处，见《水经注》。这里作湘江的别称。

(4) "海水"两句意为：谁人不说这次分离的痛苦，像海水那样的深不见底！

(5)"日惨惨"二句：意为日光暗淡，乌云密布；猩猩在烟云中悲鸣，鬼怪在阴雨中长啸。这是比喻当时政治黑暗。惨惨：暗淡无光。冥：阴晦的样子。

(6)"我纵言"三句：意为我即使向唐玄宗进谏，又有什么补益？恐怕他不会了解我的忠诚，以至雷公也将要为我大鸣不平。纵：即使。补：益处。皇穹：天。这里喻指唐玄宗。窃恐：私自以为。照：明察。凭凭：盛大的意思。雷凭凭：形容雷声响而又接连不断。

(7)"君失臣"两句：意谓帝王失掉了贤臣，犹如龙变成鱼；奸臣窃取了大权，就像老鼠变成猛虎。

(8)"或云"二句：这两句，作者借用古代传说，暗示当时权柄下移，藩镇割据，唐王朝有覆灭的危险。或云，有人说。幽囚，囚禁。尧幽囚，传说尧因德衰，曾被舜关押，父子不得相见。舜野死，传说舜巡视时死在苍梧。

(9)"九疑"二句：两句意为：九疑山的峰峦联绵相似，舜的坟墓究竟在哪儿呢？九疑，即苍梧山，在今湖南宁远县南。因九个山峰联绵相似，不易辨别，故又称九疑山。相传舜死后葬于此地。重瞳，指舜。相传舜的两眼各有两个瞳仁。

(10)"帝子"二句：这两句意为：两妃哭泣于翠竹之间，自投于湘江，随波一去不返。帝子，指娥皇、女英。传说舜死后，二妃相与恸哭，泪下沾竹，竹上呈现出斑纹，见《述异记》。

(11)"恸哭"四句：意为两妃远望着苍梧山，大声痛哭，泪水不断洒落在湘竹上。除非苍梧山崩裂，湘水断流，竹上的泪痕才会消灭。

送友人寻越中山水(1)

闻道稽山去(2)，偏宜谢客才(3)。千岩泉洒落，万壑树萦回(4)。东海横秦望(5)，西陵绕越台(6)。湖清霜镜晓(7)，涛白雪山来。八月枚乘笔(8)，三吴张翰杯(9)。此中多逸兴，早晚向天台(10)。

【注】

(1)越中：唐越州会稽郡，治所在今浙江绍兴。

(2)稽山：会稽山，在今浙江绍兴。

(3)谢客：即谢灵运，会稽郡始宁县(今绍兴市嵊州市三界镇)人，东晋名将谢玄之孙，小名"客"，人称谢客。

(4)万壑(hè)：形容峰峦、山谷极多。

(5)秦望：山名，秦望山，在绍兴市区南部。

(6)越台：指春秋时越王勾践登眺之所。

(7)湖：指绍兴镜湖，李白曾写："一夜飞渡镜湖月。"

(8) 枚乘：西汉辞赋家，古淮阴人。因在七国叛乱前后两次上谏吴王而显名。

(9) 张翰：西晋文学家，吴郡吴县人。齐王执政，辟为大司马东曹掾，见祸乱兴，以秋风起思鲈鱼为由辞官而归。

(10) 天台：天台山，在今浙江台州。

天马歌

天马来出月支窟⁽¹⁾，背为虎文龙翼骨⁽²⁾。嘶青云，振绿发⁽³⁾，兰筋权奇走灭没⁽⁴⁾。腾昆仑，历西极⁽⁵⁾，四足无一蹶⁽⁶⁾。鸡鸣刷燕晡秣越⁽⁷⁾，神行电迈蹑恍惚⁽⁸⁾。天马呼，飞龙趋⁽⁹⁾，目明长庚臆双凫⁽¹⁰⁾。尾如流星首渴乌⁽¹¹⁾，口喷红光汗沟朱⁽¹²⁾。曾陪时龙蹑天衢，羁金络月照皇都⁽¹³⁾。逸气棱棱凌九区⁽¹⁴⁾，白璧如山谁敢沽。回头笑紫燕⁽¹⁵⁾，但觉尔辈愚。天马奔，恋君轩⁽¹⁶⁾，駃跃惊矫浮云翻⁽¹⁷⁾。万里足踟蹰，遥瞻阊阖门⁽¹⁸⁾。不逢寒风子⁽¹⁹⁾，谁采逸景孙⁽²⁰⁾。白云在青天⁽²¹⁾，丘陵远崔嵬。盐车上峻坂，倒行逆施畏日晚⁽²²⁾。伯乐翦拂中道遗⁽²³⁾，少尽其力老弃之。愿逢田子方⁽²⁴⁾，恻然为我悲。虽有玉山禾⁽²⁵⁾，不能疗苦饥。严霜五月凋桂枝⁽²⁶⁾，伏枥衔冤摧两眉。请君赎献穆天子，犹堪弄影舞瑶池。⁽²⁷⁾

【注】

(1) 天马：即大宛汗血马。月支窟：当指传生天马的湖边。月支，一作月氏，西域古国名，产良马。先在甘肃敦煌祁连之间，后被匈奴所逐，迁于今阿富汗东北。

(2) 虎文：马毛色似虎脊文。

(3) 绿发：指马鬃、马额上毛。

(4) "嘶青云"三句：描写天马奔跑时的情状。兰筋：马额上筋名。权奇：奇异非常。灭没：谓无影无声。

(5) 西极：极西之地。

(6) 四足无一蹶：谓奔跑如风，绝无一失。蹶：失蹄也。

(7) "鸡鸣"句：此句是说，早晨还在燕地刷洗鬃毛，晚间已经到了越地吃草料了。形容马速极快。晡：傍晚。秣：草料，此处作喂马讲。

(8) "神行"句：此句谓马行速度之快，像闪电一样，一闪而过，连影子还没看清楚，马就奔过去了。电迈：疾速行进。恍惚：瞬间，极短的时间。

(9) 飞龙：指骏马。《周礼·廋人》曰："凡马八尺以上称龙。"

(10) 目明长庚：眼像长庚星一样明亮。长庚：星名，又名启明、太白星，即金星。以金星运行轨道所处方位不同而有长庚启明之别。晨出东方为启明，昏见西方为长庚。臆双凫：马的前胸像一对鸭子。臆：胸脯。凫：野鸭。

(11) 渴乌：古代吸水用的曲筒。比喻马首昂骄，状类渴乌。

(12) 口喷红光：《齐民要术》卷六："相马，……口中色欲得红白如火光为善材，多气，良且寿。"汗沟朱：马前腿胂处沉汗如血。汗沟：马前腿和胸腹相连的凹形部位，马疾驰时为汗所流注，故称。朱：血色。

(13) 羁金络月：指用黄金、玉璧装饰的马络头。月：月形。马额上当颅如月形者。

(14) 棱棱：威严貌。九区：九州。

(15) 紫燕：良马名。刘劭《赵都赋》："良马则赤兔、奚斯、常骊、紫燕。"

(16) 君轩：天子之车。

(17) "骎跃"句：此句写天马行空之快捷。骎：音莘。勒马衔令马疾走。矫：矫首。

(18) 阊阖：天门。此喻京城或宫廷之门。

(19) 寒风子：古之善相马者。《吕氏春秋·恃君览·观表》："古善相马者，寒风子善相口齿，麻朝相颊……凡此十人者，皆天下之良工也。"

(20) 逸景孙：良马的后代。逸景，穆天子(即周穆王)良马名。

(21) "白云"句：此句化用《穆天子传》卷三："西王母为天子谣曰：'白云在天，山陵自出。道里悠远，山川间之。'"之意。追怀逸景载着穆天子出没于青天白云之间去与西王母约会之情景。

(22) "盐车"二句：拉着盐车向着高峻的山坡上苦苦挣扎，盐车倒行下滑而力尽途中，天色已晚。"盐车"喻贤才屈沉于天下。典出《战国策·楚策四》：骐骥暮年"服盐车而上太行……白汗交流，中阪迁延，负辕不能上。伯乐遭之，下车攀而哭之。"峻阪：陡坡。倒行逆施，颠倒疾行，逆理施事。

(23) 剪拂：修整擦拭。比喻推崇，赞誉。

(24) 田子方：姓田，名无择，字子方，战国时魏国人，受业于孔子弟子子贡。《韩诗外传》卷八："昔者，田子方出，见老马于道，喟然有志焉。以问于御者曰：'此何马也？'曰：'做公家畜也。罢而不能用，故出放也。'田子方曰：'少尽其力而老弃其身，仁者不为也。束帛而赎之。穷士闻之，知所归心矣。'"

(25) 玉山禾：昆仑山之仙禾。

(26) "严霜"句：用邹衍事，谓己无罪而受冤也。《论衡·感虚篇》："邹衍无罪，见拘于燕，当夏五月，仰天而哭，天为陨霜。"

(27) "请君"二句：请人荐举入朝之意。穆天子，即周穆王。此喻当今天子。《列子》卷三："穆王……肆意远游，命驾八骏之乘，……遂宾于西王母，觞于瑶池之上。"

西岳云台歌送丹丘子(1)

西岳峥嵘何壮哉！黄河如丝天际来(2)。黄河万里触山动,盘涡毂转秦地雷(3)。荣光休气纷五彩(4),千年一清圣人在(5)。巨灵咆哮擘两山,洪波喷箭射东海(6)。三峰却立如欲摧(7),翠崖丹谷高掌开(8)。白帝金精运元气(9),石作莲花云作台(10)。云台阁道连窈冥(11),中有不死丹丘生。明星玉女备洒扫(12),麻姑搔背指爪轻(13)。我皇手把天地户(14),丹丘谈天与天语(15)。九重出入生光辉,东来蓬莱复西归(16)。玉浆倘惠故人饮(17),骑二茅龙上天飞(18)。

【注】

(1) 西岳：即华山,亦名太华山。在今陕西华阴县南,黄河在其北二十里,在山上望可见。云台,华山北峰,此峰上冠景云,下通地脉,形如楼台,上耸入云。丹丘子,即元丹丘,又称丹丘生、元丹子,李白于安陆时所结识的一位道友,于颜阳、嵩山、石门山等处都有别业,曾为胡紫阳弟子,与玉真公主关系密切,并与玉真公王一道向唐玄宗推荐召李白入京。

(2) 黄河如丝：据《华山记》所载,从华山的落雁峰"俯眺三秦,旷莽无际。黄河如一缕水,缭绕岳下"。

(3) 盘涡毂(gǔ)转：毂,形容水波急流,盘旋如轮转。车轮中间车轴贯入处的圆木。

(4) 荣光休气：形容河水在阳光下所呈现的光彩,仿佛一片祥瑞的气象。荣光：五色云气。古时迷信以为吉祥之兆。《初学记》卷六引《尚书中候》："荣光出河,休气四塞。"休气：祥瑞之气。

(5) 千年一清：黄河多挟泥沙而下,少有清时,古代以河清为祥瑞的象征,也以河清称颂清明的治世。圣人：指当时的皇帝唐玄宗。

(6) "巨灵"二句：据《水经注·河水》引古语："华岳本一山,当河,水过而曲行。河神巨灵,手荡脚踏,开而为两,今掌足之迹,仍存华岩。"巨灵：神话传说中劈开华山的河神。擘(bò)：剖开。箭：一作"流"。

(7) 三峰：指东峰朝阳峰、南峰落雁峰、西峰莲花峰。却立：后退站立。

(8) 高掌：即仙人掌,华山山峰名。

(9) 白帝：神话中的五天帝之一,是西方之神。华山是西岳,故属白帝。道家以西方属金,故称白帝为西方之金精。元气：中国古代思想家认为形成世界最原始的东西是元气,无形状可言,天地万物都由元气而生。

(10) "石作"句：华山外罗诸山如莲瓣,中间三峰特出如莲心,其下为云台峰,自远望之,宛如青色莲花开于云台之上。

(11) 阁道：即栈道。山路险阻,凿石架木以通行的道路。窈冥：高深不可测之处。

(12) 明星玉女：仙女名，据说她们住在华山上。

(13) 麻姑：神话中的人物，传说为建昌人，东汉桓帝时应王方平之邀，降于蔡经家，年约十八九岁，能掷米成珠。自言曾见东海三次变为桑田。据《神仙传》说她的手像鸟爪，蔡经曾想象，用它来搔背一定很好。

(14) 我皇：指天帝。把：把持、主宰。天地户：天地之门户。

(15) 谈天：即言天地之道。与天语：与皇帝谈话。此处之"天"字，指天子、皇帝。

(16) 东来蓬莱：即从东方蓬莱求仙归来。蓬莱：东海中有蓬莱仙岛。西归：西入长安。

(17) 玉浆：仙人所饮之浆。惠：赠也。故人：李白自指。

(18) 茅龙：据《列仙传》说，仙人使卜师呼子先与酒家姬骑二茅狗，变成飞龙，升天成仙。

秋日登扬州西灵塔

宝塔凌苍苍，登攀览四荒[1]。顶高元气合[2]，标出海云长。万象分空界，三天接画梁[3]。水摇金刹影[4]，日动火珠光[5]。鸟拂琼帘度，霞连绣栱张。目随征路断，心逐去帆扬。露浴梧楸白[6]，霜催橘柚黄[7]。玉毫如可见[8]，于此照迷方。

【注】

(1) 四荒：四方荒远之地。

(2) 元气合：指天地未分前的混沌之气。

(3) 三天：佛教术语。指欲界天、色界天、无色界天。

(4) 刹：梵语"刹多罗"的简称，寺庙佛塔。

(5) 火珠：《旧唐书》：火珠，大如鸡卵，圆白皎洁。光照数尺，状如水精，正午向日，以艾蒸之即火燃。

(6) 楸：落叶乔木，干高叶大，夏天开黄绿色细花，木材质地致密，可做器具。

(7) 橘柚：《史记正义》："小曰橘，大曰柚，树有刺，冬不凋，叶青、花白、子黄，亦二树相似，非橙也。"

(8) 玉毫：是指佛眉间白毫，佛教谓其有巨大神力。

北上行[1]

北上何所苦，北上缘太行[2]。磴道盘且峻[3]，巉岩凌穹苍。马足蹶侧石，车轮摧高冈[4]。沙尘接幽州[5]，烽火连朔方[6]。杀气毒剑戟[7]，严风裂衣裳。奔鲸夹黄河，凿齿屯洛阳[8]。前行无归日,返顾思旧乡。惨戚冰雪里,悲号绝中肠。尺布不掩体,皮肤剧枯桑[9]。汲水涧谷阻,采薪陇坂长[10]。猛虎又掉尾,磨牙皓秋霜。草木不可餐,饥饮零露浆[11]。叹此北上苦,停骖为之伤[12]。何日王道平[13],开颜睹天光。

【注】

(1) 北上行:乐府古题。《乐府解题》曰:"晋乐奏魏武帝《北上篇》,备言冰雪溪谷之苦。其后或谓之《北上行》,盖因武帝辞而拟之也。"

(2) 缘:沿着。太行:山名,在今山西与河北之间。北起拒马河谷南至黄河北岸,绵延千里。

(3) 磴道:有石阶的山道。

(4) "马足"二句:语出曹操《苦寒行》:"北上太行山,艰哉何巍巍。羊肠坂诘屈,车轮为之摧。"蹶:跌倒。

(5) 幽州:地名,在今北京市一带,为安禄山三镇节度使府所在地。

(6) 朔方:古县名,泛指北方。

(7) 毒:厉害,甚于。

(8) 奔鲸:奔驰的长鲸,喻指安禄山叛军。鲸:古喻不义之人。夹:沿靠。凿齿:传说中的猛兽,比喻安禄山。

(9) 剧:甚。

(10) 陇坂:本指陇山,此指山之陇冈坡坂。

(11) 零露浆:草木上滴下的露水。

(12) 骖:原为驾在车前两侧的马,此指车马。

(13) 王道平:谓天下太平。

鸣皋歌,送岑徵君(时梁园三尺雪,在清泠池作)[1]

若有人兮思鸣皋[2],阻积雪兮心烦劳。洪河凌竞不可以径度[3],冰龙鳞兮难容舠[4]。邈仙山之峻极兮,闻天籁之嘈嘈。霜崖缟皓以合沓兮[5],若长风扇海,涌沧溟之波涛。玄猿绿罴[6],舔䑛崟岌[7]。危柯振石,骇胆栗魄,群呼而相号。峰峥嵘以路绝,挂星辰于岩嶅[8]。送君之归兮,动鸣皋之新作。交鼓吹兮弹丝,觞清泠之池阁[9]。君不行兮何待,若反顾之黄鹤。扫梁园之群英[10],振大雅于东洛。巾征轩兮历阻折[11],寻幽居兮越巇崿[12]。盘白石兮坐素月[13],琴松风兮寂万壑[14]。望不见兮心氛氲[15],萝冥冥兮霰纷纷[16]。水横洞以下渌,波小声而上闻。虎啸谷而生风,龙藏溪而吐云。寡鹤清唳[17],饥鼯颦呻[18]。块独处此幽默兮[19],愀空山而愁人[20]。

鸡聚族以争食,凤孤飞而无邻[21]。蝘蜓嘲龙[22],鱼目混珍。嫫母衣锦[23],西施负薪。若使巢由桎梏于轩冕兮[24],亦奚异乎夔龙蹩躠于风尘[25]。哭何苦而救楚[26],笑何夸而却秦[27]。吾诚不能学二子沽名矫节以耀世兮,固将弃天地而遗身。白鸥兮飞来,长与君兮相亲。

【注】

（1）鸣皋（gāo）歌送岑徵（zhēng）君：宋本题下注云："时梁园三尺雪,在清泠池作。"鸣皋,山名,又名九皋山,在今河南嵩县东北。唐时属河南道河南府陆浑县。岑徵君：即岑勋。徵君：美称,泛指虽应征入朝却没有任职的名士。

（2）"若有人"句：《楚辞·九歌·山鬼》："若有人兮山之阿"为此句所本。若有人：指岑徵君。若：语气词。

（3）洪河：指黄河。凌兢,形容寒凉。径度：即径渡。

（4）冰龙鳞：形容河冰参差,有如龙鳞。舠（dāo）：刀形小船。

（5）霜崖：积霜雪之山崖。缟（gǎo）皓：洁白。合沓（tà）：重叠貌。

（6）玄猿：即黑色的猿猴。绿羆（pí）：毛有绿光的大熊。

（7）䑛（tàn）：吐舌头。崟岌（yín jí）：高险的山。

（8）磝（áo）：山上的许多小石。

（9）觞（shāng）：欢饮。清泠：清泠池,为宋州梁园胜地。

（10）梁园之群英：指枚乘、邹阳、司马相如等人。梁园：西汉梁孝王刘武营造的规模宏大的皇家园林。

（11）征轩：远行之车。轩,指轩车。

（12）巘崿（yǎn è）：指山崖、峰峦。

（13）"盘白石"句：意谓傲坐于白石之上,皓月之下。素月：皓洁之明月。

（14）松风：即《风入松》,琴曲名。琴：动词,弹琴。寂,使动词。

（15）氛氲：一作"纷纭",乱貌。

（16）萝：女萝。冥冥：暗貌。霰（xiàn）：小冰粒。

（17）清唳（lì）：鹤的叫声清亮。

（18）鼯（wú）：形似松鼠的动物。颦（pín）呻：蹙眉呻吟。

（19）块独：孤独貌。幽默：谓寂然无声。

（20）愀（qiǎo）：忧惧貌。

（21）"鸡聚族"二句：谓小人结朋而君子不党。

（22）蝘（yǎn）蜓：俗称壁虎。

（23）嫫（mó）母：传说为黄帝之妻,貌丑。

(24)巢由：即巢父、许由，皆尧时之隐者。桎梏(zhì gù)：刑具，指约束。轩冕：指官位爵禄。

(25)夔(kuí)龙：夔龙：相传舜的二臣名。夔为乐官，龙为谏官。蹩躠(bié xiè)：奔走，奔波。

(26)"哭何苦"句：伍子胥为报私仇破楚，鞭平王尸。申包胥向秦国求救，立秦廷七日七夜，勺饮不入于口，感动秦哀公，出兵击退吴军，楚国得以保全。相关记载见《史记正义·秦本纪》《左传·定公五年》。

(27)"笑何夸"句：此用鲁仲连却秦事。秦军包围了赵国首都邯郸，魏安釐王使将军晋鄙救赵，却按兵不动。暗中派辛垣衍出使赵国，要说服赵王尊奉秦昭王称帝。鲁仲连去见辛垣衍，慷慨陈词，称自己宁愿蹈东海而死，也绝不做秦国的子民。竭力说服他不要这样做。不仅如此，反而应该支持赵国抵抗秦的威胁，共同扼止秦国势力的向外扩张。见《史记·卷八十三·鲁仲连邹阳列传》。

十三、李贺

酒罢张大彻索赠诗(时张初效潞幕)⁽¹⁾

长鬣张郎三十八⁽²⁾,天遣裁诗花作骨⁽³⁾。往还谁是龙头人⁽⁴⁾,公主遣秉鱼须笏⁽⁵⁾。太行青草上白衫⁽⁶⁾,匣中章奏密如蚕⁽⁷⁾。金门石阁知卿有⁽⁸⁾,豸角鸡香早晚含⁽⁹⁾。陇西长吉摧颓客⁽¹⁰⁾,酒阑感觉中区窄⁽¹¹⁾。葛衣断碎赵城秋⁽¹²⁾,吟诗一夜东方白。

【注】

(1) 张大彻:张彻,清河人,排行老大,韩愈学生,后娶韩愈堂侄女,元和四年(809)中进士及第,元和八年任泽潞节度从事。长庆元年(821),幽州军乱,遇害。韩愈有《祭张给事文》《故幽州节度判官赠给事中清河张君墓志铭》,记其事迹。潞:潞州,治所在今山西长治市。

(2) 长鬣:长须。

(3) 花作骨:犹锦心绣肠。

(4) 龙头人:才高居首位之人。

(5) 秉:执持。鱼须笏,大夫所执笏。

(6) 太行:太行山,山在泽潞节度使辖区内。白衫:唐代无官职之人着白衣,八、九品官员着青衣,张彻初效潞幕,故云"青草上白衫"。

(7) 匣中章奏:张彻在潞幕掌章奏。

(8) 金门:金马门,汉武帝立铜马于鲁班门外,原称金马门,汉时东方朔等人待诏于此。石阁:阁名,汉萧何造,为汉官中藏书之处。

(9) 豸角:獬角冠,御史台监察御史以上官员佩戴。鸡香:鸡舌香,汉代尚书郎含鸡舌香奏事,其气息芬芳。

(10) 陇西:李氏郡望。陇西昌谷旧有李贺衣冠冢,被毁。墓碑一通,今藏陇西文化馆。

(11) 中区窄:心胸不舒畅。

(12) 葛衣:布衣。赵城:指潞州,春秋时潞子国,战国时为赵地。

致酒行⁽¹⁾

零落栖迟一杯酒⁽²⁾,主人奉觞客长寿⁽³⁾。主父西游困不归⁽⁴⁾,家人折断门前柳。吾闻马周昔作新丰客⁽⁵⁾,天荒地老无人识。空将笺上两行书⁽⁶⁾,直犯龙颜请恩泽⁽⁷⁾。我有迷魂招不得⁽⁸⁾,雄鸡一声天下白。少年心事当拏云⁽⁹⁾,谁念幽寒坐呜呃⁽¹⁰⁾。

【注】

(1) 致酒:劝酒。行:乐府诗的一种体裁。

(2) 零落:原指草木凋谢,引申为困窘、失意。栖迟:滞留,漂泊。

(3) 奉觞(shāng):捧觞,举杯敬酒。客长寿:敬酒时的祝词,祝身体健康之意。

(4) 主父:即主父偃,汉武帝时人。《汉书》记载,汉武帝的时候,"主父偃西入关见卫将军,卫将军数言上,上不省。资用乏,留久,诸侯宾客多厌之"。后来,主父偃的上书终于被采纳,当上了郎中。

(5) 马周(601—648):字宾王,清河茌平(今山东茌平县茌平镇)人,唐太宗时名臣。

(6) 笺:笺纸,这里指奏章。

(7) 龙颜:皇帝的容颜。恩泽:指被赏识、被重用之类的恩惠。

(8) 迷魂:比喻心烦意乱,无所归依。

(9) 拏云:高举入云。

(10) 呜呃(è):悲叹。

苏小小歌⁽¹⁾

幽兰露,如啼眼。无物结同心,烟花不堪翦⁽²⁾。草如茵,松如盖。风为裳,水为珮。油壁车⁽³⁾,夕相待。冷翠烛⁽⁴⁾,劳光彩。西陵下⁽⁵⁾,风吹雨。

【注】

(1) 苏小小歌:一作《苏小小墓》。传为南齐钱塘(现杭州)名歌妓,史无从考。

(2) 烟花:旧时妓女有烟花之称。烟中之花是喻其美而虚空。翦:同"剪"。

(3) 油壁车:妇女所乘之车,因车壁以油涂饰,故而得名。

(4) 冷翠烛:即磷火,俗称鬼火,江南人称为鬼蜡烛。因其有光而无焰,故曰冷翠烛。

(5) 西陵:在钱塘江之西。《方舆胜览》:苏小小墓在嘉兴县西南,今有片石在通判厅。题曰"苏小小墓"。

天上谣

天河夜转漂回星[1]，银浦流云学水声[2]。玉宫桂树花未落，仙妾采香垂珮缨[3]。秦妃卷帘北窗晓[4]，窗前植桐青凤小[5]。王子吹笙鹅管长[6]，呼龙耕烟种瑶草[7]。粉霞红绶藕丝裙[8]，青洲步拾兰苕春[9]。东指羲和能走马[10]，海尘新生石山下[11]。

【注】

(1) 回星：运转的星星。

(2) 银浦：天河。学水声：诗人由天河引起联想，说行云像发出声音的流水一样。

(3) 仙妾：仙女。缨：系玉佩的丝带。

(4) 秦妃：指秦穆公的女儿弄玉，借指仙女。《列仙传》弄玉嫁给仙人萧史，跨凤升天。

(5) 植：倚。青凤：即桐花凤。"鸟大如指，五色毕具，有冠似凤。每桐有花则至，花落则不知所之。性至驯，喜集妇人钗上。"

(6) 王子：王子乔。周灵王太子，名晋，传说擅长吹笙，这里指仙子。鹅管：形状像鹅毛的笙管。

(7) 耕烟：在云烟中耕耘。瑶草：灵芝一类的仙草。

(8) 粉霞：粉红色。绶：丝带。藕丝裙：纯白色的裙子。藕丝：纯白色。

(9) 青洲：青邱，传说中的仙洲。步拾：边走边采集。兰苕：兰草的茎。泛指香花香草。

(10) 羲和：神话中给太阳驾车的神。

(11) 海尘：海地扬起的尘土。

秋　来

桐风惊心壮士苦[1]，衰灯络纬啼寒素[2]。谁看青简一编书[3]，不遣花虫粉空蠹[4]。思牵今夜肠应直，雨冷香魂吊书客[5]。秋坟鬼唱鲍家诗[6]，恨血千年土中碧[7]。

【注】

(1) 桐风：指吹过梧桐叶的秋风。壮士：诗人自称。

(2) 衰灯：暗淡的灯光。络纬：虫名，俗称纺织娘，因秋天季节转凉而哀鸣，其声似纺线。

(3) 青简：青竹简。一编书：指诗人的一部诗集。竹简书久无人读，蠹虫就在其中生长。

(4) 不遣：不让。花虫：蛀蚀器物、书籍的虫子。粉：粉屑，作动词，指被蛀虫蛀成粉屑。空蠹：指被蛀虫蛀成空洞。

(5) 香魂吊书客：指前代诗人的魂魄来慰问诗人。书客：诗人自指。

(6) 鲍家诗：指南朝宋鲍照的诗。鲍照曾写过《行路难》组诗，抒发怀才不遇之情。

(7) "恨血"句：抒写诗鬼们之怨恨，典出《庄子》："苌弘死于蜀，藏其血，三年化为碧。"恨血：谓屈死者的血。

老夫采玉歌

采玉采玉须水碧(1)，琢作步摇徒好色(2)。老夫饥寒龙为愁，蓝溪水气无清白(3)。夜雨冈头食蓁子(4)，杜鹃口血老夫泪(5)。蓝溪之水厌生人(6)，身死千年恨溪水。斜山柏风雨如啸(7)，泉脚挂绳青袅袅(8)。村寒白屋念娇婴(9)，古台石磴悬肠草(10)。

【注】

(1) 水碧：碧玉名，其色青碧，从溪底水中采出。

(2) 步摇：古代贵族妇女的一种首饰，上面用金银丝穿绕珠玉，作花枝形，戴上后随步摇动，故名。好色：使容颜美好。色：指女色、女容。

(3) "老夫"两句：年老的玉工们为饥寒所迫，不断到蓝溪水中翻搅寻玉，搞得溪水没有清白的时候，龙都烦恼了。蓝田县在陕西省长安附近，产玉，世称蓝田玉。蓝溪水中出产一种名贵的碧玉，叫蓝田碧。

(4) 蓁(zhēn)：同"榛"。榛子可食。

(5) "杜鹃"句：写采玉的老夫哭得眼中出血，就像杜鹃啼血一样悲惨。口血：口流血。

(6) 厌：通"餍"，饱食、吞噬之意。因采玉工常溺死于水中，故言。一说指厌恶，因采玉工溺死者甚多，所以溪水对活人也感到厌恶。

(7) 斜山：陡斜的山坡。

(8) "泉脚"句：岩石上道道水流之间，还悬挂着采玉人攀援时用的绳索，在风雨中摇摆不定。

(9) 白屋：穷人住的简陋的房屋。娇婴：指老人家中的小儿女。

(10) 石磴(dèng)：石级；石台阶。悬肠草：又名思子蔓、离别草等。这里用作生死离别的象征和见证。

春坊正字剑子歌(1)

先辈匣中三尺水(2)，曾入吴潭斩龙子(3)。隙月斜明刮露寒(4)，练带平铺吹不起(5)。蛟胎皮老蒺藜刺⁽⁶⁾,䴙䴘淬花白鹇尾⁽⁷⁾。直是荆轲一片心,莫教照见春坊字。挼丝团金悬簏簌⁽⁸⁾,神光欲截蓝田玉。提出西方白帝惊⁽⁹⁾,嗷嗷鬼母秋郊哭⁽¹⁰⁾。

【注】

(1) 春坊正字:唐代太子官中掌校正经籍文字的官员,隶属于左春坊司经局。故称为春坊正字。剑子:即剑。

(2) 先辈:指春坊正字。《演繁露》记载,唐代举人称已经及第为先辈。三尺水:三尺剑。

(3) 吴潭斩龙子:西晋周处在义兴(江苏宜兴)斩蛟龙除害的故事。见《世说新语·自新》。

(4) 隙月:缝隙中的月光。比喻剑。

(5) 练带:白色的绢带。剑光像白色的绢带。

(6) 蛟胎:鲨鱼皮做的剑鞘。蛟胎皮就是鲨鱼皮,有珠纹而坚硬,古代的剑鞘多用此做成。蒺藜:草本植物,果实圆而有刺。这里用来形容剑鞘的花纹。

(7) 䴙䴘(pì tí):水鸟名,用它的脂肪涂剑可以防锈。淬:涂抹的意思。白鹇(xián):鸟名,似山鸡而色白,尾长三尺,这里用以形容剑的铓亮。

(8) 挼丝团金:用金丝编制成的圆形缱子。簏簌(lù sú),下垂的样子。

(9) 西方白帝:神话中西方的神。

(10) 鬼母秋郊哭:形容宝剑的锋利和威力。典出《史记·高祖本纪》:刘邦酒醉夜行,挥剑斩杀了拦路的大蛇,后来见一老母哭泣,自称我的儿子是西方白帝子,现在被赤帝子杀了。

开愁歌

秋风吹地百草干,华容碧影生晚寒。我当二十不得意,一心愁谢如枯兰。衣如飞鹑马如狗⁽¹⁾,临歧击剑生铜吼⁽²⁾。旗亭下马解秋衣⁽³⁾,请贳宜阳一壶酒⁽⁴⁾。壶中唤天云不开,白昼万里闲凄迷。主人劝我养心骨,莫受俗物相填豗⁽⁵⁾。

【注】

(1) 飞鹑(chún):形容衣衫褴褛。马如狗:形容马极瘦小。

(2) 临歧:面临岔路。

(3) 旗亭:此指酒肆。

(4) 贳(shì):赊欠。宜阳:地名,即福昌县,在今河南省。

(5) 填豗(huī):豗,相击。填豗,就是填塞心胸的意思。

秦王饮酒⁽¹⁾

秦王骑虎游八极,剑光照空天自碧⁽²⁾。羲和敲日玻璃声⁽³⁾,劫灰飞尽古今平⁽⁴⁾。龙头泻酒邀酒星⁽⁵⁾,金槽琵琶夜枨枨⁽⁶⁾。洞庭雨脚来吹笙⁽⁷⁾,酒酣喝月使倒行。银云栉栉瑶殿明⁽⁸⁾,宫门掌事报一更⁽⁹⁾。花楼玉凤声娇狞⁽¹⁰⁾,海绡红文香浅清⁽¹¹⁾,黄娥跌舞千年觥⁽¹²⁾。仙人烛树蜡烟轻⁽¹³⁾,清琴醉眼泪泓泓⁽¹⁴⁾。

【注】

(1) 秦王:一说指唐德宗李适,他做太子时被封为雍王,雍州属秦地,故又称秦王,曾以天下兵马元帅的身份平定史朝义,又以关内元帅之职出镇咸阳,防御吐蕃。一说指秦始皇,但篇中并未涉及秦代故事。一说指唐太宗李世民,他做皇帝前是秦王。

(2) "秦王"二句:写秦王威慑八方,他的剑光把天空都映照成碧色。

(3) 羲和:传说中为太阳驾车的神。敲日:说他敲打着太阳,命令太阳快走。因太阳明亮,所以诗人想象中的敲日之声就如敲玻璃的声音。

(4) 劫灰:劫是佛经中的历时性概念,指宇宙间包括毁灭和再生的漫长的周期。劫分大、中、小三种。每一大劫中包含四期,其中第三期叫做坏劫,坏劫期间,有水、风、火三大灾。劫灰飞尽时,古无遗迹,这样一来无古无今,所以称之为"古今平"。王琦认为这里是借指"自朱泚、李怀光平后,天下略得安息"。

(5) 龙头:铜铸的龙形酒器。酒星:一名酒旗星。主管宴饮。

(6) 金槽:镶金的琵琶槽。枨枨(chéng chéng):琵琶声,拟声词。

(7) "洞庭"句:这句是说笙的音乐声像密雨落在洞庭湖上的声音一样。雨脚:密集的雨点。

(8) 银云:月光照耀下的薄薄的白云。栉栉:云朵层层排列的样子。瑶殿:美丽豪华的宫殿。

(9) 宫门掌事:看守宫门的官员。

(10) 花楼玉凤:指歌女。娇狞:形容歌声娇柔而有穿透力。狞,大约是当时的一种赞语,含有不同寻常之类的意思。

(11) 海绡:鲛绡纱。传说是海中鲛人所织。红文:海绡上绣的红色花纹。香浅清:清香幽淡的气息。

(12) 黄娥跌舞:可能是一种舞蹈。千年觥:举杯祝寿千岁。

(13) 仙人烛树:雕刻着神仙的烛台上插有多支蜡烛,形状似树。

(14) 清琴:即青琴,传说中的神女。这里指宫女。

南山田中行

秋野明,秋风白⑴,塘水潆潆虫喷喷⑵。云根苔藓山上石⑶,冷红泣露娇啼色⑷。荒畦九月稻叉牙⑸,蛰萤低飞陇径斜⑹。石脉水流泉滴沙⑺,鬼灯如漆点松花⑻。

【注】

(1) 秋风白:古人以白色象征秋天。秋风又称素风,素的意思是白。

(2) 潆(liáo)潆:水清而深。喷喷:虫鸣声。

(3) 云根:云雾升起之处。苔藓:青苔。

(4) 冷红:秋寒时节开的花。泣露:露珠凝聚,有如泪珠。

(5) 荒畦:荒芜的田地。叉牙:参差不齐。

(6) 蛰(zhé)萤:藏起来的萤火虫。

(7) 石脉:石缝。

(8) 鬼灯:磷火。

杨生青花紫石砚歌⑴

端州石工巧如神⑵,踏天磨刀割紫云⑶。佣刓抱水含满唇⑷,暗洒苌弘冷血痕⑸。纱帷昼暖墨花春⑹,轻沤漂沫松麝熏⑺。干腻薄重立脚匀⑻,数寸光秋无日昏⑼。圆毫促点声静新⑽,孔砚宽顽何足云⑾!

【注】

(1) 杨生:砚台的主人。青花紫石砚:有青色纹理的紫石端砚,是唐代的一种名贵砚台。青花,即砚上的"鸲鹆眼"。

(2) 端州:今广东高要县一带,境内出石砚。

(3) "踏天"句:石工登上峰顶开采砚石,好像拿刀割取天上的紫云一样。

(4) 佣刓(yōng wán):均匀地削磨。抱水:注满水。唇:指砚唇,盛水处。

(5) 苌(cháng)弘:周人,传说他死后三年,血化为碧玉。这里形容砚台里隐约出现的青花纹理,犹如苌弘的碧血。

(6) 纱帷(wéi):纱帐。这里指书房。

(7) 沤(òu):浸泡。沾水磨墨的意思。松麝(shè):磨墨时候发出松麝的芳香。薰(xūn):

香气。

(8) 腻:润。薄:淡。重:浓。脚:墨脚,即墨锭下端接触砚石的部分。匀:均匀稳定。

(9) 数寸:指砚台上的墨。光秋:形容墨汁犹如光洁的秋空。

(10) 圆毫:指毛笔。促点:用笔蘸墨时的动作。

(11) 孔砚:孔子用过的砚台。宽顽:笨头笨脑。一作"宽硕"。

神　弦⁽¹⁾

女巫浇酒云满空⁽²⁾,玉炉炭火香鼕鼕⁽³⁾。海神山鬼来座中,纸钱窸窣鸣旋风⁽⁴⁾。相思木帖金舞鸾⁽⁵⁾,攒蛾一啑重一弹⁽⁶⁾。呼星召鬼歆杯盘⁽⁷⁾,山魅食时人森寒⁽⁸⁾。终南日色低平湾⁽⁹⁾,神兮长在有无间⁽¹⁰⁾。神嗔神喜师更颜⁽¹¹⁾,送神万骑还青山⁽¹²⁾。

【注】

(1) 神弦:即神弦歌,娱神之曲,古乐府旧题,属清商曲辞。

(2) 浇酒:泼酒于地,用以迎接神仙。云满空:指女巫请神时烟雾腾腾,充满天空。

(3) 玉炉:用玉石雕刻的香炉。鼕鼕:鼓声。

(4) 纸钱:烧化给鬼神当钱用的纸张。窸窣:轻微细碎的声音。这里指烧纸钱的声音。

(5) 相思木:即相思树,这里指相思木做成的琵琶。唐代女巫常弹奏琵琶。金舞鸾:金色的鸾凤飞舞的图案。

(6) 攒蛾:紧皱眉头。啑(jié):多言貌。这里指女巫喋喋不休地唱曲念词,每唱一次就弹一次琵琶。

(7) 歆:鬼神享用的祭品。

(8) 山魅:山中的鬼怪。森寒:毛骨悚然。

(9) 终南:即终南山,在今天陕西省西安市。平湾:指山凹。

(10) 有无间:好像有,好像无。

(11) "神嗔"一句:是说神鬼的喜怒从女巫的脸色上显露出来。嗔:生气发怒。师:指女巫。更颜:变化颜色。

(12) 万骑:指的是送神时烧的许多纸人纸马。

神弦曲

西山日没东山昏,旋风吹马马踏云。画弦素管声浅繁,花裙綷縩步秋尘⁽¹⁾。桂叶刷风桂坠子,青狸哭血寒狐死⁽²⁾。古壁彩虬金帖尾,雨工骑入秋潭水⁽³⁾。百年老鸮成木魅⁽⁴⁾,笑声碧火巢中起⁽⁵⁾。

【注】

(1) "画弦"两句:写女巫起舞迎神。綷縩(cuì cài):衣服摩擦时发出的声音。

(2) "桂叶"两句:王琦注云:"神将用威以驱戮妖邪,故猛风飘起,而树叶刮落,桂子飘坠。狐、狸之类哭者、死者,悉受其驱除矣。"

(3) "古壁"两句:古壁上画的彩虹也成了精灵,作孽害人,因此也被神驱赶到潭水中去了。彩虹:彩绘之龙。雨工:雨师也,行雨之神。骑入秋潭水:一作"夜骑入潭水"。

(4) "百年"句:百年老鸮也有变成精怪者,则驱逐并焚其巢穴。鸮:似斑鸠,古以为祸鸟也。

(5) 笑声碧火:王琦注云:"碧火,火之碧色者,盖鬼神所作之火。笑声:火焰四出,有声如笑也。"

绿章封事(为吴道士夜醮作)⁽¹⁾

青霓扣额呼宫神⁽²⁾,鸿龙玉狗开天门⁽³⁾。石榴花发满溪津,溪女洗花染白云⁽⁴⁾。绿章封事诹元父⁽⁵⁾,六街马蹄浩无主⁽⁶⁾。虚空风气不清泠⁽⁷⁾,短衣小冠作尘土⁽⁸⁾。金家香巷千轮鸣⁽⁹⁾,扬雄秋室无俗声⁽¹⁰⁾。愿携汉戟招书鬼⁽¹¹⁾,休令恨骨填蒿里⁽¹²⁾。

【注】

(1) 绿章:青词,道士祭天用的祭文。封事:密封的奏章。(打)醮:道士祭天的一种仪式。

(2) 青霓:一作青猊,道士所服之衣。

(3) 鸿龙玉狗:守天门的神兽。

(4) "石榴"二句:设想天门打开之后,道士看到的景象。

(5) 元父:元气之父。指的是天帝。

(6) 六街:长安。唐朝长安有左右六街。

(7) 虚空风气:空气。

(8) 短衣小冠:指普通人。

(9) 金家:显贵人家。汉朝金日䃅是匈奴人,但是归顺汉朝,子孙几代显贵。

(10) 扬雄:字子云,汉朝著名文士,生活贫寒,这里借指一般寒士。秋室:冷落的书屋。无俗声:没有嘈杂的声音,只有读书声。

(11) 书鬼：书生的鬼魂。
(12) 蒿里：死人的墓地。

琴曲歌辞·湘妃

筠竹千年老不死⁽¹⁾，长伴秦娥盖湘水⁽²⁾。蛮娘吟弄满寒空⁽³⁾，九山静绿泪花红⁽⁴⁾。离鸾别凤烟梧中⁽⁵⁾，巫云蜀雨遥相通⁽⁶⁾。幽愁秋气上青枫，凉夜波间吟古龙⁽⁷⁾。

【注】

(1) 筠竹：竹子，这里指斑竹，又称湘妃竹。
(2) 秦娥：这里当指"湘娥"（即二妃），或另有所指。秦，一作"神"。
(3) "蛮娘"句：蛮女歌吟，声震寒空。
(4) "九山"句：九峰翠绿，静静地耸峙着，中有红花点缀，像是血泪所染。九山：指九疑山。
(5) 离鸾别凤：鸾凤，比喻夫妻。舜在苍梧之野，二妃在湘水之滨，分离两地，故云"离鸾别凤"。烟梧：苍梧山弥漫着云气。
(6) "巫云"句：舜和二妃相隔遥远，只可凭借巫云蜀雨会合。巫云蜀雨：宋玉《高唐赋序》："妾在巫山之阳，高山之阻，旦为朝云，暮为行雨。"
(7) "幽怨"两句：秋气降临，青枫衰谢；凉夜添长，古龙吟啸。

相和歌辞·江南弄⁽¹⁾

江中绿雾起凉波⁽²⁾，天上叠巘红嵯峨⁽³⁾。水风浦云生老竹，渚暝蒲帆如一幅⁽⁴⁾。鲈鱼千头酒百斛⁽⁵⁾，酒中倒卧南山绿⁽⁶⁾。吴歈越吟未终曲⁽⁷⁾，江上团团帖寒玉⁽⁸⁾。

【注】

(1) 江南弄：乐府诗清商曲辞题名。《乐府解题》说："江南古辞，盖美芳晨丽景，嬉游得时。"
(2) 绿雾：青茫茫的雾气。团雾从碧绿的江波中升起，故称"绿雾"。凉波：清凉的水面。
(3) 叠巘(yǎn)：本指层叠的山峦。此形容晚霞。嵯峨(cuó é)：山峰高峻貌。
(4) "渚暝"句：写黄昏时渡口众多的帆船相连成片，如一幅图画。渚：水中的小块陆地。暝：昏暗。蒲帆，指用蒲草织成的船帆。
(5) 鲈(lú)鱼：一种味道鲜美的鱼。江南鲈鱼自魏晋以来就为人所珍视。百斛(hú)：泛指多斛。斛：量具名。古以十斗为斛，南宋末改为五斗。

（6）酒中倒卧：饮酒中间就醉倒了。酒中：指酒喝到一半。倒卧：横卧，横倒。南山绿：此用陶渊明《饮酒》诗"悠然见南山"之意。

（7）吴歈（yú）越吟：指江南地方歌曲。吴歈：即吴歌。越吟：越歌。

（8）帖寒玉：喻初升之月映在江面上。寒玉：比喻清冷雅洁的东西，此喻月。

十四、李行言

李行言,生卒年不详,郡望陇西(今甘肃临洮)人。中宗时,为左司员外郎,迁给事中。兼文学干事,能唱《步虚歌》。其《函谷关》诗为时所称许。生平事迹散见《唐诗纪事》卷一一、《郎官石柱题名考》卷二。《全唐诗》存诗1首。《全唐诗外编》补诗1首。

秋晚度废关⁽¹⁾

秦郊平旧险,周德眷遗黎⁽²⁾。始闻清夜柝,俄见落封泥⁽³⁾。物色来无限,津途去不迷⁽⁴⁾。空亭谁问马,闲戍但闻鸡⁽⁵⁾。山月寒弥净,河风晓更凄。赠言杨伯起,非复是关西⁽⁶⁾。

【注】

(1) 废关:指函谷关。汉武帝时,徙关于新安,后人称为汉函谷关,在故关设置弘农县。三国时,曹操西征张鲁,因故函谷关艰险难行,命大将许褚在故关北千里黄河南岸劈山开道,以行粮草,后迁新安汉关至此,史称大崤关或者魏关,俗称新函谷关,所以到唐时,故关早已废置。整首诗于安闲宁静中流露出寂寞与冷落之感。

(2) 旧险:指古时函谷关的险要。周德:圣德,这里指当今皇上的恩泽。眷:关怀。遗黎:原指劫后残留的人民,这里泛指老百姓。两句言四海一家,天下太平。

(3) 柝(tuò):古代打更用的梆子。封泥:也叫"泥封",中国古代公私简牍大都写在竹简、木札上,封发时用绳捆绑,封以泥土,上盖印章,以防私拆。这里指封闭关门的泥土。两句言故关地区人民平静单调的生活。

(4) 物色:风物;景色。

(5) 两句暗用"公孙白马""鸡鸣狗盗"之典故,说明废关今日之冷落宁静。

(6) 杨伯起,即杨震,东汉时弘农华阴(今属陕西)人,少好学,博览群书,当时称为"关西孔子"。两句是说,函谷关已废,东西一统,杨起伯不再是"关西孔子"。

十五、李幼卿

李幼卿(? —744),字长夫,唐代陇西人,代宗大历六年以中庶子任滁州刺史,兼扬州司马、侍御史,卒于官。在滁州时,与独孤及、刘长卿唱和。《唐诗纪事》卷二十七记载:"别业在常州义兴,曰玉潭庄。在滁州时,以书托独孤至之,独孤以诗寄云:'日日思琼树,书书话玉潭。知同百口累,曷日办抽簪(同簪)。'又至之《题玉潭》云:'碧玉徒强名,冰壶难比德。唯当寂照心,可并瀹沦色。'幼卿所谓'故山寥落水瀹沦'者也。"存诗六首。

前年春,与独孤常州兄花时为别,倏已三年矣。今莺花又尔,睹物增怀,因之抒情,聊以奉寄⁽¹⁾

近日霜毛一番新,别时芳草两回春。不堪花落花开处,况是江南江北人。薄宦龙钟心懒慢,故山寥落水瀹沦⁽²⁾。缘君爱我疵瑕少,愿窃仁风寄老身⁽³⁾。

【注】

(1) 独孤常州:独孤及,字至之,洛阳人,时号独孤常州。
(2) 懒慢:懒惰怠慢;懒惰散漫。瀹沦:水深广貌。
(3) 愿窃仁风:自谦之词。老身:指独孤及。

游烂柯山⁽¹⁾

拂雾理孤策,薄霄眺层岑⁽²⁾。迥升烟雾外,豁见天地心⁽³⁾。物象不可及,迟回空咏吟⁽⁴⁾。

巨石何崔嵬,横桥架山顶。傍通日月过,仰望虹霓迥。圣者开津梁,谁能度兹岭。

二仙自围棋,偶与樵夫会⁽⁵⁾。仙家异人代,俄顷千年外。笙鹤何时还,仪形尚相对⁽⁶⁾。

石室过云外,二僧俨禅寂。不语对空山,无心向来客。作礼未及终,忘循旧形迹。

【注】

(1) 烂柯山:烂柯山又名石室山、石桥山,位于衢州市东南10公里处,浙江风景名胜。据北魏郦道元所著《水经注》云:晋时有一叫王质的樵夫到石室山砍柴,见二童子下围棋,便坐于一旁观看。一局未终,童子对他说,你的斧柄烂了。王质回到村里才知已过了数十年。因此后人便把石室山称为烂柯山。

(2) 策:拐杖。层岑:层层山峰。

(3) 迥(jiǒng):远。豁:开阔;宽敞。天地心:宇宙的基本精神。

(4) "物象"二句:物象指景物,风景。迟回:迟疑,徘徊。两句意谓世间万象精妙的道理无法用语言来表述,在迟疑、徘徊中徒事吟咏。《庄子·秋水》:"可以言说者,物之粗也;可以意致者,物之精也。"

(5) "二仙"二句:吟咏王质砍柴遇仙的故事,详见注(1)。

(6) "笙鹤"二句:笙鹤指仙人所用之物,代指仙人。仪形,指据王质遇仙的故事创作的雕塑。

题琅琊山东峰禅室落成(1)

佛事秋山里,僧堂绝顶边。同依妙乐土,别占净居天(2)。转壁下林合,归房一径穿。豁心群壑尽,骇目半空悬(3)。锡杖栖云湿,绳床挂月圆。经行蹑霞雨,跬步隔岚烟(4)。地胜情非系,言志意可传。凭虚堪喻道,对境自安禅(5)。每贮归休愿,多惭爱深偏。助君成此地,一到一留连(6)。

【注】

(1) 选自琅琊山玉皇殿东路旁的唐代石刻。唐大历六年(771)李幼卿任滁州刺史,与法琛法师在琅琊山上兴建了宝应寺,曾作五言排律刻石传世。

(2) "同依"二句:妙乐土、净居天,佛教用语,指在远离尘世之地,一心向佛,无外道杂居。

(3) "转壁"四句:写宝应寺的环境。

(4) "锡杖"四句:写法琛法师及寺僧的生活,并照应宝应寺之高险。

(5) "地胜"四句:抒写法琛法师的内心世界——"凭虚堪喻道,对境自安禅"。凭虚:凌空。喻道:明白佛理人生。

(6) "每贮"四句:抒写自己对宝应寺及法琛法师修行生活的向往。

十六、李约

李约(751—810?),字存博,号萧斋,陇西成纪(今甘肃秦安)人,唐宗室,郑王元懿玄孙,勉子,官兵部员外郎。工诗文,善音乐,精书画。特精楷隶,并善画梅。以至行雅操知名当时。又精于茶道,与陆羽友善。

观祈雨

桑条无叶土生烟,箫管迎龙水庙前。朱门几处看歌舞,犹恐春阴咽管弦。

过华清宫

君王游乐万机轻,一曲霓裳四海兵。玉辇升天人已尽,故宫犹有树长生。

从军行三首

看图闲教阵,画地静论边。乌垒天西戍,鹰姿塞上川。路长唯算月,书远每题年。无复生还望,翻思未别前。

栅壕三面斗,箭尽举烽频。营柳和烟暮,关榆带雪春。边城多老将,碛路少归人。点尽三河卒,年年添塞尘。

候火起雕城,尘沙拥战声。游军藏汉帜,降骑说蕃情。霜落溥沱浅,秋深太白明。嫖姚方虎视,不觉说添兵。

十七、权德舆

权德舆(761—818),字载之,秦州略阳(今甘肃秦安东北)人,后徙润州丹徒(今江苏镇江)。工诗善文,掌诰九年,三知贡举,位历卿相,故时人尊为宗匠。达官名人碑志集序,多出其手。有《权德舆集》五十卷,今存。《全唐诗》编诗十卷。五古、五绝成绩较大,严羽以为有"绝似盛唐者""有似韦苏州、刘长卿处"。

暮春闲居示同志

避喧非傲世,幽兴乐郊园。好古每开卷,居贫常闭门。曙钟来古寺,旭日上西轩。稍与清境会,暂无尘事烦。静看云起灭,闲望鸟飞翻。乍问小僧偈,时听渔夫言。体羸谙药性,事简见心源。冠带惊年长,诗书喜道存。小池泉脉凑,危栋燕雏喧。风入松阴静,花添竹影繁。灌园输井税,学稼奉晨昏。此外知何有,怡然向一樽。

观葬者

涂刍随昼哭[1],数里至松门。贵尽人间礼,宁知逝者魂。笳箫出古陌,烟雨闭寒原[2]。万古皆如此,伤心反不言。

【注】
(1) 涂刍:指涂车与刍灵,皆古代送葬之物。又指灵柩。
(2) 寒原:冷落寂静的原野。

岭上逢久别者又别

十年曾一别,征路此相逢。马首向何处?夕阳千万峰。

十八、李程

李程(766—842),字表臣,排行二十六。陇西成纪(今甘肃秦安西北)人。敬宗宝历元年(824)同中书门下平章事,封彭原郡公。次年罢为河东节度使。卒于东都留守任所,谥谬。为人滑稽善谑,性疏懒,常日过八砖乃入署,时号"八砖学士"。精于词赋,《全唐诗》存诗5首。

赋得竹箭有筠[1]

常爱凌寒竹,坚贞可喻人。能将先进礼,义与后凋邻[2]。冉冉犹全节,青青尚有筠。陶钧二仪内,柯叶四时春[3]。待凤花仍吐,停霜色更新[4]。方持不易操,对此欲观身[5]。

【注】

(1) 赋得:古代科举考试时,考官以古人诗句、成语或某一事物为题,使作五言排律六韵或八韵,称为试帖,题目就用"赋得"。竹箭:筿竹,小竹,因可造箭,又称箭竹。筠(yún):汉代郑玄注"竹之青皮"。其性极为坚韧。竹箭有筠:语见《礼记·礼器》篇"其在人也如竹筋之有筠也,如松柏之有心也。二者居天下之大端矣,故贯四时而不改柯易叶,故君子有礼,则外谐内无怨"。作者托物言志,借竹抒怀。

(2) 先进:化用《论语·先进》句:"先进于礼乐,野人也;后进于礼乐,君子也。如用之,则吾从先进。"意思是先学习礼乐,积极改变自己命运的人,倒是下层人民;后学习礼乐的人是贵族阶层。如果要选用人才,我宁愿选择积极进取的下层人。二句赞颂箭竹积极进取,凌寒不凋的品格。

(3) 陶钧:制造陶器时用的转轮,比喻陶冶、造就。二仪:天地。

(4) "待凤":化用《庄子·秋水》句,凤凰"发于南海而飞于北海,非梧桐不止,非练实不食,非醴泉不饮"。"练实"即竹实。二句赞颂箭竹高尚的操守。

(5) 二句总结全诗,以箭竹为榜样。不易:不改变,不更换。观身:观察自身道德修养。

春台晴望[1]

曲台送春目,景物丽新晴[2]。霭霭烟收翠,忻忻木向荣[3]。静看迟日上,闲爱野云平[4]。风慢游丝转,天开远水明。登高尘虑息,观徼道心清⁽⁵⁾。更有迁乔意,翩翩出谷莺⁽⁶⁾。

【注】

（1）春台：指登眺游玩的胜处。出处《老子·二十章》："众人熙熙,如享太牢,如登春台。"

（2）曲台：犹春台。

（3）忻忻：犹欣欣。

（4）迟日：春日。典出《诗经·小雅·出车》："春日迟迟,卉木萋萋。仓庚喈喈,采蘩祁祁。"

（5）观徼：体察道的变化规律。典出《老子》首章："故常无欲以观其妙,常有欲以观其徼。"

（6）乔迁：谓鸟从低处迁往高处。语出《诗经·小雅·伐木》："伐木丁丁,鸟鸣嘤嘤,出自幽谷,迁于乔木。"后用作祝贺用语,贺人迁居或贺人官职升迁之辞。这里有归隐之意。

玉壶冰⁽¹⁾

琢玉性惟坚,成壶体更圆。虚心含众象,应物受寒泉。温润资天质,清贞禀自然。日融光乍散,雪照色逾鲜。至鉴功宁宰,无私照岂偏⁽²⁾。明将水镜对,白与粉闱连⁽³⁾。拂拭终为美,提携仁见传。勿令毫发累,遗恨鲍公篇⁽⁴⁾。

【注】

（1）玉壶冰：喻高洁清廉。全篇用铺陈的手法反复渲染玉的坚白。字里行间洋溢着道家的人格理想,如虚心、自然、无为、无私等。

（2）"至鉴"句：极其明亮之结果岂是因主宰而得。《老子》第十章："生之蓄之,生而不有,为而不恃,长而不宰,是谓玄德。"至鉴,犹"玄鉴"。

（3）粉闱：尚书省之别称。闱：宫中小门。唐宋时由尚书省举行的试进士的考场。闱旧称试院。

（4）鲍公篇：指鲍照的《代白头吟》,借一位女子清白正直仍一如往昔,却无端受到接连不断的猜忌怨恨,抒发了寒门士子的不幸遭遇。作者反其意而用之,自尊自爱,美好的节操不为世俗所牵累。

赠毛仙翁⁽¹⁾

茫茫尘累愧腥膻,强把蜉蝣望列仙⁽²⁾。闲指紫霄峰下路,却归白鹿洞中天⁽³⁾。吹箫凤去经何代,茹玉方传得几年⁽⁴⁾。他日更来人世看,又应东海变桑田。

【注】

(1) 毛仙翁：《唐诗纪事》卷八十一杜光庭云："毛仙翁者，名于，字鸿渐。得久视之道，不知其甲子，常如三十许人。"自元和至太中，五十余年，容色不改，周游湖岭间，治病救人，受其惠者不计其数。名相裴度、牛僧孺、令狐楚、李程，名士白居易、韩愈、李益、刘禹锡、李翱等"或师以奉之，或兄以事之，皆以师为上清品人也。"均有诗文相赠。

(2) 腥膻：亦作"腥羶"。难闻的腥味。亦比喻人间丑恶污浊的现象。蜉蝣：亦作"蜉蝤"，虫名，幼虫生活在水中，成虫褐绿色，有四翅，生存期极短。

(3) 白鹿洞：洞名，在江西省星子县北庐山五老峰下，唐贞元中李渤与兄涉隐居读书于此，畜一白鹿，因此得名。

(4) "吹箫"二句：《列仙传》中箫史和弄玉的故事。

十九、李谅

李谅(775—833),字复言,陇西人,唐朝文宗时调任大理卿、京兆尹,卒于岭南节度使任所。能诗,在苏州任上时与元稹、白居易多有酬和。世传《续玄怪录》4卷,署为李复言撰,或说即李谅所著。《全唐诗》及《全唐诗外编》各存其诗1首。

苏州元日郡斋感怀寄越州元相公、杭州白舍人[1]

称庆还乡郡吏归,端忧明发俨朝衣[2]。首开三百六旬日,心知四十九年非。当官补拙犹勤虑,游宦量才已息机。举族共资随月俸,一生惟忆故山薇。故交邂逅封疆近,老牧萧条宴赏稀。书札每来同笑语,篇章时道借光辉。丝纶暂厌分符竹,舟楫初登拥羽旗[3]。未知今日情何似,应与幽人事有违[4]。

【注】
(1) 这首诗作于李谅任苏州刺史的第二年即长庆三年(823)的春节,记叙了他在苏州刺史任上一年的情形。元相公,指元稹。白舍人,指白居易。
(2)"称庆"二句:去年底他已得到调令,并先后任如州刺史和泗州刺史,故有"称庆还乡"之语。"端忧"即深忧,是他宦游生活的总结,全诗的诗眼。俨:恭敬,庄重。
(3)"丝纶"句:意谓自己已经接到诏书,不再做苏州刺史。丝纶:指帝王的诏书。典出《礼记·缁衣》:"王言如丝,其出如纶。"分符,犹剖符。谓帝王封官授爵,分与符节的一半作为信物。符节用金、铜、玉、角、竹、木、铅等不同原料制成,郡守所执为竹制符节。分符竹,指担任郡守。
(4) 人:隐士。

湘中纪行

江水永州路,水碧山崒兀[1]。古木暗鱼潭,阴云起龙窟。峻屏夹澄澈,怪石生溪渤。巨舰时遭回[2],轻舠已超忽[3]。疾如奔羽翼,清可鉴毛发。寂寞棹渔舟,逶迤逗商筏。我行十月杪,猿啸中夜发。枫叶寒始丹,菊花冬未歇。凝流绿可染,积翠浮堪撷。峭蒨每惊新[4],幽奇信誇绝。稠峰叠玉嶂,浅浪翻残雪。石燕雨中飞[5],霜鸿云外别(回雁峰)。溯洄已劳苦,览玩还愉悦。鹤岭访胎仙[6],浯亭仰文哲[7]。川间有渔钓,山上多薇蕨。无以佐雍熙[8],何如养疵拙[9]。安人苟有绩,抚己行将耋。此路好乘桴,吾其谢羁绁[10]。

【注】

(1) 崒兀:险峻貌,高耸貌。

(2) 邅回:难行不进貌。

(3) 轻舠:轻快的小舟。超忽:遥远貌。

(4) 峭蒨:高耸挺立。

(5) 石燕:鸟名。似蝙蝠。产于石窟树穴中。

(6) 原注:祁阳县白鹤岭道士屈志静得仙处。

(7) 原注:祁阳唐亭,元中丞次山所居。

(8) 雍熙:和乐昇平。

(9) 疵拙:低劣笨拙。

(10) 羁绁(jī xiè):马络头和马缰绳。亦泛指驭马或缚系禽兽的绳索。这里指官场的约束。

二十、牛僧孺

牛僧孺(779—847),字思黯,陇西狄道(临洮)人,历相穆宗、敬宗、文宗三朝。著有《玄怪录》十卷,《全唐诗》存诗四首。

乐天、梦得有岁夜诗聊以奉和(1)

惜岁岁今尽,少年应不知。凄凉数流辈,欢喜见孙儿(2)。暗减一身力,愁添两鬓丝。莫愁花笑老,花自几多时。

【注】

(1) 这是一首与白居易(乐天)、刘禹锡(孟德)的唱和诗。白、刘先有以除夕守夜为内容的《岁夜诗》寄赠,牛僧孺遂以这首诗唱和。于质朴平易中蕴含着人生深沉的感慨。
(2) 流辈:同辈,犹言"我等"。

席上赠刘梦得

粉署为郎四十春,今来名辈更无人(1)。休论世上升沉事,且斗樽前见在身。珠玉会应成咳唾,山川犹觉露精神(2)。莫嫌恃酒轻言语,曾把文章谒后尘。

【注】

(1) 粉署:即粉省。尚书省的别称。
(2) "珠玉"句:化用成语咳唾成珠,自信言辞极其优美精当,议论高明;山川也因诗人的吟咏而特显精神。

二十一、李廓

李廓,生卒年不详,唐代陇西人,宰相李程之子。宪宗元和十三年进士,历任武宁节度使(因不能治军去职)、刑部侍郎、颍州刺史。有诗名,与贾岛、姚合友善。今存诗二十首。(全唐诗存17首)

落第诗

榜前潜拭泪,众里自嫌身。气味如中酒⁽¹⁾,情怀似别人⁽²⁾。暖风张乐席,晴日看花尘⁽³⁾。尽是添愁处,深居乞过春。

【注】

(1)气味:这里指神态。中酒(zhōng jiǔ):饮酒半酣,全句意谓神态仿佛饮闷酒饮至半酣,如痴如醉。

(2)"情怀"句:心情好似送别亲友,心中怅然若失。

(3)"暖风"二句:以乐衬悲,快乐是他人的,只有失意才是自己的。张:起。

夏日途中

树夹炎风路,行人正午稀。初蝉数声起,戏蝶一团飞。日色欺清镜,槐膏点白衣⁽¹⁾。无成归故里,自觉少光辉。

【注】

(1)清镜:明镜。槐膏:槐树分泌的树脂。上三联句句写景,句句抒情,饱含愧疚之感。首联写正值酷热难当,行人稀少之时回归故里,是怕得见熟人;颈联以动衬静,印证酷热难当,行人稀少,反衬内心寂寞羞愧;颔联拟人,日色、槐膏不仅不解人意,反增人烦怨。已是酷热,可太阳比明镜还亮。没有衣锦还乡,一袭白衣,槐膏却来捣乱!

猛士行

战鼓惊沙恶天色,猛士虬髯眼前黑[1]。单于衣锦日行兵,阵头走马生擒得。幽并少年不敢轻,虎狼窟里空手行。

【注】

(1) 虬髯:拳曲的连鬓胡须。

送振武将军[1]

叶叶归边骑,风头万里干[2]。金装腰带重,铁缝耳衣寒[3]。芦酒烧蓬暖,霜鸿捻箭看[4]。黄河古戍道,秋雪白漫漫[5]。

【注】

(1) 振武将军:将军封号,具体指何人,不详。
(2) 叶叶:片片。干:触犯,冒犯,冲犯,指逆风行军。
(3) 耳衣:戴在耳朵上御寒的用具。
(4) 倒装句。正常语序为"烧蓬暖芦酒,捻箭看霜鸿"。
(5) 漫漫:时间长久或空间广远的样子。按:"漫""看"与"干""寒"均归"十四寒"韵,应读平声。

杂歌谣辞·鸡鸣曲[1]

星稀月没上五更,胶胶角角鸡初鸣[2]。征人牵马出门立,辞妾欲向安西行[3]。再鸣引颈檐头下,楼中角声催上马。才分曙色第三鸣,旌旆红尘已出城。妇人上城乱招手,夫婿不闻遥哭声。长恨鸡鸣别时苦,不遣鸡栖近窗户。

【注】

(1) 杂歌谣辞:古代乐府采自民间的歌谣。宋郭茂倩《乐府诗集》辑有《杂歌谣辞》七卷。分歌辞四卷,谣辞三卷。其中歌是入乐的。谣虽未入乐,但性质和乐府民歌相似。这首诗是李廓用民歌体写作的一首征役诗,末二句沉痛之极。

(2) 胶胶角角：胶胶、角角俱为拟声词，鸡鸣声。

(3) 安西：指安西都护府。这里并非实指，泛指戍边之地。

赠商山东于岭僧

商岭东西路欲分，两间茅屋一溪云。师言耳重知师意，人是人非不欲闻[1]。

【注】

(1) 耳重(ěr zhòng)：重听，听觉迟钝。

上令狐舍人[1]

名利生愁地，贫居岁月移。买书添架上，断酒过花时[2]。宿客嫌吟苦，乖童恨睡迟[3]。近来唯俭静，持此答深知[4]。

【注】

(1) 令狐舍人：令狐楚，曾经在唐宪宗元和年间担任过宰相。

(2) 花时：春天。

(3) 宿客：座上常客。

(4) 深知：十分了解自己的人，犹知己。

二十二、李景

李景,生卒年不详,《全唐诗》卷五四二:"陇西人。文宗时进士,存诗二首。"

除夜长安作[1]

长安朔风起,穷巷掩双扉[2]。新岁明朝是,故乡何路归?鬓丝饶镜色,隙雪夺灯辉[3]。却羡秦州雁,逢春尽北飞。

【注】

(1) 除夜:除夕之夜。
(2) 穷巷:深巷。
(3) "鬓丝"二句:镜中容颜,白发日多,窗缝中吹进来的雪花比灯光更晶莹。饶:丰富,多。隙:缝隙。

都堂试贡士日庆春雪[1]

密雪分天路,群才坐粉廊[2]。霭空迷昼景,临宇借寒光。似暖花消地,无声玉满堂。洒池偏误曲,留砚忽因方。几处曹风比,何人谢赋长[3]。春晖早相照,莫滞九衢芳。

【注】

(1) 都堂:尚书省总办公处的称呼,"都"是总揽的意思。贡士:中国古代中央一级科举考试中试者之称。原指古诸侯推荐给天子的士。唐、宋时,以州(府)、县科举考试(乡贡、乡举)中试者称乡贡士。
(2) 粉廊:贡院的东西两廊。
(3) "几处"二句指写前人写风雪的诗赋。曹风:指曹植《朔风诗》。谢赋:指谢惠连《雪赋》。

二十三、牛征

牛征,生卒年不详,唐代陇西人,牛僧孺之孙,牛蔚之子。唐懿宗咸通二年进士。今存诗一首。

登越王楼即事[1]

危楼送远目,信美奈乡情。转岸孤舟疾,衔山落照明。萧条看草色,惆怅认江声。谁会登临恨,从军白发生。

【注】

(1) 岳王楼:位于四川省绵阳市,始建于唐代,太宗李世民第八子越王李贞任绵州刺史时亲自督建,为唐代四大名楼之首。

二十四、牛峤

牛峤,生卒年不详,字松卿,一字延峰。狄道(今甘肃临洮)人。僖宗乾符五年(878)登进士第,后曾任拾遗、补阙、尚书郎等。昭宗大顺二年(891),王建镇蜀后,曾召为判官。王建建前蜀称帝,授峤为给事中。峤博学有文,尤工词,属花间词派。其词刻红剪翠,香艳靡丽,风格与温庭筠相似。少数具有民歌风味,较为清丽朴实。其词五代时已广为传诵,《花间集》收其词32首。《全唐诗》存诗6首、词27首。

登陈拾遗书台览杜工部留题慨然成咏[1]

步出县西郊,攀萝登峭壁。行到蕊珠宫,暂喜抛火宅[2]。羽帔请焚修,霜钟扣空寂[3]。山影落中流,波声吞大泽[4]。北厢引危槛,工部曾刻石。辞高谢康乐,吟久惊魂魄[5]。拾遗有书堂,荒榛堆瓦砾[6]。二贤间世生,垂名空烜赫[7]。逸足拟追风,祥鸾已铩翮[8]。伊余诚未学,少被文章役。兴来挥兔毫,欲竞雕弧力[9]。虽称含香吏,犹是飘蓬客[10]。薄命值乱离,经年避矛戟。今来略倚柱,不觉冲暝色[11]。袁安忧国心,谁怜鬓双白[12]。

【注】

(1) 陈拾遗读书台:位于四川省射洪县城北23公里处的金华山上,是初唐诗人陈子昂年轻时代读书的地方,原名读书堂,或称陈公学堂。光启三年(887)诗人牛峤入蜀至金华山,观看杜甫《春望》《冬到金华山观因得故拾遗陈公学堂遗迹》手迹石刻,于九月二十六日作《登陈拾遗书台览杜工部留题慨然成咏》一诗。前八句写登陈拾遗书台的见闻感受;中间十句追怀先贤陈子昂和杜甫,对其命运充满同情;后十二句悲慨自家身世。

(2) 火宅:佛教语,比喻充满众苦的尘世。

(3) 羽帔(yǔ pèi):以羽毛制作的披肩,这里借指道士。焚修:焚香。

(4) 中流:指涪江。

(5) "辞高"句:辞高,语言超越之意。谢康乐:谢灵运(385—433),东晋名将谢玄之孙,因袭封康乐公,世称谢康公、谢康乐,著名山水诗人,山水诗鼻祖。

(6)"拾遗"二句：此二句描写陈子昂读书台当下的荒芜景象。拾遗：陈子昂曾任左拾遗。荒榛：杂乱丛生的草木。

(7)"二贤"句：间世，陈子昂生活于初唐，杜甫生活于盛唐到中唐过渡时期，故曰间世生。烜赫(xuǎn hè)：昭著；显赫。

(8)逸足：骏马，比喻出众的才能或人才。祥鸾：代表祥瑞的凤凰。铩翮：犹铩羽，摧落羽毛，常比喻不得志。

(9)雕弧：雕弓。

(10)含香吏：《汉官仪》载，尚书郎握兰含鸡舌香奏事。唐人多用此典。

(11)暝色：暮色；夜色。

(12)袁安(？—92)，字邵公(《袁安碑》作召公)。汝南汝阳(今河南商水西南)人。东汉大臣，少承家学，被举为孝廉，任阴平、任城县令，任用属下极严，使得官民对其既害怕又敬爱。汉明帝时，任楚郡太守、河南尹，政号严明，断狱公平。在职十余年，京师肃然，名重朝廷。后历任太仆、司空、司徒。

玉楼春

春入横塘摇浅浪，花落小园空惆怅。此情谁信为狂夫，恨翠愁红流枕上。　　小玉窗前嗔燕语，红泪滴穿金线缕。雁归不见报郎归(1)，织成锦字封过与(2)。

【注】

(1)雁归：代指书信。典出《资治通鉴》卷二十三：汉武帝时，苏武一行出使匈奴，为匈奴扣押，在北海牧羊十载，汉武帝死后，汉匈和亲，"汉使至，求苏武等，匈奴诡言武死。后汉使复至匈奴，常惠私见汉使，教使者谓单于言：'天子射上林中，得雁，足有系帛书，言武等在某泽中。'使者大喜，如惠语以让单于。单于视左右而惊，谢汉使曰：'武等实在。'乃归武及马宏等。"

(2)锦字：织锦回文诗。典出《晋书·列女传·窦滔妻苏氏》："窦滔妻苏氏，始平人也，名蕙，字若兰。善属文。滔，苻坚时为秦州刺史，被徙流沙，苏氏思之，织锦为回文旋图诗以赠滔。宛转循环以读之，词甚凄婉。"后多用以指妻子给丈夫的表达思念之情的书信。

更漏子

星渐稀，漏频转，何处轮台声怨(1)。香阁掩，杏花红，月明杨柳风。　　挑锦字，记情事，惟愿两心相似。收泪语，背灯眠，玉钗横枕边。

春夜阑,更漏促,金烬暗挑残烛[2]。惊梦断,锦屏深,两乡明月心。　　闺草碧,望归客,还是不知消息。辜负我,悔怜君,告天天不闻。

南浦情[3],红粉泪,怎奈两人深意。低翠黛,卷征衣,马嘶霜叶飞。　　招手别,寸肠结,还是去年时节。书托雁,梦归家,觉来江月斜。

【注】

(1) 轮台:古地名,泛指边疆。
(2) 金烬:指灯烛的灰烬。
(3) 南浦:泛指送别之地。

定西番

紫塞月明千里,金甲冷,戍楼寒,梦长安。　　乡思望中天阔,漏残星亦残。画角数声呜咽,雪漫漫。

江城子

其　一

鸂鶒飞起郡城东[1],碧江空,半滩风。越王宫殿[2],蘋叶藕花中[3]。帘卷水楼鱼浪起[4],千片雪[5],雨濛濛[6]。

其　二

极浦烟消水鸟飞,离筵分手时,送金卮[7]。　　渡口杨花,狂雪任风吹。日暮空江波浪急,芳草岸,雨如丝。

【注】

(1) 鸂鶒(jiāo jīng):水鸟名,鹭鸶的一种,头细身长,身披花纹,颈有白毛,头有红冠,能入水捕鱼,又名"鱼鸂"。郡城:此指古会稽(今浙江绍兴),春秋时为越国国都。
(2) 越王宫殿:越王勾践的宫殿。
(3) 蘋(píng):水生蕨类植物,也叫田字草。藕花:荷花。
(4) 鱼浪:秋水鱼肥,逐浪出没。鱼,一作"渔"。
(5) 千片雪:言浪花如雪。片:一作"江"。

(6) 濛濛：迷茫还清貌。

(7) 金卮(jīn zhī)：亦作"金巵"。金制酒器，亦为酒器之美称。

望江怨

东风急，惜别花时手频执⁽¹⁾，罗帏愁独入。马嘶残雨春芜湿⁽²⁾。倚门立，寄语薄情郎，粉香和泪泣。

【注】

(1) 花时：百花盛开的时节，指春天。

(2) 春芜：浓碧的春草。

女冠子

双飞双舞，春昼后园莺语。卷罗帏，锦字书封了，银河雁过迟。　　鸳鸯排宝帐，豆蔻绣连枝。不语匀珠泪，落花时。

菩萨蛮(七首选三)

风帘燕舞莺啼柳，妆台约鬓低纤手⁽¹⁾。钗重髻盘珊⁽²⁾，一枝红牡丹。　　门前行乐客，白马嘶春色。故故坠金鞭⁽³⁾，回头应眼穿。

绿云鬓上飞金雀⁽⁴⁾，愁眉敛翠春烟薄。香阁掩芙蓉⁽⁵⁾，画屏山几重。　　窗寒天欲曙，犹结同心苣⁽⁶⁾。啼粉浣罗衣⁽⁷⁾，问郎何日归。

玉炉冰簟鸳鸯锦⁽⁸⁾，粉融香汗流山枕。帘外辘轳声，敛眉含笑惊。　　柳阴烟漠漠，低鬓蝉钗落。须作一生拼，尽君今日欢。

【注】

(1) 约鬓：梳理鬓发。

(2) 盘珊：亦作"盘散"，犹蹒跚。行走摇晃不稳貌。

(3) 故故：屡屡；常常。

(4) 绿云：女子乌黑的秀发。

(5) 芙蓉：芙蓉镜。

(6) 同心苣：同心结。

(7) 浼(wò)：污，弄脏。

(8) 冰簟：凉席。

感恩多

　　两条红粉泪，多少香闺意。强攀桃李枝，敛愁眉。　　陌上莺啼蝶舞，柳花飞。柳花飞，愿得郎心，忆家还早归。

　　自从南浦别[1]，愁见丁香结[2]。近来情转深，忆鸳衾。　　几度将书托烟雁，泪盈襟。泪盈襟，礼月求天，愿君知我心。

【注】

(1) 南浦：泛指送别之地。

(2) 丁香结：丁香的花蕾。用以喻愁绪之郁结难解。

二十五、李建勋

李建勋（约872—952），字致尧，《全唐诗》谓其为陇西人，能文工诗，南唐官员。以司徒致仕，赐号钟山公。《全唐诗》存诗1卷。"今五代诗集传者，仅建勋一家而已。集中佳句颇多，虽晚唐卑下格，然摹写情事殊工。"（《诗薮·杂编》）《唐才子传》谓其"能文赋诗，琢炼颇工，调既平妥，终少惊人之句也。"

白 雁

东溪一白雁，毛羽何皎洁[1]。薄暮浴清波，斜阳共明灭。差池失群久，幽独依人切[2]。旅食赖菰蒲，单栖怯霜雪[3]。边风昨夜起，顾影空哀咽。不及墙上乌，相将绕双阙。

【注】

(1) 何：副词，多么。
(2) 差池：也作"差迟"。错误；差错。
(3) 菰蒲：菰和蒲。菰：多年水生高秆禾类植物，果实称"菰米""雕胡米"，可食。蒲：蒲草，多年生草本植物，多生长在池沼中，根茎可食。

惜 花

白发今如此，红芳莫更催。预愁多日谢，翻怕十分开。点滴无时雨，荒凉满地苔。闲阶一杯酒，惟待故人来。

送 人

相见未逾月，堪悲远别离。非君谁顾我，万里又南之。雨逼清明日，花阴杜宇时。愁看挂帆处，鸥鸟共迟迟。

夏日酬祥、松二公见访

多谢空门客⁽¹⁾,时时出草堂。从容非有约,淡薄不相忘。池映春篁老,檐垂夏果香。西峰正清霁⁽²⁾,自与拂吟床。

【注】
(1) 空门客：出家人。
(2) 清霁：雨止雾散,谓天气晴朗。

闲居秋思呈祥、松二公

秋光虽即好,客思转悠哉。去国身将老,流年雁又来。叶红堆晚径,菊冷藉空罍⁽¹⁾。不得师相访,难将道自开。

【注】
(1) 罍(léi)：酒樽。

溪　斋

水木绕吾庐,搴帘晚槛虚⁽¹⁾。衰条寒露鹊,幽果落惊鱼。爱酒贫还甚,趋时老更疏。乖慵自有素,不是忽簪裾⁽²⁾。

【注】
(1) 搴(qiān)：通"褰",撩起。槛(jiàn)：栏杆。
(2) 乖慵：疲惫懒散。簪裾(zān jú)：古代显贵者的服饰,借指显贵。

小　园

小园吾所好,栽植忘劳形。晚果经秋赤,寒蔬近社青⁽¹⁾。竹萝荒引蔓⁽²⁾,土井浅生萍。更欲从人劝,凭高置草亭。

【注】

(1) 社：土神，古人春祈秋报，一年两次祭祀土神。这里指秋社，立秋后第五个戊日，约新谷登场的八月，官府与汉族民间皆于此日祭祀报谢土神。

(2) 竹萝：一种能爬蔓的植物。

宿山房

石窗灯欲尽，松槛月还明。就枕浑无睡，披衣却出行。岩高泉乱滴，林动鸟时惊。倏忽山钟曙，喧喧仆马声。

孤　雁

欲食不敢食，合栖犹未栖[1]。闻风亦惊过，避缴恨飞低[2]。水阔缘湘困，云寒过碛迷[3]。悲鸣感人意，不见夜乌啼。

【注】

(1) 合：应该。

(2) 缴（zhuó）：系在箭上的丝绳。这里指箭。

(3) 碛（qì）：水中的沙堆，引申为沙漠。

感故府二首

一

戚戚复戚戚，期怀安可适[1]。百年金石心，中路生死隔。新坟应草合，旧地空苔色。白日灯荧荧，凝尘满几席。

二

悒悒复悒悒，思君安可及[2]。永日在阶前，披衣随风立。高楼暮角断，远树寒鸦集。惆怅几行书，遗踪墨犹湿。

【注】

(1) 戚戚：忧惧、忧伤貌。期怀：心怀。适：归向。

(2) 悒悒：忧郁，愁闷。

田家三首（其二）

不识城中路，熙熙乐有年[1]。木盘擎社酒，瓦鼓送神钱[2]。霜落牛归屋，禾收雀满田。遥陂过秋水，闲阁钓鱼船[3]。

【注】
(1) 熙熙：和乐貌。有年，丰收之年。
(2) 瓦鼓：陶制乐器。
(3) 陂：山坡。阁：同"搁"，停止。

蔷薇二首（其一）

万蕊争开照槛光，诗家何物可相方[1]。锦江风撼云霞碎，仙子衣飘黼黻香[2]。裛露早英浓压架，背人狂蔓暗穿墙[3]。彩笺蛮榼旬休日，欲召亲宾看一场[4]。

【注】
(1) 相方：相比方，相比拟。
(2) 锦江：岷江支流，流经成都平原。传说蜀人织锦濯其中则锦色鲜艳，濯于它水则锦色黯淡。故称锦江。黼黻(fǔ fú)：泛指礼服上所绣的精美花纹。
(3) 裛：同"浥"，沾湿。
(4) 蛮榼：南方制的酒器。旬休：唐宋官员每十日休息一日。

宫 词

宫门长闭舞衣闲，略识君王鬓便斑。却羡落花春不管，御沟流得到人间。

岁暮晚泊，望庐山不见，因怀岳僧呈察判

贪程只为看庐阜，及到停舟恨颇浓。云暗半空藏万仞，雪迷双瀑在中峰。林端莫辨曾游路，鸟际微闻向暮钟。长愧昔年招我入，共寻香社见芙蓉[1]。

【注】

(1) 芙蓉：李白《登庐山五老峰》："庐山东南五老峰，青天削出金芙蓉。"

迎 神

擂蛮鼍，吟塞笛，女巫结束分行立⁽¹⁾。空中再拜神且来，满奠椒浆齐献揖⁽²⁾。阴风窣窣吹纸钱，妖巫瞑目传神言⁽³⁾。与君降福为丰年，莫教赛祀亏常筵⁽⁴⁾。

【注】

(1) 蛮鼍(mán tuó)：南方少数民族的鼍鼓。鼍：爬行动物，皮可蒙鼓。亦称扬子鳄，猪婆龙。结束：穿戴打扮。
(2) 椒浆：以椒浸制的酒浆，多用以祭神。
(3) 窣窣(sū sū)：拟声词。
(4) 赛祀：犹祭祀。

二十六、牛希济

牛希济,生卒年不详,五代时陇西狄道(今甘肃临洮)人。遇丧乱,流寓于蜀,仕前蜀,累官翰林学士、御史中丞。同光三年(925),后唐灭蜀,唐明宗令作蜀主降唐诗,希济但述数尽,不谤蜀王,为明宗所赏,拜雍州节度副使。希济文学繁赡,以诗词擅名。尤工词,乃花间派重要词人之一。亦善文,其文学见解颇能切中时弊。曾著有《理源》2卷,今已佚。《全唐诗》存诗1首、词12阕。

奉诏赋蜀主降唐

满朝文武欲朝天,不觉邻师犯塞烟。唐主再悬新日月,蜀王难保旧山川。非干将相扶持拙(1),自是君臣数尽年。古往今来亦如此,几曾欢笑几潸然。

【注】
(1) 干:关。关联,涉及。

临江仙

峭壁参差十二峰(1),冷烟寒树重重。瑶姬宫殿仙踪:金炉珠帐,香霭昼偏浓。　一自楚王惊梦断,人间无路相逢。至今云雨带愁容。月斜江上,征棹动晨钟(2)。

【注】
(1) 十二峰:巫山神女峰。
(2) 征棹:指远行的船。棹:船桨。

生查子

春山烟欲收,天澹星稀小。残月脸边明,别泪临清晓。　语已多,情未了。回首又重道:

记得绿罗裙,处处怜芳草。

酒泉子

枕转簟凉⁽¹⁾,清晓远钟残梦。月光斜,帘影动,旧炉香。梦中说尽相思事,纤手匀双泪。去年书,今日意,断离肠。

【注】

(1) 簟:竹席。

谒金门

秋已暮,重叠关山岐路。嘶马摇鞭何处去,晓禽霜满树。梦断禁城钟鼓,泪滴枕檀无数⁽¹⁾。一点凝红和薄雾,翠蛾愁不语。

【注】

(1) 枕檀:即枕头。檀:香料,古人常将其置于枕内,故称。

二十七、李中

李中(约920—974),字有中,《校编全唐诗下》。陇西人(另一说江西九江人)。仕于南唐,以水部郎中致仕。与沈彬、史虚白、左偃、刘钧交游唱和。擅长草书,有《墨池编》。《诗学渊源》称其诗"为诗略似元、白,辞旨蕴藉,文采内映,五代之际,得此殊不易矣。"开宝六年(973)自编诗三百首为《碧云集》三卷,孟宾于为之序,今存。《全唐诗》编诗四卷。

寒江暮泊寄左偃[1]

维舟芦荻岸,离恨若为宽[2]。烟火人家远,汀洲暮雨寒。天涯孤梦去,篷底一灯残[3]。不是凭骚雅,相思写亦难。

【注】
(1) 左偃:南唐人。居金陵,不仕。能诗,有《钟山集》。
(2) 维舟:系船停泊。若为宽:如何能得到宽慰。
(3) 篷:船篷。

宿庐山白云峰重道者院

绝顶松堂喜暂游,一宵玄论接浮丘[1]。云开碧落星河近,月出沧溟世界秋。尘里年光何急急,梦中强弱自悠悠。他时书剑酬恩了,愿逐鸾车看十洲[2]。

【注】
(1) 玄论:关于老庄学说的谈论。浮丘:浮丘公,古代传说中的仙人。
(2) 鸾车:神仙所乘之车。十洲:道教称大海中神仙居住的十处名山胜境。亦泛指仙境。

海上从事秋日抒怀

悠悠旅宦役尘埃,旧业那堪信未回。千里梦随残月断,一声蝉送早秋来。壶倾浊酒终难醉,匣锁青萍久不开⁽¹⁾。唯有搜吟遣怀抱,凉风时复上高台。

【注】

(1) 青萍:宝剑名。

途中闻子规⁽¹⁾

春残杜宇愁,越客思悠悠。雨歇孤村暮,花飞远水头。微风声渐咽,高树血应流。因此频回首,家山隔几州。

【注】

(1) 子规:杜鹃鸟的别名,亦称杜宇、望帝。传说战国时蜀王杜宇,号望帝,因水灾让位退隐山中,死后化作杜鹃,日夜悲鸣,泪尽继而流血。全诗通过杜宇啼血的描写,抒写诗人的旅愁乡思。

思九江旧居(其二)

门前烟水似潇湘,放旷优游兴味长⁽¹⁾。虚阁静眠听远浪,扁舟闲上泛残阳。鹤翘碧藓庭除冷,竹引清风竹簟凉⁽²⁾。犬吠疏篱明月上,邻翁携酒到茅堂。

【注】

(1) 放旷:旷达,放达,不拘礼俗。优游:悠闲自得。
(2) 翘:举起,抬起,向上,这里指站立。庭除:院落台阶。竹簟:竹席。

春日野望怀故人

野外登临望,苍苍烟景昏。暖风医病草,甘雨洗荒村。云散天边影,潮回岛上痕。故人不可见,倚杖役吟魂。

江行夜泊

扁舟倦行役,寂寂宿江干[1]。半夜风雷过,一天星斗寒。潮平沙嘴没,霜苦雁声残[2]。渔父何疏逸,扣舷歌未阑[3]。

【注】

(1) 江干:江岸边。
(2) 沙嘴:亦作"沙觜"。一端连陆地,一端突出水中的带状沙滩。常见于低海岸和河口附近。
(3) 疏逸:疏放闲逸。阑:残、尽、晚。

秋夕书事寄友人

信断关河远,相思秋夜深。砌蛩声咽咽,檐月影沉沉[1]。未遂青云志,那堪素发侵。吟余成不寐,彻曙四邻砧[2]。

【注】

(1) 砌蛩(qióng):墙脚边的蟋蟀。蛩:蟋蟀。
(2) 彻曙:整夜。砧(zhēn):捣衣石,这里指砧上传出的捣衣声。

腊中作

冬至虽云远,浑疑朔漠中。劲风吹大野,密雪翳高空[1]。泉冻如顽石,人藏似蛰虫。豪家应不觉,兽炭满炉红[2]。

【注】

(1) 翳:遮蔽。
(2) 兽炭:做成兽形的炭。《晋书·外戚传·羊琇》:"琇性豪侈,费用无复齐限,而屑炭和作兽形以温酒,洛下豪贵咸竞效之。"

江行晚泊寄溢城知友

孤舟相忆久,何处倍关情。野渡帆初落,秋风蝉一声。江浮残照阔,云散乱山横。渐去溢城远,那堪新月生。

悼 亡

巷深芳草细,门静绿杨低。室迩人何处,花残月又西。武陵期已负,巫峡梦终迷。独立销魂久,双双好鸟啼。

海城秋夕寄怀舍弟

鸟栖庭树夜悠悠,枕上谁知泪暗流。千里梦魂迷旧业,一城砧杵捣残秋⁽¹⁾。窗间寂寂灯犹在,帘外潇潇雨未休。早晚莱衣同著去,免被流落在边州⁽²⁾。

【注】

(1) 砧杵(zhēn chǔ):捣衣石和棒槌。

(2) 莱衣:相传春秋楚老莱子侍奉双亲至孝,行年七十,犹着五彩衣,为婴儿戏以娱亲。后因以"莱衣"指年虽老而孝顺不衰。

采莲女

晚凉含笑上兰舟,波底红妆影欲浮。陌上少年休植足,荷香深处不回头⁽¹⁾。

【注】

(1) 植足:驻足,呆立。喻忘情痴看的样子。

庭 竹

偶自山僧院,移归傍砌栽。好风终日起,幽鸟有时来。筛月牵诗性,笼烟伴酒杯。南窗睡轻起,萧飒雨声回。

对 竹

懒穿幽径冲鸣鸟,忍踏清阴损翠苔⁽¹⁾。不似闭门欹枕听,秋声如雨入轩来⁽²⁾。

【注】

(1) 忍:岂忍,哪里忍心。
(2) 不似:不如。欹:古同"攲",通"倚",斜靠着。

下蔡春偶作

旅馆飘飘类断蓬,悠悠心绪有谁同⁽¹⁾?一宵风雨花飞后,万里乡关梦自通。多难不堪容鬓改,沃愁惟怕酒杯空。采兰扇枕何时遂,洗虑焚香叩上穹⁽²⁾。

【注】

(1) 断蓬:犹飞蓬,比喻漂泊无定。
(2) 采兰扇枕:采兰喻选拔俊逸,这里指取得功名。扇枕,犹扇枕温席,形容对父母十分孝敬。

晚春客次偶吟

暂驻征轮野店间,悠悠时节又春残⁽¹⁾。落花风急宿醒解,芳草雨昏春梦寒⁽²⁾。惭逐利名头易白,欲眠云水志犹难。却怜村寺僧相引,闲上虚楼共倚栏。

【注】

(1) 征轮:远行人乘的车。
(2) 宿醒:犹宿醉,谓经宿尚未全醒的余醉。

哭舍弟二首

鸿雁离群后,成行忆日存⁽¹⁾。谁知归故里,只得奠吟魂。虫蠹书盈箧,人稀草拥门⁽²⁾。从兹长恸后,独自奉晨昏⁽³⁾。

浮生多夭枉,惟尔最堪悲⁽⁴⁾。同气未归日,慈亲临老时⁽⁵⁾。旧诗传海峤,新冢枕江湄。遗稚呜呜处,黄昏绕缞帷⁽⁶⁾。

【注】

(1) 成行(háng):比喻兄弟在一起。

(2) 蠹(dù)：蛀蚀。箧(qiè)：箱子一类的东西。
(3) 奉晨昏：侍奉父母。《礼记·曲礼上》："凡为人子之礼……昏定而晨省。"
(4) 夭柱：短命早死。
(5) 同气：有血统关系的亲属，指兄弟姊妹。
(6) 缞帷：缞帐，设于灵柩前的帷幕。

邮亭早起(1)

邮舍残灯在，村林鸡唱频。星河吟里晓，川陆望中春。旧友青云贵，殊乡素发新(2)。悠悠念行计，难更驻征轮。

【注】

(1) 邮亭：驿馆，递送文书者投止之处。
(2) 青云：很高的天空，喻高位。殊乡：他乡。素发：白发。

客中寒食

旅次经寒食，思乡泪湿巾。音书天外断，桃李雨中春。欲饮都无绪，唯吟似有因。输他郊郭外，多少踏青人。

旅馆秋夕

寥寥山馆里，独坐酒初醒。旧业多年别，秋霖一夜听(1)。砌蛩声渐息，窗烛影犹停(2)。早晚无他事，休如泛水萍。

【注】

(1) 秋霖：秋日的淫雨。
(2) 砌蛩：墙脚的蟋蟀。停：妥当，稳当。

宿青溪米处士幽居

寄宿溪光里，夜凉高士家。养风窗外竹，叫月水中蛙。静虑同搜句，清神旋煮茶。唯忧晓鸡唱,尘里事如麻。

旅夜闻笛

长笛起谁家,秋凉夜漏赊[1]。一声来枕上,孤客在天涯。木末风微动,窗前月渐斜。暗牵愁思苦,不独落梅花[2]。

【注】
(1) 赊(shē):长,远。
(2) 落梅花:即梅花落,古笛子曲。

二十八、唐代民歌

哥舒歌⑴

北斗七星高,哥舒夜带刀。至今窥牧马,不敢过临洮⑵。

【注】

(1) 哥舒:指哥舒翰(?—757),唐朝名将。
(2) 临洮:今甘肃省岷县。

二十九、刘锜

刘锜(1098—1162),字信叔,宋代德顺军(治今甘肃省静宁县)人,南宋抗金名将。

鹧鸪天

竹引牵牛花满街,疏篱茅舍月光筛。琉璃盏内茅柴酒,白玉盘中簇豆梅。　　休懊恼,且开怀,平生赢得笑颜开。三千里地无知己,十万军中挂印来。

午　寝

寓迹唐兴寺,幽窗得昼眠。西风萦破梦,落日乱残蝉。岁月俄如此,功名岂偶然。五湖秋欲好,谁在钓鱼船。

资福寺

汛扫妖氛六合清,匣中宝剑气犹横。夜观星斗鬼神泣,昼会风云龙虎惊。重整山河归北地,两扶圣主到南京。山僧不识英雄汉,只管滔滔问姓名。

三十、邓千江

邓千江,生卒年不详,临洮人,金代诗人。

望海潮·上张六太尉[1]

云雷天堑,金汤地险,名藩自古皋兰[2]。营屯绣错,山形米聚,襟喉百二秦关[3]。鏖战血犹殷,见阵云冷落,时有雕盘[4]。静塞楼头,晓月依旧玉弓弯[5]。 看看定远西还,有元戎阃令,上将斋坛[6]。区脱昼空,兜鍪夕解,甘泉又报平安[7]。吹笛虎牙闲,且宴陪珠履,歌按云鬟[8]。招取英灵毅魄,长绕贺兰山[9]。

【注】

(1) 张六太尉:时任兰州太守,姓名不详,或谓张信甫(夏承焘《金元明清词选》)。词上阕描写名藩皋兰的险要形式,下阕歌颂解除边患的将帅的丰功伟绩,礼赞了长眠贺兰的英灵毅魄。

(2)"云雷"三句:写名藩皋兰雄伟险要的形势。云雷:比喻黄河之波涛。波涛翻卷如云,奔腾之声如雷,故称。天堑:天然形成的隔断交通的大沟,比喻地势险要。金汤:"金城汤池"的略语。城指城墙,池指护城河,汤:热水。金属的城墙,滚水的护城河。比喻坚固无比、防守严密的城市或工事。名藩:指地方重镇。皋兰:旧县名。即今甘肃省兰州市。

(3)"营屯"三句:写名藩皋兰战略地位及军事部署。营屯绣错:军营错综杂出,一如丝绸上的文字或花纹。米聚:皋兰周围形势如同聚米为山,尽入眼底。襟喉:衣襟和喉咙,比喻扼要的地方。意谓皋兰居于由西进入秦陇地区的咽喉要道。

(4)"鏖战"三句:描写一场恶战后战场的肃杀荒凉。殷(yān):黑红色。伏尸遍野,血流成河,阴云漠漠,贪食尸体的大雕起落盘旋。

(5)"静塞"二句:描写战后皋兰城头凛冽如弓的晓月。意谓彻底挫败敌军事力量,皋兰一片寂静,但守卫边防的警惕并未放松。

(6)"定远"三句:赞美张太尉的丰功伟绩和不凡际遇。定远:东汉班超立功西域,封定远侯。后人称为班定远,定远为其省称。这里借指张六太尉。元戎阃令:这里指张太尉深受皇帝信任并肩负其郑重托付的戍边大任。典出《史记·张释之冯唐列传》:"臣闻上古王者之遣将也,跪而推毂,曰阃以内者,寡人制之;阃以外者,将军制之。军功爵赏皆决于外,归而奏之。"阃(kǔn):门槛。上将斋坛:这里指张太尉具有与韩信一样的超群绝伦之才,受到了与韩信同样的礼遇。典出《史记·淮阴侯列传》:"于是王欲召信拜之。何曰:'王素慢无礼,今拜大将如呼小儿耳,此乃信所以去也。王必欲拜之,择良日,斋戒,设坛场,具礼,乃可耳。'王许之。"

(7)"区脱"三句:以边疆无事称颂张太尉守城敌不敢侵犯的功绩。区脱昼空:哨所白天无人看守,意谓敌人被彻底击败,无力东顾。区脱(ōu tuō):匈奴语。指汉时与匈奴连界的边塞所立的土堡哨所,后亦泛称边境哨所。兜鍪夕解:晚上不再戴着头盔睡觉。兜鍪(dōu móu):古代作战时戴的头盔。甘泉:甘泉宫,借指朝廷。

(8)"吹笛"三句:描写将士安闲自得的生活。歌舞升平,觥筹交错,显示出边疆的安宁。虎牙闲:军中安闲无事。虎牙,将领的旗号,上有虎形图案。珠履:珠饰之履,借指有谋略的门客;一作"朱履",红色的鞋,古代贵显者所穿。借指出使军中的使者。云鬟:女子高耸的环形发髻,代指乐妓。

(9)"招取"二句:祭奠英烈,称颂其丰功伟绩与贺兰山共存。

三十一、张炎

张炎(1248—1320?),字叔夏,号玉田,又号乐笑翁。祖籍成纪,寓居临安(今浙江杭州)。他是南宋将领循王张俊六世孙,也是南宋著名的格律派词人,父张枢,精音律,与周密为结社词友。张炎前半生在贵族家庭中度过。宋亡以后,家道中落,贫难自给,曾北游燕赵谋官,失意南归,落拓而终。曾从事词学研究,著有《词源》,有《山中白云词》,存词约三百首。

南浦·春水

波暖绿粼粼,燕飞来,好是苏堤才晓。鱼没浪痕圆,流红去[1],翻笑东风难扫[2]。荒桥断浦[3],柳阴撑出扁舟小。回首池塘青欲遍,绝似梦中芳草[4]。

和云流出空山,甚年年净洗,花香不了?新绿乍生时,孤村路,犹忆那回曾到。余情渺渺,茂林觞咏如今悄[5]。前度刘郎归去后,溪上碧桃多少[6]。

【注】

(1) 流红:水面漂流的落花。

(2) 翻笑:反而嘲笑。

(3) 断浦:溪流断折处。

(4)"回首池塘"二句:南朝谢灵运《登池上楼》:"池塘生春草,园柳变鸣禽。"《南史谢惠连传》:"谢惠连年十岁能属文,族兄灵运加赏之,云:'每有篇章,对惠连辄得佳句。'尝于永嘉西堂思诗,竟日不就,忽梦见惠连,即得'池塘生春草'大以为工。"张炎用典,意谓今日池塘长满青草,恰似当年谢氏诗中所表达梦中之意境。

(5) 觞咏:饮酒咏诗。王羲之《兰亭集序》:"一觞一咏,亦足以畅叙幽情。"

(6)"前度刘郎"二句:典出刘禹锡诗句:"玄都观里桃千树,尽是刘郎去后栽。"这里所谓的那个"归去"的"刘郎",是喻指业已倾覆了的南宋小朝廷。

高阳台·西湖春感

接叶巢莺,平波卷絮,断桥斜日归船⁽¹⁾。能几番游?看花又是明年。东风且伴蔷薇住,到蔷薇、春已堪怜⁽²⁾。更凄然,万绿西泠,一抹荒烟⁽³⁾。

当年燕子知何处⁽⁴⁾?但苔深韦曲,草暗斜川⁽⁵⁾。见说新愁,如今也到鸥边⁽⁶⁾。无心再续笙歌梦,掩重门、浅醉闲眠⁽⁷⁾。莫开帘,怕见飞花,怕听啼鹃⁽⁸⁾。

【注】

(1) 接叶:树叶相连,喻树叶繁茂。从杜甫"接叶暗巢莺"句化出。平波:波浪平静。絮:柳花。断桥:在西湖侧面,里、外湖之间。

(2) 堪怜:可怜。

(3) 西泠:系桥名,在孤山下,后湖与里湖交界处。

(4) 当年燕子:化用刘禹锡"旧时王谢堂前燕,飞入寻常百姓家"的诗句。

(5) 韦曲:长安名胜地之一。斜川:亦名胜地,在江西星子与都昌两县交界处的湖泊中。这里词人用他处名胜喻西湖美景。

(6) 鸥边:指愁。辛弃疾有"拍手笑沙鸥,一身都是愁"的词句。本词用此意。

(7) 笙歌:指宋亡前的欢乐生活。

(8) 啼鹃:杜鹃鸟啼声悲切,故称。

月下笛

孤游万竹山中⁽¹⁾,闲门落叶,愁思黯然,因动《黍离》之感⁽²⁾。时寓甬东积翠山舍⁽³⁾。

万里孤云,清游渐远,故人何处?寒窗梦里,犹记经行旧时路。连昌约略无多柳⁽⁴⁾,第一是、难听夜雨。漫惊回凄悄,相看烛影,拥衾谁语? 张绪归何暮⁽⁵⁾?半零落依依,断桥鸥鹭⁽⁶⁾。天涯倦旅,此时心事良苦。只愁重洒西州泪⁽⁷⁾,问杜曲、人家在否⁽⁸⁾。恐翠袖、正天寒,犹倚梅花那树⁽⁹⁾。

【注】

(1) 万竹山:山名,在今浙江天台西南四十五里。据《嘉定赤城志》载,此山绝顶名新罗,岭上万竹竞秀,平旷幽窈,自成一村。

(2) 黍离:《诗·王风》中的篇名,内容是写周平王东迁后,一位士大夫重经西周故都,见旧时宫室已成平地,长满黍稷,心中凄然,故吟此诗以寄托亡国之痛。

(3) 甬东:今浙江定海。

(4) 连昌:唐代宫名,高宗所置,在河南宜阳西,多植柳,元稹有《连昌宫词》。

(5) 张绪:南齐吴郡人,字思曼,官至国子祭酒。风姿清雅,齐武帝置蜀柳于灵和殿前,常言道:"此柳风流可爱,似张绪当年。"

(6) 断桥鸥鹭:借指当年在杭州时结交的故友。

(7) 西州泪:典出《晋书·谢安传》:羊昙(谢安外甥)者,太山人,知名士也,为安所爱重。安薨后,辍乐弥年,行不由西州路。尝因石头(石头城,今南京)大醉,扶路唱乐,不觉至州门。左右白曰:"此西州门。"昙悲感不已,以马策扣扉,诵曹子建诗曰:"生存华屋处,零落归山丘。"恸哭而去。这里用此典故,表达对亡友的怀念。

(8) 杜曲:唐时地名,在京师长安城南,为豪门大族聚居之区。此处代指南宋都城杭州的大族居住区。

(9) "恐翠袖正天寒"二句:化用杜甫《佳人》诗"天寒翠袖薄,日暮倚修竹"之句,而以梅花代修竹。

解连环·孤雁

楚江空晚(1)。怅离群万里,恍然惊散(2)。自顾影(3)、欲下寒塘,正沙净草枯,水平天远。写不成书,只寄得、相思一点(4)。料因循误了,残毡拥雪,故人心眼(5)。　　谁怜旅愁荏苒(6)。漫长门夜悄,锦筝弹怨(7)。想伴侣、犹宿芦花,也曾念春前,去程应转(8)。暮雨相呼(9),怕蓦地、玉关重见(10)。未羞他、双燕归来,画帘半卷(11)。

【注】

(1) 楚江:指洞庭湖南北一带江流。相传北雁南飞到湖南衡山回雁峰即止,春天再飞回北方。

(2) 恍然:失意的样子。

(3) "自顾"二句:顾影自怜,栖息惊心。

(4) "写不"二句:大雁列队飞行,或成"一"字形,或成"人"字形。《汉书·苏武传》载,汉昭帝时,匈奴与汉和亲,汉朝询问被匈奴长期扣留的苏武等,推说已死;后使者托言"天子射上林中得雁,足有系帛书,言武等在某泽中",单于惊谢,即遣返苏武等。因此有鸿雁传书的说法。孤雁飞在天空只是一点,没法排成字;既然写不成书,那么就寄一"点"相思吧。作者因这两句被人称为"张孤雁"(见孔行素《至正直记》)。

(5)"料因"三句：《汉书·苏武传》载匈奴"幽武，置大窖中，绝不饮食。天雨雪，武卧啮雪与毡毛并咽之，数日不死。"这里用此典故，说因孤雁失群，耽误传书，辜负了正在北地遭难的故人的深情托付。料：料想。因循：迟延拖拉。

(6)荏苒：辗转。

(7)"漫长"二句：这两句借冷宫深夜哀怨的筝声，来衬托空中孤雁的凄苦。长门：西汉长安宫名，汉武帝陈皇后失宠后的住处，后来即泛指冷宫。"长门夜悄"化用杜牧《早雁》："仙掌月明孤影过，长门灯暗数声来。"锦筝：极言筝的精美。"锦筝弹怨"化用钱起《孤雁》："二十五弦弹夜月，不胜清怨却飞来。"

(8)"也曾"二句：孤雁也曾想到自己的伴侣将在开春前转回北方。犹宿芦花，化用陆游《闻新雁有感》："新雁南来片影孤，冷云深处宿菰芦。"

(9)"暮雨"句：化用崔涂《孤雁》："暮雨相呼失，寒塘欲下迟。"

(10)"怕蓦"句：恐怕会跟伴侣们在玉门关(在甘肃)忽然重见的。

(11)"未羞"二句：那么当画帘半卷、双燕归来时，就不再为自己的孤单而感到羞愧了。

甘州·寄李筠房⁽¹⁾

望涓涓一水隐芙蓉，几被暮云遮。正凭高送目，西风断雁，残月平沙。未觉丹枫尽老，摇落已堪嗟。无避秋声处，愁满天涯。　　一自盟鸥别后，甚酒瓢诗锦⁽²⁾，轻误年华。料荷衣初暖，不忍负烟霞。记前度、剪灯一笑，再相逢、知在那人家？空山远，白云休赠，只赠梅花⁽³⁾。

【注】

(1)李筠房：南宋浙江湖州人，张炎的友人。宋时两人情趣相投，时常相聚，而宋亡后两人天各一方。此词即是张炎寄词隐遁山中的老友，勉以梅花相赠，共保岁寒贞洁。

(2)诗锦：唐诗人李贺有古锦囊，每得诗句，则纳其中。详见李商隐《李贺小传》。

(3)白云休赠：化用陶宏景《诏问山中何处所有赋诗以答》中"山中何所有？岭上多白云。只可自怡悦，不堪持寄君。"只赠梅花：暗用陆凯《赠范晔》诗意："折花逢驿使，寄与陇头人。江南无所有，聊赠一枝春。"

三十二、何贤

何贤,生卒年不详,字彦哲,明临洮府狄道县(今甘肃定西临洮)人。工词翰,著有《五经集解》《续古乐章》《东麓文集》。

题石笋

何年古树倒,化作琅玕玉[1]。神工解天倪,远致出群谷[2]。园亭春昼长,相娱饶卉木。娉婷立瘦姿,日暮倚修竹。空翠带晴岚,秀色真可掬。会有赏心人,忘言对幽独。

【注】

(1)琅玕:像珠子的美石。

(2)天倪:多指自然之道。远致:高远的情致。

三十三、曹英

曹英，生卒年不详，字文华，号恒斋，又号墨翁，三友主人，明临洮府狄道（今甘肃临洮）人。天顺四年进士，任湖广道监察御史，四川巡按。著有《遗兴集》《墨翁集》《恒斋实录》等。

赋得北岭横云[1]

主镇洮兰抱万灵，云生腋下载图轻。青钿露顶摩霄汉，白玉横腰入画屏[2]。有象为霖苏草木，无心出岫起雷霆[3]。暮年不遂登临愿，野水闲花慕管宁[4]。

【注】

（1）北岭：马寒山，又名马衔山。地处临洮之北，兰州之南，榆中县和临洮县交界处，呈西北—东南走向，海拔3 670米，为陇右黄土高原最高峰。地势高耸，山顶如平川。气候严寒，除盛夏以外，山顶常年为积雪所覆盖。前六句以北岭横云自喻，抒写怀抱。末二句写暮年仕途失意后，不得已羡慕"野水闲花"的生活。

（2）青钿露顶：钿：首饰，这里指山峰。白玉：喻山中云雾。

（3）"有象"二句：云变为各种形象降为甘霖，或从石缝飘出掀起雷霆。

（4）管宁（158—241）：字幼安，三国时魏人，汉末避乱居辽东聚徒讲学，三十七年始归，文帝拜为大中大夫，明帝拜为光禄勋，皆不就。

三十四、张拱端

张拱端,生卒年不详,明巩昌府会宁(今甘肃会宁)人,成化七年举人。

会宁八景(选四)

万寿钟声[1]

寺倚青山夜阁虚,晓钟声动疾还徐。松边梦鹤惊飞处,潭底潜龙起蛰初。半壁残辉林月坠,一天微影海霞舒。老僧初定尤危坐,厌听轮蹄过竹居[2]。

【注】

(1) 会宁县城有万寿寺,寺内曾悬挂明代嘉靖六年铸造重约五吨的铁钟一口,1958年被毁。

(2) 危坐:端坐。轮蹄:车轮和马蹄,代指马车。

黑池灵湫[1]

石窦飞来半亩宽,黑云深处有龙蟠[2]。添流不藉三春雨,润物能苏九夏干。游泳鱼虾怜浪静,回翔鸥鹭怯波寒。居民恳祷灵湫雨,顿觉甘霖沛泽漫[3]。

【注】

(1) 灵湫:深潭,大水池。古时以为大池中往往多灵物,故称。会宁城东桃花山原有龙神祠,中有一泉,水黑红色,据传可治眼疾。

(2) 石窦:石洞。

(3) 沛泽:盛大的恩泽。漫:满,遍。

桃花艳岭[1]

桃花高岭隔林坰,不逐群山送远青[2]。艳骨何年经劫火,炎光终夜逼文星。重重赭树迷樵径,邈邈红泉绕客亭[3]。自是平生多逸致,结茅来对锦云屏。

【注】

(1) 桃花艳岭:会宁县城东有桃花山,石沙赤红,艳若桃花。故名。

(2) 林坰(jiōng):郊野。《尔雅》:"野外谓之林,林外谓之坰。"

(3) 赭树、红泉:山色映衬下,树、泉也仿佛染上了红色。赭,红褐色。

九泉春色⁽¹⁾

一色寒泉九窍出,春来合派似川流。迎风细细生鲸甲,映日溶溶漾鸭头。时泛落花归别涧,更随甘雨入平畴。呼童汲取澄清处,闲煮云芽破客愁⁽²⁾。

【注】

(1) 九泉:会宁县境内铁木山有九眼泉,水质甘洌。

(2) 云芽:云雾茶。

三十五、王瓒

王瓒(1448—1504),字宗器,号中林,明巩昌府通渭人,成化十七年进士,先后任工部郎中、开封知府等职。王瓒博学多才,长于诗赋,著有《中林集》,通渭八景诗。

温泉冬涨

万壑琼瑶早雪天,灵泉汩汩泛青烟。路人莫讶色如涨,谁煮金鹅不记年。

三十六、王铎

王铎,生卒年不详,字大振,明临洮府岷州卫(今甘肃岷县)人,成化二十三年进士,官至四川布政使。

怀马将军[1]

策马临江日已昏,将军村落鸟声喧。一门忠勇答君父,九卷兵书遗子孙。剑气阴阴凌白日,悲笳莫莫起青原[2]。武侯唯尽平生分[3],成败当时岂更论。

【注】

(1) 马将军:马堃,生年不详,卒于1276年,宋宕州(今甘肃宕昌县)人。南宋名将马暨之兄,曾任六郡镇抚副使,政绩颇显。宋度宗咸淳七年(1271)任咸淳府(今四川忠县)知府,担负起了扼守长江、抵御元军南下的重任。宋恭帝德佑元年(1275)十月,元军沿长江西上,围困咸淳府衙所在地皇华城。城破被俘,坚贞不屈,英勇就义。

(2) 莫莫:同"漠漠",无处不到。

(3) 武侯:诸葛亮,死后谥为忠武侯,后世称之为武侯。

三十七、胡缵宗

胡缵宗(1480—1560),字孝思,又字世甫。号可泉,别号鸟鼠山人。明巩昌府秦州秦安(今甘肃天水市秦安县)人。明武宗正德三年(1508)中进士,累迁至山东、河南巡抚、右副都御史,政绩卓著。有《鸟鼠山人集》《安庆府志》《苏州府志》《秦州志》《巩郡记》等14部著作传世。理学大师,诗人,书法家。他的诗一反前七子复古思潮,推崇《诗经》,走现实主义道路,在明代诗坛有极高的地位。

拟古杂诗[1]

其 二

幕中歌吹声,选妓色倾城。不谙君臣礼,时时并马行。

其 三

惊喜君王至,西华夜启扉。后车三十乘,载得美人归。

【注】

(1)明武宗朱厚照在佞臣江彬的怂恿下,经常离开北京东游西逛,《明通鉴》卷四十七记载:"时车驾所至,近侍多先掠良家女子以充幸御,至数十车,在道日有死者。"朱彝尊评《拟古杂诗十首》:"鸟鼠山人是诗直书其事,亦取祸之萌也!"(见朱彝尊所编《明诗综》卷三十三)

偶成巴东

巴东寇经年,巴西寇成千[1]。旧储运未起,新储运复连。吏人督何急?征夫去不还!伊谁怜少妇,相告涕涟涟!

【注】

(1)"巴东"二句:指正德十年(1515)的川东农民起义。那次起义很快便蔓延至川北,危及成都,朝野为之震动。

习古斋[1]

才起藩王重,名因太史知[2]。古今花下酒,风月画中诗[3]。白发犹鸣瑟,青山独采芝[4]。斋空人不泯[5],搔首动遐思!

【注】

(1) 习古斋:书斋名,暗指方孝孺书斋"希古堂"。方孝孺,明代大儒。当年燕王朱棣(即后来的明成祖)入南京,只因方孝孺拒草即位诏,竟将方氏凌迟处死。更令人发指的是,朱棣为泄其恨,竟然打破了历史上诛灭九族的记录,灭了方氏十族(方氏九族和方的师门),死者多达八百七十余人。

(2) 方孝孺是宋濂的高足弟子,做过蜀献王世子和建文帝的老师,首二句即指其事。藩王:明宗室蜀献王。太史:宋濂,明太祖时为翰林学士。方孝孺因宋濂之荐,惠帝擢为侍讲学士。

(3) "古今"句:称颂方孝孺志趣高洁,有如陶渊明。下句称颂方孝孺以清风明月为友,是一位善于继承王维诗风的诗人。

(4) "白发"句:称颂方氏终生服膺孔孟之道,并身体力行之。鸣瑟:喻孔子之道。芝:灵芝,喻儒家理想,方氏不畏强权,以死来捍卫儒家理想。

(5) 不泯:不灭,不朽。

君不见行赠朱士光太守[1]

君不见绝代李广未封侯[2],君不见刘蕡才高翻下第[3]。君不见贾谊白首淹长沙[4],君不见屈平摘《骚》空洒涕[5]。君不见回也陋巷叹屡空[6],君不见夷、齐首阳嗟不世[7]。君不见文王演《易》羑里囚[8],君不见周公获谤东都避[9]。君不见栈阁崄巇尽云上[10],君不见江涛汹涌遥天际。君不见豺虎哓哓[11],君不见荆榛翳翳[12]。君不见陶渊明,君不见柳下惠[13]。

【注】

(1) 朱士光:即朱德嘉,生平不详,曾任华州太守。正道直行,仕途坎坷。

(2) 李广:西汉名将,反击匈奴中屡建战功,匈奴呼为飞将军,但终生未能封侯,官止于太守。

(3) 刘蕡:唐文宗时名士。以正直敢谏而闻名,是李商隐的好友。刘蕡因为在对策中猛烈抨击宦官,被黜不取。后来又被贬到柳州去当司户参军的小官,实际上等于流放,最终客死异乡。

(4)贾谊:汉初杰出的政论家和文学家。二十多岁时被汉文帝召为博士,随即提升为大中大夫,力主改革政弊,为权贵所忌,贬为长沙王太傅。英年早逝。淹:久留。

(5)摛骚:写作《离骚》。

(6)颜回:字子渊,孔子得意弟子。"一箪食,一瓢饮,在陋巷",清贫自守,不改其乐,深得孔子器重。

(7)夷齐:伯夷、叔齐。商末孤竹国王子,相互让位不成,先后出走,又中道相逢。去投奔周文王,文王已死,适逢武王伐纣,劝阻不成,双双隐居首阳山,耻食周粟,最终饿死。不世:生不逢时。

(8)文王演易:文王,即周文王。姓姬名昌,为商末周族领袖。封王时,姬昌为西伯,曾被囚于羑里(故址在今河南汤阴北)。传说他在被囚期间曾经推演易理而成《周易》。

(9)周公:周武王之弟,名旦,为西周初年政治家。因采邑在周(故地在今陕西岐山北),史称周公。曾助武王灭商,建立周王朝。武王死,成王年幼,由周公辅政。管叔、蔡叔勾结武庚反叛周朝,周公出师东征平定了叛乱。后建洛邑(今河南洛阳),作为东都。有人造谣,说他要夺取王位。他为了避谣,离开镐京,避居东都。他最大的功绩是为周王朝制定了一套礼乐制度。

(10)栈阁:即栈道。崚巇:山势陡峻高险的样子。

(11)哓哓:惊恐之声。诗中指猛兽嚎叫声。

(12)翳翳:昏暗不明。

(13)柳下惠:姓展,名获,字禽。春秋时鲁国大夫,禽邑在柳下,谥惠,世称柳下惠。曾为士师(典狱官),因执法不避权贵,三次被黜。与伯夷并称夷惠。

怀杨殿撰用修三首(1)

万里滇池上,乘龙太史来(2)。汉文终有道,何日赐环回(3)?

昭代天仙子,谁怜流夜郎(4)。梦中颜色好,落月满空梁(5)。

翼翼子云亭,殖殖相如宅(6)。何日引鸾过,一歌锦江碧(7)。

【注】

(1)杨殿撰:杨慎,字用修,号升庵,四川新都人,明代名相杨廷和之子。正德时举进士第一,授翰林院修撰。嘉靖时仕至经筵学士。著述之富,明代第一。胡缵宗贬嘉州时,与杨慎结为挚友。殿撰:翰林院修撰别称。

(2)滇池:湖名,位于昆明西南,诗中指杨慎流放地。乘龙:骑马。太史:习惯上称翰林为太史。

(3)汉文:汉文帝刘恒,待贾谊不薄。故曰"有道"。诗中以贾谊喻杨慎。赐环回:颁诏召回杨慎,复其旧职。环回:犹循环,周而复始。

(4)昭代:政治清明的时代。天仙子:指谪仙李白。一心报国,却因主帅李璘与唐肃宗争夺帝位兵败受牵连,被流放夜郎。

(5)"梦中"句:化用杜甫《梦李白》二首:"落月满屋梁,犹疑照颜色。"

(6)翼翼:严正之貌。子云:西汉辞赋家杨雄字。子云亭,在四川郫县杨雄故里。殖殖:平正貌。相如宅:西汉辞赋家司马相如旧居。位于四川临邛,相如当年与卓文君当垆卖酒于此。诗中以子云亭和相如宅比喻杨慎故居,以杨雄、相如暗比杨慎。

(7)引鸾:指驾车。鸾通"銮"。锦江:成都西南。传说濯锦其中,则锦色鲜艳,故名。

东阿道中(1)

农夫不食稻,蚕妇不衣锦。谁家绿纻郎(2),日日高楼饮。

【注】

(1)东阿:古地名,位于今山东谷阳县东北阿城镇。
(2)绿纻:绿色的用苎麻织成的布。

白龙吟四首(1)

朝耕秋无食,暮织冬无衣。侧身夺邻马,也向白龙驰。

四壁何萧萧,有身无处着。驰身事绿林,谁谓白龙乐?

官征朝当输,私征暮当给(2)。寻思投白龙,偷向苍冥泣。

去年田无禾,今年廪无黍。空劳豪吏嗔:"白龙何处所?"

【注】

（1）自注：哀诸偷儿。白龙：山名（按：恒山山峰名）。

（2）官征：官府征收的赋税和徭役。输：缴纳。私征：地方豪强征收的赋税和徭役。

登天柱阁三首⁽¹⁾

其 一

与客上江楼，横江山欲浮。云当天柱出，月傍小孤流。帆外收吴楚，樽前落斗牛。弥漫忽千里，倚槛思悠悠⁽²⁾。

【注】

（1）天柱阁：疑在小孤山上，小孤山素有"江天一柱"的称号。

（2）弥漫：大水貌。

太湖六首

其 一

茫茫四郡尘嚣外，渺渺五湖烟雾中⁽¹⁾。若更无山天地混，纵云有石水云空。澄潭日出渔帆集，遥浦潮平贾棹通⁽²⁾。为谢东庄王相国，金庭玉柱重三公⁽³⁾。

其 四

傍海月生潮不至，缘江路隔浦还连⁽⁴⁾。两山云出东西树，五夜星摇上下天⁽⁵⁾。洞口鳞鳞千顷玉，水心晶晶万家烟⁽⁶⁾。鸟喧花发壶觞乱，太守颓然醉欲仙⁽⁷⁾。

【注】

（1）四郡：指苏州、常州、嘉兴、湖州，均与太湖毗邻。

（2）贾棹：商船。

（3）王相国：指王鏊。鏊，字济之，江苏吴县人。成化间乡试、会试第一，廷试第三，授编修，官至户部尚书、文渊阁大学士。学问赅博，端方有治才。因不堪刘瑾跋扈，求去归田，择居太湖之滨，以著述自娱。卒谥文恪。著有《姑苏志》《震泽集》等。嘉靖间，胡缵宗为苏州守，奉旨数度探望，互有唱酬，此六首作于是时。相国：对宰相的尊称，明代大学士入参机务，位同宰相。金庭：金庭玉柱，金銮宝殿，指朝廷。三公：朝臣中地位最高者。

(4) 缘江:太湖之北有长江,东有吴淞江(一名苏州河)。山人自注:"太平有坝。"

(5) 两山:东西洞庭山。五夜:五更。上下天:天空与水中倒影。

(6) 洞口:指林屋洞口,在西洞庭山。

(7) 太守:山人自称。化用欧阳修《醉翁亭记》:"苍颜白发,颓然乎其间者,太守醉也。"

三十八、刘世纶

刘世纶,生卒年不详,明临洮府岷州卫(今甘肃岷县教场里)人,正德十二年进士,官至户部云南司主事。

闻洮警有感

归计萧条未有期,秋初雨后更凄凄。眼前我负曾参孝,楼上谁传太傅词[1]。塞草风摇千里梦,江天云系两年思。近来好事都成恨,几度钟声夜坐时。

【注】

(1) 曾参:孔子弟子,以孝闻名。太傅:白居易,曾任太子少傅,人称白太傅。

三十九、于敖

于敖，生卒年不详，字伯度，号叠川，临洮府岷州卫（今甘肃岷县中堡村）人，明朝正德年间进士。嘉靖年间，驻汾州，分守冀南。当时强宗内乱，胡虏外侵，军民慌乱不安，莫知所措。于敖指挥军民赶筑外城及四方堡垒，加强防御，盗贼不敢犯。官至巡抚都御史。

铁 城[1]

列嶂崔嵬拥铁城，秋风拂马漫伤情。无人肯说平戎事，禾黍夕阳鸟数声。

【注】

（1）铁城：铁城堡，位于今岷县北八十里。

四十、张万纪

超然台有怀椒山年兄[1]

登临岌嶪郡之东,叠嵼长河簇望同[2]。抗疏客来龙阁会,传经人去凤台空[3]。犹怜洮水春残绿,依旧岩花霁后红。迟伫新祠生百感,孤臣无地学冥鸿[4]。

【注】
(1)超然台:位于临洮县城东岳麓山山巅,宋代所筑,杨继盛被贬为临洮典史时,于其上修建超然书院,并亲自执教。椒山:即杨继盛,字仲芳,号椒山,河北榕城人。因阻仇鸾开马市,被贬为临洮府狄道县典史。在临洮为百姓办了许多实事,深受百姓爱戴。不久起用,弹劾权奸严嵩五奸十大罪,下狱被杀。有《杨忠愍集》。
(2)岌嶪(jí yè):高峻貌。叠嵼:重叠的山峰。嵼(yǎn),大山上的小山。
(3)抗疏:上书直言。龙阁,有飞檐的楼阁。引椒山为同调,希冀相会。传经:传授经典,指杨继盛修建超然书院并为生徒授课事。凤台:代指杨继盛故居。
(4)孤臣:孤立无助或不受重用的远臣,这里是自指。冥鸿:高飞的鸿雁,喻避世隐居之士。典出汉扬雄《法言·问明》:"鸿飞冥冥,弋人何篡焉。"

临江仙·游西岩寺效陈简斋体[1]

一

忆昔琼林宴上饮,榜中多少豪英[2]。宫花斜插绿罗轻。文昌传玉酒,吹彻紫箫声[3]。四十年来如一梦,此身虽在堪惊。闲登浦阁美新晴。心上无限事,孤月对人明。

二

忆昔追趋青锁闼,省中多少豪英[4]。皂囊清昼漏无声[5]。大官供绮食,醽醁玉樽横[6]。

天上归来成底事,此情耿耿谁明?迟回岩槛俯江汀⁽⁷⁾。簸扬都已异,云静浪花平⁽⁸⁾。

【注】

(1) 西岩寺:位于临洮县城西西山上。陈简斋,指宋代诗人陈与义,简斋其号。陈简斋体,指宋代陈与义的诗歌风格。学习杜甫,关注现实民生,重意境、擅白描,风格沉郁悲壮。

(2) 琼林宴:宋太平兴国九年至政和二年,天子均于琼林苑赐宴新进士,故称。后世赐宴虽非其地,然仍袭用其名。

(3) 文昌:官署名,尚书省的别称。

(4) 青锁闼:宫门。借指皇宫;朝廷。

(5) 皂囊:黑绸口袋。汉制,群臣上章奏,如事涉秘密,则以皂囊封之,指密封的奏章。

(6) 大官:少府属官,掌握膳食,九卿之一。绮食:美盛的食品。醽醁(líng lù):美酒名。

(7) 迟回:徘徊观望。岩槛:石栏杆。

(8) 簸扬:扬去谷物中的糠秕杂物,比喻颠簸动荡,人生仕宦之沉浮。

四十一、金銮

金銮(1494—1587),字在衡,号白屿,明巩昌府陇西人,终身不仕。著名散曲作家,诗人。著有《金白屿集》《萧爽斋(一作阁)词》《徙倚轩集》《萧爽斋乐府》等。钱谦益《列朝诗集小传》称其"诗不操秦声,风流宛转,得江左清华之致"。散曲成就更在诗歌之上,明代何元朗《四友斋丛说》评其曲曰:"南都自徐髯仙后,唯金在衡銮最为知音,善填词,嘲调(按:潮调之误,南戏声腔之一)小曲极妙。每诵一篇,令人绝倒。"吕天成《曲品评》云:"金白屿响振江南。"

春城曲

雨余芳草远萋萋,春暖游人信马蹄。日暮画楼归去晚,落花香里路东西。

雨霁山城闲步⁽¹⁾

春雨百花生,春游及雨晴。路从天外出,人在画中行。山气连城合,江流到海平。暖风三十里,吹入笑歌声。

【注】

(1) 雨霁:雨过天晴。

泊淮上

愁轻游冶兴⁽¹⁾,老重别离情。野戍寒更尽,河桥春水生。断云疏雁影,残月乱鸡声。明发应千里,萧萧过楚城。

【注】

(1) 游冶:出游寻乐。

除 夕

还忆去年辞白下,却怜今夕在黄州⁽¹⁾。空江积雪添双鬓,细雨疏灯共一楼。世难久拚鱼雁绝,家贫常为稻粱谋⁽²⁾。归来故旧多凋丧,愁对东风感壮游。

【注】

(1) 白下:古地名,在今江苏省南京市西北。唐移金陵县于此,改名白下县。后因用为南京的别称。

(2) 世难:当世的灾难、祸乱。久拚(pīn):长久挣扎。鱼雁:鲤鱼和鸿雁,代指书信。

【北双调】沉醉东风·忧旱⁽¹⁾

我则见赤焰焰长空喷火,怎能够白茫茫平地生波!望一番云雨来,空几个雷霆过,只落得焦土烰烰煮海煎河⁽²⁾。料着这露水珠儿有几多?也难与俺相如救渴⁽³⁾。

【注】

(1) 北双调:曲调名。沉醉东风:曲牌名。下同。

(2) 烰烰:煎炒或烘干貌。

(3) 相如救渴:汉司马相如患有消渴疾,后即用"相如渴"作患消渴病的典故。这里比喻因苦旱而忧心如焚,五内焦渴。

【北双调】河西六娘子·闺情

海棠阴,轻闪过凤头钗。没人处,款款行来,好风儿不住的吹罗带。猜也么猜⁽¹⁾,待说口难开,待动手难抬,泪点儿和衣暗暗的揩。

【注】

(1) 也么:句中语气词,无意。

【南商调】黄莺儿·秋雨

点点滴空阶,透幽窗恼病怀,枕边正觉无聊赖。离尊怕开,乡书懒裁,芭蕉声里垂杨外。梦初来,被他禁害,和泪下阳台。

【南商调】黄莺儿·秋风

何处响琳琅,渐轻飚送晚凉,隔窗吹过芙蓉帐。飘飘绕廊,萧萧满堂,采莲人正在秋江上。采莲腔,一声声吹向,犹恨隔潇湘。

【南商调】黄莺儿·秋露

清泪滴婵娟,堕琼珠颗颗圆,几回立遍闲庭院。香凝翠钿,凉生绮筵,芙蓉冷落残妆面。望甘泉,君恩渐远,渴杀病文园[1]。

【注】
（1）文园：指汉司马相如,因司马相如曾任文园令。

【南商调】黄莺儿·新月

又见挂城头,递微明过小楼。凭栏渐近黄昏后,双眉敛愁,孤形暗羞。梅梢瘦影新凉透。拭吟眸,几番醉醒,错认作钓诗钩。

【南商调】黄莺儿·咏燕

花落燕飞来,弃高梁过小斋。当时故主今还在,门儿半开,帘儿半抬。声声只向茅檐外。莫疑猜,绿杨庭院,还是去年栽。

【南商调】黄莺儿·咏蝶

花落蝶飞频,绕园林雨正昏,可怜粉谢胭脂褪。残英满村,余香满身,东风怨杀吹花信。引芳魂,石家金谷,别是一番春。

【南仙吕】一封书·闲适四首

清溪畔小舟,趁西风下浅流。绿杨外小楼,带斜阳映远洲。半襄好梦三更雨,一笛清商万顷秋⁽¹⁾。任沉浮,随去留,与我忘机是白鸥⁽²⁾。

清溪畔小堂,四壁虽空书满床。碧岩下小窗,半世虽贫酒满缸。好山有意常当户,明月多情远过墙。伴诗狂,与酒狂,唾向西风枕簟凉⁽³⁾。

清溪畔小园,任荒芜种几年。黄庭伴小笺,任生疏写半篇⁽⁴⁾。分来红药春前好,摘去青葵雨后鲜。又不颠,又不仙,拾得榆钱当酒钱。

清溪畔小庵,奉如来灯半龛⁽⁵⁾。黄茅下小潭,照楞伽月半函⁽⁶⁾。何须野老通经典,只与邻僧供笑谈。也装憨,也戒贪。是个闲人好放参。

【注】
(1) 清商:商声,古代五音之一。古谓其调凄清悲凉,故称。
(2) 忘机:忘掉世俗的机巧之心,淡泊名利,与世无争。
(3) 枕簟:枕席。
(4) 黄庭:《黄庭经》,道教经典。
(5) 龛:供奉佛像或神位的小阁子。
(6) 楞伽:《楞伽经》,佛教经典,大乘禅宗早期经典之一。函:装书的匣,盒子。

【北中吕】朝天子·怀楚中故人

斜阳,野航,西风短樯夜夜闻渔唱。洞庭千里带潇湘,有多少闲风浪。新酒多情,故人无恙,望天涯成梦想。武昌,汉阳,今古空相向。

【北中吕】朝天子·秋灯

长檠,短檠,孤焰小寒窗静。空斋犹自对残更,看瘦影怜衰病。白发无情,青毡有幸,共消磨已半生。酒醒,梦惊,照几处人孤另。

汤沂东海上凯歌⁽¹⁾

【北双调新水令】元戎十月凯歌旋,定天山止凭了三箭。剑横征袖冷,血染战袍鲜。扫荡了瘴海蛮烟,齐列着太平宴⁽²⁾。

【驻马听】想当初蔽日遮天,百里旗旓冲即断。奔雷逐电,两行衣甲射皆穿。秦兵自合笑苻坚,楚人未可轻王翦。这期间功最显,赤紧的东风又与周郎便⁽³⁾。

【雁儿落】他他曾身当着虎豹关,今日个手捧定蛟龙券。他他曾阵开着鱼龙图,今日个名列在麒麟殿(4)。

【得胜令】单倚着三尺旧龙泉,一柱可擎天。白玉腰带间,黄金肘后悬。凌烟,破胡虞张仁愿;燕然,却秦军鲁仲连(5)。

【甜水令】也是他锐意三边,威声万里,丹心一片,眼见的沧海变桑田。见而今画戟朱轮,玉关金锁,纶巾羽扇,落得个清露饮貂蝉(6)。

【川拨棹】常只是掌威权,剖三刑明六典。还自待拔俊登贤,济困扶颠。把圮上兵书一卷,保皇图咸宴然(7)。

【梅花酒】耳听着帝王宣,戎马翩翩,征鼓阗阗,笑语喧喧。况值着丰稔年,边塞上枕戈眠。把妖氛都尽卷,瞻舜日乐尧天,歌君德颂臣贤,归农业复民廛,靖疆域清川原,时雨降惠风扇(8)。

【收江南】我则见壶浆十里涌清泉,笙歌百对满楼船,丈夫意气小祁连。看收兵罢战,春风环佩好朝天(9)。

【注】

(1) 汤沂东(?—1576),名克宽,字沂东,邳州(今江苏睢宁西北)人,明朝抗倭名将。

(2)"定天山"句:借用薛仁贵三箭定天山的故事,赞美汤沂东海上凯旋的赫赫战功。瘴海蛮:南方海盗,这里指倭寇。

(3) 苻坚:十六国时期前秦皇帝,前期任用王猛为相,励精图治,统一黄河流域。383年,不听劝告,亲率大军进攻东晋,在淝水大败。王翦:战国时秦将,率六十万人伐楚,秦王送至灞上。临别,翦请美田宅园池甚众。既至关,又五度遣使请善田。人或责其乞请太过,翦曰:"不然。夫秦王怛而不信人,今空秦国甲士而专委于我,我不多请田宅为子孙业以自坚,顾令秦王坐而疑我邪?"赤紧的:犹言想不到,没料到。

(4) 麟殿:汉宫殿名。这里指麒麟阁,汉代阁名,麒麟阁先后供奉了霍光等十一位功臣。

(5) 龙泉:宝剑名。凌烟:指凌烟阁。唐太宗李世民为怀念当初一同打天下的众位功臣,命阎立本在凌烟阁内描绘了二十四位功臣的图像,褚遂良题之,皆真人大小。张仁愿(?—714),本名仁亶,华州下邽(今渭南市临渭区下吉镇)人,唐朝名将。燕然:山名,这里代指鲁仲连助田单击退燕国事。鲁仲连又名鲁仲连子、鲁连子、鲁仲子、鲁连,是战国末年齐国稷下学派后期代表人物,著名的平民思想家、辩论家和卓越的社会活动家。前284年,燕将乐毅率五国联军横扫齐国,半年内攻下齐七十余城。鲁仲连在帮助田单收复失地的战争中,建立功勋。赵孝王九年(前257),秦军围困赵国国都邯郸。迫于压力,魏王派使臣劝赵王尊秦为帝,赵王犹豫不决。鲁仲连以利害说赵、魏两国联合抗秦。两国接受其主张,秦军以此撤军。这里以张仁愿和鲁仲连喻汤沂东功勋卓著。

(6)三边：古称幽州、并州、凉州为三边，后泛指边疆。貂蝉：貂尾和附蝉，古代为侍中、常侍等贵近之臣的冠饰，泛指显贵的大臣。

(7)三刑：古代星相家将十二支与五行四方相配，据其生克之理以推凶吉。子卯为一刑，寅巳申为二刑，丑戌未为三刑。凡逢三刑之地则凶。六典：谓古代六方面的治国之法。圯上兵书：指秦末张良与一老父相遇并受《太公兵法》之事，事见《史记·留侯世家》。宴然：安定貌；平安貌。

(8)民廛：即市廛，店铺集中之处。

(9)壶浆：茶水、酒浆。以壶盛之，故称。

四十二、杨恩

杨恩(1524—1623),字用卿,号凤池,明巩昌府陇西人,万历二十三年进士。曾任户部主事。著有《渭滨集》《草堂集》《元亭集》《农谈乐府》及《巩昌府新志》。

南山樵

斫月挑云下碧空,朝来薪挂满城中。停车试问腰斤者,恐有贤人卧远峰。

拾菜歌

朝携一筐出,暮携一筐归。十指欲流血,且济眼前饥。官仓岂无粟?粒粒藏珠玑。一粒不出仓,仓中群鼠肥。

纳粮户

纳粮户来何其难,进城杂差非一端。铁绳麻索挣扎锁,差人分去手中钱。钱尽脱身犹无路,借债典衣无所措。甫能身脱衣尽剥,视城犹如鬼门路。催头科头任意收[1],卖男卖女谁能顾。公私耗尽名色多,几曾毫厘登官簿。年年分数不及额,欠粮不是纳粮户[2]。

【注】

(1)催头:封建社会中官府指定催征钱粮的人。科头,谓不戴冠帽,裸露头髻。
(2)"欠粮不是纳粮户",揭示了官吏横征暴敛,中饱私囊的现实。

四十三、朱衣

朱衣(1541—1612),字章木,号墀,明代岷州(今岷县)人。万历三年考中进士,官至山西提刑按察司副使,授忠宪大夫。长期与戚继光共事,曾参谋修筑喜峰至潘家口长城。

贺李将军平番(1)

几向辕门看射雕,风流不数霍骠姚(2)。才闻遗孽金戈横,旋见丰功铜柱标(3)。部曲营连老鼠寨,凯歌声送野狐桥(4)。宕渠多少行人过,鸡犬无惊归暮樵(5)。

【注】
(1) 李将军:不详。平番:平定少数民族叛乱。
(2) 霍骠姚:指西汉抗击匈奴名将霍去病。以其受封骠姚校尉故名。
(3) 铜柱:铜制的记录表彰重大功勋的柱子。
(4) 部曲:古代军队编制单位。大将军营五部,校尉一人;部有曲,曲有军侯一人。老鼠寨:在今陇南宕昌境内。野狐桥:又名殪狐桥,位于今漳县境内。
(5) 宕渠:古县名,西汉置。治所在今四川渠县东北。

大别山(1)

江门龟鹤万年雄,下瞰江流日夜东(2)。雷转春阴巴雪下,练澄秋色楚陂空。石梁欲接潼关隘,铁锁终销战炬红。经阁芸楼新结构,白云常在此山中(3)。

【注】
(1) 选自《武汉地方志》。大别山又名鲁山。
(2) 龟鹤:龟山和黄鹤楼。
(3) 芸楼:书楼。

南河渡[1]

金兵渡黄河,杀气填南海。吁嗟景陵城,不破复何待[2]!多谢曹摄军,临难色不改[3]。指挥党仲昇,保有南河在[4]。至今鄂汉间,天地流光彩。

【注】
(1) 南河渡:南河古渡位于汉川市南60里的龙门山下,其渡以汉南支津自旧港至东、经蔡甸入汉江,古代在龙门山设有渡口,故名南河渡。南河渡是古代通往潜江、沔阳的一处船码头,并为汉川南隅的一处重要交通关隘,后来逐渐发展成为一处集镇。
(2) 景陵:古县名,即今湖北省天门市。据《汉川县志》记载,1206年,金人又入侵,来势凶猛。围困安陆,侵犯景陵(天门),闯入汉川,逼近汉阳。官兵无力抵抗,百姓逃往江南。
(3) 摄军:汉阳府掌管军事的官员曹彦约。
(4) 仲昇:汉川(今陕西汉中市)人,南宋将领。

兴国寺[1]

其 一

寺外春江晴可怜,访僧江寺万花鲜。春风岁岁看花伴,只与高僧共酒船。

其 二

殿前古柏禹王栽,坡老诗成树已摧[2]。古道荆榛谁爱惜,不知曾有圣人来[3]。

【注】
(1) 兴国寺:指武汉太平兴国寺,位于武汉龟山风景区。
(2) 坡老:苏东坡。
(3) 圣人:指大禹。

题仙女山[1]

长夜襄王梦,浮云宋玉才[2]。渔樵墟楚野,豺虎窟阳台。八骏悲何及,三旬去不回。岂应追覆辙,江汉至今哀。

【注】

(1) 仙女山国家森林公园,地属武陵山脉,位于重庆市武隆县境乌江北岸。按:据内容推断,应该为神女峰(亦名神女山),巫山十二峰之一。

(2) 战国楚宋玉《高唐赋》序:"昔者先王尝游高唐,怠而昼寝,梦见一妇人,曰:'妾巫山之女也,为高唐之客,闻君游高唐,愿荐枕席。'王因幸之。去而辞曰:'妾在巫山之阳,高丘之岨,旦为朝云,暮为行雨,朝朝暮暮,阳台之下。'"

四十四、杨行恕

杨行恕：狄道（今甘肃临洮）人，字本忠，号岳麓。过目成诵，能诗赋，亦能书。万历三十七年（1609）举于乡；天启二年（1622）中殿试三甲一百二十一名进士，入翰林。年31岁卒，时人惜之。著有《温玉亭诗文集》。

莲峰第一台[1]

天削莲峰第一台，芙蓉四面望中开[2]。松围石磴盘云上，袖拂天花带雨来。呼吸信能通帝座，肝肠顿觉洗尘埃。孤怀耿耿惊苍鬓，极目千山首重回[3]。

遥空飞洒白蒙蒙，望里凭高失远峰。浩气似藏神女观，风声疑过大夫宫。烟笼色界迷群象，水散昙花浴九龙[4]。寤寐已通霄汉上，却回清梦到晨钟。

【注】

(1) 莲花山：位于甘肃南部的康乐、临潭、卓尼、渭源四县交界处的崇山峻岭之间，地处洮河上游。莲花山古称西崆峒，早在明初就辟为佛、道教名山。这里群峰俊秀，犹如莲瓣，顶峰高耸、恰似莲蕊，整个山峦岚气笼罩，满目绿海，酷似一朵初绽的莲花盛开在绿波翠色之中。

(2) 芙蓉：莲花。

(3) 孤怀：孤高的情怀。

(4) 色界：佛教语。三界之一。在欲界之上，无色界之下。有精美的物质而无男女贪欲。

首阳山[1]

东避悬旗惨，投荒西采薇[2]。若云雷首是，不合近周畿[3]。

【注】

(1) 首阳山：首阳山位于渭源县东南 34 公里的莲峰镇张家滩村和古迹坪村交汇处,详《采薇歌》注。

(2) 悬旗：概指周武王竖起的伐纣大旗。

(3) 雷首：山名,位于山西蒲坂河曲之中,原名雷首山或首山。天下六处首阳山,此其一。不合：不应该。周畿：周代首都镐京附近。畿,古代称靠近国都的地方为畿辅、畿辇、京畿。

货郎洞⁽¹⁾

世上奔忙处,君同行脚僧。归来担方弛,仙骨已崚嶒⁽²⁾。

【注】

(1) 货郎洞：渭源莲峰山景区之一,相传有货郎坐化于此,故称。

(2) 担方弛：刚刚放下扁担,"死"的代称。崚嶒：形容山势高峻。

香　山

翠阁云来倚,丹梯天可攀。轩留临御墨,径锁入禅关⁽¹⁾。孤月林初静,空山梦亦闲。自惭霜鬓白,春羡柿斑斑。

【注】

(1) 御墨：帝王写的字。禅关：比喻悟彻佛教教义必须越过的关口。

佛沟寺晤灵峰上人⁽¹⁾

野寺春山阴复晴,烟光草色递微明。青天半插峰云迥,白雪常涵涧水清。却避风尘才放眼,仍耽诗酒未逐名。飞扬跋扈终何事,只合山僧共结盟。

【注】

(1) 佛沟寺：古寺名,旧址在定西内官营镇,有"佛沟圣水"遗址,旧时列为定西八景之一。据明万历《安定县志》载："小沟有泉一泓,深三十尺,以砖壁形八角,经数百年不浚,泉无消长,因名圣水。"灵峰上人：明代定西高僧悟瑁法师(俗姓傅),曾主持崇福、晴烟诸寺。

四十五、潘光祖

潘光祖,生卒年不详,字义绳,号海虞,又号介园。明末临洮府狄道(今甘肃临洮)人,天启五年进士,官至山西参议道按察副使。著有《介园集》《血孤集》《旧孤集》等。

游栖霞寺

十年梦里到名山,今日携筇鬓未斑。作赋有僧应问字,参禅随地可偷闲。江翻白浪船轻过,寺入丹霞鸟倦还。坐卧此中堪避世,一瓢松下弄潺湲。

四十六、关永杰

关永杰(？—1642)，字人孟，号岳华。明朝巩昌府陇西人，官至兵部武选司主事。驻守陈州，李自成义军攻破陈州，关永杰战死。著有《岳华集》《晴云亭诗草》。

题莲峰山货郎洞

千仞峰岩碧汉端，货郎从此坐蒲团[1]。乾坤静会虚无性，日月闲抛赤白丸。地下松柏成琥珀，壁间书翰尽琅玕[2]。愁烦担子谁挑起，罔使山僧冷眼看[3]。

【注】

（1）碧汉：碧天银汉的合称，即天空。蒲团：指以蒲草编织而成的圆形、扁平的坐垫，又称圆座。乃僧人坐禅及跪拜时所用之物。

（2）琅玕：似珠玉的美石，比喻珍贵美好之物。

（3）"愁烦"句：意为自觉担负起天下众生之烦恼，以普度众生为己任。罔使：不要让。

续题货郎洞（二首选一）

千仞山头一径斜，货郎曾此认仙家。长松无价凭猿挂，叠嶂余岚任客赊。奇货惟居春日蕨，慢藏欲市晚峰霞。多争叫寡浑闲事，谁傍青门学种瓜。

夷齐祠[1]

二士当年自采薇，孤踪万古尚依稀。松描饥骨春长瘦，草偃清风秋自肥。荒冢深山栖野雾，新祠半夜挂寒辉。词人莫用愁孤竹，镐雒周京久式微[2]。

【注】

(1) 夷齐祠：亦名"清圣祠""夷齐庙"，明代建于首阳山五台湾，明末为了官员祭祀方便起见，改建于阳坡里，后毁于兵燹，大约在清初，始将夷齐庙迁修到现在的享堂沟，并更名为"清圣祠"。

(2) 孤竹：见"伯夷叔齐"简介。式微：国家或世族衰落。

南庄客至

村舍荒凉绝送迎，何劳车马望门行。特邀飞雾张帷幔，更倩啼莺弄管笙。借酒偏生邻犬吠，逐鸡却引水鹅惊。虽然野外无兼味，试听吟风嘉澍声[1]。

【注】

(1) 嘉澍：好雨；及时雨。

关山居人

结茅深山里，停鞭暂曲肱[1]。人稀蛛网户，夜静鼠窥灯。雾去怜松秃，风来畏塔崩。不将文字义，索句向山僧。

【注】

(1) 曲肱：典出《论语·述而》："饭疏食饮水，曲肱而枕之，乐在其中矣。"谓弯着胳膊作枕头。后以"曲肱"比喻清贫而闲适的生活。

柳

陈州城外柳，枝叶尽摧残。不是赠离别，饥民独自餐。

四十七、王予望

王予望(1606—1686),明末清初巩昌府(今甘肃陇西)人,原名家柱,明亡后改名予望,晚年又改名了望,字胜用,一字荷泽,号绣佛头陀。著有《风雅堂文集》。

癸巳腊月都门春

日驭劳今古,忙如流水回[1]。东风歇不住,年里又吹来。

【注】

(1) 日驭:指古代神话中为太阳驾车的神,这里指太阳。

平原镇苦雨

岂是帘纤雨,通宵不住声[1]。何当独宿客,只听到天明。

【注】

(1) 帘纤雨:细雨。

庆云道中宿僧舍[1]

平林过不尽,倦足喜安禅。虎啸风声稳,僧高睡气全。声名浮处老,儿女静中缠。无寐成飞鸟,骋怀破暝烟[2]。

【注】

(1) 庆云:县名,位于山东省西北部,隶属于山东省德州市,北靠京津,南依济南。
(2) 飞鸟:比喻思绪翻飞。骋怀:让情怀尽情展开;放开胸怀。暝烟:傍晚的烟霭。

闽中梵天寺送同学黄曙声[1]

故人别未老,留饯倚长松。云湿毗卢顶,石蹲罗汉峰[2]。椒兰窥旧志,海岳起心胸[3]。万里归帆影,猿声幸不通。

【注】

(1) 梵天寺:位于大轮山南麓,为福建省最早佛教寺庙之一,创建于隋代开皇元年(581),原名兴教寺,有庵七十二所,宋熙宁二年(1069)合为一区,赐名"梵天禅寺"。此诗疑为在闽中任同安县令时所作,同时有《庚子闽中清明日游梵天寺》诗二首。

(2) 毗卢:即毗卢遮那佛。汉译"大日如来",是佛教密宗至高无上的本尊,在密宗中称为法身佛。在金刚界和胎藏界的两部曼荼罗(坛城之意)中,大日如来都是居于中央位置,即为根本佛,代表一切佛,佛母,菩萨摩诃萨的法性身。

(3) 椒兰:椒与兰。皆芳香之物,故以并称。比喻美好。

辛亥除夕[1]

百花洲上颇经春,罗汉峰前悟此身[2]。今夕已怜单坐客,明朝况是来年人。

【注】

(1) 此诗作于康熙十年(1671),此时作者客居在外。

(2) 百花洲:南昌地名。《南昌府志》云:"县(宜黄故城)本黄填镇,水东有百花洲,宋初置城于此,今犹谓之旧县城。"罗汉峰:《南昌府志》云:"曹山,在县(黄山县)北三十里,本名荷玉山,巅有罗汉峰,下有三潮泉。"

辛亥九月初四寿友人

老来诗兴浅,君适又生辰。颇有青云愿,争如白发人[1]。眼非霜后冷,腰共菊边伸。五日重阳到,风须破帽匀。

【注】

(1) 争:通"怎"。

仁寿山作

红瘦花间类我身,绿虽肥处总伤神。此游不免山灵笑,老态如今都让人。

陇干正月七日闻雁[1]

新声何处望,别雨忽经年。芳草恰难问,春云正自纤。燠寒空塞月,聚散杳江天[2]。侧耳谁为早?乡心适共怜。

【注】

(1) 陇干:即今静宁县。
(2) 燠(yù):热。

四十八、刘甲科

刘甲科,生卒年不详,字荐吾。明清之际陇西诸生,与王予望同时人,当时有双凤之誉。王予望任福建同安县令时,曾辑印《刘荐吾先生诗稿》,并以之示人,皆受称赞,谓其"青莲长吉有嗣响"。卒以穷死。

池 塘

半亩池塘柳线拖,轻轻燕剪点晴波。三三两两争相过,摇得青天水底那[1]。

【注】

(1) 那:通"挪",移动。

卫所废署

官所无人寂不哗,往来鸟雀自为家。于今莫话封侯事,移步孤桐数落花。

四十九、张晋

张晋(1629—1659),字康侯,号戒庵,明末清初兰州府狄道州(今甘肃临洮)人。顺治九年进士。著有《张康侯诗草》十一卷。

渡渭思亲

源从鸟鼠来,去家刚百里。欲寄思亲泪,恨无倒流水。

早 耕

残星照扶犁,将晓山烟重。此时纱橱人,正作梨花梦。

相思曲

其 二

素雪飘飘北雁飞,伤心塞上寄寒衣。如何辛苦经多岁,岁岁岁阑人不归。

其 四

半掩花帏秋恨深,香寒玉冷夜阴阴。谁知细雨阶头滴,滴滴滴愁愁上心。

荣 华

荣华吾所薄,惟有返柴荆[1]。千里塞云淡,半山秋月明。功名如水色,乡里听鸿声。今夜青灯好,相思陇树情。

【注】

(1) 柴荆：指用柴荆做的简陋门户，借指村舍。

岳武穆王庙（其二）

高天吾一望，千古哭英雄。铁马平川黑，花旗野渡红。中原悲落日，南国怨秋风。不到黄龙府，凄凉古汴京。

椒山先生祠[1]（其一）

员外祠堂在，鹃啼春草香。千秋人正色，半夜剑生光。逐客秦川月，孤臣燕市霜。古今逢比意，天地总凄凉[2]。

【注】

(1) 椒山：明人杨继盛，字仲芳，号椒山。杨任刑部员外郎时，权相严嵩擅政，朝臣不敢言。杨上疏劾严十大罪，因而下狱。

(2) 逢比：夏关龙逢和商比干的合称，正道直行却遭受迫害。

大　风

向夕寒风起，入冬衰草黄。关河云气淡，天地雁声长。经济炉存火[1]，飘零剑有霜。一杯驱冷去，谁复问飞扬。

【注】

(1) 经济：生活用度；家境。

舟中新月

扣枻迎新月，秋光散晚晴[1]。云高鸿次序，水静树分明。天地青磷满，江湖白发生[2]。飘零思弟妹，万里一含情。

【注】

(1) 扣枻:划动船桨。

(2) 青磷:人和动物尸体腐烂时,会分解出磷化氢,常在夜间田野中自燃,发生青绿色的光焰,古称"青磷",俗称鬼火。

渔 火

水色含渔火,微茫照远汀。辉辉当夜月,点点比秋萤。岫断烟仍接,天低树不青。有怀吟未稳,上岸数残星。

秋 望

其 二

家世崆峒山下居,每因风雨念吾庐。鱼龙水落霜来后⁽¹⁾,鸟鼠秋高月上初。慈母手中千里线,故人云外数行书。经年未忍西南望,知道青松久笑予。

【注】

(1) 鱼龙:指秋日。化用杜甫《秦州杂诗》之一:"水落鱼龙夜,山空鸟鼠秋。"

其 七

萧萧落木下寒丘,薄暮仍为汗漫游⁽¹⁾。天纵江淹工作赋⁽²⁾,人怜王粲怯登楼⁽³⁾。龙鸣双剑心空烈,雁掠孤帆影亦秋。别有凄凉谁可解,少年何事喜封侯?

【注】

(1) 漫游:世外之游,形容漫游之远。

(2) 江淹(444—505):字文通,宋州济阳考城(今河南省商丘市民权县程庄镇江集村)人,南朝政治家、文学家。

(3) 王粲(177—217):字仲宣,山阳郡高平县(今山东微山两城镇)人,东汉文学家。

长安(其六)

王孙去后草萋萋,未忍青郊散马蹄。八水烟花春树外,诸陵风雨古城西⁽¹⁾。绮兰殿废垂杨锁,太液池荒怪鸟啼[2]。唯有终南山色在,晴楼一望暮天低。

【注】

(1) 八水:西安古称长安,自古就有"八水绕长安"一说。八水指的是渭、泾、沣、涝、潏、滈、浐、灞八条河流,它们在西安城四周穿流。诸陵:长安有汉陵11座,唐陵20座,另有黄帝陵、秦始皇陵等。

(2) 绮兰殿:汉代宫殿名,汉景帝妃王美人所居,原名崇芳阁,后改名绮兰殿。太液池:皇家池苑。

梅　花

其　八

幽香潜发小窗西,无计回春叹久羁。到底真心难吐尽,至今傲骨未曾低。只缘世外贪山水,误被人间乱品题。莫笑岩阿皆捷径,羞随桃李浪成蹊。

其　十

寒威栗烈冻难开,尚有芳心久不灰。岁月多情留末路,风霜刻意炼奇才。一枝借我栖方稳,万里思君梦欲来。抱璞经时还自若,春园应许探春回。

寄孺登友梅二先辈

二仲疏人事,耽玄共一亭。花围深寺静,禾秀故山青。岁月消棋局,乾坤任酒经。秋来应笑我,冷落旧渔汀。

河上作

兴发临流足浩歌,晴烟不断锁长河。天从一镜心中出,人向双虹背上过。酒气嘘来山势润,箫声翻入浪花多。狂吟欲进深潭曲,惊起苍龙可奈何?

古诗十三首选二

其　六

西山爽气佳,四围青不绝。拄笏望遥深,其中信高洁。老僧卧白云,不问玄黄血。石磬一声寒,寂寂无可说。我欲往从之,嗅冰复嚼雪。竹月与梅风,聊以遂吾拙。谁能昧性灵,而去附炎热!

其十二

野老一吞声,此生何太苦!驱牛上山去,不解耕何处。门前催租人,下马气如虎。携来杻械物,多于镈犁数⁽¹⁾。四顾无长策,含愁卖田鼓⁽²⁾。长天四五月,何以保子妇?哀哉田中人,不如太仓鼠!

【注】

(1) 杻械:古代手铐一类的刑具,泛指刑具。镈犁:泛指农具。镈,古代锄类农具。

(2) 田鼓:农人使用的鼓,多用于社祭和催耕。

纪　水

壬辰建申月,大水比怀襄⁽¹⁾。秦陇数百里,秋色天茫茫。清渭失故岸,欲济无舟航。傍沙田万顷,变为鱼龙乡。居民五十家,乃竟罹其殃。年饥犹可备,盗贼犹可防。梦中波涛涌,势来谁能当?浮尸如败叶,东流至咸阳。孤村断鸡犬,唯闻雁声长。有司难坐视,循例报灾伤⁽²⁾。美意岂不贵,阊阖天一方⁽³⁾。勘验动经年,奸吏索酒浆。死者既汩没,生者复周章⁽⁴⁾。不如不上达,反得完官仓。哀哉此流离,谁肯告君王?

【注】

(1) 怀襄:谓洪水汹涌奔腾溢上山陵。典出《书·尧典》:"汤汤洪水方割,荡荡怀山襄陵。"

(2) 循例:依照往例。

(3) 阊阖:原指传说中的天门,这里指朝廷。典出《楚辞·离骚》:"吾令帝阍开关兮,倚阊阖而望予。"

(4) 汩没(gǔ mò):埋没。周章:仓皇惊惧。

乞农书

雨晴山气佳,鸟啼春寂寂。山中四时花,便是野人历⁽¹⁾。将酒乞农书,得之如九锡⁽²⁾。行过愚朴村,见者若亲戚。各出白梨酒,邀我尽滴沥。欲去不相揖,怪人说感激⁽³⁾。叹息古初风,市井何处觅?归去晚萧萧,麦秋凉半壁⁽⁴⁾。

【注】

（1）野人：田野之人，农人。

（2）九锡：九锡(cì)，通"赐"，是中国古代皇帝赐给诸侯、大臣有殊勋者的九种礼器，是最高礼遇的表示。这些礼器通常是天子才能使用，赏赐形式上的意义远大于使用价值。

（3）怪：感到惊奇。

（4）麦秋：指初夏。初夏正是麦子成熟的季节，而秋天是谷物成熟的季节，因此古人引申称初夏为"麦秋"。

醉书吉太丘战袍上

七尺寒铁吉长公，一生羞与俗子同。眼如秋水气如虹，袖中古紫闪青铜。书生破贼大江东，十万骷髅雨濛濛。猩袍血染杏花红，佩印将军如秋虫。归来谒帝明光宫，亲见名字屏当中。世人不解识英雄，争饼攫梨如儿童。我愿长公敛精锋，丈夫为蛇复为龙。我亦能挽十石弓，当与长公乘长风。嗟乎长公善变通，山海之寇正无穷。

九日醉歌

风雨潇潇木叶堕，一年已向愁中过。每逢令节更潸然，檐外寒山秋影破。今日黄花逼眼新，归鸿应笑未归人。高砧捣月劳秦女，残角吹霜动楚臣。月冷霜清天似水，白云西望三千里。乌啼哑哑古城西，蛩响凄凄荒砌里。兄弟登高望故乡，羁魂远逐雁成行。挂冠独愧陶元亮，卖药深惭费长房⁽¹⁾。此际阿谁能戏马，台边湛露传悲罝⁽²⁾。美人比玉翠烟中，胜友如云红树下。齿牙尚在旧牢骚，明镜何须叹二毛⁽³⁾。浊酒癫狂仍落帽，新诗痛快且题糕⁽⁴⁾。迁流大化如飞絮，一秋常抱千秋虑。去年此日共何人，明年此日知何处？同心携手莫相忘，虽赋悲秋意不伤。好把茱萸簪短发，明朝还醉小重阳。

【注】

（1）陶元亮：即陶渊明，字符亮，又名潜，世称靖节先生，浔阳柴桑人。东晋末至南朝宋初人。他"不为五斗米折腰向乡里小儿"，挂冠归隐，躬耕南山。费长房：《后汉书·卷八十二下·方术列传》中载：费长房，东汉方士。汝南（郡治今江南上蔡西南）人。曾为市掾。传说从壶公入山学仙，未成辞归。能医重病，鞭笞百鬼，驱使社公。一日之间，人见其在千里之外者数处，因称其有缩地术。后因失其符，为众鬼所杀。

（2）湛露：《诗经·小雅》中篇名。描写宴饮的场景。这里指宴会。

(3) 二毛：斑白的头发，常用以指老年。

(4) 落帽：典故"孟嘉落帽"之简称，比喻文人不拘小节，风度潇洒，纵情诗文娱乐的神态。典出《晋书·孟嘉传》。题糕：指唐刘禹锡重阳题诗因为五经中未出现"糕"字而不敢用"糕"字的故事。典出邵博《邵氏闻见后录》卷十九："刘郎不敢题糕字，虚负诗中一世豪。"

阮郎归·弹筝

高楼帘卷淡烟平，斜阳半岭明。海棠花下坐弹筝，横波无限情。　　云髻重，苎衫轻，凉风着面迎。荷香榴艳水盈盈，残莺又一声。

浪淘沙·春思

帘外雪将残，人怯春寒。慵拈针线暗眉攒。绣出鸳鸯双浴水，把与君看。　　愁苦日漫漫，闷倚栏杆。月明不照泪痕干。夜夜谁家箫鼓唱，有福贪欢。

浪淘沙·闺情

枕上听啼莺，春睡虚惊。低低偷叫小红英。为我打他别处去，搅梦难成。　　楼外卖花声，嗔恨不平。如何不去大街行。说是春残人瘦也，那得心情。

五十、张谦

张谦,生卒年不详,清兰州府狄道州(今甘肃临洮)人,字牧工,诗人张晋之弟。著有《得树斋诗集》《葭露斋诗集》。

舟行口号

轻烟远接瓜洲渡,细雨低迷杨子桥。薄暮孤舟下春水,钟声闲落大江潮。

树

芳菲随节序,春到是花时。独叹生边地,清明雪满枝。

舟　夜

野宿兼葭岸,还乡梦未迷。江云冲面过,山月去舟低。时序三秋末,行藏万虑齐。孤踪漂泊惯,明日任东西。

寄许铁堂先生⁽¹⁾

辞官犹自在边州,谁识东陵是故侯⁽²⁾?虑思几年成白发,闲身何日到沧州。梁间越燕双双语,塞上青山一一游。但使高怀随世遣,天涯沦落亦风流。

【注】

(1) 许铁堂:见"许珌"简介。
(2) 东陵:即东陵侯邵平,秦亡后隐居长安城东,种瓜为生。

塞上诗

其 一

交河九月天⁽¹⁾,众草尽凋枯。凉风来大漠,中夜割肌肤。列幕向平沙,杀气肃天隅。不闻人语声,但听马相呼。征人对寒月,惆怅立斯须。男儿功不就,奄忽壮岁徂⁽²⁾。

【注】

(1) 交河:交河故城位于吐鲁番市以西约13公里的雅尔乃孜沟中,它最早是西域三十六国之一的"车师前国"的都城。这里泛指边地。

(2) 奄忽:疾速,倏忽。徂(cú):过去,逝。

其 五

少年轻死生,所志在远道。结束向边城⁽¹⁾,杀敌急如扫。边城多风霜,朱颜那易保。功成爵不尊,此身忽已老。中夜抚长剑,歌声何浩浩。歌罢仰高天,激烈伤怀抱。

【注】

(1) 结束:整治行装。

宝剑歌

三尺秋水青芙蓉,鸊鹈寒泉淬利锋⁽¹⁾。十年埋向空山畔,神光直上冲霄汉。风尘鸿洞人逐鹿,匣中夜夜苍龙哭⁽²⁾。拔向星前意气豪,蛟虬犀兕纷腾逃。壮士酒酣舞且歌,蓬蒿日月易蹉跎,英雄老矣奈若何!

【注】

(1) 秋水青芙蓉:宝剑名。张晋《赠刘安东驾部》"秋水芙蓉剑影寒,须眉森秀喜弹冠。"鸊鹈寒泉:泉名,在丰州城西北,今内蒙古五原县境内。胡人常饮马于此。

(2) 鸿洞:虚空混沌;漫无涯际。苍龙:又称青龙,这里指宝剑,即青龙剑。

醉歌行为范阳张梦宽作

生不能长揖谒王侯,纵横计就色扬扬。又不能终岁守穷谷,散发空林友麋鹿。胡为来往大江间,五年奔走空仆仆。大江南北多鼓鼙,白日荒荒豺虎啼。朝出一言夕不见,有才不异犬与鸡。今年饥走淮南道,其时天气秋将老。与子相逢破寺中,对酒长歌声浩浩。更出新诗与我看,风霆魑魅走笔端。读罢转伤行路难,使我感激倍辛酸。今与子年同少壮,中怀磊落屹相向。丈夫冻饿宁足愁,相期齐出青云上。来年我有五陵游,安得与子马并头。相携登华岳之高峰,俯大河之长流。此时意气凌沧州,吁嗟人世徒啾啾!

五十一、王羌特

王羌特(1615—1680),字冠卿,号笠夫、渭滨笠夫、梦醒主人、惊梦主人,伏羌(今甘肃甘谷)人。少通《四书》《孝经》《春秋》大意,有"奇童"之称,远近闻名。顺治五年(1648)拔贡。康熙十二年(1674)奉命从云贵总督鄂善军剿吴三桂。康熙十九年(1680)死于军中。王羌特工诗善书,著有诗集《怕猿闻诗》,今已不传。小说《孤山再梦》一时被辗转相抄,好评如潮。以下诗《刘阮复到天台不见仙》均选自此中。

刘阮复到天台不见仙

再去天台访旧游,还思重话作风流。岂知云雾埋幽径,谁料烟霞隐洞楼。相别无几不记日,隔离已是永千秋。低徊惆怅难寻觅,流水落花空惹愁。

五十二、巩建丰

巩建丰(1673—1748),字文在、子文,号渭川,别号介亭,晚年自称朱圉山人,伏羌(今甘谷)人。历任翰林院检讨、国史馆纂修、云南学政、侍读学士。雍正十年(1732)告老还乡,以讲学著书为乐,学生数百人,人称"关西师表"。著有《日省录》《归田集》《静斋集》《清吟集》《滇南采风集》《就正篇》《一轩小草并清吟》和《静虚南北览胜》等,后由弟子李南晖整理,编为《朱圉山人集》十二卷。

不 寐[1]

市粮腾贵价难均[2],眼见饥民颠沛身。一岁叠荒糠作面[3],十家九空灶生尘。鸠形鹄面忧为鬼[4],背井离乡欲丐人。闻道开仓施户口,怎能涸鲋想涎津[5]?

【注】

(1) 不寐:乾隆十二年(1747),陇上大旱,巩建丰为此不眠。

(2) 腾贵:物价飞涨。均:均衡,这里指稳定。

(3) 一岁叠荒:指一年又一年持续灾荒。

(4) 鸠形鹄面:形容人因饥饿而消瘦的样子。鸠形:腹部低陷,胸骨隆起。鹄面:脸上瘦削无肉。

(5) 涸鲋:即涸辙之鲋。用《庄子》典,比喻处于困境中亟待救援的人。想涎津:希望得到润泽。

素 云

谁洗青天净?奇峰吐缟云。方惊银拍岸,复讶鹤空群。幻出千端缅,嘘成一色文。劝君毋复薄,世事已纷纷。

五十三、吴伯裔

吴伯裔,生卒年不详,字次侯,清兰州府狄道州(今甘肃临洮)人,诗人吴镇祖父。

山居怀人

久为山中人,不识山中路。翠微结茅庐,认取双松树。兹境良已殊,故人在何处。欲及春酒熟,携尔同淹寓。薜荔挽衣裳,不使下山去。

金城怀古

金城虎踞万山中,独上高楼恨不穷。帝子石留鹃泣月,将军泉在马嘶风[1]。岩关地控三边壮,幕府兵连八郡雄。回首长河落日暮,秋怀遥指玉门东。

【注】

(1) 帝子石:指明朝肃王在兰州修建园林事,遗迹尚存,人称"山字石"。将军泉:汉朝骠骑大将军霍去病征匈奴时曾驻军皋兰山,士卒疲渴,霍去病手挥马鞭,连击五下,鞭响泉涌,遂成五泉。

五十四、吴之珽

吴之珽，生卒年代不详，字干玉，号赤谷，清巩昌府陇西（今甘肃陇西）人。康熙拔贡，历任江西婺源、江苏宝应、浙江秀水等县知县。常与王铭、陈长复交游，一时号为襄武三杰。著有《襄武人物志》二十卷。

陇西竹枝词八首

一

莫唱陇西新竹枝，歌声断处尽人悲。今年丰稔足官税，来岁开犁又借籽。

二

陇头三月绿初生，陇上女儿挑菜行。大妇提筐小妇继，春风一路铲刀声。

三

一向东风吹渭滨，梨花开并雪花频。轻纱细葛都无用，棉袄羊裘去踏春。

四

深柳藏村一带斜，熏风弄响叫咿哑。殷勤最是南河女，不踏秋千踏线车。

五

五月青苗作道场，村村迓鼓拜龙王。巫阳抱得灵湫至，一路甘霖作麦香。

六

秋来霖雨急如沙，打入茅檐板屋家。最是北乡泉脉少，庄庄雪窖渗银花。

七

朔风吹面挂寒晖,陇树无枝烟火稀。山下儿童齐唤冻,倒拖竹帚扫莎衣。

八

谁家雪里兴偏豪,牛粪如香烘破窑。得向土床抛叶子,官粮完罢赌烧刀[1]。

【注】

(1) 抛叶子:玩纸牌。烧刀:陇西人谓烧酒为烧刀。

春日登五台

春山何处好,随意上嵯峨。白日风尘少,丹台眺望多。云心归净土,鸟语下青萝[1]。俯仰人天际,烟空手欲摩。

【注】

(1) 净土:指清净国土、庄严刹土,也就是清净功德所在的庄严的处所。狭义的净土专指西方极乐净土,即弥陀净土。青萝:又名松萝,一种攀生在石崖、松柏或墙上的植物。

舟至无锡复观惠泉遂登锡山[1]

尚作浮槎矣,犹余选胜缘[2]。寒林勾晚棹,落日领名泉。寺古禅灯暗,山重石路连。龙岗凭远处,清兴满湖天。

【注】

(1) 惠泉:位于江苏荆门市象山风景区东麓,发现于隋代,传说因山神将其甘泉恩惠于荆门古城的老百姓而得名。锡山:位于江苏省无锡市西郊,是惠山东峰脉断处凸起的小峰,高74.8米,周长1.5公里。

(2) 胜:优美的。这里指美景。

夜月放棹望无锡舟中作

舟行殊未倦,凉月路前修[1]。江水澄于夜,吴天淡入秋。鸟归村寂寂,虫响声飗飗。明发向何处,锡山朝气流。

【注】

(1) 修:长。

舟　行

作吏殊劳甚,舟行颇自由。帆开晴树敞,篷锁雨窗幽。风利云为马,海浮人亦鸥。晚来忽报道,灯火见扬州。

游莲峰山

其　二

夜半山头骤起波,松风撼枕似江河。卧听不敢推窗看,只恐涛声入梦多。

雨中汪口放船⁽¹⁾

万叠青山一水流,桥边风雨放归舟。人家树景连村暗,野渡滩声下濑悠⁽²⁾。罨岸鱼鲜唯鲰鲍,春田麦秀但瓯窭⁽³⁾。萧条异县炊烟夕,目送寒涛动客愁。

【注】

(1) 汪口:位于江西婺源县东江湾镇西部的汪口村,村子三面临水,四周群山环抱,因村前两河交汇,碧水汪汪,故名"汪口"。

(2) 树景:树影。濑,从沙石上流过的急水。

(3) 罨(yǎn):掩映。鲰鲍(zōu bào):小鱼和鲍鱼,这里泛指鱼类。瓯窭:亦作"瓯楼",狭小的高地。

哭杨潜斋先辈⁽¹⁾

一夜星茫陨少微,士林酸楚泪交挥⁽²⁾。书成百卷言犹在,鹤驾三山事已非⁽³⁾。精舍漫听流水去,草堂空见白云飞⁽⁴⁾。即今我有修明志,零落典型叹失归⁽⁵⁾。

【注】

(1) 杨潜斋(1611—约1704),名庆,字宪伯,又字有庆,初号理斋,继号潜斋,又号雍野逸民,陇西学者,明诸生。终身不仕,不慕荣利,不见官府,专心著述,毕身著述一百七十二卷,《大成通志》《佐同录》《参合》《古叶音》四种被收入《四库全书》。《大成通志》《佐同录》为他的代表作。

(2) 少微:星座名,又名处士星。共四星,在太微垣西南。代指处士,隐士。

(3) 三山:传说中的海上三神山,即方丈、蓬莱、瀛洲。

(4) 精舍:僧道居住或说法布道的处所,这里指书斋。

(5) 修明:整治礼仪,使道德人格完美。零落:树木枯凋,这里指失去。典型:榜样。归:归依。

夏月游西岩(1)

一上西岩游兴奢,更寻古寺入烟霞。三春草合无人迹,四月山寒开杏花。生爱泉香流净土,不堪僧尽散恒沙。客来到此浑无住,石火松风自煮茶。

【注】

(1) 西岩寺:位于静宁县八里乡,距县城约三公里。

游 山

偶寄行迹向陇干,兴来随处上屃颜(1)。清泉白石仙游寺,落日秋风马圈山(2)。慷慨人情杯酒外,流连身世梦魂间。合当散发崆峒顶,手注《黄庭》取次删(3)。

【注】

(1) 陇干:古县名,今甘肃静宁。屃颜,险峻、高耸貌。指高峻的山岭。

(2) 仙游寺:仙游寺位于周至县城南17公里的黑水峪口,这里代指西岩寺。马圈山:位于静宁县灵芝乡。

(3) 黄庭:道教典籍《黄庭经》。

息肩亭怀古(1)

息肩亭子漫追寻,为想昔人感慨深。某水某山曾寄兴,一觞一咏自游心。空余雀鸟闲啼恨,未见亲朋更盍簪(2)。二百年来风雅尽,几回惆怅付瑶琴。

【注】

(1)息肩亭：古亭名，位于甘肃静宁。明成化静宁知州祝祥《自题像赞》自称"乃陇干城之旧吏，息肩亭之主人，而鹤权别其号"。

(2)盍簪：亦作"盍戠"。《易·豫》："勿疑，朋盍簪。"王弼注："盍，合也；簪，疾也。"指士人聚会。

春风第一支

陇干绅儒公邀澹园使君赏春，录事学博咸在。予洎同幕并辱相招，偶成一阕，拟付歌儿以志一时之盛会。

嫩草初齐，新香乍觉，共邀明府清酌(1)。南楼瘦老清狂，不负东君旧约。华筵供具，恰好过，竹栏云幕。看韶光、一簇青烟，伸出懒春之脚。　　疏帘外、丹黄联络，芳枝上、管弦索寞。尽教四座谐谭，领取化工旁礴(2)。宾朋南北，有几个佳辰共乐！想人生、会少离多，记取这场酬酢(3)。

【注】

(1)明府：汉魏以来对郡守牧尹的尊称，又称明府君。

(2)谐谭：诙谐幽默的戏言，"谭"同"谈"。化工：指自然的造化者。旁礴：同"磅礴"，广大无边貌。

(3)酬酢：主客相互敬酒，主敬客称酬，客还敬称酢。这里指诗文唱和。

五十五、梁仲元

梁仲元,生卒年不详,清巩昌府会宁(今甘肃会宁)人,康熙时贡生。

会宁怀古诗

其 一

序:《汉书·武帝纪》元鼎"五年冬十月,行幸雍[1],祠五畤[2],遂逾陇[3],登空同[4],西临祖厉河而还[5]"。

当时汉武布雄风,万马西临紫气通。观止无心还祖厉,参元有意上空同[6]。龙车响振空山里,蛇剑光寒雪浪中[7]。英烈于今昭赫濯,年年雁影映长空[8]。

【注】

(1)雍:雍州,见岑参《过渭州经渭水思秦川》注。

(2)五畤:秦汉时祭祀上帝之处。在今陕西凤翔县南。秦时立鄘畤、密畤、吴阳上、下畤,祠白、青、黄、赤四帝。汉初,刘邦增立北畤,祠黑帝,合为五畤。时祭法规定,天子每隔三年在此郊祠一次上帝。

(3)陇:六盘山。

(4)观止无心:走走停停,随意观赏风景。空同:即崆峒山。

(5)祖厉河:黄河上游支流。位于中国甘肃省中部,兰州市东侧。源出会宁县南华家岭。北流经会宁县、靖远县入黄河。因流域地层含盐碱较多,水味苦咸,故又称苦水河。

(6)参元:即参玄,佛教用语,参禅。

(7)蛇剑:剑名,剑身盘曲如蛇,故名。

(8)赫濯:威严显赫貌。

其 四

序:金天兴中,蔡州破,金亡,陇西州郡皆归于元。会州兵马元帅郭虾蟆坐守孤城,元兵并力攻之。虾蟆力不能支,乃集薪州厅,举家自焚,城中无一人降者。

屯云擎火马蹄纷,破竹风声早已闻⁽¹⁾。力尽无能全尺土,心坚有死报先君。黄沙遍地忠魂聚,赤烟腾天鲠骨焚⁽²⁾。快绝南朝李若水⁽³⁾,金人亦有郭将军。

【注】

(1) 屯云:集聚的云气。形容大军压境。

(2) 鲠骨:指刚正不阿的品质。

(3) 李若水(1093—1127):原名若冰,字清卿,谥忠愍,广平曲周(今河北曲周县)人。北宋灭亡,李若水陪同钦宗皇帝赴金营谈判,双双被执,坚贞不屈,被粘罕杀害。被金人称为宋朝唯一的忠臣。南宋高宗建炎初,赠李若水观文殿学士。

五十六、孙昭

孙昭,生卒年不详,字绍衣,号古拙,别号木斋人,巩昌府安定县人。雍正元年(1723)中进士,授广西迁江县(今广西来宾县)知县。后辞官回归故里,讲学于皋兰书院,慕名拜师求教者先后达百人,登科第者盛众。著有《遂初堂诗草》。

独秀石歌[1]

鲈鱼关前独秀石,下有流泉映天碧[2]。年深斑驳老龙鳞,疑是珊瑚出珠泽[3]。嗟我西游癖好奇,但逢山水每踌躅。踌躅缀赏属宾主,举盏千巡亦不辞。醒来登坐石之顶,仰看众星明炯炯。长河夜光飞入来,照见石色碧崔嵬。崔嵬中有数行字,云是宣和七年识[4]。笔陈横回蝌蚪文,诗篇绰有风人思。吟余不觉魂欲飞,徘徊石侧不能归。思之此石亦奇特,此诗定是神人勒。呵护应归冥者司,遭逢岂比寻常得。君不见,禹碑衡山积苔封,援萝攀磴昌黎公[5];周宣石鼓久沉沦,往来罗拾秦川津[6]。及知神物会有时,万年劫石今在兹。石乎,石乎,我欲移之天之阿,巍然五岳环嵯峨,霜凌电烁永不磨。咒之无力驱神魔,石乎石乎奈尔何!

【注】

(1) 独秀石:在漳县境内的秀石关前,有一挺拔峻逸的巨石,兀立于漳河之滨。因其形态秀美,且傲然独立,被称为独秀石。

(2) 鲈鱼关:漳县石门关又称鲈鱼关。

(3) 珠泽:古地名,因产珠而得名。

(4) 宣和(1119—1125):是宋徽宗的第六个年号也是最后一个年号。

(5) 禹碑:即禹王碑,因最先发现于衡阳市衡山岣嵝峰,又称岣嵝碑,镌石崖壁,末有寸楷书"右帝禹制",字体苍古难辨。

(6) 周宣石鼓:又称陈仓石鼓,627年发现于凤翔府陈仓境内的陈仓山(今陕西省宝鸡市石鼓山)。共十只,在每个石鼓上面都镌刻"石鼓文"(大篆),因铭文中多言渔猎之事,故又称它为《猎碣》。石鼓的刻凿年代一直没有定论,韦应物和韩愈的《石鼓歌》认为是周宣王时期的刻石,故称周宣石鼓。

五十七、吴中相

吴中相,生卒年不详,字达叔,号石斋,清巩昌府会宁(今甘肃会宁县城东关)人,主要生活在雍正、乾隆时期。

赏　菊

袅袅东篱下,黄花淡晚烟。风来含露舞,月出抱霜眠。不附三春景,常开九月天。陶翁虽化去,岂竟少人怜。

梅

曾向西南处处栽,疏枝斜影共徘徊。人间热客谁共赏[1],留取寒香伴雪开。

【注】

(1) 热客:冒暑而来的宾客。

五十八、岳钟琪

岳钟琪(1686—1754),字东美,号容斋,原籍清代甘肃临洮(今岷县)人,其父迁居四川成都。历康熙、雍正、乾隆三朝为将,战功卓著,被雍正誉为"当代第一名将",乾隆誉为"三朝武臣巨擘"。戎马之余,喜好吟咏。著有《蛮吟集》《姜园集》《复荣集》等。

出 塞

出塞男儿事,登台喜纵观。草残驱牧远,地阔设防宽。山与云争白,霜同日斗寒。长安何处是,东望雪漫漫。

军中感兴

朔风吹帐卷弓刀,大雪铃辕夜寂寥(1)。万里旌旗开玉塞,三年戎马赐金貂。弓蛇毕竟成疑影(2),斗米何曾惯折腰。未向林泉消积习(3),山灵入梦远相招。

【注】
(1) 铃辕:长官的公署或临时驻地。
(2) 弓蛇:"杯弓蛇影"之简。比喻疑神疑鬼,妄自惊扰。典出应劭《风俗通义·怪神》,应郴请杜宣饮酒,挂在墙上的弓映在酒杯里,杜宣以为杯中有蛇,疑心喝下了蛇,心忧而病,应郴听说杜宣生病后来看望杜宣,杜宣看到墙上的弓后病就好了。
(3) 林泉:山林与泉石,指隐居之地。积习:长期形成的习惯,这里指天性。

抒 怀

豪华往事絮随风,耻向人夸百战功。浊酒未全浇块垒,名花才半绽玲珑。盖棺论待千秋后,大觉迟醒一梦中。读罢《楞严》空万象,六窗掩映月朦胧(1)。

【注】

(1) 楞严：指《楞严经》，是佛教上的一部极重要的大经，可说是一部佛教修行大全。空：佛教用语，万物从因缘生，没有固定的形体，虚幻不实。六窗：即六根，佛教用语，指眼、耳、鼻、舌、身、意六种罪恶之根。

老　马

曾与将军成大功，关山万里逐诸戎。寒冰覆体毛凝白，热血蒸心汗浴红。老剩齿牙难饲秣[1]，瘦存皮骨尚嘶风。年来伏枥沉吟概，愿反知途一效忠。

【注】

(1) 饲秣：喂饲料。

春风后见盆桃有感

其　二

南国桃花已落红，蓟门今始笑东风。漫将迟早争荣辱，都在春光九十中。

浣花溪秋日

白袷西风老薜萝，柴扉键闭免讥诃[1]。衰年肺病过人少，落日秋声到树多。十载功名归战马，三边烽火照明驼[2]。九重若借西凉簿，宝剑犹堪靖两河。

【注】

(1) 白袷：旧时平民的服装。亦借指无功名的士人。薜萝：薜荔和女萝。两者皆野生植物，常攀缘于山野林木或屋壁之上。借指隐者或高士的住所。讥诃：即"讥呵"，讥责非难。

(2) 明驼：善走的骆驼。这里指入侵之敌。

题云栈

长途九月客衣单，楚雨西风故作寒。夹岸野花开似雪，连山霜叶染如丹。盛年已识偷闲好，垂老方知行路难。匹马重来虚壮志，栈云应笑鬓毛残。

五十九、李南晖

李南晖(1709—1784),字仲晦,又字迎旭,号青峰,巩昌府通渭(今甘肃通渭)人。乾隆十三年任四川威远县知县,政绩卓著。回乡后主讲秦州书院。乾隆四十九年(1784)五月十二日在石峰堡事变中被害,时年七十五岁。著有《慎思录》《静观斋诗稿》《憩云集》《活兽慈舟》《天水问答》《读易观象惺惺录》等。

南屏山色[1]

当户见南山,平如青玉案。四时足岚光,侵晓尤璀璨。余霭落城中,横翠染里闬[2]。树影日氤氲,微风吹不断。静者多幻想,入深仰飞翰[3]。清气洗素矜,夐暇谈汗漫[4]。

【注】

(1) 南屏山:位于甘肃通渭县城之南,山顶平整,犹如屏风,故名南屏山。
(2) 里闬:里门,代指乡里。
(3) 飞翰:飞鸟。
(4) 矜:端庄,庄重。素矜:平素所具备的端庄庄重的气质。汗漫:漫无边际。

励兄志

谁论难并古人贤,发奋何须让老泉[1]。金紫寻常行处见,诗书到底是良田[2]。

【注】

(1) 老泉:苏洵号老泉,二十七岁始发奋读书,与两个儿子苏轼、苏辙一起考中进士。
(2) 金紫:指"金印紫绶"。借指高官显爵。

自京回任纪入境一十八韵[1]

寒风伏野草,暖风生春阳。纡绶回金阙,再莅严陵疆[2]。严陵我所治,十载余星霜[3]。锦城一去住,大都复翱翔[4]。父老交叹息,儿童互相望。眷言辎车还,庶几饥渴忘[5]。我行未入境,夹道肃壶浆[6]。邻民数十人,罗拜动连庄[7]。遥遥旌旆来,林林满路旁[8]。邸舍争盈溢,旅宿坐檐廊[9]。隔日越阡陌,衣冠每成行。几上陈盂水,壁上明镜朗[10]。长者前致辞,少者喜洋洋。递城三十里,流应睫不遑[11]。衢巷多歌讴,吹鼓自倾觞。晚衙夜初静,更筹已有常[12]。是夕犬不噪,静对灯烛光。民情我所悉,深怀结惭惶[13]。

【注】

(1)乾隆三十年(1765),李南晖授任四川威远知县。据嘉庆《威远县志》记载:李南晖于乾隆三十七年十月至三十九年正月,奉调(平定金川战役)南路丹东(甘孜州丹东县)督管粮务;又于乾隆三十九年十二月至四十年六月,再次奉调化林坪督管粮务。因督办军粮,功劳卓著,李南晖于乾隆四十一年十一月至四十二年十月,奉调赴省办理报销,并由定西将军阿桂举荐,赴京城参加了平定金川战役庆功会,李南晖也受到了乾隆皇帝的诏见。翌年春自北京回任威远知县时写下了这十八句五言诗。

(2)纡绶:大印。莅:到。严陵:威远县旧名。

(3)十载:清乾隆三十年至四十三年(1765—1778)在任四川威远县知县。

(4)锦城:成都别称。大都,指北京。

(5)眷言:回顾貌。言,词尾。辎车:运送辎重的车。庶几:差不多。

(6)壶浆:茶水、酒浆。以壶盛之,故称。

(7)罗拜:罗列而拜,围绕着下拜。

(8)林林:众多貌。

(9)邸舍:客栈,旅馆。

(10)盂水:盂方水方,比喻在下位的人以上位者为典范。

(11)递:指相互传递信息。流:指人流、人群。不遑:不闲。

(12)更筹:古代夜间报更用的计时竹签。这里指各方面秩序井然有序。

(13)惭惶:惭愧惶恐。

秋夜独酌二首(京师旅邸之作)

其 一

半亩宫南带暮烟,原鸰啼处鸟知还[1]。书传紫树方成喜,人远碧山更不眠。竹露沾衣杯在手,柝声如雨星当天[2]。清宵何事为增累,一住京华一来年[3]。

其 二

北极星辉万籁清,上林栖鸟寂无声[4]。云璈每奏珠帘卷,宝厩犹闻猎马鸣[5]。乐处风花新入座,闲来草野远关情。樽前莫问清愁侣,邻舍何人仗酒兵[6]。

【注】

(1) 原鸰:飞往高原之上的水鸟鹡鸰,喻兄弟友爱,急难相助。典出《诗·小雅·常棣》:"脊令在原,兄弟急难。"

(2) 柝声:打更声。

(3) 来年:李南晖赴省进京和回任历时一年,《秋夜独酌二首》诗,应作于乾隆四十二年中秋节前后。

(4) 上林:古宫苑名。

(5) 云璈:打击乐器,又名"云锣"。古称"云璈",民间称"九音锣",它可以演奏旋律。

(6) 酒兵:指酒。典出《南史·陈暄传》:"江咨议有言:'酒犹兵也。'"仗酒兵:斗酒。

挽王希旦先生诗(三十首)并序(选四)[1]

执经门下,廿有余年。生我者早逝,吾师又奄忽捐馆[2]。辰安在哉[3]!辰安在哉!苍苍者天,湛湛者恩,悲矣!年来屡客天涯,瞻望白云,同此酸楚,谁是铁肠,得无清泪。蓦地飞来一纸书,顿使燕蓟羁人,长号斗山[4],泣数行下也。占韵流涕,诗以哀之。

其 一

旅馆惊闻绛帐空,人生有恨慨飘蓬[5]。三千里路横玉柱,二十年恩忆坐风[6]。窗草霁光沉落日,客途经岁误雕虫。新诗如泪酸毫楮,待制哀辞笔未工[7]。

其 二

愁绝天涯涕泪挥,夜来犹梦傍经帷。吟窗已冷琴书乱,鹤瑟空悲夜露微。一代人文思范表,满阶桃李惜依归。伤心易箦床头语,朋辈同临我独违(8)。

其 三

哭向西风且未回,杖游无复再追陪。城南半亩园中菊,舍北三秋月下杯。能禁数行沾客袖,欲凭一掬洒泉台。招来别绪思全结,吟到生平事更哀。

其 七

钟碎遥天扣不鸣,蚊弦蛙鼓乱宵声(9)。迁磨古墨烧高烛,静思遗形对短檠。知己独深身世感,论文倍惹死生情。人间未绝颛蒙梦,莫住青天白玉京(10)。

【注】

(1) 王希旦:字炳东,号仪园。生卒不详,福山古现区孙夼社古现村人。乾隆十九年(1754),参加甲戌科会试、殿试,考取三甲第四名,赐同进士出身。授山东沂州府学教授。

(2) 捐馆:去世。

(3) 辰:时运。

(4) 斗山:北斗和泰山。比喻德高望重或成就卓越,为人们所敬仰的人。

(5) 飘蓬:飘飞的蓬草,比喻漂泊无定。

(6) 玉柱:比喻王希旦的高风亮节。坐风:犹作风。

(7) 毫楮:指毛笔和纸。

(8) 易箦:更换床席,指人将死。

(9) "钟碎"句:中医有"金破不鸣"之症,是肺气损伤而声音嘶哑的病理,语本此,形容悲伤过度以致声音嘶哑。

(10) 颛蒙(zhuān méng):愚昧无知。白玉京:指天上宫阙,神仙境界。

太白积雪一感

其 一

壁立玉山带玉龙,岫腰尽日闲云封。几回俯首雍州道,何处树梯登遥峰。

其 二

万里雪山云外碍,相看莫压仰观难。西秦异常知多少,不似遥峰六月寒。

清明祭扫

携框担酒上先茔,雨露凄怆不胜情。敬扫松楸愁满地,那堪荒垒听流莺。

威邑八景(选四)[1]

镜堂夜月[2]

夜色罨方塘,月色灿悬镜[3]。万籁一以闲,云水两不竞。地与泮宫邻,光与天汉并[4]。芹藻余华滋,鱼龙潜游泳[5]。澄澈难为言,空明未可竞。白鸟双飞来,清影相辉映。山城抢其明,松竹适其性。洗心者谁子,斯陶而斯咏[6]。

白塔抹烟[7]

山上有白塔,谁知其颠末。危然俯群峰,颓然学薋括[8]。锋颖久不施,圭角久以脱[9]。晨昏自今昔,烟光淡如抹[10]。浮云终日驰,微暖有时豁。皑若匹练横,色岂易裘葛。东余沧海日,西余陇头月。晴岚布太虚,瑞气满林樾。

横山落照[11]

东郊展遐瞩,绵然足胜概[12]。横山当其前,绣嶂饶烟黛。晨曦翠欲流,落照犹堪爱。天地有回光,草木无近晦。烛龙映扶桑,野马腾大块[13]。深壑云不迷,孤村犬不吠。牧儿驱犊来,长笛横牛背。行影见兰皋,彩霞乐宛在[14]。

高洞飞流[15]

清溪出遥山,泛然容众壑。行行至高洞,气势忽喷薄。上有千尺崖,下可通寥廓。断岸束苍峡,飞流坠碧落[16]。波回探渊深,道峻识橐钥[17]。玑珠涌龙宫,鳞甲化鱼跃。况乃秋水发,百川增绎络。拾月挂云帆,汇归直向若[18]。

【注】

(1) 威邑:威远县,清代属嘉定州。今隶属于四川省内江市。

(2)镜堂夜月:威远旧八景之一,今消失。

(3)罨:掩盖;覆盖。

(4)泮宫:古时的学校名称。

(5)华滋:形容枝叶繁茂。

(6)斯陶而斯咏:斯:语气词。陶:快乐。咏:用诗词等来描述,抒发感情。全句意为因陶醉于镜塘夜月之美景而赋诗。

(7)白塔:威远白塔位于威远县城东的文笔山上。初建于明朝,原塔七级,为风水塔。现存白塔为清嘉庆年间所重建。

(8)蒙括:即蒙恬,秦大将,毛笔发明者,这里指毛笔。

(9)不施:不用。圭角:圭的棱角,泛指棱角,比喻锋芒。这里形容白塔年久失修。

(10)晨昏:这里指明暗。自今夕:形容白塔高耸入云,是今夕的分界线。

(11)横山落照:威远八景之一,景点在木瓜寺村,可以看到落日余晖中的横山全景图。

(12)胜概:非常好的风景或环境。

(13)烛龙:神话传说中的神仙,借指太阳。扶桑:神话传说中的木名,后用来称东方极远处或太阳出来的地方。野马:云气。大块:宇宙、天地、大自然。

(14)兰皋:长兰草的涯岸。

(15)高洞飞流:威远八景之一。清乾隆《威远县志》记载:"高洞飞流,在城南四十里,威邑诸水至高洞出界,飞流直下数十尺,若清幡马奔,雷轰云溅,使人耳目警眩。又,城西廿五里,亦有高洞,悬崖数十丈,其景更佳。"可见,高洞飞流之景在威远有两处。

(16)碧落:天空。

(17)橐钥(tuó yào):古代冶炼时用以鼓风吹火的装置,犹今之风箱。喻指本原。

(18)若:海神,借指大海。

留别镜塘

方塘如鉴月如盘,水面风来漾碧澜。鱼鸟忘情真自适,庭台入画可同观。从容伫立思常远,惨澹经营意未安。蜀栈陇云多绰约(1),明朝相忆路漫漫。

【注】

(1)绰约:女子体态柔美的样子。这里比喻美好的景色。

孟家墩道中作

征途冉冉无留处,匹马高冲半岫烟。山学浓妆新雨后,人敲远韵晓风前。将归渭北邻三舍,不到燕南隔几年。办醉应须今日事,他乡明夜月娟娟[1]。

【注】

(1) 办:无妨,能。娟娟:美好、柔美。

雁字诗

鸿蒙始辟无文字,鸟迹先传印太虚。欲写高怀天作纸,将呈众象羽为书。横排阵影云烟外,乍展霜翰海岛初。只恐惊人收古篆,飞归绿野目如如[1]。

【注】

(1) 如如:恭顺儒雅貌。

六十、胡钊

胡钊(1708—1770),字鼎臣,号静庵,秦安县兴国镇(今甘肃秦安)人,清朝文学家、教育家。官高台训导。有《静庵诗钞》。

武威道中

一

野气空天外,虚烟远树间。迤南常见雪,极北更无山[1]。纵有风飘冷,何劳鬓发斑。缓行沙碛路,吟望且开颜。

【注】

(1) 迤南:向南,曲折连绵向南。

二

乱石迎车辙,高尘送马蹄。荒荒斜日淡,黯黯暮云低。紫塞何空廓,玄冬漫惨凄[1]。客行如鸟过,随意一枝栖。

【注】

(1) 玄冬:冬天;冬季。

凉 州[1]

何日开此疆,英雄汉武皇。诸番分两界,一道出中央。雪映祁连白,尘飞大漠黄。由来形胜地,矫首意苍茫[2]。

【注】

(1) 凉州：汉代十三刺史部之一。因在中国的西部，故又称西凉。治所在今武威。

(2) 形胜地：险要之地。矫首：昂首；抬头。

早发永昌县⁽¹⁾

水曲青山脚，村深碧树梢。行游正荒塞，景物忽芳郊。欲驻飞鸿迹，堪营乳燕巢。一枝如可借，三径自诛茅⁽²⁾。

【注】

(1) 永昌县：隶属于甘肃省金昌市，位于甘肃省西北部，地处河西走廊东部、祁连山北麓、阿拉善台地南缘。

(2) 三径：指归隐者的家园。诛茅：芟除茅草。引申为结庐安居。

苏武故里⁽¹⁾

月如霜，天如洗，鸡鸣天晓行人起。长安古道何莽苍⁽²⁾，道旁大书苏武里。苏武秃节单于营，垂老甫得归神京。麟阁诸俊何峥嵘⁽³⁾，幸附骥尾犹称荣⁽⁴⁾。千古咄嗟李少卿，送君河梁泪满缨⁽⁵⁾。家室灰灭声名并，陇西故居横棘荆。纵复标识宁为旌，慎哉男子毋偷生。

【注】

(1) 苏武故里：在长安县马兴乡将军庙村。

(2) 莽苍：形容郊野景色迷茫。

(3) 麟阁：麒麟阁简称。汉代阁名。在未央宫中。汉宣帝时曾图霍光等十一功臣像于阁上，以表扬其功绩。封建时代多以画像于"麒麟阁"表示卓越功勋和最高的荣誉。

(4) 附骥尾：蚊蝇附在马的尾巴上，可以远行千里。比喻依附先辈或名人之后而成名。这里指苏武为麒麟阁十一位功臣最后一位。

(5) 咄嗟：叹息。

送徐二拓之平番⁽¹⁾

健于天马瘦于鹤，淋漓翰墨时有作。徐君少日称才人，挥毫得句何清新。狂甚不作鲁儒态⁽²⁾,七年浪迹来西秦。近者敛才归雅正,高格雅调学王孟⁽³⁾。昔如春卉争妖妍,今如乔木郁苍然。又似秋空望远水,平沙断岸罗轻烟。嗟予短浅无所似,傲弄诙嘲为长技。君也谓可与谈诗,唱和奚啻吹埙篪⁽⁴⁾。行吟坐啸与戏剧,棋局酒盏相追随⁽⁵⁾。欢娱未极复惆怅,别予径行西塞上。西塞莽荡予曾游,黄河源连青海头。此去登高俯大漠,脱帻横槊真风流⁽⁶⁾。到日倘能遣健足,急须寄示《凉州曲》。

【注】

(1) 徐二拓:不详。之:前往,去。平番:甘肃永登县。

(2) 鲁儒:鲁国儒生。亦泛指儒家学说的信奉者、儒派学者。

(3) 王孟:王维、孟浩然。

(4) 啻:何止、岂止。埙:古代用陶土烧制的一种吹奏乐器,圆形或椭圆形,有六孔。亦称"陶埙",音响浑厚低沉,常和用竹子做成的另一管吹乐器"篪"合奏。

(5) 戏剧:游戏。

(6) 帻(zé):头巾。

怀远县⁽¹⁾

百仞悬崖上,危楼望杳冥⁽²⁾。城连晚云黑,天近午烟青。设险通传箭,凭高胜建瓴⁽³⁾。防边宁藉此,烽火已全停。

【注】

(1) 怀远县:历史上的怀远有三:一为安徽蚌埠市怀远县,一为宁夏银川,一为陕西榆林府横山县。此诗所咏之怀远县究为何处,尚待考证。

(2) 杳冥:指天空,高远之处。

(3) 传箭:传递令箭。古代北方少数民族起兵令众,以传箭为号。建瓴:即"建瓴水"之省略,谓倾倒瓶中之水,形容居高临下、难以阻挡的形势。

即 事

晓烟无力趁东风,十里村原半欲空。春色不知人世事,柳丝新绿杏新红。

秋日雨后独步

远思如梦复如烟,独对秋空一惘然。处处芳尘迷定处,年年冷雨送华年。《停云》不解陶潜恨,《枯树》犹蒙庾信怜⁽¹⁾。若是三生曾有约,真从石畔问前缘⁽²⁾。

【注】

(1) 停云:陶渊明诗篇名,四言诗,表达了对亲友的深切思念之情。枯树:庾信赋名,为其暮年所作,感伤遭遇,对当时的社会动乱也有所反映。

(2) 三生石:"三生"源于佛教的因果轮回学说,分别代表"前生""今生""来生"。传说唐李源与僧圆观友善,同游三峡,见妇人引汲,观曰:"其中孕妇姓王者,是某托身之所。"更约十二年后中秋月夜,相会于杭州天竺寺外。是夕观果殁,而孕妇产。及期,源赴约,闻牧童歌《竹枝词》:"三生石上旧精魂,赏月吟风不要论。惭愧故人远相访,此身虽异性长存。"源因知牧童即圆观之后身。见唐袁郊《甘泽谣·圆观》。诗文中常用为前因宿缘的典实。

肃州怀古⁽¹⁾

控引玉门形势多,李暠曾此据关河⁽²⁾。挥戈返日空神力⁽³⁾,折戟沉沙耐洗磨⁽⁴⁾。遗恨未教山雪化,闲愁都付野云过。太平时节无争战,羌笛休吹出塞歌。

【注】

(1) 肃州:今甘肃省酒泉市。

(2) 李暠(351—417):字玄盛,小字长生,陇西成纪(今甘肃省秦安县)人,十六国时期西凉政权建立者。

(3) 挥戈返日:挥舞兵器,赶回太阳,比喻排除困难,扭转危局。

(4) 折戟沉沙:断戟沉没在泥沙里,成了废铁,形容失败十分惨重。

古浪峡⁽¹⁾

峡日微侵晚,溪风迥似秋。古浪城外路,归客旅中愁。回互山南拥,湾环水北流⁽²⁾。时饶图画意,绿树映青畴。

【注】

(1)古浪峡：位于河西走廊东端，古浪县境内，南连乌鞘岭，北接泗水和黄羊，势似蜂腰，两面峭壁千仞，形成一路险关隘道。扼控兰州、武威，史有"秦关""雁塞"之称，被誉为中国西部的"金关银锁"。

(2)回互：曲折宛转。湾环：曲水围绕。

六十一、杨于果

杨于果(1750—1817),字硕亭,号审岩,甘肃秦安人。清散文家。乾隆四十年(1775)进士,官湖北长阳及汉川、枝江、枣阳、南漳、谷城知县,擢荆州通判,告归卒。少师事胡钺,在楚与彭淑、邢澍、恽敬相友善。读书甚博,自经史外,亦研习阴阳术数之学。著有《审岩集》《史汉笺论》等。

竹枝词四首

于果在长三年,颇悉土俗,于秋潭之咏所未及者[1],率成四章。

金坪山色宝尖西,细雨初过踏草泥[2]。怪得猲儿通夜吠,朝来虎迹满前溪[3]。

【注】

(1) 秋潭:彭淑,字秋潭,湖北长阳人,土家族。乾隆三十五年举人,历任江西吉水、瑞金等县知县。著有《秋潭诗集》等。

(2) 自注:金坪宝尖山,在县西北,地有虎患。

(3) 猲儿:小狗。

华妆也只布衣裳,汲水樵薪却胜郎。可惜桑阴绿满地,春蚕不祭马头娘[1]。

【注】

(1) 自注:邑民妇不饲蚕。马头娘:蚕神。

橐装玉米束腰间,年少莫辞行路艰。容易爷娘都健饭[1],大家须要赛凉山[2]。

【注】

(1) 健饭:食欲好,饭量大。

(2)自注:山在宜都界,长民率于正初诣祷。

六月炎天夜读书,烧残灯火四更初。年年散馆才冬至,闲却长宵负岁余[1]。

【注】

(1)自注:邑士夏月,彻夜诵读,入冬便散馆。

六十二、余珩

余珩,生卒年不详,字南珍,清巩昌府岷州(今甘肃岷县)人,乾隆癸酉拔贡,历任浙江静海、福建长乐知县,著有《南村诗文集》。

出龙岗八景八首(选六)

云路平梯

月路云阶地气清,芒鞋竹杖布衣轻。境逢坎坷心常泰,路有崎岖步自平。不向南山通捷径,何妨古道任闲行[1]。寻幽渐入桃源境,渔父应知无姓名[2]。

【注】

(1)南山径:指求名利的最近门路。典出《新唐书·卢藏用传》:卢藏用想入朝做官,隐居在京城长安附近的终南山,借此得到很大的名声,终于达到了做官的目的。

(2)桃源:桃花源,陶渊明虚构出来的一个没有阶级,没有剥削,自给自足,人人自得其乐的社会。

奇峰挺秀

岩花涧草散芳馨,欲向松根乞茯苓[1]。山脚陡从当面起,峦头直入半天青。空中云树悬丹碧,望里烟岚湿翠屏。何日结庐来此地,开帘常对玉亭亭。

【注】

(1)茯苓:中药名。为多孔菌科真菌茯苓的干燥菌核,寄生于松树根部。

曲涧鸣泉

半生常与水云期,爱此鸣泉为探奇。本绕源头犹溅雪,来从石畔尚流澌[1]。涓涓滴滴寻声远,湛湛清清出涧迟。可惜终归江海去,风波不似在山时。

【注】

(1) 流澌：江河解冻时流动的冰块。

石磴烟萝

乱云深处路西东，曲径迢迢接远空，石磴踏残双屐雪，烟萝摇尽一溪风。扶筇人度夕阳里，波水僧归落叶中(1)。从此好寻绝顶路，嵩邱兰若有支公(2)。

【注】

(1) 扶筇：扶杖。筇：竹杖。

(2) 嵩邱：高山。兰若：佛寺。支公：晋高僧支遁，字道林，时人也称为林公。河内林虑(今河南林县)人，一说陈留(今河南开封)人。精研《庄子》与《维摩经》，擅清谈。当时名流谢安、王羲之等均与为友。

松涛佛阁

振衣欲到最高峰，又过烟霞障几重。飞阁忽惊云外起，香台却喜路边逢。涛声夹杂悬崖瀑，翠色平铺涧底松。斜倚檐槛成久坐，隔林遥问上方钟。

孤亭落照

消得浮生半日闲，孤亭缓步一登攀。空中回看高低路，坐上平收远近山。不学香奁斋绣佛，祇凭白堕供朱颜(1)。栖鸦竞噪人归后，树影苍茫夕照间。

【注】

(1) 祇：通"只"。白堕：相传刘白堕为南北朝时善酿酒之人，这里代指美酒。典出北魏杨炫之《洛阳伽蓝记·法云寺》。

六十三、陈长复

陈长复,生卒年不详,字来心,清巩昌府陇西(今甘肃陇西)人,雍正元年进士,主考官视之为"旷代逸才"以候选卒于京师。著有《寿山集》《雉羽片毛》《秋吟似骚》等。

独坐桃花树下

桃花分得五陵春,且坐花阴遣病身[1]。我是中原歌凤者,鸟来错认避秦人[2]。

【注】

(1) 武陵春:语本陶渊明《桃花源记》"晋太元中,武陵人捕鱼为业"语。

(2) 歌凤者:指隐居之人。典出《论语注疏·微子》,"楚狂接舆歌而过孔子曰:'凤兮凤兮!何德之衰?往者不可谏,来者犹可追。已而,已而!今之从政者殆而!'"避秦:语本陶渊明《桃花源记》"自云先世避秦时乱,率妻子邑人来此绝境"。

秋日忆汉上友人

心与秋天远,泪如落叶多。何时江上水,携手听渔歌。

废丘关[1]

逐鹿人皆尽,关门唯噪乌。阴风吹日暗,残血点沙枯。多杀为长策,至今走短狐。岂非王者师,残色满平芜。

【注】

(1) 原注:韩信战章邯处。

留侯辟谷处[1]

事毕归何处？深山老岁寒。箫中方破楚,世上已无韩[2]。不尽亡家恨,仅能辞汉官。孤城落日泪,暂作全身看。

【注】

(1)留侯辟谷处：指张良隐居之处,相传位于陕西留坝县境内紫柏山。留侯：汉代开国元勋张良的封爵。

(2)"箫中"句,化用该下之战中张良一管洞箫散楚兵的传说。"世上"句写张良与韩国的关系。张良祖辈父辈多年任韩国宰相,张良任韩王司徒,后韩王被项羽所杀,韩国灭亡,张良一心辅佐刘邦。

咏大石

半向米家袖里传,此翁之介独不然[1]。坚心准待娲皇选,炼就五文欲补天[2]。

【注】

(1)米家：指北宋书画家米芾,善画枯木竹石和山水,北宋四大家之一。介：耿介,耿直。

(2)"坚心"句：化用女娲补天的神话传说。坚心：坚定的心志。五文：五色,文通"纹"。

六十四、马朝荣

马朝荣,生卒年不详,字上卿,号红崖,清巩昌府陇西人,雍正五年进士,曾任河南西平县知县。著有《红崖福堂遗稿》。

红　崖

山居潇洒胜蓬莱,紫燕声中花正开。长夏闭门无个事,焚香洗砚赋红崖。

七夕行[1]

何事世人都乞巧,巧人多饿拙人饱。穷通自有天安排,莫教劳心白发早。人愁牛女长别离,牛女愁人太欢悦。朝朝暮暮似胶漆,中道风吹连理折[2]。不昵不狎不相厌,两心脉脉银河岸。偕老齐眉自年年,笑他私语长生殿[3]。

【注】

(1) 七夕:七夕节,汉族传统节日,又名乞巧节、七巧节或七姐诞,农历七月七日夜或七月六日夜妇女在庭院向织女星乞求智巧,故称为"乞巧"。

(2) 连理:原指不同根的草木、枝干连生在一起。多用于比喻至死不渝的爱情。

(3) 齐眉:"举案齐眉"的略语。比喻夫妇相敬如宾。"私语长生殿"出自白居易的《长恨歌》,意思是七月七日在长生殿半夜没有人在时说的悄悄话。

六十五、吴秉元

吴秉元,字干一,清代狄道(今甘肃临洮)人,著名诗人吴镇之父。

题友人明湖泛月图

一里烟波一苇航,流天素月影茫茫。伊人宛在蒹葭水,白露沾衣也无妨。

六十六、吴镇

吴镇(1721—1797),字信辰,一字士安,号松厓,别号松花道人,清兰州府狄道州(今甘肃临洮)人。历任山东陵县知县,累官湖南沅州知府、湖北兴国州知府。晚年主讲兰山书院。著有《松花庵全集》十二卷,存诗九百七十余首。

客 至

行人下马拂征袍,十载乡心寄楚醪[1]。正是菰蒲烟雨好,沧浪亭下话临洮[2]。

【注】

(1) 楚醪：楚地产的浊酒。诗人曾在湖南、湖北任知府,故曰楚醪。
(2) 作者自注：沧浪烟雨为兴国八景之一。按：位于今湖北阳新县境内。

赠江明府乙帆[1]

空谷经年待足音,忽劳驹从远相寻[2]。署门翟尉交游少,梦彩江郎箧笥深[3]。五老峰尖秋挂笏,九工城上夜鸣琴[4]。何当共饮洮河水,一笑掀髯话古今。

【注】

(1) 江乙帆：江炯,字乙帆,江西南康县人,乾隆时举人,曾在甘肃崇信、高台、镇番(民勤)等县作官。工诗文,与吴镇交情颇深。曾序吴镇集古、集唐诗《沅州杂咏》,吴亦有《送江乙帆归南康序》的文章。
(2) 空谷足音：在寂静的山谷里听到脚步声,比喻极难得到音信、言论或来访。驺从：古时达官贵人出行,前后侍从的骑卒。
(3) 翟尉：翟公,史不著其名,西汉下邽(陕西渭南)人,文帝时为廷尉,宾客盈门,及罢,门外可设雀罗。武帝元光五年复任廷尉,宾客欲往,公大署其门曰"一死一生,乃知交情；一贫一富,乃知交态,一贵一贱,交情乃见"。这里是作者自喻。江郎:晋代才子江淹,少时梦神人授以五色笔,自此文思大进。这里作者以江郎喻江乙帆。筐笥:藏物的竹器(多指箱和笼),古代主要用于收藏文书或衣物。

(4)五老峰:此句下作者自注"江,南康人"。五老蜂在江西庐山南部尽处。拄笏(hù):言其有高致。典出《世说新语·简傲》:"王子猷作桓车骑参军,桓谓王曰:'卿在府久,比当相料理。初不答,直高视,以手版拄颊云:'西山朝来,致有爽气。'"苏轼诗"朝来拄笏看西山"。笏,朝王时所持手版。九工城:作者自注"崇信有九工城,江曾署篆"。

送　人

红树迢迢接陇关,白云深处鸟飞还。送君东下情何及,回首斜阳入乱山。

武当山作(其四)

旋螺山径入云隈,铁索苍茫枕碧苔。斜倚栏杆听暗瀑,松稍晴雨忽飞来。

渔　人

江天一棹足生涯,小艇风吹处处家⁽¹⁾。但不得鱼还自去,且留明月伴流霞。

【注】

(1)棹:船桨。

访张薇客不遇

远携斗酒扣柴关,坐久松梢倦鹤还⁽¹⁾。陇上白云三万顷,主人何处看青山?

【注】

(1)柴关:简陋的柴门。

山居晚眺

乱流明古渡,斜日淡柴扉。山径通篱落,牛羊一带归。

送刘云阶东归

梧桐叶落满山蹊,秋草萧萧送马蹄。前路知君回首望,故人家在夕阳西。

李汇川雨中邀饮五泉(其二)

翠微深处起楼台,天外黄河入酒杯。看尽东川三百里,烟柳花雾绕蓬莱。

挽胡静庵先生[1]

潇潇秦安县,名园翳薜萝。再来君不见,三叹我如何!微雨渡头歇,夕阳山外多。廿年佳句在,搔首一长歌。

【注】

(1)胡静庵:胡钺(1708—1770),字鼎臣,号静庵,清朝甘肃秦安(今甘肃秦安)人,著名诗人,其诗篇流传于秦陇间,与临洮吴镇、潼关杨鸾并称"关陇三诗杰",与吴镇同为"西州骚坛执牛耳者"。

夜半偶忆静庵呼灯就枕上作三首(选一)

其 一

故人奄忽弃人间,陇月秦云觉稍闲。百丈光芒生宿草,只缘诗骨葬空山。

悼亡妇史孺人

一

饱咽糟糠二十年,苦因子死赴重泉。芝兰化去应成土,环佩归来拟作烟。孤女索灯烧纸镪,侍儿探椟窃金钿[1]。鼓盆欲学南华老,络纬声声到耳边[2]。

二

云高无复见惊魂,遗挂犹存四壁中。剧甚如闻铃栈雨,肃然时起镜台风。娇儿地下寻魂得,弱女床前索乳空。凄绝衰姑头雪似,自浇麦饭泣门东⁽³⁾。

抒写悲怀绝无雕饰,此从真性情流出,觉元微之尚未免纱帽气也。蓉裳。

【注】

（1）纸镪：成串的纸钱。椟（dú）：柜子,匣子。这里指首饰盒。

（2）鼓盆：庄子妻死,惠子吊之,庄子则方箕踞鼓盆而歌。鼓盆而歌表示对生死的乐观态度,也表示丧妻的悲哀。南华老：指庄子,汉代,道教兴起,庄子被尊为南华真人。络纬（luò wěi）：虫名,即莎鸡,俗称络丝娘、纺织娘。夏秋夜间振羽作声,声如纺线,故名。

（3）衰姑：衰老的婆婆。浇：浇奠。门东：大门东侧的墓园。

洮水清

序：为狄道荫生张璠妻刘氏作。氏吞金不死,又因家人数救,再缢乃绝。

洮水清且寒,呜咽古城西。鸳鸯魂不散,忽作子规啼。一解⁽¹⁾。婉娈刘氏姝,矢志殉所天。姑嫜苦相劝,无路到重泉。二解⁽²⁾。吞金不能热,妾心有冰雪。绝粒不能饥,妾腹有碧血。三解。碧血信有之,旁人苦未知。雉经断其缳,生我将奚为？四解⁽³⁾。飞鸿响云汉,哀哀念孤散。白练五尺霜,是妾长夜伴。五解。夜长闻叹息,罗幌黯无色。引颈挂屋梁,苍天此何极？六解。里正告使君,飞章处处闻。斑管耀白日,视之犹浮云。七解⁽⁴⁾。青青松柏树,连理夹广墓。双鹤夜飞来,彷徨不能去。八解。

造语奇古,音节铿锵,逼真汉魏乐府,足以传其人矣。蓉裳（清代诗人杨芳灿,蓉裳其号）

【注】

（1）解：乐府诗歌的段落,一章就是一解,分别标于每段之后,以定其序。

（2）婉娈：年轻美貌。姝（shū）：美女。所天：所依靠之人,指丈夫。姑嫜：公婆。

（3）雉经（zhì jīng）：指自缢。雉,通"绖"。生：使动词,使我生,救。奚为：为什么。

（4）斑管：毛笔。

趵突泉

观水宁无术,狂澜未足奇。瞿然惊到此,逝者叹如斯⁽¹⁾。波学三峰立,声偕五马驰。济南名士数,造次敢题诗⁽²⁾？

【注】

(1) 瞿然：惊骇貌，又惊喜貌。"逝者"句指时光流逝。典出《论语》"子在川上曰：逝者如斯夫，不舍昼夜。"

(2) 薮(sǒu)：指人或物聚集的地方。

登临露骨山

生成傲骨永如斯，露出堂堂太白姿。远望山巅频积雪，登临路径犹岖崎。盘桓耸石拖寒雾，磊落雄峰卷洁池。不改千秋朴素态，常留后世共称奇。

候马亭歌[1]

汉武望马如望仙，恨无桂馆通祁连。汗血千载化龙去，至今候马亭空传。空亭一望连沙草，极目长天但飞鸟。君不见，子卿憔悴李陵悲[2]，英雄尽向盐车老[3]。

【注】

(1) 候马亭：汉武帝喜爱汗血宝马，为迎接汗血宝马，下令沿途修建"候马亭"。

(2) 子卿：苏武，字子卿，单于让他在北海边牧羊十九年，他不肯投降。回到汉朝时已经鬓发斑白了。李陵：西汉名将李广之孙。出击匈奴，孤军深入，兵败被围，诈降匈奴准备伺机劫持单于。汉武帝误听李陵为匈奴练兵的传言，夷灭李陵三族，致使其彻底与汉朝断绝关系。

(3) 盐车：运载盐的车子，喻贤才屈沉于下。典出《战国策·楚策四汗明见春申君》。

故乡行

虫蛇不在井，豺虎不在堂。枳棘不在路，祟厉不在场[1]。胡为劳我躯，年年去故乡？故乡此日好风色，雏鸡咿咿桑榆侧。欲凭远梦赴乡关，坐叹行吟眠不得。君不见，狐死必首丘[2]，依依桑梓令人愁。试看凌烟古图画，谁哉荡子曾封侯！

【注】

(1) 枳棘：枳木与棘木。因其多刺而称恶木。祟厉：指给人带来灾祸的鬼神。

(2) 狐死首丘：古代传说狐狸如果死在外面，一定把头朝向它的洞穴。比喻不忘本或怀念故乡，也比喻对故国、故乡的思念。

灞桥歌送真谷先生旋里[1]

灞桥水,流浩浩。送别离,无昏晓。昔年王粲从此征[2],况有李白题诗好[3]。清湍下白凫[4],疏柳啼黄鸟。行人立马夕阳中,万古离情散秋草。

【注】

(1) 真谷:指牛运震(1706—1758),字阶平,号真谷,山东兖州人。曾任秦安、平番(永登)知县。主讲兰山书院,吴镇是其高徒。

(2) "昔年王粲"句:汉末诗人王粲为避战乱东出长安,曾留下"南登灞陵岸,回首望长安"的慨叹。

(3) "况有李白"句:李白词《忆秦娥》开篇写的就是灞桥送别,"箫声咽,秦娥梦断秦楼月。秦楼月,年年柳色,灞陵伤别"。

(4) 清湍:清澈的急流。白凫:白色的水鸟。

空山堂师远寄长歌敬和一首以代短札[1]

日照冻冰鱼,讵能泼喇随长流;雷惊压石笋,可得行鞭枝叶稠?嗟余小子心已死,西河血泪枯双眸[2]。开缄忽得东来札,如饮醇醪消我忧。况兼古歌文数百,长江水立飞蛟虬。洮阳风日正骀荡,忽然雷雨寒飕飕。忆昔松山初负笈[3],孙吴数子才力遒[4]。东方紫气不可驻[5],灞桥柳丝重牵愁。明年日下忽相见[6],荆高酒肆倾千瓯[7]。无何巾车复南去,晓风残月连卢沟。甲戌之岁历古晋,狐突台畔还相求[8]。社燕春鸿暂相值,金乌玉兔谁能留[9]。文章未博半囊粟,意气空传百尺楼[10]。郢人未死匠石去[11],东望梁父白人头[12]。嗟嗟我夫子,何以为我谋?为我谋鼎与钟,我已一盐一齑忘珍馐[13];为我谋簪与缨,我又一丘一壑身自由[14]。我不知天下事,坐花醉月自唱酬。我不论古之人,素丝歧路从悠悠[15]。丈夫四十不卿相,何如云水随浮丘[16]。即如我夫子,才力无匹俦。文章似秦汉,诗句追曹刘[17]。居然不免四方走,何况小子朝吟暮啾有如燕雀声啾啾!已焉哉!请为夫子及我谋:勿为踠曲之辕驹[18],勿为文绣之庙牛[19],勿为辛苦之书蠹,勿为狡狯之棘猴[20]。五岳三山迹可遍,指日当为汗漫游[21]。天风海涛生足下,拊手一笑三千秋!

【注】

(1) 空山堂:牛运震书斋名。

(2) 西河血泪:是说儿子死掉,自己的眼泪都流干了。《史记·仲尼弟子传》:"孔子既没,子夏居西河教授,为魏文侯师。其子死,哭之失明。"后因谓失子之痛曰"西河之痛"。

(3) 松山:在今甘肃省永登县境。笈:书箱。是说想到从前背着书箱到松山去从师求学。

(4) 孙吴:作者自注:"仲山、超西。"遒:劲健。

(5) 东方紫气:传说老子出函谷关时,关令尹喜见有紫气从东而来,知道将有圣人过关。果然老子骑着青牛前来,便请他写下了《道德经》。这里喻指牛运震。

(6) 日下:指帝京。

(7) 荆高:战国时荆轲与高渐离为挚友,常共饮于燕市。酒酣,高渐离击筑,荆轲和而歌之,已而相泣,旁若无人。

(8) 狐突台:在山西省交城县西北五十里。乾隆十九年(1754),诗人到了山西,在狐突又与牛真谷运震相逢。

(9) 金乌玉兔:指日月。相传日中有三足乌,月中有白兔,因称日为金乌,月为玉兔。

(10) 百尺楼:比喻高远的怀抱。

(11) "郢人"句:郢人,自指。匠石喻真谷先生。典出《庄子·徐无鬼》:"郢人垩漫其鼻端,若蝇翼,使匠石斫之。匠石运斤成风,听而斫之,尽垩而鼻不伤。郢人立不失容。"

(12) 梁父:在泰山附近的一座小山。代指其师牛真谷(山东滋阳人)。

(13) 齑:姜、蒜、韭菜的碎末。珍馐:珍奇贵重的食物。

(14) 一丘一壑:指古代隐士居住的地方。

(15) 素丝歧路:素丝,本色的丝;白丝,比喻纯洁高尚之品德。歧路:岔路,与为官仕途相对,这里指隐居生活。

(16) 浮丘,即浮丘公,上古仙人。《太平府志》谓周灵王时人,尝与王子晋吹笙骑鹤游嵩山。这句是说还不如随浮丘公去学仙,云游天下,四海为家。

(17) 曹刘:指曹植、刘桢。与孔融、陈琳、徐幹、王粲、阮瑀、应玚相友善,号称建安七子。

(18) 踞曲:拘束,不能伸展的样子。辕驹:驾辕的幼马。

(19) 文绣:绣有花纹的丝织品。庙牛:古代祭祀用的纯色牛。

(20) 狡狯:狡诈。棘猴:战国时,宋国有人请为燕王在棘刺尖做母猴。后觉其虚妄,乃杀之。后以棘猴喻欺诈诞妄。

(21) 汗漫:广大,漫无边际,形容漫游之远。

赋得黄金台[1]

惊风走急沙,孤台郁突兀[2]。中有千古意,立马不能发。燕昭夕下士,黄金堆日月。始隗卒收功,大道留残碣[3]。夕阳过客尽,崦嵫浮云没[4]。把酒酹望诸,悲歌动林樾[5]。茫茫红尘内,驽塞竟超忽。生骏尚难求,何由别朽骨⁽⁶⁾。

【注】

（1）黄金台：亦称招贤台,幽州台。战国时期燕昭王筑,为燕昭王尊师郭隗之所。其真正的故址位于河北省定兴县高里乡北章村台上。

（2）郁突兀：高耸的样子。

（3）收功：燕昭王筑黄金台,礼郭隗以致士,乐毅、剧辛先后至,君臣相得,称霸一时。

（4）崦嵫：山名,神话传说中指日落之处。

（5）望诸：即望诸君。为战国时期的赵国封君,名乐毅。

（6）生骏：活着的千里马。

大雪访张温如

扑面琼瑶入座寒,一樽相对且盘桓。年来倦赴探梅约,只向君家借雪看。

老 卒

老卒番休不惮劳,闲将什伍教儿曹⁽¹⁾。忆从转战经千里,厌说擒生舍二毛⁽²⁾。汉使节前风正急,蕲王门外月初高⁽³⁾。梦回尚作封侯想,羞为家贫卖宝刀。

【注】

（1）番休：轮流休息。什伍：古代军队编制。

（2）擒生：活捉敌人。二毛：斑白的头发。这里指年老。

（3）汉使：指坚贞不屈的苏武。蕲王：宋名将韩世忠死后的封号。

忆少年·题桐荫倚石图

飘飘梧叶,团团纨扇,泠泠罗袖。朱颜易凋歇,叹凉风依旧。　　石上丝萝盘左右⁽¹⁾,乍相偎远山即皱。依心镇常热⁽²⁾,任苍苔凉透。

【注】

（1）丝萝：菟丝与女萝,均为蔓生,缠绕于草木,不易分开,故诗文中常用以比喻结为婚姻。

（2）镇常：正常。

鹊桥仙

　　九华谁蓄，一拳我买，爽气忽生几案[(1)]。白云头上是青山，却不许青山压断。　　冯唐岁月，向平婚嫁，梦想芙蓉落雁[(2)]。年来老友比晨星，且好与石郎作伴。

【注】

（1）九华：重九之花，即菊花。一拳：指体积小而形如拳头的物件，概指拳石。

（2）冯唐：西汉代郡（今张家口蔚县）人，西汉大臣，文帝、景帝时一度得到重用，但都为时不长。武帝时，匈奴犯边，帝广征贤良，虽然冯唐再次被举荐，可是已经九十多岁了，只能任命其子冯遂为郎。因为冯唐出仕尚晚，且因汉武帝求贤时已经年过古稀，心有余而力不足。后世学人通常用冯唐来形容"老来难以得志"。向平：东汉高士向长，字子平，隐居不仕，子女婚嫁既毕，遂漫游五岳名山，后不知所终。

六十七、吴简默

吴简默,生卒年不详,字洵可,号可泉,清兰州府狄道州(今甘肃临洮)人。师从吴镇,著有《竹雨轩诗草》《板屋吟诗草》。

江上留别

萧萧汉江上,烟水一归舟。别泪秦人落,离情楚客愁。洞庭枫叶雨,湘浦荻花秋。解缆从兹去,天涯望陇头。

旅夜书怀寄文贤若

萍迹寒山外,凄然怅远征。星霜今夜泪,桑梓故园情。孤馆人千里,荒村雁几声。那堪新白发,偏向旅中生。

别墅杂咏

林麓浑如画,分明绝境间。鱼寒浮水静,鹤倦入林闲。暗瀑秋喧石,孤云暮恋山。欲沽村酒醉,戴月扣柴关。

六十八、文国干

文国干,生卒年不详,字贤若,号固斋,清临洮府狄道州(今甘肃临洮)人,乾隆时庠生。著有《竹屿诗草》。

秋水阁

登临俯洮水,佳气满清秋。山近云生树,风轻月上楼。疏帘飘酒舍,短笛弄渔舟。稍识南华意,翻深向若愁[1]。

【注】

(1) 向若:向若而叹。比喻向高明者折服,而自叹不如。语出《庄子·秋水》:"至于北海,东面而视,不见水端,于是焉河伯始旋其面目,望洋向若而叹曰:'……今我睹子之难穷也,吾非至于子之门则殆矣。'"若,海神。

老 农

一生无妄想,野趣寸心知。种树连村密,看山引步迟。风尘非所愿,晴雨尚能推。借问传家训,躬耕不我欺。

六十九、马绍融

马绍融,生卒年不详,字绳武,清临洮府狄道州(今甘肃临洮)人,回族。著有《偷闲草》一卷,收诗三十九首,吴镇为其定稿。

题晓风楼

杨柳叶飕飕,西风万里秋。晨光兼浪影,缥缈上高楼。

冬日永宁桥野望

冬来频眺望,独步任逍遥。鸟雀寒栖树,牛羊晚过桥。水珠含异彩,雪石耸高标。岭上苍松在,凌霜总不凋。

七十、张志达

张志达,生卒年不详,清巩昌府通渭人,乾隆间副贡,主修乾隆二十六年《通渭县志》十卷。

白塔晨烟

塔势嶙嶒古寺东[1],霜晨日暖凌天风。隔溪遥望云烟起,竟是飞腾白玉龙。

【注】
(1) 嶙嶒(lín céng):形容山石突兀。

铁锡沟

沟名锡铁仿佛是,今人蒙讹亦未知。缘溪傍水数十里,直到谷底路始歧。丹崖刀削尽殊抹,翠嶂壁立浑绿垂。石黑似铁委难辨,沙白如锡亦自奇。晨烟起处有人住,山路断时无木支。盘曲石蹬向西上,湾名内官址旧遗。宦者之迹何足道,谷中犹传御史碑。御史墓碑已沉没,独留孤冢在隅陂。一名亦从身后久,子孙谁是问还痴。

七十一、南炙曾

南炙曾(1750—1816),字约斋,号念诒。清巩昌府通渭人。"少英特,与同间游,昂昂若野鹤之立鸡群"(《通渭县新志》)。清乾隆三十三年中举,年仅18岁,19岁即任广东广州府新宁县知县,官至广西省南宁府知府。著有《承诒堂诗钞》。

石堡村

爱我石堡村,天生景自然。四山环野外,两水到门前。古道通城郭,幽斋远市廛。吾宗卜居此,聚族已千年。

丙辰除夕独酌咏怀五首(其五)

懒岂学中散,狂难似牧之。对人愁束带,爱客试敲棋。有病偏疏药,无才却嗜诗。朝朝明镜里,无怪鬓成丝。

癸丑悼亡十二首(选三)

其 三

早岁垂帷日,谋生百事无。门常约鸡黍,爨每绝樵苏。典箧冬添絮,抽簪晚办厨。频年读书处,扫叶伴围炉。

其 七

为乏中年嗣,常将妇道伤。珠慵簪髻上,花爱值庭傍。丝茧分筐篚,针刀授履裳。而今多少事,谁向耳边商。

其 十

小阁封蛛网,帏空月照残。开箱余败粉,捡箧见零纨。我苦空囊涩,君知半缕艰。葳蕤重启处,细看泪如丸。

七十二、柳迈祖

柳迈祖(1763—1837),字宜斋,清巩昌府会宁人,乾隆五十二年进士,官至湖南宝庆府知府。擅长书法,著有《振绪诗文集》,收诗一千余首。

题陈枫阶明府枫径停车图(1)

桃花祖厉是吾乡,山水奇缘志未偿(2)。忆昨梦绕空同路,万灵咫尺接轩皇(3)。神仙窟宅不可久,刘安鸡犬难俱将(4)。天上浮云变苍狗,人间午睡熟黄粱(5)。六十流光花絮絮,三千尘海路茫茫。一年几得偷闲日,百年曾无驻景方(6)。往往邀神到广漠,时时读画恣徜徉。陈侯静者意有余,高情不与时颉颃(7)。半生读书破万卷,一行作吏到三湘。七邑神君心镜照,十年慈父口碑香。政简何妨凫舄放,秋行不觉马蹄忙(8)。红叶满林迷水榭,青山万迭渺云庄。路转峰回停画毂,烟晴天淡入奚囊(9)。诗中有画双江冷,物外关情九月凉。自是君身有仙骨,偏宜妙笔拂素霜。但恨时无吴道子,安得古有顾长康(10)。俄惊尺幅好风景,写出千顷波汪洋。我何人斯甘迂拙,君之来兮真循良。属我题诗五七字,俭腹何以答曹仓(11)。春郊戴笠才呈稿,枫径停车又索肠(12)。愧非东坡赞忠恕,惭对摩诘图襄阳(13)。濡毫惨淡为长句,飞雪春浓白玉堂。

【注】

(1) 陈枫阶:名宸书,字枫阶,福建闽县人。"以举人宰湖南,有循声",名臣陈浚之父。

(2) 桃花祖厉:指会宁县境内的桃花山与祖厉河。

(3) 空同:即崆峒山。轩皇:黄帝轩辕氏,曾到崆峒山向广成子问道。

(4) 刘安鸡犬:传说汉朝淮南王刘安修炼成仙后,剩下的药留在院子里,鸡和狗吃了,也都升天。

(5) 黄粱:即黄粱梦,典出《枕中记》:卢生在梦中享尽富贵荣华,等到醒来,主人蒸的黄粱还没有成熟,所以称黄粱梦。

(6) 驻景:犹驻颜。

(7) 陈侯:指陈枫阶,古代称县令为邑侯,太守为郡侯。颉颃:谓不相上下,相抗衡。

(8)凫舄：像野鸭子一样自由来往。典出《后汉书·方术传》：王乔是河东郡人，汉显宗时任南阳郡叶县县令。王乔有仙人的道术，每个月的初一十五就到京城朝见皇帝。皇帝因为他进京太勤而奇怪，而且他每次来时即不骑马也不乘车，就密令太史官偷偷察看。太史官察看后向皇帝奏报说："王乔每次到京城来时，准有一对野鸭子飞来。"皇帝就派人等野鸭子再飞来时张网捕捉，结果网里捕到的是一双鞋子，这鞋还是汉显宗四年时赏给尚书的那双鞋。

(9)画毂：指装饰华美的车子。奚囊：诗囊，典出唐李商隐《李长吉小传》："每旦日出，与诸公游，恒从小奚奴，骑距驴，背一古破锦囊，遇有所得，即书投囊中。"

(10)吴道子（约680—759）：唐代著名画家，画史尊称画圣。顾长康：顾恺之（348—409），字长康，小字虎头，晋陵无锡（今江苏焦溪）人，时人称之为"三绝"：画绝、文绝和痴绝。

(11)俭腹：腹中空虚。比喻知识贫乏。曹仓：泛指藏书的仓库。

(12)春郊戴笠：陈枫阶另一幅绘画作品。

(13)东坡赞忠恕：苏轼为五代画家郭忠恕的一幅画写有《郭忠恕画赞》。

七十三、张毓秀

张毓秀,生卒年不详,字葆天,又名廷煊、廷烜,号恒亭,清朝通渭县马营监东关(今甘肃通渭县马营镇东关村)人,工书法,善诗词。

开印后去候审案适遇其宴客

锣鼓喧阗笑语哗,官厅日日去参衙。今朝且莫谈公事,宴客才开锦上花。

西厅花

一官清冷亦清闲,如坐苦禅在此间。别后青山应笑我,出山依旧去看山。

七十四、李华春

李华春,生卒年不详,字实之,号坦庵,狄道(今甘肃临洮)人,乾隆丁酉举人,官清涧训导。有《坦庵诗钞》。受业于诗人吴镇,"吴门四子"之首。

盘豆驿[1]

疏雨生凉夕照开,高梧丛竹净尘埃。归程喜近秦关外,太华苍茫拂面来[2]。数株高柳乱鸣蝉,一带丛芦胃晚烟[3]。为底今宵归思切,玉娘湖上月婵娟[4]。

【注】

(1) 盘豆驿:在今河南灵宝县,为通陕大道。
(2) 太华:即西岳华山。在盘豆驿西南八十里。
(3) 胃:挂。
(4) 玉娘湖:在灵宝县盘豆镇。

六盘山

策马山城晓倍寒,纡回驿路入云端。作书休与家人寄,冒雨冲风过六盘。

七十五、张克念

张克念，字善作，号玉崖。清兰州府狄道州（今甘肃临洮）人。博学，工于诗，为狄道第一藏书家。著有《玉崖集句》。

望红道峪

隐隐西山一径斜，隔河山色似丹砂。夕阳千里红将敛，孤鹜飞飞带落霞。

集句二首

吟 兴

吟兴胡能尽（李中）？诗成削树题（姚合）。风回山火断（韦应物），月落斗杓低（刘得仁）。宿雨清龙界（崔湜），空梁落燕泥（薛道衡）。尘喧都不到（章孝标），谷鸟晚仍啼（白居易）。

秋日怀友

万壑树声满（杜甫），空林露鸟巢（陶翰）。感时歌蟋蟀（曹据），向月看螟蛸（长孙佐辅）。尘土侵闲榻（李中），荒阶蔓草茅（杜甫）。兴来空忆戴（李端），宴衍愿投胶（杜甫）。

七十六、吴锭

吴锭,生卒年不详,字握之,清兰州府狄道(今甘肃临洮)人。诗人吴镇之弟,业医而能诗,著有《耳山堂诗草》等。

闭　户

闭户少人事,迩来生道机⁽¹⁾。梦回山鸟唤,诗就野花飞。剪竹云生袖,弹琴月上衣。幽居饶乐趣,何必出柴扉。

【注】

(1)迩来:最近以来。道机:谓出尘修道的灵机。

山居忆张星乙

一亩园中半亩花,萧然物外足生涯⁽¹⁾。吟成白雪难为曲,游遍青山懒到家。傍舍寒松曾驻鹤,当门疏柳亦藏鸦。故人若肯重相访,缸面新篘酒易赊⁽²⁾。

【注】

(1)萧然物外:自身以外的一切。形容极为超脱,不为俗情杂务所烦扰。
(2)新篘(xīn chōu):新漉取的酒。

九月五日初雪

渐觉重阳近,东篱菊绽初。秋风吹落叶,大雪到寒庐。宋玉悲遥夜⁽¹⁾,袁安怅索居⁽²⁾。乾坤银一片,图画恐难如。

【注】

(1) 宋玉(约前298—前222)：又名子渊,战国时期楚国鄢(今湖北宜城)人,与唐勒、景差齐名。遥夜：长夜。

(2) 袁安：东汉名士。《后汉书·袁安传》李贤注引晋周斐《汝南先贤传》："时大雪积地丈余,洛阳令身出案行,见人家皆除雪出,有乞食者。至袁安门,无有行路。谓安已死,令人除雪入户,见安僵卧。问何以不出。安曰：'大雪人皆饿,不宜干人。'令以为贤,举为孝廉。"这里指高士生活清贫但有操守。

宿康子中山亭

君住西山更在西,子孙相继老锄犁。云间贳酒方寻阮,柳下安炉独忆嵇[1]。一枕落花春梦蝶,半窗残月晓听鸡。何当偕隐幽岩上,遍蹑真人万丈梯。

【注】

(1) 贳(shì)酒：形容不拘礼法,恣情纵酒。阮指阮籍。嵇指嵇康。俱为三国曹魏时名士。

七十七、赵援

赵援，生卒年不详，字子正，清代兰州府狄道（今甘肃临洮）人。吴镇弟子，由内阁供事授上海巡检，以赴官卒于长安。著有《雪堂诗草》一卷，《客燕吟》一卷，《公余小草》一卷。

和赵钝庵花朝前三日夜饮原韵

觞飞午夜为春情，刻烛分题韵自成。柳锁莺魂烟万井，花翻蝶梦鼓三更。斫残竹露声声润，吟到梅香字字清。酒后快谈心更爽，劳劳何事学逢迎。

七十八、李苞

李苞,生卒年不详,字符芳,号敏斋,清兰州府狄道州(今甘肃临洮)人,吴镇内侄。乾隆四十八年中举,官至四川剑州知州。著有《敏斋诗草》《牵丝草》《巴塘诗草》等,曾编辑《洮阳诗集》,收集清代前期临洮籍诗人作品,有重要的史料价值。

发桦林坪住泸定桥

林深反无鸟,山晓犹烟雾。欲早起却迟,竟为幽谷误。遵隈径诘曲,傍崖心恐怖[1]。涧水分顺逆,我行异沿泝[2]。山木罨官桥,春波涨晚渡[3]。故交会面难,客馆且小住。

【注】

(1) 遵隈:顺着山水等弯曲的地方。诘曲:屈曲,曲折。
(2) 沿泝:"泝"同"溯",沿溯指顺流而下,逆流而上的意思。
(3) 罨(yǎn):覆盖,掩盖。

宿头道水客栈

重掩象肺腑[1],幽深寓耳目。峰疑日月避,山将天地束。飞瀑频湿衣,悬厓欲压屋[2]。对面岭云白,随意阶草绿。跋涉已半月,淹留忽三宿。昼夜风雷响,春睡不敢足。

【注】

(1) 重掩:层层遮掩。
(2) 厓:同"崖"。

早行过折多山

太白引行人,行向天西畔。山腰青一片,鞍马冲烟断。历坂逊九折,揽辔增三叹[1]。大荒飞鸟外,兹岭复天半。毫无云木秀,徒然雪漫漫。砂砾所积成,嶱嵑空凌乱[2]。岭西夏犹冬,重裘御青豻[3]。夜饭犹难得,劳薪命炊爨[4]。

【注】

(1) 历坂:经过山坡。逊:退让。

(2) 嶱嵑(kě kě):山石高峻貌。

(3) 御:使用,应用。青豻(àn):古代北方的一种野狗,似狐,黑嘴。《正字通》:似狐而黑身,长七尺,头生一角,老则有鳞,能食虎豹。

(4) 炊爨(cuàn):烧火做饭。

再宿中渡

松光照四壁,山昏未及酉[1]。客闷无可遣,吟余茶代酒。野店寂无人,散步道左右。峡中天不大,尚得见北斗。万籁都不闻,只闻寒溪吼。长途借马骑,明日能过否。

【注】

(1) 酉:酉时,下午5时正至下午7时正,鸡开始归巢。

自麻盖中过雪山至西俄洛[1]

昨日穿云林,今朝过雪山。咫尺风土异,苍茫宇宙宽。火龙不到处,夏日亦生寒[2]。冻泉依石泻,清冰作镜看。松杉畏生岭,避风藏山湾。遂令重叠嶂,头秃空巑岏[3]。饥马恨草短,仆夫苦衣单。悲歌猛虎行,惆怅行路难。

【注】

(1) 西俄洛:西俄洛位于四川省甘孜藏族自治州雅江县境内。题目另作《过雅龙西行》。

(2) 火龙:指太阳。

(3) 巑岏(cuán wán):山高峻耸立貌。

谒少陵祠(其二)

翠竹斜笼径,幽花浅映池。交游鸥鸟在,心事子规知[1]。稷契生平志,乾坤绝妙辞[2]。典型垂往哲,舍此欲何师(3)?

【注】

(1)"交游"句,化用杜甫《客至》:"舍南舍北皆春水,但见群鸥日日来。""心事"句化用杜甫《子规》:"两边山木合,终日子规啼。"按:子规鸣声"不如归去"道出诗人心事。

(2)"稷契"句,化用杜甫《自京赴奉先县咏怀五百字》:"许身一何愚,窃比稷与契。"按:稷、契是唐虞时代的贤臣。"乾坤"句,化用杜甫《奉赠韦左丞丈二十二韵》:"读书破万卷,下笔如有神。"

(3)往哲:先哲,前贤。这里指杜甫。

七十九、李尚德

李尚德,生卒年不详,字南若,号梓轩,诸生,清狄道(今甘肃临洮)人。著有《梓轩诗草》。

月夜作

静夜待明月,月高人始眠。觉来明月色,犹在草堂前。起坐弄清影,孤怀方悄然。松风吹万籁,余响入山泉。

八十、吴承祖

吴承祖,生卒年不详,字尔功,国子监生。吴镇长子。

游韩城九龙庙

绿树阴浓扫不开,天光云影动楼台。微风吹送凌波袜。知是神人照影来。

八十一、吴承福

吴承福,生卒年不详,字绥之,国子监生。吴镇次子。有《桧亭诗草》,杨蓉裳评为"才情富有,格调清雄"。

别墅读书山犬环吠

别墅真岑寂,萧然绝送迎。客来偶展卷,山犬吠书声。

八十二、吴承禧

吴承禧，生卒年不详，字太鸿，号小松，清兰州府狄道州（今甘肃临洮）人，吴镇第三子。嘉庆时贡生。著有《灵山楼诗草》。

题农家至乐图

农家耕耨自年年，生计溪头数顷田。最是匆匆春事及，一犁春雨杏花天。

西岩寺即事

西岩古寺最清闲，输与禅僧住此间。宿雨初晴添野水，晓烟乍散露春山[1]。丛林断续黄鹂啭，沙岸阴浓绿树环。三笑虎溪传韵事，昔贤风致邈难攀[2]。

【注】
(1) 宿雨：久雨；多日连续下雨。
(2) 三笑虎溪：佛门传说，虎溪在庐山东林寺前，相传晋僧慧远居东林寺时，送客不过溪。一日陶潜（陶渊明）、道士陆修静来访，与语甚契，相送时不觉过溪，虎辄号鸣，三人大笑而别。后人于此建三笑亭。风致：美好的容貌和举止。

晚 晴

斜日半窗明，园林雨乍晴。隔帘见山影，移榻听松声。野鸟穿花语，池鱼逐浪行。萧闲无一事，高卧晚凉生。

八十三、孙孝增

孙孝增,生卒年不详,字符庆,清嘉庆九年狄道岁贡生。仕敦化训导。著有《芦雪诗草》一卷、《平清吟馆诗草》二卷。

渭川秋望

蓼花枫叶满清潭,入望楼台一镜涵。数点飞鸿残照里,横拖秋色过终南。

八十四、李作新

李作新,生卒年不详,字诰叔,清兰州府狄道州(今甘肃临洮)人,吴镇内侄。

怀戎堡竹枝词

两溪春水绿溶溶,杨柳垂丝又几重。东坝流莺西坝啭,杏花深处与郎逢。

八十五、吴思全

吴思全(1782—?),字平一,清巩昌府会宁人,嘉庆二十二年进士,曾任杭州府同知、温州府同知。存诗一百七十余首。

板子矶[1]

江头扑面起高岗,芙蓉为峰剑为铓。层峦合沓抱后面,来龙千里自何乡?其右陂陀左涧壑,石磴开缝耸千章[2]。此时大地皆受意,山水全青微渐黄。南来兹山真稀有,怪底山名未著扬。正如大隐隐尘市,不许庸俗识蕴藏。君不见采石之矶甚寻常,青莲之迹生辉光[3]。山灵莫叹终寂寂,会待千古之奇英来徜徉,大名亦百世而流芳。

【注】

(1) 板子矶:位于长江安徽芜湖繁昌县境内,素有"长江二十四矶之首"之称。这里地势险要,江流汹涌。矶,突出江边的岩石或小石山。

(2) 陂陀(pō tuó):倾斜不平貌。千章:千株大树。

(3) 采石矶:位于安徽省马鞍山市西南5公里处的长江东岸,南接著名米乡芜湖,北连六朝古都南京,峭壁千寻,突兀江流,历史悠久,名胜众多,素有"千古一秀"之美誉。相传李白因酒醉赴水中捉月而淹死于此,更给采石矶增添了神秘的色彩。青莲:李白号青莲居士。

送黄四兄出仕

案尘才却又征尘,旅店捫挡事必亲[1]。自是勤劳能习惯,不因琐屑任他人。

【注】

(1) 捫挡:料理,收拾。

赠高丽友人⁽¹⁾

碧宇无云别宿残,一轮高照五更寒⁽²⁾。人生磊落应如是,留与光辉万古看。

【注】

(1) 高丽:朝鲜古称。
(2) 别宿(xiù):列宿。

诗送高阴松行⁽¹⁾

芳如兰蕙劲如松,盖世风标未易逢。万里论交非偶尔,专山缄信是先容⁽²⁾。

缟纻相投古所传,多君雅赔转绵绵⁽³⁾。东参本是稀奇种,惠自情人更觉仙⁽⁴⁾。

伤心无奈是离亭,柳色前途马未停。鸭绿江边春正好,波光次第为君青⁽⁵⁾。

【注】

(1) 高阴松:朝鲜使臣,诗人,与高思全等结成梅社,相互酬唱,相交甚笃,交情一直持续到晚年。
(2) 专山:韩专山,朝鲜相国。先容:事先为人介绍、推荐或关说。指事先联络、介绍。
(3) 缟纻:指朋友间相互馈赠。雅赔:赔,亏蚀,损耗,敬辞,这里指馈赠的礼物。
(4) 东参:高丽参。情人:感情深厚的友人。
(5) 次第:顺着次序。

八十六、马疏

马疏(1789—1853),字经帷,号南园,清巩昌府安定(今甘肃定西)人。嘉庆二十五年进士,历任陕西府谷、骆南、富平、咸宁等县知县,人呼"马青天"。道光九年因祖父病逝,辞官归里,绝意仕途。后主讲兰山书院。著有《日损益斋文集》八卷、《古今体诗》十八卷。

秋 晚

落日斜衔岩寺西,冷风吹步上沙堤。川原庾积收全尽⁽¹⁾,一抹秋容秀菜畦。

【注】

(1) 庾积:露天储积的谷物。

晨 起

西风妒黄叶,吹落满庭户。朝朝扫将尽,菊英才半吐。晨兴步小园,晴容豁天宇。暾寒光欲上⁽¹⁾,岫复拨云聚⁽²⁾。冻雀喧林晓,飞鹊喜相语。野积趁斯箱,家家纳场圃⁽³⁾。村童去学塾,挟笑来三五⁽⁴⁾。爇炉烹早茶⁽⁵⁾,青烟飞一缕。霜天缟无际,清气入环堵⁽⁶⁾。肃秋芰芜秽⁽⁷⁾,真意谁领取。年来守蓬门,足不履城府。看山静复静,此风存太古。

【注】

(1) 暾(tūn):意为刚出的太阳。

(2) 岫:山洞。

(3) 野积:谓积谷于野。斯箱:载粮的车子。场圃:农家种菜蔬和收打作物的地方。

(4) 挟:意为挟带书本去上学。笑同"册"。

(5) 爇(ruò):意为烧。

(6) 环堵:四周环着每面一方丈的土墙。形容狭小、简陋的居室。

(7) 芟(shān)：本义为"割草"，此处形容秋风之肃杀。芜秽：杂草丛生，荒芜。

日日出北门

日日出北门，延望北河桥。桥下流水逝，暮暮复朝朝。桥上行人行，去去更迢迢。青青河畔柳，垂丝何飘摇。春光能几许，坐待荣华销。岁月背我去，华发不相饶。那复营非分，自致谷牙焦⁽¹⁾。不如从我游，清凉涤烦嚣。

【注】

（1）谷牙：谷的萌芽。焦：物体经火烧变成黑黄色并发硬、发脆。比喻名利之徒焦头烂额的窘相。

古风二首呈介侯师⁽¹⁾（其一）

桃李茂华实，人竞息其阴。谁知松桂性，郁郁老岩岑。物情忌孤芳，高柯难攀林。松桂生匪易，天工用意深。独钟磅礴气，森然起千寻⁽²⁾。葆此长荣质，不挫霜雪侵。所期千载下，令名有共钦⁽³⁾。俯仰今古间，志士抱苦心。

【注】

（1）介侯：作者老师张澍，字时霖，一字伯瀹，号介侯，又号介白，武威人，著有《姓氏五书》《续黔书》《秦音》《养素堂集》，又辑刊《二酉堂丛书》。
（2）森然：高耸林立的样子。寻，古长度单位，八尺为"寻"。
（3）令名：美好的名声。

正月十三日舟中作

山城对峙烟破晓，河界中流瓜蔓撩。日出未出云水昏，轻舟直下凌浩漾⁽¹⁾。苍石蜂窠篙眼古，冰溜冷逼壑窈窕。面削峭壁天为窄，四无人语轻阴悄。是时春浪软初平，短棹摇去如飞鸟。瞬息已过四十里，回首城闉隔森森⁽²⁾。碛塄渡头闻马嘶，几家瓦屋出木杪⁽³⁾。维缆儿童解送迎，惊起凫鹭逐波绕⁽⁴⁾。硖角回转境重开，一川老树枝夭矫⁽⁵⁾。忽惊飞沙扑面凉，布帆掀动风力裊。船为凝滞水为立，舟子相觑欲愀。须臾急雪打舷来，两岸紫白迷眸瞭⁽⁶⁾。天为有意开清景，故令推蓬见玉皎。塞垣驱驰已二年，如此水程游览少。傍晚鹤氅投孤村，犬认宿客尾喜掉。枕中芦花苏梦回,尚忆衙鼓声了了。

【注】

(1) 浩漾:水波浩荡无际的样子。

(2) 城闉(chéng yīn):城内重门。亦泛指城郭。

(3) 碛塄渡:位于府谷县西南,黄河岸边的一个渡口。木杪:树梢。

(4) 凫鹥:野鸭与鸥鸟。

(5) 硖角:峡角。"硖"同"峡"。夭矫:形容姿态的伸展屈曲而有气势。

(6) 瞭(liǎo):明白,清晰。

中秋月

十年寄影他乡月,今年明月返故乡。人行千里原可复,月隔千里共晴光。初上山头翳复吐,渐拨寒云透剑芒。山静无人吹弦管,风动秋林衣露凉。忆前玩月曾开宴,望府宾僚共倾觞。满城灯火人皆醉,歌呼声里庆年康。踏雪飞鸿今何处,抟沙放手各一方[1]。多情唯有今宵月,随我归来久相望。月照今人还照古,故人不见吁何伤[2]。已过四十四中秋,后来把玩那复强。过眼人阅几今古,当头月不变沧桑。亦知人生不如月,谁留清辉照人长?要挽孤月证此心,前身与月永无忘。归家尚忆思家切,且慰团圞桂枝香[3]。

【注】

(1)"踏雪"句:化用苏轼《和子由渑池怀旧》:"人生到处知何似,应似飞鸿踏雪泥。泥上偶然留指爪,鸿飞那复计东西。"比喻人踪迹漂泊无定。

(2)"月照今人"句:化用李白《把酒问月》:"今人不见古时月,今月曾经照古人。古人今人若流水,共看明月皆若此。"

(3) 团圞:团聚。桂枝香:传说月中有桂树,故云。

八月十八夜

薄云酿雨淡秋光,促织声中夜漏长。万里天涯紫壮志,三更月上耸寒芒。晚树吟风初飒飒,旧书束阁半茫茫。雕虫小技堪矜否?清梦依然恋玉堂。

元日登楼

高处望早春,上楼闲启扃。一天幕云雾,万室扑窗棂。阴壑雪嵌白,远峰烟插青。晚风吹息静,钟韵倚栏听。

秋怀二首(其一)

露下寒塘百草幽,美人迟暮总悲秋[1]。芳踪尚记滋兰畹,壮志空怀宿莽洲[2]。文牍三千曾自许,头颅四十更何求。便应寂寂修初服,开径谁同蒋诩游[3]。

【注】
(1) 美人迟暮:比喻因日趋衰落而感到悲伤怨恨,典出战国楚屈原《离骚》:"惟草木之零落兮,恐美人之迟暮。"
(2) 滋兰畹:做老师,培养人才。语出《离骚》:"余既兹兰之九畹兮,又树蕙之百亩。"宿莽洲:比喻修炼自己。语出《离骚》:"朝搴阰之木兰兮,夕揽洲之宿莽。"
(3) 修初服:重修当初的志向和品质。典出《离骚》:"进不入以离尤兮,退将复修吾初服。"蒋诩:汉杜陵(今陕西省西安)人,以廉直名,王莽执政,告病返乡,终身不出。他庭院中有三条小路,只与羊仲、求仲二位隐士来往。

出 城

小立桥边野趣长,归来城上晚禽翔。几行老树支秋景,一曲寒流皱夕阳。暮霭迷青没岩寺,短墙间白识山庄。我生得意惟闲适,借问营营为底忙。

野 望

笠子遮阳欹晚风,吟情踏过陌西东。散人岂有町畦在,农事相看播种同。云敛青天双鸟背,春融黄壤一犁中。偶逢邻叟闲谈笑,暮色苍茫下远空。

八十七、陈时夏

陈时夏,生卒年不详,字常于,号连园,清巩昌府陇西人,嘉庆时恩贡。著有《连园诗草》《连园集唐稿》。王贯三称其诗"落霞秋水,句以减字而愈工。宝树灵禽,词以选声而大雅"。

送陈宜亭先生还新兴[1]

宜亭旋梓里,对酒话离肠[2]。乡梦梨花雨,客程木叶霜。

【注】

(1) 陈宜亭:甘肃武山县洛门大柳树人。著有《惜生谈脉诀要秘》《医案问答》。新兴:武山旧有新兴书院。

(2) 梓里:故乡。

仁寿山杂咏

其 一

到此尘怀一概删,天台有路别人寰。虹桥日映阁中阁,鹫岭云连山外山。

其 二

曾传慧瀑挂岩隈[1],古涧而今挂绿苔[2]。安得飞泉来树杪,化作花雨洗尘埃[2]。

【注】

(1) 岩隈:深山曲折处。

(2) 树杪:树梢。

重登莲峰山

青空兀坐破云悭[1]，重与山灵识旧颜。不敢临风鸣剑唤，恐惊天语落人间。

【注】

(1) 破云悭：破悭，使悭吝者拿出钱财。这里指云开雾散。兀坐：独自端坐。

岷阳道中

山行十里别云岑，水落石滩沙岸深。番女歌吟偏兴致，野山一路唱出林。

登莲峰山

奇峰削出碧玲珑，堆起青松接太空。树影半衔山影外，人声多杂鸟声中。晴窗凌汉依明月，飞阁凭虚落晚风[1]。到此也知仙路近，石桥断雨架长虹。

【注】

(1) 凌汉：凌霄汉，高出天空。

八十八、王宪

王宪(1799—1864),字子度,号青崖,清巩昌府漳县(今甘肃漳县盐井镇)人,道光五年拔贡,官至河南巡抚。

游贵清山放歌行[1]

乱山如抱复如环,不到山中不见山。到山始见山奇秀,三峰斗插万峰间[2]。望中疑是神仙窟,蓬莱方丈在人间。又恐西方金精之凝结,亘亘绵绵直与华岳连[3]。中间一峰隔林壑,初惊绝巘杳难攀[4]。山门便作天门入,碧瓦朱甍佛界边[5]。西峰巉巉尤危峭,云霞作态烟作鬟。悬崖断涧可望不可到,驾空飞桥玉虹弯。人与猿猱争线路,一梯步上青云巅。仙人古洞遗残碣,铁牛老子去不还[6]。更东一峰特奇险,苍龙夭娇卧碧岩。古松阴森鳞甲动,怪石盘陀指爪斑[7]。我来正值千山雨,雨后青山忽破颜。松声涛声风声泉声听莫辨,山鸟山花怪怪奇奇不一般。千态万状难摹写,丹青画手陋荆关[8]。造物有意钟神秀,如此名山何等闲?当时秦人若识此,何必武陵始足仙!不然倘遇商山老,一曲紫芝万古传[9]。乾坤闷此青山色,山灵岂乐避地贤[10]。我今登山一长啸,不信海内只有三十三洞天[11]!

【注】

(1) 贵清山:位于漳县城南70多公里的草滩乡叭嘛村附近。佛教名山,旅游胜地。《贵清山放歌行》,道光六年(1846)春夏之交,王宪回家省亲时所作。

(2) 三峰:指贵清山之东峰、中峰、西峰。

(3) 华岳:指陕西华山。

(4) 巘(yǎn):即山峰,山顶。绝巘:指极高的山顶。

(5) 朱甍:朱红色的屋脊。甍(méng):指屋脊。

(6) 铁牛老子:即铁牛禅师,相传为筹建贵清山寺庙的第一位高僧。

(7) 盘陀:回旋曲折的样子。

(8) 荆关:柴门。比喻僻陋无知。

(9) 商山老：商山，又名商阪、楚山，在陕西商县东南，秦末汉初，东园公等四老人隐居于此，号"商山四皓"。"紫芝"指四皓《紫芝歌》。

(10) 罔：掩蔽，遮蔽。隐藏。

(11) 洞天：道教语，指神道居住的名山胜地。洞天就是地上的仙山，它包括十大洞天、三十六小洞天，构成道教地上仙境的主体部分，中国五岳则包括在洞天之内。

贵青山八景

三峰环翠

云壑神仙窟，三峰拥翠环。蓬莱真可到，只在海中间。

万壑松涛

天外涌银涛，青松青万古。俄惊风雨来，幽壑蛟龙舞。

西方胜景

孤峰如削壁，峭立一桥西。仿佛金天近，回首夕照低。

松梢挂月

山月一轮高，微茫松际露。还疑出海中，照耀珊瑚树。

石栈穿云

石蹬盘千仞，云中栈路穿。行人攀鸟路，踏破一峰烟。

灵岩古洞

飞锡定何年？云封岩洞碧[1]。人如叶令仙，遗迹双凫舄。

【注】

(1) 飞锡：佛教语。谓僧人等执锡杖行于虚空。指僧人游方。

断涧仙桥

两崖惊绝涧，千尺跨飞虹。步上青云去，泠然想御风[1]。

【注】

(1)"泠然":轻盈的样子。典出《庄子逍·遥游》:"夫列子御风而行,泠然善也,旬有五日而后反。"

深林樵唱

一径暗穿林,空中人语起。闻声不见人,知在烟萝里。

送子栋二弟旋里并勖四首

我别已两年,子来甫三月。三月几多时,与子又离别。梦欲逐归鞭,关山不可越。平安只两字,莫遣音书绝。

高堂春秋健,孙枝郁郁绵。百年重庆日,人生以为难。我今恋微禄,子归侍堂前。微禄夫何待,菽水有余欢(1)。

我家漳浦曲,左右麟凤山。山南与山北,十亩足闲闲。莫以五斗米,全荒二顷田。麦牛春雨后,树艺所当先(2)。

盐峰山之麓,上有先人墓。遥知杨花飞,寒鸦啼古树。悠悠六年来,伤心悲霜露。汝归勤拜扫,庶几慰泉路。

【注】

(1)菽水:豆和水,指清贫的生活。这里指晚辈对长辈的供养。
(2)麦牛,山名,在漳县盐井乡境内。

悼亡妻

诗歌忍效鼓盆庄,陇月嵩云恨自长(1)。别鹤几悲儿女泪,听鸡谁问舅姑堂。十年饱忆糟糠咽,五夜愁思织组忙(2)。凄绝随官劳怅望,病中犹自检行装。

【注】

(1)嵩云:嵩山之云,代指河南。王宪在河南任职三十余年。
(2)织组:谓经纬相交,织为布帛。

八十九、王寀

王寀(1801—?)，字子栋，清巩昌府漳县(今甘肃漳县盐井镇)人，诗人王宪胞弟，道光十七年贡生。

夜雨有怀

迢递归途才半月，淋漓细雨正连宵。关山涨水泉飞瀑，陇树鸣秋夜作潮。行路最防路滑滑，打窗愁听木萧萧。西风鸿雁频来去，更待联床慰寂寥[1]。

【注】
(1) 联床：兄弟或朋友相聚。

九十、杨凤龄

杨凤龄,生卒年不详,字五楼,清巩昌府漳县人,廪生。聪慧过人,二十六岁因病早逝。著有《五楼诗课偶存》一卷,道光二十四年,王宪为之作序梓行。

鸟鼠同穴[1]

由来鵌与鼵,一穴两相同。地据歧丰上,山分鸟鼠中。并栖千仞月,相和半天风。洞口云翻白,峰头黍欲红。飞潜偕豹雾,今古共鸿蒙[2]。鹣可联翔拟,鱼堪比目通[3]。偶居真伴侣,伏处判雌雄[4]。导渭寻遗迹,徘徊陇首东。

【注】

(1)鸟鼠同穴:山名,即鸟鼠山。秦岭西段山峰之一,渭河发源地。在今甘肃省渭源县西南,与漳县接壤。

(2)豹雾:比喻隐居伏处,爱惜其身,有所不为,典出《列女传·陶答子妻》。鸿蒙:宇宙形成前的混沌状态。

(3)鹣:古代传说中的比翼鸟。

(4)伏处:隐居。

古锦囊[1]

昌谷李才子,诗名播锦囊。新花夸异样,古制有余香。岂是天孙织,居然学士装[2]。偶来心欲赤,绣出色余黄。雪月共收贮,云山入秘藏。质疑函作玉,华谢帙成缃[3]。负得奚奴重,催教款段忙[4]。高轩吟未歇,佳句烂毫芒。

【注】

(1)锦囊:李贺的诗囊。《新唐书·李贺传》:"(贺)每旦日出,与诸公游,恒从小奚奴,骑距驴,背一古破锦囊,遇有所得,即书投囊中。"

(2) 天孙:星名,即织女星。

(3) 质:指锦囊囊体。函:木匣子。华:指锦囊上的装饰图案。帙:书、画的封套,用布帛等制成。

(4) 款段:指马行迟缓貌,借指马。

九十一、牛作麟

牛作麟(？—1851)，字振风，号愚山。今通渭县鸡川镇牛家坡人。牛增懋之子。牛作麟少时家赤贫，有"趁电穿针"之说，专务本源之学。求学艰苦卓绝，百折不回，水寒火热而无往不至。教子恳恳，以不见弃程朱门外为望，长子牛树梅以理学循良而闻名于当时。著有《牛氏家言》，其中所撰内容为《皇朝续经世文编》所采用。年逾古稀，"犹端无倾容"。

舒愁歌

苦，苦，皇天，后土！本神明，胡弗睹？数历七年，声疼两股。但念孟非人，即思匣出虎[1]。忆昔百里遄征[2]，辄令双眉低俯。能舞蹈全凭梦魂，愿游尝不过环堵。浩浩乎志气驰八方，愀愀乎忧梦塞六腑。岂谓静室中荡荡乾坤，乃为报道者拘拘门户。

子牛树梅注曰："辛巳冬至日，字数自一至九用阳数也。"

【注】

(1) 孟非人：孟絷，春秋时卫襄公之子，跛足。非人：非其人，不是完人。语出《左传昭公七年》："孟非人也，将不列于宗，不可谓长。"谓孟絷跛足，不是完人，不能立为宗主。匣出虎：即"开匣(柙)出虎"，打开关猛兽的木栅，把老虎放出来。

(2) 遄征(chuán zhēng)：急行；迅速赶路。

思儿歌

角羊角羊，我的儿郎！自从你下秋闱场，你的爹娘，哪一日不想？一条心，挂你徒步辛苦；一条心，望你稽首当阳。两个心事成一双，互短互长！白日到天晚，夜晚到天亮，梦寐间也在心头放。你要知这个心肠，等疼儿时自己尝！

梅注：信口唱出，沁心入腑，此文之至者也。忆梅乙卯初科，时五叔侍祖父寝，夜半语寂，叔谓祖父睡也，而朦胧中辄闻计算程旅之语，曰：今日宜至某处。如此数数。噫，此等光景，谁复能知哉！

九十二、牛树梅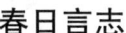

春日言志

春雷一动遍人寰,海岳苍茫尽改颜。万里蒸腾霖雨后,白云归去卧青山。

书舍小景

傍阶几日动寒蛩,物趣常从静里逢。雀跋檐前摇铁马,猫蹲花下戏游蜂。纸窗破损因风补,苔径模糊为雨封。莫道萧然环堵寂,闲情点缀画秋容。

过六盘山

陇山何高高,苍茫挟云起。会当绝顶颠,一目绝千里。

翠屏障西陲,气势雄三辅。绵亘数千里,峰峰藏云雨。日出照长安,世事更今古。借问道旁人,何处题鹦鹉？

赠李鉴堂笔

长枪大戟著殊勋,须信毛锥更不群。到处莫愁逢敌劲,与君谈笑扫千军。

百斛珠玑万顷澜,风驰雨骤集毫端。罢书掷向青云上,化作丰城剑气寒(1)。

【注】

(1) 丰城剑气：指宝物无法埋没。典出《晋书·张华传》：传说三国吴未灭时,斗、牛二星之间常有紫气。及吴平,紫气愈明。豫章人雷焕妙达纬象,言紫气为豫章丰城宝剑之精。尚书令张华即补雷焕为丰城令,密令寻之。焕至任,掘狱屋基,得双剑,一曰龙泉,一曰太阿。其夕,紫气不复见。及张华、雷焕死,两剑化龙飞去。

渡孟津河

昆仑万里赴中州,疑是银河泻斗牛。大地翻红波涌日,长天接素气横秋。云山飘渺晴空动,村郭微茫远浦浮。遥望风帆东下处,何当渤海看喷流。

华山道

昨日进潼关,欣若到里閈(1)。今朝见华山,如见故人面。嗟余小子都门游,去时初夏来深秋。中馈无人分子职(2),眷言菽水我心忧(3)。何处关山栖明月,何处风雨渡舟楫。中原莽宕八千里,都是高堂梦萦拂。太华少华耸天宫,嘘气应连渤海风。文章千卷不受用,埋头故纸蠹鱼同。况复饥为陶令乞(4),况复空作阮郎涩(5)。年去年来来去忙,倚门倚闾劳相望。嗟余小子归去来,故山故水足徘徊。诗礼且为趋庭计(6),会须眨眼动春雷。

【注】

(1)里閈(hàn):里门,代指乡里。

(2)中馈:妻室。

(3)眷言:顾念,怀想。言,语气词。菽水:豆和水,指清贫的生活。这里指晚辈对长辈的供养。

(4)陶令:指陶渊明,曾做过八十余天的彭泽县令,古称陶令。归隐后生活拮据,有《乞食》诗述其艰难。

(5)阮郎:这里指晋代阮籍,三岁丧父,家境清苦,勤学而成才。阮籍在政治上本有济世之志,曾登广武城,观楚、汉古战场,慨叹"时无英雄,使竖子成名!"

(6)趋庭:承受父亲的教诲。

新　晴

短芜盘马湿烟沉,前度平添溪水深。最喜一天新晴后,无穷碧翠上遥岑。

种松歌(1)

严霜炼节兮(2),古黛装容。蟠枝为虬兮,皴皮作龙。乾坤郁勃卓荦之正气(3),磊磊终古托长松。我爱松阴静,满地纵横铺云影;我爱松风高,晴空陡起如奔涛;我爱松烟布,元鹤稳睡重幄护;我爱松月低,镜光夜夜挂东溪。

丁酉之岁始来岷,书院宏开基址新。堂前旧有两松植,对插青霄奇轮囷[4]。前后闲园尚数区,添种小松百余株。每当日午手自灌,一念直与万年俱。抚尔径寸根,何时蟠结蛟螭蹲?抚尔盈尺干,何时耸矗凌天半?抚尔小小柯,何时月影共婆娑?抚尔纤纤叶,何时翠盖云中叠?昂首预想树成林,门阶户牖碧阴深。拔地参天十余亩,登高一览郁森森。

吾闻松身长最迟,历年亦最久,成材不限数百千岁后。齐景曾堕牛山泪[5],羊叔未睹岘山碑[6]。人生期颐能几何[7],谁得亲见乔木姿。顾我当留浩然于天地,常看尔等亘风烟,傲霜雪,永与岷山洮水无穷期。

嗟余自愧樗栎才[8],到此原为树人来。未能树人且树木,聊将本意勤栽培。烈烈长风元礼概[9],磊砢多节太真才[10]。他日须成梁栋选,莫教薄植委尘埃。

【注】

(1) 文昌书院:陇南旧有文昌书院,在岷州道署之侧,同治间书院尽毁于兵火。自注:丁酉岷州文昌书院作。

(2) 炼节:修炼节操。

(3) 郁勃:形容气势旺盛或充满生机。卓荦:卓越、突出。

(4) 轮囷(lún qūn):盘曲貌。

(5) 牛山泪:亦称"牛山悲""牛山叹""牛山下涕",喻为人生短暂而悲叹,对事物迭代感到悲哀。典出《晏子春秋·谏上》:"景公游于牛山,北临其国城而流涕曰:'若何滂滂去此而死乎?'"

(6) 岘山碑:晋羊祜任襄阳太守,有政绩。后人以其常游岘山,故于岘山立碑纪念,称"岘山碑"。《晋书·羊祜传》:"襄阳百姓于岘山祜平生游憩之所建碑立庙,岁时飨祭焉。望其碑者莫不流涕,杜预因名为堕泪碑。"

(7) 期颐(qī yí):一百岁。

(8) 樗栎(chū lì):樗,臭椿。栎,柞树。自谦之辞。

(9) 烈烈:刚正貌;坚贞貌。元礼,李元礼(110—169),名膺,字符礼,东汉颍川襄城(今属河南)人。在各种文献中,评价都很高,号称"天下楷模"。

(10) 磊砢(lěi luǒ):又作"磊坷",壮大貌;高耸貌。多节:喻人有奇特的才能。

采风叹[1]

父老招呼各近前,民间疾苦谁为先。开言已自含酸痛,山内云深未见天。

艰难生计诉无门,豺虎何堪遍各村。若见宪天劳一语,茕茕万辈即沾恩[2]。

面有深黧手有皴,环舆争诉泣家贫[3]。屋牛贱卖偿官费,都是无干添唤人[4]。

去年甲乙鼠牙争,乡里牵连半在城[5]。昨日差来囚锁项,证人说我亦知情[6]。

朝朝候审上公堂,似鬼似囚复似羊。到晚传呼齐带下,斗牌毕后又开觞。

结状幸投鸟出笼,哪知羁系尚无穷[7]。半年店账才清算,亲友何人赎邈躬[8]。

借得孕钱归路赊,瞻言四壁哭生涯[9]。秋粮数亩全荒废,种后从来未到家。

假命拖连胜似真,雷簽飞处落凶神[10]。可怜腰店三朝话,破产倾家遍四邻[11]。

匪徒占掠罄盐茶,事后差来到处查。未尽些些重挞去,吓言供贼即窝家[12]。

捕役汹汹更肆行,日来案费并无名。主人自怨却财运,悔不当初莫具呈。

尚有数家花未开,耽耽心里日濚洄。今朝相见忽相庆,又遇乡人报盗来。

爪牙攫噬满乡邻,血肉披淋儿女身[13]。我亦牛羊司牧者,开言告与后来人。

【注】

(1) 自注:二十七年任彰明代办石泉道中作。二十七年指道光二十七年(1847)。
(2) 宪天:旧时上诉案件,希望上一级官员能平反冤情,因称之为"宪天"。
(3) 舆:车中装载东西的部分,后泛指车。舆马:肩舆。
(4) 无干:犹无缘。添唤:口语,帮扶,有助于。
(5) 鼠牙争:因细微小事引起争讼。
(6) 囚锁项:捉人,提人。
(7) 结状:旧时向官府出具的表示证明、担保或了结的文书。
(8) 清算:彻底地查核、计算。赎邈躬:交钱换回自己的身躯自由。邈同渺,渺小,邈躬,谦称自己。

(9) 孕钱：高利贷。言：语气词。
(10) 雷籤："籤"同"签"，即令箭、令旗。自注：凡自尽与病毙谓之假命案。
(11) 腰店：偏处山乡道边路旁，专供行旅客商歇脚住宿的简陋小店，俗称"腰店子"。
(12) 搕(kē)：敲击，取。窝家：即窝主。
(13) 攫噬(jué shì)：抓取而吞噬。

象　岭(1)

人言象岭高，积雪白云里。我已踏云端，尚余三十里。浑疑气候竟无凭，八载蜀中见未曾。积白深于此地雪，坚青多是古时冰。马随石磴盘盘上，人与云烟冉冉升。莫道西天关塞远，一鞭指顾即阿陵(2)。

【注】

(1) 象岭：即大相岭，位于今四川省雅安市南部，荥经、汉源两县边境，延伸至洪雅县境内。为大渡河与青衣江分水岭。
(2) 阿陵：阿陵城。东汉任光为阿陵侯，字伯卿，南阳宛人，汉光武帝时名将。云台二十八将之一。这里诗人以任光自比，对未来充满自信。

剑　门

夫何赫然来，万峰之森列兮，如笋如笏如剑如戟，如长墉巨垛之倚天而排立(1)。横亘雾连，峻崒云矗(2)，鬼斧神工，目悸心怵。有壑窅然(3)，关门以辟，其深涧余隙，复横塞以或立或僵千百怪恶之巨石。噫嘻！蜀本奥区(4)，蚕丛鱼复(5)，北户重关，挺此绝壁。是日，天险何施，人力抑惟保障之功，宝德是资，胡不观于古今废兴之不一。

【注】

(1) 长墉：长城。垛：墙或某些建筑物突出的部分，有支撑或掩蔽作用。
(2) 峻崒：险峻高大。
(3) 窅然：指幽深遥远的样子。
(4) 奥区：腹地。
(5) 蚕丛：蚕丛，又称蚕丛氏，是蜀国首位称王的人。鱼复：通常作"鱼凫"，传说中古蜀国帝王名，蚕丛、柏砍之后的蜀王。

再过深州追吊去秋阵亡官兵

万里奔驰九月天,何堪裹带压双肩(1)。征途喘息足犹肿,报国忠魂躯已捐(2)。血肉带腥方枕藉,妻儿有梦尚团圆。壕边白骨谁收汝,无数阴磷绕碧烟。

战场何处吊深秋,惨对岩城百雉楼(3)。括地风惊犹作怒(4),满林云黯尽成愁(5)。死当为厉贼终杀,劫不同灰神自留。莫向九原相痛楚,英灵应化列星稠。

【注】

(1)裹带:携带。
(2)自注:九月十八日到深州,次日战死。
(3)自注:战死城下。
(4)自注:次夕大风终夜。
(5)自注:树林广密,为贼所诱。

即　景

自序:咸丰五年五月十一日看锄禾作。

山阿坐看白云飞,五月农忙昼不归。四野膏含梅雨润,千层浪引麦风微。锄禾地近邀同话,馌饷人来远认衣(1)。最是西阴斜转处,快投草笠谢炎晖。

【注】

(1)馌饷(yè xiǎng):送食物到田头。

说学四首

宝珠沉浊水,明镜积飞尘。疑是天生我,偏教质限人。源逢深造处,井掘及泉辰。此事良非幸,无为说苦辛(1)。

一与微相凑,传心自有虞(2)。虚明方始觉,声臭本来无(3)。宝鼎金融液,灵胎月孕珠(4)。个中微妙理,三五看河图(5)。

大雄称佛祖,浩气养吾儒[6]。此事非真勇,何由展壮图。穴中规虎子,颔下挈龙珠。安晏如能得,先师愤亦迂[7]。

一息成千古,绵绵造化功。干行惟不已,道体本无穷[8]。壅决流方畅,茅荒路岂通。缅怀川上叹,何始亦何终[9]。

【注】

(1) 自注:变质。

(2) 微:精深,精妙,精微。这里指儒家心学。传心:心学的传承。有虞:有担忧。

(3) 虚明:空明、清澈明亮。这里指内心清虚纯洁。声臭:原指声音与气味。后以"声臭"喻名声或形迹。

(4) 宝鼎二句:比喻心学的修炼如同青铜的溶液铸成金鼎、月亮的金华孕育成宝珠一样。非一朝一夕可以奏效。

(5) 河图:传说中伏羲通过龙马身上的图案,与自己的观察,画出的"八卦",而龙马身上的图案就叫作"河图"。三五:五行之数。即五行之生数,就是水一、火二、木三、金四、土五,也叫小衍之数。一、三、五为阳数,其和为九,故九为阳极之数。二、四为阴数,其和为六,故六为阴之极数。阴阳之数合而为15数,故化为洛书则纵横皆15数,乃阴阳五行之数也。自注:存养。

(6) 大雄:大雄是佛之德号。佛有大力,能伏四魔,故名大雄。

(7) 自注:精进。

(8) 干行:犹干道,天道。《易·同人》:"同人于野,亨,利涉大川,干行也。"

(9) 自注:时习。

九十三、侯树衔

侯树衔(1807—1866),字翰冰,号愚溪,清巩昌府陇西人,道光二十七年进士。历任四川兴文、威远、铜梁等县知县。著有《可敩亭集》《可敩亭百花吟》《聊斋诗六十韵》等,侯志淦据此编为《侯树衔诗文集》。

感 旧

至人探至道,劝我减粱肉。虚心有遗味,实腹不须粟。芬敷谢桃李,清劲比松竹。吸微知气定,睡少验神足。要知丹砂异,不受腥腐触。可怜山林姿,自缚升斗禄。君看出世士,肯屑世间福?宁从市中游,与众同碌碌。不愿束冠裳,腰金佩鸣玉。斯人今何在?未易识凡目。恐在庐山中,飞翔逐黄鹄。试用物色寻,应歌紫芝曲。

购马七绝

逆氛扰攘遍西东,人事天时迥不同。一自干戈随地起,家家门系五花骢。

疮痍自嘲

陇上客来话故园,偏教客里黯消魂。寰中半是疮痍者,一命区区不足论。

忆赴兴文任[1]

宦游昔曾到蜀川,晏州景物足留连[2]。室家寥落刚三口,行李萧条只两肩[3]。去笑清风携满袖,归看明月载空船[4]。如何往事堪断肠,记得当年听杜鹃[5]。

【注】

(1) 兴文：兴文县，隶属四川省宜宾市，位于四川盆地南缘，川滇黔结合部。

(2) 自注："兴文古号晏州。"

(3) 自注："赴任时只亡室亡女同余三口。"

(4) 自注："解任后赁舟进省。"

(5) 自注："兴文多杜鹃，与亡室同听，辄作思归之念。"

巩郡失守后作

故园风景渺难求，此日寒花客里秋。闻说解愁唯赖酒，那知有酒更添愁。雁行底事分天外，驿吏何年道陇头？旧里不堪回首望，碧云黄叶两悠悠。

陇头谣

陇头是处团练起，白昼公然劫行李[1]。嗟我商贾辛苦多，黄金失去泪滂沱。泪滂沱兮奈若何！

【注】

(1) 团练：正规军之外的地方地主武装。

赋得坐看云起时

变态崇朝起，林端一坐时[1]。水穷无渡问，客到看云垂。石磴频游倦，溪湾小憩宜。举头形突兀，瞥眼影迷离。罗待秋来似，峰应夏至奇。天光同此共，人意与之迟。出岫原非懒，为霖信未疲。从龙符凤愿，纠缦际昌期[2]。

【注】

(1) 崇朝：从天亮到早饭时。有时喻时间短暂，犹言一个早晨。亦指整天。崇，通"终"。

(2) 从龙：旧以龙为君象，因以称随从帝王或领袖创业。符：相合。纠缦：亦作"纠缦"。萦回缭绕貌。际：遇。

天水旅次口占四首

其 二

阅尽危疑境,欣从坦处行。抽簪抛国事,按剑说人情。瓦裂时兼世,云浮利与名。寒蝉凄似我,亦作不平鸣。

天水旅次写怀

十年仍是宰官身,始信升沉有夙因。愿学陶潜常病酒,惭隋王粲好依人(1)。求田问舍非吾事,啸月吟风养我真(2)。但得阳回逢泰运,衰迟喜作葛天民(3)。

【注】

(1) 陶潜:陶渊明(352或365—427),字符亮,又名潜,私谥"靖节",世称靖节先生。王粲(177—217),字仲宣。山阳郡高平县(今山东微山两城镇)人。东汉末年文学家,"建安七子"之一。少有才名,为著名学者蔡邕所赏识。初平二年(192),因关中骚乱,前往荆州依靠刘表,客居荆州十余年,有志不伸,心怀颇郁郁。

(2) 求田问舍:语出《三国志·魏书·陈登传》。本意是多方购买田地,到处问询房价。用来比喻没有远大志向。

(3) 葛天:传说中远古部落。葛天氏开创了原始的和谐社会,其所在时代的葛天氏部族是古代人向往并称道的"理想之世"。

游莲峰　丁巳又五月

一

一谪红尘五十年,名山与我久无缘。而今始知烟霞趣,俗吏何曾不是仙。

二

五峰如指翠微中,小住何妨卸软红(1)。到此不知尘世热,大家围坐醉松风。

三

突兀莲峰面面迎,游人逸趣亦横生。便从绿树阴中过,浑向青云路上行。好鸟啼时难解语,野花开遍不知名。晚来飞出松梢月,且欲衔杯到五更。

【注】

(1) 软红:犹红尘。

对花集句(时同治四年主讲兰山)

年年岁岁花相似(宋之问),岁岁年年客又来(梅圣俞)。毕竟百年同是梦(元稹),为谁零落为谁开(白居易)。

悼亡七绝

一

每夜阿娘费屡呼,老夫含泪抚呱呱。伤心孺慕声声切,母到重泉听得无[1]?

二

迷离一梦乍相逢,未阻巫山十二峰[2]。昨夜与卿同絮语,缘何不似旧时容。

三

经年抱病倍伤神,瘦骨棱棱已委尘[3]。陶令今无偕隐伴,黄花酿酒属何人[4]?

【注】

(1) 孺慕:小孩哭悼追思死去的父母。自注:每夜苦儿女辈唤母。
(2) 自注:二十四日夜梦亡室到家。
(3) 委尘:死亡的委婉说法。
(4) 自注:亡室能以黄花酿酒煎菊叶佐饮。

客中六月六日感怀集句

一回回首一潸然(韦庄),万户伤心生野烟(王维)。寒食清明都过了(苏轼),纸钱那得到重泉(王建)。

清明集句　时同治乙丑主讲兰山

清明无客不思家（高启），空掩柴扉度岁华（武元衡）。看却东风归去也（韩偓），半窗春月在天涯（许浑）。

水　仙

解佩仙人蓦尔临，看来不受一尘侵。凌波脉脉浑无语，待与梅兄话素心。

杏　花

惜花起早到墙边，春意枝头十倍妍。昨夜雨声来枕畔，小楼人听不曾眠。

蓼　花

占得春光到素秋，小园晚景似汀洲。耐寒似尔红如许，翻笑芦花早白头。

兰　花

行吟屈子漫增伤，幽谷无人亦自芳。九畹丛中联臭味，寻来十步有余香。

西江月·秋夜雨

退得三分溽暑，添将一味新凉。巴山夜雨话难忘，尚忆天涯芳草。　　淅沥当年蜀道，凄清此夕家乡。愁来漫读蓼莪章[1]，人逐秋风易老。

【注】

(1) 蓼莪：《诗经·小雅·谷风》的一篇。追念父母恩德，抒发失去父母的孤苦和未能终养父母的遗憾。

如梦令·夜秋风

晚景催人潦倒,在眼秋光煞好。底事夜来声,飒飒秋风如扫。起早,起早,只恐海棠吹老。

行香子·自叹

对镜堪怜,霜在鬓边,叹今生无复少年。十分心事,笔墨难传。有二分嗔,三分笑,五分煎。　　脱簪归后⁽¹⁾,故我依然,问如何培养丹田?自兹以往,万念悉捐⁽²⁾。在祛尘虑,谢尘事,澹尘缘⁽³⁾。

【注】

(1) 脱簪:古代后妃犯下重大过错请罪时的礼节。一般是摘去簪珥珠饰,散开头发,脱去华贵衣物换着素服,下跪求恕。这里指辞官。

(2) 捐:放下,放弃。

(3) 祛:去除。澹:同"淡"。

凤凰台上忆吹箫·感怀

甲子将临,锋镝并起,天时人事交忙⁽¹⁾。忆盛年景象,煞好风光。父老儿童鼓腹,喜家家屡说丰穰⁽²⁾。何曾见,司农仰屋,黔首离乡⁽³⁾。　　思量,余怀渺渺干戈世,而今不用文章。难乱日促短,治日舒长。争似鱼游澈水,从不睹圄圄洋洋⁽⁴⁾。更何时,波恬浪息,共庆平康。

【注】

(1) 甲子:指同治三年(1864),同治回乱(1862至1873年间,发生在陕西、甘肃两省的回民暴动)波及陇西。

(2) 丰穰:丰熟。

(3) 司农仰屋:主管钱粮的官员一筹莫展,无计可施。形容国库空虚,财政拮据。黔首,百姓。

(4) 圄圄(yǔ yǔ),指困而未舒貌。洋洋指舒缓摇尾之貌。

九十四、范钟

范钟,生卒年不详,字岳麟,清巩昌府陇西人,道光时秀才。工诗,常与诗友唱和,推为首座,惜其早卒,遗诗三百余首,编为《松冈诗稿》。

旧说南安郡十首

其 一

旧说南安郡,而多国士风。庞柔真汉将,人梦亦关公[1]。蜀陇咽喉固,睢陈胆气雄[2]。闲抱青史读,白日照长空。

【注】

（1）庞柔:生卒年不详,字不详,东汉末年雍州南安郡狟道县(今甘肃天水市武山县四门镇)人,三国时期蜀国将领。魏国名将庞德的堂兄。人孟:关人孟,明代将领。

（2）睢陈:关永杰任睢陈兵备副使,战死陈州。

其 五

旧说南安郡,鸿才凤共钦。烟云留墨宝,词赋艳儒林。变化龙蛇体,铿锵剑佩音。从来推世重,未必定黄金。

其 六

旧说南安郡,高人世仰刘。未容贤宰见,安用富儿周。板屋云同卧,莲峰月同游。夷齐祠畔水,万古自清流。

其 八

旧说南安郡,南安恰似园。槐榆连郭荫,桃李满城翻。友竹能医俗,听琴不惮烦。便民渠上水,仿佛武陵源。

其 十

旧说南安郡,端居见古情[1]。山环仁者寿,风溯圣之清[2]。茶马开秦塞,屯田戍汉兵。百年逢故老,常颂泰阶平。

【注】

(1) 端居:谓平常居处。
(2) "山环"句:上句指仁寿山,下句指夷齐祠。

听 月

天风满耳响丁丁,讶是吴刚斫桂声。好把梯云连步上,多应高处更分明。

除夕留月亭即事

纷纷城市漫争先,过了穷冬也有天。火热松盆寒吐焰,香焚瓦鼎暖生烟。只堪洗砚题诗句,最怕敲门索酒钱。谁共阿咸同守岁?明朝一样是新年[1]。

【注】

(1) 阿咸:三国魏阮籍侄阮咸,有才名,后因称侄为"阿咸"。

莎衣行

清霜已脱门前柳,陇上贫儿束竹帚。木叶扫尽扫莎衣,朔风推人出城走。郊原刷削佛头光,行行渐入穷山口。阴岸积雪不曾消,阳坡草皮难得厚。但愿寒暄放晴明,莫教野径遗枯朽。集污秽与飘蓬,乃扬尘而刮垢。既屈我之微躬,即掬之以双手。粗者顶上浮,细者中间揉。高者为圆塔,卑者如满斗。轻者超越前,重者趑趄后[1]。累累夕阳中,背负下陇首。黄昏入市换铜钱,今日晚餐才能有。饭罢更深焂火息[2],妻子寒床共相守。

【注】

(1) 趑趄(zī jū):脚步不稳;行走困难,想前进却又不敢前进的样子。
(2) 焂火:萤火。这里指如萤之灯火。

九十五、杨文耀

杨文耀,生卒年不详,字世昌,清临洮府狄道(今甘肃临洮)人,咸丰五年贡生。著有《咏岷州诗》等。

登贵清山石峡

水瀑石峰匹练悬,林间一径可通天。高登绝顶云封处,丹桂香清万岫颠。

望贵清山寺院

古刹参差门半开,名花遥忆昔人栽。望中贶得熏风起[1],吹送天香过我来。

【注】

(1) 贶(kuàng):赏赐。

九十六、王贯三

王贯三,生卒年不详,字笠天,号丹霞子,清巩昌府安定人,咸丰九年(1859)中陕西乡试解元,授长安知县不就。专心讲学,著述颇丰,但因家贫未能刊行,遗稿大多散佚。今存《王笠天先生诗集》,收诗三百一十多首。

看夜雪

明灭摇寒山,白天与地接。疏穿夜箔飞,风战万蝴蝶。

雨中杜鹃

空山响杜鹃,万壑雨如烟。乱滴林花落,离春又一年。

渔　父

春来取水兰,一染乾坤绿[1]。明月钓秋江,烟波千里玉。

【注】
(1) 水兰：一种多年生水中草本植物,是极为稀有的禾本科水生植物。

待　雨

村烟隔树昼如宵,隔树村烟几里遥。木叶满山风雨下,云水堆起四天潮。

荒荒园诗十首

其 七

人声来去水声中,戏绳丝杨六七童。草树纵横花左右,蜻蜓上下蝶西东。几墙薜荔留云碧,半砌樱桃滴雨红。林影参差斜照外,茶烟一缕扬微风。

其 八

竹声入砌碧潺潺,松影寻门掌锁关。白月皴花三尺水,黑云立树万棱山。床留草色搜凉卧,酒借西风破醉颜。野客心游无尽处,倦飞林鸟自知还。

为 农

生无益于国,死士何足贵。区区作虱官,奔走事侧媚[1]。退息学老农,差胜縻廪费[2]。春耕听布谷,秋织鸣络纬[3]。衣履草气色,发肤土滋味。真率入黄虞,歌谣逼汉魏[4]。行踪三沮溺,生涯两荷蒉[5]。但得倾腊酒,举家同一醉[6]。

【注】

(1) 区区:形容微不足道。侧媚:谄媚阿谀,巴结讨好人。
(2) 差胜:大概胜过、超过。縻廪费:浪费公用经费。
(3) 络纬:虫名。即莎鸡,俗称络丝娘、纺织娘。
(4) 黄虞:古代圣君黄帝、夏禹。
(5) 沮溺:长沮、桀溺,代指隐士。荷蒉:挑着草筐,代指隐士。
(6) 腊酒:农历十二月酿造的酒。

书 愤

屠龙技浅恨填膺,四十年来冷似僧。醉裂儒衣心欲火,狂呼剑侠眼生棱。黄河夜雪鞭天马,白草霜晨臂海鹰。日暮向空书咄咄,满怀乱绪对孤灯。

冬日有伤流亡者

冷风号绝命,烟火望无门。人世多愁曲,天涯不返魂[1]。浮生同猬缩,暝色对鸢蹲。不及原头草,犹存刘后根。

【注】
(1)愁曲:忧愁的心曲。

写家书

几度沉吟只自嗟,空书欲写笔难加。权将数点思乡泪,滴向封皮寄到家。

蚊

利嘴迎人挟毒深,微于芒刺锐于针。钻营昼夜无他事,为饱生民膏血心。

蝇

鼓翼摇头出积灰,挥之不去去仍回。唾余残沥真无味,犹自营营逐臭来。

鹦 鹉

贮以金笼惜若珍,抛残红豆厌陈陈。绿衣贱色同婢媵[1],只为能言便可人。

【注】
(1)婢媵:婢妾。

鹭 鸶

独立亭亭对素秋,苇花江岸蓼花洲。永怀冰清玉洁志,风露萧然到白头。

过陇西

剩有钟楼照晚红,颓墙无数倒西东。可怜五李名诗句,都付秋坟鬼唱中。

秋　感

满耳笳声与鼓声,凄凉满目叹羌城。秋来偏少砧声至,多是夫妻异死生。

醒后漫成

依旧家园古涧南,碧山云树影毵毵⁽¹⁾。梦中觉与儿谈梦,醒后方知与梦谈。

【注】

(1) 毵毵(sān sān):毛发、枝条等细长垂拂、纷披散乱的样子。

苦　雨

安得倚天剑,划开万里云。鸟声沉树坐,虫语落阶闻。霁爱中天日,潮听半夜军。雨师深意在,边塞净尘氛。

苦　雪

寒山炯炯云际灭⁽¹⁾,北风大作天又雪。化工而今成素工,一泻粉水补坤缺⁽²⁾。谁家貂裘歌对酒,掷杯舞剑蛟龙吼?谁家蚓鼎煮新茶,细看蟹眼鱼眼花⁽³⁾?又谁提刀目紫棱,铁马夜踏黄河冰?茹其苦者唯农老,万事艰难百忧绕。冷灶釜空炊不得,踵邻乞米天暮色⁽⁴⁾。归来束薪带湿烧,面目烟垢十指黑。牛羊叫寒生芻绝,驱之于山登彼节⁽⁵⁾。出门乱窜如奔狐,牧童大号双骭裂⁽⁶⁾。行人失路情更急,冰珠络须老蛟泣。唯有诗人瘦驴踏残月,树枝梅花心肠铁。

【注】

(1) 炯炯:明亮或光亮貌。

(2) 化工:指自然的造化者。坤缺:地面之空白处。坤:卦名,代表地。

(3) 蚓鼎:一种古代精美的茶具。蟹眼:井名,在广州北门外,涌泉如蟹眼,故名。泉水甘洌,最宜烹茶。鱼眼:水沸太过。黄庭坚诗曰:"风炉小鼎不须摧,鱼眼常随蟹眼来。"

(4) 釜:古代的一种锅。踵邻:去邻居家。

(5) 生芻:鲜草。节:高峻的样子。这里指高峻的山崖。

(6)双骭裂:两小腿因寒冷而皲裂。

渔　父

山影半岚倒滴天,一尺杨丝一尺烟。寻云外,出石泉。泉声挂雨下秋湾。

如梦令二首

其　一

雾厚不知几里,碧涧声留于耳。中有隐居人,茅屋数椽而已。行止,行止(1),山水渔樵话里。

其　二

家卧乱峰影里,人起开窗山起。种树许多株,枝叶半生半死。天只,天只(2),世事荣枯树指。

【注】
(1)止:语气词。《诗经·小雅·车舝》:"高山仰止,景行行止。"
(2)只:语气词。《诗经·柏舟》:"母也天只,不谅人只!"

鹧鸪天

日日眼戒斜阳暮,夜夜影守明月住。鸡鸣起扫车上雪,三三五五点星数。　　水问桥,村认树,心头半滴草头露。单衫忌雨不如蓑,棕笠也受风姨怒。

踏莎行

路拨菱荸,去寻小艇,夕阳明灭渔翁顶。蓦驾秋风一叶波,呀呀摇动千山影。　　白日辘翻,青天梭引,堤取得忙树来紧。卵色看坐碧空头,水里有人走出猛。

九十七、王作枢

王作枢(1827—1886),字辰垣,号少湖,别号文楼,晚年又号慕陶,清巩昌府安定人,同治十三年进士,曾任翰林院编修,国史馆协修。后应聘主讲平凉柳湖书院、兰州求古书院,刘尔炘、安维峻、刘永亨、杨思皆出其门。现存《慕陶山房诗文集》四卷,收诗一百八十余首。

雨霁城东春望

步出城东豁倦眸,今朝风暴耐勾留。一犁春雨新晴后,看遍郊原绿满畴。

夏雨即景

细雨萧萧晓气清,湿云拖地树纵横。湖光如镜堤如画,万绿丛中布谷鸣。

过凉州

白马黄沙古战场,边风吹冷旅人裳。琵琶不唱凉州曲,且尽葡萄酒一觞。

车道岭晓行

宵雨晴催雀声喜,晓风凉送马蹄驶。涧底白云懒于人,红日三竿犹不起。

陇西晚行

遥村犬吠月明中,野渡疏钟杂水风。隔浦欲询投宿处,半林黄叶一灯红。

秋夜闻警登城

危楼高压女墙卑,傍午军书驿路驰⁽¹⁾。四面烟云沉鼓角,一天星月竖旌旗。书生有志频看剑,壮士无声共守陴⁽²⁾。安得银河洗兵甲,万家同上太平卮⁽³⁾。

【注】
(1) 女墙：城墙上呈凹凸形的小墙。
(2) 陴：城上的矮墙。亦称"女墙"；俗称"城垛子"。
(3) 卮：古代盛酒的器皿。

春夜闻警

连宵雪气冷烟横,日暮传喧共上城⁽¹⁾。灯影寒窗两三点,柝音风散万千声。漫漫长夜何时旦,漠漠阴云几处晴？莫怪书生常怯步,而今高处最难行。

【注】
(1) 传喧：高声传唤。

青岚山怀古

青岚山上朔风寒,青岚山下阵云残。千秋兴废感遗迹,回首江山改旧观。当年苍翠峰头路,山光鸟语留人住。岚气潮湿酒家旗,炊烟晚杂村边树。风流云散何倏尔⁽¹⁾,破瓦颓垣生荆杞。九秋荒草没长途,一带寒烟迷故址。吁嗟呼,岘山碑在羊公去,岩壑依旧昏复曙。青山送尽往来人,英雄名士知何处？青岚山色今非昔,野戍荒村无人迹。噫,野戍荒村无人迹,夕阳犹照晚山碧。

【注】
(1) 倏尔：忽然,迅疾。

游崆峒山吟⁽¹⁾

万事皆分定,游眺亦夙缘⁽²⁾。登临有奇遇,跬步岂偶然⁽³⁾。忆昨梦到青葱岭,月照万树梨花影。山下波纹清且涟,桃园有路开仙境。一峰当面秀东南,绕道流泉泻碧岚。对景狂吟不忍去,往复高下几穷探。梦醒奇峰何处觅,平生山径未曾历。题诗纪胜已多年,名山无计得良觌[4]。今春且喜来高平,柳湖风月助人清[5]。州里崆峒插天碧,朝朝着意欲山行。壮游偏多阻,良辰半风雨。自春徂秋愿未尝[6],半载难将蹉跎补。屈指西旋已有期[7],清宵复梦洞天奇。拾级连步探幽险,杰阁倚天万象卑[8]。晓起顿触溪山兴,安排游屐蹑石磴。暂携酒榼缓归鞭[9],定将一览峰峦胜。山灵为我涤尘嚣,峰头雷雨霁秋宵。天公为我开翳障,岭上云日明诸嶂。奇花异草遥相接,曲折萦绕路千迭。天梯石栈森绝壁,昂头使我魂魄慑。壮志难销寥天迥,健步直上群峰顶。山河指顾若列眉,到此顿教心目醒。大统南望对螺鬟,泾河东过山麓间[10]。李桃无数盈岩壑,细流曲绕声潺湲。回头更看阶升处,果然石磴通幽路。昔以神游今目击,后先两梦悉不误。更从古刹寻仙踪,旁通真有雷声峰。始信前夕风雨骤,此中毕竟出云龙。晚钟鸣罢笛初弄,勋名又入黄粱梦。孝慈还将无讼期,治安策略思梁栋。松叉一弯新月小,觉来意境出尘表。城郭万家夜色沉,红日倒射窗光晓。归途回望情弥恋,搜奇览胜不知倦。前身合披老衲衣,岂意丘壑重历遍。万事如梦梦翻真,好将凤好证前因。安得日著谢公屐,尽向云山佳处作闲人[11]。

【注】

(1) 崆峒山:道教圣地,属六盘山支脉,位于甘肃省平凉市城西12公里处,古代黄帝问道广成子处。

(2) 分定:人生命分有定,不能强求。

(3) 跬步:半步。

(4) 良觌(liáng dí):会面,会晤。

(5) 高平:古县名,在今宁夏固原,与平凉相连。柳湖:在平凉市城区北郊,原"柳湖书院"所在地,作者曾主讲该书院。

(6) 徂:到。

(7) 西旋:西还,西归。

(8) 杰阁:高阁。

(9) 酒榼:古时盛酒的器具。

(10) 大统:统一的天下。螺鬟:形容深碧色的山石蟠旋似螺髻。泾河:渭河一级支流,即黄河二级支流。发源于宁夏六盘山东麓,南源出于泾源县老龙潭,北源出于固原大湾镇,至平凉八里桥汇合,东流经平凉、泾川于杨家坪进入陕西长武县,再经政平、亭口、彬县、泾阳等,于高陵县陈家滩注入渭河。

(11) 谢公屐:指谢灵运(385—433)登山时穿的一种木鞋。鞋底安有两个木齿,上山去其前齿,下山去其后齿,便于走山路。

大军行

　　贼氛四面烟尘起,天意荼毒何时已。万马忽传大军来,云霓到处同仰止⁽¹⁾。山腰金鼓遏云端,前驱十里促银鞍。剑戟森列秋水碧,旌旗闪烁日光寒。连珠炮响震郊甸,车骑奔驰疾如电。前途杀气接重霄,尘沙飞走风云变。郊迎冠盖如山丘,官弁市民与裹头⁽²⁾。邮亭罗拜群稽首,金甲十万拥貔貅⁽³⁾。中有一人服戎服,彼何人哉擅威福?服色特隆九重恩,头衔照耀三军目⁽⁴⁾。观者如堵各寂然,瞥见父老双泪悬。昨日全军东道过,乡村万灶冷无烟。累裀迭褥敞琼宴,一饭珍馐十万钱⁽⁵⁾。停杯投箸不欲食,颦蹙四顾意艴然⁽⁶⁾。邦人邑令皆色阻,连宵比户筹阿堵⁽⁷⁾。备物不腆输微忱,脂竭那识民生苦⁽⁸⁾。熟料包苴难餍心,无端鞭棰猝相侵⁽⁹⁾。官民忍辱逃不得,胥役惊走痛莫禁⁽¹⁰⁾。是时山陬烽火红,数里绵延入望中⁽¹¹⁾。贼探藏匿攻洞穴,哭声震地达苍穹。声声不入将军幕,骠骑逍遥仍自若⁽¹²⁾。悍卒城内肆搜罗,美人军中恣欢谑。吁嗟呼,建功立威无非假塞责,因仍徒苟且,渠魁易地仍负隅⁽¹³⁾。颇怪红旗报捷者,临淮不作汾阳去⁽¹⁴⁾,谁是长城堪依据⁽¹⁵⁾!君不见,近郊十里土俱焦,便是元戎驻师处。

【注】

（1）云霓：雨色,比喻解救济困。《孟子·梁惠王下》:"民望之若大旱之望云霓也。"

（2）冠盖：官吏的礼帽和车盖,代指官吏。官弁：低级别的武官。裹头：包头。犹加冠。古时男子成丁则裹头巾,这里指普通百姓。

（3）邮亭：驿馆。罗拜：罗列而拜,围绕着下拜。貔貅(pí xiū)：古书上一种凶猛的野兽,比喻勇猛的军队。

（4）九重恩：皇帝的恩赐。

（5）裀：垫子。珍馐：珍奇名贵的食物。

（6）颦蹙：皱着眉头。艴(fú)然：生气的样子。

（7）比户：挨家挨户。阿堵：钱。典出《世说新语·规箴》,为六朝时口语"这个"意。时人王夷甫因雅癖而从不言"钱",其妻故将铜钱堆绕床前,夷甫晨起,呼婢"举却阿堵物"(搬走这个东西),仍不言。后人遂称钱为阿堵物。

（8）不腆：不丰厚。输微忱：表达微薄的心意。

（9）包苴：借指贿赂或馈赠。餍：满足。猝：突然。

（10）胥役：小吏和差役。

（11）山陬：山角落,借指山区偏僻处。

（12）骠骑：汉代对将军的称号。

(13)因仍：因袭。渠魁：敌人的首领。负隅：凭借险要之地反抗。

(14)临淮：临淮侯陈德，明开国功臣之一，洪武三年封为临淮侯。汾阳：指评定安史之乱的功臣郭子仪，受封汾阳王。

(15)长城：这里指国家栋梁之才。

九十八、白鹤鸣

白鹤鸣(1829—1913),字九皋,一字守斋,号西平,晚年号松庵子,道号卧云道人。清巩昌府陇西人。县学庠生,有《松庵集》一册传世。

陋　室

客来寒夜不安身,墙短只因终窭贫⁽¹⁾。板屋无窗云近枕,柴门有隙月窥人。

【注】
(1) 窭贫:指境遇艰难。语出《诗·邶风》:"终窭且贫"。窭(jù):居室简陋。

雁

生在胡沙长在边,春秋渡尽碧云天。数声古驿潇潇雨,一字寒汀漠漠烟。青冢月明霜似雪,长门灯暗放如年。江湖无数知多少,都向关山来往传。

晚年自叹

杏花疏雨过黄昏,金屋无人见泪痕。短发欲梳愁有意,此身虽小性常存。关山不锁寒溪水,环佩空归月下魂。依往寻思倍惆怅,夜寒时永问谁温。

九十九、赵运昌

赵运昌(1797—1866),字善卿,号琴鹤。清巩昌府陇西人,同治贡生。著有《杜门诗草》。

孤 鹤

陇上一孤鹤,志与华岳高。欲浴玉女盆,水借天河浇(1)。欲攀仙人掌,临风振羽毛(2)。欲衔玉井莲,光华映绛霄(3)。短巢不肯栖,日日鸣九皋。

【注】

(1) 玉女盆:华山中峰有玉女祠,祠前有石臼,传为明星玉女洗头盆。其水碧绿澄澈,雨不加溢,旱不减耗。

(2) 仙人掌:山名。陕西省华阴县太华山的东峰。峰侧留有形似手掌的痕迹,故得名。

(3) 玉井莲:古代传说中华山峰顶玉井所产之莲。唐韩愈《古意》:"太华峰头玉井莲,开花十丈藕如船。"

小 立

小立秋潭边,俯首见太空。濯足云生下,看山插倒峰。鱼飞水底天,雁字批其鳞。澄心悟妙理,何假之非真。

云 鹤

晴天无纤翳,一朵白云飞。仙鹤不肯舍,衔去入翠微。

山城夜雨

寂寞山城里,家园怨未休。可怜终夜雨,不洗客心愁。

卓笔峰(1)

其 一

笔力摇五岳,笔势挟风雨。云烟无处落,高接天尺五。

其 二

巨笔屈子化,离骚有余韵。日日邀山鬼,向空书天问。

【注】

(1) 卓笔峰:山峰名,位于浙江西南丽水市辖区,龙鼻洞下山右转,不远就到卓笔峰。峰形下圆上锐,如一只巨笔竖空中。

和临洮余印庚九日望乡诗

俯视前峰小,持身自信高。心惊烽火在,不敢望临洮。

卜 宅

卜宅南山巅,山妻亦快然。负薪劳幼子,吃饭靠苍天。琴鹤携同调,烟霞结旧缘。贪心犹未足,选计买书钱。

山 居

他乡寻福地,山隘道难通。水浅蛟龙显,斋荒鼠雀雄。浮云随变狗,明月自鸣虫。不尽苍凉感,都收一笑中。

郡城失守弟兄相继病亡计生者己身之外只余妻子

其 一

故国难言富,他乡敢厌贫。儿妻穷不惯,怨到老头巾(1)。九口男和女,三年死丧频。干戈还扰攘,兄弟几沉沦(2)。

其 二

体瘦神多倦,家空鬼笑贫。可怜城陷后,书卷亦灰尘。命苦谁如我?强年剩一身!弟兄泉下客,妻子难中人。

【注】

(1)老头巾:指迂腐的老儒。

(2)扰攘:混乱;骚乱。

秋雨连日积水入室深尺许时读芥子园以消遣(1)

芥子园中乐,书床作卧游。一贫如雨洗,万卷足风流。闭户谁敲月,浮家我泛舟。钓台何处是,仔细觅羊裘(2)。

【注】

(1)芥子园:指《芥子园画谱》,又称《芥子园画传》,中国画技法图谱,成于清代。清代著名文学家李渔,曾在南京营造别墅"芥子园",并支持其婿沈心友及王氏三兄弟(王概、王蓍、王臬),编绘画谱,故成书出版之时,即以此园名之。此画谱堪称中国画的教科书。

(2)羊裘:汉代严光和与刘秀一起游学,刘秀即帝位,严光变名披羊裘隐钓济中。比喻隐居生活。

路经磨石峪

岁月如轮转,人生且受磨。山空人语少,日暮客愁多。野鹿衔花走,良禽择木过。渔樵何足问,世事付狂歌。

哀故乡

乍见故乡人,喜问故乡事。故乡近如何,我宅君可记?故乡人呜咽,气结不成语。少顷乃复言,且泣复且诉。故乡无乡音,故宅生狐兔。篙艾变为林,庭院多坟墓。我曾访我宅,四邻无一处。乡人言未毕,我心已如醉。木立西风前,相对如梦寐。

赠松石斋主人

序：关柳塘斋名长松白石，余斋名琴鹤。

君有长松我有鹤，长松鹤借一枝歇。君有白石我有琴，石上横琴弹夜月。松性不凋鹤耐寒，琴音慷慨石清越。长松白石作主人，一琴一鹤是客谒。琴石松鹤永结契，年年岁岁兴不竭。

九 日

其 二

记得昔年在故乡，登高喜见雁双行。今年强负他山约，人插茱萸我断肠[1]。

【注】

(1) 茱萸：茱萸是一种落叶小乔木，开小黄花，果实椭圆形，红色，味酸，可入药。汉族民间风俗，农历九月九日重阳节，佩茱萸能祛邪辟恶。唐王维《九月九日忆山东兄弟》："遥知兄弟登高处，遍插茱萸少一人。"

遭变后寄李海臣县尉

共戴青天各一方，闻君云外被恩光。三年未见南来雁，无路相通字几行。吾家昆仲尽凋残，剩得妻儿伴苦酸，潭眷可能余几口，提笔不敢问平安[1]。

【注】

(1) 潭眷：对他人眷属的美称。

秋夜闻草虫

四年匏系尚山城，身似梧桐一叶轻[1]。徒有草虫不厌旧，清宵着意助哀鸣。

【注】

(1) 匏系：匏瓜系而不食。比喻贤才不得志，如无用之人。

卖砚二章

其 一

为我供粮扫千军,侯封即墨建奇勋[1]。而今惆怅归山去,关外无人更识君。

其 二

欲送石兄意若何,骊歌唱罢又摩挲。山妻不解别离苦,翻喜石田得价多。

【注】

(1) 侯封即墨:即墨位于中国山东半岛西南部,是山东省的一个县级市,战国时属于齐国。在这里,齐将田单用火牛计大败燕军,收复被燕国侵占的七十余座城池,被封为安平君。

喜诗成集

其 一

前生诗债此生还,消尽黄金身转闲。独有连城璧尚在,未容抛落到他山[1]。

其 二

满架图书不疗贫,债多常似避秦人。千金不换连城璧,自是吾家希世珍。

【注】

(1) 连城璧:价值连城之玉。后用以指极珍贵的东西。亦作"连城玉""连城璞"。这里指诗集。

谢关柳堂馈粮

汗颜虚受馈贫粮,无计酬恩枉断肠。幸有青钱三百个,愿君选去助诗囊[1]。

【注】

(1) 青钱:青钱质地为铜、铅、锡合金。新版《辞源》说明:"以红铜五成,白铅四成一分半,黑铅六分半,锡二分四者配铸者,谓之青钱。"比喻有才学的人。

客 舍

客舍频思唱骊歌,故园五载尚干戈。此间有柳堪栖鹤,何处抄经可换鹅[1]。举目无亲惟我在,浑身是胆奈穷何。怀才未试心难老,苦把龙泉著意磨。

【注】

(1) 换鹅:山阴地方有道士以一群白鹅换得王羲之为其写《道德经》。

一百、安维峻

游崆峒题

昔我戍沙塞,题诗灵泉寺。长剑倚天磨,隐寓崆峒志。不意十年中,公然履福地。我友郑广文,请游同揽辔。行行过石桥,处处益神智。如寻桃花源,绝境人少至。又似蓬莱宫,神仙可立致。穿林上青霄,径曲步代骑。望驾空极目,烛峰光远被。古塔迥凌空,中台巧位置。东西南北台,各自标灵异。琳宫梵宇开,瑶草琪花閟。松柏高摩云,群木如栉比。天门可阶升,引绳心惴惴。绝顶得攀跻,喘定神犹悸。雷峰声訇訇,阁空踏欲坠。泾川尽一览,道路辽难记。五台近罗列,有似儿孙侍。路转下西岩,崎岖行之字。夜来宿西台,星斗罗胸次。如闻钧天乐,空际铙鼓吹。明月伴元谈,清风醒余醉。有鸟巡山鸣,名狗谅非戏。晨起一凭栏,满地烟云腻。药草杂花发,异香时扑鼻。连日骋游目,穷险探奇秘。云归龙洞入,狮蹲天台回。朽木桥飞仙,侧屏峰拥翠。龟台及凤岭,殿尚灵光巍。惟有太统山,令人思名义。笄头何处是,延望足频跂。俯瞰元鹤洞,窈然幽以邃。自非凡骨换,仙禽不可企。今我尚浮沉,几时脱尘累。到此心神清,富贵真敝屣。乃知轩辕圣,问道非多事。世无广成子,汉武亦空诣。徒令千载下,怀古发遥思。鞭挞及四夷,武皇自英鸷。持拟涿鹿功,伯仲元轩轾。世人苟目前,饶舌恣訾议。岂知神武姿,电扫空异类。不然烧回中,斯山且沦弃。白日即升天,于世何所利。感此意激昂,中宵耿无寐。轩武世不作,浮云苍狗肆。安得朝阳凤,复鸣归昌瑞。倚剑说平生,斯游心已遂。泾清鉴我形,山静知我意。龙泉韬匣中,终当惊魅魑。

一百零一、尹世彩

尹世彩(1859—1930)，字文卿，号凤谷，甘肃省岷州(今岷县)城里人，先后任陕西第一师范学校、甘肃第一师范学校国文教员，诗词、文赋、书札、楹联作品甚丰，惜大多散失。

山　镇

黄叶如蝴蝶，随风上客衣。溪桥经雨坼，野果得霜肥。箫鼓散秋社，羊牛下落晖。看人争席罢，我亦欲忘饥。

题　马

世上岂无千里马，人间谁是九方皋？长林丰草宁终老，人间庸奴仰首号。

一百零二、祁荫杰

祁荫杰,生卒年不详,字少昙,号漓云。甘肃陇西人。光绪三十年进士。官礼部光禄司主事。著有《漓云诗存》三卷。

宿长寿岭

两三间屋层崖上,瓮大青天斗大城。酒病癫狂犹昨日,老怀惆怅入边程。西风独树惊霜色,落日千羊唤母声。戏马健儿头似雪,南征曾作射雕行。

烈士吟

易水寒峥嵘,燕山郁崔嵬。再拜饮君酒,泣下肝肠摧。天地忽易色,壮士去不回。白日咸阳宫,回首惊风雷。武阳视秦帝,面青如死灰。

一百零三、黄文中

黄文中(1890—1946),字正心,后改字中天,甘肃临洮洮阳镇人。东京明治大学经济学学士,并加入同盟会。回国后任甘肃省教育厅一科科长,并在各大中学校兼课。他抨击军阀专制,批评时政,倡导民主自由,有民主斗士之称。1931年后避居杭州,为西湖景观题写了多幅名联,为一代楹联大家。

岁暮洮河沿观冰

油盐酱醋米面茶,般般都到他人家。岁暮天寒无余事,洮河沿上看冰花。

一百零四、王海帆

王海帆(1888—1941)，原名王永清，字海帆，号半船，亦号梧桐百尺楼主人，甘肃陇西人。1913年以国会议员之身份，代表甘肃省赴上海，出席非常国会会议，参加了由孙中山、黄兴领导的"二次革命"。先后任华平县(今泾源县)知事、省长公署参事，甘肃省议会史总纂、省政府机要秘书、庄浪县县长。1923年任甘肃省省立第五师范(1936年更名为甘肃省立陇西师范学校)国文教员。著名学者、诗人、散文家。其后裔整理出版了《王海帆诗集》《王海帆散文集》。诗文博采众家之长，形成了自己鲜明的特色。

感 事

祁连山畔月如弓，大将初成汗马功。五百雌儿牵海上，一千降卒坑城东。须如事本分成败，其奈民能辨黑红。昨日荒村闻父老，川原夜夜起悲风。

陇 山

马蹄蹴云碎，岚气散流霞。涧树撑岩直，飞泉避磴斜。山腰嵌古寺，麓足驻人家。时见深林外，枝头落杏花。

游贵清山（五首选三）

一

野花沿路映柴扉，草色连天接翠微。马首白云堆不起，一声山犬满林飞。

二

异鸟怪禽倾耳听，乱峰接翠入闱屏。村前一缕炊烟直，抹上遥山分外青。

五

朝来细雨尚纷纷,浣得青衫无点氛。着意山灵留不住,马蹄踏碎万重云。

漓云三叠前韵见遗,适值亡女淑九月十七日之变,乃依韵哭之,并柬漓云

寒飚吹一霙,亲友共心惊。云散天中影,珠沉掌上情。弱魂依蔓草,苦雨暗重城。肠断秋坟月,愁闻夜半声。

漓云四叠前韵寄示挽诗(四选二)

一

一瞑知无救,传来人鬼惊。岂予贻此祸,造物太无情。夜月明蒿里,寒风逗泪城。黄泉千尺土,不透哭儿声。

二

聪明怜汝误,里党尽呼惊。三载别离意,百年生死情。有魂归夜月,无泪洗愁城。地下能知否,汝娘哭汝声。

二月望游北关后五台,题壁限芽字

草挟春愁怒发芽,雪痕犹压水边沙。似闻啼鸟枝头说,再过些时到杏花。

渭源道中

此日山南路,人家接土城。桃花开马首,麦饭熟鸡声。别意随波长,春愁经雨生。何时烟水外,归去事躬耕。

一瘦马振鬣长啸于斜阳芳草之中,不知何人手笔,感题其上

不甘俯首啮残刍,骨骏只缘意气殊。芳草斜阳天地阔,莫轻受鞚许驰驱。

病中自遣

意气催愁鬓,清狂致累身。妻嗔经日睡,儿笑罢官贫。强项为人弃,瘦躯与病亲。向来嫌愤激,龙性渐能驯。

晨起望云

何处生白云,须臾势合围。卷舒无定态,变化有余晖。我欲探云窟,蹑足拾芳菲。云起若避人,争向前山飞。劝云莫出山,出山路即非。总然能为雨,故山难再归。

夜宿玉皇阁（选一）

清冷如太古,绝壁挂杉衣。古鬼山头笑,冷萤佛面飞。松身随月出,僧背负云归。到此诸天静,好参物外机。

闲居即事

一

潘岳闲居岁月徐,一竿晴日映窗虚。梦回枕上犹慵起,依枕听儿背熟书。

二

草堂春雨梦梨花,午觉回时日已斜。陋巷无人赏音绝,诗成自向小儿夸。

三

未忍青箱饱蠹鱼,殷勤手校出三余。读书已悔生涯误,还望吾儿读父书。

四

受书回忆我生初,三十年前入塾时。涴壁画窗谁忍责,只缘吾亦爱吾儿。

战后途中

落日关山道,秋风战马嘶。昼行惟见鸟,夜尽不闻鸡。冷月悬空垒,荒云锁大堤。近乡情更怯,欲问转踟蹰。

中秋夜定西县政府

客路逢佳节,离情倍怅然。如何今夜月,偏向旅人圆。秋色争霜后,乡思落雁前。闺中应念我,何处阻吟鞭。

田 家

青青杨柳色,绿上少妇楼。未识别离味,何物是春愁。

思 乡

一别家山岁月驰,年来乡味不禁思。鹁鸠声里丝丝雨,正是春盘荐韭时。

接先室人殁电后哀伤未出,重九日为友邀登东山,距殁已旬有八日,路阻莫归,口号志痛

此日重阳节,登高哭汝来。人成终古别,花傍战场开。流水牵肠断,薄云比命裁。如何秋未老,一叶遽相摧。

风雨夜有成

夜色昏如墨,孤灯照眼明。云雷生暗壁,风雨逼残更。边塞初闻雁,中原正用兵。沉沉百年意,未忍付秋声。

岁暮杂感

一

岁暮荒城兀自惊,每闻消息只吞声。野人讵解调羹意,下士徒伤倚杵情。中国不亡终有信,诸君无罪岂难明。须知九世春秋义,天许夷吾能再生。

二

黄旗紫盖说蟠龙,转瞬东南半壁空。守土何曾听赵鼎,上书未见约陈东。绝怜辽海山河壮,尚想燕京拱卫雄。一自迁都悲彼黍,中原落日泣秋风。

第四章

小说散文

一、秦嘉

与妻徐淑书[1]

不能养志[2],当给郡使[3];随俗顺时,黾勉当去[4],知所苦故尔。未有瘳损[5],想念悒悒[6],劳心无已[7]。当涉远路,趋走风尘,非志所慕,惨惨少乐[8]。又计往还,将弥时节[9]。念发同怨[10],意有迟迟。欲暂相见,有所属托,今遣车往[11],想必自力[12]。

【注】

(1) 本文选自欧阳询《艺文类聚》卷三十二。作者秦嘉,字士会,陇西(治今甘肃通渭)人。东汉诗人。桓帝时,为郡吏,岁终为郡上计簿使赴洛阳,被任为黄门郎。后病死于津乡亭。与妻徐淑伉俪情深,有赠答诗文传世,引为佳话。其书信今存《与妻徐淑书》《重报妻书》,本文是秦嘉任郡上计掾期间,在年终将要启程赴京师上交计簿的时候,给正在娘家养病的妻子徐淑写的一封信。

(2) 养志:培养不慕荣利的志向。

(3) 当:承担。给:供给。郡使:郡里派出上交计簿到京城的官吏,按照汉朝当时规矩,每到年终,各郡就要把税赋收藏情况计簿报送京城,称为"上计"。

(4) 黾勉(mǐn miǎn):亦作"黾勉",努力,勤奋。

(5) 瘳(chóu)损:损害。

(6) 悒悒(yì):忧愁不安。

(7) 劳心:忧伤。

(8) 惨惨:忧郁愁闷。

(9) 弥:满。时节:季节,指整个一季,犹言离开时间久。

(10) 念法同怨:(因别离时间长而)想到妻子发出同样的怨言。

(11) 遣车往:指派车去接。

(12) 想必自力:料想一定能靠自己的力量回去。

重报妻书

车还空反⑴,甚失所望。兼叙远别⑵,恨恨之情,顾有怅然⑶。间得此镜⑷,既明且好,形观文采,世所希有⑸,意甚爱之,故以相与。并致宝钗一双⑹,价值千金;龙虎组履一緉⑺;好香四种,各一斤;素琴一张⑻,常所自弹也。明镜可以鉴形⑼,宝钗可以耀首⑽,芳香可以馥身去秽,麝香可以辟恶气,素琴可以娱耳。

【注】

(1) 车还空反:《与妻徐淑书》中,秦嘉向正在母家养病的妻子徐淑道明自己将赴洛阳,请妻子前来相别,并派车前去迎接;徐淑终因病重,未能成行,故云"车还空反"。反同"返"。

(2) 兼叙:指徐淑《答夫秦嘉书》中所叙。

(3) 顾:看信。

(4) 间:近来。《左传·成十六年》:"以君之灵,间蒙甲胄,不敢拜命。"《注》:"间犹近也。"

(5) 希:同"稀"。

(6) 宝钗:古代妇女首饰,由两股簪合成,其珍贵者嵌以金玉珠宝,故为宝钗。

(7) 龙虎组履一緉(liǎng):绣有龙虎图案的用丝线编织的鞋子一双。緉:双。鞋必成对,故为计算鞋的单位。或作两。《诗·齐风·南山》:"葛屦五两。"《疏》:"屦必两只相配,故以一两为一物。"

(8) 素琴:不加装饰的琴。

(9) 鉴:照。

(10) 耀首:使头光耀。耀,使动用法。

二、徐淑

答夫秦嘉书[1]

知屈圭璋[2],应奉岁使[3],策名王府[4],观国之光[5],虽失高素浩然之业,亦是仲尼执鞭之操也[6]。自初承问,心愿东还,迫疾惟宜[7],抱叹而已!日月已尽,行有伴列[8]。想严装已办[9],发迈在近[10]。"谁谓宋远?企予望之。"[11]室迩人遐[12],我劳如何?深谷逶迤[13],而君是涉[14],高山岩岩[15],而君是越,斯亦难矣!长路悠悠,而君是践;冰霜惨烈,而君是履[16]。身非形影,何得动而辄俱[17],体非比目[18],何得同而不离?于是诵萱草之咏[19],以消两家之思[20];割今者之恨[21],以待将来之欢。

今适乐土[22],优游京邑[23],观王都之壮丽,察天下之珍妙,得无目玩意移[24],往而不能出耶[25]?

【注】

(1) 此文为《与妻徐淑书》的回信。出自《艺文类聚》卷三十二。作者徐淑,后汉女诗人,秦嘉妻。

(2) 知屈圭璋:犹言(我)了解你囿于朝廷重用。圭璋《礼记·礼器》:"圭璋特。"孔颖达疏:"'圭璋特'者,'圭璋',玉中之贵也;'特'谓不用他物媲之也。诸侯朝王以圭,朝后执璋,表德特达不加物也。"也作"珪璋"。此处比喻朝廷可用的人才。

(3) 岁使:每年各郡派到朝廷上报的官员。

(4) 策名:出仕任官。古代官员任官都要录姓名在简策上(类似花名簿),表示隶属上司。

(5) 观国之光:出自《易经·观》:"六四,观国之光,利用宾于王。"古代四方人士赴京游览,考察礼仪,称颂盛世,称为观光。

(6) "虽失"二句:意谓虽失高雅素洁的自由生活,但还是像孔子那样奉行一种谋生尽职的操守吧。"执鞭"语出《论语·述而》:"富而可求也,虽执鞭之士,吾亦为之。"执鞭之士,意为持鞭驾车之人。多借以表示卑贱的差役。这是孔子对入仕从政的谦称。操:操守,品节。

(7) 迫疾惟宜:另有本作"迫疾惟㢢",意义相近,指迫于病还没有好。

(8) 伴列:伙伴。

(9) 严装：整齐装束。

(10) 发迈：启程远行。

(11) "谁谓宋远？企予望之。"句：出《诗经·卫风·河广》。企：通"跂"，踮起脚尖，有盼望之义。此处借以写思亲望归之情。

(12) 室迩(ěr)人遐(xiá)：语出《诗经·郑风·东门之墠》"其室则迩，其人甚远。"朱熹《集传》："室迩人远者，思之而未得见之词也。"本指男女互相思慕而不得相见，后来也指怀念亲故或亡者。迩：近。遐：远。

(13) 逶迤(wēi yí)：曲折绵长的样子。

(14) 是涉：渡过这个(深谷)。是：代词，这(个)，做"涉"的前置宾语。下文"而君是越""而君是践""而君是履"，句法亦同。

(15) 岩岩：山势高峻。

(16) 履(lǚ)：践踏。上古汉语中一般只用作动词，后世才有名词用法。

(17) 动而辄俱：动不动就一起去。动而辄，即"动辄"，动不动：常常。而：语气助词，用在句中使句式工整，无实际意义。

(18) 比目：比目鱼。旧时以为此鱼雌雄二者相并而游，因而诗文中用作夫妻和谐的象征。徐干《室思》诗："故如比目鱼，今隔如参辰。"

(19) 萱草之咏：指《诗经·卫风·伯兮》，此诗第三章："焉得谖(萱)草？言树之背。愿言思伯，使我心痗(mèi)！"谖，通"萱"。古代认为萱草可以忘忧，因此又名"忘忧草"。诵萱草之咏，借此排遣忧愁。

(20) 消：排遣。

(21) 恨：遗憾，失望。

(22) 适：前往。乐土：快乐的地方。语出《诗经·魏风·硕鼠》："逝将去女，适彼乐土。"

(23) 优游：悠闲自得。京邑：京城。下文王都也指京城。

(24) 得无：表示推测，大概，恐怕。目玩意移：一边用眼睛赏玩，一边动了心思。玩：观赏。移：转移。

(25) 往而不能出：迷恋其中，不能脱身。

又报嘉书[1]

既惠音令[2]，兼赐诸物，厚意殷勤，出于非望。镜有文彩之丽，钗有殊异之观，芳香既珍，素琴益好。惠异物于鄙陋，割所珍以相赐。非丰恩之厚，孰肯若斯[3]？览镜执钗，情想仿佛；操琴咏诗，思心成结[4]。敕以芳香馥身，喻以明镜鉴形，此言过矣，未获我心也。昔诗人有"飞蓬"之叹⁽⁵⁾,班婕妤有"谁容"之感⁽⁶⁾。素琴之作,当须君归,明镜之鉴,当待君还。未奉光仪⁽⁷⁾,则宝钗不列也,未待帷帐,则芳香不发也。今奉旄牛尾拂一枚⁽⁸⁾,可以拂尘垢;越布手巾二枚⁽⁹⁾;严器中物几具⁽¹⁰⁾;金错碗一枚⁽¹¹⁾,可以盛书水;琉璃碗一枚,可以服药水。

【注】

(1) 本文为作者给丈夫秦嘉《重报妻书》的回信。
(2) 既惠音令:大意是已经收到你的来信。既:已经。惠:敬辞,用于对方对待自己的行动。
(3) 若斯:像这样,如此。若:像……一样。斯:这,此。
(4) "览镜"四句:犹言睹(夫秦嘉)所赠之物(镜、钗、琴,见《重报妻书》注释)而情思郁结。
(5) "飞蓬"之叹:《诗经·卫风·伯兮》:"自伯之东,首如飞蓬。岂无膏沐,谁适为容。"描述的是女子深深思念在外的丈夫,以至于形容憔悴,首如飞蓬。飞蓬:头发未经梳理,像飞散的蓬草一样乱。
(6) 谁容:汉成帝刘骜的女官班婕妤,初颇得宠,后为赵飞燕所谮,退处东宫。作赋自悼:"君不御兮谁为容?"意为:皇帝不来,我梳妆打扮给谁看?
(7) 光仪:意为光彩的仪容。
(8) 旄牛尾拂:旄牛:即牦牛。牦牛尾拂尘。
(9) 越布手巾:越布制成的手巾。《尚书·禹贡》:"岛夷卉服。"孔传:"南海岛夷,草服葛越。"孔颖达疏:"葛越,南方布名,用葛为之。"此处越布当指葛布。
(10) 严:整理,清理,清洁。
(11) 金错:指在铸造的金属器表面上用金丝或金片镶嵌成各种华丽秀美的花纹、图案和文字的一种饰金工艺。

为誓书与兄弟⁽¹⁾

盖闻君子导人以德,矫俗以礼⁽²⁾,是以烈士有不移之志⁽³⁾,贞女无回二之行⁽⁴⁾。淑虽妇人,窃慕杀身成义,死而后已。凤遭祸罚⁽⁵⁾,丧其所天⁽⁶⁾。男弱未冠,女弱未笄⁽⁷⁾,是以偄俛求生⁽⁸⁾。将欲长育二子,上奉祖宗之嗣,下继祖祢之礼⁽⁹⁾,然后觐于黄泉⁽¹⁰⁾,永无愧色。

仁兄德弟⁽¹¹⁾,既不能厉高节于弱志⁽¹²⁾,发明德于暗昧⁽¹³⁾,许我他人,逼我于上,乃命官人,讼之简书⁽¹⁴⁾。夫智者不可惑以事,仁者不可胁以死。晏婴不以白刃临颈,改正直之词⁽¹⁵⁾;梁寡不以毁形之痛,忘执节之义⁽¹⁶⁾。高山景行⁽¹⁷⁾,岂不思齐⁽¹⁸⁾?计兄弟备托学门⁽¹⁹⁾,不能匡我以道,博我以文⁽²⁰⁾,虽曰既学,吾谓之未也⁽²¹⁾。

【注】

(1) 徐淑、秦嘉夫妻情深,后秦嘉先死,其时徐淑尚年轻,然守情不嫁,虽兄弟逼其改嫁也不移其志,故有此文明志。出自《太平御览》卷四百四十一,引杜预《女记》。

(2) 矫:纠正。

(3) 烈士:讲义气、有节操的人。

(4) 回二:回转,不专一。

(5) 夙遘(gòu):从前遭到。遘:遭遇,遭到。

(6) 所天:"所"字结构,名词性词组,义为(自己)所当作天的人。古代妇女以丈夫为"天",因夫秦嘉死,故有此说。

(7) 未冠、未笄:指儿女尚未成年。冠:古代男子二十岁行冠礼,表示成年。笄:古代女子十五岁行笄礼,表示可以婚配。叫做"及笄之年"。

(8) 僶俛:同"黾勉",即勉强。

(9) 祖祢(mí):奉祀先始之庙为祖,奉祀先父之庙为祢。

(10) 觐于黄泉:犹言死后与秦嘉相见。觐:见,此处有敬意。黄泉:在中国文化中指人死后所往。古代认为天地玄黄,而泉在地下,所以称为黄泉。

(11) 仁兄德弟:指称自己的哥哥和弟弟。仁、德皆似反语。

(12) 厉:同"励",激励。弱志:卑弱的志向。

(13) 暗昧:蒙昧。

(14) "逼我"三句:(你们既然)逼我去找上级官府,我也只好请讼官写诉状告官。讼:打官司。

(15) "晏婴"二句:春秋时,崔杼弑齐庄公,立景公,威胁诸将军、大夫歃血为盟,不同意的七人陆续被杀。晏婴抗命不屈,理直气壮,崔杼无可奈何。

(16) "梁寡"二句:战国时,梁有女子,夫死早寡不嫁,拒绝梁王的聘娶,自己以刀割鼻毁容表明守节的志向。

(17) 高山景行:比喻行为正大光明,指值得效仿的崇高德行。语出三国·魏·曹丕《与钟大理书》:"虽德非君子,义无诗人,高山景行,私所仰慕。"

(18) 思齐:想着向他们看齐。

(19) 备托学门:托身于学问之门。

(20) 匡、博:使动用法。匡:正,使……正。博:广博,使……广博。

(21) 未:没有(学)。

三、王嘉

　　王嘉字子年,陇西安阳人也。轻举止,丑形貌,外若不足,而聪睿内明。滑稽好语笑,不食五谷,不衣美丽,清虚服气,不与世人交游。隐于东阳谷,凿崖穴居,弟子受业者数百人,亦皆穴处。石季龙之末,弃其徒众,至长安,潜隐于终南山,结庵庐而止。门人闻而复随之,乃迁于倒兽山。苻坚累征不起,公侯已下咸躬往参诣,好尚之士无不师宗之。问其当世事者,皆随问而对。好为譬喻,状如戏调。言未然之事,辞如谶记,当时鲜能晓之,事过皆验。坚将南征,遣使者问之。嘉曰:"金刚火强。"乃乘使者马,正衣冠,徐徐东行数百步而策马驰反。脱衣服,弃冠履而归,下马踞床一无所言。使者还告,坚不悟,复遣问之曰:"吾世祚云何?"嘉曰:"未央。"咸以为吉。明年癸未,败于淮南,所谓未年而有殃也。人候之者,至心则见之,不至心则隐形不见。衣服在架,履杖犹存,或欲取其衣者,终不及,企而取之,衣架逾高,而屋亦不大,履杖诸物亦如之。

　　姚苌之入长安,礼嘉如苻坚故事,逼以自随,每事谘之。苌既与苻登相持,问嘉曰:"吾得杀苻登定天下不?"嘉曰:"略得之。"苌怒曰:"得当云得,何略之有!"遂斩之。先此,释道安谓嘉曰:"世故方殷,可以行矣。"嘉答曰"卿其先行,吾负债未果去。"俄而道安亡,至是而嘉戮死,所谓"负债"者也。苻登闻嘉死,设坛哭之,赠太师,谥曰文。及苌死,苌子兴字子略方杀登,"略得"之谓也。嘉之死日,人有陇上见之。其所造《牵三歌谶》,事过皆验,累世犹传之。又著《拾遗录》十卷,其记事多诡怪,今行于世。

《晋书·王嘉传》

春皇庖牺[1]

　　春皇者,庖牺之别号。所都之国,有华胥之洲[2]。神母游其上[3],有青虹绕神母,久而方灭,即觉有娠,历十二年而生庖牺。长头修目,龟齿龙唇,眉有白毫,须垂委地。或人曰:岁星十二年一周天[4],今叶以天时。且闻圣人生皆有祥瑞。昔者人皇蛇身九首[5],肇自开辟[6]。于时日月重轮,山明海静。自尔以来,为陵成谷,世历推移,难可计算。比于圣德,有逾前皇。礼义文物,于兹始作。去巢穴之居,变茹腥之食;立礼教以导文,造干戈以饰武。丝桑为瑟,均土为埙。礼乐于是兴矣!调和八风,以画八卦,分六位以正六宗。于时未有书契,规天为图,矩地取法,视五星之文,分晷景之度,使鬼神以致群祠,审地势以定川岳,始嫁娶以修人道[7]。庖者,包也,言包含万象。以牺牲登荐于百神[8],民服其圣,故曰庖牺,亦谓伏羲。变混沌之质,文宓其教[9],故曰宓牺。布至德于天下,元元之类[10],莫不尊焉。以木德称王,故曰春皇[11]。其明睿照于八区[12],是谓太昊。昊者,明也。位居东方,以含养蠢化,叶于木德[13],其音附角,号曰"木皇"。

【注】

(1) 选自《拾遗记》第一卷。春皇,伏羲的别号。庖牺,即伏羲。伏羲又作宓羲、庖牺、包牺、伏戏,亦称牺皇、皇羲、太昊,《史记》中称伏牺,是华夏民族人文始祖,三皇之一(三皇说法历来众说纷纭,此为其中一说)。

(2) 华胥之州:又称华胥国,以华胥氏而得名。据清吴乘权《纲鉴易知录》载:"太昊之母居于华胥之渚。"注云:"华胥,在今陕西兰田县,小渊曰渚。"又据《竹书纪年·前编》:"太昊庖羲氏,太昊之母居于华胥之渚,履巨人迹,意有所动,虹且绕之,因而始娠。"徐文靖笺:"按:华胥,地名,在陕西蓝田县。小渊曰渚。"

(3) 神母:华胥,也称华胥氏,风姓。华胥是上古时期华胥国的女首领,她是伏羲和女娲的母亲,炎帝和黄帝的直系远祖,誉称为"人祖",被中华民族尊奉为"始祖母"。华胥的记载最早见于《列子·黄帝》,后世多有提及。

(4) 岁星:即木星。木星每年行经一次,就用木星所在星次来纪年。古代中国人民把周天分为12分,称为12次,故木星被称为岁星,这种纪年法被称为岁星纪年法。

(5) 人皇:人皇是远古时代中国神话传说中的神。唐司马贞《补史记·三皇本纪》:"人皇九头,乘云车,驾六羽,出谷口。"

(6) 肇:开始,初始。

(7) "去巢穴之居……始嫁娶以修人道。"一段:主要讲述伏羲功德。教民渔猎,结束百姓茹毛饮血的巢穴时代;制定礼仪规矩引导百姓;发明琴瑟、陶埙,音乐方才兴起;创立八卦,开启了文化之源;始造文字,用于记事、变革婚姻习俗,倡导男聘女嫁的婚俗礼节,使血缘婚改为族外婚。六位:易学术语。指六十四卦一至六爻的爻位。六宗:古所尊祀的六神。有天、地、春、夏、秋、冬和水、火、雷、风、山、泽等,历来说法不一。书契:本指正面写字、侧面刻齿以便验对的竹木质券契,即契约,文中指文字。晷(guǐ)景:亦作"晷影",晷表之投影,即日影。

(8) 牺牲:供祭祀用的纯色全体牲畜或者供盟誓、宴享用的牲畜。

(9) 宓(fú):此处有安宁平定的意思,指使(人民)安宁。

(10) 元元:平民,老百姓。

(11) 木德:先秦把金、木、水、火、土五行看成五德,并附和君王的治国之德,伏羲合木德,故称。

(12) 八区：八方，犹言天下。

(13) 叶(xié)：同"协"，协和，和洽。

炎帝神农[1]

炎帝始教民耒耜[2]，躬勤畎亩之事，百谷滋阜[3]。圣德所感，无不著焉。神芝发其异色[4]，灵苗擢其嘉颖[5]，陆地丹藕[6]，骈生如盖[7]，香露滴沥，下流成池，因为豢龙之圃[8]。朱草蔓衍于街衢，卿云蔚荟于丛薄[9]，筑圆丘以祀朝日[10]，饰瑶阶以揖夜光[11]。奏九天之和乐，百兽率舞，八音克谐[12]，木石润泽。时有流云洒液，是谓"霞浆"[13]，服之得道，后天而老。有石璘之玉，号曰"夜明"，以暗投水，浮而不灭。当斯之时，渐革庖牺之朴，辨文物之用[14]。时有丹雀衔九穗禾[15]，其坠地者，帝乃拾之，以植于田，食者老而不死。采峻锾之铜以为器。峻锾，山名也。下有金井，白气冠其上。人升于其间，雷霆之声，在于地下。井中之金柔弱，可以缄滕也[16]。

录曰：谨按《周易》云：伏羲为上古，观文于天，察理于地，俯仰二仪，经纶万象，至德备于冥昧，神化通于精粹。是以图书著其迹，河洛表其文。变太素之质，改淳远之化，三才之位既立[17]，四维之义乃张。礼乐文物[18]，自兹而始。降于下代，渐相移袭。《八索》载其遐轨，《九丘》纪其淳化[19]，备昭籍蒉，编列柱史。考验先经，刊详往诰，事列方典，取征群籍，博采百家，求详可证。按《山海经》云："棠帝之山，出浮水玉。巫闾之地，其木多文[20]。"自非道真俗朴，理会冥旨，与四时齐其契，精灵协其德，祯祥之异[21]，胡可致哉！故使迹感诚著，幽祇不藏其宝，祇心剪害[22]，殊性之类必驯也。以降露成池，蓄龙为圃。及乎夏代，世载绵绝，时有豢龙之官。考诸遐籍，由斯立矣。

【注】

(1) 炎帝：是中国上古时期姜姓部落的首领尊称，由于懂得用火而得到王位，所以称为炎帝。号神农氏，又号魁隗氏、连山氏、列山氏。

(2) 耒耜：我国古代的一种翻土农具，形如木叉，上有曲柄，下面是犁头，用以松土，可看作犁的前身。

(3) 滋阜：犹繁盛。

(4) 神芝：灵芝。《本草纲目》记载赤芝："治愈百症，其功能应验，灵通神效，故名神芝，又名'神庐赤芝'俗称'灵芝草'"。

(5) 灵苗：传说中的仙草。嘉颖：指嘉禾之穗。

(6) 丹藕：古代传说中的一种红莲，为祥瑞之物。

(7) 骈：两物并列，成双的。

(8) 豢(huàn)：喂养。

(9) 丛薄：茂密的草丛。

(10) 圆丘：古代祭天的圆形高坛。

(11) 瑶阶：玉砌的台阶。亦用为石阶的美称。

(12) 八音克谐：指八音和谐。八音，我国古代音乐中乐器分类法，即金、石、土、革、丝、木、匏、竹八类。

(13) 霞浆：指仙露。

(14) "渐革……"二句：慢慢改变了庖牺氏时期的朴陋，开始知道施行文明教化。

(15) 丹雀：中国古代神话传说中象征祥瑞的赤色雀。神农曾得其所衔九穗禾。

(16) 缄縢(jiān téng)：绳索。《庄子·胠箧》："将为胠箧探囊发匮之盗而为守备，则必摄缄縢，固扃鐍。"郭象注："缄、縢，皆绳也。"

(17) 三才：所谓三才，即天才、人才、地才，它们分别是天格、人格、地格数理的配置组合，反映综合内在运势。

(18) 文物：指礼乐制度。古代用文物明贵贱，制等级，故云。

(19) 八索、九丘：《左传》记载的古书名。《左传·昭公十二年》楚王赞曰："是良史也，子善视之，是能读《三坟》《五典》《八索》《九丘》。"淳化：即"淳德教化"之意，意为"美好的世界"。

(20) 文：同"纹"，纹理。

(21) 祯祥：吉祥的征兆。

(22) 剪：除。

轩辕黄帝

轩辕出自有熊之国(1)。母曰昊枢(2)，以戊己之日生，故以土德称王也。时有黄星之祥。考定历纪(3)，始造书契(4)。服冕垂衣，故有衮龙之颂(5)。变乘桴以造舟楫(6)，水物为之祥踊，沧海为之恬波。泛河沉璧(7)，有泽马群鸣(8)，山车满野(9)。吹玉律(10)，正璇衡(11)。置四史以主图籍(12)，使九行之士以统万国。九行者，孝、慈、文、信、言、忠、恭、勇、义。以观天地，以祠万灵，亦为九德之臣。熏风至(13)，真人集(14)，乃厌世于昆台之上(15)，留其冠、剑、佩、舄焉(16)。昆台者，鼎湖之极峻处也(17)，立馆于其下。帝乘云龙而游。殊乡绝域，至今望而祭焉。帝以神金铸器，皆铭题。及升遐后，群臣观其铭，皆上古之字，多磨灭缺落。凡所造建，咸刊记其年时(18)，辞迹皆质。诏使百辟群臣受德教者(19)，先列珪玉于兰蒲席上(20)，燃沉榆之香(21)，舂杂宝为屑，以沉榆之胶和之为泥，以涂地，分别尊卑华戎之位也。（事出《封禅记》）帝使风后负书(22)，常伯荷剑(23)，旦游洹流，夕归阴浦，行万里而一息。洹流如沙尘，足践则陷，其深难测。大风吹沙如雾，中多神龙鱼鳖，皆能飞翔。

有石蕖青色,坚而甚轻,从风靡靡,覆其波上,一茎百叶,千年一花。其地一名"沙澜",言沙涌起而成波澜也。仙人宁封食飞鱼而死[24],二百年更生,故宁先生游沙海七言颂云:"青蕖灼烁千载舒,百龄暂死饵飞鱼。"则此花此鱼也。

【注】

(1) 有熊:古地名,今河南省新郑县。

(2) 母曰昊枢:按《史记正义》,黄帝"母曰附宝",此作"昊枢",待考。

(3) 考定历纪:传说黄帝制定历法。

(4) 始造书契:传说黄帝之史仓颉,发明文字。

(5) 服:戴。冕:古天子、诸侯的礼冠。古天子、诸侯的礼冠。传说黄帝发明衣服。衮龙:古天子礼服上画有卷龙,故称衮龙。

(6) 桴(fú):小筏子。传说黄帝发明舟船。

(7) 沉璧:古代传说。据《路史·余论》引《符瑞图》云:"黄帝轩辕氏东巡,省河过洛,又沉握视,将加沉璧。集历并臻,皆临诸坛。河龙负图,出赤文象文以授命。"

(8) 泽马:川泽所出之马。

(9) 山车:指古代的一种车。

(10) 玉律:以玉制成,用以正乐律的乐器。传说黄帝时伶伦截竹为筒,以筒之长短定音高,规定十二律。

(11) 璇衡:古代测天文的仪器。

(12) 四史:古代官职,相当于后世的翰林。

(13) 薰风:和风。此指政治清明,国泰民安。

(14) 真人:神仙。

(15) 厌世:厌弃人世,成仙而去。

(16) 舄(xǐ):古代的一种重木底鞋。传说黄帝成仙,只留下帽、鞋、剑、佩、舄等物。

(17) 鼎湖:古代传说黄帝在鼎湖乘龙升天,据考位于小秦岭之北、荆山脚下,现河南灵宝阳平镇所在地。远古时期,这里是一处湖泊,因黄帝在此汲水铸鼎而名曰鼎湖。

(18) 咸:全、都。

(19) 百辟:百官。

(20) 珪玉:即玉圭。

(21) 沉榆:亦作"沈榆"。香木名。

(22) 风后:传说中为黄帝的宰相。

(23) 常伯:君主左右管理民事的大臣。以从诸伯中选拔,故名。

(24)宁封：宁封子，又称龙跷真人，为古代仙人。据《列仙传》载，他原为黄帝陶正。

少 昊[1]

少昊以金德王[2]。母曰皇娥[3]，处璇宫而夜织。或乘桴木而昼游[4]，经历穷桑沧茫之浦。时有神童，容貌绝俗，称为白帝之子[5]，即太白之精。降乎水际，与皇娥宴戏，奏（女更）娟之乐，游漾忘归。穷桑者，西海之滨，有孤桑之树，直上千寻，叶红椹紫，万岁一实，食之后天而老[6]。帝子与皇娥泛于海上，以桂枝为表，结熏茅为旌，刻玉为鸠，置于表端[7]。言鸠知四时之候，故《春秋传》曰"司至"是也[8]。今之相风，此之遗像也。帝子与皇娥并坐，抚桐峰梓瑟。皇娥倚瑟而清歌曰："天清地旷浩茫茫，万象回薄化无方。涵天荡荡望沧沧，乘桴轻漾著日傍。当其何所至穷桑，心知和乐悦未央。"俗谓游乐之处为桑中也[9]。《诗》中《卫风》云："期我乎桑中。"[10]盖类此也。白帝子答歌："四维八埏眇难极，驱光逐影穷水域。璇宫夜静当轩织。桐峰文梓千寻直，伐梓作器成琴瑟。清歌流畅乐难极，沧湄海浦来栖息。"及皇娥生少昊，号曰穷桑氏，亦曰桑丘氏。至六国时，桑丘子著《阴阳书》，即其余裔也。少昊以主西方，一号金天氏，亦曰金穷氏。时有五凤，随方之色，集于帝庭，因曰凤鸟氏。金鸣于山，银涌于地。或如龟蛇之类，乍似人鬼之形，有水屈曲亦如龙凤之状，有山盘纡亦如屈龙之势[11]，故有龙山、龟山、凤水之目也。亦因以为姓，末代为龙丘氏，出班固《艺文志》；蛇丘氏，出《西王母神异传》。

【注】

(1) 少昊，己姓，名挚。三皇五帝之一，中国神话中的五方上帝之一，又称白帝，又作少皞、少皓、少颢，史称青阳氏、金天氏、穷桑、云阳氏或朱宣，一说其为玄嚣，是黄帝长子。少昊是远古时代华夏部落联盟首领，同时也是早期东夷族的首领。

(2) 金德：五德之一，谓以金而德王。古代阴阳学家以五行相生相克和终而复始的循环变化，说明王朝兴替的原因，称为"五德终始"。前《春皇庖牺》篇，庖牺以木德。王（wàng）：称王。

(3) 皇娥：皇娥是古代传说中的仙女，少昊的母亲。

(4) 桴木：木筏。

(5) 白帝之子：白帝，中国神话中五方上帝之一的西方白帝之神。但此处白帝不是少昊，当是少昊祖父。白帝之子，即下文太白之精，即太白星，也就是金星，少昊父亲。

(6) 后天而老：后于天而老，即长寿。

(7) "以桂枝为表……"四句：用桂树的树条做筏桅，用芳香的熏草拴在桅杆上当做旌旗，还刻了一只叫玉鸠的鸟，摆放在桅顶，以辨别方向。表：通"标"，标杆，桅杆。

(8) 司至：可掌握、指引方向的仪器，后世也叫作"相风"。相当于"司南""指南针"。

(9) 桑中：后世也指男女约会之地。

(10) "期我乎桑中"句：出自《诗经·国风·鄘风·桑中》，是一首描写男子邀约女子相会的情歌。

(11) 盘纡（yū）：回绕曲折。

颛 顼⁽¹⁾

帝颛顼高阳氏，黄帝孙，昌意之子⁽²⁾。昌意出河滨，遇黑龙负玄玉图。时有一老叟谓昌意云："生子必叶水德而王⁽³⁾。"至十年，颛顼生，手有文如龙，亦有玉图之像。其夜，昌意仰视天，北辰下⁽⁴⁾，化为老叟。及颛顼居位，奇祥众祉，莫不总集，不禀正朔者⁽⁵⁾，越山航海而皆至也。帝乃揖四方之灵，群后执珪以礼⁽⁶⁾，百辟各有班序⁽⁷⁾。受文德者，锡以钟磬⁽⁸⁾；受武德者，锡以干戈。有浮金之钟⁽⁹⁾，沉明之磬，以羽毛拂之，则声振百里。石浮于水上，如萍藻之轻，取以为磬，不加磨琢。及朝万国之时⁽¹⁰⁾，及奏《含英》之乐，其音清密，落云间之羽⁽¹¹⁾，鲸鲵游涌，海水恬波。有曳影之剑，腾空而舒，若四方有兵，此剑则飞起指其方，则克伐⁽¹²⁾；未用之时，常于匣里如龙虎之吟。

滨海之北，有勃提之国。人皆衣羽毛，无翼而飞，日中无影，寿千岁。食以黑河水藻，饮以阴山桂脂。凭风而翔，乘波而至。中国气暄⁽¹³⁾，羽毛之衣，稍稍自落。帝乃更以文豹为饰。献黑玉之环，色如淳漆。贡玄驹千匹。帝以驾铁轮，骋劳殊乡绝域⁽¹⁴⁾。其人依风泛黑河以旋其国也。闇河之北，有紫桂成林，其实如枣，群仙饵焉⁽¹⁵⁾。韩终采药四言诗曰："闇河之桂，实大如枣⁽¹⁶⁾。得而食之，后天而老。"

【注】

(1) 颛顼（zhuān xū）：中国上古部落联盟首领，"五帝"之一，姚姓，号高阳氏，黄帝之孙。有水德，在神话中，是北方之神。

(2) 昌意：黄帝和嫘祖的儿子。黄帝有二十五个儿子，其中有二子为嫘祖所生，长子玄嚣，次子昌意。据载，嫘祖于若水生昌意。后，黄帝令昌意降居于若水。昌意娶蜀山氏女昌仆为妻，生有一子颛顼。

(3) 叶（xié）：见《春皇庖牺》篇注。

(4) 北辰：即北极星。《论语·为政》："子曰：'为政以德，譬如北辰，居其所而众星拱之。'"

(5) 不禀正朔者：代指四方外族。正朔，是由于我国古代天命理论，大一统思想，以及华夷之辨等古代思想理论的发展而产生的政治概念。即"正统"的意思。

(6) 群后：四方诸侯及九州牧伯，泛指公卿。

(7) 百辟：指诸侯、百官。

(8) 锡：通"赐"。

(9) 浮金：相传一种轻质的金属。《太平广记》卷二九引汉郭宪《洞冥记》："汉武帝起招仙阁於甘泉宫西偏。其上悬浮金轻玉之磬。浮金者，自浮於水上；轻玉者，其质贞明而轻。"

(10) 朝：用如使动，使……来朝。

(11) 落：用如使动，使……落下。

(12) 克伐：攻打，讨伐。

(13) 气暄：气候温暖。

(14) 骋劳：巡行慰劳。

(15) 饵：指食物。

(16) 韩终：秦始皇时方士，后逃。《史记·秦始皇本纪》："因使韩终、侯公、石生求仙人不死之药。"

高　辛(1)

帝喾之妃，邹屠氏之女也(2)。轩辕去蚩尤之凶，迁其民善者于邹屠之地，迁恶者于有北之乡。其先以地命族，后分为邹氏、屠氏。女行不践地，常履风云，游于伊、洛(3)。帝乃期焉(4)，纳以为妃。妃常梦吞日，则生一子，凡经八梦，则生八子。世谓为"八神"，亦谓"八翌"，翌，明也，亦谓"八英"，亦谓"八力"，言其神力明英，翌成万象，亿兆流其神睿焉。有丹丘之国，献玛瑙瓮，以盛甘露。帝德所洽，被于殊方(5)，以露充于厨也。玛瑙(6)，石类也，南方者为之胜。今善别马者，死则破其脑视之。其色如血者，则日行万里，能腾飞空虚；脑色黄者，日行千里；脑色青者，嘶闻数百里；脑色黑者，入水毛鬣不濡，日行五百里；脑色白者，多力而驽。今为器多用赤色，若是人工所制者，多不成器，成器亦朴拙。其国人听马鸣则别其脑色。丹丘之地，有夜叉、驹跋之鬼(7)，能以赤马脑为瓶、盂及乐器，皆精妙轻丽。中国人有用者(8)，则魑魅不能逢之(9)。一说云马脑者，言是恶鬼之血，凝成此物。昔黄帝除蚩尤及四方群凶，并诸妖魅，填川满谷，积血成渊，聚骨如岳。数年中，血凝如石，骨白如灰，膏流成泉。故南方有肥泉之水(10)，有白垩之山，望之峨峨，如霜雪矣。又有丹丘，千年一烧，黄河千年一清，至圣之君，以为大瑞。丹丘之野多鬼血，化为丹石，则玛瑙也。不可斫削雕琢，乃可铸以为器也。当黄帝时，玛瑙瓮至，尧时犹存，甘露在其中，盈而不竭，谓之宝露，以班赐群臣(11)。至舜时，露已渐减。随帝世之污隆(12)，时淳则露满，时浇则露竭(13)，及乎三代，减于陶唐之庭(14)。舜迁宝瓮于衡山之上，故衡山之岳有"宝露坛"。舜于坛下起"月馆"，以望夕月。舜南巡至衡山，百辟群后皆得露泉之赐(15)。时有云气生于露坛，又迁宝瓮于零陵之上。舜崩，瓮沦于地下。至秦始皇通汨罗之流为小溪，径从长沙至零陵，掘地得赤玉瓮，可容八斗，以应八方之数，在舜庙之堂前。后人得之，不知年月。至后汉东方朔识之，朔乃作《宝瓮铭》曰"宝云生于露坛,祥风起于月馆,望三壶如盈尺,视八鸿如紫带。"三壶,则海中三山也。一曰方壶,则方丈也;二曰蓬壶,则蓬莱也;三曰瀛壶,则瀛洲也。形如壶器。此三山上广、中狭、下方,皆如工制,犹华山之似削成。八鸿者,八方之名;鸿,大也。登月馆以望四海三山[16],皆如聚米萦带者矣[17]。

【注】

(1) 高辛:帝喾,姬姓,高辛氏,名俊(一作夋),出生于高辛,黄帝曾孙,中华上古时期部落联盟首领,五帝之一。姬俊的祖父玄嚣是黄帝元妃嫘祖的长子。

(2) 邹屠:最初地名。后成为姓氏,也被认为是古老的复姓,有说法认为是蚩尤的后代。但后世几乎不用此复姓,无可查考。

(3) 关于邹屠氏的记载说法不一,《路史》说:"(颛顼)取邹屠氏……邹屠氏有女,履龟不践,帝内之,是生禹祖。"

(4) 期:即请期,俗称送日头或称提日,中国婚姻礼仪之一,六礼之五。即由男家择定结婚佳期,用红笺书写男女生庚(请期礼书),由媒妁携往女家,和女家主人商量迎娶的日期。这里指媒妁婚娶。

(5) 洽、被:浸润,润泽。

(6) 玛瑙:也作马瑙、马瑙、马脑等,一种细纹玉石,常杂有蛋白石并有各种色彩,或排列成条状或带状,间有黑斑或呈苔状。

(7) 驹跋(jū bá):鬼名。

(8) 中国:古代又称中原、中土、中州、华夏,是指以洛阳至开封一带为中心的黄河中下游地区。狭义上指今天的河南省。

(9) 魑魅(chī mèi):是中国古代神话传说中的山神,也指山林中害人的鬼怪。

(10) 肥泉:古水名。又名泉源水。在今河南省淇县境,东南流入卫河。

(11) 班赐:分赏,即分封、奖赏。

(12) 污隆:指世道的盛衰或政治的兴替。语出自《列仙传·马丹赞》。

(13) 淳、浇:风俗的淳厚与浇薄。

(14) 陶唐:即唐尧,帝喾之子,姓伊祁,名放勋。初封于陶,后徙于唐。

(15) 百辟群后:泛指诸侯公卿。

(16) 四海三山:三山:东海里的三座仙山:瀛洲、蓬莱、方丈;四海:渤海、黄海、东海、南海。

(17) 聚米萦带:犹言山环水抱,地势险要。

唐 尧

帝尧在位,圣德光洽。河洛之滨,得玉版方尺[1],图天地之形。又获金璧之瑞,文字炳列,记天地造化之始。四凶既除⑵,善人来服,分职设官,彝伦攸叙⑶。乃命大禹疏川潴泽⑷。有吴之乡,有北之地,无有妖灾。沉翔之类⑸,自相驯扰⑹。幽州之墟,羽山之北,有善鸣之禽,人面鸟喙,八翼一足,毛色如雉,行不践地,名曰青鹨⑺,其声似钟磬笙竽也。《世语》曰:"青鹨鸣,时太平。"故盛明之世,翔鸣薮泽⑻,音中律吕,飞而不行。至禹平水土,栖于川岳,所集之地,必有圣人出焉。自上古铸诸鼎器,皆图像其形,铭赞至今不绝。尧登位三十年,有巨查浮于西海⑼,查上有光,夜明昼灭。海人望其光,乍大乍小,若星月之出入矣。查常浮绕四海,十二年一周天,周而复始,名曰贯月查,亦谓挂星查,羽人栖息其上。群仙含露以漱,日月之光则如冥矣。虞、夏之季,不复记其出没。游海之人,犹传其神伟也。西海之西,有浮玉山⑽。山下有巨穴,穴中有水,其色若火,昼则通昽不明⑾,夜则照耀穴外,虽波涛灌荡,其光不灭,是谓"阴火"。当尧世,其光烂起,化为赤云,丹辉炳映,百川恬澈。游海者铭曰"沉燃⑿",以应火德之运也。尧在位七十年,有鸾雏岁岁来集,麒麟游于薮泽,枭鸱逃于绝漠⒀。有秖支之国献重明之鸟⒁,一名"双睛",言双睛在目。状如鸡,鸣似凤。时解落毛羽,肉翮而飞。能搏逐猛兽虎狼,使妖灾群恶不能为害。饴以琼膏⒂。或一岁数来,或数岁不至。国人莫不扫洒门户,以望重明之集。其未至之时,国人或刻木,或铸金,为此鸟之状,置于户牖之间,则魑魅丑类自然退伏。今人每岁元日,或刻木铸金,或图画为鸡于牖上,此之遗像也。

【注】

(1)玉版:亦作"玉板",是指珍贵的典籍。此处特指上有图形或文字,象征祥瑞盛德或预示休咎的玉片。

(2)四凶:神话传说中由上古时代被击败流放到四方的四个凶神。历来说法不一,一般认为是当时四个不服治的部落首领。

(3)彝伦攸叙:彝指法度。伦指"三纲五常"之类的伦理。攸指处所,所。叙为次序之意。大意是治天下之常理因此有所规范。

(4)潴泽:孟渚泽,又作孟诸、望诸、盟诸、明都。位于商丘东北、虞城西北、曹县东南、单县西南,是中国九大古泽之首。

(5)沉翔之类:指游鱼、飞禽之类的生灵。

(6)训扰:指顺服,驯伏。

(7)青鹨(dí),即山雉。中国神话传说中以为善鸣的吉祥之鸟。

(8)薮(sǒu)泽:指水草茂密的沼泽湖泊地带。

(9)查(zhā):古同"楂",水中浮木。

(10)浮玉山:即今天目山,古称浮玉山。

(11)通昽(lóng):亦作"通胧",亦作"通笼"。犹曈昽。光线微弱貌。

(12) 沉燃：亦作"沈燃"，谓阴火。一般海水遇阴晦发光，如燃火，实为水生物所发之光。秦汉方士附会为火德之徵。

(13) "有鸾雏"三句：言尧时代的太平景象，凤凰、麒麟等瑞禽祥兽常常出现，而猫头鹰一样的恶鸟逃遁无踪影。枭鸱，即猫头鹰。虽然是益鸟，但旧时中国人因以为恶鸟，代表死亡等不好的意思。

(14) 重明鸟：中国古代神话传说中的神鸟。其形似鸡，鸣声如凤，此鸟两目都有两个眼珠，所以叫作重明鸟，亦叫重睛鸟。

(15) 饴以琼膏：赠给重明鸟琼膏。饴：通"贻"，送，赠送。琼膏：指神话中的玉膏，出蓬莱山。

虞 舜

虞舜在位十年，有五老游于国都⁽¹⁾，舜以师道尊之，言则及造化之始。舜禅于禹，五老去，不知所从。舜乃置五星之祠以祭之。其夜有五长星出，熏风四起⁽²⁾，连珠合璧，祥应备焉。万国重译而至⁽³⁾。有大矉之国，其民来朝，乃问其灾祥之数。对曰："昔北极之外，有潼海之水，渤潏高隐于日中。有巨鱼大蛟，莫测其形也，吐气则八极皆暗，振鬐则五岳波荡。当尧时，怀山为害⁽⁴⁾，大蛟萦天⁽⁵⁾，萦天则三河俱溢，海渎同流。"三河者，天河、地河、中河是也。此三水有时通壅，至圣之治，水色俱澄，无有流沫。及帝之商均⁽⁶⁾，暴乱天下，则巨鱼吸日，蛟绕于天，故诬妄也。此言吸日而星雨皆坠，抑亦似是而非也。故使后来为之回惑，托以无稽之言，特取其爱博多奇之间，录其广异宏丽之靡矣。舜葬苍梧之野⁽⁷⁾，有鸟如雀，自丹州而来，吐五色之气⁽⁸⁾，氤氲如云，名曰凭霄雀，能群飞衔土成丘坟。此鸟能反形变色⁽⁹⁾，集于峻林之上。在木则为禽，行地则为兽，变化无常。常游丹海之际，时来苍梧之野。衔青砂珠，积成垄阜，名曰"珠丘"。其珠轻细，风吹如尘起，名曰"珠尘"。今苍梧之外，山人采药，时有得青石，圆洁如珠，服之不死，带者身轻。故仙人方回《游南岳七言赞》曰："珠尘圆洁轻且明，有道服者得长生。"

冀州之西二万里，有孝养之国。其俗人年三百岁，而织茅为衣，即《尚书》"岛夷卉服"之类也⁽¹⁰⁾。死，葬之中野，百鸟衔土为坟，群兽为之掘穴，不封不树⁽¹¹⁾。有亲死者，克木为影，事之如生⁽¹²⁾。其俗骁勇，能啮金石，其舌秒方而本小。手搏千钧，以爪画地，则洪泉涌流。善养禽兽，入海取虬龙，育于圌室，以充祭祀。昔黄帝伐蚩尤，除诸凶害，独表此处为孝养之乡，万国莫不钦仰，故舜封为孝让之国。舜受尧禅，其国执玉帛来朝，特加宾礼，异于余戎狄也⁽¹³⁾。爰及鸟兽昆虫⁽¹⁴⁾，以应阴阳。至亿万之夫，山一轮，海一竭，鱼、蛟陆居，有赤乌如鹏，以翼覆蛟、鱼之上。蛟以尾叩天求雨，鱼吸日之光，冥然则暗如薄蚀矣⁽¹⁵⁾，众星与雨偕坠。舜乃祷海岳之灵，万国称圣。德之所洽，群祥咸至矣。

南浔之国,有洞穴阴源,其下通地脉。中有毛龙、毛鱼,时蜕骨于旷泽之中。鱼、龙同穴而处。其国献毛龙,一雌一雄,故置豢龙之官。至夏代养龙不绝,因以命族。至禹导川,乘此龙。及四海攸同,乃放河汭。

录曰:按《春秋传》云:"星陨如雨,而夜犹明。"《淮南子》云:"麒麟斗而日月蚀,鲸鱼死而彗星见。"夫盈虚薄蚀,未详变于圣典;孛彗妖祲[16],著灾异于图册。麒麟斗、鲸鱼死,靡闻于前经。求诸正诰[17],殆将昧焉。

录曰:自稽考群籍,伏羲至于轩辕、少昊、高辛、唐、虞之际,禅业相袭,符表名类,未若尧之盛也。按《易纬》云[18]:尧为阳精[19],叶德干道,粤若稽古,是谓上圣。惟天为大,惟尧则之[20]。禅业有虞,所谓契叶符同,明象日月。盖其载籍遐旷,算纪绵远,德业异纪,神迹各殊。考传闻于前古,求金言于中世[21],而教道参差,祥德递起,指明群说,能无彷佛[22]!精灵冥昧[23],至圣之所不语,安以浅末[24],贬其有无者哉!刘子政曰:"凡传闻不如亲闻,亲闻不如亲见。"何则?神化欻忽[25],出隐难常,非肤受之所考算,恒情之所思测。至如龙火鸟水之异,云凤麟虫之属,魍魉百怪之形,欻忽之像,凭风云而自生,因金玉而相化,未详备于夏鼎[26],信莫记于山经[27]。贯月槎之诞,重明桂实之说[28],阳燎出于冰木,阴虫生于炎山[29],易肠倒舌之民,蜕骨龙肉之景,凭风云而托生,含雨露而蠢育,已表怪于众图,方见伟于群记。茫茫遐迹,眇眇流文,百家迂阔[30],各尚斯异,非守文于一说者矣。

【注】

(1)五老:神话传说中的五星之精。《竹书纪年》卷上:"率舜等升首山,遵河渚,有五老游焉,盖五星之精也。"五老君是早期道教尊奉的五位天神:东方安宝华林青灵始老君(简称青灵始老苍帝君),南方梵宝昌阳丹灵真老君(简称丹灵真老赤帝君),中央玉宝元灵元老君(简称元灵元老黄帝君),西方七宝金门皓灵皇老君(简称皓灵皇老白帝君),北方洞阴朔单郁绝五灵玄老君(简称五灵玄老黑帝君)。此五位天神,大概源于古之"五帝"传说。

(2)熏风:指和风。和暖的南风或东南风,又东南风曰熏风。

(3)重译:泛指异域之人。

(4)怀山:包围山陵。

(5)萦(yíng),回旋缠绕。

(6)商均:原名义钧,舜之子。后舜封义钧于商,是谓商均。商均继承有虞氏之号后,将所封的这片"商"地改称"虞国",都虞城。

(7)苍梧:即苍梧山,又为九疑山,一作九嶷山。位于永州市宁远县城南30公里。舜陵墓所在地。

(8)五色:古有青、黄、赤、白、黑五色。

(9) 反形：变换形象，即变形、变身。

(10) 岛夷：沿海各岛的人。卉服：草服，蓑衣草笠之属。

(11) 不封不树：春秋以前，既没有封土堆（坟头），也不种植树木（一说指不立墓碑）以为标志的葬俗。

(12) "有亲死者"三句：有亲人去世的，用木刻出亲人模样，像侍奉亲人一样（侍奉木人）。

(13) 戎狄：指古时候华夏族对西北地区的少数民族的统称，即北狄和西戎的合称。此处泛指外族。

(14) 爰：同"援"，有支援的意思。

(15) 薄蚀：日月激会相掩，名为薄蚀，即月食。

(16) 孛(bó)彗：孛星和彗星。亦特指彗星。妖沴(lì)，犹妖氛，比喻寇乱。

(17) 正诰：此处当指出自官方的典籍。

(18) 易维："维"相对于"经"而言。易学著作，作者不详。纬对经而言，是对经的另一种角度的阐发。《易纬》融道家、大易、数术于一体，是发挥易学哲理的杂著，计有八种（通称"八纬"），十二卷，《四库全书》作为经部易类书的"附录"予以收录。

(19) 阳精：指太阳。

(20) 惟天为大，惟尧则之：只有天最伟大，只有尧能效法它。

(21) 佥(qiān)言：众人的意见。

(22) 仿佛：犹相似。

(23) 精灵冥昧：指精怪、神灵。冥昧，神灵。

(24) 浅末：犹言肤浅之人，与前句"至圣"相对而言。

(25) 欻(xū)忽：亦作"欻忽"。忽然；迅疾貌。

(26) 夏鼎：即大禹立国时所铸九鼎。鼎上铸有当时九州历史山川风物等图文。

(27) 山经：先秦典籍《山海经》略称。

(28) 贯月槎、重明、桂实：详见《唐尧》篇。

(29) 阴虫：冰蚕。

(30) 迂阔：不切合实际。

夏　禹

尧命夏鲧治水[1]，九载无绩。鲧自沉于羽渊[2]，化为玄鱼[3]，时扬须振鳞，横修波之上，见者谓为"河精"。羽渊与河海通源也。海民于羽山之中，修立鲧庙，四时以致祭祀。常见玄鱼与蛟龙跳跃而出，观者惊而畏矣。至舜命禹疏川奠岳，济巨海则鼋鼍而为梁，逾翠岑则神龙而为驭[4]，行遍日月之墟,惟不践羽山之地,皆圣德之感也。鲧之灵化,其事互说,神变犹一,而色状不同。玄鱼黄能,四音相乱,传写流文,"鲧"字或"鱼"边"玄"也。群疑众说,并略记焉。

录曰:书契之作⁽⁵⁾,肇迹轩史,道朴风淳,文用尚质。降及唐、虞⁽⁶⁾,爰迄三代,世祀遐绝,载历绵远。列圣通儒,忧乎道缺。故使玉牒金绳之书,虫章鸟篆之记,或秘诸岩薮,藏于屋壁;或逢丧乱,经籍事寝⁽⁷⁾。前史旧章,或流散异域。故字体与俗讹移,其音旨随方互改。历商、周之世,又经嬴、汉,简帛焚裂,遗坟残泯。详其朽蠹之余,采掯传闻之说⁽⁸⁾。是以"己亥"正于前疑,"三豕"析于后谬⁽⁹⁾。子年所述,涉乎万古,与圣叶同,摛文求理⁽¹⁰⁾,斯言或如可据。《尚书》云:"尧殛鲧于羽山。"⁽¹¹⁾《春秋传》曰:"其神化为黄能,以入羽渊。"是在山变为能,入水化为鱼也。兽之依山,鱼之附水,各因其性而变化焉。详之正典,爰访杂说,若真若似,并略录焉。禹铸九鼎,五者以应阳法,四者以象阴数。使工师以雌金为阴鼎,以雄金为阳鼎。鼎中常满,以占气象之休否⁽¹²⁾。当夏桀之世,鼎水忽沸。及周将末,九鼎咸震:皆应灭亡之兆。后世圣人,因禹之迹,代代铸鼎焉。禹尽力沟洫⁽¹³⁾,导川夷岳。黄龙曳尾于前,玄龟负青泥于后。玄龟,河精之使者也。龟颔下有印,文皆古篆,字作九州岛山川之字。禹所穿凿之处,皆以青泥封记其所,使玄龟印其上。今人聚土为界,此之遗像也。

禹凿龙关之山,亦谓之龙门⁽¹⁴⁾。至一空岩,深数十里,幽暗不可复行,禹乃负火而进。有兽状如豕,衔夜明之珠,其光如烛。又有青犬,行吠于前。禹计可十里,迷于昼夜。既觉渐明,见向来豕犬变为人形,皆著玄衣。又见一神,蛇身人面。禹因与语,神即示禹八卦之图,列于金版之上。又有八神侍侧。禹曰:"华胥生圣子⁽¹⁵⁾,是汝耶?"答曰:"华胥是九河神女,以生余也。"乃探玉简授禹,长一尺二寸,以合十二时之数,使量度天地。禹即执持此简,以平定水土。蛇身之神,即羲皇也⁽¹⁶⁾。

录曰:夫神迹难求,幽暗罔辨,希夷彷佛之间,闻见以之眩惑⁽¹⁷⁾。若测诸冥理,先坟有所指明。是以彭生假见于贝丘⁽¹⁸⁾,赵王示形于苍犬⁽¹⁹⁾,皆文备鲁册,验表齐、汉。远古旷代,事异神同。衔珠吐烛之怪,精灵一其均矣。若夫茫茫禹迹,杳漠神源⁽²⁰⁾,非末俗所能推辨矣⁽²¹⁾。观伏羲至于夏禹,岁历悠旷,载祀绵邈,故能与日月共辉,阴阳齐契。万代百王,情异迹至,参机会道,视万龄如旦暮,促累劫于寸阴⁽²²⁾。何嗟鬼神之可已,而疑羲、禹之相遇乎!

【注】

(1)夏鲧:即鲧。传说为尧时代的部落首领。夏禹之父。由四岳推举,奉尧命治水,九年未成,被殛于羽山。关于鲧禹的出身,《史记·夏本纪》有载:"禹之父曰鲧,鲧之父曰帝颛顼,颛顼之父曰昌意,昌意之父曰黄帝。禹者,黄帝之玄孙而帝颛顼之孙也。"

(2)羽渊:池水名。传说鲧死在此处。

(3)玄鱼:中国传说中的神鱼。为鲧所化。鲧死后有变化,但变成什么,历来说法各一,另说化为黄能,即一种三足鳖。下文有提及。

(4)"至舜命"三句:直到舜命令禹疏导河道拜祭四岳,需要跨越大海时龟鳄立即架一浮桥等待(通过),需要翻越高山时则有神龙可以为坐骑而飞越。鼋鼍(yuán tuó):汉族神话传说中是指巨鳖和猪婆龙(扬子鳄)。

(5)书契:指文字始,画八卦,造书契。

(6)降:表示从过去某时直到现在的一段时期。

(7)"故使玉牒金绳之书"四句:大意是,所以使历代重要的典籍书册有的迷藏于山野、迷藏于墙壁夹缝;有的则遇到国家沦丧、战乱,被销毁了。玉牒:古代帝王封禅、郊祀的玉简文书。金绳:黄金或其他金属制的绳索,用以编连策书。岩薮:山泽,山野。

(8)采捃(jùn):收集。

(9)"己亥""三豕":典出自《吕氏春秋·察传》,子夏之晋,过卫,有读史记者曰:"晋师三豕涉河。"子夏曰:"非也,是己亥也。夫己与三相近,豕与亥相似。"至于晋而问之,则曰:"晋师己亥涉河。"

(10)摘:搜索。

(11)尧殛鲧于羽山:这是关于鲧之死的另一种说法:因鲧与尧之子丹朱、舜争部落联盟共主之位失败而被尧流放至羽山,"尧令祝融杀鲧于羽山"。殛(jí):杀死。

(12)休否(xiū fǒu):意思是止息否运、吉祥和凶险。语出自《易经·否》:"九五:休否,大人吉。其亡其亡,系于苞桑。"

(13)沟洫:水利。此处当用如动,有兴修水利之义。

(14)龙门:即禹凿龙门的传说之龙门,最早出自《墨子·兼爱中》。《太平广记》卷四六六引《三秦记》记载:"龙门山,在河东界。禹凿山断门一里余,黄河自中流下,两岸不通车马。"

(15)华胥:华胥氏,传说中伏羲和女娲之母,华夏繁衍之根。

(16)羲皇:即伏羲。

(17)衒(xuàn)惑:犹言迷惑。

(18)彭生假见于贝丘:《搜神记》中有该故事。春秋初期齐国大夫公子彭生受齐襄公指使杀害鲁桓公,齐襄公归罪于彭生而杀之,后彭生化为猪来追讨此事。

(19)赵王示形于苍犬:西汉初,吕后设计杀死戚夫人之子刘如意,之后刘如意化苍狗来寻吕后。司马光《资治通鉴》有载:"三月,太后祓,还,过轵道,见物如苍犬,太后掖,忽不复见。卜之,云'赵王如意为祟'。太后遂病掖伤。"

(20)杳漠,是指渺茫悠远。

(21)末俗:世俗之人。指一般平庸的人。

(22)累劫:连续数劫,谓时间极长。

殷 汤[1]

商之始也,有神女简狄,游于桑野,见黑鸟遗卵于地[2],有五色文[3],作"八百"字,简狄拾之,贮以玉筐,覆以朱绂[4]。夜梦神母,谓之曰:"尔怀此卵,即生圣子,以继金德。"狄乃怀卵,一年而有娠,经十四月而生契。祚以八百,叶卵之文也。虽遭旱厄[5],后嗣兴焉。

傅说赁为赭衣者[6],舂于深岩以自给[7]。梦乘云绕日而行,筮得"利建侯"之卦[8]。岁余,汤以玉帛聘为阿衡也[9]。纣之昏乱,欲讨诸侯,使飞廉、恶来诛戮贤良[10],取其宝器,埋于琼台之下。使飞廉等惑所近之国,侯服之内,使烽燧相续。纣登台以望火之所在,乃兴师往伐其国,杀其君,囚其民,收其女乐,肆其淫虐,神人愤怨。时时有朱鸟衔火,如星之照耀,以乱烽燧之光。纣乃回惑[11],使诸国灭其烽燧。于是亿兆夷民乃欢,万国已静。及武伐纣,樵夫牧竖探高鸟之巢,得玉玺,文曰:"水德将灭,木祚方盛。[12]"文皆大篆,纪殷之世历已尽,而姬之圣德方隆。是以三分天下而其二归周。故蚩蚩之类[13],嗟殷亡之晚,望周来之迟也。

师延者[14],殷之乐人也。设乐以来,世遵此职。至师延,精述阴阳,晓明象纬[15],莫测其为人。世载辽绝,而或出或隐。在轩辕之世,为司乐之官。及殷时,总修三皇五帝之乐。拊一弦琴则地祇皆升[16],吹玉律则天神俱降。当轩辕之时,年已数百岁,听众国乐声,以审兴亡之兆。至夏末,抱乐器以奔殷。而纣淫于声色,乃拘师延于阴宫[17],欲极刑戮。师延既被囚系,奏清商、流徵、涤角之音[18]。司狱者以闻于纣,纣犹嫌曰:"此乃淳古远乐,非余可听说也。"犹不释。师延乃更奏迷魂淫魄之曲,以欢修夜之娱[19],乃得免炮烙之害。周武王兴师,乃越濮流而逝,或云死于水府。故晋、卫之人,镌石铸金以像其形,立祀不绝矣。

录曰:《三坟》《五典》[20]及诸纬候杂说,皆言简狄吞燕卵而生契。《诗》云:"天命玄鸟,降而生商。"[21]斯文正矣。此说怀感而生,众言各异,故记其殊别也。傅说去其舂筑,释彼佣赁,应翘旌而来相,可谓知几其神矣。同磻溪之归周[22],异殷相之负鼎[23],龙蛇遇命,道会则通。斯则往贤之明教,通人之至规。"乐天知命",信之经言也。死且不朽,是谓名也。乌无声誉于后裔[24],扬风烈于万祀。譬诸金玉,烟埃不能埋其坚贞;比之泾、濮、淄、渭,不能混其澄澈。师延当纣之虐,矫步求存,因权取济,观时徇主,全身获免。所谓困而能通,卒以智免。故影被丹青,形刊金石[25],爱其和乐之功,贵其神迹之远矣。至如越思计然之利[26],镌金以旌其德,方斯蔑矣[27]。

【注】

(1) 殷汤:即商汤(约前1670—前1587),又称成汤,子姓,名履,也名天乙,河南商丘人,汤是契的第十四代孙,主癸之子,商朝开国君主。

(2) 黑鸟：又称玄鸟。即燕子。

(3) 文：同"纹"，花纹。

(4) "简狄拾之"等四句：与《史记·殷本纪》的说法略有出入："殷契，母曰简狄……三人行浴，见玄鸟堕其卵，简狄取吞之，因孕生契。"朱绂(fú)：古代礼服上的红色蔽膝。

(5) 旱厄：旱灾。

(6) 傅说(yuè)：傅氏始祖，生卒年不详，殷商时贤臣，为"三公"之一。赭衣者：指囚犯，罪人。古代囚衣因以赤土染成赭色，故称。

(7) 舂：指版筑，以杵夯土的一种建筑法。

(8) 利建侯：利于建立侯国。

(9) 阿(ē)衡：商代官名，师保之官。

(10) 飞廉、恶来：两父子，恶来，为飞廉(又作蜚廉)之子，二人皆是商纣王重臣，以勇力而闻名。

(11) 惑：有迷惑之意。回惑，犹言纣王受到(朱鸟所衔火光)迷惑，(只好)返回。

(12) "水德将灭，木祚方盛"句：该语类似于预言，指商政权即将覆灭，周政权即将兴起。

(13) 蚩蚩：敦厚貌。一说无知貌。此处当指后者。

(14) 师延：上古时期的神话人物。在黄帝时期，为司乐之官，造箜篌(《太平寰宇记卷二》)，是中华民族第一位乐神宗祖。夏末，投奔殷商，武王伐纣时，在涉濮水时沉水身亡。今滑县东南万古乡有师延冢。

(15) 象纬：象数谶纬。亦指星象经纬，谓日月五星。

(16) 地祇：民间传说中，地祇就是属于地面上所有自然物的神化者，包涵土地神、社稷神、山岳、河海、五祀神，以及百物之神。

(17) 阴宫：深宫。

(18) 清商、流徵、涤角：都是古乐曲名。清商，商声，其曲调凄清悲凉，故称。一说是师延写给纣王的音乐。流徵、涤角，上古为有德之君所创作的音乐，曲调动听异常。

(19) 修夜：长夜。

(20) 《三坟》《五典》：《三坟》指伏羲、神农、黄帝的书。《五典》指少昊、颛顼、帝喾、尧、舜的书。

(21) 见《诗经·商颂·玄鸟》。

(22) 磻溪：水名。一名璜河。在今陕西宝鸡市东南。源出南山兹谷，北流入渭水。相传吕尚(姜太公)垂钓于此而遇周文王。此处代指姜太公。

(23) 负鼎：典故名，典出自《史记》卷三《殷本纪》。商时，伊尹曾背负鼎俎见汤，后遂以"负鼎"等喻以烹调致汤王道之事。后用以指辅佐帝王，担当治国之任。

(24)乌:不好解释,疑为衍文。

(25)故影被丹青,形刊金石:谓(师延)的行迹都被记载于史籍(流传后世)。

(26)越思:指越轨的思想行为。

(27)方斯蔑:方,比;斯,此;蔑,没有。与此相比,没有比得上的。文中指为人的情操、德行。

四、李朝威

李朝威,甘肃陇西人,唐代传奇作家,主要活动在德宗贞和年间,作品仅存《柳毅传》和《柳参军传》。

柳毅传

仪凤中[1],有儒生柳毅者,应举下第,将还湘滨。念乡人有客于泾阳者[2],遂往告别。至六七里,鸟起马惊,疾逸道左[3];又六七里,乃止。

见有妇人,牧羊于道畔。毅怪视之,乃殊色也[4]。然而蛾脸不舒,巾袖无光,凝听翔立,若有所伺。毅诘之曰:"子何苦而自辱如是[5]?"妇始楚而谢,终泣而对曰:"贱妾不幸,今日见辱问于长者。然而恨贯肌骨,亦何能愧避,幸一闻焉。妾,洞庭龙君小女也。父母配嫁泾川次子[6]。而夫婿乐逸,为婢仆所惑,日以厌薄[7]。既而将诉于舅姑[8];舅姑爱其子,不能御。迨诉频切,又得罪舅姑。舅姑毁黜以至此[9]。"言讫,嘘唏流涕,悲不自胜。又曰:"洞庭于兹,相远不知其几多也!长天茫茫,信耗莫通,心目断尽,无所知哀[10]。闻君将还吴[11],密通洞庭,或以尺书,寄托侍者。未卜将以为可乎?"毅曰:"吾,义夫也。闻子之说,气血俱动,恨无毛羽,不能奋飞。是何可否之谓乎!然而洞庭,深水也。吾行尘间,宁可致意耶?唯恐道途显晦[12],不相通达,致负诚托,又乖恳愿[13]。子有何术可导我耶?"

女悲泣且谢,曰:"负载珍重,不复言矣。脱获回耗[14],虽死必谢。君不许,何敢言;既许而问,则洞庭之与京邑,不足为异也。"毅请闻之。女曰:"洞庭之阴[15],有大橘树焉,乡人谓之'社橘'。君当解去兹带,束以他物,然后叩树三发,当有应者。因而随之,无有碍矣。幸君子书叙之外,悉以诚心之话倚托,千万无渝!"毅曰:"敬闻命矣。"女遂于襦间解书,再拜以进,东望愁泣,若不自胜。毅深为之戚。乃置书囊中,因复问曰:"吾不知子之牧羊,何所用哉?神祇岂宰杀乎?"女曰:"非羊也,雨工也[16]。""何为雨工?"曰:"雷霆之类也。"毅顾视之,则皆矫顾怒步,饮龁甚异[17],而大小毛角,则无别羊焉。毅又曰:"吾为使者,他日归洞庭,幸勿相避。"女曰:"宁止不避,当如亲戚耳。"语竟,引别东去。不数十步,回望女与羊,俱亡所见矣。

其夕,至邑而别其友。月余,到乡还家,乃访于洞庭。洞庭之阴,果有社橘。遂易带,向树三击而止。俄有武夫出于波间,再拜请曰:"贵客将自何所至也?"毅不告其实,曰:"走谒大王耳。"武夫揭水指路,引毅以进,谓毅曰:"当闭目,数息可达矣⁽¹⁸⁾。"毅如其言,遂至其宫。始见台阁相向,门户千万,奇草珍木,无所不有。夫乃止毅,停于大室之隅,曰:"客当居此以伺焉。"毅曰:"此何所也?"夫曰:"此灵虚殿也。"谛视之,则人间珍宝,毕尽于此。柱以白璧,砌以青玉,床以珊瑚,帘以水精,雕琉璃于翠楣,饰琥珀于虹栋。奇秀深杳,不可殚言。然而王久不至。毅谓夫曰:"洞庭君安在哉?"曰:"吾君方幸玄珠阁,与太阳道士讲《火经》,少选当毕⁽¹⁹⁾。"毅曰:"何谓《火经》?"夫曰:"吾君,龙也。龙以水为神,举一滴可包陵谷。道士,乃人也。人以火为神圣,发一灯可燎阿房⁽²⁰⁾。然而灵用不同,玄化各异。太阳道士精于人理,吾君邀以听焉。"语毕而宫门辟。景从云合⁽²¹⁾,而见一人,披紫衣,执青玉。夫跃曰:"此吾君也!"乃至前以告之。君望毅而问曰:"岂非人间之人乎?"毅对曰:"然。"毅遂设拜;君亦拜,命坐于灵虚之下。谓毅曰:"水府幽深,寡人暗昧⁽²²⁾,夫子不远千里,将有为乎?"毅曰:"毅,大王之乡人也。长于楚,游学于秦。昨下第,闲驱泾水之涘,见大王爱女牧羊于野,风鬟雨鬓,所不忍视。毅因诘之。谓毅曰:'为夫婿所薄,舅姑不念,以至于此。'悲泗淋漓,诚怛人心。遂托书于毅。毅许之。今以至此。"因取书进之。

洞庭君览毕,以袖掩面而泣曰:"老父之罪,不诊坚听,坐贻聋瞽,使闺窗孺弱,远罹构害⁽²³⁾。公,乃陌上人也⁽²⁴⁾,而能急之。幸被齿发⁽²⁵⁾,何敢负德!"词毕,又哀咤良久。左右皆流涕。时有宦人密侍君者,君以书授之,命达宫中。须臾,宫中皆恸哭。君惊,谓左右曰:"疾告宫中,无使有声,恐钱塘所知。"毅曰:"钱塘,何人也?"曰:"寡人之爱弟。昔为钱塘长,今则致政矣⁽²⁶⁾。"毅曰:"何故不使知?"曰:"以其勇过人耳。昔尧遭洪水九年者,乃此子一怒也。近与天将失意,塞其五山⁽²⁷⁾。上帝以寡人有薄德于古今,遂宽其同气之罪⁽²⁸⁾。然犹縻系于此⁽²⁹⁾,故钱塘之人,日日候焉。"

语未毕,而大声忽发,天坼地裂,宫殿摇簸,云烟沸涌。俄有赤龙长千余尺,电目血舌,朱鳞火鬣⁽³⁰⁾,项掣金锁,锁牵玉柱,千雷万霆,激绕其身,霰雪雨雹,一时皆下。乃擘青天而飞去。毅恐蹶仆地。君亲起持之曰:"无惧,固无害。"毅良久稍安,乃获自定,因告辞曰:"愿得生归,以避复来。"君曰:"必不如此。其去则然,其来则不然。幸为少尽缱绻⁽³¹⁾。"因命酌互举,以款人事⁽³²⁾。

俄而祥风庆云,融融怡怡,幢节玲珑⁽³³⁾,箫韶以随⁽³⁴⁾。红妆千万,笑语熙熙。中有一人,自然娥眉,明珰满身,绡縠参差。迫而视之,乃前寄辞者。然若喜若悲,零泪如丝。须臾,红烟蔽其左,紫气舒其右,香气环旋,入于宫中。君笑谓毅曰:"泾水之囚人至矣。"君乃辞归宫中。须臾,又闻怨苦,久而不已。

有顷,君复出,与毅饮食。又有一人,披紫裳,执青玉,貌耸神溢⁽³⁵⁾,立于君左。君谓毅曰:"此钱塘也。"毅起,趋拜之。钱塘亦尽礼相接,谓毅曰:"女侄不幸,为顽童所辱。赖明君子信义昭彰,致达远冤。不然者,是为泾陵之土矣⁽³⁶⁾。飨德怀恩,词不悉心。"毅揖退辞谢,俯仰唯唯。然后回告兄曰:"向者辰发灵虚,已至泾阳,午战于彼,未还于此。中间驰至九天,以告上帝,帝知其冤,而宥其失。前所谴责,因而获免。然而刚肠激发⁽³⁷⁾,不遑辞候,惊扰宫中,复忤宾客。愧惕惭惧,不知所失!"因退而再拜。君曰:"所杀几何?"曰:"六十万。""伤稼乎?"曰:"八百里。""无情郎安在?"曰:"食之矣。"君怃然曰:"顽童之为是心也,诚不可忍;然汝亦太草草。赖上帝显圣,谅其至冤。不然者,吾何辞焉!从此以去,勿复如是!"钱塘君复再拜。

是夕,遂宿毅于凝光殿。明日,又宴毅于凝碧宫。会友戚,张广乐,具以醪醴,罗以甘洁⁽³⁸⁾。初,箫角鼙鼓,旌旗剑戟,舞万夫于其右。中有一夫前曰:"此《钱塘破阵乐》⁽³⁹⁾。"旌铓杰气,顾骤悍栗⁽⁴⁰⁾,座客视之,毛发皆竖。复有金石丝竹,罗绮珠翠,舞千女子于其左。中有一女前进曰:"此《贵主还宫乐》。"清音宛转,如诉如慕,坐客听之,不觉泪下。二舞既毕,龙君大悦,锡以纨绮,颁于舞人。然后密席贯坐,纵酒极娱。

酒酣,洞庭君乃击席而歌曰:"大天苍苍兮,大地茫茫。人各有志兮,何可思量!狐神鼠圣兮,薄社依墙⁽⁴¹⁾。雷霆一发兮,其孰敢当?荷贞人兮信义长,令骨肉兮还故乡。齐言惭愧兮何时忘!"洞庭君歌罢,钱塘君再拜而歌曰:"上天配合兮,生死有途。此不当妇兮,彼不当夫。腹心辛苦兮⁽⁴²⁾,泾水之隅。风霜满鬓兮,雨雪罗襦。赖明公兮引素书,令骨肉兮家如初。永言珍重兮无时无⁽⁴³⁾。"钱塘君歌阕,洞庭君俱起,奉觞于毅。毅踧踖而受爵⁽⁴⁴⁾,饮讫,复以二觞奉二君。乃歌曰:"碧云悠悠兮,泾水东流。伤美人兮,雨泣花愁。尺书远达兮,以解君忧。哀冤果雪兮,还处其休⁽⁴⁵⁾。荷和雅兮感甘羞。山家寂寞兮难久留。欲将辞去兮悲绸缪。"歌罢,皆呼万岁。洞庭君因出碧玉箱,贮以开水犀⁽⁴⁶⁾,钱塘君复出红珀盘,贮以照夜玑,皆起进毅。毅辞谢而受。然后宫中之人,咸以绡彩珠璧,投于毅侧,重叠焕赫,须臾埋没前后。毅笑语四顾,愧揖不暇。洎酒阑欢极,毅辞起,复宿于凝光殿。

翌日,又宴请毅于清光阁。钱塘因酒作色⁽⁴⁷⁾,踞谓毅曰:"不闻猛石可裂不可卷,义士可杀不可羞耶?愚有衷曲,欲一陈于公。如可,则俱在云霄;如不可,则皆夷粪壤⁽⁴⁸⁾。足下以为何如哉?"毅曰:"请闻之。"钱塘曰:"泾阳之妻,则洞庭君之爱女也。淑情茂质,为九姻所重。不幸见辱于匹人。今则绝矣。将欲求托高义,世为亲戚,使受恩者知其所归,怀爱者知其所付,岂不为君子始终之道者⁽⁴⁹⁾?"毅肃然而作,歘然而笑曰:"诚不知钱塘君孱困如是⁽⁵⁰⁾!毅始闻跨九州,怀五岳,泄其愤怒;复见断金锁⁽⁵¹⁾,擎玉柱,赴其急难。毅以为刚决明直,无如君者。盖犯之者不避其死,感之者不爱其生⁽⁵²⁾,此真丈夫之志。奈何箫管方洽,亲宾正和,不顾其道,以威加人?岂仆之素望哉!若遇公于洪波之中,玄山之间,鼓以鳞须,被以云雨,将迫毅以死,毅则以禽兽视之,亦何恨哉!今体被衣冠,坐谈礼义,尽五常之志性,负百行之微旨,虽人世贤杰,有不如者,况江河灵类乎?而欲以蠢然之躯,悍然之性,乘酒假气,将迫于人,岂近直哉!且毅之质,不足以藏王一甲之间⁽⁵³⁾,然而敢以不伏之心,胜王不道之气。惟王筹之!"钱塘乃逡巡致谢曰:"寡人生长宫房,不闻正论⁽⁵⁴⁾。向者词述疏狂,唐突高明。退自循顾,戾不容责。幸君子不为此乖间可也!"其夕,复欢宴,其乐如旧。毅与钱塘遂为知心友。

明日，毅辞归。洞庭君夫人别宴毅于潜景殿。男女仆妾等悉出预会。夫人泣谓毅曰："骨肉受君子深恩，恨不得展愧戴，遂至睽别！"使前泾阳女当席拜毅以致谢。夫人又曰："此别岂有复相遇之日乎？"毅其始虽不诺钱塘之请，然当此席，殊有叹恨之色。宴罢，辞别，满宫凄然。赠遗珍宝，怪不可述。毅于是复循途出江岸，见从者十余人，担囊以随，至其家而辞去。

毅因适广陵宝肆，鬻其所得。百未发一[55]，财已盈兆。故淮右富族，咸以为莫如。遂娶妻张氏，亡。又娶韩氏，数月，韩氏又亡。徙家金陵。常以鳏旷多感[56]，或谋新匹[57]。有媒氏告之曰："有卢氏女，范阳人也。父名曰浩，尝为清流宰；晚岁好道，独游云泉；今则不知所在矣。母曰郑氏。前年适清河张氏，不幸而张夫早亡。母怜其少，惜其慧美，欲择德以配焉。不识如何？"毅乃卜日就礼。既而男女二姓，俱为豪族，法用礼物，尽其丰盛。金陵之士，莫不健仰。

居月余，毅因晚入户，视其妻，深觉类于龙女，而逸艳丰厚，则又过之。因与话昔事。妻谓毅曰："人世岂有如是之理乎？"经岁余，有一子，毅益重之。既产，逾月，乃秾饰换服[58]，召亲戚。相会之间，笑谓毅曰："君不忆余之于昔也？"毅曰："夙为洞庭君女传书，至今为忆。"妻曰："余即洞庭君之女也。泾川之冤，君使得白。衔君之恩，誓心求报。洎钱塘季父论亲不从，遂至睽违；天各一方，不能相问。父母欲配嫁于濯锦小儿某[59]。惟以心誓难移，亲命难背，既为君子弃绝，分无见期。而当初之冤，虽得以告诸父母，而誓报不得其志，复欲驰白于君子。值君子累娶；当娶于张，已而又娶于韩。迨张、韩继卒，君卜居于兹，故余之父母乃喜余得遂报君之意。今日获奉君子，咸善终世[60]，死无恨矣！"因呜咽，泣涕交下。对毅曰："始不言者，知君无重色之心；今乃言者，知君有感余之意。妇人菲薄，不足以确厚永心，故因君爱子，以托相生。未知君意如何？愁惧兼心，不能自解。君附书之日，笑谓妾曰：'他日归洞庭，慎无相避。'诚不知当此之际，君岂有意于今日之事乎？其后季父请于君，君固不许。君乃诚将不可耶？抑忿然耶？君其话之！"毅曰："似有命者。仆始见君于长泾之隅，柱抑憔悴，诚有不平之志。然自约其心者，达君之冤，余无及也。以言慎勿相避者，偶然耳，岂有意哉！洎钱塘逼迫之际，唯理有不可直，乃激人之怒耳。夫始以义行为之志，宁有杀其婿而纳其妻者耶？一不可也。善素以操真为志尚[61]，宁有屈于己而伏于心者乎？二不可也。且以率肆胸臆，酬酢纷纶[62]，唯直是图，不遑避害。然而将别之日，见君有依然之容，心甚恨之。终以人事扼束，无由报谢。吁！今日，君，卢氏也，有家于人间，则吾始心未为惑矣。从此以往，永奉欢好，心无纤虑也。"妻因深感娇泣，良久不已。有顷，谓毅曰："勿以他类，遂为无心，固当知报耳。夫龙寿万岁，今与君同之；水陆无往不适。君不以为妄耶？"毅嘉之曰："吾不知国客乃复为神仙之饵[63]。"

乃相与觐洞庭。既至，而宾主盛礼，不可具纪。后居南海，仅四十年，其邸第舆马，珍鲜服玩，虽侯伯之室，无以加也。毅之族咸遂濡泽。以其春秋积序[64]，容状不衰，南海之人，靡无惊异。

洎开元中[65]，上方属意于神仙之事，精索道术。毅不得安，遂相与归洞庭。凡十余岁，莫知其迹。至开元末，毅之表弟薛嘏为京畿令[66]，谪官东南。经洞庭，晴昼长望，俄见碧山出于远波舟人皆侧立,曰:"此本无山,恐水怪耳。"指顾之际,山与舟相逼,乃有彩船自山驰来,迎问于毅。其中有一人呼之曰:"柳公来候耳。"毅省然记之,乃促至山下,摄衣疾上。山有宫阙如人世,见毅立于宫室之中,前列丝竹,后罗珠翠,物玩之盛,殊倍人间。毅词理益玄,容颜益少。初迎毅于砌,持毅手曰:"别来瞬息,而发毛已黄[67]。"毅笑曰:"兄为神仙,弟为枯骨,命也。"毅因出药五十丸遗毅,曰:"此药一丸,可增一岁耳。岁满复来,无久居人世以自苦也。"欢宴毕,毅乃辞行。自是以后,遂绝影响[68]。毅常以是事告于人世。殆四纪[69],毅亦不知所在。

陇西李朝威叙而叹曰:"五虫之长[70],必以灵著,别斯见矣。人,裸也,移信鳞虫[71]。洞庭含纳大直[72],钱塘迅疾磊落,宜有承焉。毅咏而不载,独可邻其境[73]。愚义之,为斯文。"

【注】

(1) 仪凤:唐高宗李治年号(676—679)。

(2) 泾阳:今陕西省泾阳县,在泾河之北。

(3) 疾逸道左:谓马不受拘束,向路旁乱跑。

(4) 殊色:绝色,指容貌美丽(的女子)。

(5) 辱:受委屈。

(6) 泾川:泾河,源出宁夏回族自治区,流经陕西入渭水。此处指泾河龙君。

(7) 厌薄:嫌弃。

(8) 舅姑:公婆。

(9) 毁黜:虐待。

(10) "心目"二句:内心痛苦到近于麻木,已不知道什么叫委屈。

(11) 吴:今江苏一带,此处不具指,代指南方。

(12) 道涂显晦:犹言人神之间道路隔绝。显:明,指人间。晦:暗,指幽暗的神仙世界。

(13) 乖:违背。

(14) 回耗:回音。耗:音信,消息。

(15) 阴:洞庭之南。古山南水北为阳,山北水南为阴。

(16) 雨工:雨神。

(17) 矫顾怒步,饮龁(hé)甚异:昂头望,大步走,饮水吃草的样子很特别。矫:抬。怒步:健步走。龁:吞,吃。

(18) 数(shuò)息:呼吸几下,犹言时间短。

(19) 少选:一会儿。

(20) 阿房:秦代宫名,规模庞大。毁于秦末大火,一日项羽入关纵火烧毁。故用"燎"。

(21) 景从云合:谓龙君侍从众多。景,通"影"。

(22) 暗昧：糊涂愚昧，谦词。

(23) "不诊"四句：听信他人，不辨真假，因而变得和聋子瞎子一样，使闺中弱女在远方受陷害也不知道。诊：鉴别，鉴察。贻：造成。聋：耳聋。瞽：眼瞎。闺窗孺弱：闺房中的幼小柔弱女子，指龙女。

(24) 陌上人：路上人，不相识的人。

(25) 被齿发：长着牙齿头发，犹言与人类一样。

(26) 致政：退职，不再做官。

(27) 塞：发大水淹没。

(28) 同气：同胞兄弟。

(29) 縻(mí)系：拘禁。

(30) 火鬣：火红色的鬣毛。

(31) 少：稍稍。缱绻：深厚的情谊。

(32) 人事：人情礼节。

(33) 幢节：做仪仗用的旗帜和旌节。

(34) 箫韶：先传为虞舜时的乐曲，此处指音乐。

(35) 貌耸神溢：容貌出众，神采焕发。

(36) 为泾陵之土：化为泾陵的土，义指死在泾陵。

(37) 刚肠：性情刚烈。

(38) "具以"二句：席上安排着美酒，陈设着佳肴。醪醴(láo lǐ)：甘浊的酒，亦泛指酒。甘洁：味美洁净的食物。

(39) 《钱塘破阵乐》：《破阵乐》本唐太宗所造乐曲，表现战阵之武舞。此指为钱塘君战胜泾河龙君而奏的乐曲。

(40) "旌铫(tiáo)"二句：挥动旌旗剑戟之舞，表现英武豪迈之气，顾盼急速的动作，令人心惊胆战。

(41) "狐神"二句：狐狸倚靠城墙作穴，老鼠依靠寄社作窝，比喻坏人依附权势为非作歹，狐神鼠圣，泛指丑类。社：祭祀土神之地。

(42) 腹心：犹言骨肉，指龙女。

(43) 无时无：时时刻刻。

(44) 踧踖(cù jí)：恭敬不安，意谓恭敬而不自然的样子。

(45) 还处其休：回家过着欢乐的生活。休：美好喜庆。

(46) 开水犀：指犀牛角，据说可以把水分开。

(47) 因酒作色：借着酒意装出严肃的样子。

(48)"如可……夷粪壤。"句：在云霄：犹言在天上，表示幸福。与"夷粪壤"相对。夷粪壤：夷为粪土，表示遭受不幸。

(49)君子始终之道：谓君子之道全始全终。

(50)欻(xū)然：忽然。孱(chán)困：懦弱无能。

(51)鏁：同"锁"。

(52)"犯之者"二句：谓抗击残暴不畏死亡，报答恩人不惜生命。

(53)"且毅之质"句：犹言自己渺小，都不足钱塘君一片鳞甲。

(54)逡巡：后退，局促不安的样子。

(55)百未发一：不到百分之一。

(56)鳏(guān)旷：鳏男和旷女。泛指没有配偶的人。

(57)匹：配偶。

(58)秾饰：艳丽的装饰。

(59)濯锦小儿某：濯锦江龙君的小儿子。濯锦江：即锦江，岷江支流。

(60)咸善终世：一同相亲相爱终生。

(61)操真：坚持真诚。

(62)率肆胸臆，酬酢纷纶：谓宾主酬酢纷乱的时候，只知坦率地讲出自己心里要说的话。肆：铺陈。酬酢，"酢"同"酬"，宾主相互敬酒。纷纶(lún)：众多，杂乱。

(63)"吾不知"句：我没想到在龙宫做客，却得到成仙的机会。国客：上客。饵：诱饵。此指机会。

(64)春秋积序：年龄一年一年增加。

(65)洎(jì)开元中：到了开元年间。开元，唐玄宗李隆基年号(713—741)。

(66)京畿令：京城附近地方的县令。

(67)发毛已黄：头发白了，犹言年老。

(68)影响：音容行迹。

(69)四纪：四十八年。古以十二年为一纪。

(70)五虫之长(zhǎng)：《大戴礼记·易本命》："有羽之虫三百六十，而凤凰为之长；有毛之虫三百六十，而麒麟为之长；有甲之虫三百六十，而神龟为之长；有鳞之虫三百六十，而蛟龙为之长；裸之虫三百六十，而圣人为之长。"其中"裸之虫"即为人，下文提及。

(71)"人，裸也，移信鳞虫"句：谓人和鳞虫(龙君)讲信用。

(72)含纳：有度量。大直，非常正直。

(73)"嘏咏"二句：谓只有薛嘏曾亲历仙境，咏叹、传说其事，却没有记载成文。

五、李公佐

李公佐,字颛蒙,陇西人。生卒年不详。唐宪宗元和年间,为江南西道观察使判官。据《旧唐书·宣宗纪》载,李公佐于武宗会昌初,为扬州录事参军,宣宗大中二年(848),因事削。作传奇小说《南柯太守传》《谢小娥传》《庐江冯媪传》《古岳渎经》。

南柯太守传

东平淳于棼[1],吴楚游侠之士。嗜酒使气,不守细行。累巨产,养豪客。曾以武艺补淮南军裨将,因使酒忤帅,斥逐落魄,纵诞饮酒为事[2]。家住广陵郡东十里。所居宅南有大古槐一株,枝干修密,清阴数亩。淳于生日与群豪大饮其下。

贞元七年九月,因沉醉致疾。时二友人于坐扶生归家,卧于堂东庑之下[3]。二友谓生曰:"子其寝矣。余将秣马濯足,俟子小愈而去。"生解巾就枕,昏然忽忽,仿佛若梦。见二紫衣使者,跪拜生曰:"槐安国王遣小臣致命奉邀。"生不觉下榻整衣,随二使至门。见青油小车,驾以四牡[4],左右从者七八,扶生上车,出大户,指古槐穴而去。

使者即驱入穴中。生意颇甚异之,不敢致问。忽见山川风候,草木道路,与人世甚殊。前行数十里,有郛郭城堞[5],车舆人物,不绝于路。生左右传车者传呼甚严,行者亦争辟于左右[6]。又入大城,朱门重楼,楼上有金书,题曰:"大槐安国。"执门者趋拜奔走。旋有一骑传呼曰:"王以驸马远降,令且息东华馆。"因前导而去。

俄见一门洞开,生降车而入。彩槛雕楹,华木珍果,列植于庭下;几案茵褥[7],帘帏肴膳,陈设于庭上。生心甚自悦。复有呼曰:"右相且至!"生降阶祗奉[8]。有一人紫衣象简前趋[9],宾主之仪敬尽焉。右相曰:"寡君不以敝国远僻,奉迎君子,托以姻亲。"生曰:"某以贱劣之躯,岂敢是望。"右相因请生同诣其所。行可百步,入朱门。矛戟斧钺,布列左右,军吏数百,辟易道侧[10]。生有平生酒徒周弁者,亦趋其中。生私心悦之,不敢前问。右相引生升广殿,御卫严肃,若至尊之所。见一人长大端严,居王位,衣素练服[11],簪朱华冠。生战栗[12],不敢仰视。左右侍者令生拜。王曰:"前奉贤尊命[13],不弃小国,许令次女瑶芳,奉事君子。"生但俯伏而已,不敢致词。王曰:"且就宾宇[14],续造仪式。"有旨:右相亦与生偕还馆舍。生思念之,意以为父在边将,因殁虏中,不知存亡;将谓父北蕃交逊,而致兹事。(15)心甚迷惑,不知其由。

是夕,羔雁币帛(16),威容仪度,妓乐丝竹,肴膳灯烛,车骑礼物之用,无不咸备。有群女,或称华阳姑,或称青溪姑,或称上仙子,或称下仙子,若是者数辈,皆侍从数十。冠翠凤冠,衣金霞帔(17),彩碧金钿,目不可视。遨游戏乐,往来其门,争以淳于郎为戏弄。风态妖丽,言词巧艳,生莫能对。复有一女谓生曰:"昨上巳日(18),吾从灵芝夫人过禅智寺,于天竺院观石延舞《婆罗门》。吾与诸女坐北牖石榻上。时君少年,亦解骑来看。君独强来亲洽,言调笑谑。吾与穷英妹结绛巾,挂于竹枝上,君独不忆念之乎?又七月十六日,吾于孝感寺侍上真子,听契玄法师讲《观音经》。吾于讲下舍金凤钗两只(19),上真子含水犀合子一枚(20),时君亦在讲筵中,于师处请钗合视之,赏叹再三,嗟异良久。顾余辈曰:'人之与物,皆非世间所有。'或问吾氏,或访吾里,吾亦不答。情意恋恋,瞩盼不舍,君岂不思念之乎?"生曰:"中心藏之,何日忘之!"群女曰:"不意今日与君为眷属(21)!"复有三人,冠带甚伟,前拜生曰:"奉命为驸马相者(22)。"中一人与生且故。生指曰:"子非冯翊田子华乎(23)?"田曰:"然。"生前,执手叙旧久之。生谓曰:"子何以居此?"子华曰:"吾放游(24),获受知于右相武成侯段公,因以栖托。"(25)生复问曰:"周弁在此,知之乎?"子华曰:"周生,贵人也。职为司隶,权势甚盛,吾数蒙庇护。"言笑甚欢。俄传声曰:"驸马可进矣。"三子取剑佩冕服,更衣之。子华曰:"不意今日获睹盛礼,无以相忘也。"有仙姬数十,奏诸异乐,婉转清亮,曲调凄悲,非人间之所闻听。有执烛引导者,亦数十。左右见金翠步障(26),彩碧玲珑,不断数里。生端坐车中,心意恍惚,甚不自安。田子华数言笑以解之。向者群女姑娣,各乘凤翼辇,亦往来其间。至一门,号"修仪宫"。群仙姑娣亦纷然在侧,令生降车辇拜,揖让升降,一如人间。

撤障去扇,见一女子,云号"金枝公主"。年可十四五,俨若神仙。交欢之礼,颇亦明显(27)。生自尔情义日洽,荣耀日盛,出入车服,游宴宾御,次于王者。王命生与群僚备武卫,大猎于国西灵龟山。山阜峻秀,川泽广远,林树丰茂,飞禽走兽,无不畜。师徒大获,竟夕而还。

生因他日,启王曰:"臣顷结好之日(28),大王云奉臣父之命。臣父顷佐边将,用兵失利,陷没胡中。尔来绝书信十七八岁矣。王既知所在,臣请一往拜觐。"王遽谓曰:"亲家翁职守北土(29),信问不绝。卿但具书状知闻,未用便去。"遂命妻致馈贺之礼,一以遣之。数夕还答。生验书本意,皆父平生之迹。书中忆念教诲,情意委曲,皆如昔年。复问生亲戚存亡,闾里兴废(30)。复言道路乖远(31),风烟阻绝。词意悲苦,言语哀伤,又不令生来觐,云:"岁在丁丑,当与汝相见。"生捧书悲咽,情不自堪。

他日,妻谓生曰:"子岂不思为政乎?"生曰:"我放荡不习政事。"妻曰:"卿但为之,余当奉赞(32)。"妻遂白于王。累日,谓生曰:"吾南柯政事不理,太守黜废,欲藉卿才,可曲屈之。便与小女同行。"生敦授教命。王遂敕有司备太守行李。因出金玉、锦绣、箱奁、仆妾、车马,列于广衢(33),以饯公主之行。生少游侠,曾不敢有望(34),至是甚悦。因上表曰:"臣将门余子,素无艺术,猥当大任,必败朝章;自悲负乘,坐致覆餗(35)。今欲广求贤哲,以赞不逮(36)。伏见司隶颍川周弁,忠亮刚直,守法不回,有毗佐之器,处士冯翊田子华,清慎通变,达政化之源。二人与臣有十年之旧,备知才用,可托政事。周请署南柯司宪,田请署司农。庶使臣政绩有闻,宪章不紊也。"王并依表以遣之。

其夕,王与夫人饯于国南。王谓生曰:"南柯,国之大都,土地丰壤,人物豪盛,非惠政不能以治之。况有周、田二赞。卿其勉之,以副国念。"夫人戒公主曰:"淳于郎性刚好酒,加之少年;为妇之道,贵乎柔顺。尔善事之,吾无忧矣。南柯虽封境不遥,晨昏有间,今日瞵别(37),宁不沾巾!"生与妻拜首南去,登车拥骑,言笑甚欢。

累夕达郡。郡有官吏、僧道、耆老(38)、音乐、车辇、武卫、銮铃,争来迎奉。人物阗咽(39),钟鼓喧哗,不绝十数里。见雉堞台观,佳气郁郁。入大城门,门亦有大榜曰:"南柯郡城"。见朱轩棨户(40),森然深邃。生下车,省风俗,疗病苦,政事委以周、田,郡中大理。自守郡二十载,风化广被,百姓歌谣,建功德碑,立生祠宇。王甚重之,赐食邑,锡爵位(41),居台辅。周、田皆以政治著闻,递迁大位。生有五男二女:男以门荫授官,女亦聘于王族。荣耀显赫,一时之盛,代莫比之。

是岁,有檀萝国者,来伐是郡。王命生练将训师以征之。乃表周弁将兵三万,以拒贼之众于瑶台城。弁刚勇轻敌,师徒败绩;弁单骑裸身潜遁,夜归城。贼亦收辎重铠甲而还。生因囚弁以请罪。王并舍之。是月,司宪周弁疽发背,卒。生妻公主遭疾,旬日又薨。生因请罢郡,护丧赴国。王许之。便以司农田子华行南柯太守事。生哀恸发引,威仪在途,男女叫号,人吏奠馔(42),攀辕遮道者不可胜数。遂达于国。王与夫人素衣哭于郊,候灵舆之至。谥公主曰"顺仪公主"。备仪仗、羽葆(43)、鼓吹,葬于国东十里盘龙岗。是月,故司宪子荣信(44),亦护丧赴国。

生久镇外藩,结好中国,贵门豪族,靡不是洽。自罢郡还国,出入无恒,交游宾从,威福日盛。王意疑惮之。时有国人上表云:"玄象谪见(45),国有大恐:都邑迁徙,宗庙崩坏;衅起他族,事在萧墙。"时议以生侈僭之应也(46)。遂夺生侍卫,禁生游从,处之私第。生自恃守郡多年,曾无败政,流言怨悖,郁郁不乐。王亦知之,因命生曰:"姻亲二十余年,不幸小女夭枉(47),不得与君子偕老,良用痛伤!"夫人因留孙自鞠育之。又谓生曰:"卿离家多时,可暂归本里,一见亲族。诸孙留此,无以为念。后三年,当令迎生。"生曰:"此乃家矣,何更归焉?"王笑曰:"卿本人间,家非在此。"生忽若惛睡,瞢然久之,方乃发悟前事,遂流涕请还。王顾左右以送生,生再拜而去,复见前二紫衣使者从焉。

至大户外,见所乘车甚劣,左右亲使御仆,遂无一人,心甚叹异。生上车,行可数里,复出大城,宛是昔年东来之途;山川原野,依然如旧。所送二使者,甚无威势,生愈怏怏。生问使者曰:"广陵郡何时可到?"二使讴歌自若,久乃答曰:"少顷即至。"

俄出一穴,见本里闾巷,不改往日,潸然自悲,不觉流涕。二使者引生下车,入其门,升自阶,己身卧于堂东庑之下。生甚惊畏,不敢前近。二使因大呼生之姓名数声,生遂发悟如初。见家之僮仆拥篲(48)于庭,二客濯足于榻,斜日未隐于西垣,余樽尚湛于东牖。梦中倏忽,若度一世矣!

生感念嗟叹,遂呼二客而语之,惊骇。因与生出外,寻槐下穴。生指曰:"此即梦中所惊入处。"二客将谓狐狸木媚之所为祟。遂命仆夫荷斤斧,断拥肿⁽⁴⁹⁾,折查梗⁽⁵⁰⁾,寻穴究源。旁可袤丈,有大穴。根洞然明朗,可容一榻。上有积土壤,以为城郭台殿之状。有蚁数斛⁽⁵¹⁾,隐聚其中。中有小台,其色若丹,二大蚁处之。素翼朱首,长可三寸。左右大蚁数十辅之,诸蚁不敢近。此其王矣。即槐安国都也。又穷一穴:直上南枝可四丈,宛转方中,亦有土城小楼,蚁群亦处其中,即生所领南柯郡也。又一穴:西去二丈,磅礴空圬,嵌窅异状⁽⁵²⁾。中有一腐龟,壳大如斗。积雨浸润,小草丛生,繁茂翳荟,掩映振壳,即生所猎灵龟山也。又穷一穴:东去丈余,古根盘屈,若龙虺之状,中有小土壤,高尺余,即生所葬妻盘龙冈之墓也。追想前事,感叹于怀,披阅穷迹,皆符所梦。不欲二客坏之,遽令掩塞如旧。是夕,风雨暴发。旦视其穴,遂失群蚁,莫知所去。故先言"国有大恐,都有迁徙"。此其验矣。复念檀萝征伐之事,又请二客访迹于外。宅东一里有古涸涧,侧有大檀树一株,藤萝拥积,上不见日。旁有小穴,亦有群蚁隐聚其间。檀萝之国,岂非此耶?

嗟乎!蚁之灵异,犹不可穷,况山藏木伏之大者所变化乎?时生酒徒周弁、田子华并居六合县,不与生过从旬日矣。生遽遣家僮疾往候之。周生暴疾已逝,田子华亦寝疾于床。生感南柯之浮虚,悟人世之倏忽,遂栖心道门,绝弃酒色。后三年,岁在丁丑,亦终于家。时年四十七,将符宿契之限矣⁽⁵³⁾。

公佐贞元十八年秋八月,自吴之洛,暂泊淮浦,偶觌淳于生儿楚⁽⁵⁴⁾,询访遗迹,翻复再三,事皆摭实⁽⁵⁵⁾,辄编录成传,以资好事。虽稽神语怪,事涉非经,而窃位诸生,冀将为戒,后之君子,幸以南柯为偶然,无以名位骄于天壤间云。

前华州参军李肇赞曰:"贵极禄位,权倾国都,达人视此,蚁聚何殊!"

【注】

(1) 淳于棼(fén):淳于棼,中国唐代李朝威传奇小说《南柯太守传》中的主人公。

(2) 纵诞:恣肆放诞。

(3) 东庑(wǔ):客堂东面的廊檐下。

(4) 牡:公马。

(5) 郛(fú)郭城堞(dié):郛郭:外城。城堞:城墙上的矮墙。

(6) 辟(bì):通"避",躲避,古今字。

(7) 茵褥(yīn rù),亦作"茵蓐",床垫子。

(8) 祗(zhī),恭敬。

(9) 象简:象牙制的手板。古代品位较高的官员朝见君主时所执,供指画和记事,即象笏。

(10) 辟易:退避。辟,见注(8)。

(11) 素练:白色绢帛。

(12) 战傈(lì)："傈"通"栗"。

(13) 贤尊：对他人父亲的敬称。

(14) 宾宇：相当于宾馆。

(15) "生思念之……而致兹事"句：义为"我父亲是驻守边疆的将军，前一时落到敌人手里，死活不知。是不是父亲已和北方敌人讲和了，才发生了这样的事情"。思念：思索，想。殁虏中：陷入敌军。交逊：讲和。兹：此，这。

(16) 羔雁币帛：文中指婚聘所用之礼物。羔雁：小羊和雁，古代指用作征召、婚聘、晋谒的礼物，也用为卿、大夫的贽礼。《周礼·春官·大宗伯》："卿执羔，大夫执雁。"汉·郑玄注："羔，小羊，取其群而不失其类。雁，取其候时而行。"

(17) 霞帔(pèi)：是中国古代妇女礼服的一部分，披在肩背上，类似现代披肩。

(18) 上巳(sì)日：上巳节，俗称三月三，传统的上巳节在农历三月的第一个巳日，也是祓禊(fú xì)的日子，即春浴日。上巳节也称女儿节。

(19) 舍：施舍。

(20) 水犀合子：水犀角制成的盒子，"合"作"盒"。

(21) 眷属：亲戚。

(22) 相：傧相，伴郎。

(23) 冯翊(píng yì)：古郡名。

(24) 放游：纵游，漫游。

(25) 受知：受人知遇。

(26) 步障：古代一种用来遮挡风尘、视线的屏幕。

(27) 明显：有显赫之义，此处指隆重。

(28) 顷：不久。

(29) 遽(jù)：立即。

(30) 闾里：指古代城镇中有围墙的住宅区。此处代指家乡。

(31) 乖远：指相距甚远。

(32) 奉赞：侍奉帮助。赞：帮助、辅佐。

(33) 广衢(qù)：广阔的大道。

(34) 曾(zēng)：简直，还。

(35) 覆悚(fù sù)，典出《周易》卷五《鼎卦》。《易·鼎》："鼎折足，覆公悚。"悚：鼎中的食物。覆悚，谓倾覆鼎中的珍馔。后以"覆悚"比喻力不胜任而败事。

(36) 赞不逮：帮扶不足。赞，见注(35)。不逮，不足之处，过失。

(37) 睽(kuí)：许慎《说文解字》："目不相视也。"此处指不得相见。

(38) 耆(qí)老：古六十曰耆，七十曰老，泛指老人。

(39) 阗咽(tián yàn)：拥挤、喧闹的样子。

(40) 棨(qǐ)户：设有棨戟的门户。棨：古代用木头做的一种仪仗(棨戟)。

(41) 锡：通"赐"。给予、赐给。

(42) 奠馔(diàn zhuàn)：指置酒食路祭。

(43) 羽葆：古时葬礼仪仗的一种，以鸟羽聚于柄头如盖。一般用于王侯等尊贵之人葬礼上。

(44) 故司宪：已故司宪，指文中周弁。

(45) 谪见：古代迷信认为异常的天象是上天对人的谴责，出现灾变的征候谓之"谪见"。

(46) 侈僭(chǐ jiàn)：奢侈过度。

(47) 夭枉：短命早死。

(48) 篲：同"彗"，扫帚。

(49) 拥肿：亦作"臃肿"。指树根隆起，不平直、盘根错节处。

(50) 折查枿(zhā niè)：树木砍伐后的再生枝。

(51) 斛(hú)，古量器名，亦作容量单位，一斛本为十斗，后来改为五斗。

(52) 嵌窞(qiàn dàn)：凹陷。

(53) 宿契：犹宿缘。指其父信中所说"丁丑相见"之语。

(54) 觌(dí)：见（到）。

(55) 摭(zhí)实：摘取事实。

谢小娥传

小娥姓谢氏，豫章人(1)，估客女也(2)。生八岁丧母，嫁历阳侠士段居贞(3)。居贞负气重义(4)，交游豪俊。小娥父畜巨产(5)，隐名商贾间，常与段婿同舟货(6)，往来江湖。时小娥年十四，始及笄(7)，父与夫俱为盗所杀，尽掠金帛。段之弟兄，谢之生侄(8)，与童仆辈数十悉沉于江。小娥亦伤胸折足，漂流水中，为他船所获。经夕而活。因流转乞食至上元县(9)，依妙果寺尼净悟之室。初，父之死也，小娥梦父谓曰："杀我者，车中猴，门东草。"又数日，复梦其夫谓曰："杀我者，禾中走，一日夫。"小娥不自解悟，当书此语，广求智者辨之，历年不能得。

至元和八年春，余罢江西从事(10)，扁舟东下，淹泊建业(11)。登瓦官寺阁(12)，有僧齐物者，重贤好学，与余善。因告余曰："有孀妇名小娥者(13)，每来寺中，示我十二字谜语，某不能辨。"余遂请齐公书于纸，乃凭槛书空(14)，凝思默虑，坐客未倦，了悟其文(15)。令寺童疾召小娥前至，询访其由。小娥呜咽良久，乃曰："我父及夫，皆为贼所杀。迩后尝梦父告曰：'杀我者，车中猴，门东草。'(16)又梦夫告曰：'杀我者，禾中走，一日夫。'岁久无人悟之。"余曰："若然者，吾审详矣，杀汝父是申兰,杀汝夫是申春。且'车中猴','车'字去上下各一画(17),是'申'字,又申属猴,故曰'车中猴';'草'下有'门','门'中有'东',乃'兰'字也(18)。又'禾中走',是穿田过,亦是'申'字也。'一日夫'者,'夫'上更一画,下有日,是'春'字也。杀汝父是申兰,杀汝夫是申春,足可明矣。"小娥恸哭再拜,书"申兰、申春"四字于衣中,誓将访杀二贼,以复其冤。娥因问余姓氏官族,垂涕而去。尔后小娥便为男子服,佣保于江湖间(19),岁余,至浔阳郡(20),见竹户上有纸榜子(21),云"召佣者"。小娥乃应召诣门,问其主,乃申兰也。兰引归。娥心愤貌顺,在兰左右,甚见亲爱。金帛出入之数,无不委娥(22)。已二岁余,竟不知娥之女人也。先是谢氏之金宝锦绣(23),衣物器具,悉掠在兰家。小娥每执旧物,未尝不暗泣移时。兰与春,宗昆弟也(24),时春一家住大江北独树浦(25),与兰往来密洽。兰与春同去经月,多获财帛而归。每留娥与兰妻兰氏同守家室,酒肉衣服,给娥甚丰。或一日,春携文鲤兼酒诣兰(26),娥私叹曰:"李君精悟玄鉴(27),皆符梦言,此乃天启其心,志将就矣。"是夕,兰与春会,群贼毕至,酣饮。暨诸凶既去(28),春沉醉,卧于内室,兰亦露寝于庭。小娥潜锁春于内,抽佩刀,先断兰首,呼号邻人并至。春擒于内,兰死于外,获赃收货,数至千万。初,兰、春有党数十,暗记其名,悉擒就戮。时浔阳太守张公,善娥节行,为具其事上旌表(29),乃得免死。时元和十二年夏岁也。复父夫之仇毕,归本里,见亲属。里中豪族争求聘,娥誓心不嫁。遂剪发披褐(30),访道于牛头山,师事大士尼将律师(31)。娥志坚行苦,霜春雨薪,不倦筋力。十三年四月,始受具戒于泗州开元寺(32),竟以小娥为法号(33),不忘本也。

其年夏月,余始归长安,途经泗滨,过善义寺,谒大德尼令(34)。操见新戒者数十,净发鲜帔,威仪雍容(35),列侍师之左右。中有一尼问师曰:"此官岂非洪州李判官二十三郎者乎(36)?"师曰:"然"。曰:"使我获报家仇,得雪冤耻,是判官恩德也"。顾余悲泣。余不之识,询访其由。娥对曰:"某名小娥,顷乞食孀妇也。判官时为辨申兰、申春二贼名字,岂不忆念乎?"余曰:"初不相记,今即悟也。"娥因泣。具写记申兰、申春,复父夫之仇,志愿相毕,经营终始艰苦之状(37)。小娥又谓余曰:"报判官恩,当有日矣。"岂徒然哉。嗟乎!余能辨二盗之姓名,小娥又能竟复父夫之仇冤,神道不昧,昭然可知。小娥厚貌深辞,聪敏端特(38),炼指跛足(39),誓求真如(40)。爰自入道,衣无絮帛,斋无盐酪,非律仪禅理(41),口无所言。后数日,告我归牛头山。扁舟泛淮,云游南国(42),不复再遇。君子曰:誓志不舍,复父夫之仇,节也;佣保杂处,不知女人,贞也。女子之行,唯贞与节,能终始全之而已,如小娥,足以儆天下逆道乱常之心(43),足以观天下贞夫孝妇之节。余备详前事,发明隐文(44),暗与冥会,符于人心。知善不录,非《春秋》之义也(45),故作传以旌美之。

【注】

(1) 豫章:唐郡名,也称洪州,约即今江西修水、锦水流域和南昌、丰城、进贤等地区。

(2) 估客:贩运商人。估,通"贾(gǔ)"。

(3) 历阳:唐郡名,也称和州,约辖今安徽和县、含山等地区。

(4) 负气：讲究气节。

(5) 畜(xù)：同"蓄"。积：积聚。

(6) 货：做生意、做买卖，用如动词。

(7) 及笄(jī)：到了戴簪子的时候。"笄"：簪子。古时女子十五岁为"及笄"，这时要举行一种仪式，把披垂的头发梳上去，可以插簪子了，表示已经成年。

(8) 生侄：徒弟和侄子。

(9) 上元县：即"金陵"，今江苏南京市。

(10) 罢江西从事：辞去江西从事一职。江西：唐时"江南西道"的简称，今江西省境。从事：节度使或采访使手下的判官。

(11) 建业：古地名，今江苏南京市。

(12) 瓦官寺：六朝时梁代所建的名寺，又名升元阁。

(13) 孀妇：寡妇。

(14) 书空：用手指在空中比划着写字。

(15) 了悟：明白、了解。

(16) 迩：近、不久。

(17) 车：繁体作"車"，上下各去一划为申字。

(18) 兰：繁体作"蘭"，由草字头，"门""东"组成。

(19) 佣保：雇工，这里用如动词，指做雇工。

(20) 浔阳郡：也称江州，约辖今江西都昌、德安两县以北地区。

(21) 纸榜子：招帖，告示。

(22) 委：托付、委托。

(23) 先是：早一些时候。

(24) 宗昆弟：同族兄弟、堂兄弟。

(25) 大江：长江的别名。

(26) 文鲤，鲤鱼。鲤鱼的鳞有黑纹，故名。

(27) 玄鉴：神妙的判断。

(28) 暨：到，等到。

(29) 旌表：旧社会官府为所谓"忠孝节义"的人们建牌坊、挂匾额，以示表扬，叫做"旌表"。

(30) 披褐：穿粗布衣服。"褐"，粗布或粗布衣服。

(31) 大士尼："大士"，佛教对菩萨的称号。尼，尼姑。将，连同，和。律师：古时指精通戒律的和尚为"律师"，唐代也以律师作为对道士的尊号。

(32) 具戒：就是"具足戒"，佛家名词，意思是具足圆满的戒律。"戒"，禁制之义。佛教为了防止教徒为非作歹,订有若干条清规戒律,如不杀生、不偷盗、不邪淫、不妄语、不饮酒等,这是"五戒",还有十戒、二百五十戒等分别。不同级别的和尚有不同的戒律。泗洲:临淮郡。

(33)法号:和尚出家受戒时,由师父给起的名号。

(34)大德尼:"大德"是佛教对佛的称号。"大德尼":是对年高有道、德守戒律的尼姑的尊称。

(35)威仪雍容:佛教称举止严肃而有规则为"威仪",以行、住、坐、卧为"四威仪"。雍容:形容有威仪的样子。

(36)判官:唐代节度,采访等使的属官。

(37)经营:经历。

(38)端特:性情正直而具有杰出的才能。

(39)炼指跛足:用火烧毁自己的手指来供佛叫做"炼指";跛足:指有意识地把脚弄残废了。是古时僧尼的苦行之一。

(40)真如:佛教名词。意思是真体实性而永世不变的真理。

(41)律仪禅理:"律仪"指佛教戒律。"禅理"指佛教的修行之道。

(42)云游:和尚到处游历,没有一定的行踪,叫作"云游"。

(43)乱常:违反伦常。常:五常。这里五常指五典,为父义、母慈、兄友、弟恭、子孝。古人认为这五者人之常行,所以叫作"五常"。

(44)隐文:弄清楚谜语(指小娥父、夫托梦词)。隐文犹如说哑谜。

(45)《春秋》:古时五经之一,传孔子据鲁史编纂而成。古人认为《春秋》每一字句,都含有褒善贬恶的用意,所以这里说:"知善不录,非《春秋》之义。"指知道小娥的善义之行而不记录,不符合《春秋》纪事的大义。

六、李复言

续玄怪录·张逢⁽¹⁾

南阳张逢,元和末,薄游岭表⁽²⁾,行次福州福唐县横山店。时初霁,日将暮,山色鲜媚,烟岚蔼然。策杖寻胜,不觉极远。忽有一段细草,纵横广百余步,碧鲜可爱。其旁有一小木,遂脱衣挂木,以杖倚之,投身草上,左右翻转。既而酣甚,若兽蹍然⁽³⁾,意足而起,其身已成虎也。文彩烂然。自视其爪牙之利,胸膊之力,天下无敌。遂腾跃而起,超山越壑,其疾如电。

夜久颇饥,因傍村落徐行,犬豕驹犊之类,悉无可取。意中恍惚⁽⁴⁾,自谓当得福州郑录事⁽⁵⁾。乃傍道潜伏。未几,有人自南行,若候吏迎郑璠者。见人问曰:"福州郑录事名璠,计程宿前店,见说何时发来?"人曰:"吾之出掌人也⁽⁶⁾,闻其饰装,到亦非久。"候吏曰:"只一人来,且复有同行者?吾当迎拜时,虑其误也。"曰:"三人之中,惨绿者是⁽⁷⁾。"其时逢方伺之,而彼详问,若为逢而问者。逢既知之。攒身以俟之。俄而郑纠到,导从甚众。衣惨绿,甚肥,巍巍而来。适到逢前,遂跐衔之⁽⁸⁾,走而上山。时天未晓,人莫敢逐,得恣食之,残其肠发耳。行于山林,单然无侣,乃忽思曰:"本人也,何乐为虎,自囚于深山,盍求初化之地而复也。"⁽⁹⁾乃步步寻之。日暮,方到其所。衣服犹挂,杖亦倚木,碧草依然,翻复转身于其上,意足而起,即复人形矣。于是衣衣策杖而归,昨往今来,一复时矣。

初,其仆夫惊其失逢也,访之于邻,或云,策杖登山,多歧寻之⁽¹⁰⁾,杳无行处。及其来也,惊喜问其故。逢绐之曰:"偶寻山泉,到一山院,共谈释教⁽¹¹⁾,不觉移时。"掌人曰:"今旦侧近有虎,食福州郑录事,求余不得。山林故多猛兽,不易独行。郎之未回,忧负亦极,且喜平安无他。"逢遂行,元和六年,旅次淮阳,舍于公馆。馆吏宴客,坐客有为令者⁽¹²⁾,曰:"巡若到,各言己之奇事,事不奇者,罚。"巡到逢。逢言横山之事。末座有进士郑遐者,乃郑纠之子也,遐怒不已,遂白郡将。于是送遐淮南,勒津吏勿复渡。逢西迈,具改姓名,以避遐。议曰:"闻父之仇,不可以不报。然此仇非故杀。必使杀逢,遐亦当坐⁽¹³⁾。"遂遁去而不复其仇也。

【注】

(1)《续玄怪录》:古代中国传奇小说集。撰者李复言,生卒年不详,陇西人。书因续牛僧孺

《玄怪录》而得名。共四卷(一作五卷、一作十卷)。《张逢》为《续玄怪录》一篇。

(2) 岭表：即岭南，泛指五岭以南地区。

(3) 辗(zhǎn)然：蜷缩貌。

(4) 意中恍惚：神思不清。

(5) 得：得而食之。录事：县属吏，掌文书。

(6) 出掌人：犹言主人。

(7) 惨绿：浅淡绿色。指穿浅绿色衣服。

(8) 跐(cǐ)：踩。

(9) 盍：何不，为什么不。

(10) 歧：岔路。

(11) 释教：指释尊所说之教法，即佛教。

(12) 为令：行酒令。

(13) 坐：连坐获罪。

七、牛僧孺

元无有[1]

宝应中[2],有元无有,常以仲春末,独行于维扬郊野[3],值日晚,风雨大至。时兵荒后,人户多逃,遂入路旁空庄。须臾霁止,斜月方出。无有坐北轩,忽闻西廊有行人声。未几,见月中有四人,衣冠皆异,相与谈谐,吟咏甚畅。乃云:"今夕如秋,风月若此,吾辈岂不为文,以展平生之事也?"其一即曰口号联句也[4]。吟咏既朗,无有听之具悉。其一衣冠长人即先吟曰[5]:"齐纨鲁缟如霜雪,寥亮高声予所发。[6]"其二黑衣冠短陋人[7],诗曰:"嘉宾良会清夜时,煌煌灯烛我能持。"[8]其三故弊黄衣冠人,亦短陋,诗曰:"清冷之泉候朝汲,桑绠相牵常出入。"[9]其四故黑衣冠人,诗曰:"爨薪贮泉相煎熬,充他口腹我为劳。"[10]无有亦不四人为异;四人亦不虞无有之在堂隍也[11]。递相褒赏。观其自负,则虽阮嗣宗《咏怀》[12],亦若不能加矣。四人迟明[13],方归旧所。无有就寻之堂中,惟有故杵、灯台、水桶、破铛,乃知四人,即此物所为也。

【注】

(1)《元无有》选自《玄怪录》,故事写四个物怪吟诗唱和,主人公名字"元无有",有意表示故事本来没有,出于虚构。《玄怪录》,唐代传奇小说集,牛僧孺撰。原十卷,今本一卷。

(2) 宝应:唐代宗年号(762—763)。

(3) 维扬:今扬州一带。

(4) 联句:古代作诗的一种方式,是指一首诗由两人或多人共同创作,每人一句或数句,联结成一篇。

(5) 长人:身材高的人。

(6) 此句描写故杵。杵,舂米或捶衣的木(石)棒。用都有声,故有"寥亮高声"之语。

(7) 短陋人:矮小丑陋的人。

(8) 此句描写灯台。

(9) 此句描写水桶。绠:汲水用的绳子。

(10) 此句描写破铛。爨(cuàn):灶。铛(chēng):烙饼或做菜用的平底浅锅。

(11) 虞：忧虑，担忧。

(12) 阮嗣宗：阮籍(210—263)，字嗣宗，魏晋诗人，"竹林七贤"之一。

(13) 迟明：黎明，天快亮的时候。

八、吴镇

双忠赞⁽¹⁾

钤山学究,老而作贼⁽²⁾。眇孽东楼⁽³⁾,口称诏敕⁽⁴⁾。椒山批鳞,碧血霜色⁽⁵⁾。谁其继之?邹、张竞力⁽⁶⁾,侃侃结谏⁽⁷⁾,鹰鹯铩翼⁽⁸⁾。兰谷正言,罪人斯得⁽⁹⁾。白虹贯日⁽¹⁰⁾,乾坤不测。青琐两人,千秋遗直⁽¹¹⁾。

【注】

(1) 赞:以颂扬人物为主的一种抒情文体,常以情调的激扬、风格的精炼为标志。本文作者吴镇(1721—1797),甘肃临洮人,字信辰,一字士安,号松崖,别号松花道人。自幼精通声律,能诗善文。乾隆三十四年(1750)中举人,历任山东陵县知县,累官湖南沅州知府,后任湖北兴国州知府。为人耿直敢言、清正廉洁,因得罪上司,被劾罢职。后抵兰州,主讲兰山书院,教授八年。他不仅精于诗词,而且对绘画、书法也有一定的研究,被称为"关中四杰"之一。嘉庆二年(1797),病卒于临洮,其门生私谥曰"文惠"。

(2) 钤山学究:钤山,山名。在江西省分宜县南二里袁江南岸,亦名钤岗。右为新泽水,左为长寿水,夹于山末,故名钤。明代奸臣严嵩曾在钤山读书十年,有《钤山堂集》四十卷。因以"钤山"指严嵩。又因严嵩在诗文书法方面颇有造诣,故呼"学究"。老而作贼:严嵩二十五岁考中进士,入仕,后因大病退官。后兜转近二十年方得再任,至其权倾朝野时,他已经年老,故有此句。

(3) 眇:瞎了一只眼睛。东楼:严世蕃,严嵩之子,号东楼。《明史·奸臣传·严世蕃》记载:"严世蕃,短项肥体,眇一目,由父任入仕。"

(4) 诏敕:皇帝下令。

(5) "椒山"二句:谓杨继盛因上疏力劾严嵩"五奸十大罪",遭诬陷下狱。备经拷打,终于遇害。椒山:指杨继盛,明代著名谏臣,字仲芳,号椒山。批鳞:成语"批鳞请剑"略称,指敢于直言犯上请斩巨奸,典出《汉书·朱云传》。碧血:指为正义死难而流的血,义士的血。语出《庄子·外物》:"苌弘死于蜀,藏其血,三年而化为碧。"

(6) 邹:指邹应龙,字云卿,号兰谷,兰州皋兰人,明御史中丞,为人刚正不阿、清正廉洁、不畏强暴、敢于直谏,嘉靖三十五年中进士。嘉靖四十年,上疏弹劾严嵩父子。不久,嘉靖帝下旨令严嵩致仕,将严世蕃下诏狱治罪。张:指张万纪,简介见前文。清顺治九年(1652),陕西茶马监察御史姜图南,建"双忠祠"于城东岳麓山,祀张万纪与明御史中丞邹应龙,纪念他们的忠烈志节和为官清正刚直。文题中"双忠"就指邹、张二人。

(7) 侃侃:理直气壮,从容不迫。

(8) 鹰鹯(zhān)铩(shā)翼:指忠勇之士失利。鹰鹯:比喻忠勇的人。铩翼:折翅。

(9) 罪人斯得:语出《尚书·周书·金縢》:"周公居东二年,则罪人斯得。"

(10) 白虹贯日:一种自然现象,形如白色的长虹穿日而过,"虹"实际上是"晕"。古人认为这种天象的变化预示着人间有不祥的事。后引义为有较大变革发生之前上天所降示的吉凶之征兆。

(11) "青琐"二句:意思是为邹、张二人建祠,以供后代景仰并继承其忠直遗风。青琐:典出自《汉书》卷九十八。原指装饰皇宫门窗的青色连环花纹,后借指借指官廷,泛指豪华富丽的房屋建筑。遗直:直道而行、有古人遗风的人。

九、黄文中

西湖楹帖集自序[1]

　　余漫游东南,寓杭较久,匆匆三年矣,因之对湖山秀色,得以饱餐。虽阴晴雨月,气象万千,而静心领略,概有真味[2],足以涤除尘虑。坡仙"晴雨奇好,淡妆浓抹"句,形容尽致,深得此中三昧者[3]。回首风尘,世弃君平,欲不勾留,得乎?大抵钟鼎山林[4],各随所遇,亦各行所安。巢由之遁[5],不必定贤于皋夔[6];沮溺之耕[7],不必果高于洙泗[8]。是正丈夫各有志,不以此分优劣也!余不善吟哦,而烟霞涤荡久,结习终难除[9],遂亦偶题楹联,藉识游迹,强半钝相耳[10]!而友好且有代为书悬之者,殊增忸怩。自思生此国步方艰、山河变色之时,漂泊于卧薪尝胆,生聚教训之邦[11],甫逾中年,甘心寂寞,且喜为此真是不贤,识小诗以嘲之云:"湖山频点缀,风月任评章[12]。寂寞者般事,无人争短长。"归有日矣,适杨心如教授来杭游[13],同寓俞楼[14],一见如故。心如先生寻幽探胜,兴致颇豪,题吟湖山,雅兴不浅。对于拙题,亦有称述,谦虚可敬,以故遵嘱而书也。倚装匆匆,不工已极,乞两政之,留作纪念。
　　二十四年四月十日临洮黄文中书于西湖俞楼。

【注】

(1) 作者:黄文中(1890—1946),字正心,后改字中天,甘肃临洮洮阳镇人。东京明治大学经济学学士,后加入同盟会。回国后任甘肃省教育厅一科科长,并在各大、中学校兼课。他抨击军阀专制,批评时政,倡导民主自由,有"民主斗士"之称。1931年后避居杭州,为西湖景观题写了多幅名联,为一代楹联大家。1935年杨绍恕教授游杭州,对其文才、书法极为赞赏,抄录其作编为《黄文中西湖楹帖集》。

(2) 真味:真实的意旨或意味。

(3) 三昧:来源于梵语:意思是止息杂念,使心神平静,是佛教的重要修行方法。借指事物的要领,真谛。

(4) 钟鼎:代指高官重任。山林,代指隐逸世外。

(5) 巢由:巢父和许由并称。相传皆为尧时隐士,尧让位于二人,皆不受。因用以指隐居不仕者。遁,逃避。

（6）皋夔（gāo kuí）：皋陶（yáo）和夔的并称。传说皋陶是虞舜时刑官,夔是虞舜时乐官。后常借指贤臣。

（7）沮溺：长沮、桀溺,春秋时出国隐士。《论语》中记载,孔子遇见时,他们正在耕田。二人的"隐"符合道家的出世无为。而道家又恰好与下文"洙泗"所指强调入世的儒家相对。

（8）洙泗,即洙水和泗水。古时二水自今山东省泗水县北合流而下,至曲阜北,又分为二水,洙水在北,泗水在南。春秋时属鲁国。孔子在洙泗之间聚徒讲学。后因以"洙泗"代称孔子及儒家。

（9）结习：积久而难改的习惯,称为"积习",多含贬义。此处有自谦之义。

（10）强半：大半,犹言大部分。钝相,犹言（楹联）品质不高。

（11）指称杭州。杭州先秦时属越地,昔越王勾践十年生聚,卧薪尝胆之所在。作者引用此典故,当有自比之义。

（12）评章：指评论与分辨。

（13）杨心如教授：即杨绍恕。

（14）俞楼：位于杭州孤山南麓,西泠印社旁。是一代国学大师俞樾及其孙俞平伯的旧居。

第 五 章

山川名胜

SHAN CHUAN MING SHENG

一、宇文逌

宇文逌(yōu),字尔固突,鲜卑族人,北周文帝子。少好经史,解属文。武成初,封滕国公,邑万户。天和末,拜大将军。

至渭源⁽¹⁾

渭源奔鸟鼠,轻澜起客亭。浅浅满涧响,荡荡竟川鸣。潘生称运石,冯子听波声⁽²⁾。斜去临天半,横来对始平。合流应不杂,方知性本清⁽³⁾。

【注】

(1) 渭源:今渭水源,在今甘肃渭源县。渭水是黄河主要支流之一,源出甘肃渭源县西北鸟鼠山,即《尚书》所云"鸟鼠同穴处",又传禹治水至此,故诗称禹穴。

(2)"潘生"句:用典不详。冯子句用冯衍典,其《杨节赋序》云:"冯子耕于骊山之阿,渭水之阴,废吊问之礼,绝游宦之路。旷然有超物之心,无偶俗之志。"(见《初学记》卷六引)

(3)"合流"句:《诗经·邶风·谷风》云:"泾以清浊,湜湜其沚。"郑玄传云:"泾渭相入而清浊异。"以后讹传为泾水浊,渭水清,并以此比喻人品。

【辨析】

鸟鼠山,出自秦岭余脉,东北抵达陇中黄土高原,绵延百里,是渭河的发源之地,《山海经》云:"鸟鼠同穴之山,渭水出焉。"又是洮河与渭河的分水岭,其主峰在县城西南二十五公里处,上有"三条沟",清泉三眼,称为"品字泉",是渭河的源头。《书·禹贡》:"导渭自鸟鼠同穴。"孔传:"鸟鼠共为雌雄,同穴处此山,遂名山曰鸟鼠,渭水出焉。"《尚书·禹贡》载:"导渭自鸟鼠同穴",又载:"鸟鼠之山有鸟焉,与鼠飞行而处之,又有止而同穴之山焉,是二山也,鸟名为'鸟余',其鼠为'鼠突',鸟似鹁鸟而小,黄黑色。鼠如家鼠而短尾,穿地而处……"《史记·夏本纪》曰:"夏禹导山三条四列,导水九州岛……导渭自鸟鼠同穴,东会于沣……导西倾朱圉,鸟鼠至于太华。"

过鸟鼠山

欲往鱼凫国,先过鸟鼠山⁽¹⁾。秋深薇蕨老,雨霁笠蓑闲。乱水寒烟外,荒祠落照间。去家才百里,预卜几时还。

【注】

(1) 鱼凫国:鱼凫,古蜀国国君。这里指四川。

二、岑参

岑参(约715—770),唐代边塞诗人,南阳人,太宗时功臣。

过渭州经渭水思秦川

渭水东流去,何日到雍州⁽¹⁾。遥将两行泪,寄向故乡流。

【注】

(1) 雍州:中国九州之一,名称源于陕西省凤翔县境内的雍山、雍水。其位置相当于现在陕西省关中地区、甘肃部分、青海东北部以及宁夏部分地方。这里代指帝都长安。

初过陇山途中呈宇文判官⁽¹⁾

一驿过一驿,驿骑如星流。平明发咸阳⁽²⁾,暮及陇山头。陇水不可听,呜咽令人愁。沙尘扑马汗,雾露凝貂裘。西来谁家子,自道新封侯⁽³⁾。前月发安西,路上无停留。都护犹未到⁽⁴⁾,来时在西州⁽⁵⁾。十日过沙碛⁽⁶⁾,终朝风不休。马走碎石中,四蹄皆血流。万里奉王事,一身无所求。也知塞垣苦,岂为妻子谋?山口月欲出,先照关城楼⁽⁷⁾。溪流与松风,静夜相飕飗。别家赖归梦,山塞多离忧。与子且携手,不愁前路修。

【注】

(1) 宇文判官:安西四镇节度使高仙芝属下判官,名未详。
(2) 咸阳:秦都咸阳,在今陕西咸阳市东北。此借指唐都长安。
(3) 新封侯:指是时宇文氏新任判官。
(4) 都护:指高仙芝。唐高宗时于龟兹置安西都护府,设都护一人,总领府事。玄宗时更置安西节度使,治所在安西都护府,节度使例兼安西都护,故称安西节度使为都护。
(5) 西州:治所在今新疆吐鲁番东南哈拉和卓。

(6) 沙碛：指沙漠、戈壁。

(7) 关：陇山下有陇关，又名大震关。

发临洮将赴北庭留别⁽¹⁾

闻说轮台路，连年见雪飞⁽²⁾。春风曾不到，汉使亦应稀。白草通疏勒，青山过武威⁽³⁾。勤王敢道远，私向梦中归。

【注】

(1) 北庭：唐六都护府之一，治所为庭州（今新疆吉木萨尔北）。

(2) 轮台：庭州属县，在今新疆乌鲁木齐。

(3) "白草"句：两句互文，想象由武威到疏勒路途景色。

三、解缙

解缙(1369—1415),字大绅,一字缙绅,号春雨、喜易,明朝吉水(今江西吉水)人,洪武二十一年(1388)中进士,官至内阁首辅、右春坊大学士,参预机务。主持编纂《永乐大典》。

西 行[1]

八千里路客河湟[2],鸟鼠山头望故乡。欲问别来多少恨,黄河东去与天长。

【注】

(1) 洪武三十一年(1398),朱元璋病逝,解缙进京吊丧。时明惠帝朱允炆临朝,袁泰乘机进谗言,攻击解缙"诏旨,且母丧未葬,父年90,不当舍以行。"朱允炆听信谗言,贬解缙为河州(今甘肃兰州附近)卫吏。

(2) 河湟:黄河、湟水流域,青海东部,这里指兰州。

四、刘仑

刘仑,明嘉靖二十三年(1544)甲辰科殿试金榜第二甲第32名进士出身。明湖广巡抚。

鸟鼠山

六月驱车塞外行,洮云渭水不胜情。晚来更上层楼望,羌笛一声山月明。

五、杨行恕

杨行恕,字本忠,号岳麓,狄道(今甘肃临洮)人。过目成诵,能诗赋,亦能书。万历三十七年(1609)举于乡。天启二年(1622)中进士,入翰林。著有《温玉亭诗文集》。

首阳山[1]

东避悬旗惨,投荒西采薇[2]。若云雷首是,不合近周畿[3]。

【注】

(1) 首阳山:首阳山位于渭源县东南34公里的莲峰镇张家滩村和古迹坪村交汇处,海拔在2 186—2 509米之间,因其列群山之首,阳光先照而得名,素以奇秀著称,是古丝绸南路上的一颗瑰丽明珠。因商末周初孤竹国君二子伯夷、叔齐生前采薇山中,死后长眠于此地而闻名全国。

(2) 悬旗:概指周武王竖起的伐纣大旗。

(3) 雷首:山名,位于山西蒲坂河曲之中,原名雷首山或首山。天下六处首阳山,此其一。不合:不应该。周畿:周代首都镐京附近。伯夷、叔齐耻食周粟,而雷首在周境,故有此说。

【辨析】

首阳山,甘肃渭源县东南莲峰镇,素以奇秀著称,是古丝绸南路上的一颗瑰丽明珠。商末周初,孤竹国君二子伯夷、叔齐长眠于此。相传孤竹君死后,叔齐让位给伯夷,伯夷不受,先后都逃往周国。周武王伐纣,二人扣马谏阻。武王灭商后,他们耻食周粟,采薇而食,饿死于首阳山,后人尊为"清圣"(见《吕氏春秋·诚廉》《史记·伯夷列传》)。《论语·公冶长》:"伯夷叔齐不念旧恶,怨是用希。"邢昺疏引《春秋少阳篇》:"伯夷姓墨,名允,字公信。伯,长也;夷,谥。叔齐名智,字公达,伯夷之弟,齐亦谥也。"

莲峰第一台[1]

一

天削莲峰第一台,芙蓉四面望中开[2]。松围石磴盘云上,袖拂天花带雨来。呼吸信能通帝座,肝肠顿觉洗尘埃。孤怀耿耿惊苍鬓,极目千山首重回[3]。

二

遥空飞洒白蒙蒙,望里凭高失远峰。浩气似藏神女观,风声疑过大夫宫。烟笼色界迷群象,水散昙花浴九龙[4]。寤寐已通霄汉上,却回清梦到晨钟。

【注】

(1)莲花山:位于甘肃南部的康乐、临潭、卓尼、渭源四县交界处的崇山峻岭之间,地处洮河上游。莲花山古称西崆峒,早在明初就辟为佛、道教名山。这里群峰俊秀,犹如莲瓣,顶峰高耸、恰似莲蕊,整个山峦岚气笼罩,满目绿海,酷似一朵初绽的莲花盛开在绿波翠色之中。

(2)芙蓉:莲花。

(3)孤怀:孤高的情怀。

(4)色界:佛教语。三界之一。在欲界之上,无色界之下。有精美的物质而无男女贪欲。

六、牛树梅

谒清圣墓祠

一

万古留双冢,深山草木春。骨撑天有柱,风洗世无尘。地僻黄农近,歌传日月新[1]。武周兄弟圣,伯仲是斯人[2]。

二

贤守崇先祀,初基建享堂[3]。规模筹远大,典物计精详。粟岂同周耻,薇犹带古香。荐馨宜此地,何事又蒲阳[4]。

【注】

(1)"地僻"句:化用伯夷叔齐《采薇歌》"神农虞夏忽焉没兮,我安适归矣?""黄农"即"神农虞夏"之简称,古代圣贤治世的代名词。"歌"即《采薇歌》。

(2)武周:这里指周武王及其兄弟周公旦。

(3)享堂:即享堂沟,首阳山所在地,位于莲峰山西面。

(4)蒲阳:地名,这里指平阳府蒲州(山西省永济市南),蒲州东南十五里有雷首山,亦名首阳山、中条山。天下有七处首阳山(河南偃师、河北迁安、甘肃渭源、山西永济、山东昌乐、陕西周至、河北滦县),此其一。

七、成大猷

成大猷(1803—1868),字仲经,号逸园,清代漳县人,贡生。终身不仕,课读为生。著有《逸园诗草》二卷。

首阳怀古

策筇曾向首阳游,蔓草荒烟有古邱。叩马数言惊百代,采薇一饿艳千秋。品高总觉黄农渺,心远何嫌鸟鼠幽。知否我今偏怨汝,懦无能立使人愁。

滴水崖观瀑布歌[1]

盘古既开天,空山独游衍[2]。嫌兹太阒寂,上奏玉皇殿[3]。特把银河倾,悬崖作匹练。崖高数百尺,双峰夹崖建。水从崖顶来,势急不可绾。顿跌六七叠,银浪满岩溅[4]。忽然不见水,万怪一齐见。神仙排云出,咳唾九天遍。天公好玉戏,雨雪先集霰[5]。海若驱大蜃,嘘气蒸曲涧[6]。鲛人潜织成,到此来晒绢[7]。虎啸谷风吹,转瞬愁又变。似龙下云端,涎漦空际纤[8]。旋闻大声发,龙疑于野战。坐看几多时,幻化目屡眩。爱苦看不足,起行仍顾盼。如读李杜诗,百回犹不厌。我昔同弟观,今又引子眄。且言今日来,更有一大愿。愿瀑如鹫峰,飞来逸园面[9]。好学陶渊明,酬石日属餍。

【注】

(1) 滴水崖:又名南谷瀑布,位于甘肃省定西市漳县城南四十公里的新寺镇高家沟村之西侧。

(2) 游衍(yóu yǎn):恣意游逛。《诗·大雅·板》:"昊天曰旦,及尔游衍。"毛传:"游,行;衍,溢也。"

(3) 阒寂(qù jì):死寂,幽静。

(4) 顿跌:顿挫跌宕。

(5) 霰（xiàn）：在高空中的水蒸气遇到冷空气凝结成的小冰粒，多在下雪前或下雪时出现。

(6) 海若：海神。大蜃：大蛤。小曰蛤，大曰蜃。皆介物，蚌类也（《国语·晋语》注）。

(7) 鲛人：神话传说中的人鱼。

(8) 涎潴（chí）：鱼等的涎沫。

(9) 鹫峰：灵鹫山，位于古印度，佛祖居住说法多年。逸园：作者其号。

汪陵丰碑

丰碑郊外认微茫，义武空留衣锦乡(1)。日炙雨淋多没字，单词片语讵成章。陇山可比摩崖寿，渭水何如堕泪长。欲问有元兴废事，无言翁仲卧斜阳(2)。

【注】

(1) 义武：元代陇西王汪世显谥号。

(2) 翁仲：传说阮翁仲为秦代一丈三尺的巨人，秦始皇命他守边，匈奴人很怕他。他死后，秦始皇下令仿照其形状铸成铜人。后指铜像或石像，也专指墓前的石人。

八、张逢壬

张逢壬：生卒年不详，字位北，清兰州府狄道州（今临洮）人，康熙时增生，著有《世耕堂诗草》。

题莲花山

千岩万壑尽苍松，天削莲台又几重？界破洮岷青一片，花龛涌出妙高峰。

玉峰吟

家住玉峰下，门临清水边。一竿秋钓月，双履晓耕烟。野鸟穿林下，羸牛傍垄眠。聊将衣食计，岁岁乐尧天。

九、胡缵宗

可　泉[1]

九龙山半出吾泉,泻玉鸣金到陇川。茅屋数椽荫梧竹,沙溪一曲抱桑田。秋芹郁郁擎朝露,春韭离离驻夕烟。引鹿时寻发源处,三台七斗自渊玄[2]。

【注】

(1) 自注:"偶濯吾泉,遂成短句。"胡缵宗家乡有泉曰可泉,诗人自号之,故称"吾泉"。

(2) 三台:星官名,共六颗,分上台、中台、下台三组,从文昌星开始,两两排列,直到太微垣。七斗:北斗七星。可泉有泉眼十,上面三眼较大,有如天上的三台星;下面七眼较小,有如天上的北斗七星。渊玄:深邃,深奥。

可泉歌[1]

九龙鼓鬣擎长山[2],山麓出泉临我牖。上有三窟焕如台,下有七穴灿如斗[3]。南屏嶓冢北崆峒,大陇小陇土何厚[4]！羲皇画卦咫尺天,陇水渭水分冈阜[5]。邑中有泉一无可,唯兹可浸亦可薮[6]。泉色溶溶涵牛女,泉声汩汩鸣琼玖。我圃有芹碧池羹,我径有梨华峰藕[7]。虽乏张翰之秋莼[8],却多周颙之春韭[9]。金丸两树樱桃盘,水晶一曲葡萄醅[10]。华发相携只素琴,白衣相赠唯玄酒[11]。引泉溉之未盈科[12],东家西家分先后。秋凉收蔬三五畦,冬寒冱麦一两亩[13]。我泉之泽力止是,不似慧泉堪大受[14]。日泻泉流随地滋,可云可雨犹翅首。虽非穿壤济川才,似亦沧浪灌缨手[15]。所至薄有润泽功,源头活水吾宁负？我庭亦欲植三槐[16],我门今看栽五柳。还山况值太平年,折简时邀平生友[17]。树杪有鸡白出枝,床头有酒绿盈缶。倒觞秋月歌溪僮,缶筑春风醉邻叟。我行未和《梁父吟》,我归得献南山寿。日光流动我可之,众谓此泉唯我有。生而不淑逢叔文,嘉州外补登凌云[18]。上亦有泉亦名可,就日酌之兰桂芬。凤池误入惭承旨,留都召还惊扬子[19]。汉嘉九顶激三江,潼梓通津乘巨浈[20]。龙舒青草冲小孤,吴门白茅壅太湖。会稽溪仄妨海潮,太原霾动起汾涛。海岱依稀浚百泉,河漕思惟平九川。汳藩下上理浊河,艮岳南北愁洪波。

吁嗟乎！泉源虽多流未长,到处其如底定何⁽²¹⁾？初睹翰苑之汪濊,终俯兰台之嵬峨⁽²²⁾。归来倚松坐白石,岩半与泉时婆娑。

【注】

(1) 可泉之水,源出秦安县南五里之邢泉村。村南山麓有娲乡女神庙,庙东北有可泉寺,为山人幼年读书处,寺旁即为可泉源头。故此诗前半咏泉,后半咏己。

(2) 九龙:山名。在秦安县北,为大陇山的分支,秦安县的主山。鼓鬣:振动马鬃。长山:俗名云山梁。在天水县和秦安县之间。南宋时,为宋金分界线。

(3) "上有"句:可泉有泉眼十,上面三眼较大,有如天上的三台星;下面七眼较小,有如天上的北斗七星。焕,灿,光彩夺目。

(4) 嶓冢(bō zhǒng):山名,位于天水市与礼县之间。比:齐。大陇、小陇:泛指秦安境内的山。

(5) 羲皇画卦:卦台山;陇水:指葫芦河。

(6) 薮:草泽之地。

(7) 碧池羹:指用芹菜和可泉水做成味道鲜美的汤。华峰藕:传说华山之巅有池,生千叶莲花。指梨的味道像藕一样清脆香甜。

(8) 张翰:西晋文学家、字季鹰,吴(今江苏省苏州)人。齐王(司马冏)执政时任大司马东曹掾。知冏将败,又因秋风起,思念故乡菰菜、莼羹,鲈鱼脍,遂归吴。秋莼:多年生水草,叶呈椭圆形,嫩叶可做汤菜。

(9) 周颙:字彦伦,汝南安城人,南朝宋代文学家,兼善易老,长于佛学。曾于钟山西筑隐舍,休沐则居之,终日长蔬,颇以为适。文惠太子尝问:'菜食何味最佳?'答曰:"春初早韭,秋末晚菘。"

(10) "金丸"句:泉边樱桃如金丸,葡萄似水晶。

(11) 玄酒:水。

(12) 盈科:水灌满坑洼。科,坎。泉水虽小,但能长流不断,也能"盈科而后进"。

(13) 冱麦:用泉水冬灌,结冰保护麦苗。冱:冻结。

(14) 慧泉:慧山泉,在江苏无锡慧山第一峰白石坞下。有方圆二池,其中相通,而圆池最佳。堪大受:指水量大,经得起大用。

(15) 穷壤:穷乡僻壤。济川才:具备灌溉整川土地的能力。

(16) 三槐:《宋史·王旦传》:"佑(王佑)手植三槐于庭曰:'吾之后世必有三公者,此其所以志也。'"后王佑次子旦做宰相,世因以"三槐"为王姓代称。

(17) 还山:回家隐居。折简:写信。

(18)不淑:命运不好。逢叔文:意思是说与王叔文命运相同。王叔文,唐越州山阴(今浙江绍兴)人,唐顺宗时任翰林学士,与柳宗元等人联合,进行政治改革,宪宗即位时,他被贬为渝州司户,次年被杀害。嘉州:州名,1510年,作者曾任嘉定州判官。凌云:直上云霄,这里指作者官职步步高升。

(19)凤池:即凤凰池。魏晋时中书省掌管一切机要。因接近皇帝,故称"凤凰池"。后凡称中书省机要位置,也都称为"凤凰池"。这里借指京都。承旨:官名,属翰林院。武宗正德三年(1508);作者赴北京考中进士,三甲第一名,曾被授为翰林院检讨。扬子:扬子江,即长江。正德十年(1515)作者从潼川州(今四川省三台县)召入为南京户部湖广清吏司员外郎。

(20)汉嘉:县名(在今四川省雅安县北)。九顶:即山顶山。在四川省成都平原西北边缘,属龙门山。潼梓:府、州名。作者曾在潼川州任知州。通津:水中航道。巨浸:巨流,此处指波涛滚滚的长江。以下"龙舒""吴门""会稽""太原""海岱"(借指山东)"河漕""汳藩""艮岳"都是作者为官所到之处与为官之事。龙舒:古县名,故址在安徽省桐城县境内。1519年作者曾出任安庆府(今安徽省安庆市)知府;吴门:江苏省苏州市的别称;会稽:郡名,治所在吴县(今江苏省苏州市),明嘉靖二年(1523),作者调任苏州府知府;太原:地名,嘉靖十年(1531),作者调任山西布政使司左参政;海岱:《禹贡》:青徐二州之地域,因在东海与泰山之间,皆称海岱,这里指山东省,嘉靖十五年(1536)十二月,作者任山东巡抚右副御史,任内曾开修莱河以利于民;河漕:指作者嘉靖十七年(1538)调任总理河道职务后治理黄河水患事;汳藩:汳水流域,嘉靖十七年(1538)作者总理河道,开考城(今河南兰考县)黄河支流,以减轻归德(今河南商丘)、唯州(今河南省唯县)的水患;艮岳:宋徽宗政和间在汴京(今河南开封市)东北隅所作土山叫艮岳。

(21)底定:达到平定,这里借指离开官场回乡过安定的生活。

(22)翰苑:翰林院别称,这里指官场。汪濊(wāng wèi):亦作"汪秽",深广的样子。兰台:本指汉代宫廷藏书之处,以御史中丞掌之。后因称御史中丞为"兰台"。这里指官府。

十、张谦

张谦，生卒年不详，清兰州府狄道州（今甘肃临洮）人，字牧工，诗人张晋之弟。著有《得树斋诗集》《葭露斋诗集》。

塞上诗

其 三

陇山一何高，遥见秦川树。征戍去悠悠，回望家乡路。有母发如雪，有妻共糟糠。有子甫弱龄，未解呼爹娘。我行当远别，牵衣泪成血。茫茫千里道，耿耿心百结。不悲归不早，所悲人易老。不见边城骨，征人命如草。

十一、王予望

王予望(1606—1686),明末清初巩昌府(今甘肃陇西)人,原名家柱,明亡后改名予望,晚年又改名了望,号绣佛头陀。著有《风雅堂文集》。

五竹山

山行到处即为家,饭煮胡麻[1]雪煮茶。欲借白云一赠客,天风齐扫入松花。

岷山道中有怀

一路经行处,林阴宛转开。寒云吐剩雪,怪石擘苍崖[2]。事忆往年恨,人留知己哀[3]。徒因老易去,勉作看山回。

【注】

(1) 胡麻,陇右主要油料作物,味醇油丰,自西域传入。

(2) 擘:(bò)大拇指,指如大拇指直竖。《孟子·滕文公下》:"于齐国之士,吾必以仲子为巨擘焉。"

(3) "事忆"句:含蓄地表达了反清复明的思想。

十二、于玭

于玭(1507—1562),字子珍,号册川。于慎行之父,明东阿人,嘉靖七年戊子(1528)举人,二十年辛丑(1541)谒选,先后为许州、静宁州知州、平凉府同知。

陇上行

陇山不可上,道路阻且长。俯身百丈溪,仰涉千仞冈。雨雪惨我饥,烈风吹我裳。群鸟鸣深枝,狐狸满路傍。车轮蹶且摧,我马元以黄[1]。洪河流寒冰,白日黯无光。对此一长叹,客心多所伤。愿飞既无翼,欲济亦无梁。中途正徘徊,环顾思旧乡。旧乡日以远,尺素久茫茫。丈夫固多忧,所志在四方。何日王道平,骋驾步康庄。

【注】

(1) 蹶且摧:损坏。元黄:即"玄黄",马病貌,《诗·周南·卷耳》:"陟彼高冈,我马玄黄。"

【辨析】

本诗主要吟咏陇上东汉著名"夫妻诗人"秦嘉徐淑。《诗品》言:"夫妻事既可伤,文亦凄怨,两汉妇人为五言,徐淑亚于《团扇》矣。"秦嘉有《赠妇诗》三首,其意象中多有"欲济无梁""中途徘徊"等,表达对妻子的不舍。后秦嘉勤于王事,客死异乡,未能与妻子徐淑见面,后人多悲伤其人其事。

十三、高巇

高巇,康熙戊子(1708)科第八名举人,家住澧州(今湖南常德澧县)出南门25里的英溪桥。

陇头水

陇坂崎岖陇水长,征人陇上望家乡。停车驻马不能渡,呜咽声中欲断肠。抽刀斩水水不绝,拔山塞川川更咽。前军洗疮血尚在,后军滴泪水复浑。丈夫有志沙场死,未到陇头愁塞耳。

十四、刘璸

刘璸,字斐章,湖南衡阳人,画家。画法宋、元,凡山水、人物、翎毛、花卉,皆生气盎然。年七十居山中,有尘外想。一日与友人诀,无疾而逝。

陇 民

十载经兵后,穷愁不忍看。河山还气象,庐舍已凋残。独火云中出,孤村岭上寒。疮痍今尚痛,抚恤望恩宽。

关 山

关山六月犹凝雪,野老三春不见花。地瘠苦寒宜燕麦,壑深流石少人家。崎岖道窄难容马,阴邃荆丛每伏蛇。高控秦川雄陇右,峦峰处处是云霞。

十五、沈德潜

沈德潜(1673—1769),字確(què)士,号归愚,长洲(今江苏苏州)人,清代诗人。乾隆元年(1736)荐举博学鸿词科,乾隆四年(1739)进士,曾任内阁学士兼礼部侍郎。为叶燮门人,论诗主格调,提倡温柔敦厚之诗教。其诗多歌功颂德之作,但少数篇章对民间疾苦有所反映。所著有《沈归愚诗文全集》。又选有《古诗源》《唐诗别裁》《明诗别裁》《清诗别裁》等,流传颇广。

陇头流水

辞家赴陇头,陇水东西逝。流作呜咽声,中有征人泪。陇水鸣溅溅,陇坂高入天。驱马登陇坂,不敢望秦川。朝过饮马窟,夜经古战场。天寒挽刀卧,惊魂不还乡。

十六、谭嗣同

谭嗣同(1865—1898),字复生,号壮飞,湖南浏阳人,1898年参加领导戊戌变法,失败后被杀,年仅三十四岁,与杨锐、刘光第、林旭、杨深秀和康广仁并称为"戊戌六君子"。

陇山道中

大壑宵飞雨,征轮晓碾霜。云横渡水湿,草色上衣凉。浅麦远逾碧,新林微带黄。金城重回首,归路忆他乡。

十七、罗彰彝

罗彰彝,清代诗人,事迹不详。

登关山顶

晓发关山道,斜晖始到巅。崎岖无尺地,呼吸近高天。积雪连云冻,危峦傍日悬。征途何代客,穿凿此山川。

十八、牛树梅

禅牧山歌[1]

禅牧山,接鸿茫,石骨草皮郁苍苍。龙背横屈佛顶秃,六月飒飒凌霏霜。地势远自中州起,陂陀渐上三千里。到此行行未觉高,回头身在白云里。盘膝坐啸碧峰头,千里万里双目收。西望昆仑东渤海,呵气回与青冥浮。吾邑偏隅隔陇关,此山高矗西天耸。若以东向俯诸州,足使五岳皆朝拱。禅牧山,何壮哉,不有圭峰之峻峭,不有岩壑之幽回,唯有两间雄厚气,茫然直溯鸿蒙开。我今为歌语山灵:山灵山灵釐尔福[2],弥尔灾,兴云降雨庇吾民,无忝千秋俎豆陪[3]。

【注】

(1) 自注:道光己亥初冬赴郡城。禅牧山,即今牛营大山,在甘肃通渭县境内。
(2) 釐:赐也,予也。弥:通"弭",停止。
(3) 忝:辱,有愧于。俎豆:祭祀、宴客用的器具,引申为祭祀和崇神之意。

过关山二首

一

一路青云接,苍茫碧翠横。山花皆有态,野鸟半无名。烟岫晴偏耸,溪流激更清。陇秦天与界,长此奠承平。

二

立马正峰中,乾坤一望通。人歌流水曲,我唱大江东。瑞气迎关紫,朝暾透海红。登临饶胜概,摩抚看衡嵩。

十九、马从龙

马从龙,生卒年不详,字亦云,清巩昌府陇西人,康熙十一年拔贡。弱冠能文,不乐仕进,赋诗饮酒,洒然自得。

陇西八观(集唐)选四

首阳旧县[1]

惟忆首阳路(孟郊),长歌怀采薇(王绩)[2]。登高望旧国(贾至),知复是也非(张九龄)[3]。

【注】

(1)据旧县志载,宋皇祐中筑首阳砦。

(2)首句见孟郊《感怀八首》其三。次句见王绩《野望》。

(3)第三句见贾至《巴陵早秋寄荆州崔司马吏部阎功曹舍人》。末句不详所出,原句或有误。

碧岩珠帘[1]

水悬青石磴(周贺),珠缀共玲珑(常衮)[2]。永愿坐长夏(杜甫),垂帘清气中(曹松)[3]。

【注】

(1)碧岩珠帘:陇西八景之一,位于陇西县城西南碧岩乡珠帘村南。

(2)首句见唐周贺《岫禅师南溪兰若》。次句见常衮《早秋望华清宫树因以成咏》。

(3)第三句见杜甫《陪章留后惠义寺饯嘉州崔都督》。末句见曹松《晨起》。

洛浦荷盖[1]

洛浦少高树(于鹄),依依望不迷(李言行)[2]。早花随处发(杜甫),荷小盖犹低(刘恒)[3]。

【注】

（1）原注：据旧县志载，河浦山在城北五里。玉枕之前渭荆栗三水汇其下，故名。其山形如盖，其土宜于陶。陇西八景之一。

（2）首句见于武陵《孤云》。次句见岑参《早秋与诸子登虢州西亭观眺》，原注"李行言"有误。

（3）第三句见杜甫《畏人》。末句见刘洎《安德山池宴集》，原注"刘恒"有误。

桃花晚照(1)

迟迟落景斜（高正臣），曾入桃源路（李质）(2)。留艳待人开（郑维忠），夭桃花薄暮（孟郊）(3)。

【注】

（1）桃花晚照：陇西八景之一，据传景在陇西三台乔家门，是处杂植桃树，开时云蒸霞蔚，丹染层城。

（2）首句见高正臣《晦日置酒林亭》。次句见李质《宿日观东房诗》。

（3）第三句见郑惟忠《送苏尚书赴益州》。末句见孟郊《杂怨》。

渭水秋波(1)

渭水天边映（王维），山空鸟鼠秋（杜甫）(2)。清波殊淼漫（裴迪），谁与论仙舟（李百药）(3)。

【注】

（1）渭水秋波：陇西八景之一，据传景在陇西清安门外，保昌楼下的渭水沿岸，是处河面宽平可泛舟，清风徐来，波澜不兴。

（2）首句见王维《奉和圣制送不蒙都护兼鸿胪卿归安西应制》。次句见杜甫《秦州杂诗》二十首其一。

（3）第三句见裴迪《辋川集二十首·欹湖》。末句见李百药《送别》。

二十、吴中相

马鹿山

策蹇悠悠过小桥,五峰相向出云霄⁽¹⁾。风声夹岸频来往,日影临溪自动摇。野鸟嘤嘤天外叫,鲜花簌簌水中飘。楼台半在青山里,游赏何须叹沉寥⁽²⁾。

【注】

(1) 策蹇:"策蹇驴"之省,乘跛足驴。喻工具不利,行动迟慢。
(2) 沉寥(jué liáo):亦作"沉漻",清朗空旷貌。形容心情寂寞孤独。

二十一、鲜继伉

鲜继伉,字于再,陇西人。

李长吉墓⁽¹⁾

青莲声价比君齐,仙鬼才分任品题⁽²⁾。天上亦怜文早召,人间尚有冢难迷。长留残稿千秋焰,独辟诗坛一径蹊。古锦囊随遗蜕去,野田芳草自萋萋⁽³⁾。

【注】

(1) 李长吉墓:即李贺墓。李贺,字长吉。有"诗鬼"之称,是与"诗圣"杜甫、"诗仙"李白、"诗佛"王维相齐名的唐代著名诗人,唐宗室郑王李亮后裔。陇西昌谷有李贺衣冠冢。

(2) 青莲:诗仙李白号"青莲居士"。

(3) 古锦囊:李商隐作《李贺小传》云:"恒从小奚奴,骑巨驴,背一古锦囊,遇有所得,即书投囊中,及暮归,太夫人使婢受囊出之,所见书多,辄曰:'是儿要当呕出心乃已耳!'"。

二十二、乔大贵

乔大贵,陇西人,雍正时贡生。

夷齐祠

时势当年岂偶然,天经地义自无怨。一身有死自无恨,万载如生别有天。石碑空传当日事,山岚不带旧时烟。纷纷戈马同藦芜,惟有高风不计年。

二十三、张翼儒

张翼儒,生卒年不详,字渠若。今通渭县寺子川乡黄家岔人。师从王希旦。清乾隆十七年(1752)壬申科解元。有"廉隅持躬,行文妙极"之誉,少从李南晖游学。南晖任威远县知县时,特邀其同去供职,主讲青峰书院。晚年任富平县司训,因富平县令贪污被劾罢其职,翼儒亦拂袖而归。士民即为其饯行数十里,翼儒流涕别士民而归故里。

悠江夜月

江以悠名,月以江得。月在江中,江环月侧。悠悠者江,月不薄蚀[1]。一泓夜珠,永为江色。

【注】
(1)薄蚀:薄食。《吕氏春秋·明理》:"其月有薄蚀。"高诱注:"薄,迫也。日月激会相掩,名为薄蚀。"

中林春晓

瞻彼春林,晓色欣欣。山之萃矣,吐景敲云。春风所界,载扬其芬。有木维乔,有草如茵。

桃岭红霞

路向桃源去,霞从岭上飞。一时红烂漫,花气袭人衣。

二十四、吴镇

我忆临洮好（十首）

一

我忆临洮好，春光满十分。牡丹开径尺，鹦鹉过成群。浼浼西川水，悠悠北岭云。剧怜三月后，赛社日纷纷。

二

我忆临洮好，真于盛夏宜。南山惊积雪，北户怯凉飔。箫鼓官神集，莺花仕女知。柳荫闲把酒，挥扇是威仪。

三

我忆临洮好，秋天爽气新。牛羊皆可酪，蝇蚋不劳嗔。毛褐裁衣厚，明醑酿酒醇。东篱残菊在，西望更愁人。

四

我忆临洮好，三冬足自夸。冰鳞穿鳁鲤，野味买麋麚。霭霭人如日，飘飘雪似花。年来青稞贱，到处酒能赊。

五

我忆临洮好，山川似画图。高岗真产玉，寒水旧流珠。云影迷双鹤，涛声落万凫。日归归未得，三径日榛芜。

六

我忆临洮好，州如太古间。誉髦感郿伯，野老话椒山。花绣摩云岭，冰开积石关。壮猷辛与李，搔首鬓毛斑。

七

我忆临洮好,诗家授受真。高岑皆幕客,白贺是乡人。山水今无恙,文章旧有神。二张珠玉在,后起更嶙峋。

八

我忆临洮好,流连古迹赊。莲开山五瓣,珠溅水三叉。蹀躞胭脂马,阑干苜蓿花。永宁桥下过,鞭影蘸明霞。

九

我忆临洮好,灵踪足胜游。石船藏水面,玉井泻峰头。多雨山皆润,长丰岁不愁。花儿饶比兴,番女亦风流。

十

我忆临洮好,城南碧水来。崖飞高石出,峡断锁林开。静夜鱼龙喜,清秋虎豹哀。何时归别墅,鸡黍酘新醅。

二十五、杨恩

伏羌道中[1]

百里见伏羌,洒然渭水傍[2]。登山盘鸟道,回头是蜂房。益赋翻嫌稻,径荒尽暴桑[3]。深村饶废屋,大半是逃亡。

【注】

(1) 伏羌:今甘谷。
(2) 洒然:潇洒;洒脱。
(3) 益赋:增加赋税。

第六章

论学文教

一、李翱

李翱(772—841),字习之,唐陇西成纪人,著名文学家,哲学家。唐德宗贞元年间进士,官至礼部郎中,中书舍人,桂州刺史,山南东道节度使。主张反佛、"复性",论述"性命之源",开宋明理学之滥觞。李翱潜心学问的读书堂,在今陇西县城关镇。

复性书[1]

上

人之所以为圣人者,性也;人之所以惑其性者,情也。喜、怒、哀、惧、爱、恶、欲,七者皆情之所为也。情既昏,性斯匿矣[2],非性之过也,七者循环而交来,故性不能充也。水之浑也,其流不清;火之烟也,其光不明,非水、火清明之过。沙不浑,流斯清矣;烟不郁[3],光斯明矣;情不作,性斯充矣。性与情不相无也[4]。虽然,无性则情无所生矣,是情由性而生。情不自情,因性而情;性不自性,由情以明。性者,天之命也[5],圣人得之而不惑者也;情者,性之动也,百姓溺之而不能知其本者也[6]。

圣人者岂无其情耶?圣人者,寂然不动,不往而到,不言而神,不耀而光,制作参乎天地[7],变化合乎阴阳,虽有情也,未尝有情也。然则百姓者岂无性耶?百姓之性,与圣人之性弗差也,虽然情之所昏,交相攻伐,未始有穷,故虽终身而不自睹其性焉。火之潜于山、石、林、木之中,非不火也;江、河、淮、济之未流而潜于山,非不泉也;石不敲,木不磨,则不能烧其山林而燥万物;泉之源弗疏,则不能为江、为河、为淮、为济,东汇大壑,浩浩荡荡,为弗测之深;情之动静弗息[8],则不能复其性,而烛天地为不极之明[9]。故圣人者,人之先觉者也。觉则明,否则惑,惑则昏,明与昏谓之不同。明与昏,性本无有,则同与不同,二皆离矣[10]。夫明者所以对昏,昏既灭,则明亦不立矣。是故诚者,圣人性之也[11]。寂然不动,广大清明,照乎天地,感而遂通天下之故[12],行止语默,无不处于极也。复其性者,贤人循之而不已者也,不已则能归其源矣。

《易》曰:"夫圣人者,与天地合其德,日月合其明,四时合其序,鬼神合其吉凶。先天而天不违,后天而奉天时,天且勿违,而况于人乎?况于鬼神乎?"此非自外得者也,能尽其性而已矣。子思曰:"惟天下至诚为能尽其性。能尽其性,则能尽人之性;能尽人之性,则能尽物之性;能尽物之性,则可以赞天地之化育(13);可以赞天地之化育,则可以与天地参矣。其次致曲(14),曲能有诚,诚则形,形则著,著则明,明则动,动则变,变则化,惟天下至诚为能化(15)。"圣人知人之性皆善,可以循之不息而至于圣也,故制礼以节之,作乐以和之。安于和乐,乐之本也;动而中礼,礼之本也。故在车则闻鸾和之声(16),行步则闻佩玉之音,无故不废琴瑟。视、听、言、行,循礼法而动,所以教人忘嗜欲而归性命之道也(17)。道者,至诚而不息者也。至诚而不息则虚(18),虚而不息则明,明而不息则照天地而无遗,非他也,此尽性命之道也。哀哉!人皆可以及乎此,莫之止而不为也,不亦惑耶?昔者圣人以之传于颜子,颜子得之,拳拳不失,不远而复(19),其心三月不违仁。子曰:"回也,其庶乎!屡空(20)。"其所以未到于圣人者,一息耳,非力不能也,短命而死故也。其余升堂者,盖皆传也,一气之所养,一雨之所膏,而得之者各有浅深,不必均也。子路之死也,石乞、孟黡以戈击之,断缨,子路曰:"君子死,冠不免。"结缨而死。由非好勇而无惧也,其心寂然不动故也。曾子之死也曰:"吾何求焉?吾得正而毙焉斯已矣!"此正性命之言也。

子思,仲尼之孙,得其祖之道,述《中庸》四十七篇以传于孟轲,轲曰:"我四十不动心。"轲之门人达者,公孙丑、万章之徒盖传之矣。遭秦灭书,《中庸》之不焚者,一篇存焉,于是此道废缺,其教授者,惟节文、章句、威仪、击剑之术相师焉,性命之源,则吾弗能知其所传矣。道之极于剥也必复(21),吾岂复之时耶?吾自六岁读书,但为词句之学,志于道者四年矣,与人言之,未尝有是我者也(22)。南观涛江(23),入于越,而吴郡陆修存焉(24),与之言之,陆修曰:"子之言,尼父之心也。东方如有圣人焉,不出乎此也。南方如有圣人焉,亦不出乎此也。惟子行之不息而已矣!"于戏!性命之书虽存,学者莫能明是,故皆入于庄、列、老、释,不知者谓夫子之徒,不足以穷性命之道,信之者皆是也。有问于我,我以吾之所知而传焉,遂书于书,以开诚明之源(25),而缺绝废弃不扬之道(26),几可以传于时,命曰:《复性书》,以理其心,以传乎其人。于戏!夫子复生,不废吾言矣。

【注】

(1) 复性:恢复人本来的善性。使之"至于圣人"。李翱的"复性论"认为,性和情既相区别,又相联系。"性者,天之命也。""情者,性之动也。""性"指仁、义、礼、智、信,"情"指喜、怒、哀、惧、爱、恶、欲。性藏于内,情显于外。"复性论"是宋代理学的先声。

(2) 匿:隐藏,隐蔽。

(3) 郁:停滞,阻滞。

(4) 不相无:互相关联,不可分离。

(5) 性者,天之命也:人性是生下来就有的,是上天决定的。

(6) 溺之:指沉溺于情。本:与生俱来的善性。

(7) 参乎天地:古人认为,人和自然界的天地万物之间,存在着一种既神秘又不言而喻的普遍联系,在哲学上称为"天人合一"。参,通"叁",即三,并列。语出《中庸》:"唯天下至诚,为能尽其性;能尽其性,则能尽人之性;能尽人之性,则能尽物之性;能尽物之性,则可以赞天地之化育;可以赞天地之化育,则可以与天地参矣。"

(8) 动静:偏义复词,偏于动,指普通人为情所困扰,内心躁动不安。

(9) 烛:照耀。不极:无极,无穷无尽。

(10) 离:谓离开本性自身。

(11) 诚:真实无妄,这里指不动心的精神状态。性之:以之为性,当作圣人的本性依据。

(12) 感:交感,至于外物接触。故:事理,缘故。

(13) 赞:辅助,帮助,佐助。

(14) 致曲:致力于细小之事。曲:细小。

(15) "曲能"句:形:表现于外。著:明显。动:感动。变:变恶为善。化:指恶人变化为善人。

(16) 鸾和:古代车上的两种铃铛。鸾在车衡,和在车轼。

(17) 性命之道:本性与真实生命之正道。

(18) 虚:空虚。指放下占有和执着,保持在空间和生机不满不断的状态。

(19) 不远而复:有不善而知改悔,所以离善不远,而能复归于善,复归于性命之道。复:返。

(20) 回也,其庶乎!屡空:语出《论语·先进》,意思是颜回的道德学问应该差不多了,物质生活常常匮乏(但他能固守清贫)。

(21) 剥也必复:衰极必胜。剥、复:《周易》卦名。剥:剥落。复:来复。

(22) 是我:肯定我。

(23) 涛江:指钱塘江。

(24) 陆傪:字公佐,曾为歙州刺史,与李翱有诗文往来。

(25) 诚明:至诚之心与完美德行。

(26) 不扬:不能发扬光大的复性之道。

中

或问曰:"人之昏也久矣,将复其性者必有渐也(1),敢问其方?"

曰:"弗思弗虑,情则不生;情既不生,乃为正思;正思者,无虑无思也。《易》曰:'天下何思何虑'(2)。又曰:'闲邪存其诚'(3)。《诗》曰:'思无邪'。曰:'已矣乎'。曰:'未也'。此斋戒其心者也(4),犹未离于静焉(5);有静必有动,有动必有静,动静不息,是乃情也。《易》曰:'吉凶悔吝'(6),生于动者也。'焉能复其性耶?"

曰:"如之何?"

曰:"方静之时,知心无思者,是斋戒也;知本无有思,动静皆离,寂然不动者,是至诚也。《中庸》曰:'诚则明矣。'《易》曰:'天下之动,贞夫一者也。[7]'"

问曰:"不虑不思之时,物格于外[8],情应于内,如之何而可止也?以情止情,其可乎?"

曰:"情者,性之邪也,知其为邪,邪本无有,心寂然不动,邪思自息,惟性明照,邪何所生?如以情止情,是乃大情也;情互相止,其有已乎?《易》曰:'颜氏之子,其殆庶几乎!有不善未尝不知,知之未尝复行也。'《易》曰:'不远复,无祗悔,元吉。[9]'"

问曰:"本无有思,动静皆离,然则声之来也,其不闻乎?物之形也,其不见乎?"

曰:"不睹不闻,是非人也;视听昭昭,而不起于见闻者斯可矣。无不知也,无弗为也,其心寂然,光照天地,是诚之明也。《大学》曰:'致知在格物[10]'。《易》曰:'易无思也,无为也,寂然不动,感而遂通天下之故,非天下之至神,其孰能与于此?'"

曰:"敢问'致知在格物',何谓也?"

曰:"物者,万物也;格者,来也,至也。物至之时,其心昭昭然,明辨焉而不应于物者[11],是致知也,是知之至也。知至故意诚,意诚故心正,心正故身修,身修而家齐,家齐而国理,国理而天下平,此所以能参天地者也。《易》曰:'与天地相似,故不违;知周乎万物而道济天下,故不过;旁行而不流[12],乐天知命,故不忧;安土敦乎仁,故能爱[13];范围天地之化而不过[14],曲成万物而不遗[15],通乎昼夜之道而知,故神无方而《易》无体[16]','一阴一阳之谓道。'此之谓也。"

曰:"生为我说《中庸》。"

曰:"不出乎前矣。"

曰:"我未明也,敢问何谓'天命之谓性'?"

曰:"人生而静,天之性也;性者,天之命也。"

曰:"率性之谓道,何谓也?"

曰:"率,循也;循其源而反其性者,道也;道也者,至诚也;至诚者,天之道也;诚者,定也,不动也。"

曰:"'修道之谓教'何谓也?"

故曰:"'诚之者[17],人之道也;诚之者,择善而固执之者也。'修是道而归其本者,明也;教也者,则可以教天下矣;颜子其人也。'道也者,不可须臾离也,可离非道也';说者曰:'其心不可须臾动焉故也';动则远矣,非道也;变化无方,未始离于不动故也。'是以君子戒慎乎其所不睹,恐惧乎其所不闻,莫见乎隐,莫显乎微[18],故君子慎其独也'。说者曰:'不睹之睹,见莫大焉;不闻之闻,闻莫甚焉';其心一动,是不睹之睹,不闻之闻也,其复之不远矣,'故君子慎其独';慎其独者,守其中也[19]。"

问曰:"昔之注解《中庸》者,与生之言皆不同,何也?"

曰:"彼以事解者也,我以心通者也。"

曰:"彼亦通于心乎?"

曰:"吾不知也。"

曰:"如生之言,修之一日则可以至于圣人乎?"

曰:"十年扰之,一日止之[20],而求至焉,是孟子所谓'以杯水而救一车薪之火也',甚哉!止而不息必诚[21],诚而不息则明,明与诚,终岁不违,则能终身矣。造次必于是,颠沛必于是[22],则可以希于至矣。故《中庸》曰:'至诚无息[23],不息则久,久则征[24],征则悠远,悠远则博厚,博厚则高明。博厚所以载物也,高明所以覆物也,悠久所以成物也。博厚配地,高明配天,悠久无疆,如此者,不见而章[25],不动而变,无为而成。天地之道,可一言而尽也。'"

问曰:"凡人之性,犹圣人之性欤?"

曰:"桀、纣之性,犹尧、舜之性也,其所以不睹其性者,嗜欲好恶之所昏也,非性之罪也。"

曰:"为不善者,非性耶?"

曰:"非也,乃情所为也,情有善有不善,而性无不善焉;《孟子》曰:'人无有不善,水无有不下。夫水搏而跃之,可使过颡;激而行之,可使在山[26],是岂水之性哉?'其所以导引之者然也。人之性皆善,其不善亦犹是也。"

问曰:"尧、舜岂不有情耶?"

曰:"圣人至诚而已矣。尧、舜之举十六相[27],非喜也;流共工、放驩兜、殛鲧、窜三苗[28],非怒也,中于节而已矣。其所以皆中节者,设教于天下故也。《易》曰:'知变化之道者,其知神之所为乎?'《中庸》曰:'喜、怒、哀、乐之未发谓之中,发而皆中节谓之和。中也者,天下之大本也;和也者,天下之达道也。致中和,天地位焉,万物育焉。'《易》曰:'唯深也,故能通天下之志;唯几也,故能成天下之务;唯神也,故不疾而速,不行而至。[29]'圣人之谓也。"

问曰:"人之性,犹圣人之性,嗜欲爱憎之心,何因而生也?"

曰:"情者,妄也,邪也,邪与妄则无所因矣。妄情灭息,本性清明,周流六虚[30],所以谓之能复其性也。《易》曰:'乾道变化,各正性命。'[31]《论语》曰:'朝闻道,夕死可矣。'能正性命故也。"

问曰:"情之所昏,性即灭矣,何以谓之犹圣人之性也?"

曰:"水之性清澈,其浑之者沙泥也。方其浑也,性岂遂无有耶?久而不动,沙泥自沉,清明之性鉴于天地,非自外来也。故其浑也,性本勿失;及其复也,性亦不生。人之性,亦犹水之性也。"

问曰:"人之性,本皆善而邪情昏焉[32];敢问圣人之性,将复为嗜欲所浑乎?"

曰:"不复浑矣!情本邪也、妄也,邪妄无因,人不能复[33]。圣人既复其性矣,知情之为邪,邪既为明所觉矣,觉则无邪,邪何由生也?伊尹曰:'天之道,以先知觉后知,先觉觉后觉者也。予天民之先觉者也,予将以此道觉此民也,非予觉之而谁也?'如将复为嗜欲所浑,是尚不自觉者也,而况能觉后人乎?"

曰:"敢问死何所之耶?"

曰:"圣人之所明书于策者也,《易》曰:'原始反终[34],故知死生之说;精气为物,游魂为变[35],

是故知鬼神之情状。'斯尽之矣。子曰：'未知生，焉知死？'然则原其始而反其终，则可以尽其生之道；生之道既尽，则死之说不学而自通矣。此非所急也，子修之不息，其自知之，吾不可以章章然言且书矣。"

【注】

（1）渐：开端，迹象。

（2）天下何思何虑：语出《易·系辞下传》，意谓天下间有什么好猜测？有什么好忧虑的？

（3）闲邪存其诚：语出《易·文言传》，意谓防止邪念和散乱，保持诚敬笃实。闲：防止。刘禹锡《天论》："建极闲邪（建立准则，防止邪说）。"

（4）斋戒：古人在祭祀前沐浴更衣、整洁身心，以示虔诚庄敬。"斋"来源于"齐"，主要是"整齐"，如沐浴更衣、不饮酒、不吃荤。戒主要是指戒游乐，减少娱乐活动。

（5）离于静：摆脱趋静避烦的心理。

（6）吉凶悔吝：指外来的凶吉祸福和内在的悔惜情意。

（7）天下之动，贞夫一者也：谓天下万事之动，都以一为正。贞：正。一：纯一，指排除杂念，精神达到纯一无杂。

（8）格：击打，格斗。这里指影响。

（9）不远复，无悔，元吉：语出《易·复》初九爻辞。意谓迷而不远，即刻回头，不要等到灾祸发生而后悔莫及，大吉。祇：通"适"，往，至。

（10）格物致知：中国古代儒家思想中的一个重要概念，源于《礼记·大学》八目——格物、致知、诚意、正心、修身、齐家、治国、平天下——所论述的"欲诚其意者，先致其知；致知在格物。物格而后知至，知至而后意诚"此段。但《大学》文中只有此段提及"格物致知"，却未在其后作出任何解释，也未有任何先秦古籍使用过"格物"与"致知"这两个词汇而可供参照意涵，遂使"格物致知"的真正意义成为儒学思想的难解之谜。朱熹"穷究事物道理，致使知性通达至极"成为数百年官方最权威的解释，所以在清末的洋务学堂中，就把物理、化学等学科称为"格致"，即"格物致知"的简称。

（11）不应于物：不执着于物。

（12）旁行：周行。不流：不流于过错。

（13）安土敦乎仁，故能爱：效法大地厚德载物的精神来做人，则能敦厚于仁，故能爱养万物。

（14）范围：囊括。不过：不越过。

（15）曲成：多方设法使有成就。

（16）神无方：自然造化之妙，没有一定的方式，变动莫测，匪夷所思。易无体：取法自然而悟出的《易》理，圆融应变，也没有固定的形体。

（17）诚之：使之诚。这里指使人心静、不动妄念，不受环境和欲望侵扰。

（18）莫见乎隐，莫显乎微：语出《中庸·天命章》，意谓不要让"罪过愆失"显见暴露于幽隐之处，显露于细微之所。

（19）中：通"衷"，心志。

（20）扰之：外境和情感对心志的困扰。止之：停止妄念，内心得到清净。

（21）息：产生妄念邪念。

（22）造次必于是，颠沛必于是：语出《论语·里仁》，意谓在突然出现的大灾难面前不违仁，在困顿颠沛中不违仁。这里指不违"诚"。造次：仓促。颠沛：困顿。

（23）息：停息，止息。

（24）征：证验。

（25）章：通"彰"，明显。

（26）夫水搏而跃之，可使过颡；激而行之，可使在山：搏指拍击。跃之：使跳跃，使飞溅。颡：额头。激：水势受阻遏后腾涌或飞溅。行之：使之（倒）行。

（27）十六相：即八元、八恺。八元为高辛氏的才子八人：伯（奋）、仲堪、叔（献）、季仲、伯虎、仲熊、叔豹、季狸。八恺为高阳氏的才子八人：苍舒、凯、大临、降、庭坚、仲容、叔达。见《春秋左传·文公十八年》。

（28）流共工、放驩兜、殛鲧、窜三苗：流共工于幽州，放驩兜于崇山，窜三苗于三危，殛鲧于羽山。共工等是当时所说的四凶。见《尚书·舜典》。

（29）"唯深也"句：语出《周易·系辞上》。深，指德行深厚。志，心志，这里指天下万物之心志。几：苗头，预兆，这里指能体察认识事物发展变化动向的智慧。神：自然变化的微妙作用。

（30）六虚：上下四方。

（31）乾道变化，各正性命：语出《周易·乾·彖辞》。意谓刚健之道运行化育，使万物各自得到本性与生命最纯正的生长。

（32）昏：使昏昧。

（33）人不能复：指普通人无从知道如何恢复本性。

（34）原始反终：穷究万物发生开始的源头及其结束的规则。原：动词，溯源，探究源头。反通"返"。

（35）精气为物，游魂为变：精气凝结使生物成形，精气涣散游荡则变为鬼魂。

下

昼而作，夕而休者，凡人也。作乎作者，与万物皆作；休乎休者，与万物皆休(1)。吾则不类于凡人。昼无所作，夕无所休(2)。作非吾作也，作有物；休非吾休也，休有物。作耶(3)？休耶？二者离而不存⁽⁴⁾,予之所存者⁽⁵⁾,终不亡且离也。

人之不力于道者,昏不思也。天地之间,万物生焉,人之于万物,一物也,其所以异于禽、兽、虫、鱼者,岂非道德之性乎哉？受一气而成其形,一为物,而一为人,得之甚难也。生乎世,又非深长之年也；以非深长之年,行甚难得之身,而不专专于大道⁽⁶⁾,肆其心之所为,则其所以自异于禽、兽、虫、鱼者,亡几矣！

昏而不思,其昏也终不明矣！吾之生二十九年矣！思十九年时,如朝日也；思九年时,亦如朝日也；人之受命,其长者不过七十、八十、九十年,百年者则稀矣！当百年之时,而视乎九年时也⁽⁷⁾,与吾此日之思于前也,远近其能大相悬耶？其又能远于朝日之时耶？然则人之生也,虽享百年,若雷霆之惊相激也,若风之飘而旋也⁽⁸⁾,可知耳矣,况千百人而无一及百年者哉？故吾之志于道德,犹惧未及也,彼肆其心之所为者,独何人哉？

【注】

(1)"作乎作者"句：工作时心力就仅止于其所做之事,仿佛整个世界都与他一起动了起来；动作停止时,不仅是所做的事本身停止了,好像连整个外在世界也都一起中断了注意与联系的样子。

(2)昼无所作,夕无所休：意谓昼夜作息不执着于作息。

(3)有物：指道,这里特指"性"。

(4)离而不存：不是事实的重心和真相。

(5)所存者：指复性。

(6)专专：专一。

(7)视：比照。

(8)若雷霆之惊相激也,若风之飘而旋也：意谓(人生百年)仿佛令人惊惧的雷电互相激荡一样,仿佛飘然而过的轻风飘转回旋一样(转眼而逝)。

【辨析】

李翱主张反佛、"复性",发挥《中庸》"天命之谓性"的思想,主张性善情恶说,认为成为圣人的根本途径是复性。复性的方法是"视听言行,循礼而动",做到"忘嗜欲而归性命之道"。作《复性书》三篇,论述"性命之源"等问题。他的思想为后来道学的发展奠定了基础。其散文平实流畅,富有感情色彩。他曾从韩愈学古文,协助韩愈推进古文运动,两人关系在师友之间。李翱一生崇儒排佛,认为孔子是"圣人之大者也"(《李文公集·帝王所尚问》)。主张人们的言行都应以儒家的"中道"为标准,说："出言居乎中者,圣人之文也；倚乎中者,希圣人之文也；近乎中者,贤人之文也；背而走者,盖庸人之文也。"(《李文公集·杂说》)他尽力维护儒家的伦理纲常,认为"列天地,立君臣，亲父子，别夫妇，明长幼，决朋友，六经之旨矣"。李翱认为，圣人之所以成为圣人，是因为善性被邪恶的情欲所干扰。凡人要想恢复善性，成为圣人，就必须去掉情欲。其方法是排除一切感情，忘掉一切思虑，是自己的心身在"弗思弗虑"中达到"清明""至诚"的境界。

李翱在儒学方面的最大贡献，就在于试图重建儒家的心性理论，其《复性书》三篇为宋代理学家谈心性开了先河，《复性书》三篇，上篇总论"性情"及圣人之关系，中篇言如何修养成圣的方法路径，下篇勉励人们进行修养的努力。李翱的《复性书》，以《中庸》《易传》为立论的根据，企图建立起儒家的心性论学说。其理论以"去情复性"为旨归，以承仰"孔门四子"（孔子、曾子、子思、孟子）的所谓"道统"自任，以"开诚明"和"致中和"为其"复性"之至义，以"弗虑弗思，情则不生"为其"复性"之方，以"虚明"变化和参乎天地为致用，以昏昏然"肆情昧性"为可悲等，这些思想很多来自老子的启迪。而佛教学说并没有影响到他最基本的价值判断及价值取向，李翱并没有舍弃传统儒家的精神方向，在他的《去佛斋》《再请停率修寺观钱状》等文中有十分明确的体现。

李翱的心性理论，对后来北宋乃至南宋的理学家都有很大影响，这表现在：其一，他把"性"与"情"分开，认为"性善情恶"，"性"是天授，所以是善的，而其恶是因为被"情"所昏蔽，这一点启迪了后来理学家对"天命之性"和"气质之性"的分野，亦是理学家"天理""人欲"之辨的根源。其二，他的"弗虑弗思，情则不生"的所谓"正思"的修养方法，对北宋二程"主敬"的工夫论是产生一定影响的，也可以认为是南宋朱熹与张拭争论"未发""已发"这一"中和"理论的先声。其三，李翱特别重视《小戴礼记》中的《中庸》一篇，把《中庸》所讲的"性命之学"，看作是孔孟思想之精髓，这也开了宋儒重视《中庸》的风气之先。

二、姚镆

姚镆,字英之,浙江慈溪人,出生于湖北罗田柏堂湾村。明代名臣,著名军事家。明弘治六年京城会试进士。先后授兵部左侍郎,礼部主事。明嘉靖四年迁右都御史,提督两广军务兼巡抚等职。

崇羲书院记

侍御沧州王子书绅氏,当嘉靖乙未来巡按西土,未逾年,成巩昌崇羲书院。予适至关中,闻其事,叹曰:"美哉!旷世之典也,可以训矣。"⁽¹⁾

先是,巩昌僻在陇右,鸟鼠盘纡⁽²⁾,渭河经纬。地宏敞雄壮,风气平而人多秀,人才间出。数十年来,全郡往往乏科第。侍御每登高博望,曰:"是非山川之故,而惟人之责。"阅其士,曰:"惜也,未有作之耳!"履其学宫,曰:"或隘于此乎?"谓宜有白鹿洞、嵩阳、岳麓之规可也⁽³⁾。乃获地于东园,环以南山,清流引之,渊然可宫,卜维吉。乃协谋副使钧州马纪、参议刘从学、金事文安纪常,命郡守肥城袁士伟督其役。郡西旧有桥,坏于山水,不可复,取其余材数千章。资赎金,役隙民,经始于是年之六月,讫工于十月,越五月而事集。

前门五楹,翼以巨坊⁽⁴⁾。中为崇羲堂五楹,后为讲堂五楹;厢房毕具,亦各五楹。后为尊经阁,夹两室,各三楹。左右各为号房三连,凡八楹。侍御乃遴选临、巩、甘、肃,凡河西之才而秀者百数十人,群聚其中。礼聘名儒师之,复资以廪谷之费⁽⁵⁾。时掌科全椒戚君贤,以事会侍御,至巩昌。适工将成,相谓伏羲实生其地⁽⁶⁾,题曰"崇羲书院"。因金事信阳樊鹏请文以记。予曰:"教化之于人深矣。古者乡有庠,党有序,间里有术⁽⁷⁾。稚子咸能歌咏,教至备也。教化行而风俗美,贤才济济,其在外郡者,犹其在王国也。"

夫临、巩,古雍州疆域,非不可以比胜于丰镐⁽⁸⁾,然而人才之寥落如此,何也?教化弛而有司因循之过也。且其地孰与于蜀⁽⁹⁾?昔蜀偏安不文,乃后文翁为之教,相如为之师⁽¹⁰⁾,遂为名地。况此为伏羲孕灵毓秀之所,人顾视之若偏陬下邑,然岂天之降才尔殊乎⁽¹¹⁾!

夫世之言五经者,必首于《易》,言《易》必首于伏羲。伏羲者,万世文字之祖,道统渊源之所自出也。诸士生斯地,尊其人,重其道,默而得之,将不有勃然而兴起如陈图南、邵康节之独究先天之学者乎⑿？不然，则潜心于群圣之经，出而取科第，为明时用，树勋绩于当时，流英声于宇内，将不有为山川吐色，改前之陋，跻之于丰镐之盛者乎？是则侍御拳拳作兴之意，将以收他日聚徒养士之效者也。

侍御按河西，风采凛然，方日以澄清所部为事。而用其暇，留意人才如此，其有关风化甚大。顾安其故，不即乎新，以有所鼓舞于上则不可。而诸士不能相感，以淬砺奋发于下，则将如之何！诸生起而谢曰："此则二三子之咎也，请用以为规。"

清·张维编著《陇右金石录》

【注】

（1）训：典范。

（2）鸟鼠盘纡：鸟鼠山迂回曲折。

（3）白鹿洞、嵩阳、岳麓：白鹿洞书院位于今江西九江庐山；嵩阳书院位于今河南郑州登封嵩山；岳麓书院位于今湖南长沙岳麓山。连同位于今河南商丘睢阳区南湖畔的应天书院并称中国古代四大书院。

（4）翼以巨坊：修建巨大的牌坊遮挡门内建筑。

（5）廪谷之费：伙食费。

（6）伏羲：生卒不详，风姓，燧人氏之子。又写作宓羲、庖牺、包牺、伏戏，亦称牺皇、皇羲、太昊，史记中称伏牺。又称青帝，是五天帝之一，生于成纪（古属陇西郡），所处时代约为旧石器时代中晚期。伏羲是古代传说中中华民族人文始祖，是中国古籍中记载的最早的王，是中国医药鼻祖之一。

（7）庠、序、术：古代学校称谓。

（8）丰镐：丰京和镐京一起并称为"丰镐"，是西周王朝的首都，历史上最早称为"京"的城市，作为西周首都沿用近三百年。丰京（今西安西北）是宗庙和园囿的所在地，镐京（丰水东岸）为周王居住和理政的中心。这里比喻大都市。

（9）且其地孰与于蜀：再说临洮、陇西之地与四川相比哪里更偏远呢？

（10）文翁（前187—前110）：名党，字仲翁，公学始祖，庐江舒人，西汉循吏。汉景帝末年为蜀郡守，兴教育、举贤能、修水利，政绩卓著。相如，指司马相如（约前179—前118），字长卿，蜀郡成都（今四川省成都市）人，西汉辞赋家。

（11）殊：不同，悬殊。

（12）陈图南：陈抟（872—989），字图南，号扶摇子、希夷先生，常被视为神仙，尊称为陈抟老祖、希夷祖师等。邵康节：邵雍（1011—1077），字尧夫，自号安乐先生、伊川翁，谥号康节，后人称百源先生，幼随父迁共城（今河南辉县），北宋哲学家。

三、张万纪

超然书院记

郡治东门外有山,灵迹茂著[1],岱岳祠存焉。祠南几丈许有台,居山麓之间,逶迤跻攀,六七折可上。形若蓊若蹲,古名"凤台"。宋元丰中知熙州宜兴蒋之奇登台眺望,因易名"超然",有"超然台上望超然"之句,寥寥五六百载,遗迹芜矣。墨客骚士,想象怀吟。

嘉靖辛亥,椒山杨公以驾部郎极谏马市失计[2],世宗皇帝初伟其言,奋然将罢市,中沮逸构[3],遂谪狄道县幕。狄道远京师赢四千里,民性蚩而近古[4],生理瘠而讼稀[5]。往困且鄙,靡告靡牗[6],至公始偃以仁风,易以苏昭[7],莫不爱若父母,敬若神明。曰:"杨公何来暮也。"未几郡邑两庠生向风从游,执贽来学者前后五十余人。横经问难,文艺勃焉以兴,服之悦之,无间于濂、洛、关、闽之鸿儒于数百载之后也[8]。

初,假梵宇以居众,至不能容。公谓黉序外[9],先正别有书院[10],以聚徒讲业。异代姑勿论。即如西安之"正学",巩昌之"崇义"二书院者,岂非昌时盛典欤?每念斯郡人材彬彬,无让中土,兹久缺焉,何与?暇日选胜,跻超然之台,眷焉四顾,有会于衷,而台名亦有合于道,因以俸金赀币,易其地为书院一区,遂蠲吉戒役[11],削其突崿,平其洿垤[12],然后构材陶埴[13],氂苫圬垩[14],悉巨以善。前台架屋三楹,曰"挹见所",屋后地势少下,规以为池,池东有台,台东有屋五楹,额曰"传习[15]",是为讲堂。台左右为二斋,曰"四勿[16]",曰"三省",命诸生弦诵其中。堂后约丈许,台穹然起于上,架屋三楹,额曰"仰瞻",是为道统祠。祠作木龛三,中祀五帝、三王、周公、孔子,南北祠祀颜、曾、思、孟、汉董子、隋王子、唐韩子、宋周、程、张、朱子,元许鲁斋氏、刘静修氏,我明薛文清公。重门缭垣,悉固以周。门外山径,宛转之间,植一小坊,扁曰"文壁山坊",公手书也。经始于辛亥秋八月,毕工于壬子夏四月,仍取台名,总曰"超然书院"。其气象高明广大,与"正学""崇义"并美。

公又虑士弗产弗资,取横渠子欲行井田遗意[17]。买傍近田千亩,授五十人耕之。又买远地千亩,令佃民出租。凡冠婚、丧祭、饥岁之助,皆藉是以给。田价则卸宜人张氏钗簪及所乘马,粮则核邑赋之诡洒[18]溢于正额者,约三十石当之。陡地植榆柳,荫息蔽芾,拟之甘棠[19]。公暇坐丈席为诸生讲授,或纵步山林,运觞蹑云,抚琴咏月,殆飘飘乎壒埃[20]之外矣。公尝谓自入仕以来莫如洮乐,盖谓是尔。居狄近一载,迁去。

　　同年,侍御孙月岩建坊三楹,予于讲堂前建坊一楹,题曰"誉髦山斗$^{(21)}$,龙腾凤骞"。郡守刑公,同郡人雍侍御建一坊于"揖见所",题曰"高步云衢"。若夫超然名义,最难袭取$^{(22)}$,若罔知顾忌,只借为登进之资,媒货夸诩之阶,甚者瘝致彝伦$^{(23)}$,顿忘模范,宁不负公建立之意而为名教疵欤?若公浡$^{(24)}$复职方副郎,感激图报,志清君侧之恶以死,予尚忍言哉?予外补,公狱中书一笺以送$^{(25)}$,有"若遇超然同志问,为言终不负平生"之句。后台察耿公续王阳明、吕泾野于道统祠,苏州王公设主,祀公于"揖见所"。置祭田若干亩,春秋俾州县主其事,稽诸礼制,谓书院宜奏请专祀,使公之道不坠,若韩昌黎之于潮阳,朱晦翁之于白鹿$^{(26)}$,庶几永厥思于无穷$^{(27)}$,然必有待也。公自家庭以至朝宁,自少抵壮,自存迄殁,曷尝有缓于人伦,拂于仁义者乎?居家则孝友敦,当官则忠爱至,以故悖鸾不能伏,奸嵩不能笼$^{(28)}$,颠顿撼踣不之顾,临节致命不为渝,非笃于道而自得,畴能若此?公在南部时,讲学得力"泰山之咏",识见愈益高明,是足以观其深矣。

【注】

(1) 灵迹茂著:灵迹指神灵的遗迹,圣贤的事迹。这里指文物古迹。茂著:丰富。

(2) "椒山杨公"句:指忠孝节烈之士杨继盛。

(3) 中沮逸构:指遭到坏人的阻挠,逸害构陷。

(4) 蚩:无知,痴愚。

(5) 生理瘠而讼稀:指生计艰难,官司稀少。

(6) 往困且苫,靡告靡牖:苫指覆盖棚屋的草席。困、苫指生计艰难。告指告教,教诲。牖:窗,此通于"诱",指向道。告、牖指风俗教化。

(7) 偃以仁风,易以苏昭:用仁爱之风教化百姓。

(8) 濂、洛、关、闽:宋代理学四大流派。

(9) 黉序:古代的学校。

(10) 先正:前代的贤臣。

(11) 蠲吉:谓斋戒沐浴,选择吉日。

(12) 突峙:指高起突出之处。潦垤:指低洼凹凸之处。潦:连续下雨,积水成涝。垤:蚂蚁做窝时堆在穴口的小土堆;小土堆。

(13) 陶埴:烧制砖瓦。陶:用黏土烧制的器物。埴:细腻的黄黏土。

(14) 甓苫圬垩:砌墙、盖顶、建牌坊、粉刷墙壁。

(15) 传习:指传授与学习。语出《论语·学而》:"吾日三省吾身:为人谋而不忠乎?与朋友交而不信乎?传不习乎?"

(16) 四勿:颜渊问仁,孔子所作回答——"非礼勿视,非礼勿听,非礼勿言,非礼勿动。"从日常一言一动中做出了明确的指导,是后学修为的不二法门。养正蒙学也多从此而入手。

(17)横渠子:指宋代理学家张载。张载(1020—1077),北宋大儒,哲学家,理学创始人之一,理学支脉"关学"创始人,封先贤,奉祀孔庙西庑第38位。字子厚,大梁(今河南开封)人,徙家凤翔郿县(今陕西眉县)横渠镇,学者称横渠先生。

(18)诡洒:义未详。或为收租时的惯例,故意将谷物洒在斗升之外,以欺骗的方式多收粮食。

(19)荫息蔽芾,拟作甘棠:意谓坐在浓荫之下,把自己栽种的榆柳比作果实甘美的棠梨树。典出《诗经·召南·甘棠》。蔽芾(bì fèi),幼小的样子。一说茂盛的样子。用来形容树干及树叶。

(20)壒(ài)埃:尘埃。这里指尘世凡俗事物。

(21)誉髦山斗:褒奖杨继盛之功德。誉髦,指有名望的英杰之士,出自《诗·大雅·思齐》。山斗:泰山北斗合称山斗。

(22)袭取:沿袭取用。

(23)瘃斁彝伦:意谓破坏了纲常伦理。瘃(zhú),冻疮。斁(dù),败坏。彝伦,伦常。

(24)洊(jiàn):屡次,接连。

(25)箑(shà):扇子。指杨继盛为张万纪在扇面上题赠的《送张兑溪之任庐州》诗。

(26)"若韩昌黎"句:像韩愈在潮州书院受祭祀,朱熹在白鹿洞书院受祭祀一样。因韩愈自称"郡望昌黎",世称"韩昌黎""昌黎先生"。晦翁:朱熹晚年自号。

(27)厥思:这里指世人对杨继盛的思慕追念。

(28)悖鸾不能怵,奸嵩不能笼:悖逆的仇鸾不能使他恐惧,奸邪的严嵩不能笼络他。

四、杨庆

杨庆，字有庆，一字宪伯，清陇西人。

《静规》自序

人之为学，非徒习乎口耳章句，将以穷理而及乎"尽性至命"也矣[1]。夫"尽性至命"之学，在乎存养省察[2]，躬行实践[3]，而主于"敬"以存其"诚"[4]，其详在于收敛，不容一物。主一无适[5]，常自惺惺[6]，而于万物咸备[7]，其要无过于"静"。故《易》言"静""专"，周言"主静[8]"，程子见人习静，即叹其善学，朱子尝欲以静坐补小学收放心[9]。静之一言，吾儒雅言之矣。余细为参求，人之一心，终日驰逐于私欲之场而不知归，一私一欲塞之，即便充满其中，而曰"万物皆备"，抑难矣。要必一丝不染，一物不留，而后"万物皆备"。想非戒不睹，恐不闻，而专于静，其能主静而存诚乎？第"主敬存诚"之功在静，余尝孜孜靡已[10]。但吾儒垂范，多正言之，少曲喻之，析其理少涉于术多。余也不敏，不能致静也。专尚欲，详参细证，多方指点，多方磨砺，以尽进勉修证之事，于是搜了凡袁先生《静坐要诀》参之[11]。夫了凡本于天台遗教[12]，天台为集"数、理"种[13]，了凡敬而信之，服而从之，集为要诀，行之无间，故得超于数而身心获益，斯数集矣。实析儒之所未析，及其究竟，要与吾儒"尽性至命"之学若合符节[14]，然而尚虑其各自散见，头绪纷出，不便适从，乃僭以己意，合而集之，复加缀补，分为九门，总曰《静规》。其于学者进修之功，次第陈之，不致纤微乖误，必使去粗细尘染而结习顿忘。一至于空空不留一物，而万物无不咸备。夫是道也，于吾儒为希贤、希圣、希天之学，于释亦最上一乘也[15]，何彼此之或歧也。但虑今之学者，既不务穷理尽性至命之事，一闻最上一乘之说，辄曰"言下了彻"，又不复记及行持，余不识所谓"了彻"者，果何在耶？《坛经》云："依法修行是大乘，万法尽通，万法俱修，一切不染名最上乘。"[16]言之至此，得已乎哉？盖人之学，未有独知而不必行者也，亦未有行之不笃而次第即能了彻证验，即能历见而得尽其在我者也。余昔分门列类，总为《静规》者，亦有年矣。今斟酌而重订之，非独自为补救，尚冀学者共相勉而不致知行之偏废，是则为集之义也夫。康熙十三年，岁次甲寅黄钟之月[17]，潜斋水月主人杨庆序。

郭汉儒编《陇右文献录》

【注】

(1) 穷理：指穷究事物之理。语出《易•说卦》："穷理尽性，以至于命。"

(2) 存养省察：保存本心，培养善性，检查、反省自己的思想行为。是儒家的一种修养方法。

(3) 躬行实践：指亲身实行或体验。语出元•王恽《秋涧全集•紫山先生易直解序》："欲见诸用者，不于先觉躬行践履之实迹而取法焉，未见能造其窔奥也。"

(4) 主敬存诚：主敬，心内恭敬。语本《礼记•少仪》："宾客主敬，祭祀主敬。"存诚，心存虔诚。语本《易•乾》："闲邪存其诚。"（闲：限制，约束。约束邪恶，保存真诚。）主敬存诚表示内心恭敬虔诚的意思，是宋儒律身的根本。

(5) 主一无适：专心于一件事，一点也不向别处分心。出自《二程•粹言》卷上："或问敬。子曰：'主一之谓敬。''何谓一？'子曰：'无适之谓一。'"《论语•学而》"敬事而信"宋•朱熹集注："敬者主一无适之谓。"

(6) 惺惺：清醒，机警。

(7) 万物咸备：义同后文"万物皆备"。意谓万物皆备于我。万事万物都为我所具备。指世上的一切完全为我所有。

(8) 主静：宋明理学家的道德修养方法。渊源于古代儒家（《礼记•乐记》："人生而静，天之性也。"），并参杂佛、道的寂静无为思想。"主静"一语首由周敦颐在其《太极图说》中提出："圣人定之以中正仁义而主静，立人极焉。"他用未有天地以前的"无极"原来是"静"的，来证明人的天性本来也是"静"的，由于后天染上了"欲"，故须通过"无欲"工夫，以求达到"静"的境界（"无欲故静"）。以后它一直是理学的主要思想。

(9) 补小学，收放心：补充学习洒扫、应对、进退之礼仪，收拾放逸之心，令其有个安顿之处。

(10) 孜孜靡已：勤勉不懈地修持自己，勉励自己。孜孜，勤勉不懈。靡，通"摩"。切磋，研究。身日进于仁义而不自知也者，靡使然也。（《荀子•性恶》）

(11) 了凡袁先生：袁黄（1533—1606），初名表，后改名黄，字庆远，又字坤仪、仪甫，初号学海，后改了凡，后人常以其号了凡称之。袁了凡是明朝重要思想家，是迄今所知中国第一位具名的善书作者。他的《了凡四训》融会道教哲学与儒家理学，劝人积善改过，强调从治心入手的自我修养，提倡记"功过格"（初指道士逐日登记行为善恶以自勉自省的簿格，及后流行于民间，泛指用分数来表现行为善恶程度、使行善戒恶得到具体指导的一类善书。具体做法是把这类善书分别列为功格［善行］和过格［恶行］两项，并用正负数字标示。奉行者每夜自省，将每天行为对照相关项目，给各善行打上正分，恶行打上负分，只记其数，不记其事，分别记入功格或过格。月底作一小计，每月一篇，装订成本，每月如此进行，年底再将功过加以总计。功过相抵，累积之功或过，转入下月或下年，以期勤修不已)，在社会上流行一时。

(12) 天台遗教：佛教天台宗流传的教义、主张。天台宗，中国佛教宗派。因创始人智𫖮常住浙江天台山而得名。其教义主要依据《妙法莲华经》，故亦称法华宗。天台宗学统自称是龙树、慧文、慧思、智𫖮、灌顶、智威、玄朗、湛然九祖相承。该宗思想，虽肇于龙树，实则启蒙于北齐慧文。

(13) 数理：数，气数，命运。理，道理，义理。这里指天台宗的佛教义理。

(14) 符节：中国古代朝廷传达命令、征调兵将以及用于各项事务的一种凭证。用金、铜、玉、角、竹、木、铅等不同原料制成。用时双方各执一半，合之以验真假，如兵符、虎符等。

(15) 乘：佛教教派、教法。这里指佛家修行的义理。

(16)《坛经》：亦名《六祖坛经》《六祖大师法宝坛经》，全称《南宗顿教最上大乘摩诃般若波罗蜜经六祖惠能大师于韶州大梵寺施法坛经》，是佛教禅宗六祖惠能说，弟子法海集录的一部经典。中国佛教著作唯一被尊称为"经"者。

(17) 黄钟之月：由于音律与一年中的月份恰好都定有十二个，于是在中国上古时代，人们便把十二律和十二月联系起来，夏历十一月配黄钟律，所以把夏历十一月也称作黄钟之月。

五、杨昌浚

杨昌浚（1826—1897），字石泉，号镜涵，别号壶天老人，湖南湘乡（今湖南娄底市）人。官至浙江巡抚、陕甘总督、闽浙总督。

《慎思录》序[1]

世运之盛衰，视乎人才；人才之邪正，关乎学术。自帖括章句之学兴，士大夫束发受书，无非借以弋取科名[2]，博人间富若贵。至于古圣贤"明新至善"[3]之旨，必身体而力行者，盖皆未之或讲也。义利不辨，竞尚苟得，趋避日熟，廉耻道丧。其患中于人心，发为政治。至于咸、同之际，寇贼蜂起，海内骚然，郡邑沦胥[4]，生民涂炭，说者率归于时会之适然。庸讵知皆由于吏治之不张[5]，民风之不古，实由于学术之不明耶！关中自横渠子张子倡明正学，而后前明吕泾野氏、冯少墟氏[6]，虽有可传，而未能大畅厥旨。至我朝而有李二曲先生出[7]，艰苦卓绝，得不传之秘于遗经，而关学为之一振。同时如王澧川、李雪木、孙西峰诸人，皆所谓见而知之者，顾独于李仲晦先生为陇右真儒，其造诣不在二曲下，竟无人表而出之，抑又何也？先生学问纯正，践履笃实，治行卓著，大节凛然。生平于书无所不读，尤邃于《易》。所著如《易象图说》《惺惺录》等书，皆卓然可传。兹所刻《慎思录》一编，乃先生宰威远时，录示诸生之言耳。原十四卷及先生手书入石，但存八卷。已卯冬，权通渭县令张康民别驾，以墨拓本贻予。予取而读之，字体笔法仿佛阁帖。至其阐道之精实，论学之谨严，与夫指示学者，不外居敬穷理，克己养气，粹然一轨于正，诚足以羽翼圣教，有功世道。然后知关陇儒术之所恃以不绝者，非先生，谁与归哉！爰勒为上下两卷，亟付剞劂[8]，俾广其传，盖不徒为边方后进立趋向之准已也[9]。呜呼！关陇自军兴以来，士子废学久矣。幸赖湘阴爵相戡定大难[10]，与民更始，复请分闱以广登进之路[11]，增学政以重作育之基。其所以培植士林者，用意至深且远。尚望此邦人士笃志好学，审端用力，内以修己齐家，外以立教治人，毋徒为俗学所囿。庶先生之学之书，重赖有传人也。是则余之所厚望也夫！是为序。

光绪七年辛巳岁仲冬月吉日后学湘乡杨昌浚书于兰州节署之澄思堂。

【注】

(1)《慎思录》：共二卷，李南晖著，记录他的"身心之学与读书有得之言"。

(2) 弋取：获取。

(3) 明新至善：指《大学》三纲领："大学之道，在明明德，在亲民，在止于至善。"

(4) 沦胥：指相率牵连，泛指沦陷、沦丧。

(5) 庸讵：岂；何以；怎么。

(6) 吕泾野：吕柟(1479—1542)，明代学者、教育家，理学大师。陕西高陵人。原字大栋，后改字仲木，号泾野，学者称泾野先生。冯少墟：冯从吾(1557—1627)，字仲好，号少墟，西安府长安(今陕西西安人)，著名思想家、教育家，晚明著名学者，理学大师。万历十七年(1589)进士，官至工部尚书，创办关中书院，人称"关西夫子"。冯从吾是明代关学把程朱理学和陆王心学融合的集大成者，并是东林党在西北的领袖。

(7) 李二曲：李颙(1627—1705)明末清初周至人，明清之际哲学家。李颙在理学上的造诣，被称为"海内大儒"，实为理学各派的集大成者。李颙和眉县李柏、富平李因笃统称为"关中三李"。

(8) 剞劂(jī jué)：雕版，刻印。

(9) 边方：边疆，边地。这里指偏远地区。

(10) 湘阴爵相：指左宗棠。左宗棠(1812—1885)，字季高，一字朴存，号湘上农人，署名今亮，谥文襄，湖南湘阴人，清朝大臣，著名湘军将领。一生亲历了湘军平定太平天国运动，洋务运动，率军平定陕甘回变和收复新疆等重要的中国历史事件。爵相：总督带内阁大学士衔，而不在军机处大臣上行走者，别称爵相，谓假相之意。

(11) 分闱："闱"是生员、贡生、监生、荫生等参加乡试、考取举人的场所。各省乡试在省城举院举行。清光绪前，甘肃和陕西合闱，两省士子均去设在西安的陕西举院参加乡试。由于路途遥远，给甘肃士子造成了很大的困难。清同治十二年(1873)，陕甘总督左宗棠奏请甘肃乡试与陕西分闱，在省城兰州举行。在兰州城西北郊外海家滩于光绪元年(1875)建成甘肃举院。

六、李南晖

李南晖(1709—1784),字仲晦,号青峰,又号西海云樵,甘肃省通渭县人,乾隆四十九年(1784)五月十二日在石峰堡事变中被害,时年七十五岁。

曾任四川威远县知县,著述颇丰,尤长于易,有《读易观象惺惺录》《慎思录》传世。

慎思录(节选)

"气质清明,义理昭著[1]"。古人这八个字,虽百斛明珠,也易他不来。人只不知向这里料理耳[2]!《记》谓"清明在躬,志气如神[3]"。这些言语,不是古人说大话。盖必我躬实有清明,然后乃得志气如神。有一分清明,便有一分的效验。有两分清明,便有两分的效验。若到十分清明时,岂有不如神之理?总要自阅历才知耳!

【注】

(1) 气质清明,义理昭著:语出《朱子论语集注》。《论语·述而》"子曰:我非生而知之者,好古,敏以求之者也。"《朱子集注》:"生而知之者,气质清明,义理昭著,不待学而知也。"意谓如果一个人的气质显得清澈明净,那么,他办事的道德公理便会明白显著。

(2) 料理:指精进努力,改变气质。理学家认为人后天所禀之气有清浊之分,人性便有善恶之别。但通过努力,可以改变气质。"禀气之清者,为圣为贤,如宝珠在清泠水中;禀气之浊者,为愚为不肖,如珠在浊水中。所谓'明明德'者,是就浊水中拭此珠也。""勇猛直前,气禀之偏自消,功夫自成。"(《朱子语类卷四》)

(3) 清明在躬,志气如神:语出《礼记·乐记》,意谓人的内心清净,意念明慧,意志和气度就会有如神明。

人能体上天生我之意,则天必爱之;不能体上天生我之意,则天必恶之。其爱之则予之以福,其恶之则警之以祸。非天之爱恶人,祸福人也,天以无心鉴我之有心,我以有心敬天之无心,则人心即天心矣。譬则人家生数子,父母有爱之者,有恶之者。其爱之者,必其能顺父母之意者也。

能顺父母之意,父母自然爱之。其恶之者,必其不能顺父母之意者也。不能顺父母之意,父母自然恶之。于爱之者,多假之以色笑;于恶之者,多赐之以谴呵。父母于所生之子,夫何心哉?皆于己取之而已矣。于戏!可以识上天生人之意矣。

读书即看他人的注解,不如且将先圣的原文仔细咀嚼,数十百过,待有见地后,然后看取诸家,则自己之浅深,与他人之精粗,无不毕现。且后人解释,有万万不及经书原文者。即如《易经》"易"字,后人便有几样说法。及孔子自言,则以为"生生之谓易"。若不细读此句,如何见得此两字之妙。若不通将有画无画处,与有言无言处,一一通透,成诵精思,宁知此二字妙绝千古,后人万万道他不出也。

人之一身,首必冠,足必履,体必衣裳,所以养也。养而不藏则露。目视、耳听、鼻臭、口味、手作、足动,所以用也。用而不正,则邪。心处虚灵之舍,所居不过方寸。然周身内外,无往不之。养之不以其道,用之不以其宜,则不可露而露,不可邪而邪矣。故我欲无愧于我之人,必先检身。我欲无愧于人之身,必先检心。

人之一身,有潜处,有见处。身之一生,有潜处,有见处。即一日之间,亦有潜时,有见时。其当潜处,当潜时,有断断必不可见的道理。其当见处,当见时,有断断必不可潜的道理。亦有可见可潜的道理,必无无见无潜的道理。人知道理当然恰好处难。人知其当然而即无不合恰好处,真正大难也。

天地阴阳之气⁽¹⁾,无一息不与斯人身心相通。如人于夜半初醒,于平旦大醒,于饭后思睡,于夜间尽睡。所以大同者,何也?一阳生于下,则清气稍升,日过子也⁽²⁾;三阳出于地,则大明方作,日出寅也⁽³⁾;一阴生于下,则浊气微发,日过午也;三阴交于天,则重昏方盛,日入酉也。阴阳之进退消长,此身之梦醒因之。争其界者平心静气,留清明而澄汨乱⁽⁴⁾。往来憧憧者⁽⁵⁾,不知谨也。

【注】

(1) 天地阴阳之气:中国古代哲学气一元论认为,天地万物为一气所生。气分阴阳,不断地运动变化中化生万物。阳主动,阴主静;阳主升,阴主降;阳气清,阴气浊。就一天而论,子时阴气最盛,同时阳气生出,随后阴消阳长;午时阳气最盛,同时阴气生出,随后阳消阴长。就一年而论,冬至日阴气最盛,同时阳气生出,随后阴消阳长;夏至日阳气最盛,同时阴气生出,随后阳消阴长。人类作为宇宙万物的一员,也必然融进了天地阴阳之气的运动变化之中。白天属阳,清气主之,适宜劳作;夜间属阴,浊气主之,适宜休息。春夏阴消阳长,生机勃勃,精力旺盛;秋冬阳消阴长,精力下降。

(2)"一阳生于下"句：阴阳学说认为,冬至所在的十一月或一天中的子时阳气开始生发,谓"一阳生于下"清气开始升起。

(3)"三阳出于地"句：阴阳学说认为,冬至所在的十一月或一天中的子时阳气开始生发,经过十二月或丑时阳气积累,到了正月或者寅时,便是"三阳"了。此时,阳气渐盛,正是一年或一天阴阳的交界点。

(4)汩乱：扰乱,混乱。

(5)憧憧：往来不绝貌。

有善无恶者人之性⁽¹⁾,好善恶恶者人之情。善属阳,恶属阴。昼属阳,夜属阴。暑属阳,寒属阴。君子属阳,小人属阴。今使天下之人,尽昼眠而夜作,则人情必不乐；尽冬葛而夏裘⁽²⁾,则人情必不为。使天下之人,尽去学鲧之圮⁽³⁾,象之傲⁽⁴⁾,莽、懿之逆⁽⁵⁾,则人情必不敢从。于此见好善恶恶之真情,皆有善无恶之本性所流而出焉者也。

【注】

(1)有善无恶者人之性：儒家学派自孟子首倡性善论以来,历代不断继承和发展。张载、朱熹把人性区分为"天地之性"与"气质之性",认为天地之性即是理,纯粹至善,气质之性受气禀所限,是恶的来源。气禀不同,性亦不同,如明珠掉进水中,水有清浊,性有善恶。

(2)冬葛而夏裘：谓冬天穿夏天的衣服,夏天穿冬天的衣服。葛：一种植物,纤维可以织布,代指夏衣。裘：皮衣。

(3)鲧之圮：鲧(gǔn),中国上古时代汉族神话传说人物。姓姒,字熙,夏后氏。帝颛顼之曾孙、大禹之父、夏启的祖父。圮(pǐ),坍塌,指尧命鲧治水,鲧治水失败,被尧处死之事。

(4)象之傲：象,姬姓,帝舜的异母弟,他是黄帝的八世孙,其父叫瞽叟。他本性傲狠,对其异母兄舜不满,经常与母亲和父亲瞽叟想要寻机杀死舜。

(5)莽、懿之逆：莽,指篡汉自立的王莽。懿,指司马懿,三国时期著名政治家、军事家,西晋王朝的奠基人。曾任职过曹魏的大都督、大将军、太尉、太傅,是辅佐了魏国四代的托孤辅政之重臣,后期成为掌控魏国朝政的权臣。

人家最好东西,莫不为深藏的道理。故王侯卿相之宅,笥箧或多实玩⁽¹⁾；士庶农工之家,囊箱亦贮衣物。珍袭而藏⁽²⁾,取用有时,此常情也。惟天地圣人之道,不在人人眼底,即在各人怀中。人所共有,人所同得,只在日用之知不知耳。天地圣人之于道理,何曾如居家人之宝东西也⁽³⁾。

【注】

（1）笥箧（sì qiè）：竹制的小箱子。

（2）珍袭：珍藏，这里用作名词，指珍贵的东西。

（3）宝：珍宝，用作动词，把……当作珍宝。

天地生人生物的大原头(1)，便是整齐森严，凛然不可渎乱(2)。千古以来，圣人大制作无不是法天道之自然者为之(3)。故理谓之天理，伦谓之天伦，性谓之天性，命谓之天命，道谓之天道，德谓之天德，言谓之天言，心谓之天心，皆是自然。便是这样，圣人惟敬以承之而已(4)。

【注】

（1）原头：即"源头"。

（2）渎乱：混乱或使混乱。

（3）法天道：效法、取法天道。天道：天理、自然的规律。

（4）敬以承之：严肃认真地按天道做人做事。

阅冯少墟先生《辨学录》(1)，其辨释、老为人心之害处颇详，真可谓潜心理学，有关世道者矣。然我以为此时人心之害不在二氏，在满天下知读书专为学文，而不知求所以为学(2)。盖求利之心，自逊志亲师时(3)，便已错了种子。学者知务稂莠而不知务嘉禾(4)。发端之始，全与古人为学之心，便已相去千里。到得后来，不是汩没于名利之场而不知返，即为帖括文字(5)，支离到老，白茂黄深(6)，谁复于天地上一下犁头耶(7)！异端此时害人心处似小，人心此时自作异端处实大也。

【注】

（1）冯少墟：即晚明著名思想家冯从吾。

（2）求所以为学：求学的目的。

（3）逊志：虚心谦让。

（4）"学者"句：以只知道清除地里的杂草而不懂得培育优良的谷物品种，比喻学者们只知道去除弟子们身上的坏习惯，但不懂得帮助弟子树立远大的抱负。稂莠（láng yǒu），两种形状像禾妨碍禾苗生长的杂草。嘉禾，指生长得美好的禾稻，古人认为出现这种禾稻是祥瑞的征兆。典出《尚书》："唐叔得禾，异亩同颖，献诸天子，王命唐叔归（通'馈'）周公于东，作《归禾》。""周公既得命禾，旅（陈也）天子之命，作《嘉禾》。"

（5）帖括：比喻迂腐不切时用之言。

（6）白深黄茂：指年华老大。黄发：老年人头发由白转黄，旧时长寿的象征，后常用指老人。

(7)"谁复"句：意谓有谁能在求学之始就能立志原道、求道、明道、行道呢？

学者所以不得真造圣贤之域者(1)，以有私欲害之也。其所以私欲未易去者，以其不知本来之本无私欲也(2)。其所以不知本来之本无私欲者，以未求放心也(3)。其所以不知求放心者，以其不知主静也。不知主静，则放心不收，放心不收，则不能见本来之有理无欲，有善无恶，有公无私。既不见本来为何如景象，所以视贤圣高而视己自下也。若一知主静，静久则放心自收。放心既收，则静久见初心矣。既见初心，则确然信其有理无欲、有善无恶、大公无私矣。然后知千百载上下之若贤若圣，与我本同一性。虽欲不认真做起，真造其域，不可得矣。

【注】

(1) 造圣贤之域：达到圣贤的境界。
(2) 本来之本：指理学家主张的人性论中与生俱来的纯善无恶的天地之性。
(3) 求放心：寻求放失的仁义之心。这是孟子主张的学问之道的根本。《孟子·告子上》："虽存乎人者，岂无仁义之心哉？其所以放其良心者，亦犹斧斤之於木也。……仁、义、礼、智，非由外铄我也，我固有之也，弗思耳矣。故曰：求则得之，舍则失之。"

介亭先生自经筵归老(1)，布衣蔬食，循循然如一老诸生(2)。每教后进，则日常不倦。此真可谓先民典型也。以我目所见诸先辈，如此风味者甚少，略录其行于文清之后(3)，以志吾身后之慕也。

余与介亭先生周旋十有六年，从未见其惰容，其所养可知矣。

【注】

(1) 介亭先生：指巩建丰，自号"介亭"。经筵：汉唐以来帝王为讲论经史而特设的御前讲席。巩建丰曾任雍正帝师。
(2) 循循然：遵循规矩貌。诸生：明清时期经考试录取而进入府、州、县各级学校学习的生员。生员有增生、附生、廪生、例生等，统称诸生。
(3) 文清：薛瑄(1389—1464)，字德温，号敬轩。河津(今山西省河津县)人。明代著名思想家、理学家、文学家，河东学派的创始人，世称"薛河东"。官至通议大夫、礼部左侍郎兼翰林院学士。天顺八年(1464)卒，赠资善大夫、礼部尚书，谥号文清，故后世称其为"薛文清"。隆庆五年(1571)，从祀孔庙。

薛文清公曰："毫私不有，浑浑乎其深大也(1)。"又曰："私欲尽而心体无量。"又曰："虚明广大气象$^{(2)}$,到人欲净处。"又曰:"心清则见天理$^{(3)}$。"又曰:"心地干净,自然宽平。"大哉薛子之言乎!非真正到天理流行境界,那得有这个趣味,又那能知得到这里,说得到这里。又曰:"少欲则心静,心静则事简。"又曰:"万物不能碍天之大,万事不能碍心之虚。"又曰:"欲淡则心虚,心虚则气清,气清则理明。"又曰:"造化翕寂专一$^{(4)}$,则发育万物有力;人心宁静专一,则穷理作事有力。"又曰:"凡物虚则有神,如鼓虚则响,钟虚则鸣,心虚则灵。"这些话俱都是薛子于身体力行中真实见得。后之学者,皆当依此做法,勿徒视为先儒格言也。

【注】

(1) 浑浑乎:广大貌。

(2) 虚明:空明;清澈明亮。

(3) 天理:本然之性;亦指自然的法则;犹言天道。《礼记·乐书》:"人生而静,天之性也。感于物而动,性之欲也。物至知知,然后好恶形焉。好恶无节于内,知诱于外,不能反躬,天理灭矣。夫物之感人无穷,而人之好恶无节,则是物至而人化物也。人化物也者,灭天理而穷人欲者也。于是有悖逆诈伪之心,有淫泆作乱之事,是故强者胁弱,众者暴寡,知者诈愚,勇者苦怯,疾病不养,老幼孤独不得其所。此大乱之道也。"

(4) 翕寂:意谓宁静内守。

物之始生,仁也,而向上则似义;物之成实,义也,而下垂则似仁。天地者,仁之至义之尽者也;圣贤者,义精仁熟者也;君子者,履仁蹈义者也$^{(1)}$;学人者,志仁集义者也$^{(2)}$。学人有履仁蹈义之思,日在怀抱,则为君子不为小人矣。君子有精义熟仁之功,则可以希贤,可以希圣矣$^{(3)}$。圣贤尽己性以尽物之性$^{(4)}$,知明处当,则仁至义尽,如天地矣。故崇效卑法之道$^{(5)}$,其要在志仁集义。

孟子之学,仁义之学也。仁义之学,天地之学也。

【注】

(1) 履仁蹈义:指践行仁义。

(2) 志仁集义:有志于仁义,不断积累仁义之举。

(3) 希贤希圣:仰慕圣贤,愿与之齐等。

(4) "圣贤尽己性"句:语本《中庸》第二十三章:"唯天下至诚,为能尽其性;能尽其性,则能尽人之性;能尽人之性,则能尽物之性;能尽物之性,则可以赞天地之化育;可以赞天地之化育,则可以与天地参矣。"

(5) 崇效卑法:"崇效天卑法地"之缩写,语出《周易·系辞上》。意为:知识高明应效法天之高,礼之谦卑应取法地之下。

有问做功夫难易者,余曰:"无难无易,有难有易。必明必强,此无难也。已千己百,此无易也。困知勉行,此有难也。成功一,知之一,此有易也。"又问,余曰:"未读书人易,既读书人难。"问者愕然。余曰:"未读书人,胸中空洞,一闻至论,便能感动初心,无所夹杂,一切认真的做去,便举步无非实地。既读书人,胸中往往为闻见障蔽,与之言论,似无所不知,及验之日用家常,又似目不及经史者。如王心斋先生[1],初间是一个贩盐的不识字人,一闻圣人可学,便立地要学孔子。一闻人讲'克己复礼'章,便书'四勿'句于木板,奉持拳拳,举步不忘。我辈幼习举业之文,腹中各为制义所障,念念在求时誉。得则喜,失之或戚,虽孔孟有极其启发志意之言,又当作一篇时文题目做矣。况今人行不及孔孟,欲笃信其言,难矣。故学者定须洗涤其旧染之心,然后功夫有着实之地。"或曰:"子不应南宫试耶[2]?"曰:"余亦应试而已矣。其得固未敢喜,其失亦未暇戚也。"

【注】

(1) 王心斋:王艮(1483—1541),明代哲学家,泰州安丰场(今江苏省东台市安丰镇)人,人称王泰州。起初投入王守仁门下只为求生,后经王守仁点化转而治学,并创立传承阳明心学的泰州学派。初名银,王守仁替他改名为艮,字汝止,号心斋。

(2) 南宫试:指封建时代的科举考试。南宫,礼部的别称,执掌会试。

七、翁祖烈

翁祖烈,福建侯官人,道光十六年(1836)丙申恩科进士,曾任四川越西厅同知,四川成都知府。

牛愚山先生小传[1]

古惟史官作传,后世之小传、别传非古也。烈既出为外吏,撰述纪序,非其本职,居恒久不为是。兹来蜀中,与直州牧牛雪桥刺史居同官[2],交最密。刺史书来以尊甫愚山先生节略,嘱作传,曷敢泥古辞[3]?且读先生《牛氏家言》,其躬行实践,读书自得,不可不传也。

传曰:牛氏世有阴德[4],其先河南偃师县人[5]。明成宏间宦游甘肃通渭,遂家焉。耕读务本,郡邑有声。先生名作麟,字振风,号愚山。幼贫废学,年十六七始愿读,而身业樵牧,境与心违。自念不知书无以为人[6],往往梦中哭醒。泪痕渍枕,恒如也。呜呼!读书如此,虽古之牛角挂书[7],牧豕听经者[8],何以加焉?及游邑庠,已过老泉发愤之岁[9],后得股疾,遂弃举子业[10],沉浸于儒先义理之书[11],虽严寒酷暑,功夫罔间。旁观者但觉其优游自得,起居动静不见,偶有炎凉之态,通乎其身。其德性坚定,精神内涵,如梅花之遇冰雪,敛气自洁,忍寒益馨,而不为沉物所累。大凡寻章摘句之学,如柔条弱质,过眼皆尘;存心养性之学[12],如桢干劲枝,历久不败。先生尝谓:"于古人言学,深有味乎'刚密'二字。"又谓:"此心敬谨之功,无时可间[13],其兴造有得[14],概早有以知之矣。"今观其书,言虽近而指远,辞虽朴而实华,能味道之腴而不为训诂所缚[15]。故年至耄耋,气概一如少年,而神明不衰也。若天资之醇厚,行谊之肫笃[16],乡国皆知之。兹特略缀数语传之,以为士林之圭臬焉[17],请他日附诸家乘[18]。

咸丰元年夏五月愚侄　翁祖烈。
顿首拜书

【注】

(1) 牛愚山:名作麟,字振风,号愚山。牛树梅之父。
(2) 直州牧:道光二十八年(1848),牛树梅迁为四川资州直隶州知州。牧,古代治民之官。

(3) 泥古辞：拘泥于古礼而推辞。

(4) 阴德：迷信的人指在人间所做的好事，可以在阴间记功福报后人。古人以为一命，二运，三风水，四积阴德，五读书。

(5) 据牛树桃《思源录》记载："明季荒乱，族谱失传，相传原籍河南偃师县人。"

(6) 不知书无以为人：典出《论语·尧曰篇》：陈亢问于伯鱼曰："子亦有异闻乎？"对曰："未也。'尝独立，鲤趋而过庭。曰：'学诗乎？'对曰：'未也。''不学诗，无以言。'鲤退而学诗。他日，又独立，鲤趋而过庭。曰：'学礼乎？'对曰：'未也。''不学礼，无以立。'鲤退而学礼，闻斯二者。"陈亢退而喜曰："问一得三。闻诗，闻礼，又闻君子之远其子也。"

(7) 牛角挂书：《新唐书·李密传》："密以蒲鞯乘牛，挂《汉书》一帙角上，行且读。越国公杨素适见于道，按辔蹑其后，曰：'何书生勤如此？'密识素，下拜。问所读，曰：'《项羽传》。'因与语，奇之。"形容学习非常刻苦。

(8) 牧豕听经：典出《后汉书·承宫传》："（宫）少孤，年八岁为人牧豕。乡里徐子盛者，以《春秋经》授诸生数百人，宫过息庐下，乐其业，因就听经，遂请留门下，为诸生拾薪。"

(9) 老泉发愤：典出《三字经》："苏老泉，二十七。始发愤，读书籍。"苏老泉，名洵，字明允，号称老泉。此人才高志大，不乐读书，后来省悟，发奋苦读，终成大家。

(10) 举子：科举时代被推荐参加考试的读书人。

(11) 义理：一是指讲求儒家经义的学问。《〈孔子家语〉序》："自肃成童，始志于学……然寻文责实，考其上下，义理不安，违错者多，是以夺而易之。"二是称宋以来之理学为义理之学。三是文辞的思想内容。宋欧阳修《归田录》卷一："举子轻薄为文，不求义理，惟以敏速相夸。"

(12) 存心养性：保存赤子之心，修养善良之性。旧时儒家宣扬的修养方法。语出《孟子·尽心上》："存其心，养其性，所以事天也。"

(13) 间：间隙。《庄子》："以无厚入有间，恢恢乎其于游刃而必有余地矣。"

(14) 兴造：创建，建立。《三国志·魏志·王粲传》："时旧仪废弛，兴造制度，粲恒典之。"

(15) 训诂：指训诂学，是主要从语义的角度研究古代文献的一门学科。

(16) 肫笃：真挚忠诚。

(17) 圭臬：土圭和水臬。古代测日影、正四时和测度土地的仪器。比喻标准、准则和法度；可以据此作出决定或判断的根据。

(18) 家乘：家谱。

八、赵昀

赵昀(1808—1877),字芸谱,号峿存,晚号遂园、遂翁,安徽太湖人,与牛树梅是同榜进士。1844年选入翰林院为庶吉士,授编修。特旨上书房行走,教授皇子读书。曾四次委任乡、会试主考官,参加编纂《漕运史》《宣宗皇帝实录》《筹办夷务始末》等史书。

《牛氏家言》序

道光二十一年辛丑[1],昀与雪桥偕捷南宫[2],出先师卢立峰先生之门[3],晤于师坐[4],见其朴诚肫挚[5],虽匆匆未及深谈,心佩契孚[6]。雪桥旋以邑宰铨发蜀中[7],宦辄分驰[8],九阅寒暑矣。今年秋,昀奉命典试四川[9],雪桥适檄充分校[10],聚首旬月,勤勤恳恳,无异曩时[11]。意气既投,交谊益笃,批阅之暇,出尊甫年伯愚山先生平日手书垂训者[12],汇为一册,以示昀。既卒读,因喟然曰:"善哉,先生之为学也!其事为日用饮食之事,其言为家人妇子之言,其文为布帛菽粟之文,而其义则足以补圣经贤传之所未发[13]。世人穷年读书,能身体而力行之者,殆不易觏[14],如先生可谓善读书矣。"向疑雪桥朴诚肫挚,或得于天独厚[15],今而知有自来也。

雪桥以循吏新受命晋刺史[16],政声卓越,隆隆日上。而先生年近八秩,精神且益疆固[17]。所以教其子者,亦正未有艾[18],然则雪桥之所进,岂可量哉?昀不获侍先生杖履[19],亲聆绪论,得读是编,亦兹行之快事也。

行期悾偬[20],依装书此,用志钦仰云尔[21]。

道光二十九年秋九月,愚侄赵昀。

顿首拜书。

【注】

(1) 即1841年,清政府因清宣宗六旬万寿,改正科为辛丑恩科,牛树梅以二甲九十三名中进士。

(2) 雪桥:牛树梅字雪樵,又字雪桥。偕捷南宫:偕捷指共同考取功名。南宫指礼部会试,即进士考试。

(3)卢立峰:名毓嵩,苏州元和(今江苏省苏州市相城区)人,嘉庆二十五年(1820)庚辰科进士,官至户部郎中、御史,是牛树梅中进士时的房师。

(4)晤:遇,见面。

(5)肫(zhūn)挚:真挚。肫:诚恳。

(6)契孚:契:相合,符合。孚:信服。

(7)铨发:选拔安排。铨:选拔官吏。指牛树梅经恩师祁寯藻等推荐,到四川任隆昌县令。

(8)宦辙:指仕途。

(9)典试:指主持地方考试。典:主持,主管。

(10)檄充分校:檄:古代官府用以征召或声讨的文书。充:充当,担任。分校:科举时校阅试卷各房官称"分校"。这里指牛树梅受朝廷征召委派,充当四川地方科举考试的复核官员。

(11)囊时:往常,以前。

(12)尊甫年伯:尊甫,对他人父亲的敬称。清俞樾《茶香室三钞·尊府》:"国朝王应奎《柳南随笔》云:称人父曰尊甫,亦可作'府',亦可'父'。"年伯:封建社会称同一年考取进士的人为"同年",后辈称与父辈同一年考上的人为"年伯"。

(13)圣经贤传:指儒家的经典著作和阐释这些经典的权威性著述。

(14)觏(gòu):遇见。

(15)于天独厚:具备的条件特别优越,所处环境特别好。天:天然,自然;厚:优厚。清洪亮吉《江北诗话》卷二:"得天独厚开盈尺,与月同园到十分。"

(16)刺史:古代官名,自汉设立,本为监察郡县的官员,宋元以后沿用为一州长官的别称。

(17)疆固:强盛坚固;使强盛坚固。疆,通"强"。宋周辉《清波杂志》卷三:"永惟本支为重,疆固王室,亲亲尚贤,厥有古义。"

(18)正未有艾:义同"方兴未艾",事情正在发展,一时不会终止。艾:止,绝。

(19)杖履:对老者、尊者的敬称。宋苏轼《夜坐与迈联句》:"乐哉今夕游,复此陪杖履。"

(20)倥偬:亦作"倥忽",指行期匆忙或困苦窘迫。

(21)钦仰:敬重仰慕。

九、马秀儒

马秀儒,生卒年不详,字艺林,中进士,历建平知县,迁开封府同知,山东安丘人,清道光十五年乙未(1835)中进士,历建平知县,迁开封府同知。官至湖广布政使,暂摄巡抚事。

《牛氏家言》序

庚戌之春,徐梅桥制军重镌彭南畇先生《儒门法语》一书[1],遍惠同寅,予受而读之,真处处亲切有味,简要易观,诚儒门必不可少之书。予爱之重之,朝夕而玩味之,公事偶暇,即整襟详阅而三复之[2]。梅桥先生云:"自立之士,必能有所观感,未仕为乡里佳子弟,已仕必为庙堂好人才者。"诚哉,是言也!至秋七月间,珙县史叔平大令,又以叶玉屏先生所辑《六事箴言》一册见赠[3]。举凡持身、持家、居官、居乡、处事、处人,条分缕析,同源共贯,言言可铭金石,字字皆为针砭,深为志士砥行修名者劝[4]。予爱之重之,朝夕而玩味之,公事偶暇,即整襟详阅再三而熟复之,间以予工楷书而手录焉。今甫成帙[5],而雪桥牛大兄即以其近所镌《家言》见示,且丐为弁言[6]。予因开卷穷日而读之,并夜以继日而卒读之,见其一家之中,父谕子惟大和流溢[7],所谓见之语言不如见之行事之深切,而著名者咸于是乎在。赵岵存太史云:"事为日用饮食之事,言为家人妇子之言,文为布帛菽粟之文。"呜呼!尽之矣!予虽未见愚山先生之为人,而披其文辞如聆□□,宛然一古道照人者俨乎当前,不禁凛然起敬。至雪桥之平生,予在河南时,与柴稻村大令四兄[8],谈当今硕士,曾一一详及之,叹为狷介之流。自来川中,称颂者啧啧不去口。呜呼!愚山先生以坚韧之性,历劫不渝;雪桥以承启之心,出处一致。贤乔梓世济其休[9],虽家人父子之间,不欲为外人道。然一家之言,家家之言也;一人之志,人人之志也。予拜而受之,更将爱之重之,朝夕而玩味之,公事偶暇,又将正襟而熟复之。觉见之行事,较之见于语言之为法为箴者,尤信而有征也。

雪桥新升茂州直隶州,奉饬即赴任所[10],于其将行,为叙以送之。

道光三十年十二月上浣署四川按察使司分巡成宿松茂等处兵备道,愚弟马秀儒顿首拜书。

【注】

(1)徐梅桥:名泽醇,字梅桥,道光二十八年(1848)任四川总督,后为吏部尚书,曾向朝廷推荐牛树梅"朴诚廉干,循良第一"。《儒门法语》:清彭定求辑。彭定求(1645—1719),字勤止,一字南畇,号咏真山人、守纲道人,长洲(今苏州吴县)人,康熙十五年(1676)状元,是康熙年间的理学大师。

(2)整襟详阅:犹整衣阅读,表示尊重。汉袁康《越绝书·陈成恒内传》:"愿与吴交天下之兵于中原之野,与吴王整襟交臂而奋吴越之士。"

(3)《六事箴言》:是清代文人叶玉屏所撰的一部汇集前贤先儒言论精华的语录体著作,收录了自秦汉到明清150多位人物的言论共383条,分为持身、持家、居官、居乡、处事、处人等方面的内容。

(4)勖(xù):勉励。

(5)帙(zhì):本指书、画的封套,用布帛制成。这里指整理书籍。

(6)丐为弁言:丐,乞求。弁言,前言;引言。因冠于篇卷的前面,故称弁言。

(7)大和:即太和,一指天地间冲和之气。《易·干》:"保合大和,乃利贞。"朱熹《本义》:"太和,阴阳会合冲和之气也。"一指人的精神、元气平和的心理状态。

(8)柴稻村:与牛树梅同时代人,生卒不详。

(9)乔梓:比喻父子。休:吉庆,欢乐。

(10)饬(chì):古同"敕",告诫,命令。

十、雷尔卿

雷尔卿(？—1886)，字乙垣，陕西人，清咸丰年间进士，同治元年(1862)为四川南溪县知县，善书。

读《牛氏家言》有感

呜呼！道之不明也久矣[1]。无论众人行之不著[2]，习焉不察，即士大夫登科第，应民社[3]，日驰逐于名利之场，而语以子臣弟友[4]，视听言动[5]，一一身体而力行之，则不以为迂[6]，即以为矫[7]，此无他，学之不讲故也。当其读书，即志功名；既得功名，复志福贵。患得患失之念，日营营于胸中，而为国为民之心遂湮没不见[8]。为国为民之心即圣贤行道济世之心，不以穷达改也。昔颜子箪瓢陋巷[9]，志在为邦；范文正当秀才[10]，以天下为己任，是学为圣贤之学，心即圣贤之心，而得志与不得志，则听造物之位置焉。

壬戌冬，牛雪桥先生以《家言》见赠，是皆对君愚山先生垂训以教家人者，其境之苦，学之力，志之坚，历百劫而不回。而言言皆切日用，字字足铭肺腑，读之未半而泪从心生，强读之而泪愈不能止。掩卷而思，天下有如此之境遇者乎？有如此之境遇而不废学、不改志者乎？读至终篇，则转哭为喜，乃知天之所以困斯人者，正所以坚凝先生之德与性[11]，而培植其哲嗣贤孙为国家成柱石之器也[12]。今雪桥先生以知应廉访之任[13]，节俭慈惠，明察笃实，身无白圭之玷[14]，民有"青天"之称，岂非其家学渊源，而有以显扬二百载不绝之书香者哉？则否极泰来[15]，剥极必复[16]，理固然也。吾独惜其以愚山先生之学之志，而半生痼疾，终能以教家者教国，使其身应重任，必能先忧后乐，造福苍生，岂仅以言明道哉？然家人父子之言，布帛菽粟之文，直可与日月争光，金石不朽。读先生之书，有不顽廉懦立者乎[17]？吁！可敬哉！可风哉！

同治元年十二月朝坂雷尔卿谨志。

【注】

(1) 道：事理，德性。"道"是中国古代哲学的重要范畴，用以说明世界的本原、本体、规律或原理。在不同的哲学体系中，其含义有所不同。

(2) 著：显著。

(3) 民社：百姓和社稷。宋苏轼《贺时宰启》："民社非轻，犹承宣而惴惴。天渊靡外，亦忭跃以欣欣。"

(4) 子臣弟友：语出《论语·颜渊》："齐景公问政于孔子。孔子对曰：'君君，臣臣，父父，子子。'公曰：'善哉！信如君不君，臣不臣，父不父，子不子，虽有粟，吾得而食诸？'"

(5) 视听言动：语出《论语·颜渊》："非礼勿视，非礼勿听，非礼勿言，非礼勿动。"这是孔子儒学"克己复礼，天下归仁"的具体行为规范。

(6) 迂：言行或见解陈旧不合时宜。

(7) 矫：假托，矫情。

(8) 湮没(yān mò)：灭亡，埋没。《史记·司马相如列传》："首恶湮没，闇昧昭晳。"

(9) 颜子箪瓢陋巷：语出《论语·雍也》："子曰：'贤哉，回也！一箪食，一瓢饮，在陋巷，人不堪其忧，回也不改其乐。贤哉，回也！'"箪：古代盛饭的圆形竹器。瓢：古代装水的小容器。颜子即颜回(前521—481)，字子渊，春秋时期鲁国人，孔子最得意的弟子。

(10) 范文正：即范仲淹(989—1052)，字希文，谥文正，吴县(今江苏省苏州市)人，北宋著名政治家、文学家、军事家。

(11) 坚凝：坚韧而凝固。

(12) 柱石之器：担当国家重任的大臣。

(13) 廉访：清代对按察使的尊称。

(14) 白圭之玷：白玉圭上的一个斑点，比喻人或物大体很好，只是有些小缺点。

(15) 否极泰来：意思是逆境达到极点，就会向顺境转化。

(16) 剥极必复：比喻物极必反，先枯后荣。

(17) 顽廉懦立：使贪婪的人能够廉洁，使怯弱的人能够自立。形容感化力量之大。

十一、牛作麟

牛作麟,字振凤,号愚山,甘肃通渭人,诰封通奉大夫。晚岁专攻理学,长于诗文。著《牛氏家法》,子树梅、梅桃皆成才。

寄长儿

今有一梯一人,具在泥水之中,去高阜处六七尺(1)。梯无为也,人不钓梯,梯不能上;人虽有为,而不登梯,人亦不能上,必使人自梯而登,至于其上而钓其梯,则二者具至宽地矣。我乃梯也,汝乃人也。我之供给汝,梯之扶乎人也;汝待我供给(2),人之藉乎梯也(3)。

今一登而不上,犹冀再登,而梯已力弱而不能支也。是则梯之无用,于人乎何尤(4)?且吾儿非无志者,乃徒抱郁郁之心(5),而发愤无因,吾为儿悲甚矣。虽然,穷死则穷死矣,又安能没没终身(6),甘溺于泥水之中(7)?

自今以后,奋以策己,虚以受人,负薪挂角,皆读书之境也。难在作文,精神少有所馁(8),便神韵不畅(9),律调不叶(10),而文无进境矣。但遇有精神时,勿错过耳!

【注】

(1) 去:距离。

(2) 供给:以物资、钱财等给人而供其所需。

(3) 藉:同"借",凭借。

(4) 尤:过失,罪过。

(5) 郁郁:美好貌。这里指牛树梅怀有理想,向往美好。

(6) 没没:犹"昧昧",糊涂,无所作为。

(7) 溺:淹没;沉迷不悟。

(8) 馁:气馁,没有勇气。

(9) 神韵:风度韵致,这里指诗文书画的风格韵味。《宋书·王敬弘传》:"(敬弘)神韵冲简,识宇标峻。"

(10) 律调不叶(xié)：指诗文的韵律不协调。律调，指音乐上的律吕、宫调等。不叶，即"不协"，不和洽，不协调。

论学

一

世人之去圣人，不啻远矣⁽¹⁾。然非圣人远，不入其门之为远也；亦非不得其门之为患，明知其门而不入之为患也。俊秀子知此，则其所学，必非世人之所谓学也。（正月二十八日）

二

圣贤门户，何啻千重，入得一重素淡⁽²⁾，便见一重辉煌⁽³⁾。我辈止在素淡门外，终身瞭望耳，无惑乎辉煌之不见也。俊秀子有志真学问，须从伦常易见处入⁽⁴⁾。

三

予读《大学序》⁽⁵⁾，至"虽以熹之不敏"，猛醒"不敏"二字，非谦也，乃朱熹实见其然也⁽⁶⁾。盖其心之所欲接者，上自尧舜禹汤⁽⁷⁾，下至周张二程之统⁽⁸⁾，故觉其常有所不足。若云对世之学者言，是朱子先自处于恒人⁽⁹⁾，夫岂有是朱子哉！故知俊秀子眼中，止宜有轶才奇士⁽¹⁰⁾。进而求之，又止宜有古圣先贤，则将海下百川之意，自有不期然而然者。若止与丑夷争⁽¹¹⁾，无惑乎其满而易足也。故世人之自矜有余者⁽¹²⁾，皆其甘处于不足者也。（仲春二十三日）

【注】

(1) 不啻：指不只；不止；不仅仅；不亚于。语出《书·多士》："尔不克敬，尔不啻不有尔土，予亦致天之罚于尔躬。"

(2) 素淡：洁净淡雅。

(3) 辉煌：显著非凡的样子。

(4) 伦常：人与人相处的常道。

(5)《大学序》：朱熹所作，见《四书章句集注》。

(6) 朱熹（1130—1200）：字元晦，又字仲晦，号晦庵，世称朱文公。南宋杰出的学者，理学大师。

(7) 尧舜禹汤：我国上古四位最英明的帝王。尧，中国古代传说的圣王。舜，历来与尧并称，为传说中的圣王。禹，通常尊称为大禹，与尧舜并为传说中的古圣王，相传为夏王朝的开国君主。汤，商朝的建立者，又称武汤、武王、天乙、成汤、成唐。

(8) 周张二程：北宋四大理学家。周，指周敦颐(1017—1073)，字茂叔，谥号元公，道州营道楼田堡(今湖南省道县)人，世称濂溪先生，北宋文学家、哲学家，他的学说称为"濂学"，是宋朝儒家理学思想的开山鼻祖。二程，即程颢和程颐，河南洛阳(今洛阳)人。程颢字伯淳，又称明道先生，程颐字正叔，又称伊川先生，二程都曾就学于周敦颐，并同为宋明理学的奠基者。他们的学说也称为"洛学"，与同时代的张载所创的"关学"颇有渊源，二者理学思想对后世有较大影响，南宋朱熹正是继承和发展了他们的学说。张，指张载(1020—1077)，字子厚，大梁(今河南开封)人，世称横渠先生，北宋哲学家，理学支脉"关学"创始人。

(9) 恒人：常人，一般的人。

(10) 轶才：出众的才能。

(11) 丑夷：犹侪辈，古称年辈相同、学行相类的人。

(12) 自矜：自负，自夸。

语长儿

一

长儿，吾观邵子出游[1]，乘人挽小车，惟意所适。士大夫家识其车者，争相迎候，童稚厮隶，皆欢然相谓曰："吾家先生来也！"不复称其姓字。至有好事者别作屋，如邵子居，名曰"行窝"，亦邵子名其居曰"安乐窝"故也。司马温公自洛入临神宗丧[2]，卫士入见，皆以手加额曰："此司马相公也。"所至，民遮道聚观，马不得行，曰："公勿归洛，留相天子，活百姓。"

二

人生天地间，隐则如尧夫，显则如君实，斯不枉为人子矣！然不可徒慕于外，须从身心性命中求之[3]。到得不见弃于周程张朱之门外，则其乐当必有不愿是者矣。而其生荣死哀之效[4]，自在其中矣。吾愿子以此自为，又不忍以不肖待汝弟，望汝时语之，他人不足道也。(四月望日)

三

杨龟山曰："圭角多[5]，刺人眼目，亦易玷缺[6]。君子处世，当浑然天成，则人不厌弃矣。"袁了凡曰[7]："惟颜子浑然天成，孟子已露圭角[8]，然人亦安能遂作颜子？若合下便学他浑然天成，则模棱糊涂矣。愚谓此虽若有引而不发者，然大要不过欲深其精义之学，而优柔餍饫以成之耳[9]。总之，寓精明于浑厚，藏严正于宽洪，则得之矣。"(四月十八日)

【注】

(1) 邵子：即邵雍(1011—1077)，字尧夫，又称安乐先生、百源先生，谥康节，后世称邵康节，北宋理学家。

(2) 司马温公：司马光(1019—1086)，字君实，号迂夫，晚年号迂叟，陕州夏县涑水乡(今山西运城地区夏县)人，世称涑水先生，北宋著名史学家、散文家，主持完成《资治通鉴》的编撰。

(3) 性命：古代哲学范畴，指万物的天赋和禀受。

(4) 生荣死哀：活着受人尊敬，死了使人哀痛。

(5) 圭角：圭的锋芒有棱角。比喻人的言行奇特、刻薄。

(6) 玷缺：亦作"玷阙"，白玉上的斑点、缺损。比喻人的缺点、过失。

(7) 袁了凡：即袁黄(1533—1606)，字庆远，又字坤仪、仪甫，初号学海，后改了凡。明朝重要思想家。

(8) 孟子(前372—前289)：名轲，字子舆，又字子车、子居，战国时期邹国(今山东济宁邹城)人，他是我国古代伟大的思想家，与孔子并称为"孔孟"。

(9) 餍饫(yàn yù)：形容食品极丰盛。

论气脉长短

儿言张老师(讳玉成，长安人)论发科登第事[1]，曰："南人脉长[2]，恒数世不绝；北人脉短，不过一二世而已。"据耳目所睹记，往往如是。

予初闻之，而未之深思，及其久也，恍然而悟曰：是岂徒风土所为乎？亦人之性行习气所致耳！予北人也，尝阅数村而不闻读书声，学焉者寡，固已如是。间有知学者，要亦无大志。一著儒巾，便心满意得，自以为乡里贵人。又有有志者，仰观国家之光，不以篱鷃泽鲵自处[3]，亦云贤矣。而一登高第，又自以为超群轶类，不愧为郡国佳士，则其心不亦矜乎？作事之时，已有矜心，入官之后，安知素履[4]？故食甘曳紫[5]，高视阔步，豪华气象，无一不具。子弟习其然，安坐靡费，不恤长久，虽有秀良，犹不免染为浮华，又安肯勤学好问，而甘受三冬九秋之苦乎？夫所以得至此者，有由然也。今乃举而弃之，是自斩其脉而使短也，又何怪发科登仕之不长乎？

夫士不素贵，当贫贱时，外无营心，内有励志，挫而愈奋，困而弥坚，然后经义熟，翰墨工，而有释褐之一朝[6]。使仕宦者之子孙，世世如出一辙，人人均此一心，有不延其泽于弥永乎[7]？今一二世间，顿改前业，不窨两途，予故知非风土也，人也！

曰："南人何以不然？"

曰："其故多端，今即以大略言之。南方文人多，多则闻见广，易知己之不足。南方世家多，多则闻见习，不觉己之有余，此骄矜所以易消也。骄矜消，然后能久于其业，而世可长也。""然则北人亦何如?"

曰:"虽作显宦,长存秀才心,行秀才事,奢俭文质⁽⁸⁾,一切以儒素为准。视一身之学成名立,止如收一岁农工焉然。农非一岁之业,学亦非一世之事。当吾世而即为继世勤教训之方,犹当今岁而即为来岁树麦之种也。化海不可以已也如是。"

曰:"如是化海之,若子若孙,遂可以不生骄矜而入于学乎?"

曰:"犹未也!入内既有训迪之善[9],尤须防出外而有迎逢之累,于一切誉谀之人,附和之事,遣远之勿使近。而又熟喻以可远不可近之故,则所以消骄矜者至矣。"

曰:"骄矜之消,必何如而后可?"

曰:"常如婴童然。即使执刍牧之事,供薪水之劳,犹恬然为之,不自知为贵家子。至此,然后可谓骄矜消,亦可以久于其业而长其世也。"

曰:"不幸而生下愚[10],将奈何?"

曰:"人所进者人事耳,若此则归之于天,然又不可徒诿之天[11],须早为之所焉。方为士时,不可不实有致知力行功夫[12],不然只算识字,不算为学,此学术之正旨也。然欲为善,必先去恶。恶之大者,在淫赌盗三字,去之当尽其类。至于心术,猜忌,刻薄,诈伪,皆心田之荆棘,嘉德之蟊贼[13],悉此而去之,勿或蹈焉。入仕之后,第一不可取非义之财,若以非义取之,亦以非义还之也。何为非义还之?不以乏嗣济他人[14],即生悖逆而荡散尽也[15]。"

曰:"士无禄位,亦有所取,不必不义。岂入官者禄养之外,概无所取乎?"

曰:"虽有,要以无负于君,无害于民,无玷于名节者则可耳!夫自为士至于入官,以此自为,则培植有素,虽当局不敢自恃。而锡类自属天道,亦不应有下愚之生,罚及于嗣矣。即得秀良而育之,自有知觉,所见闻皆勤俭之风,尤深思远之事。入学后亟亟孜孜[16],如农之趋时,商之趋市,加以教之有方,要只有旨,此其性行习气,北人也,而南人无以过矣!虽一世百世可也,又何必脉之不长乎?若夫方为士,知为文而不知修行,身一得而不恤谱系[17],既居官,亦知官之不可长。即乘时图利其子孙,而子孙亦乘时图利之,是即伤天理者废世业也[18]。谓曰风土,其然乎?其不然乎?"(端午翌日)

【注】

(1) 系牛树梅在长安求学时的老师,道光八年,秋闱报罢,树梅落第,去南方游历。曾写《寄呈张昆崖老师书》一文。

(2) 地脉:古人讲风水时描述地形好坏的用词。

(3) 蕃篱之鷃泽鲵:蕃篱之鷃即篱笆下面的小鷃雀。尺泽之鲵就是一尺来深水塘里的小娃娃鱼。常以喻见识浅陋、胸无大志的人。楚宋玉《对楚王问》:"夫藩篱之鷃,岂能与之料天地之高哉?"

(4) 素履:语出《易·履》:"初九:素履往,无咎。象曰:素履之往,独行愿也。"王弼注:"履道恶华,故素乃无咎。"后用以比喻质朴无华、清白自守的处世态度。

(5)食甘曳紫:吃着美味穿着官服。甘:甜美的食物。紫:紫袍,指古代高官的衣服。

(6)释褐:脱去平民衣服。比喻始任官职。汉扬雄《解嘲》:"夫上世之士,或解缚而相,或释褐而傅。"

(7)弥永:久长,越加长久。严复《原强》:"知吾生之所以生则知群之所以立矣;知寿命之所以弥永,则知国脉之所以灵长矣。"

(8)奢俭文质:奢俭,奢华与俭素;文质,文华与质朴。晋杜预《〈春秋经传集解〉序》:"史有文质,辞有详略。"孔颖达疏:"史文则辞华,史质则辞直,华则多详,直则多略。"

(9)训迪:教诲开导。《书·周官》:"训迪厥官。"

(10)下愚:指顽劣不堪教化之人。语出《论语·阳货》:"子曰:'唯上知与下愚不移。'"

(11)诿:推托;推诿。

(12)致知力行:致知,语出《礼记·大学》:"欲诚其意者,先致其知;致知在格物。"郑玄注:"知,谓善恶吉凶之所终始也。"朱熹注:"致,推极也;知,犹识也。推极吾之知识,欲其所知无不尽也。"力行,努力实践。《礼记·中庸》:"好学近乎知,力行近乎仁,知耻近乎勇。"

(13)蟊(máo)贼:害虫。比喻坏人。

(14)乏嗣:无后。

(15)悖逆:违逆;忤逆。这里指忤逆不孝子孙。《礼记·祭义》:"致义,则上下不悖逆矣。"

(16)亟亟孜孜:亟亟:急迫;急忙。孜孜:勤勉;不懈怠。《书·益稷》:"予何言?予思日孜孜。"孔颖达疏:"孜孜者,勉功不息之意。"

(17)谱系:家族系统。

(18)天理:指自然法则。宋明理学把天理看作本然之性。引申为"天理之性",是"仁、义、礼、智"的总和,即封建的伦理纲常。

自异说

人生斯世,有所当异于人者,亦有不当异于人者。然于所当异而不异,不过庸愚而已;于所不当异而异之,则衰败消亡之道也。尝见穷檐之民(1),食脱粟之食,衣短褐之衣,苟得免于饥寒,曾何知圣贤之业!然虽蒙然终身,亦庶无异患也(2)。至于仕宦之子弟,夙尝染于豪华之习(3),虽至囊空资乏,无异于贫民,而足高目扬,气宇昂昂,犹不屑与平人偶。甚者侧冠曳履(4),开衣袒胸,若是者何?所以自别于五民(5),而托于世胄(6)也。

嗟乎!此衰败消亡之道也。夫人之精神几何?必结聚而不散,勃发而不衰,坚贞自矢(7),专于一途而无他用,然后可以任学术,成德业,集福禄也。若彼之志气,于正业,如悠扬之水(8),莫能载也;于败行,如枯杨之花⁽⁹⁾,速自毙也⁽¹⁰⁾,其何以望其然耶?然则士之求异于人者,其不可不以心竞也。竞之以心,尚暇形迹之托哉⁽¹¹⁾?耕耘于田可也,贸迁于市可也,糊口于他乡亦可也。当遇合不偶⁽¹²⁾,穷途未达,虽不拘于一致,而要以嗜好不厌,砥砺不倦者⁽¹³⁾,贞其志于隐居之求,虽富贵实境,犹夷然不动其心,而况于区区气象间耶?此经世宰物之本⁽¹⁴⁾,所以当大任而不愧者也。彼贵公子者,其用意岂不缪哉?

梅注:父坚骨忍性,如松心竹筠,备历冰雪,而生气不靡。此篇言成败之本,痛入肌理。其善,身所自有;其弊,则目睹而心鉴者也。

【注】

(1) 穷檐:指茅舍,破屋。韩愈《孟生》诗:"顾我多慷慨,穷檐时见临。"

(2) 庶:庶几,表示希望或推测。

(3) 夙:素有的,旧有的。

(4) 曳履:拖着鞋子。形容闲暇、从容。刘师培《文说》:"推之曳履歌商,声若出于金石。"

(5) 五民:指士、农、工、商贾、兵。《宋史·王禹偁传》:"自秦以来,战士不服农业,是四民之外又生一民……佛法流入中国,度人修寺,历代增加。不蚕而衣,不耕而食,是五民之外,又益一而为六矣。"

(6) 世胄:世家子弟;贵族后裔。晋左思《咏史》诗之二:"世胄蹑高位,英俊沉下僚。"

(7) 自矢:犹自誓。立志不移。《清史稿·世祖纪》:"国家设官,必公忠自矢,才能裨益生民,共襄盛治。"

(8) 悠扬之水:语出《诗经·王风·扬之水》:"扬之水,不流束薪。彼其之子,不与我戍申。怀哉怀哉!曷月予还归哉!"朱熹注:"扬,悠扬也,水缓流之貌。"意指散漫落拓,放浪形骸,不思进取。

(9) 枯杨之花:凋枯的杨树开花,意即腐朽衰亡之事物。汉司马相如《长门赋》:"白鹤噭以哀号兮,孤雌跱于枯杨。"

(10) 自毙:自行死亡,比喻自遭失败或自受其害。

(11) 暇:疑为"假"字之误,假借。

(12) 遇合:谓相遇而彼此投合。偶:合,指臣子逢到善用其才的君主。

(13) 砥砺:原指磨刀石,引申为磨砺、勉励。

(14) 经世:经世致用。宰物:谓从政治民,掌理万物。

自馆寄长儿

梅注:癸未甲申,梅馆于郡城朱氏,是岁获选拔⁽¹⁾,弟亦食饩⁽²⁾。闰七月,又馆于原氏⁽³⁾,凡八年。

长儿：

不知你何时赴郡也？曾记我言跬步不忘之意么⁽⁴⁾？河上更宜小心。汝辈出门，我与汝母无时不以此为忧念也。起居饮食，亦须常有保养之意。至于读书，予亦不虑汝偷惰，但勿过劳伤神耳。书信若有带处，绵绵不绝可也。

长儿次儿知：今年考试可算称心，汝亦知此为已极乎？抑为始基方兴未艾乎⁽⁵⁾？古有数世作鼎台者⁽⁶⁾，今闻南省有接世翰院作大员者，则以此为始基可也。又见今人虽小成，不一二世而子孙不继者，则此岂不为已极乎？然天意命数，皆不可知，其可知者人事耳。盖德者福之所集，旁通六经，无非此理，道艺者选建所加。举目所见，亦莫不然。若我于独知之地，积德累行，以孝弟为本，以诚信为推⁽⁷⁾，常存天临地鉴之心。其于学也，激之以偷光映雪之人⁽⁸⁾，励之以口诵心维之己⁽⁹⁾，则必有乘电穿针无时不进之勤矣⁽¹⁰⁾。是所以承藉天意，应君相求者，固如东海之日，西山之月，方兴而未艾。天何恶于我而不以福集，人何薄于我而不以赏加。若能以此教子孙，子孙亦不能忘此教，虽一世百世可也。不然，是自处于已极，岂有不如日月之中而昃⁽¹¹⁾，盈而亏者乎？吾闻之，天道福善祸淫，人道恶淫好谦。儿于今后，如遇得意处，当思来之不虚，而益加进修，若反其遇，亦只作天意之教训，人事之磨练用。如此，则无论顺逆穷达，皆可为进德修业之助，而无罔过者矣！此为百年耿耿，生死不忘之第一义，儿苟念而谅之，其亦体此乎哉？

今人与之言"道理"二字，谑者曰："新圣贤出世。"正言者曰："'道理'二字，自属圣贤，我辈何知焉？"嗟乎！'道理'二字，岂圣贤之所私乎？世无圣贤，百年可也；世无道理，一日不可也！今试语人曰"汝非圣贤之人"，则恬然受矣；若曰"汝乃无道理之人"，则必怫然怒矣。夫既以无道理为可怒，而提起"道理"二字，又欲外此而逃之，吾不知将置其身于何所耶？盖道理者，人之所以为人。一人无道理，则不成人；人人无道理，则无世事。既为人矣，而顾以道理为异物，亦见其惑也。窃不自揣，语子者屡矣，而未敢侈有所言者。

以我最愚不肖，不敢以大过者望子也。然世未有不贤祖父，而不望有贤子孙者也；亦未有贤子孙，必视不贤祖父以为法者也。今不能忍，特以话核语之⁽¹²⁾。我将以圣贤为题，以诸子诸孙为文，宁使力作而不称，不欲心惮而不作，子其力致之。本之天良，参之圣言，趋之时敏，虽不能至，亦使后人有所凭藉而知所向往也。盖人所享诸福，不得如登天，得之其味易尽，不尽者其惟"道理"两字乎？我虽愚，知其如此，故言之谆谆也。

前吾贻长儿书，以为多离少合，不胜恓惶⁽¹³⁾，子其勉之。若得学成名立，别作区处。长儿答书曰："若得略遂所志，万不敢贪恋仕途，废离天性之恩。⁽¹⁴⁾"此则父子交失之言也。果尔，是藉诗文之谀词，窃朝廷之名号，荣身而已者也。圣贤何用成此人材？国家何赖有此士子哉？古圣贤之为父子者，岂父不爱子，子不恋亲？顾内审诸己，苟有益于国家，有济于君民，必不忍自顾其私，听安危治乱之自至，而莫之恤也⁽¹⁵⁾。故虽有父子之恩，终不废君臣之义，惟庸劣无用，偷惰怀安之人，可不进而早自退耳！然吾于儿，不忍以如是之人品望，而忍以如是之出处望之哉？然则何如而可？曰："有道则见，无道则隐(16)。"此圣贤之格言，千秋之龟鉴也。至于占事知来，决所趋避，则又在于知几之哲(17)，子于是乎勉之，亦于是乎精之。若得贤主明时，德加于生民，名垂于青史。吾未见尊亲养亲者之不得为孝子也，何必颠末沾沾膝下为哉？但得二三年相处，汝六七岁时，言笑而乐吾志，亦哭泣而送吾终，其亦可矣。（孟冬下浣）

【注】

（1）道光四年，牛树梅在巩昌府天竺寺处馆授徒。甘陕学政张岳崧主持岁试，牛树梅以第二名拔贡中举。

（2）食饩：指明清时经考试取得廪生资格的生员享受廪膳补贴。亦即成为廪生。道光四年，牛树桃也获廪生。

（3）原氏：指牛树梅在巩昌府原氏馆授徒。教授了原仲思等一些门人。

（4）跬步不忘：时刻不能忘记。跬步：半步；举步。沈钧儒《寄大儿》诗："小妹居对房，跬步无我离。"

（5）方兴未艾：事物正在发展，尚未达到止境。艾：停止。宋陈亮《戊申再上孝宗皇帝书》："天下非有豪猾不可制之奸，房人非有方兴未艾之势，而何必用此哉！"

（6）鼎台：指三公之位。

（7）推：疑为"准"之误。

（8）偷光映雪：谓家贫而苦读。《西京杂记》卷二："匡衡，字稚圭，勤学而无烛，邻舍有烛而不逮，衡乃穿壁引其光，以书映光而读之。"南梁任彦升《为萧扬州荐士表》："至乃集萤映雪，编蒲缉柳。"注引《孙氏世录》："晋孙康家贫，常映雪读书，清介，交游不杂。"

（9）口诵心维：口里念诵，心里思考。

（10）乘电穿针：利用闪电的亮光来穿针做活，指极端精进用功。

（11）昃：太阳偏西。昃食宵衣（旧时称颂帝王勤于政事的套话，太阳偏西时才吃饭，天未亮就穿衣）。

（12）话核：谈话的主题。

（13）㤿惶：通渭方言指非常思念。

（14）天性：指天理人伦。

（15）恤：救济，帮扶。

（16）语出《论语·述而》："子曰：'笃信好学，守死善道。危邦不入，乱邦不居。天下有道则见，无道则隐。邦有道，贫且贱焉，耻也；邦无道，富且贵焉，耻也。'"

（17）知几：谓有预见，看出事物发生变化的隐微征兆。《易·系辞下》："知几其神乎。君子上交不谄，下交不渎，其知几乎？几者，动之微，吉之先见者也。"

养气说

世有强梁横暴之人⁽¹⁾,固不足道。乃至以柔顺包容之习⁽²⁾,而不学以明其理,至于罴软而无为⁽³⁾,此又不解养气者之过也。夫养气之说,非徒养不善之气而化之,亦并养敢为之气而长之也。不然,则事君事父无所以⁽⁴⁾,其何以为忠臣孝子哉?且不但大节为然⁽⁵⁾,即日用常事,未有不赖气以成之者。故学须有时时自强,养成大勇之意。

【注】

(1) 强梁:强横凶暴。《水浒传》:"贪财好色最强梁,放火杀人王矮虎。"
(2) 柔顺:温柔和顺。《易·坤》:"柔顺利贞,君子攸行。"
(3) 罴(pí)软:懒散,无所作为。
(4) 所以:原因,情由。《文子·自然》:"天下有始主莫知其理,唯圣人能知所以。"
(5) 大节:关系存亡安危的大事;也可以称人的志气、品操。《论语·泰伯》:"临大节而不可夺也。"

义命治心说⁽¹⁾

欲治事,先治心⁽²⁾。而心之难治,莫如震惊变故之来,心之不可不治,亦莫如震惊变故之来。于是而不知所以治之,无论茫然失措,错乱其所为,亦置心于危境,徒受无益之惊,而不得广大之域以自安也。故心不可不治也。

心何以治?曰义曰命。义尽其不容怠之己⁽³⁾,命听于不可知之天。此见定,而心于是乎一泰⁽⁴⁾。又有因义命而自宽心之法,曰义尽诸己,命听于天,此天下之常理大道也。吾自处于理之常,则天必不终置之于变;吾自处于道之大,则天必不终迫之于隘⁽⁵⁾。此见定,而心于是乎又一泰。又有因义命而不变心之法,曰义尽诸己,命听于天,自应有福而无祸。设有不然,此中亦有数也⁽⁶⁾。数之所难逃,虽善为机械变诈者无益也⁽⁷⁾,何故不由义而安命哉?此见定,而心于是乎又一泰。积三泰以为心,则危者安,扰者静,促迫者公平广大。震之为卦,所以得"笑言不丧"也⁽⁸⁾。

吾于前月以来,频闻饥民抢夺事,不禁心绪乱甚,反而思所以自治其心者,莫此若也。夫治心乃圣功也,岂易言哉?第念操心虑患故达之说,或者所见为不谬也。(甲申仲冬九日)

是岁大荒,冬春之间,死者枕藉,劫粮攫食,所在汹汹。时梅馆原氏⁽⁹⁾,陇通之间,见其村庄为墟者,至今犹心惨也。(梅注)

【注】

(1) 义命：正道；公正合宜的道理或举动。命：性命，天命。宋曾巩《答王深甫论扬雄书》："又谓雄非有求于莽，特于义命有所未尽。"

(2) 治心：修养自身的品德。《荀子·解蔽》："仁者之思也恭，圣人之思也乐，此治心之道也。"

(3) 怠：懈怠。

(4) 泰：舒畅，安定。

(5) 隘：狭窄、险要的地方。

(6) 数：这里指命运、气数。

(7) 机械：利用力学等原理组成的各种装置，这里指巧诈。《淮南子·原道训》："故机械之心，藏于胸中，则纯白不粹，神德不全。"

(8) 笑言不丧：语出《易·震》："震，亨。震来虩虩，笑言哑哑；震惊百里，不丧匕鬯（bǐ chàng）。"虞翻曰："哑哑笑且言，谓初也。得正有则，故'笑言哑哑，后有则也'"。震为雷，两震相叠，反响巨大，可消除沉闷之气，亨通畅达。平日应居安思危，怀恐惧心理，不敢有所怠慢，遇到突发事变，也能安然自若，谈笑如常。

(9) 是年，牛树梅在巩昌原氏馆坐馆，教授史培荣、原仲思等弟子。

论文品

士之以文词见者，持有才学，以投世人之所好。然吾尝读古人书，见其忠孝节义有大过人者，不自知其何，以重其人，并重其文。或大节有亏，则以薄其人者，并其文而亦薄之。

呜呼！以余一人之心，系天下后世人之心，亦概可知矣。士之欲以文辞见重者，抑亦知所本欤？

送长儿朝考（以下丁亥）

愚承先世箕裘⁽¹⁾，托业于学，仅识数字，而以穷乏日甚，给薪水之役，作耕耘之劳，弃学就农，不恤荒废。成童以后⁽²⁾，渐计终身，抑郁忧闷，日以益切。数年之间，梦寐流涕者，不知凡几！吾儿闻之，其亦知所怜乎？二十三岁从父于馆⁽³⁾，始克就学。然以天资不敏，作辍不常⁽⁴⁾，延及多年，仅列庠序⁽⁵⁾。无为之才，随以痼疾，终身之事，遂以已矣。幸赖皇天启佑，祖宗培植。汝，长儿梅，获入选拔，次儿桃，得食廪饩，岂云不幸？然苟自待以不凡，尺寸浮名，可自多乎？夫义方训子⁽⁶⁾，固父之职。若汝二子⁽⁷⁾，虽不足贤，已跨灶矣⁽⁸⁾。以余之庸劣，夫复何言？独是爱之深，虑之不得不远;图之大,言之不得不详。虽朝夕相处,律以父道,训迪之责,犹亦不废。况汝梅时值北上,途远日久,谆谆之情,庸能自已?自今以往,二子凡有远游,具宜念此勿废。

(一曰三奉)奉天命以敬身心。五常之德,命之自天。凡身心所与,有明知非德而故犯者,是即得罪于天矣。此一条,平居、出入、起居,俱宜深念。况阅历繁华,荡人心术⁽⁹⁾,正在此间,故以此条为首,正本也。

奉圣教以献君王。古人学古以入官。今士子自少所读,无非圣教,至于名场⁽¹⁰⁾,竟有以时文为敲门砖者,此其心尚可对君乎?应试即对扬义矣。本之幼学,毋任弁髦⁽¹¹⁾。

奉亲心以保身体。父母之于子,浅而言之,不过爱恋其子;深而言之,实是自爱其命也。盖父母既老,其命即托于子。子愈贤,则所托愈重。知此则风雨寒暑,饮食喜怒,凡所以保其身者,亦无不周。此虽予之私情,然之以教孝,亦公义也。

(二曰三尊)尊有德。孝悌谨信,皆德也,遵之将以资己也。次学问,次文艺,次书法,皆当以类相及。

尊有爵。尊非趋奉之谓也⁽¹²⁾。名分攸关,易生严惮。若夫同辈,虽不在达尊之列,然敬人即敬己,狎慢之习⁽¹³⁾,亦所深戒。

尊有齿。此遇合所及。或有然者,爵齿二条,似非切要,然以后生薄习,狂率为能,不可不在在自检也⁽¹⁴⁾。

(三曰防患)盗贼诈骗之徒,往往有之,不可不防。勿稍疏虞,勿近狭邪,勿爱便宜,皆防患之道也。若以闵顽之心,隐操变化之术,则更上矣!观王彦方事可知已⁽¹⁵⁾。

(四曰养神)天地间一动静之机而已。静则宴息,动以歌咏。兴趣所适,与化相似⁽¹⁶⁾,则神自灵,不徒息心之谓也。

(五曰怀古)三代会同⁽¹⁷⁾,五霸征伐,汉唐以来,兴亡治乱,皆古矣。过都越国之际,慨然兴感,自足以激发气概。有圣贤豪杰之想,而俗尘自扑去矣。

(六曰访问)入境问禁,入国问俗⁽¹⁸⁾,所以防忌犯也。而士子欲为国家用,则风土人情物产,犹不宜略,所以为他日理财治民之资也。若能如此,虽天下之大,足迹未历之处,亦可参观而喻。

(七曰纪录)知己赠答,旅况消遣,皆客途所不废。如有佳遇,不可无题作以纪其事,但题作不必常有。即路程饮食歇宿之处,亦须逐日注明。须知子适远途,父母心与俱往,心与俱来,即不能早知所至,他日历历阅览,亦有无穷滋味。切以备嗣后上京,路途远近止宿之计也。(丙戌正月下浣)

【注】

(1)箕裘:比喻祖先的事业。《礼记·学记》:"良冶之子,必学为裘;良弓之子,必学为箕。"孔颖达疏:"积世善冶之家,其子弟见其父兄世业鋾铸金铁,使之柔合以补治破器,皆令全好,故此子弟仍能学为袍裘,补续兽皮,片片相合,以至完全也……善为弓之家,使干角挠屈调和成其弓,故其子弟亦睹其父兄世业,仍学取柳和软挠之成箕也。"

(2) 成童:八岁或十五岁以上儿童,说法不一。《谷梁传·昭公十九年》:"羁贯成童,不就师傅,父之罪也。"范宁注:"成童,八岁以上。"《礼记·内则》:"成童,舞象,学射御。"郑玄注:"成童,十五以上。"

(3) 指牛增懋,号竹林,岁贡生,诰封通奉大夫。

(4) 作辍不常:时作时歇、不能持久。

(5) 庠序:古代的地方学校。《孟子·滕文公上》:"夏曰校,殷曰序,周曰庠。"

(6) 义方:指行事应遵守的规矩法度。《左传·隐公三年》:"臣闻爱子教之以义方,弗纳于邪。"

(7) 若:你。

(8) 跨灶:马前蹄的空处名叫灶门,跨灶本指骏马奔驰时后蹄印反而处在前蹄印之前,引申为儿子胜过父亲。《幼学琼林》卷二:"子光前曰充闾,子过父曰跨灶。"

(9) 心术:指心意的动向和性质。《礼记·乐记》:"应感起物而动,然后心术形焉。"

(10) 名场:指科举的考场,也泛指追逐声名的场所。

(11) 弁髦:弁指黑布冠;髦指垂发。古时贵族子弟行加冠礼,先用黑布冠把垂发束好,三次加冠后就丢弃不用了。比喻毫不可惜地扔掉无用的东西。《左传·昭公九年》:"弃如弁髦,而因以敝之。"

(12) 趋奉:谄媚;奉承;讨好。南朝梁沈约《到著作省谢表》:"珥笔史观,记言文府。趋奉载扬,腆懵交颜。"

(13) 狎慢:亲热轻慢。晋·葛洪《抱朴子·疾谬》:"君子之交也,以道义合,以志契亲,故淡而成焉;小人之接也,以势利结,以狎慢密,故甘而败焉。"

(14) 在在:处处;各方面。《金刚经》:"在在处处,如有是经。"《明史·李应升传》:"在在增官,日日会议;覆疏衍为故套,严旨等若空言。"

(15) 典出《后汉书·王烈传》:"乡里有盗牛者,主得之,盗请罪曰:'形戮是甘,乞不使王彦方知也。'烈闻而使人谢之,遗布一端。或问其故,烈曰:'盗惧吾闻其过,是有耻恶之心,既怀耻恶,必能改善,故以此激之。'"后用以指感化而改恶从善。

(16) 化:造化,自然。王羲之《兰亭集序》:"修短随化。"

(17) 会同:会同,古代诸侯召见天子的通称。《周礼·春官·大宗伯》:"时见曰会,殷见曰同。"郑玄注:"时见者,言无常期,殷,犹众也。"

(18) 语出《礼记·曲礼上》:"入境而问禁,入国而问俗,入门而问讳。"意思是进入一个国家或地区,先要问清楚那里有什么禁令。

十二、牛树梅

谕诸生（主讲锦江书院）

窃以为自古为人师者,曰德曰学。德足以资观感[1],学足以备启沃[2],而后有益于人,无愧于己。区区以德则薄,以学则荒,而又年力已衰,不耐劳苦,猥以当事敦延[3],固辞不获,遂腼然而为多士师[4],殊深惭恧。顾既居此席,则不能无望于多士矣。侧闻近年以来,多士聚语,每有望区区为山长者[5]。望之之心,不过曰以德以学而已,区区虽非其人,而多士尚德好学之初心,断不可负也。夫既为读书人,且远来书院肄业[6],则"敦品勤学"四字,并非迂阔,并非高远。敦品以少出外为首,勤学以少闲谈为首,只此便可绝匪僻之干而走圣贤之路也[7]。否则,不自爱惜,不听约束,或在院滋非,或在外生事,致为贾人竖子所嗤笑。使区区上负当事之知,下孤众贤之望,如所云"斯人既出,如苍生何"者[8],区区之耻而亦多士之羞也。现在乡试在即,生等父母、妻子在家盼望,苟有体贴之意,必有勤敏之功,想尤不待人之劝勉也。

【注】

(1) 观感：看到事物以后所产生的印象和感想。

(2) 启沃：指竭诚开导、辅佐君王。

(3) 猥：谦辞,犹言辱。

(4) 多士：众多贤士。

(5) 山长：古代对书院主讲学者的称谓。

(6) 肄业：修习课业。古人书所学之文字于方版谓之业,师授生曰授业,生受之于师曰受业,习之曰肄业。

(7) 匪僻：邪恶。

(8) 咸丰八年三月十七日,湖北严树森观察信中有,胡林翼"斯人不出,如苍生何"之叹,此处以此引用,以激励自己及"多士"。

书院宜戒各条

一、戒喧饮：酒不禁饮，猜拳喧哗则丑矣。

二、戒赌博：古人谓之猪奴戏⁽¹⁾，其品可知。况诸弊丛生，不止败财也。

三、戒吃食鸦烟⁽²⁾：此事风气盛行，明知不能禁绝，但损身、败家、丧品，较之喧饮、赌博，其害更大。是在能知自爱，并能念及父母者，设法忌之。

四、戒晏起：贤哲云：观人之卧起迟早，可以知其家道之盛衰。纨绔子弟，每日午始兴，鸡鸣始寝者，反天地之性，悖阴阳之宜，不祥孰大焉。曾侯相曰⁽³⁾："无论富贵贫贱，人家未有早起而不兴，晏起而不败者。"此格言二则，乃铁板不易之定案⁽⁴⁾。凡在生，人皆当奉为金科玉律⁽⁵⁾，而况焚膏继晷⁽⁶⁾，用惜阴之功者哉！

五、戒外出生事：为学以安静为主，处事以谦让为先。各处书院风气，往往恃院为符，在外生事。而且一人有事，则众人投袂而起，以致人畏书院之人，几同痞类，此岂非士行之大玷，而书院之深辱哉！每读《小学》，胡安定先生弟子散在四方，皆循循雅饬，其言谈举止，过之不问可知为先生弟子。余何人斯？敢引此语！要之，多士！宜知自爱也。切戒，切戒。

六、戒招留闲杂人等：在院住宿，至有词讼者，或借书院为藏身之固，尤宜严绝。监院斋长狥庇不举者⁽⁷⁾，议罚。

【注】

(1) 猪奴戏：古时用此词告诫赌博的人。《晋书·陶侃传》："樗蒲者，牧猪奴戏耳！"

(2) 鸦烟：即鸦片烟。清魏源《圣武记》卷十四："日本之深恶红夷不与通市者，防其鸦烟与邪教也。"

(3) 曾侯相，即曾国藩。

(4) 铁板：铁板。

(5) 金科玉律：比喻必须遵守，不能变更的守则，信条，或尽善尽美的律条。前蜀杜光庭《胡常侍修黄箓斋词》："金科玉律，云篆瑶章，先万法以垂文，具九流而拯世。"

(6) 焚膏继晷：指燃烧灯烛读书写作一直到第二天日光出现，形容夜以继日地勤读不息。韩愈《进学解》："焚膏油以继晷，恒兀兀以穷年；先生之于业可谓勤矣。"膏：油脂，指灯烛。晷：日影，日光。

(7) 斋长：指清代书院分斋教学而设立的职事名。每斋学生约三十人，置斋长一员。

书院应行各条

一、学贵务本：古人庠序之中所讲何事？今时以八股文诗取士，不得不汲汲于此。先时，大宪特以冯少墟先生《善利图》、吕新吾先生《理欲消长极至图》《身家盛衰循环图》勒诸石[1]。今制宪又以《朱子学规》及谕，"学者语"榜诸讲堂，此皆前贤提命我辈至切至要之语也。诸生中多聪俊之士，必有瞻玩而兴起者[2]。

二、勤用功：诸生或数百里或千余里而来，所为何事？此条本可不说，惟用功得力亦自不同。有得力"四书"者，有得力"经书"者，有得力"史鉴古文"者，有得力时文，降至墨卷者，斯为下矣。要之，此时只各就平日得力处摩之，使熟而已。若论本源功夫，则以涵养心神为至要[3]。涵养心神，惟王阳明先生《示徐曰仁》一篇说得尽[4]。但我辈平日未曾用工，心气未驯，亦骤然仿效不来，不如取义理书，如《朱子语类》《阳明传习录》《李二曲集》等类，敛身端坐，澄心静虑。读之不在多，亦不在记，并不在高声朗诵，至要涵咏体玩，令其与吾心气相融，浃久之[5]，自当有验。此即培本达枝之理，勿以与时文无干为疑也。

三、如期交卷：书院规矩本宜当日交卷，即在外者，有所不便，宽至次晨，已不为迫矣。闻向来堂课，有迟至数日交卷者，殊属不成事体。且窗下鍊功[6]，必使绰有余期，犹恐场中迫促。或设苟且，往往有首艺尽可入谷[7]，以中后潦草见摈者。若窗下拖延既惯，而欲风檐寸晷[8]，文不减色也必不可得。今后院课，定以次日清晨清卷，过期者不阅。

四、刻课卷：向时课卷佳者，写贴讲堂，以便众人阅看。计不如择尤刊刻之为愈也。

【注】

（1）冯从吾（1557—1627），字仲好，号少墟，西安府长安（今陕西西安人）。著名思想家、教育家，为关学在明代重要传人。万历己丑进士，创办关中书院，发扬关学。有《疑思录》《辨学录》《善利图》《关学编》《元儒考略》等，后人汇编为《冯少墟集》（二十二卷）。吕坤（1536—1618）字叔简，号新吾，宁陵人。万历二年进士，历官山西巡抚，留意风教，举措公明，擢刑部侍郎。十五读性理书，欣然有会，遂孜孜讲学，以明道为己任。著有《呻吟语》《去伪斋文集》等。

（2）瞻玩：把玩、体会。唐裴度《岁寒知松柏后凋赋》："当其黄殒，方可瞻玩。"

（3）涵养：滋润，培养。指修身养性，对人道德、学问等方面的培育。语出宋朱熹《答徐子融书》："就平易明白切实处玩索涵养，使心地虚明。"

（4）王守仁（1472—1529），字伯安，别号阳明。浙江绍兴府余姚（今属宁波余姚）人。曾筑室于会稽山阳明洞，自号阳明子。著名思想家、文学家、哲学家和军事家，陆王心学之集大成者，精通儒、道、佛诸家学问，心学集大成者。官至南京兵部尚书、都察院左都御史，封为新建伯，追赠新建侯,谥文成,故后人又称王文成公。

(5)浃:融洽。韩愈《新修滕王阁记》:"其岁九月,人吏浃和。"

(6)鍊功:全功。鍊:金;镯子。

(7)入彀:入闱,指人才为官府所吸纳。贞观年间,唐太宗看到新科进士从端门列队而出时,高兴地说:"天下英雄,尽入我吾彀中矣!"

(8)风檐寸晷:科举时,考场寒冷,时间紧迫。明谢肇淛《五杂俎·事部三》:"然七义五策皆似太多,风檐寸晷,力不能办,求其完璧,事事精好,安可得也?"清李渔《怜香伴·女校》:"风檐寸晷之下,那有好句,不过塞白而已。"

谕诸生

  书院为衣冠文物之地(1),多士为衣冠文物之人,考课为衣冠文物之事。闻往年官课,率皆便衣。科头应名领卷(2),驯至火房仆隶穿草鞋者皆可应名(3),皆可领卷。一人而领数卷有之,领卷而不交卷者有之,此漫无规矩之故也。间有一二礼法之家,命其子弟衣冠者而来,则群相诮薄(4),谓汝衣冠整齐,定考前列,不落人后矣者。于是,其人惭阻,下次不复衣冠矣。
  夫不以穿草鞋为非,而以戴顶帽者为笑,是风气所扇驱而是非之心亡矣。是自外于衣冠文物之教,而甘习于筰僰弇陋之俗也(5)。且大宪郑重其事,特以公服从事,所以敬士也。上以敬来,下以亵应,亦非报礼之称矣。夫敬学必本于敬身,修外即所以修内,学焉而群习于悇慢(6),可乎哉?查《书院纪略》所载,前任制军、司、道,历有此谕,而竟无如此习何? 区区所言,又乌足为重轻哉! 惟奉制宪谆嘱,恳恳以士习为重,似此衣冠应课,特百行中之毫末耳,尚且积重难返,至于如此,又何士习之能挽?! 晋悼公之言曰:"二三子用我,今日;否,亦今日。"(7)区区姑一言之,以卜将来之从违去就云尔。

【注】

  (1)衣冠文物:衣冠,古代士以上戴冠,亦指世族,士绅。这里借喻文人众多。《隋书·百官志》:"于时三川定鼎,万国朝宗,衣冠文物,足为壮观。"
  (2)科头:不戴冠帽,裸露头髻。晋葛洪《抱朴子·刺骄》:"或乱项科头,或裸袒蹲夷……此盖左衽之所为,非诸夏之快事也。"应名:挂名。《红楼梦》第九回:"这贾蔷外相既美,内性又聪敏,虽然应名来上学,亦不过虚掩眼目而已;仍是斗鸡走狗、赏花阅柳为事。"
  (3)驯至:逐渐达到;逐渐招致。《易·坤》:"履霜坚冰,阴始凝也;驯致其道,至坚冰也。"
  (4)诮薄:讥刺挖苦。明李贽《初潭集·君臣三·能言之臣》:"许初刺刘,最诮薄得好。"
  (5)筰僰:筰,古族,指筰马,筰都所产之马。僰(bó)僮,僰族的奴隶。《史记·西南夷列传》:"巴蜀民或窃出商贾,取其筰马、僰僮、髦牛,以此巴蜀殷富。"弇(yǎn)陋:见识浅陋。
  (6)悇(kǎn)慢:忧困,散漫。
  (7)《左传·成公·成公十八》:"十八年春,王正月庚申,晋栾书、中行偃使程滑弑厉公,葬之于翼东门之外,以车一乘。使荀罃、士鲂逆周子于京师而立之,生十四年矣。大夫逆于清原,周子曰:孤始愿不及此。虽及此,岂非天乎! 抑人之求君,使出命也,立而不从,将安用君? 二三子用我,今日;否,亦今日。共而从君,神之所福也。"

士　说

　　天下有佳士而后有好官,乡里有士行而后有民风[1],是士也官民之枢纽。上有匡扶君国之任,下有表正风俗之责,自视乌可太小耶!

　　今之由秀才而举人,而进士、翰林,即古之由选士而俊士而造士[2]、进士也。所以教之育之拔之升之者,将以论官授职,而分寄天下国家之治也。向使为士之时,卑污为心[3],恣肆为行,俾乡里平民指而尤之曰:"彼读圣贤书者尚且如此,我辈复何知焉?"是有此一士,已足以蠹一乡之俗。及其得志而居官也,则以卑污之心而处膻腥之地[4],复以恣肆之行而乘威福之权,夫何所不至矣!

　　呜呼,此岂朝廷勤勤恳恳教育升拔之人才哉?胡以种桃李而反得荆棘也!多士观光在即[5],前程远大,故缕缕及此,要之得失之数,亦视乎立志何如耳。志为圭璧[6],则污浊之物不得相溷矣;志为松柏则蒙茸之草不值一顾矣。此只在自己独知处勘验,尚不在文字优绌之说也。

　　区区仕学两荒,一无所似而忝居此位[7],即如为父兄者,不能不厚望其子弟,诸生其谅之,其听之。

【注】

(1) 士行:士大夫、读书人的操守德行。《旧唐书·文苑传下·崔颢》:"崔颢者,登进士第,有俊才,无士行,好蒲博饮酒。"

(2) 造士:学业有成就的士子。《礼记·王制》:"升于司徒者不征于乡,升于学者不征于司徒,曰造士。"孔颖达疏:"学业既成,即为造士。"《汉书·食货志上》:"诸侯岁贡少学之异者于天子,学于大学,命曰造士。"

(3) 卑污,指卑鄙肮脏,贪婪污辱。

(4) 膻腥之地:指利禄或世俗的名利场。唐陆希声《山居即事》诗:"不是幽栖矫性灵,从来无意在膻腥。"

(5) 观光:指士子进京,为君王所用。《周易观卦》:"观国之光,利用宾于王"东汉徐淑《答夫书》:"知屈珪璋,应奉岁使,策名王府,观国之光,虽失高素皓然之业,亦是仲尼执鞭之操也。"

(6) 圭璧:主指中国古代祭祀、宴飨、丧葬、征伐等活动中使用的礼器。有严格的等级限制,以表明使用者的地位、身份、权力。璧,当为"璧"之误。璧是古代祭祀的礼器。中空,环状玉器称为璧。《尔雅》:"肉倍好谓之璧,好倍肉谓之瑗,肉好若一谓之环。"肉指边,好指孔。

(7) 忝:辱,有愧于,常用作谦辞。

风气说

　　凡风气所趋，事无大小，众人习之而不知其非，或知之而不能挽。即如文艺中点句[1]、勾股[2]、涂字，本欲使观者一目了然也，乃生童相习，其点画至微至细，且皆介于卷格之中，红黑相掩，总以人不看见为工整。历任学政亦尝病之，而不能遍喻也。现在发刻、课艺、刷印，来看竟有通篇并无勾股者，有已涂"之"者，"之"字而仍有刻入者，良由点画微细，梓人不见故也[3]。夫既已刻就，挖补更正殊不易易，可知场中必有悮事之处[4]，特其人不自知也。夫以如此细事，以学政之力而竟无如何，然则吾人一个身与心，其渐染于习俗而煽驱于风气者不知凡几？可无惧乎？且如目前之事，以近且小者言之，如书院之中，长官公服点名，穿草鞋光腿骭者应之，众人不以为非。有一衣冠来者，则群相笑之，甚则当面诮薄之，是非之心泯然无有，此非风气之可惧乎？以远且大者言之，外间传习各教[5]，引诱煽惑，千百为群，绅士粮户亦或若狂，水浸朽壤之中，火伏积薪之下，将来不知何底，此非风气之尤可惧乎？

　　夫风也气也，无形无影，煽驱万物不能自由。吾因课艺细事，不觉言之泛滥，谓士为四民之首[6]，风气之枢纽，诚知其可惧而共思挽救之方，或者有瘳[7]于万一乎？

【注】

（1）点句：点断句读。

（2）勾股：勾画。

（3）梓人：古代木工。《考工记·总序》："木工有七，其一为梓人，专造饮器、箭靶和钟盘的架子。"

（4）悮：谬误，耽误。

（5）鸦片战争之后，西方列强强化了宗教文化入侵，基督教、天主教等外来宗教和其派生的各种邪教，如洪秀全的拜上帝教等争相传播。儒学渐至式微。

（6）四民：指士、农、工、商。

（7）瘳（chōu）：数种疾病一起消除。

仁字说

仁者，真心也⁽¹⁾。心到真处，便有悲恻之意⁽²⁾，凡良心笃厚之人，尽道自易，故曰"修道以仁"。

又曰：求道恳切，其心恻然。即此一段真诚，便与天命之原默默潜通。一旦遇之，如失乳之儿中途见母，当是如何情景！古之悟道者，或通身大汗，或泪如雨下，正与此心相应。

仁字真髓可思矣。

【注】

(1) 真心：心静无余事的精神状态。
(2) 悲恻：悲痛。这里指悲悯恻隐。

认 仁

主一,谓敬⁽¹⁾;无适,谓一⁽²⁾。

人心如何能无适?须穷理,认其本体。故明道曰⁽³⁾:"学者须先认仁,认得仁,体以诚,敬存之而已。"然学者如何能认仁?邵子诗云⁽⁴⁾:恻隐来何自虚明,觉处真是可得识。仁之真路矣,亦可得穷理之谛解矣⁽⁵⁾。高景逸谓⁽⁶⁾:"居敬、穷理,只是一事。"又曰:"才知反求诸身,是真能格物者⁽⁷⁾。"又曰:"心无一事之谓敬,皆可互相发明也。"

【注】

(1) 主一:专一;专心。《二程粹言》卷上:"主一之谓敬。"敬:慎重地对待,不怠慢不苟且;敬谨。

(2) 无适:犹无往,到处。

(3) 明道:程颢,字伯淳,当时人尊称为明道先生。

(4) 邵子:指邵雍,北宋著名哲学家。

(5) 谛解:解说圣谛,阐释大道。

(6) 高景逸:高攀龙(1562—1626),字存之,又字云从,江苏无锡人,世称"景逸先生"。明朝政治家、思想家,东林党领袖,"东林八君子"之一。著有《高子遗书》十二卷等。

(7) 格物:格物,意为探究事物的道理,纠正人的行为,"格"在此有"穷究"之意。

体　心[1]

虚[2]者,心之体,故中[3]。灵[4]者,心之用,故和[5]。

二曲先生曰[6]:"天然一念,湛定澄寂,谓静中景也。"天然一念,即天命之性[7],湛定澄寂,即未发气象也。于此体取,觉有端倪可寻。

【注】

(1) 体心:体悟心灵。

(2) 虚:空虚,指不染尘杂。

(3) 中:通"冲",空虚,谦虚。

(4) 灵:有灵性,灵活。

(5) 和:谦和,冲和。

(6) 二曲先生:即李颙,明清之际理学集大成者。

(7) 天命之性:指与生俱来的纯善的人性。

"慎独说"覆雷乙垣⁽¹⁾

"省身""克己"之学,阁下果能有志,可谓古调独弹矣。

"慎独"二字,千古圣贤心法也。我辈如何敢讲精微?但能于心念动处⁽²⁾,常自觉得知其是而勉从之,知其不是而勉去之。越是难,强处强得过;越是难,扭处扭得转。三五次后,自当渐觉容易,此是古人"慎独入头"功夫。(鄙人)有见于此,而志昏气惰,年逾古稀,犹然故我,望阁下籍为殷鉴,勿复以过当之语相濡沫也⁽³⁾。

现在居官理民,念起于已,即事及于人。口吻启处,笔头动处,民之身家系之矣。积德在此,积孽亦在此,孰非一独之所为也?逆案不日就获,可喜之。至犯若鬼凭,此是天理。官得神助,愈宜盟心。阁下宣讲教民,归即教家,不出家而成教在此。身修则家可教,亦在此。

(区区)欣慰无涯,此即务本之学,但要行之以诚,持之以久,其效自有不期而至者。

【注】

(1) 慎独:"慎独"的思想观念最早是由庄子阐述,后被儒家发展为一个重要概念,慎独讲究个人道德水平的修养,看重个人品行的操守,是个人风范的最高境界。对于其含义,人们一般理解为"在独处无人注意时,自己的行为也要谨慎不苟。"(《辞海》)

(2) 心念:意念,思想。

(3) 濡沫:比喻同处困境,相互救助。典出《庄子集释》卷三上《内篇·大宗师》。"泉涸,鱼相与处于陆,相呴以湿,相濡以沫。"

十三、王云凤

王云凤，字应韶，山西和顺人。弘治中弹劾太监李广，正德中结交太监刘瑾，官至国子监祭酒，为人先忠后佞，人多非议。

重建学宫碑

观于四夷而后知中原圣人之化之深也。圣人之道，父慈而子孝，君仁而臣敬，兄友而弟恭，夫妇有别，朋友有信，有冠婚丧祭之文焉，有礼义廉耻之风焉，有邻里乡党周恤保爱之意焉。当其盛时，化入于人，如水之在地，浸渍充满无处不到；如春之着物，温和之气熏蒸透彻无一不足。圣人既往，犹不至泯灭。或有奇邪乖戾之民，则众执而献于有司，有司据理考法以论其罪，圣人之化至于如此，岂一朝一夕之故哉！

岷，故开种羌居焉[1]，西夷也。国朝洪武中，曹国公取其地[2]，降其人，号为属番。其在前元降者为土民，总为里十有六[3]，又徙内地民一里以实之。不堪为州，乃设军民指挥使司，戍以甲卒焉，而建学焉。民之徙者，卒之戍者，居既久，土民举止言语与内民无大相远，秀且文者亦时有之。

学在郭外，荒陋不称，按察副使张君世亨守岷二载，疆域修饬，诸戎和辑，乃相地之善，鸠材之美，征工之良，重修于城内，殿庑堂斋，既雄且丽。世亨迁，余代至，复作崇阁以藏赐书。张君叔通代余，谓不可无言以告岷人。

夫孔子之道大矣，岷夷方也，余为岷人告不能诵其全体，姑举其一节焉。孔子曰："言忠信，行笃敬，虽蛮貊之邦行矣。[4]"又曰："居处恭，执事敬，与人忠，虽之夷狄不可弃也。[5]"此二端者，虽因子张、樊迟之问而发，大抵忠信笃敬，凡有血气者之所同具而顷刻不可离焉者也。岷人勉于是而后读圣贤之书，则余所云圣人之道、书皆在焉，以忠信笃敬之资求进于道之全体，虽中原之学者将未能或之先矣，余观岷人多质而少文，然习怠崇慢[6]，故告以忠信笃敬先贬其病，非但为道之一节而已也。

清·张维编著《陇右金石录》

【注】

(1)开种羌：汉代时，枹罕(今临夏)境内居住着罕开羌，汉武帝时，罕开羌的一部迁往天水，以部众之名建立罕开县，一部迁往青海湖一带。史学家认为开种羌就是罕开羌。

(2)曹国公：李文忠(1339—1384)，字思本，小名保儿，江苏盱眙人，明太祖朱元璋的外甥。是朱元璋的名将、谋臣，明朝开国第三功臣。获封曹国公。

(3)里：古代居民组织。明代以一百十户为一里。

(4)言忠信，行笃敬，虽蛮貊之邦行矣：语出《论语·卫灵公》，意谓说话忠诚守信，做事厚道谨慎，即使到了野蛮落后之域也会畅通无阻。

(5)居处恭，执事敬，与人忠，虽之夷狄不可弃也：语出《论语·子路》，意谓平常在家规规矩矩，办事严肃认真，待人忠心诚意。即使到了夷狄之地，也不可背弃。

(6)习怠崇慢：平时行为习惯懈怠懒散。

十四、张嘉孚

张嘉孚,字以贞,号立庵,安定(今定西市安定区)人。博学能文,嘉靖十六年丁酉举于乡,丁未成进士高第。初为长治县令,升为同知。历任黄州知府、四川建昌道副使。万历十三年辛酉著有《安定县新志》。入祀乡贤词。

修学碑记

今海内文治彬彬,轶于隆古[1],孔子之道明而行,士生其间者,幼而习焉,长而思见诸行事。盖自食息起居冠婚丧祭之节,周旋升降进退裼袭之仪[2],去就取予之义,修身齐家治国平天下,以至君臣父子兄弟夫妇朋友之伦,未有一日而离孔子之道者也。士不能一日离孔子之道,而其设学校以教之者则有饬有不饬,是岂非有师帅之寄者之责哉!世顾迂教化以为后图,而簿书期会,刑名比较之是急,累资积茂,屈指岁月,觊觎陛迁。至学之兴坏漠不关心,是殆未明于先后而实不中其声者也。

巩郡之属有通渭,盖陇以西鄙邑也。邑固有学,正德中尝一修之,抵今兹六十余祀,卒未有奋然易其圮而新是图者。万历丙子春,潼关张侯实求治之。饬蛊振微,百废俱兴。越明年,政通民和,进诸生而问业焉。顾瞻庙学,则咨嗟,曰:"是不可使恢丽哉!"乃请于诸当道者,咸报可。于是庀工鸠材,诹日戒事,地惟其旧,制更其新。中为立殿,则易卑溼以高明,葺倾欹而严正栋宇,榱桷丹腰之文,巍峨炳绚,称宗庙之美,庙之墀数级上且下布砖石如砥,左右各建屋一楹,血血枚枚若翼,拓两庑,俾廊可以陈俎豆而展布武,移戟门近内,所以示廉远也。仍为厦于旁之隙各三楹,棂星门与屏相迫,又近市湫,嚣矣,改令幽悠闾敞。其中池而桥之,备泮水之制。左为明伦堂,则增错采,辉辉改观。仪门为楼,肖奎宿于上,期大魁者。学之门东偏,则移而出于南,之中尚文明也。启圣名宦之祠,胥葺胥饰。又祠文昌于启圣之后,敬一之亭翼然与堂相值,可以章圣谟于久远。诸若肄诵之室,庖湢委积之所,皆以余材饬之,顿能改旧观而昭崇构。

是役之始作也,公帑之所发着,百有余金耳,侯捐廉洁费,不有其藏之一钱,劝督劳休,视时为盈缩,工取诸渐,不速,其欲力因其便,不扰于民,是以能成兹钜丽,盖以岁庚辰之冬落成,计其经始则丁丑春也。

诸生韩恩、李沂辈迹其事,走予为之记,予忻侯之功德于渭也宏远矣。渭之士其何以报侯哉!夫事各有所先也,侯之治邑今且六年,当凋敝之两极,而抚摩厘顿愈久而愈不倦,诸所注措,若修城缮堡,丈地清屯且并举于一时,亦大艰辛矣。乃锐意以修学为急,侯之所先有如此者,夫士也,独无所先者哉!孔子曰:"古之学者为己,又好古,敏以求之。"故士先于求诸己而已矣,古安从始哉!六经皆古也,《易》著天地阴阳四时五行,故长于变体,纲纪人伦,故长于行;《书》纪先王之事,故长于政;《诗》纪山川溪谷物理人情,故长于风;《乐》所以立,故长于和;《春秋》辨是非,故长于治。诸士执古之经,诵古之言,习观古之行事,而不以古人自待其身,如孔子之教何?士诚夙夜砥砺,皇皇如有所失,食息起居,冠婚丧祭惟其节,升降进退裼袭惟其仪,去就取予求协于其义,修身齐家治国平天下求全于其理,君臣父子兄弟夫妇朋友求尽于其伦,则进足以经世,退足以淑身,庶几古人为徒而斯道益明益行,真儒与善治相成,唐虞三代之盛,起学校中矣,斯所以报侯者不以侈乎!不然,学宫虽饬,学术则疏贤,侯之修诸外者得矣,而诸士之修诸内者何以称焉?尚相与勉旃,无负贤侯修学之意。侯名二南,蜀之辛酉乡荐,治通渭多善政,不具论,论其先于修学者。

清·张维编著《陇右金石录》

【注】

(1)轶于隆古:意谓洋溢着尊崇古代文化的思潮。

(2)裼袭(xī xí):古代礼服之制,袒外衣而露裼衣,且不尽覆其裘,谓之裼;不裼,谓之袭。盛礼以袭为敬;非盛礼以裼为敬。

十五、秦大夔

秦大夔,字圣卿,号春晖,明代东山人(今山东临清)。万历四年(1576)丙子科举人,庚辰科进士,始授宁波推官,判狱明见,有政声,擢监察御史,巡按江西、山西,政声茂著,升陕西右布政使。

重修通渭庙学碑

今岁丙辰中夏之朔,通渭刘令以庙学落成问记于余,余曰:"大哉!孔子之道,范围古今,与天地相终始,盖教化之功若斯之宏远也。夫天地有治化、有教化,治化功在一时,教化功在万世。自羲农御宇,尧舜垂裳[1],法制寖备[2],而教化犹未大洽。至契为司徒,敷以五教[3],然后政教并兴,焕乎有文,厥后成汤遂有天下,而孔子以素王益衍其盛。二千年间祖孙相继,开天垂世惟是,斯道之阐明甚矣,教化之功宏且远也。盖方今圣明在宥[4],以稽古而右文[5],有如日月经天,虽崦嵫之微[6],亦得睹其夕照,岂通渭蕞尔,可使文明之化暗而不彰哉?

通渭之文庙儒学建自国初,规制原宏,人文亦灿,无论甲第蝉联,即明经亦有列阶入座,驰誉四夷,如司空赵公之在正统间者[7]。迩来时久宫弛,日就颓废,间称补葺,率以赝应[8],坐令殿庑倾圮,主器散亡,堂斋坍圮[9],神无所依。官且寄居祠舍,观者歇歔,人文亦渐落寞。圣朝右文之谓,何而今若是废弛乎?迨至乙卯,邑令刘公世纶请于直指,洛阳董公及制府河东刘公、中丞晋阳李公乃并颁示檄,分藩豫章周公首为倡劝,而刘公遂率县丞芮时祀,协力鸠度,不期月,厥工告竣,岂教化之行待其人且待其时耶?抑先圣有灵,默佑仁贤懿举,而渭士文运自此中兴耶?"

庙成正殿五楹,左右增川廊二,一通儒学,一储祭器,东西庑各七楹,戟门三楹,左右名宦、乡贤祠各三楹,并焕丹雘[10],隆墉栋洁[11],主座坚岿,凡阼凡枚枚[12],足改观也。戟门外增泮池三曲[13],甬道三通,栏砌俱备,池西旧狭且障,易民地二丈,前为棂星门三楹,金题朱饰,光彩异昔。左右拓地数丈,增两垣。对面罘罳三楹[14],东西周匝绕以朱栏,高厚宽敞,差称庙貌。儒学明伦堂三楹,后建官舍为厅五楹,东西室各三楹,厨厩俱备,足称安居。东西隙地作厨三楹,供诸生会馔,东西二斋各三楹,增号舍各六楹,备诸生肄业。学舍旧无仪门,仅魁星楼一架,今迁于南城,对学宫朗然高耸,增建仪门三楹,端直轩豁,大门三楹,因旧为新。外修翼垣,对面罘罳一如庙前制。启圣祠旧在堂东,因建董尹祠,一以妥神灵,一以重名贤也。殿后原地深陷,旧有文昌祠,殊卑狭,今迁城东门上,甓砌壮丽[15],重楼有加无已,与西城武安帝庙对峙俨然,以旧祠更为敬一亭三楹,右余地创射圃以习射观德[16]。是役也,夫不出头会食,不出箕敛泉[17],不出丁口率[18]。令尤懔懔[19],承上意惟谨。既竟,将勒石纪绩,故以记请。

夫绘天游圣,何假雕虫?大壮斯干[20],聊记岁月,若先圣宏远,功在万世,非区区一通渭所能阐扬而直指。公兴学造士之宏施,制府公崇文作人之雅化,亦非寻石所能载也。

余列碑阴,兹不赘云。

清·张维编著《陇右金石录》

【注】

(1) 羲农御宇,尧舜垂裳:羲农指伏羲氏、神农氏,与尧、舜都是上古有名的帝王。御宇:驾驭宇内。垂裳:垂拱而治,都指治理天下。

(2) 法制寖备:法令制度逐渐完备。寖通"浸",逐渐。

(3) 契为司徒,敷以五教:契(xiè),一作卨,子姓,河南商丘人,帝喾之子,尧称帝时做为司徒。商汤先祖。司徒:官名,主管教育。敷:给予,布施。五教:五常之教。指父义、母慈、兄友、弟恭、子孝五种伦理道德的教育。

(4) 在宥:指任物自在,无为而化。多用以赞美帝王的"仁政""德化"。典出《庄子·在宥》:"闻在宥天下,不闻治天下也。"

(5) 稽古而右文:考察总结古代经验,重视弘扬文化教育。稽:考察。稽古指考察古代事迹,明辨是非。右:尊崇,崇尚。

(6) 崦嵫(yān zī):神话中太阳所入之山。《山海经·西山经》:"鸟鼠同穴山西南三百六十里曰崦嵫之山。"郭璞注:"日没所入之山也。"这里指落日。

(7) 司空赵公:指明天顺时工部尚书赵荣。

(8) 赝应:指造假应付。

(9) 坍罅:指建筑物坍塌开裂。罅:缝隙,裂缝。

(10) 并焕丹垩:即"丹垩一新"。丹:朱漆;垩:白土。油漆白土,粉刷一新,比喻面貌改变。

(11) 隆墉栋洁:宽厚坚实的墙壁,清洁整齐的栋梁。

(12) 侐侐枚枚:指建筑物整体上看,显得清静细密。语出《诗·鲁颂》"閟宫有侐,实实枚枚。"侐:清静,寂静。枚枚:细密貌。

(13) 泮池:古代建筑名,又称"泮宫",是位于大成门正前方的半月形水池,意即"泮宫之池",它是官学的标志。依古礼,天子太学中央有一座学宫,称为"辟雍",四周环水,而诸侯之学只能南面泮水,故称"泮宫"。

(14) 罘罳(fú sī):屏风。

(15) 甓(pì)砌：甓指砖；砌指台阶。这里指新建文昌祠的台阶和墙壁。

(16) 习射观德：这里指古代射礼。起源于人们借田猎而进行的军事训练，进而发展成为以习射观德、求先选能为目的的礼仪活动。

(17) 敛泉：聚敛钱物。泉，古代钱币名称。

(18) 丁口率：指按人头（摊派）。

(19) 懔懔：危惧的样子。又劲烈俨正的样子。

(20) 大壮斯干：大壮、斯干俱为修筑宫室之典。《大壮》，卦名，《易·系辞下》："上古穴居而野处，后世圣人易之以宫室，上栋下宇，以待风雨，盖取诸《大壮》。"《大壮》上震下乾。震为雷，乾为天（古人认为天形似圆盖），其卦象为上有雷雨，下有御雨之圆盖。故云创建宫室，以避风雨，取象于《大壮》。《斯干》是一首祝贺西周奴隶主贵族宫室落成的歌辞，《诗经》篇名。"宣王于是筑宫室群寝，既成而衅之，歌《斯干》之诗以落之。"（郑笺）

十六、吉人

吉人,字俞衿,明代山西上党人。曾任陕西巡按,其余不详。

巩昌府迁学记

南安学宫之徙于万寿寺也⁽¹⁾,自万历之初年前少参刘君始。彼谓是梵宇也,敞而邃,可廓仄陋而美观瞻。乃岑楼之峙其右,郡狱之掩其前,未遑顾也⁽²⁾。四十年来,人文萧瑟,间有离奥渫而通籍者⁽³⁾,率不竟其闳巨,士靡所归咎,曰:"曩徙之者弗善也,是宜改!"郡之仕绅与博士弟子员鸣之前学使徐公,鼪其议⁽⁴⁾,储镪于帑,储糒于廪⁽⁵⁾,以待举事。

岁癸丑之春⁽⁶⁾,予奉命按视两河,入关逾陇,而至南安。诸生复理前语。予谋之守陇右宪副周君,周君曰:"曩沔阳道上心载徐使君之言矣,顾圄可更,而楼难移⁽⁷⁾,兹事体大。即更矣移矣而不得脉,得向亦难⁽⁸⁾,非遇精形家言者⁽⁹⁾,效卜瀍食洛之规以定之⁽¹⁰⁾,脱弗当也。后之视今不犹今之视昔也欤哉!"已闻西安有曾元卿者,治兹术奇中,檄征以至。周遭睇览者数日,而定是基,曰:"兹地也,前桦林而负高台,左笔峰而右仁寿⁽¹¹⁾,岷嶂之水从西南来者,襟带以入于渭,岩岩石甃,屹砥东澜,是神之奥区⁽¹²⁾,且为四十年以前之旧址,易兑为离⁽¹³⁾,岂山川灵秀有待而辟耶!"议定,报可。乃以岁之七月鸠工庀材⁽¹⁴⁾,卜吉而迁。既以孟冬西巡,还谒庙堂,进诸士讲业,工业强半。及甲寅春,历天水、河池,载莅南安,则见崇卑就列,向背因形,榱题约制,轮奂饬观⁽¹⁵⁾。圣灵既妥,人文攸萃⁽¹⁶⁾,予谂之周君曰⁽¹⁷⁾:"若何其费不烦公,役不劳民,规制宏而工成速也?"周君曰:"某安能!亦惟是先师之宠灵⁽¹⁸⁾,实式凭之⁽¹⁹⁾。且诸台提衡于其上⁽²⁰⁾,郡邑绅弁衿倭共襄于其下,身董治之责者,不惮征缮,不问风雨,闵闵焉如农之望岁夕⁽²¹⁾。冀其成,故不胜掩时日也。某安能。"

抑闻之春秋之法,举非常事,则必书。兹事安敢谓非常,然可谓常事不书哉!敢蕲今之文,以示来兹,并所以训饬多士者。予惟泮之成,史克书之,予橐笔柱下士也⁽²²⁾,例应记。且训饬予事也,乌能已于言?

盖予尝读《易》之"革"与"鼎",而深感于去故取新之不易也。气数、人事两相际以有成焉者也。当其徙于四十年之前,亦将人文是振,岂虞以厄之之道振之,而人文厄此,独人事也哉!盖亦关气数焉。兹者改于四十年之后,去其所以厄之者,而人文振此,独气数也哉!盖亦由人事焉。故予有感于去故取新之不易也,气数、人事两相际以有成焉者也。昔孔子以修德、讲学、徙义、改不善之不能为忧[23],而紫阳氏以四者为日新之要[24]。夫言修而不言所修何事,言讲而不言所讲何语,而继之以徙义、改不善,得无谓一能。徙义、改即新修不坠虚幻、讲不落言诠乎?今旧学基之弗善也,业已改矣;新学基之善也,业已徙矣。予与诸大夫之能也。诸士有志日新,以无负学之新乎!宁无当徙当改者在。

试就学宫论,孰为坛坫[25]?则宜以孝弟忠信培之。孰为堂庑?则宜以高明广大廓之。孰为垣塘?则宜以廉耻礼让藩之。孰为沼泮?则宜以多识博文畜之。孰为天禄之峻岊[26],箴亭之炳垂[27]?则宜以胸罗图史,目諟典谟尊之[28]。涤俗垢,游昭旷。力之自修自证,毋藉资也[29]。密之实修实证,毋餙伪也[30]。通之共修共证,弗阈形也[31]。庶几哉,处为豹隐[32],昭居德善俗之风;出为鸿渐[33],懋熙载亮工之烈[34]。真儒名彦,翩翩振起,令宇内艳之,而诘其由曰:"自今日徙学始。"予与诸大夫不重有荣施乎哉[35]!

夫土之沃者草木必茂,兹地环汇河山,集凝灵秀,固亦土之沃者也。振藻扬芬,排金入紫,以兹地卜之。要以科名不足重,而有所以重科名者,则在诸生勖之矣。

(清)鲁廷琰修　田昌叶纂《(乾隆)陇西县志十二卷》卷之十

【注】

(1) 万寿寺:古寺名,始建于唐代,规模宏大,毁于清同治兵燹,原址位于今陇西万寿街。明代曾为学宫。

(2) 未遑顾:未有闲暇顾及。

(3) 奥㵿(ào xiè):幽暗污浊,这里指地位卑下。

(4) 题其议:认为迁学官的建议是正确的。

(5) 储镮于帑,储糒于廪:在府库中存钱,在粮仓里贮备粮食。镮(huán):钱币。帑(tǎng):古代收藏钱财的府库。糒(bèi):干粮,这里指粮食。廪:粮仓。

(6) 癸丑:指万历四十一年(1613)。

(7) 顾圄可更,而楼难移:但是监狱可以变更,鼓楼不好移动。圄(yǔ),监狱。楼,指威远楼。《新修巩昌府陇西县儒学记》谓"郡狱蔽前,鼓楼踞右。"

(8) 脉向:脉,指地脉,风水家形容地形的好坏。向,指风水指向。古代修墓、建房都要讲究脉向。

(9) 形家:旧时以相度地形吉凶,为人选择宅基、墓地为业的人。也称堪舆家。

(10) 卜瀍食洛:指堪舆家度地、辨土的传统。《书·洛诰》:"我乃卜涧水东、瀍水西,惟洛食;我又卜瀍水东,亦惟洛食。"周秉钧易解:"食,谓吉兆。"

(11)"前桦林"句：意谓学宫正对桦林山，背靠高台山，左面有笔锋山（笔架山），右面是仁寿山。

(12)奥区：深奥隐微之处。

(13)易兑为离：变西向为南向。兑、离均为八卦名，兑代表西方，离代表南方。

(14)鸠工庀材：聚集工匠，准备材料。

(15)榱题约制，轮奂饬观：建筑规模合乎制度，殿宇宏伟，整齐壮观。榱题：椽子头。轮奂：房屋高大华美众多。

(16)圣灵既妥：孔圣人的英灵得到了妥善安置。

(17)谂（shěn）：告诉。

(18)宠灵：恩宠光耀。

(19)式凭：依靠，依附。

(20)提衡：用秤称物，以平轻重。这里指主持、指导。

(21)闵闵：忧愁关切貌。

(22)橐笔柱下：古代书史小吏，手持橐橐，簪笔于头，侍立于帝王大臣左右，以备随时记事，称作持橐簪笔，简称"橐笔"。柱下，颜师古注："柱下，居殿柱之下，若今侍立御史矣。"

(23)"昔孔子"句：语出《论语·述而》"子曰：德之不修，学之不讲，闻义不能徙，不善不能改，是吾忧也。"

(24)紫阳氏：即朱熹，南宋杰出的学者，理学大师。

(25)坛坫：原指会盟的坛台，这里指讲坛。

(26)天禄：神话传说中的瑞兽。汉代多用为雕刻的装饰品。天禄和麒麟、辟邪并称为古代祭祀的三大神兽。天禄似鹿而长尾，一角者为天禄，二角者为辟邪，可攘除灾难，永安百禄。古人把它们对置于墓前，既有祈护祠墓，冥宅永安之意，亦作为升仙之座骑。天禄又称"天鹿"，也称"挑拨""符拨"，与天命和禄位有关。现代多雕刻成形以避邪，谓能被除不祥，永绥百禄，故称为天禄。

(27)箴亭：即四箴亭，书院和文庙建筑，为纪念二程而建。亭内立"视、听、言、动"四箴碑。

(28)目諟典谟：意谓认真钻研儒家经典。諟（dì），通"谛"，审谛，仔细观看，研究，钻研。典谟，《尚书》中《尧典》《舜典》和《大禹谟》《皋陶谟》等篇的并称。这里指儒家经典。

(29)藉（jiè）资：谓利用某一机会作为达到某种目的的凭借。

(30)饎伪：即伪饰，虚假矫饰。饎，通"饰"。

(31)阈形：意谓把自己限定在门槛之内，不与人接触交流。

(32)豹隐：比喻隐居伏处，爱惜其身。典出《列女传》卷二《贤明传·陶荅子妻》，南山有一种黑色的豹，可以在连续七天的雾雨天气里而不吃东西为了长出花纹，躲避天敌。

(33) 鸿渐：谓鸿鹄飞翔从低到高，循序渐进。典出《周易》卷五《渐卦》。

(34) 懋载亮工之烈：意谓发扬光大前代圣君的功业。懋，通"茂"，大，盛大，作动词。熙载，《书·舜典》："舜曰：'咨四岳，有能奋庸熙帝之载。'"孔传："载，事也。访群臣有能起发其功，广尧之事者。"亮工，谓辅佐天子以立天下之功。《书·舜典》："钦哉，惟时亮天功。"孔传："各敬其职，惟是乃能信立天下之功。"

(35) 荣施：誉人施惠之辞。

十七、邹元标

邹元标(1551—1624),字尔瞻,号南皋。江西吉水县县城小东门邹家人,明代东林党首领之一,万历五年(1577)中进士,入刑部观察政务,与伍惟忠友好,为人敢言,勇于抨击时弊,两次遭贬谪。

新修巩昌府陇西县儒学记

南安郡邑学创者三百余年,会刘观察卑旧制湫隘⁽¹⁾,乃更万寿寺爽垲者⁽²⁾。时急于趋事,郡狱蔽前,鼓楼踞右,不暇深计,以故自移学来,无论科名寥寥,即辟荐者不竟用,郡邑绅士俱以为请。

先是,闻于直按徐公,公欲从诸绅士请而濒行⁽³⁾。会安成周观察至,徐公曰:"吾有念而时不暇及,易狱与鼓楼以新学,使君责也。"亡何,直指吉公又临,诸生如前请,吉公又以属观察。观察与诸郡邑守相昕夕卜度⁽⁴⁾,狱可移而鼓楼事难遽易。一日,率诸属雩于故学宫改为万寿寺址故基⁽⁵⁾,登高而望,诸峰参差,而稍易向,则群峰耸秀,意罔决。闻西安曾元卿者谙形家言,檄而致幕下,卜旧学,果吉。第易其向,前挹桦林,珠联星灿,渭水漳流并汇襟裾,诸人士咸谓地灵,昔闭而今开,岂天以相其成乎!

观察于是命官庀材鸠工,以部院乡绅诸所捐助者,复蠲俸,襄其成。工始于万历癸丑年七月,落成于甲寅五月。中为圣殿,左府学,右县学,言言翼翼⁽⁶⁾,宫墙数仞。诸生来游,来咏歌,械朴薪醮者⁽⁷⁾,踵相接也。

观察以是不可无记,乃致书以属友人邹子,邹子曰:"夫今以科名多寡概学盛衰者,非也,十室之邑,有一士昂昂颙颙⁽⁸⁾,不可谓非盛。而世之巍科膴仕⁽⁹⁾,联袂接踵,为世指名者,亦可谓盛乎!予闻古圣神继天立极⁽¹⁰⁾,不但后学蓍蔡⁽¹¹⁾,即千圣亦且上师之,盖宓牺是也⁽¹²⁾。夫非兹郡邑所钟灵耶!其精蕴曳于《图》画,先儒曰:《图》虽无文,终日言之,不离乎是。予悬于斋阁者数十年,求所谓精蕴者,一言且不可得,矧曰终日⁽¹³⁾!盖以象求之不得,以画求之不得,以奇偶求之不得,以爻象奇偶间求之不得。一日,思圣人仰观俯察,后又近取诸身,远取诸物,始通神明之德。类万物之情,夫然后归而反求诸身,始觉奇偶、动静、阴阳不在画而在我,乾之健者⁽¹⁴⁾,自我健也;坤之顺者,自我顺也。坎陷、艮止、震动、巽入、离丽、兑说,悉自性显现,圣人不过模写此性,使后人深思而自得耳。后之圣人始从而卦之,彖之,象辞之⁽¹⁵⁾,皆后天语先天,而天弗违。天且弗违,而况于人乎!况于鬼神乎!后天去先天已远,而世第于后天言辞探古圣人之蕴,其去周孔时又远,无怪具鲜所得也。"

夫天之明命人人具足⁽¹⁶⁾,反求诸身,揖伏羲几席间,是诸使君新学望诸生之德意乎!古圣人情蕴已明,出而治天下国家,将无所不明,诸生勉乎哉!观察揽辔滇南,以一身全阖省生灵,今通国士女尸而祝之⁽¹⁷⁾,口碑具在。兹复为郡人士罿敷文教如营家舍⁽¹⁸⁾,此国之纯臣,世之真儒也。部使诸公力佐其成,弦声四沸,要荒邹鲁⁽¹⁹⁾,异日必有歌文武为宪,以昭德意者。

观察名懋相,安福人,万历己丑进士。是役也,同心协赞,则太守原君乘云,郡丞吕君恒、董君尽伦,别驾潘君自警,司理胡君宗颖,陇西县前令龙君际明,今令李君循,司训马负图、罗伦光、席来善。

(清)鲁廷琰修　田吕叶纂《(乾隆)陇西县志十二卷》卷之十

【注】

(1) 湫隘(jiǎo ài):低洼狭小。

(2) 爽垲:高爽干燥。

(3) 濒行:即将实施。

(4) 昕夕卜度:意谓整天揣度筹划。昕夕(xīn xī):早晚,引申为整天。卜度:揣度、猜想。

(5) 雩(yú):古代为求雨而举行的一种祭祀。

(6) 言言翼翼:言言,高大貌,茂盛貌。翼翼,整齐有秩序的样子。

(7) 棫朴薪槱:比喻贤才众多。语出《诗·大雅·棫朴》:"芃芃棫朴,薪之槱之。"毛传:"棫,白桵也。朴,枹木也。""山木茂盛,万民得而薪之;贤人众多,国家得用蕃兴。"

(8) 昂昂颙颙:形容体貌庄重恭敬,气概轩昂。语出《诗·大雅·卷阿》:"颙颙卬卬,如圭如璋,令闻令望。"毛传:"颙颙,温貌。卬卬,盛貌。"郑玄笺:"王有贤臣,与之以礼义相切瑳,体貌则颙颙然敬顺,志气则卬卬然高朗。"

(9) 巍科腴仕:巍科,古代称科举考试名次在前者。腴仕,高官厚禄。《诗·小雅·节南山》:"琐琐姻亚,则无膴仕。"毛传:"膴,厚也。"

(10) 继天立极:继承皇位。继:继承;天、极:指皇帝。

(11) 蓍蔡(shī cài):蓍龟,因大龟出蔡地,故称为"蓍蔡"。古人用以占卜吉凶。后比喻有先见之明的人。

(12) 宓牺:即伏羲。

(13) 矧(shěn):另外,况且,何况。

(14)健：刚健,八卦中乾卦所象征的事物特性。后文"顺、陷、止、动、入、丽、说"分别为坤、坎、艮、震、巽、离、兑等卦所象征的特性。

(15)卦之,象之,象辞之：卦、象、象辞本名词,皆用作动词,画成卦、做出论卦义的象辞(也叫"卦辞")、做出解释卦象与爻象之象辞。

(16)天之明命：指上天给我们的光明使命。语出《书经·大甲》："顾諟天之明命。"顾諟,朱熹注曰："顾,谓常目在之也。諟,犹此也,或曰审也。"

(17)尸而祝之：古人祭祀祖先多设立"尸"以作为祖先的代表接受祭祀,"尸"是由身份地位合适的人担任的。因此,"尸而祝之"也就是祭祀之意。

(18)覃敷：广布。

(19)要荒邹鲁：意谓将蛮荒之地化为孔孟之乡。要：要服,古代五服之一,王畿以外按距离分为五服。相传一千五百里至二千里为要服。荒：指荒服,离京师二千到二千五百里的边远地方。泛指边远地区。邹鲁：孔孟之乡。

十八、袁枚

袁枚(1716—1798)，字子才，号简斋，晚年自号仓山居士、随园主人、随园老人，钱塘(今浙江杭州)人，清朝诗人、散文家、文学评论家，与赵翼、蒋士铨合称为"乾嘉三大家"(或"江右三大家")。

松花庵诗集序

　　文人之在世也，如五纬二十八宿之在天。天有三百六十五度，亘千百万里，茫茫洋洋，莫可纪极。而纬宿所系之躔度，与所流之光耀，未尝不气相联而影相照焉。

　　余故越人也，松厓先生于临洮，势不能相见。予官江左，年过三十，即乞养还山。先生方驰五马，任专城，徜徉于沅、湘、岳、鄂之间，势更不能想见。然则彼此虽并生一时，而没没然避面以终，如隔数百世者，宜也。不料前年读江宁尉王柏厓诗，惊不类近人作，渠告所受业处，于是始知有松厓先生。未几，弟子杨蓉裳牧灵州，寄《松厓集》来，更惬惬然喜，急采入《诗话》，备秦风一格。又未几，先生寄诗作谢，并请为序，定千秋之交。方知我与先生如五纬二十八宿之远离，而为之躔度。通其光耀者，乃在柏厓与蓉裳也，虽不见犹见也。使二人者，一不西去，一不南来，则谁为之骑驿？且我二人，年俱衰矣。使先死其一，则亦何有此谐际？而苍苍者又纵我二人年力康娱，寿跨李杜、韩苏而上，岂非天哉！此昌黎《二鸟歌》，青田《二鬼赋》之所由作也。

　　先生之诗，深奥奇博，妙万物而为言。于唐宋诸家不名一体，可谓集大成矣。惟嫌书中《千蝴蝶》等咏辄数律，似古名家所不为。余虽不敢轻非于口，而亦不敢轻是于心也。然而以擒龙之手，忽而搏鼠捉虱，神仙狡狯，掷米成珠，或亦无伤于大雅耶。昔欧阳子交满海内，而胸中所不能默而已者，惟谢希深、尹师鲁二人。今观集中蓉裳跋语最多，谅亦恃先生之好之也。先生好我不在蓉裳之下，蓉裳既为希深，而余敢不为师鲁哉！命之序，其又奚辞？

　　乾隆壬子秋日，随园老人钱塘袁枚序。

十九、吴镇

牧伯呼延公设复洮阳书院碑记

洮阳之有书院,自明忠愍杨公始⁽¹⁾,迄今垂二百余年。生徒散落,学田半遭欺隐,超然之台仅存古迹矣。前牧蓬莱张公⁽²⁾,乃于城内立书院,而以废县学宫当之,后数载而废。师生侨居教读,若传舍然⁽³⁾,有心者每为之扼腕。乾隆乙亥州牧长白松公复议建书院于署东之忠愍祠,祠即雍正时贤守新安李公改废衙署以祀椒山先生者也。会松公升任去,工遂止,仅成讲堂三楹耳。今我使君呼延公之来牧也,诸废递兴,善政具举。而甫下车,首以书院为兢兢⁽⁴⁾。曰:"余幼读《椒山集》而知洮之有书院与学田也,余近阅《临洮志》而知椒山公之前后复有学田,而半为奸猾所侵没也。夫学田犹可徐复,而书院则不可以缓图。第东山远弗便,而署东之祠固亦超然之贰也。今即李、松二公之所建而增廓之,夫宁非椒山之意乎?"于是工庀材,吏计费,属绅衿王子纶如等经始于壬午三月,至十月落成。得讲堂三楹,斋舍二十六楹,又葺故钟楼为闬闳⁽⁵⁾,而坊、而颜之、而门、而堂而室,奕奕然也⁽⁶⁾。于是选生童俊秀者三十余人,聘北地孝廉云壑胡君为之师,又亲履四野清查学田,收其所入之数以充师生膏火,有不足者则捐俸济之。丰其饩而严其约⁽⁷⁾,弦诵之声洋洋四达,风教不减超然矣⁽⁸⁾。嗟乎!狄道自汉唐以至有明,伟人彪炳史册,乃近今数十年非无隽异之才⁽⁹⁾,而奋志甲科者曾不一见,几疑洮水陇山之灵气郁而不伸。今幸矣!椒山之后复有我公,后先书院俱堪不朽,诸生既雍容撮让于其间,可不争自濯磨以副我公之期望也哉⁽¹⁰⁾!是举也,凡修理捐费五百金,束仪膏火复捐三百金⁽¹¹⁾,今学田业得若干亩,新修城乡廛市共若干间,其租税另载碑碣,而未清者尚待查缴云。公讳华国,字炳文,长安名进士。纶如,名言,恩贡生。牛子联斗,黄子镛,张子鹏,俱庠生,例书名。

清·张维编著《陇右金石录》

【注】

(1)忠愍杨公:指明代著名谏臣杨继盛。

(2)牧:古代州县地方长官。又称"牧令""牧守""牧伯""牧宰"等。

(3)传舍(zhuàn shè):驿站所设供行人休息的房舍。

(4)兢兢:小心谨慎貌。

(5)闾阎：里巷的大门；住宅的大门；里巷。

(6)奕奕然：盛貌；众多貌。

(7)丰其饩而严其约：意谓丰富生员的物资供应，制订严格的制度约束生员的日常行为。饩(xì)：给养，粮食之类的生活物资。约：制度，共同议定要遵守的条文。

(8)超然：指明代杨继盛创建的超然书院。

(9)隽异：指才智卓越，迥异于一般的人。

(10)濯磨：洗涤磨炼。比喻加强修养，以期有为。

(11)束仪：奉师的酬礼。束，束修。

二十、佚名

作者无考,据碑文内容推断,或为田吕叶。田吕叶,陕西富平人,举人出身,鲁廷琰任知县时,田吕叶任陇西县教谕,偕同鲁廷琰编纂乾隆版《陇西县志》十二卷。雍正年间,田吕叶还参与了《甘肃通志》的编纂。

新建陇西县学宫碑记

按旧志,县学在郡城北关内,年远址湮,厥后遂附府学,失旧制矣。前太守王公乃景方相土,得旧宪署之空基[1],负乾面巽[2],南北山水,左萦右洪,谓此都人士其炽昌乎!遂通详上宪,捐俸,乃先命董生其宪经始殿基,公寻遘疾弗禄[3],工旋以废。

戊申季夏,我浙东鲁侯来宰是邑,下车之初,或述前工,即日命驾,步瞩其址,上下往复,徘徊瞻眺,顾谓诸生曰:"王公之言信有征矣。"即倡以己资,复命董生缮葺殿工[4]。楹之,甍之,甓之,墉之[5],仅庇风雨。其后,以西戎弗靖,王师启行,一切供亿旁手弗给。

甲寅孟秋,江左汪公既典是邦[6],询得其故,谓鲁侯曰:"若兹旷举,繄讵独县事哉[7]!吾将以一言钟鼓之[8],而君集其成乎。"即自制一序,以唱以募,于是荐绅序爵[9],子衿胪名[10],商贾骧首[11],庶人骈足,各输其心,惟恐后期。侯乃遴于庠士,慎简老成,得四人者:宋生哲、董生露、彭生倧、牟生殿熊,俾肩其任。惟兹四人,受命惟谨,爰起工于乙卯之春。维是梓人殚殚[12],圬人亀亀[13],绘史献长,役夫进力,弗警弗警[14],子来是亟[15],栋宇轩轩,檐楹翚翚[16],周垣嵬嵬,既彩既臒[17],轮奂彬彬。仲秋之朔,侯乃释奠于新宫[18]。多士佥曰:"我父我师,作我新宫,千秋万祀,繄鲁侯之功。"侯曰:"嘻哉!维汝陇人,风运肇新,况际圣朝,文教浃沦[19],我太守汪公实兆兹鸿勋,予惟弗堪于厥职,惴惴然恐若功之弗暨,将贻九仞羞。尚克赖尔多士,用补坠缺,以昌我熙时之景运,兹分在则然,予奚功?"丙辰春日,复起崇圣殿,次立两庑,逮于外屏。厥工方兴,而侯以治行第一钦取于朝。命既下,诸生皇皇,乃咸奔走,相望肩摩,而就予曰:"侯去我矣!在我陇邑,茹德而湛和者,枚弗克举。维兹数仞宫墙,肇造式廓,创建非常,是宜树之贞珉[20],以志不朽。非终始其事者,孰克志之!弟子将假手以纪焉。"

余既不得以不敏谢,乃延诸生于坐隅而告之曰:"夫运会之相承也[21],必有所需。地需气,气需时,时需人。我国家圣圣相承,化洽百年⁽²²⁾,崇师右文⁽²³⁾,备极旷典⁽²⁴⁾,士习文风,翕然日上,诸生遭其会者,不亦极生民之未有乎?夫顺承则易,而创始者难。为之于可为之时者,十无二三。为之于未始可为之时者,百不得一焉。今汝多士沐浴圣化,而邑校阙如,非憾事欤!前之人兆其端矣,而旋即于废,何缔造之为也?而今且若是,岂前艰而后易哉!盖有需于鲁侯也。夫适千里者不以半途止,建伟烈者遇盘错然后著⁽²⁵⁾。今鲁侯以非常之人,创非常之烈,处不易为之时,一旦振臂行之,而靡然响应,优优乎其就绪⁽²⁶⁾,此无他需之也⁽²⁷⁾。昔者宓子为宰,每致叹于掣肘⁽²⁸⁾。今鲁侯一请于太守,而其志得行,此无他需之也。昔者宓子为宰,鸣琴而单父治⁽²⁹⁾;今鲁侯慎选得人,罔弗厥职。陇人士亟公好义,毕输所诚,故能用不縻而动不劳,此无他需之也。是故运会之相乘必有所需,地需乎气,气需乎时,时需乎人,交相需也。交相需而后可以辟一方蔚起之人文,而后可以翊圣朝光昌之泰运,多士朂哉!继自今绳绳济济⁽³⁰⁾,俾丕阐圣学⁽³¹⁾,以光我王国,则鲁侯之心亦慰。诗曰:'乐只君子'⁽³²⁾,鲁侯之谓矣。"诸生进曰:"唯唯弗弗,我父我师。奈去我何?"予曰:"若毋嗛嗛于鲁侯之去也⁽³³⁾!侯行将以泽汝陇者霖天下,有继此者,必循侯绩而恢之,九仞之功可立而睹矣。"诸生既退,遂撮其业而为之记。

总计大成殿五楹,崇圣殿三楹,两庑左右各九楹,戟门五楹,棂星门三楹,左右掖门各一楹,崇圣殿牌坊三楹,门窗俱全,周垣外壁称是。

侯讳廷琰,字云湖,浙江绍兴府会稽县人,由庚子科贡士,今奉命行取者。乾隆元年岁次丙辰仲秋记。

(清)鲁廷琰修 田吕叶纂《(乾隆)陇西县志十二卷》卷之十

【注】

(1) 宪署:指御史之类的衙门。

(2) 负乾面巽:坐西北面东南。

(3) 遘疾弗禄:染病去世。遘(gòu):遇,遇到。

(4) 缮葺:谓修理房屋、墙垣等。

(5) 桷之,甍之,甓之,墉之:桷(jué)指方形的椽子,作动词,架椽。甍(méng):屋脊,作动词。甓(pì):砖,作动词,砌墙。墉:高墙,城墙,作动词。

(6) 典:主管,主持。

(7) 繄讵:繄(yī),句首语气词。讵:岂,难道。

(8) 钟鼓:用作动词,倡导。

(9) 荐绅序爵:即"缙绅",古代高级官吏的装束。亦指有官职或做过官的人。荐,通"缙"。序爵,依爵位排列座次。这里指官员们按爵位排序捐款。

(10) 子衿胪名:子衿指士子,书生。胪名:唱名。科举时,殿试之后,皇帝传旨召见新考中的进士,依次唱名传呼,为"胪唱",也叫"传胪"。这里指读书人排队唱名捐款。

(11) 骧首:抬头。

(12) 梓人殚殚:指乡人尽心尽力。

(13) 圬人亹亹:指泥瓦匠人勤勤恳恳。圬人,泥瓦匠人。亹亹(mǐn mǐn),勤勉。

(14) 弗鼛弗警:不用召集,不用警示。鼛(gāo),古代有事时用来召集人的一种大鼓。

(15) 子来是亟:子来,谓民心归附,如子女趋事父母,不召自来,竭诚效忠。典出《诗·大雅·灵台》。是亟,急迫,迫切。是,居中语气词。亟:急切,迫切。

(16) 檐楹翚翚:意谓屋檐廊柱彩绘斑斓。楹,堂屋前部的柱子。翚(huī),五彩山雉,锦鸡。

(17) 既彩既䨣:意谓在用赤石脂粉过的墙壁上绘上彩绘。䨣(huò):通"雘",赤石脂(一种粉红色陶土)之类,古代用作颜料。

(18) 释奠:古代在学校设置酒食以奠祭先圣先师的一种典礼,出自《礼记·王制》。

(19) 浃沦:浃,深入,湿透。沦,沉没。比喻影响深远。

(20) 贞珉:石刻碑铭的美称。

(21) 运会:时运际会;时势。

(22) 化洽:教化普洽。

(23) 崇师右文:崇尚师道,弘扬教化。

(24) 旷典:一是前所未有的典制,二是稀世盛典。

(25) 盘错:指盘绕交错;比喻事情错综复杂。

(26) 优优:雍容自得貌。

(27) 无他需之:指没有私欲。

(28) 昔者宓子为宰,每致叹于掣肘:宓子:即宓子贱,孔子学生。曾在鲁国做过官,鲁国君主曾任命其为单父宰(今山东菏泽单县)。《吕氏春秋·具备》:"宓子贱治亶父(即单父),恐鲁君之听谗人,而令己不得行其术也。将辞而行,请近吏二人于鲁君,与之俱至于亶父。邑吏皆朝,宓子贱令吏二书。吏方将书,宓子贱从旁时掣摇其肘。吏书之不善,则宓子贱为之怒。吏甚患之,辞而请归。"两位副职回去向鲁君诉苦,鲁君醒悟。宓子贱通过自导自演的故事,取得鲁君信任,得以全权治理单父。这里以宓子贱比喻鲁侯,担心其他官员的掣肘。

(29) 昔者宓子为宰,鸣琴而单父治:典出《吕氏春秋·察贤》:"宓子贱治单父,弹鸣琴,身不下堂而单父治。"意谓弹着琴就把一个地方治理好,指用礼乐教化人民,无为而治,政简刑轻的治理方略。

(30) 绳绳济济:义同"济济绳绳",指前后相承,延续不断。

(31) 丕阐:犹言大显。《宋史·礼志十七》:"偃革息民,恢儒建学。声明丕阐,轮奂一新。"

(32) 乐只君子:言君子幸福快乐。语出《诗经·国风·周南·樛木》。

(33) 嗛嗛(xián xián):怀恨貌。

二十一、张岳崧

张岳崧(1773—1842)，字子骏，又字翰山、澥山，号觉庵、指山。广东定安(今海南定安)人。己巳(1809)科殿试一甲第三名进士，成为海南在科举时代唯一的探花。高中探花的当年任翰林院编修，1823年任陕甘学政，官至湖北布政使(从二品)。著有《筠心堂文集》10卷、《筠心堂诗集》4卷、《运河北行记》1卷、《训士录》1卷、《公牍偶存》1卷、《琼州府志》44卷。

南安书院碑

巩，嬴秦故壤也。祖龙置郡陇右[1]，汉季易南安[2]，割据沿革，代不胜纪，关陇巴蜀，背拊吭扼焉[3]。

国家远抚长驭百有余年，桴鼓稀声[4]，毗用敉辑[5]。道光四年，使者持节视学，既下车，集髦士[6]，语以礼让之风，义利之辨，高明庳琐[7]，涂辙所繇[8]，往复千言。因及学舍，佥用："崇羲、崇文书院久圮[9]，南安数椽亦鞠茂草[10]，且若何？"使者曰："学校者，人才之本而风俗之纲维也。本之弗图，纲维曷立？诸髦且奚适归乎？亟新之！吾其倡焉。"众悚然首肯。

会久旱，使者斋素兼旬，一再祷，皆雨，众益谅使者不膜视而休戚共者也[11]，则大喜，走相语。挟日[12]，醵白镪四千[13]，使者捐奉[14]，率守令助之，迄用有成。既竣，试撤棘[15]，亟访南安故址。肩舆出城南半里许，为仁寿山，循其麓，泉流涓涓，漱庐舍间。仰瞰其巅，堂宇隐约，腹岩岫历落如绘。稍陟焉，有榜于门[16]，则旧额默然矣[17]。

使者舍舆徒步，诸髦先后，拾级又百十步，有楼翼焉。屋三楹，为文昌阁，旁罗斗室十余区。北俯雉堞[18]，城宇鳞次，渭流清冽，首阳鸟鼠远迩环列，相传形家称吉，颇信。

时诸髦旁侍，使者席地坐，为言学当如登陟之进而不已，毋捷径，毋窘步[19]。捷径则迷，窘步则画[20]。又言此地幽峻远胜闤阓[21]，加以葺治，植之佳蔚，僧寮梵室，咸资栖止，肄弦诵之音[22]，则恭让生焉。居之清旷，近利之习泯焉。爽垲轩豁，怡观适性，高明出焉。风雨明晦，乐其晨夕，尔师若徒观摩讲贯，必有豁然开朗，耸然特立，与道大适者[23]。矧文字研求、声律酬唱斤斤者乎。盖学术渊通[24]，勋名蔚茂，积小高大，于是乎取之。诸髦勖乎哉！皆欣唯而退。

既新以额，明其章程，因纪以谂来兹，俾知植人才，立纲维，振兴有自，而守之益大也。

道光五年五月巩昌知府事珠满率绅士立石[25]。

陇西县教育局编《陇西县教育志文献八》

【注】

(1) 陇右：即陇西，古代以右为西，以左为东。据《后汉书·西羌传》记载，周赧王四十三年(前272)，秦灭义渠国，于其地置陇西郡、北地郡、上郡三郡。陇西郡，因在陇山(六盘山)以西而得名。郡治在狄道(今甘肃省临洮县)。秦统一中国后，实行郡县制，分全国为三十六郡，仍置陇西郡，治所未变。三国时迁到襄武县(今甘肃省陇西县东南)，唐时改陇西郡为渭州，陇西郡之名从此消失，郡治襄武县保留了陇西之名，成为陇西县。

(2) 南安：即南安郡，汉献帝建安中期(196—220)，从汉阳郡析置南安郡。治獂道县(今陇西东南)，领3县：獂道、新兴(今漳县、武山境内)、中陶(今陇西东南、漳县境内)。属凉州。隋开皇三年废。

(3) 背拊吭扼：犹"拊背扼喉"，指控制要害，言陇西处于控制着关陇通往巴蜀的咽喉。《史记·刘敬叔孙通列传》："夫与人斗，不搤其亢，拊其背，未能全其胜也。"

(4) 桴鼓稀声：意谓天下太平，没有战争。桴鼓：鼓槌与鼓。这里指战鼓。

(5) 甿用敉辑：意谓老百姓的生活和平安定。甿(méng)，泛指老百姓。用：连词，因而，于是。敉(mǐ)：安抚，安定。辑：和平。

(6) 髦士(máo shì)：英俊之士。《诗·小雅·甫田》："攸介攸介，烝我髦士。"毛传："髦，俊也。"

(7) 庳(bì)琐：比喻低劣、拙劣。庳：两旁高中间低的房屋，引申为低洼、矮小。琐：细小、零碎。

(8) 涂辙所繇：车马的行程路径。涂通"途"，涂辙，指路上的车迹。繇通"由"。

(9) 崇义、崇文书院：崇义书院为明世宗嘉靖十四年(1535)，陕西巡按御史王书坤巡按陇右时创建，历经一百多年，于清康熙十三年(1674)毁于王辅臣叛乱。崇文书院创建时间无考，据《洮岷边备道题名碑记》载：明宪宗成化四年(1468)，设置洮岷整饬边备道(道治巩昌)时，将崇文书院改设道署。由此推断，崇文书院最晚建于明朝初期。书院故址在今人所称的道署巷。明穆宗隆庆二年(1568)，洮岷兵备道移治岷州后改为分守陇右道署。清初道撤官裁，又恢复为书院。清康熙十三年(1674)，王辅臣叛乱时被毁。康熙二十八年(1689)，陇西知县杨本植在雄镇楼(即威远楼)南新县署重建崇文书院(明成化六年所建的贡院旧址)，规模较旧书院更为宏阔。崇文书院后来废毁何时难以考证。

(10) 南安书院：创建时间无考，据光绪《陇西县志稿·流寓》记：江西湖口周诚之父周某因事流寓陇西，主讲南安书院，生诚之，道光二年旋第进士。由此推断，南安书院当建于嘉庆以前。

本文记载了道光五年提督兼理陕甘学政张岳崧重建南安书院之事,四十年后,即同治三年(1864)毁于兵燹。至光绪十九年(1893)重建于府城东门处原姓宅(今陇西师范一部分)。

(11) 膜视:轻视。《四库全书总目·别集二五·天马山房遗稿》:"集中所载南洋水利之议,山寇海寇之防,皆指陈利病,斟酌时宜,委曲以告当事,不以罢黜而膜视。"

(12) 挟日:谓十日。从甲至癸,十干已周,故云。挟,通"浃",周匝。

(13) 醵白镪四千:意谓集资白银四千两。醵(jù):大家凑钱喝酒,泛指集资、凑钱。

(14) 奉:通"俸",官员等所得的薪金。

(15) 撤棘:旧时科举考试发榜,在贡院门口放置荆棘,以防落第者入内滋事,待相关事务办理完毕始撤去荆棘。

(16) 榜:匾额。

(17) 黕(dǎn)然:黑黝黝、脏兮兮的样子。

(18) 雉堞:古代城墙上掩护守城人用的矮墙,也泛指城墙。

(19) 窴步:步履艰难。这里指因道路艰险而畏惧不前。

(20) 画:截止,停止。《论语·雍也》:"力不足者,中道而废,今女画。"何晏集解引孔安国曰:"画,止也……自女自止耳,非力极。"

(21) 闤闠(huán huì):闤,是指环绕市区的墙;闠,是指市区的门。古时,市道就在墙与门之间,所以通称市区为"闤闠"。

(22) 肄(yì):学习,练习。

(23) 适:切合,相合。

(24) 渊通:渊博通达。

(25) 珠满(?—1707):瓜尔佳氏,隶满洲正白旗,先世居乌拉,清朝将领。

二十二、颜士璋

颜士璋，字聘卿，山东曲阜人。进士，任巩昌府知府。他到任时，陇西满目疮痍，官署、书院及文庙等还未恢复旧观，百废待举，他勤恤民隐，兴利除弊，首先致力文教方面的复兴工作。重建府文庙和南安书院，从此，陇西人文蔚起，科第蝉联。

重建巩昌府学宫碑

光绪纪元之次年，予奉檄来守是邦，朔望拜谒学宫，见殿庑祠宇只余残壁数堵，缘同治丙寅逆变尽归兵火，满目荒凉，心窃伤之。

伏羲圣德昭垂，揭日星而寿山河[1]，木铎之教[2]，百世上下莫不率由[3]，凡有教民之责者，欲为之正人心，息邪说，鼓舞乎斯民，胥于学宫是赖[4]。矧郡城为属邑表率，道脉所关，文风所系，实在乎此，爰请于揆帅左侯及崇方伯允准重建[5]。遂躬率厅州县儒学捐廉倡之，又集资于府属之各绅士，取材于郡西之莲峰山，督同学官及绅衿董其事，以午寅仲秋兴作，落成于己卯冬初。大殿两庑并名宦、乡贤各祠，若门、若坊、若池、若桥，罔不毕举，涂饰丹雘，轮奂一新，瞻谒之下，不但举向之蓬蒿瓦砾翻然改观，即较之昔日规模有过之无不及也。大殿之后为崇圣祠，庙之东偏添建明伦堂，以为讲学之地。美矣备矣，乐育大材，道在是矣。

予来自东鲁，视听言动，凤守"四勿"家传，今与僚属及二三儒生筹款监造，得以重建宫墙，庶几一郡之秀者、顽者、贤者、愚者、耳而目之[6]，勉而励之，于以振起人文，涵濡教化[7]，争自琢磨于太平之世。则此一举也，揆之化民成俗之道[8]，不无小补也夫。

是为记。

光绪五年岁次己卯孟冬三月谷旦[9]。

汪楷主编《陇西金石录》（下）

【注】

（1）揭日星而寿山河：意谓伏羲的盛德像日星一样高举，像山河一样长寿。

（2）木铎：古代用以警众的响器，形如铙、钲，体腔内有舌可摇击发声，舌分铜制与木制两种，铜舌者为金铎,木舌者即为木铎。比喻宣扬教化的人。

(3) 率由:遵循,沿用。

(4) 胥于学官是赖:意谓全依赖着学官的教化。胥:全,都。

(5) 揆帅左侯:义同"爵帅",指左宗棠。揆:因宰相管理百官百事,后遂以指宰相或相当于宰相之职。

(6) 耳而目之:既听见了,又看见了,形容耳目同时感觉到。

(7) 涵濡:滋润;沉浸。

(8) 揆:揆度,估量。

(9) 谷旦:吉日。

二十三、张经

张经(1839—1888),字纬堂,号西园,清光绪举人。

创修襄武书院碑

陇邑为十城首善之区[1],不唯地接上游,人民幅辏[2],物产皆饶,即文风亦甲焉。甲子岁,回氛起,越三年而城陷,地遂赤。呜呼惨矣!不忍言矣!克复后,莅土者率以烬余民舍为廨署,绪议缮修,理先官廨、圣庙、神祠,余概从略。非略也,力不逮也。

岁在壬申,子骏吴公宰是邑。会学宪按临,四考合一[3],新进多人,肄业无所[4]。适祁氏窖金被人掘,讦讼公庭[5]。堂断以千金入公,因之置膏火,设义学,更书院名曰襄武,不敢拟南安旧制,聊为一邑之域,朴谋也。然书院之设,究属子虚,而主讲先生亦号乌有。迨郑公岱生任,仍其旧。每月课,生徒、诸生散逸无所归宿,其有名无实也久矣。是以群议撮两义学费以延山长,就报国寺颓废之数椽以作书院地[6]。然而屋不成居,人不归塾,犹是前之散逸也。吁,斯文之废坠,屈指概十有八年矣,何胜叹哉!

今皇帝御极之壬午秋,我荐翁李公膺陇篆[7],甫下车,即以培植学校为己任。询及书院由,慨然曰:"国家元气在斯文,此不之恤,遑问其它?"于是相宅,于是鸠工,于是捐俸百缗,支俸三百,越冬及春,而书院成。于是函致陇之外宦者,谕炯堂祁公捐钱千缗,少斋张公捐银五百,俟项到整,为发商生息焉。即为之增膏火以大熏陶,即为之优奖赏以勤私课。且立诗赋义学、训蒙义学,为之密诲迪[8]。且请太尊颜照旧加入府课、儒学田,循例严其月课,为之广教育而糜储材,一月之中,殆十一二课焉。呜呼,盛已!

诸生服教食德,如饮醇醪,举前之废坠而散佚者,一旦尽为改观焉。盖宰也而父道存,而抑父也而师道立矣。诗曰:"乐只君子,邦家之光[9]。"又曰:"恺悌君子,民之父母[10]。"又曰:"有匪君子,终不可谖兮[11]!"窃愿三复深之,永传懿德于公好云尔。

光绪九年岁次癸未嘉平月吉日[12]。

汪楷主编《陇西金石录》(下)

【注】

(1) 十城首善之区：指巩昌府下辖州县中最好的地方。陇西为巩昌府治所在地，下辖陇西（今甘肃省陇西县）、安定（今甘肃省定西市）、会宁（今甘肃省会宁县）、通渭（今甘肃省通渭县）、宁远（今甘肃省武山县）、伏羌（今甘肃省甘谷县）、西河（今甘肃省西和县）共7县；岷州（今甘肃省岷县）1散州；洮州（今甘肃省临潭县）1散厅。"十城"是约数。

(2) 辐辏：形容人或物聚集像车辐集中于车毂一样。也作辐凑。

(3) 四考：据清代科举制度，四考是指"县考""府考""院考""科考"四级考试。童生入学要通过县试，县试合格再参加府试，府试合格者还要参加教育专员"学政"主持的"院考"，院考合格者便取得生员（即秀才）资格，可以进入县学或府学就读，生员分为三等：成绩最好的是廪生，有一定名额，由公家发给粮食；其次是增生，也有一定名额；新"入学"的称为附生。每年由学政考试，按成绩等第依次升降。"科考"则是参加省级考试的预选，成绩合格者才可以参加"乡试"，博取"举人"功名。"科考"中成绩最好的考生叫做"贡生"，就是可以向朝廷推荐的人才，也就具备了做小官的资格。优贡一等可以做知县候选人，三等也具有做县训导的资格。

(4) 肄业：修习学业。

(5) 讦讼(jié sòng)：控告诉讼。

(6) 报国寺：地址在今陇西一小。

(7) 荇翁李公：指李寿芝，字荇仙，湖南长沙人。庠生，因军功荐拔花翎同知衔知县。清德宗光绪八年(1889)秋调任陇西知县。陇西因同治五年失城，元气大伤，虽多年办理善后，但文化教育上存在的问题仍然很多。到任后，创建了襄武书院，修复陇西县文庙。大力加强文化教育。

(8) 诲迪：教诲开导。

(9) 乐只君子，邦家之光：出自《诗经·小雅·南山有台》。意谓君子很快乐，为国争荣光。

(10) 恺悌君子，民之父母：语出《诗·大雅·泂酌》。意谓和善可亲的君主，如同老百姓的父母亲一般。

(11) 有匪君子，终不可谖兮：语出《诗经·卫风·淇奥》。意谓有此英俊君子，如何能不想他。

(12) 嘉平：腊月别称。

二十四、祁永膺

祁永膺（1853—1905），字伯福，别字荫杰，号子服。清代广西博白凤山镇凤山村山背屯人。少年时曾到广东广雅书院攻读经史。光绪二十年（1894）会考中进士。钦点内阁中书，赏花翎运同衔。曾任甘肃陇西知县，拱州府代理知府等职。

重修陇西师范高等两学堂碑记

陇西旧有襄武书院，年久将墟，光绪二十八年余莅邑，修而葺之。明年，调署华亭。越二年，回任。屡奉"停科举，扩学堂，广招其类"之命。于是进典史何君明珊、教谕聂君湜及绅士知县刘君文炳、教谕张君泮如、贡生常君运隆、廪生赵君□等商增修书楼斋舍，改为高等小学堂，并新建师范学堂以培师道，佥皆称善。余捐钱三百缗以倡，城乡士民观感踊跃，即集赀千四五百贯，乃命何君及张、常、赵三君董其事。三十二年二月二十二日鸠材兴工，九阅月告竣。邑中耆老咸来庆成，嘱余为文记之。余以诸耆老皆知兴学为保教保国，立身立人之本，而勇于赴义若此，不可以不记。

呜呼！今之教学者亦多术矣，曰中学也，东西学也。中学之书汗牛充栋，老死不能殚究[1]，而又益以东西学者，奚从乎？庸讵知东学西学亦由我古之道也。迩者，南皮尚书张公劝学有《会通》一篇[2]，详哉乎言之诸生，循是而推焉。庶得其道，夫复何言。然不佞犹鳃鳃过虑者[3]，窃恐学者溺于俗，尚犹存隔阂之见，罔知所以用其力，斯不佞所难嘿尔也[4]。

夫学堂本书院别称，近世蔽于制艺[5]，痼疾孔深，天下几不知学，故易名学堂，以新耳目，冀皆知实事求是而矫积弊[6]，非好异也。昔者宋代设石鼓、白鹿四大书院，成才众多，而白鹿洞至今尤脍炙人口，岂以其传习时艺渔猎科第之盛而得称耶？然观朱子《白鹿书院揭示》有五教之目[7]："父子有亲，君臣有义，夫妇有别，长幼有序，朋友有信[8]。"为学之序："博学之，审问之，慎思之，明辨之，笃行之[9]。"修身之要："言忠信，行笃敬，惩忿窒欲，迁善改过[10]。"处世之要："正其谊，不谋其利，明其道，不计其功[11]。"接物之要："己所不欲，勿施于人，行有不得，反求诸己[12]。"诸条目。吁！须其与今日学堂教科若是之吻合也。

夫学以明伦察物，学以穷理敦行，学以修身处事，无中西二也。自夫人□明□□，于其实，于其名,以为改书院设学堂,用夷变夏,相率而戒,读书何所见之,背驰而湫隘也(13)。夫师范,传□□以□□授受,即古者峨子时术豫时孙摩之遗意(14)。高等小学为造中学大学之始基,即古者乡遂、国学,岁时考其德行道艺而宾兴之遗意(15)。不有师范,奚知殊途同师。不有高等,末由选贤与能,诸生之聚是堂也,亦惟急所当务焉耳。乌得曰"用夷礼哉!"

朱子云:"古者圣贤所以教人为学之意,莫非使人讲明义礼以修其身,然后推以及人,非徒欲其务记诵,为辞章,沽钓声名,取利禄而已也。"然则斯堂立义宁外是也耶?所愿学者,思今天下日渐积弱之由,观外人日臻富强之势,绎我朝廷,亟欲兴学之意,替尔父兄黾勉从事之志(16),发愤为雄,立志竞上,本之四子(17),群经以求其体,考之中外历史,以□其故,通之西学政艺以妙其用,以一兴百,是万为一。

夫然后以学正身,以学处世接物,以学齐家治国平天下,以学施及舟车所至,人力所通,天地日月覆载照临之处,凡有血气莫不尊亲,呜呼,其不反欤!

陇西,中邑也,逊志时敏坚韧刻苦之士(18),历代皆有比陈,若孙倚夫、杨宪伯、马特选、杜海若诸先生者,皆矫矫特立,足为后学秩式,今两学堂之成,吾知都人士茂,藏修壹志其间,必有学贯中西之才继起以鸣。国家之盛,副尔父老之志者,而儒术济□,蔚若云蒸,不佞跂予望之矣(19)。

光绪三十二年(1906)岁次丙午秋九月,赐进士出身赏戴花翎同职衔陇西县知县前内阁中书博白祁永膺伯福氏谨识。

据原碑文整理

【注】

(1) 殚究:穷尽探究。

(2) 南皮尚书张公劝学:张公,指张之洞(1837—1909),字孝达,贵州兴义府人,祖籍直隶南皮(今河北南皮县)。廿七岁中进士第三名探花,授翰林院编修,历任教习、侍读、侍讲、内阁学士、山西巡抚、两广总督、湖广总督、两江总督(多次署理,从未实授)、军机大臣等职,官至体仁阁大学士。著有《劝学篇》,阐发了"中学为体,西学为用"的主张。

(3) 不佞:指没有才能,旧时用来谦称自己。语出《论语·公冶长》:"雍也,仁而不佞。"鳃鳃:恐惧的样子。形容过于忧虑和恐惧的样子。

(4) 嘿(mò)尔:沉默无言的样子。嘿,通"默"。

(5) 制艺:指八股文。

(6) 实事求是:做事切实,力求真确。《汉书·河间献王刘德传》:"修学好古,实事求是。"

(7) 《白麓书院揭示》:即《白鹿洞书院学规》。白鹿洞书院,位于庐山五老峰南麓后屏山下,唐李渤读书其中,养一白鹿自娱,人称白鹿先生。因此地四山环合,俯视似洞,由此得名。南唐升元年间,白鹿洞正式辟为学馆,亦称"庐山国学",后扩为书院,与湖南的岳麓书院、河南的嵩阳书院和应天书院并称为"四大书院"。

(8)"父子有亲"句：语出《孟子·滕文公上》，讲儒家宣扬的五伦大道，意谓父子间要有骨肉之亲，君臣间要有礼义之道，夫妻间要挚爱又要有内外之别，老少间要有长幼之序，朋友间要有诚信之德。

(9)"博学之"句：语出《礼记·中庸》，讲为学的几个层次，或者说是几个递进的阶段：广博地学习，审慎地发问，谨慎地思考，明晰地分辨，诚实地践行。

(10)"言忠信，行笃敬"：语出自《论语·卫灵公第十五》。意谓言语忠诚老实，行为敦厚严肃。"惩忿窒欲，迁善改过"源自《易经》。意谓压抑自己的欲望和怒气，改正自己的错误而向善。

(11)"正其谊"句：语出《汉书·董仲舒传》，讲处世原则：讲求正义不谋取私利，彰明道义不考虑功利。

(12)"己所不欲"句：讲接物之道。"己所不欲，勿施于人"出自《论语·颜渊第十二》，意谓自己不愿意承受的事情，也不要强加给别人。"行有不得，反求诸己"出自《孟子·离娄章句上》，意谓凡是行为得不到预期的效果，都应该反过来检查自己。

(13)湫隘(jiǎo ài)：低洼狭小。

(14)峨子时术豫时孙摩："峨子""术豫"未详。孙摩，《礼记学记》："不陵节而施之谓孙，相观而善之谓摩。""孙"指顺着一定的阶段和进度，即将教育内容的逻辑顺序与学生的心智水平结合起来，作为安排教学过程的依据。"摩"指学习过程中相互观摩，共同切磋，取长补短。

(15)宾兴：周代从乡小学选出贤能的人，以上宾之礼升于国学。

(16)黾免：同"黾勉"，勉励，尽力。

(17)四子：指四子书，即四书：《论语》《大学》《中庸》《孟子》四部儒家的经典。

(18)逊志时敏：指谦虚好学，时刻策励自己。语出《尚书·说命下》："惟学逊志，务时敏，厥修乃来。"

(19)跂予望之：抬起脚跟远望。跂：抬起。

二十五、杨芳灿

杨芳灿(1753—1815),字才叔,号蓉裳,江苏常州金匮(今属江苏无锡)人,清文学家。

奎文书院碑记

乾隆丁未仲冬,余膺简命来牧斯邑[1]。前摄州事者为长白桂亭广君,谓余曰:"州之西郭,旧有钟灵书院[2],颓废久矣。邑之士民咸请重建,于学署东偏得隙地数亩,端景相势,凝工度木,三月于兹,经营未半,君其观厥成焉[3]。"余曰:"君诚能以经术润吏事者,是美政也,余敢不踵成之[4]。"时方寒冱[5],因止工作。戊申之春,余复鸠工,刻期藏事[6]。董斯役者州贡生刘兴海,生员颜倖、赵廷楷,廪生胡霖、汤铭盘等。始终无懈,又两阅月而始落成。得门堂四重,前后左右列屋三十余间。其门额广君旧题曰"奎文书院",讲堂余颜之曰"丽泽"[7],诸生学舍东颜曰"□经",西曰"辨志"。傍有余地,杂莳栗枣松韭之属,因颜曰"东园"。墙藩庖湢备具[8],可以庋图□[9],可以设琴樽,堂宇虽不甚崇深,亦差免于湫隘矣。仲夏,余即延师主讲,进生童而试之,拔其隽异,得在书院肄业者三十人,其届斯而来校艺者百有余人。徂带青矜[10],横经问字,一邑之秀萃于此焉。

余尝谓古来硕儒谈道必在名山,如扬子云之元亭[11],马季长之石室,雷次宗之庐山,王仲淹之龙门。书院之设所由昉也[12]。至鹿洞、鹅湖[13],规模大备,皆踞名胜远城市。今则书院设之于官,如欲择崇岩峻壑之地,势必不能每见紧望之邑。其书院之近孔道者,辄假为传舍,迎候舆卫,不数年而生徒散矣,堂房圮矣,是者比比焉。兹幸书院之建,左依宫墙,右邻学署,既不便为供张之所而远离阛阓,其地清穆而敞闲。诸生遭遇隆平,沐浴膏泽,复得此地以藏修游息[14],其勤勉当何如也?余又稽钟灵书院。旧稽称归入书院者,有官荒地千余亩,今并无一二存者,遍搜旧牍,悉以散失,并见经守之难也。兹官师之修脯[15],生童之膏火,仅得广君所捐一千缗。余往任后又捐二百缗,择商民之老成者,岁权其息。大仓之旁旧有市铺七十余间,俾珊鹭兹土者[16],岁纳其租。计一岁所入无多,余深惧其不给,既捐俸百金以为之倡,更望邑之贤士大夫共赞其成,以期久远不废,庶无负广君创始之心也。夫是为之记。

【注】

(1) 膺简命：接收任命。膺：接受。简命：简任；选派任命。

(2) 钟灵书院：位于宁夏灵武。清乾隆三十八年(1773)知州周人杰就城西废公廨创建。后废圮。清同治十年(1871)同知赵兴俊创建于城东南隅。光绪三十一年(1905)改为学堂。民国间改为县高级小学校。

(3) 厥成：其成，其成就，其成功。

(4) 踵成：谓继续完成某项工作或事业。

(5) 寒沍(hán hù)：严寒冻结；极寒。

(6) 刻期蒇事：意谓严格规定期限完成书院工程建设。刻期：严格规定期限。蒇(chǎn)事：意思是事情办理完成。

(7) 颜之：指题写匾额。颜：额头，印堂。作动词。

(8) 庖湢(páo bì)：厨房浴室。

(9) 庋(guǐ)：放置。

(10) 徂带青衿：指学子。徂带，疑为"组带"之误，丝织的系带。元李裕《次宋编修显夫南陌诗》："合欢连组带，解佩杂芳荃。"青衿：青色交领的长衫。古代学子和明清秀才的常服。

(11) 扬子云之元亭：扬子云(前53—后18)，名"扬雄"，西汉蜀郡成都(今四川成都郫县)人，是西汉后期著名学者，哲学家、文学家、语言学家。著有《太玄》《法言》等。"元亭"，不详。后文马季长，即马融(79—166)，字季长，右扶风茂陵(今陕西兴平东北)人。东汉名将马援的从孙，东汉儒家学者，著名经学家，尤长于古文经学。"石室"不详。雷次宗(386—448)，字仲伦，豫章南昌人，南朝刘宋时期方志家、教育家。少入庐山，师事著名的慧远大师，从之学三礼、毛诗，并修净业。其后，立馆于东林寺之东，为东林十八贤之一。他曾两次被皇帝请到京城讲授儒学，齐高帝萧道成曾是他的学生。王仲淹，即王通(584—617)，字仲淹，道号文中子，河东郡龙门县通化镇(今山西万荣县通化镇，通化镇1972年由山西河津县划入万荣县)人，隋朝著名教育家、思想家。

(12) 由昉：开始，发端。

(13) 鹿洞、鹅湖：书院名。白鹿洞书院，位于江西省九江市庐山五老峰南麓，享有"海内第一书院"之誉。始建于南唐升元年(940)，是中国首座完备的书院。宋代理学家朱熹出任知南康军(今江西省九江市星子县)时，重建书院，亲自讲学，确定了书院的办学规条和宗旨，并奏请赐额及御书，名声大振，成为宋末至清初数百年中国一个重要文化摇篮。鹅湖书院位于上饶铅山县鹅湖镇鹅湖山麓，为古代江西四大书院之一，占地8 000平方米。鹅湖书院曾是一个著名的文化中心。尤其是南宋理学家朱熹与陆九渊等人的鹅湖之会，成为中国儒学史上一件影响深远的盛事。

(14) 藏修游息：心里常常想着学习，不能废弃，对学习入木三分，甚至连休息或闲暇的时候也要学习。语出《礼记·学记》："君子之于学也，藏焉，修焉，息焉，游焉。"郑玄注："藏谓怀抱之；

修,习也。"后以"藏修"指专心学习。游息:行止。《梁书·裴子野传》:"且家传素业,世习儒史,苑囿经籍,游息文艺。"

(15) 官师之修脯:意谓送给老师的礼物或酬金。官师:考试官,这里指老师。修脯(xiū fǔ):旧时称送给老师的礼物或酬金。修,通"脩"。干肉。

(16) 坻鬻(dì yù):谓囤积并待价卖出。

二十六、张翼儒

张翼儒,生卒年不详,字渠若。今甘肃通渭县寺子川乡黄家岔人。

书院训士文

今之学不与古同？今之学未尝不与古同也。其不同者古之人多致力于身心性命之学[1],今则学为文章以博科第矣。其同者,身心性命之学犹是读书穷理,躬行实践,以期有得于己而已。文章科第何尝不由此处也！虽然,文章岂易学者哉？体之身、用之心[2]、依为性与命而不可离,然后可以有得也。夫人诚患乎不嗜学耳。果其嗜之,如食之悦口、衣之章身[3]。食依早晚而如期享用,衣按冬夏而以时更换。遂不觉其何以饫之而不惮烦[4],服之而无厌斁也[5],诚嗜之也。今于学则不然,朝夕之间不无作辍,冬夏一周未能改观,观其弊安在？或者甘于枵腹[6],昧于及时。有书不肯多读,读而又不悉心研究以追穷其义理之所在,虽作为文章不免饤饾补缀[7],无所得心应手之妙,始或勉强从事,继且厌倦随之矣。安得以帖括文字为易易事哉[8]。诸生不必有此弊,然不可不知此弊,共相惕厉警觉以急祛此弊也[9]。余非知学者,谬为青峰李公所推许为诸生师[10],余深滋愧矣。夫子言"温故而知新,可以为师",孟子谓"人之患在好为人师"。诚恐绛帐初设而皋比旋撤[11],余益滋愧矣。

今与诸生约：勿以身心性命为外物,勿以读书穷理为难事,勿以躬行实践为畏途,勿以文章科第为绝业。理欲之分制之必力[12],常存爱日之心以自爱其身[13],而主静立诚、勤学好问,有不临毫挥洒,畅所欲言者乎！夫时文者,一时取士之文也。文章与时高下,权衡定之一心。彼谓时文可以取士,不可以行远,则戾乎时矣。以今观古,古冈非今,由后观今,今复为古矣。朱子"科举何当累人,人自负科举耳。"誓与诸生共勉之,以庶几乎稍释此愧焉可已。

(清)高蔚霞修 苟延诚纂《通渭县新志》光绪十九年刊本

【注】

（1）身心性命之学：身心,指人的精神品质。性命,哲学概念,指人的秉性天赋。"性者,天生之质,若刚柔迟速之别；命者,人所禀受,若贵贱夭寿之属。"(孔颖达语)

(2) 体之身、用之心：用自己的身心去体悟去实践。

(3) 章身：让自己的身体有光彩。章通"彰"。

(4) 饫(yù)：饱食。

(5) 厌斁(yì)：厌倦、懈怠。

(6) 枵腹(xiāo fù)：空着肚子。

(7) 饤饾(dìng dòu)补缀：饤饾，将食品堆迭在盘中，摆设出来。比喻堆砌、凑杂。补缀：缝补，泛指修补。

(8) 帖括：泛指科举应试文章。

(9) 惕厉：亦作"惕励"。警惕谨慎；警惕激励。语出《易·乾》："君子终日乾乾，夕惕若厉，无咎。"

(10) 青峰李公：指李南晖。

(11) 绛帐：《后汉书·马融传》："融才高博洽，为世通儒，教养诸生，常有千数……居宇器服，多存侈饰。常坐高堂，施绛纱帐，前授生徒，后列女乐，弟子以次相传，鲜有入其室者。"后因以"绛帐"为师门、讲席之敬称。皋比：虎皮。古人坐虎皮讲学。后因以指讲席。

(12) 理欲：中国儒家思想中"天理"和"人欲"。《礼记·乐记》首提"存理灭欲"，宋明理学将此观念发展到极致。

(13) 爱日之心：意谓珍惜时光之心。

第七章

楹联刻石
YING LIAN KE SHI

一、临洮县

(一) 临洮高庙山太白庙总殿联

天九成之,位居震而东木可相;地四生者,辉映兑而西金有光。

(清)佚名

(二) 临洮玉井峰泰山庙联

七代忠保国,除暴安良,德奉三元,威震乾坤;一片赤子心,吊民伐罪,功安九有,名扬寰宇。

(清)杨映天、董向荣

(三) 左宗棠狄道瑞谷联

五风十雨岁其有,一茎数穗国之祥。

(清)林庆铨《楹联述录》

(四) 临洮岳麓山超然书院联

铁肩担道义,辣手著文章。

(明)杨继盛

(五) 临洮西岩寺门联[1]

禅门无住始为禅,但十方国土庄严,何处非祇园精舍;度世有缘皆可度,果一念人心迴向,此间即慧海慈航。

(清)吴镇

【注】

(1) 西岩寺,位于临洮县城西山。

(六)豆神庙联

宝豆匀圆,喜个个金丹换骨;天花消散,愿家家玉树成林。

(清)吴镇

二、陇西县

（一）陇西威远楼联

人从方外无非雅,兴到楼头总是高。

（清）王了望

高系金城,地居两届河山首;遥连玉塞,气作三秦锁钥雄。

（清）佚名

洮渭涌双流,听栏外鲸钟震响,直接关塞;井参攀列宿,看匣中宝剑干霄,欲动星辰。

（清）佚名

去天尺五,通帝座之风云,遥瞻龙蟠虎踞;扶地三千,接河源与星宿,下听鼍吼鲸鸣。

（清）佚名

看地势如何,西山五刹为阶级;问楼高几许,北斗七星作栏杆。

（清）刘汝彪

有象垂天,七曲文光高北斗;潜形化物,三空佛界兆西方。

（清）刘汝彪

文德诞敷,光射楼中高北斗;帝心简在,象垂陇右振南安。

（清）佚名

陇右镇乾坤,群叨大德,保民真经觉世;楼中悬日月,共仰有威,可谓视远惟明。

（清）佚名

望千里关山,客里几增游子感;看一城烟火,我来空负宰宦身。

(清)李健枝

此是南安数百年大观,自兵燹以还,不知活生灵多少;记从西塞三千里而至,乘公余之暇,好来对风月流连。

(清)李健枝

(二)陇西仁寿山联

关帝庙联

姓衍龙逢,一脉孤忠悬日月;志宗尼父,终身心事托春秋。

(明)关永杰

魁星楼联

平地纪禹功,循鸟鼠同穴,到此舒川泽之气,更上一层。看东峙朱圉,南向岷蟠,西襟积石,北枕崆峒,匝折奔赴而来。又导江汉河渭,源流出其下,纵任他山高岳峻,沧海朝宗,大地胚胎归仁寿。

开天演羲画,兆龙马负图,实始启书契之缄,抚怀千古。溯节著夷齐,才称白贺,勋隆义武,烈昭睢阳,磅礴玮环所萃。历经唐宋元明,继起多传人,都凭尔笔灿花生,斗量藻溢,亘天星宿焕文昌。

(清)武芷芬

后黔中先辈而来,兴衰举废,看栏回北渭,爽挹西山,杰阁重开新气象;培陇右名区而来,极目追怀,问昌谷遗踪,青莲旧社,宰官犹是故乡人。

李健枚

蓬莱阁联

把酒且登高,看平原战垒,远道荒村,一任他英雄豪杰,临风感慨;吟诗聊小住,听栏外莺声,花间鸟语,还须我文人学士,竟日流连。

(清)刘汝彪

(三) 陇西太平堡城头悬钟楼联

塔影挂清汉,钟声和白云。

(清)成大猷

(四) 陇西巩昌府署联

无心视人心,为转移望,四境生灵,畛域无分消浩劫;兵事与吏事,相表里原,十城僚属,艰难共济勉清操。

(清)佚名

穷秀才做官,不必十分受用;大丈夫做事,只求一点精诚。

(清)佚名

抚兹万姓身家,既养且教;整饬十城吏治,惟公生明。

(清)佚名

化理关怀,四野清风偃草;生机着手,一庭明月栽花。

(清)佚名

金马文章辉玉马,玉堂经济展黄金。

(清)佚名

十城霖雨附时润,一路福星到处明。

(清)佚名

从征十五年,博得一官如旷宅;守土八九月,抚兹百姓渐归家。

(清)佚名

卿云从南岳飞来,十城瑞霞;甘雨自西隆洒遍,万姓欢胪。

(清)佚名

阅十城五马重来,昔起疮痍今抚字;合一郡四民齐颂,八为公辅出旬宜。

(清)佚名

一片芜城,看此日聿新轮奂,原四境之农工商,各勤职业,安宅重依,还定劳来乃乐国;数行丹诏,喜今兹普庆垓埏,合十属汉土番回,各沾惠泽,清明共济,承流宣化赖同舟。

(清)佚名

此地是渭州旧治,其民有唐俗遗风。

(清)周景曾

(五)陇西县署联

二贤之节,五李之才,数千年史册流传,斯人不朽;四山如屏,一水如带,方百里付与磅礴,惟地有灵。

(清)李建枝

俯视眼前皆赤子,仰观头上有青天。

(清)李建枝

仙吏映长庚,五李如生,同呼慈父;湖春满襄武,八砖而后,复见斯人。

(清)佚名

此地有清圣祠堂,握篆抚残黎,敢自外廉顽懦立;贱子乃谪仙宗派,下车宰故土,最难忘迁客长沙。

(清)李荇仙

一官到处好为家,爽垲新迁,容我调琴饲鹤;百姓从兹皆乐业,凋残复起,看他卖剑买牛。

(清)郑先懋

东斗旋杓,与白叟黄童,共话一年乐事;西隆制锦,又红桃绿柳,虚延五载春光。

(清)佚名

轩窗对影惟邀月，案读余闲且看山。

（清）佚名

图画三春开丽景，弦歌四境播清风。

（清）佚名

宰百里地，无百里才，姓家法犹存，莫把铜符久握；居一日官，我一日过，乘春光正好，且来锁院偷闲。

（清）李荇仙

（六）陇西游击署联

地接羌戎，未能似韩诩从军，长为锁钥；职兼抚御，何以如马援守陇，无愧干城。

（清）佚名

仪注维严等威，既辩上中下；门阑自肃出入，常怀敬慎勤。

（清）佚名

（七）陇西保昌楼联

日受千人头，夜观万盏灯。

（清）佚名

魁星阁联

岂只占万仞高山，要点北斗七星，快向鳌头先立足；愿借得一枝妙笔，好把南安诸士，多从雁塔早提名。

（清）佚名

高品望于金华殿中，恰当上巳节前，金章拜宠；掌文衡于玉门关中，好趁小阳春到，玉尺量才。

（清）佚名

（八）重建牌门联

何处觅飞鸿，仅饬华门留指印；几时征梦草，难将婓尾话离情。

（清）成大猷

（九）别开堡门联

堡何以居坤，知保身莫如藏也；门胡为向艮，想御寇惟有止乎。

（清）成大猷

（十）陇西南安书院联

诸生读圣贤书，要在学为忠用；今我绎廉立训，亦思兴起懦顽。

（清）安维峻

此地有清圣祠堂，握篆扶残黎，敢自诩顽廉懦立；贱子乃谪仙宗派，下车宰故土，最难忘迁客长沙。

（清）李寿芝

（十一）陇西襄武书院联

何人高北斗之名，万里云程，望他日扶摇直上；此地居南安之首，一窗灯火，看英才荟萃其间。

（清）佚名

必研究尧舜禹汤文武周公孔子之道，方为正士；不讲求君臣父子兄弟夫妇朋友之义，莫入吾门。

（清）佚名

已非复报国寺中，也应文章华国；虽不是翘才馆内，还须桢干储才。

（清）佚名

宣圣为万世师,学校萃英才,幸斯文犹在兹也;谪仙去千余载,乡里有先哲,原诸生共私淑之。

(清)佚名

(十二)为李伯仁葬母戏台联

今日无檀弓,由你排来八脚;何人不优孟,教他哭出三虞。

(清)陈长复

哭哭笑笑,成何模样,模样便是这个;总总犹犹,借此形容,形容岂有他哉。

(清)陈长复

当大事何可戏也,借此声聊翻薤露;从众人亦教扮之,下这台便是北邙。

(清)陈长复

任你青杠作腿,终在八脚下风,许多奸巧,无边逸态,到当场只落得一副花脸,看尔时扮出蒿里陈人,丑态毕形,能勿变志;饶他玉瓒成名,不离三煞里面,遮莫鄙吝,尽着贪图,算结局空打了半世丑腔,听此声翻成薤露悲曲,生期有限,可为寒心。

(清)陈长复

(十三)关帝戏台联

排演已往贤奸,无非戒后,试看此番形容,立台下还当自省;娱乐前古忠孝,只是教予,要知他日靖共,上场时亦有人看。

(清)陈长复

深入重门,精忠路平,一步当进一步;渐登宝殿,美髯公在,三思还要三思。

(清)陈长复

革面为忠,便有门户,试想今日何日,大辟朱棍,生气犹存抛汉浦;改行学圣,别无路头,只看斯人甚人,细勘清夜,良心勿泯照榴花。

(清)陈长复

归寄处处同,数漆灯百世,几个堪享馨香,帝无惭色;忠义人人事,看俎火千秋,此日亦陈俎肉,谁不愧心。

(清)陈长复

(十四)祖师戏台联

人想不死,帝则合计,八脚分明修短,看他还看已;天意若何,尔胡弗思,百般妆点腔板,打去更打来。

(清)陈长复

(十五)祖师庙修看戏楼联

头起蜃楼,幻出心头海市,遂有冯夷击鼓,嬴女吹箫,山城寂寞宜先破;下借蛙部,创为天下梨园,无庸李白编诗,延年点板,浩劫纷华也自开。

(清)陈长复

(十六)道场演戏联

赤壁烟消,黄粱饭熟,就中谁假谁真,曲罢一时齐破梦;春风花笑,夜月魂归,此际忽歌忽泣,拈来随处可参禅。

(清)陈长复

(十七)陇西雪山庙戏台联

真假不同情,莫把假事作真事;古今无异理,何妨今人做古人。

(清)刘汝彪

(十八)陇西皮影戏戏台联

耀武扬威,全凭后台有力;咬文嚼字,谁知目不识丁。

(清)裴仰贤

（注：上联结句又作"全凭身后有人"）

（十九）陇西文昌宫联

孝友裕本原，十七世积德累仁，共仰文光高北斗；苞符阐至道[1]，千百年扇巍显翼，全凭灵贶佑南安。

（清）颜士璋

【注】

(1) 苞符，指河图洛书等易经典籍，《易疏》引《春秋纬》："河从通乾出天苞，洛以流坤吐地符。"

（二○）陇西讲习会联

且开拓心胸，看渭水紫波，桦林耸翠；若溯回人物，有红崖政事[1]，赤谷文章[2]。

（清）王海帆

【注】

(1) 红崖：陇西人马荣朝，号红崖，为清雍正时进士，曾任河南西平知县。
(2) 赤谷：陇西人吴之琐，号赤谷，为清康熙时拔贡，曾任江苏宝应等县知县，著有《赤谷论书》等。

（二十一）陇西第五师范联

明杨庆著述之区[1]，鹤鸣子和；唐李翱读书于此[2]，山高水长。

（清）王海帆

【注】

(1) 杨庆(1621—1704)，字宪伯、有庆，号理斋、潜斋。明末陇西秀才，著有《道源图书集》等书一百七十二卷。
(2) 李翱(772—836)，字习之，官至山南东道节度使，唐散文家、哲学家。

（二十二）陇西贡院联

长生在六桥三竺之旁，自杏苑簪花，名高北斗；跋涉经万水千山而至，看梅岭开遍，土育南安。

佚名

（二十三）陇西贡院明伦堂联

学在明伦，明君臣父子兄弟夫妇朋友之义；教以传道，传诗书礼乐易象春秋孝经之文。

佚名

（二十四）巩昌府隍庙联

力挽银河，勋酬锡土；名垂西陇，威镇南安。

（清）马如监

善恶任人为，到此间赫赫分明，难逃洞鉴；赏罚昭天道，看斯世生生死死，各有循环。

（清）颜士璋

兴废亦何常？试看昨日瓦砾，今者楼台，世事每因人事转；报施原不爽，勿谓善终贫贱，恶终富贵，上场须有下场时。

（清）汤聘珍

（二十五）陇西兴陇寺魁星联

楼台叠绽桃花艳，科第重联杏苑高。

（清）马如监

（二十六）陇西送子观音庙联

白莲座下发祥光，共羡石麟摩顶；紫竹林中添瑞色，群瞻玉燕投怀。

（清）陈长复

到此可扪天,高并文光射牛斗;凭空来观世,始知佛法备鹤林。

(清)刘汝彪

(二十七)陇西天竺寺大殿联

不惹尘埃,一片闲云松径外;了无色相,半轮明月竹篱间。

佚名

(二十八)陇西武庠门联

钟川岳之精英,芹采一池抒伟抱;法吴孙之俊略,杨穿百步冠群英。

(清)佚名

(二十九)李氏陇西堂联

家学溯犹龙[1],早垂道德昭前世;堂谟承射虎[2],应有勋名启后人。

(清)王海帆

【注】
(1) 犹龙:为老子的代称,相传老子姓李名耳。
(2) 射虎:指汉飞将军李广。

五千言道德一经,鹿洞流芳,龙门缵绪;十八子公侯万代,柳袍常翠,蓉镜长开。

佚名

三、渭源县

（一）渭源鸟鼠山品字泉联

寒泉传地脉，云根抱幽石。

古联

地干纪灵异，同穴吐洪流。

（隋）炀帝

疑问鼠山名，试为答案岐千古；长流渭河水，溯到源头只一盂。

（民）顾颉刚

（二）渭源首阳山莲峰山联

首阳山伯夷、叔齐墓碑坊联

满山白薇，味压珍馐鱼肉；两堆黄土，光高日月星辰。

（清）王霖

首阳山夷齐墓联

北海至今留，千古饿夫存节义；西山何处是，一抔荒土有余辉。

（清）王竣

首阳山清圣祠联之一

兄让弟，弟让兄，兄与弟相继偕逃，庶几理得心安，可谓难兄难弟；圣称贤，贤称圣，圣与贤推崇并至，益位顽廉懦立，不愧为圣为贤。

（清）李辉池

首阳山清圣祠联之二

饿死亦千秋,可谓肉食者愧矣;兴起在百世,愿登首阳而祀之。

(清)李寿芝

首阳山清圣祠联之三

几根瘦骨头支撑天下,两张饿肚皮包罗古今。

佚名

莲峰山夷齐祠联之一

虞夏一飞鸟,乾坤两饿人。

(清)陈长复

莲峰山夷齐祠联之二

从石炼女皇,至商末周初君臣天,二圣见裂一与主,四只手,用力捻匝,纤丝无漏。嗣后蝼蚁豺狼,尽情钻啮、灭不了当年手痕,终畏兄弟两个,为之汗颜心戳。遂教好人胆壮,拈出春秋纲目,二十一史,都与日月星辰、雷电霜雪,看守青天永不破。立这功,代锡衮冕,世报明禋,犹是薄酬大老。

自宇妥公子,觉颠节麓稳魑魅峤,五台显峙千秋,八方风,合气吹青,寸壤皆灵。至今岱衡嵩华,绝顶巍峨,压不倒此峰风色,要让崚嶒一头,服其骨冷光寒。更有何物势张,擎起腰胯脊梁,十二万期,敢说龙蛇虎豹,夔魑獝狂,遮拦翠峤暂不高。由别处、烟绣松篁,云扶宝座,总属浪称名山。

(清)陈长复

莲峰山清圣戏台联

揖让酒阑,征诛棋起,向后局破子残,五百年架漏无物,虽有些死争高手,总不及叩马一着,点住君臣父子;邯郸梦就,乾坤戏成,至今腔杂板乱,三千人曲罢流魂,都做了花面丑科,谁曾扮采薇两生,唱出虞夏黄农。

(清)王丁望

(三)渭源灞陵桥联

鸟鼠溯灵源,雪浪云涛,东行汇径渎黄河,函关紫气;陇秦资利涉,月环虹跨,西望是金城杨柳,玉塞萄萄。

杨虎城

鸟鼠烟云是图画,灞陵飞雪饶诗思。

何应钦

(四)草亭联

古今了了无些字,天地悠悠一草亭。

(清)陈长复

(五)为友园亭联

此地有乐道遗风,坐收山水烟霞,笑傲处醉倾千钟,放歌喷成莘野雨;斯人得与点大意,看取花林风月,吟弄时毫挥万字,掷空撞破濂溪天。

(清)陈长复

四、岷县

（一）岷县县城拱碧亭联

深锁白云,岷为广郭;微闻激浪,洮作长沟。

顾颉刚

（二）岷县二郎山正气亭联

其为气也,至大至刚,充塞天地;在于人者,亦忠亦孝,照耀古今。

（三）岷县高等小学堂联

闻弦歌之声,立于礼,成于乐;谨庠序之教,诵其诗,读其书。

佚名

洮水岷山,钟毓英才欣济济;圣经贤传,披吟志士乐陶陶。

佚名

（四）岷县民国时县参议会门联

民不聊生,莫负初心成木偶;我有言责,岂能缄口学金人。

吴世南

（五）岷县铁城城隍庙联

无多晚景快登临,想当初鬼章据固,太守种谊,大士传经,才人咏绝,遥遥数百年,兴废縻常,试问那两郡贤豪,都成幻梦;最好画阁凭眺属,看此间洮水东流,边墙西峙,天池南渚,梵刹北倾,茫茫廿世纪,山河犹是,每逢这五月盛会,谁不关心。

(六)岷县三岔门联

不需任劳任怨,作事顺心情,版筑群兴三岔口;敢云为国为民,先声惊贼胆,烽烟永靖二郎城。

(清)曹宪中

(七)王公书院联

理学名臣归上国,留辟良知堂奥,有志者共集其中,看梅破鸿蒙,草抽新意,讨得消息时,当忘伯安夫子;宏文圣主须全书,指开考亭门途,业儒乎勤遵是训,想舟推逆水,金拣沙洲,痛下功夫处,愿为莲溪学人。

(清)陈长复

五、漳县

（一）漳县贵清山联

断涧仙桥

烟陇水岸香灵古，雾锁桥连断涧斜。

佚名

桥　门

划开翠嶂疑无路，步到仙桥别有天。

（清）王宪

贵清山山门联

松声寒后远，潭色雨余新。

佚名

（二）漳县殪虎桥凤凰崖石刻联

颙瞻魏阙风云会，俯视秦关百三雄。

（清）黄志璋

（三）漳县逸园联

几时菡苕生漳水，此地湖山似故乡。

（清）钱宝仁

（四）漳县某戏台联

演东西南北之新闻,千七百国如即境;传帝霸皇王之盛业,二十一史在当场。

（清）陈开一

要看早些来,大提纲全凭起手;须听完了去,好结局还在后头。

（清）佚名

（五）漳县环林寺联

慢言修积佛,有人心,有道心,水月一腔方见佛;只说色是空,无喜色,无愠色,华严十戒始知空。

（清）张高

（六）漳县成氏先茔联

山号太平,望先灵并受其福;原名头吉,期后嗣长发其祥。

（清）成大猷

六、定西

(一) 定西西岩寺联

大雄宝殿联

五时言教,非异非同,为实施权开权显,实有如海孕百川川赴海;三乘谤理,即多即一,由性现相摄相归,性真是空含万象象依空。

苏州报国寺印光撰,杨思书

圆悟藏性,彻证自心,道通天地有形外;慈起无缘,悲运同体,恩彷圣凡含识中。

苏州报国寺印光撰,杨思书

佛应西天度众生,以悟证菩提,故感天龙常拥护;法流东土开文化,而振发聋聩,遂令贤智尽归宗。

苏州报国寺印光撰,贵熏书

华严顿演圆宗,独披上根,尚未悉符,出世度生之弘誓;行愿导归极乐,全收九界,方堪大畅,成道利物之本怀。

苏州报国寺印光撰,水梓书

(二) 定西城隍庙联

自信飘零如武部,不知朝阁有文山。

(清) 许玭

阳世之间任尔为,阴曹地府放过谁?

善报恶报,循环果报;早报晚报,如何不报?

名场利场,无非戏场;上场下场,都在当场。

(三)许公祠旧联

老铁官声高陇坂,双松诗格并渔洋。

(清)张祥河

七、通渭

（一）通渭牛树梅联语

嘉陵书院头门对联
门对青山，万丈文峰凌北斗；江临白水，千秋学派衍关西。

二　门
栋宇高骞，抚宏敞规模，须层层拓开眼界；趾基巩固，知根底学问，要步步踏实脚跟。

讲堂一
地宜用武，聆化兴弦歌，万年永见江山丽；天有何荒，会路接霄汉，众手同扶日月光。

讲堂二
文章不本六经，莫浪称欧苏韩柳；学问都从一念，何苦辨朱陆薛王。

讲堂三
吴道子书里江山，毓持钟英，秀气遥吞七百里；权文公乡中人士，穷经致用，宗风上接一千年。

山长卧厅一
经师易，人师难，独居时须别有功课；身教从，言教讼，未是处且漫责生徒。

山长卧厅二
入则孝，出则弟，人之大伦也。颂其诗，读其书，文不在兹乎？善其事必利其器，居之安则资之深。

操则存，舍则亡，惟心之谓与？有若无，实若虚，从事于斯矣。蠹简三年摊夜雨，龙门万丈听春雷。

（二）通渭县城隍庙联

泪酸血咸,悔不该口甜手辣,只道世间无苦海;金黄银白,但见了眼红心黑,那知头上有青天。

李子寿

好大胆敢来见我,快回头莫去害人。

李子寿

（三）通渭县关帝庙联

匹马可独行,仗此生凌霄浩气,会风虎云龙,别自有千秋事业;双眉常不展,悯当时满目群雄,同石牛腐鼠,那堪登一部春秋。

（清）李南晖

（四）通渭县太白庙联

与杜老共论文章,万丈光芒,落落焉,独有千古,迄今凭吊遗踪,渭北春树,江东暮云,过客苍茫感桃李;是长庚偶来尘世,十分明月,洋洋乎,相见三人,忆昔沉沦斗酒,华顶吟秋,名山寄好,一生潇洒作神仙。

（清）蒲捧阳

（五）挽牛树梅联

巴蜀颂名臣,斯人不负苍生望;关西传道统,夫子堪称汉儒贤。

（清）四川省各界

（六）李南晖祠堂联

学究天人,几卷羲爻遗后进;堂留冠履,千载天义仰先生。

（清）卢政

（七）通渭县元始天尊混元阁联

洛水灵龟三献瑞,阴九数、阳九数,九九八十一数,数数还归三教道,道中推出元始天尊,一诚百感；丹山彩凤两呈祥,雄六声、雌六声,六六三十六声,声声直透九重天,天下共祝当今皇帝,万寿无疆。

（清）贾俊杰

第 八 章

陇地风物
LONG DI FENG WU

一、沈约

沈约(441—513),字休文,吴兴武康(今浙江湖州德清)人,南朝史学家、文学家,著有《晋书》《宋书》《齐纪》等,并撰《四声谱》,作品除《宋书》外,多已亡佚。

有所思[1]

西征登陇首,东望不见家[2]。关树抽紫叶,塞草发青芽。昆明当欲满,葡萄应作花[3]。垂泪对汉使,因书寄狭邪[4]。

【注】

(1) 有所思:即为有所想之意,多用于诗作标题。
(2) 首:陇山,今六盘山。
(3) "昆明""葡萄"二句:此二句拟想京城物候。昆明:湖沼名,汉武帝元狩三年于长安西南郊所凿,以习水战,宋以后湮没。作花:开花。
(4) 狭邪:小街曲巷。这里指故里。

二、萧绎

萧绎(508—555),字世诚,小字七符,自号金楼子,南兰陵(今江苏武进)人,南北朝时期梁代皇帝(552年—554在位),史称梁元帝。

陇头水[1]

衔悲别陇头,关路漫悠悠。故乡迷远近,征人分去留。沙飞晓成幕,海气旦如楼[2]。欲识秦川处,陇水向东流。

【注】

(1) 头水:陇山顶头有清水流下,即所谓陇头水。
(2) 海气:这里指沙漠上的气流。海,指旱海,沙漠。

三、王褒

王褒(约513—576),字子渊,琅琊临沂(今山东临沂)人,南朝文学家。

关山篇[1]

从军出陇坂,驱马度关山。关山恒掩蔼[2],高峰白云外。遥望秦川水,千里长如带。好勇自秦中,意气多豪雄。少年便习战,十四已从戎。辽水深难渡,榆关断未通。

【注】

(1) 关山:古称陇山,又曰陇坻、陇坂、陇首。
(2) 蔼:遮掩。

四、刘孝威

刘孝威(？—548),字孝威,彭城(今江苏徐州)人,南朝梁诗人、骈文家,与庾肩吾、徐摛等10人并为太子萧纲"高斋学士"。

陇头水

从军戍陇头,陇水带沙流。时观胡骑饮,常为汉国羞。衅妻成两剑,杀子祀双钩[1]。顿取楼兰颈,就解郅支裘[2]。勿令如李广,功遂不封侯。

【注】

(1)"衅妻""杀子"二句:用妻子的血涂抹两把宝剑,杀死两个儿子祭祀双钩。祀,祭祀。双钩,兵器。《吴越春秋》中说,吴王阖闾命人于国中作金钩,有人杀其二子,以血衅金成二钩,呼其二子之名则两钩俱飞,着父之胸,阖闾大惊,赏之百金。

(2)郅(zhì)支:匈奴单于。汉元帝建昭三年(前36),西域副校尉陈汤攻杀郅支,斩其首及名王以下千余级。

五、顾野王

顾野王(519—581),字希冯,吴郡吴县(今江苏苏州)人,世称顾亭林,南朝梁、陈间文字训诂学家、史学家,博通经史,擅长丹青,著《玉篇》。

陇头水

陇底望秦川,迢递隔风烟⁽¹⁾。箫条落野树,幽咽响流泉。瀚海波难息⁽²⁾,交河冰未坚。宁知盖山水⁽³⁾,逐节赴危弦⁽⁴⁾。

【注】

(1)递:遥远貌,高峻貌。
(2)海:地名。其含义随时代而变,或曰即今呼伦湖、贝尔湖,或曰即今贝加尔湖,或曰为杭爱山之音译。
(3)盖山:龙盖山,位于湖北省石首市城内,又名南岳山。
(4)逐节:追逐节奏。危弦:急弦。

六、张正见

张正见(?—约575),字见赜,南朝陈清河东武城(今河北清河县东北,一说今山东武城县西)人,尤善五言诗。

陇头吟

一

陇头鸣四注(1),征人逐贰师(2)。羌笛含流咽(3),胡笳杂水悲(4)。湍高飞转驶(5),涧浅荡还迟(6)。前旌去不见,上路杳无期。

二

陇头流水急,流急行难渡。远入隗嚣营(7),傍侵酒泉路。心交赐宝刀(8),小妇成纨裤(9)。欲知别家久,戎衣今已故。

【注】

(1)四注:应是指四个瀑布。

(2)贰师:指贰师城,汉时西域大宛国地名,出良马。

(3)羌笛:羌族簧管乐器,双管并在一起,每管各有6个音孔。上端装有竹簧口哨,竖着吹。

(4)胡笳:我国古代北方民族的管乐器,汉魏鼓吹乐中常用之。

(5)湍:急流。驶(kuài):古通"快",迅疾。

(6)涧:水涧。荡:震荡,动荡。

(7)隗嚣(?—33):字季孟,天水成纪(今甘肃秦安)人,汉代割据势力之一。

(8)心交:知心朋友。

(9)小妇:年轻妇女。成:制成。纨裤:纨绔,古代贵族子弟所服,这里泛指衣物。

七、杨广

杨广(569—618),一名英,小字阿摐,华阴(今陕西华阴)人,隋文帝杨坚与文献皇后独孤伽罗次子,隋朝第二位皇帝。

西征临渭源

西征乃届此,山路亦悠悠。地干纪灵异,同穴吐洪流[1]。滥觞何足拟,浮槎拟可俦。惊涛鸣涧石,澄岸泻崖楼。滔滔下狄县[2],森森肆神州。长林啸白兽,云径想青牛。风归花叶散,日举烟雾收。直为求民隐,非穷辙迹游。

【注】

(1) 地干句:指《尚书·禹贡》有关鸟鼠山的记载:大禹治水时,曾"导渭自鸟鼠同穴",又载:"鸟鼠之山有鸟焉,与鼠飞行而处之,又有止而同穴之山焉,是二山也,鸟名为'鵌',其鼠为'鼵',鸟似鵽鸟而小,黄黑色。鼠如家鼠而短尾,穿地而处。"

(2) 狄县:战国齐邑,秦置县,治所在今山东高青东南。这里代指山东,渭河入黄河流经山东。

八、卢照邻

卢照邻(约636—约680),字升之,自号幽忧子,幽州范阳(今河北定兴)人,唐代诗人。

早度分水岭[1]

十年游蜀道,万里向长安。徒费周王粟[2],空弹汉史冠[3]。马蹄穿欲尽[4],貂裘敝转寒[5]。层冰横九折[6],积石凌七盘[7]。重溪既下漱[8],峻峰亦上干[9]。陇头闻戍鼓[10],岭外咽飞湍[11]。瑟瑟松风急,苍苍山月团。传语后来者,斯路诚独难。

【注】

(1) 分水岭:甘肃岷县城东南40里,其下桓水出其南,入白龙江;分水岭水出其北,入叠水,再入洮河。

(2) 王粟:周朝禄食。此指唐朝君王给官吏的俸禄。

(3) 弹冠:喻将出仕。汉史:指汉代的贡禹,这里指作者友人。

(4) 马蹄穿:马久行而蹄磨损。

(5) 貂裘敝:貂皮制成的衣裘破旧。

(6) 九折:指九折阪,在今四川荣经西邛崃山,山路险曲,须九折乃得上。

(7) 七盘:即七盘岭,在四川广元东北与陕西宁强的交界处,上有七盘关,是川陕间重要关隘之一。

(8) 下漱:向下冲荡。

(9) 上干:上冲。

(10) 陇头:这里指分水岭。戍鼓:边防驻军的鼓声。

(11) 岭外:岭下。咽:声音滞涩,此处形容水流声。飞湍:急流。

九、骆宾王

骆宾王(约638—684),字观光,婺州义乌(今浙江义乌)人,唐代诗人,与王勃、杨炯、卢照邻合称"初唐四杰"。

陇　山

陇坂高无极[1],征人一望乡。关河别去永,沙塞断归肠。马系千年树,旌悬九月霜。从来共鸣咽,皆是为勤王。

【注】

(1) 陇坂:即陇山,六盘山。

十、沈佺期

沈佺期(约656—约715),字云卿,相州内黄(今河南安阳内黄)人,唐代诗人,与宋之问齐名,称"沈宋"。

陇头水

陇山飞落叶,陇雁度寒天。愁见三秋水,分为两地泉[1]。西流入羌郡[2],东下向秦川[3]。征客重回首,肝肠空自怜。

【注】

(1) 分为两地泉:陇头水有的流入陕西,有的流入甘肃,故说"分为两地泉"。

(2) 羌郡:东汉时,羌族多居住在甘肃境内,所以把甘肃地区说成羌郡。这里指陇山以西地区。陇中多为古羌戎之地。

(3) 秦川:即陇山以东,今陕西省关中一带。

十一、王维

王维(701—761,一说 699—761),字摩诘,号摩诘居士,河东蒲州(今山西运城)人,唐朝著名的诗人、画家。

陇头吟

长安少年游侠客,夜上戍楼看太白。陇头明月回临关,陇上行人夜吹笛。关西老将不胜愁,驻马听之双泪流。身经大小百余战,麾下偏裨万户侯[1]。苏武才为典属国,节旄落尽海西头[2]。

【注】

(1) 偏裨(piān pí):古代佐助大将的将领称偏裨,亦称副将。
(2) 苏武(前140—前60):字子卿,杜陵(今陕西西安)人,汉武帝天汉元年(前100)奉命以中郎将持节出使匈奴,被扣留19年持节不屈。

十二、高适

高适(约704—约765),字达夫、仲武,唐朝渤海郡(今河北景县)人,唐代著名的边塞诗人。

登 陇

陇头远行客,陇上分水流。流水无尽期,行人未云已。浅才登一命⁽¹⁾,孤剑通万里。岂不思故乡,从来感知己⁽²⁾。

【注】

(1) 一命:周代最低的官职,这里指代小官。
(2) 感知己:报答知己的知遇之恩。知己指哥舒翰。作者受哥舒翰举荐,前往其幕府任左饶卫兵曹、充翰府掌书记。

十三、王昌龄

王昌龄(698—756),字少伯,河东晋阳(今山西太原)人,又一说京兆长安人(今西安)人。唐代著名的边塞诗人,后人誉为"七绝圣手"。

塞下曲

饮马渡秋水,水寒风似刀。平沙日未没[1],黯黯见临洮[2]。昔日长城战,咸言意气高。黄尘足今古,白骨乱蓬蒿。

【注】

(1) 平沙:广漠的沙原。
(2) 黯黯:昏暗模糊的样子。临洮:古县名,秦置,治所在今甘肃岷县,以邻近洮水得名。秦筑长城,西起于此,故有下文"昔日长城战"之语。

从军行[1]

大漠风尘日色昏,红旗半卷出辕门。前军夜战洮河北,已报生擒吐谷浑。

【注】

(1) 1714年10月,唐蕃大战于武阶驿(今甘肃渭源县庆坪镇),唐军主将为薛讷、王晙,以少胜多打败吐蕃,时距唐玄宗发布亲征令仅十日。

十四、杜甫

杜甫(712—770),字子美,自号少陵野老,杜少陵,杜工部等,河南巩县(今巩义市)人,唐代伟大的现实主义诗人,世称"诗圣"。

秦州杂诗⁽¹⁾

满目悲生事⁽²⁾,因人作远游⁽³⁾。迟徊度陇怯⁽⁴⁾,浩荡及边愁。水落鱼龙夜⁽⁵⁾,山空鸟鼠秋⁽⁶⁾。西征问烽火,心折此淹留⁽⁷⁾。

【注】

(1) 秦州杂诗:杜甫滞留秦州时创作的组诗名,共20首,这里所选是第一首。

(2) 悲生事:因为战乱,杜甫离开华州到秦州,路上看到满目疮痍的情景。

(3) 因人:到秦州投奔从侄杜佐和旧友赞公。

(4) "迟徊"句:即"度陇怯迟徊"。迟徊:迟疑,犹豫。

(5) 鱼龙:鱼龙河,发源于陇县西北。

(6) 鸟鼠:鸟鼠山,在渭源县西。杜甫在此以鱼龙河鸟鼠山代指秦州的山水。

(7) 心折:心惊。淹留:停留。

十五、李益

李益(约750—约830),字君虞,陇西姑臧(今甘肃武威)人,唐代诗人。

观回军

行行上陇头,陇月暗悠悠。万里将军没,回旌陇戍秋。谁令呜咽水,重入故营流。

十六、张籍

张籍(约766—约830),字文昌,和州乌江(今安徽和县乌江镇)人,唐代诗人。官至水部员外郎。

关山月

秋月朗朗关山上,山中行人马蹄响[1]。关山秋来雨雪多,行人见月唱边歌。海边茫茫天气白[2],胡儿夜度黄龙碛。军中探骑暮出城,伏兵藏处低旌戟。沙碛连天霜草平,野驼寻水碛中鸣。陇头风急雁不下,沙场苦战多流星[3]。可怜万里关山道,年年战骨多秋草[4]。

【注】

(1) 行人:征戍者。
(2) 海:谓瀚海大漠。
(3) 流星:即俗称的扫帚星。古谓此星一出,则多兵灾。
(4) 多秋草:多于秋草。

十七、吴融

吴融(850—903),字子华,越州山阴(今浙江绍兴)人,唐代诗人。

题分水岭

两派潺潺不暂停,岭头长泻别离情。南随去马通巴栈,北逐归人达渭城[1]。澄处好窥双黛影,咽时堪寄断肠声。紫溪旧隐还如此[2],清夜梁山月更明。

【注】

(1) 渭城,唐代陇西,称渭州。
(2) 溪:古县名,属唐代余杭郡,与吴融故乡江阴相邻。

十八、马戴

马戴(799—869),字虞臣,曲阳(今河北保定曲阳)人,唐代诗人。

出塞词

金带连环束战袍,马头冲雪度临洮。卷旗夜劫单于帐,乱斫胡儿缺宝刀[1]。

【注】

(1) 斫。缺:使刀锋缺损。

十九、黄庭坚

黄庭坚(1045—1105),字鲁直,号山谷道人,晚号涪翁,洪州分宁(今江西修水)人,北宋著名的文学家、书法家。

刘晦叔许洮河绿石砚⁽¹⁾

久闻岷石鸭头绿,可磨桂溪龙文刀⁽²⁾。莫嫌文吏不知武,要试饱霜秋兔毫。

【注】
(1) 洮砚,产自岷州,是我国四大名砚之一,以鸭头绿为极品。
(2) 桂溪刀:古代名刀。

以古诗谢王仲至惠洮州砺石、黄玉印材⁽¹⁾

洮砺发剑虹贯日⁽²⁾,印章不琢色蒸栗⁽³⁾。磨砻顽顿印此心⁽⁴⁾,佳人诗赠意坚密⁽⁵⁾。佳人鬓雕文字工⁽⁶⁾,藏书万卷胸次同。日临天闲豢真龙⁽⁷⁾,新诗得意挟雷风。我贫无句当二物⁽⁸⁾,看公倒海取明月。

【注】
(1) 王仲至:王钦臣(约 1034—约 1101),字仲至,应天宋城(今河南商丘)人,北宋官员、藏书家。
(2) 洮砺:这里指洮砚。砺,磨刀石。发剑:磨剑。虹贯日:一道白光直冲向太阳,比喻宝剑锋利。
(3) 蒸栗:比喻黄玉颜色纯正。
(4) 磨砻:磨刀石。顽顿:犹"顽钝",愚昧迟钝。
(5) 佳人:指王仲至。

(6) 鬓雕：鬓发凋落。雕通凋。

(7) 豢真龙：养真龙，指提高学养。

(8) 当二物：吟咏洮州砺石、黄玉印材二物。

以团茶、洮河绿石砚赠无咎、文潜⁽¹⁾

晁子智囊可以括四海，张子笔端可以回万牛。自我得二士，意气倾九州岛岛。道山延阁委竹帛⁽²⁾，清都太微望冕旒。贝宫胎寒弄明月，天网下罩一日收。此地要须无不有⁽³⁾，紫皇访问富春秋。晁无咎，赠君越侯所贡苍玉璧⁽⁴⁾，可烹玉尘试春色。浇君胸中过秦论，斟酌古今来活国。张文潜，赠君洮州绿石含风漪⁽⁵⁾，能淬笔锋利如锥。请书元佑开皇极⁽⁶⁾，第入思齐访落诗⁽⁷⁾。

【注】

(1) 无咎：晁补之(1053—1110)，字无咎，号归来子，济州巨野(今属山东巨野县)人，北宋著名文学家，"苏门四学士"(另有北宋诗人黄庭坚、秦观、张耒)之一。文潜：张耒(1054—1114)，字文潜，号柯山，人称宛丘先生、张右史，楚州淮阴人，北宋文学家，"苏门四学士"之一。

(2) 道山：指儒林、文苑，文人聚集的地方。

(3) 此地：指馆阁。

(4) 越侯：指闽越之地。苍玉璧：指团茶。

(5) 风漪：微风吹拂水面形成的波纹，这里比喻洮砚之温润。

(6) 元佑：宋哲宗年号。皇极：帝王统治天下的准则，即所谓大中至正之道。

(7) 思齐：为《诗经·大雅·文王之什》的一篇，"思齐"喻北宋宣仁太后。访落：为《诗经·周颂·闵予小子之什》的一篇，"访落"喻北宋哲宗皇帝。

二十、陆游

陆游(1125—1210),字务观,号放翁,越州山阴(今浙江绍兴)人,南宋文学家、史学家、爱国诗人。

陇头水

陇头十月天雨霜,壮士夜枕绿沉枪[1]。卧闻陇水思故乡,三更起坐泪成行。我语壮士勉自强,男儿坠地志四方。裹尸马革固其常,岂若妇女不下堂。生逢和亲最可伤,岁辇金絮输胡羌[2]。夜视太白收光芒[3],报国欲死无战场。

【注】

(1) 沉枪:古代十大名枪之一。

(2) 辇:帝王坐的车,这里用作动词,装载。金絮:银两与绢。

(3) 太白:金星,传说太白星主杀伐,诗文中多用以比喻兵戎。南宋小朝廷主张对金"和亲",以屈辱求苟安,故以"太白收光芒"喻之。

二十一、张舜民

张舜民,生卒年不详,字芸叟,自号浮休居士,又号矴斋,邠州(今陕西彬州)人,北宋文学家、画家。

巩州首阳铺鸟鼠同穴[1]

本是巢居物,那容鼠穴中。既言无牝牡,何用有雌雄。山节曾居蔡[2],长江网得鸿。谁能穷物理,目送渭波东。

【注】

(1) 巩州:宋代州名,治所在今甘肃省陇西县。首阳铺,在巩州西北邻近熙州之处,即今甘肃省渭源县东,相传其处有鸟鼠同穴之山。

(2) 山节:雕成山形的斗拱。蔡:一种大乌龟。

二十二、冯延登

冯延登(1175—1233),字子骏,号横溪翁,吉州(今山西吉县)人,金代诗人。

洮石砚

鹦鹉洲前抱石归[1],琢来犹自带清辉。芸窗尽日无人到,坐看玄云吐翠微[2]。

【注】
(1)鹦鹉洲:地名,原在武汉市武昌城外江中,这里代指洮砚产地喇嘛崖。
(2)云:浓云,黑云,这里指墨。翠微:青翠的山色。

二十三、无名氏

关山月

关山月,关山月,千里寒光射冰雪。一声羌管裂青云,陇上行人断肠绝。肠断绝,将奈何,为君把酒问嫦娥,冰轮桂魄圆时少,应是人间离别多。

二十四、无名氏

关山雪

关山雪,关山雪,远接洮西千里白。试登陇首瞰八荒,表里高低都一色。日高融液流车辙,冻作坚冰敲不裂。早晚春风动地来,消尽寒威百花发。

二十五、蒋之奇

蒋之奇(1031—1104),字颖叔,一作颍叔,常州宜兴(今属江苏)人,北宋官员,能诗,尤工篆书。

寄超然台故友[1]

超然台上望超然,一别悠悠路八千。春水满濠花满谷,不知今此得依前。

【注】

(1) 超然台:位于甘肃临洮县城东岳麓山,原名凤台。

二十六、张耒

张耒(1054—1114),字文潜,号柯山,人称宛丘先生、张右史,楚州淮阴人,北宋文学家,"苏门四学士"之一。

以黄鲁直惠洮河绿石,作米壶砚诗

洮河之石利剑矛,磨刀日解十二牛。千年虎地困沙砾,一日见宝来中州。黄子文章妙天下,独驾八马森幢旒⁽¹⁾。平生笔墨万金值,奇谋利翰盈箧收⁽²⁾。谁持此砚参几案,风澜近乎寒生秋。抱持投我弃不惜,副以请诗帛加璧⁽³⁾。明窗试墨吐秀润,端溪歙州无此色⁽⁴⁾!

【注】

(1) 幢旒:旌旗或伞盖下边悬垂的饰物。
(2) 利翰:精美的文字。箧:书箱。
(3) 副:附带的。
(4) 端溪歙州:指端砚、歙砚。

二十七、晁补之

晁补之(1053—1110),字无咎,号归来子,济州巨野(今属山东巨野县)人,北宋时期文学家,为"苏门四学士"之一。

砚林集

洮河石贵双赵璧⁽¹⁾,汉水鸭头如此色。赠酬不鄙亦及我⁽²⁾,刻画无盐誉倾国⁽³⁾。

【注】

(1) 赵璧:即和氏璧,是中国历史上著名的美玉。

(2) 赠酬:事见黄庭坚《以团茶、洮河绿石砚赠无咎、文潜》。

(3) 刻画无盐:精细描摹传说中的古代丑女无盐。指黄庭坚诗中对自己的称许。

二十八、洪咨夔

洪咨夔(1176—1236),字舜俞,号平斋,于潜(今属浙江临安县)人,南宋诗人。

洗砚诗

自洗洮州绿,闲题柿叶红。一尘空水月⁽¹⁾,百念老霜风。钝菊凄犹蕾,颠桃艳已丛。斡流千万变⁽²⁾,谁实主鸿蒙⁽³⁾。

【注】

(1) 一尘:一微尘,佛教用语,《楞严经》:"一尘之内,有大千经卷。"这里是一尘不染的意思。
(2) 斡流:流转。
(3) 鸿蒙:宇宙形成之前的混沌状态。

二十九、雷渊

雷渊(1184—1231),字希颜,一字季默,大同浑源(今山西浑源)人,金代诗人。

洮石砚诗

缇囊深复有沧州⁽¹⁾,文石春融翠欲流⁽²⁾。退笔成丘竟何益⁽³⁾,乘时直欲利吴钩⁽⁴⁾。

【注】

(1) 缇:黄红色,丹黄色。沧州:同"沧洲",滨水的地方,古时常用以称隐士的居处。

(2) 文石:洮砚上的纹理。

(3) 退笔:用旧的笔,秃笔。

(4) 利:使锋利。

三十、董师中

董师中(1129—1202),字绍祖,洺州(今河北永年东)人,金代诗人。

自临洮还

临潭仍是汉家城,积石相望十驿程。西略河源东并海,此身何地不经行。

三十一、魏初

魏初,生卒年不详,字太初,号青崖,弘州顺圣(今河北张家口阳原东城)人,元代官员。

读汪氏义武忠烈二碑[1]

宣慰公初闻之久矣[2],今年夏公枉过余于长安客舍,不获矣,曲为恨。未几,初以事至巩昌,将谓得奉承言论以偿夙昔愿见之心也。不数日,公复以事,诣凉州,胸中郁郁,未遂快慊,因读义武、忠烈二碑,作五十六字书以留之。以为后日与公相会之资。云:

矫矫风神义与忠,堂堂父子陇西公。孤城抗节前朝事[3],万死开边此日功[4]。上国贤藩俱倚重,诸孙此志独称雄。两碑读罢登高望,落日祠堂满树风。

【注】

(1) 义武:汪世显(1195—1243),巩昌盐川(今甘肃漳县)人,金朝及蒙古国大臣,谥义武。忠烈:汪德臣(1222—1259),汪世显之子,蒙古国大臣,谥忠烈。

(2) 宣慰公:指时任四川东道宣慰使的汪惟孝。

(3) 孤城:指汪世显为金朝镇守的最后一片领地巩昌府。

(4) 万死:指汪世显父子征战西南之事。

三十二、同恕

同恕(1254—1331),字宽甫,祖籍太原,后迁秦中奉元(今陕西西安),元朝教育家。

挽汪左丞[1]

惠泽均千里,威名盖一时。雷霆新耳目,烟雨暗旌旗。黔首嗟谁福,皇天不愁遗。寸心余报国,终古使人愁。颍水苍烟郁老槐,相君直欲挽春回。

【注】

(1) 左丞:指汪世显第四子汪良臣,征战多年夺取四川全境,因军功授四川行省中书左丞。

三十三、揭傒斯

揭傒斯(1274—1344),字曼硕,龙兴富州(今江西丰城)人,元朝史学家、文学家。

送汪司徒致政归巩昌[1]

汪氏起秦陇,世总西方兵。赫赫大圣朝,独擅勋与名。父子穷百战,祖孙勤四征。智勇侔造化,忠孝通神明。雷电僻韬略,风云随旆旌。勒铭望帝国[2],走马镇王城。一顾青海晏,再顾流沙清。三边罢斥候[3],四海收经营。建国百余年,一身为重轻。至今论兵力,劲节莫与并。

【注】

(1) 司徒:汪寿昌,元朝巩昌府盐川镇(今甘肃漳县)人,汪世显曾孙,汪德臣之孙,汪惟正之次子,顺帝后至元二年以银青荣禄大夫、大司徒的正一品衔致仕还乡。致政:致仕,指官吏将执政的权柄归还给君主。

(2) 勒铭:指建立功勋。望帝国:指四川。

(3) 候:古代的侦察兵。

三十四、王恽

王恽(1227—1304),字仲谋,号秋涧,卫州路汲县(今河南卫辉)人,元朝著名学者、诗人、政治家。

寄赠总帅便宜汪惟正并序[1]

前日剑骑过卫,幸得一识英表,勉赠二章,庶见微恳。

一

缄晟袍铠凤花红[2],飒爽英姿百战雄。歌雅有怀千里隔,停骖还喜一樽同。忠传孝继来家法,谷静川空见验功。自古诗书出名将,将军今日汉胶东[3]。

二

陇西名将相山东,与别诸侯总不同。陇右风尘天一柱,将坛恩礼汉元戎。秦风尽咏车辚富,鲁泮重看献馘功[4]。想得朝天承燕衎[5],教坊金纛彩云中[6]。

【注】

(1) 惟正(1242—1285):字公理,号舟父斋,别号舟父斋相公,汪德臣长子,巩昌盐川(今甘肃漳县)人,元藏书家。

(2) 缄晟(jiān shèng)袍铠:坚固辉煌的战袍铠甲。

(3) 胶东:指汉景帝第十三子刘寄家族,传六代,绵延120多年。

(4) "秦风""鲁泮"二句:此二句赞颂汪氏家族显赫的战功。车辚,即《诗经·秦风·车邻》。献馘,泛指奏凯报捷。馘:被杀者之左耳。

(5) 承燕衎:接受皇帝赐宴。燕,通"宴"。衎(kàn),快乐。

(6) 纛(dào):军中大旗。

三十五、蒲道源

蒲道源(1260—1336),字得之,号顺斋,世居眉州青神县(今属四川省),后徙居兴元南郑(今属陕西省),元代散曲家、诗人。

与汪同知[1]

序:汪左丞子,荫兴元同知。

三叶勋臣秉节麾[2],生来官爵不忧迟。贰车岂是淹留地[3]?弱冠聊为仕进基。未报君亲心最急,正当民社学兼资。更期养就凌云翮[4],复取青毡占凤池[5]。

【注】

(1) 汪同知:汪寿昌子。

(2) 三叶:三世,金、元、明。秉节麾:执掌军权。节麾:古代朝廷授予大将的符节和令旗。

(3) 贰车:副车,喻指副职。

(4) 翮:翅膀。

(5) 青毡:青毡故物,泛指仕宦人家的传世之物或旧业。凤池:凤凰池,原指皇宫禁苑中的池沼,这里指朝廷。

三十六、马祖常

马祖常(1279—1338),字伯庸,光州(今河南潢川)人,元代诗人。

饮 酒

昔我七世上,养马洮河西。六世徙天山,日日闻鼓鼙。金世狩河表,我祖先群黎。诗书百年泽,濡翼岂梁鹈⁽¹⁾。吾生赖陶化⁽²⁾,孔阶力攀跻⁽³⁾。敷文佐时运,烂烂应奎壁⁽⁴⁾。

【注】

(1) 翼:比喻居官而不称职。梁:鱼梁。鹈:鹈鹕。

(2) 陶化:陶冶化育。

(3) 孔阶:儒道。攀跻:攀登。

(4) 壁:二十八宿中奎宿与壁宿的并称。旧谓二宿主文运,故常用以比喻文苑。

三十七、游师雄

游师雄(1037—1097),字景叔,京兆府武功(今陕西武功)人,北宋官员。

贺岷州守种谊破鬼章二首

一

王师一举疾于雷,顷刻俄闻破敌回。且喜将门还出将,槛车生致鬼章来。

二

围合洮州敌未知,烟云初散见旌旗。忽惊汉将从天下,始恨羌酋送死迟。

三十八、元好问

元好问(1190—1257),字裕之,号遗山,太原秀容(今山西忻州)人,金末元初北方文学的主要代表人物。

赋泽人郭唐臣所藏山谷洮石砚[1]

砚有铭云:"王将军为国开临洮[2],有司岁馈,可会者六百巨万。其于中国得用者,此砚材也。"砚作璧水样[3]。

旧闻鹦鹉曾化石,不数鹏鹈能莹刀[4]。县官岁费六百万,才得此砚来临洮[5]。玄云肤寸天下遍[6],璧水直上文星高[7]。辞翰今谁江夏笔[8]!三钱无用试鸡毛[9]。

【注】

(1) 泽:金朝州名,治今山西省晋城市。郭唐臣:人名,不详。山谷:宋代诗人黄庭坚,号山谷。

(2) 王将军:王韶(1030—1081),字子纯,江州德安人,北宋名将。临洮:今甘肃临潭县,宋金元明清称洮州。

(3) 璧水:砚名,砚圆如璧,外环以水,故名。

(4) 鹏鹈能莹刀:鹏鹈脂肪涂刀剑不锈。

(5) 县官:指朝廷。

(6) "玄云"句:形容墨在砚池中分流聚合之状。

(7) 文星:文曲星,主文才。

(8) 辞翰:文章。江夏笔:指如同三国时祢衡一样的好文才。

(9) "三钱"句:谓不要用劣笔配洮砚。

三十九、许铋

许铋(1614—1672),字天玉,一字星庭(亭),号铁堂,别号星斋,自称天海山人,清福建侯官(今福州市)人,康熙四年至六年(1665—1667)任巩昌府安定(今定西)知县,清代诗人。

解组后别安定父老四首[1]

一

作吏爱令名,赋畀毋乃迂[2]。金钱若夜来[3],奚由逭殛诛[4]。三载食膏脂[5],相报惟区区[6]。浩然拂衣去,欲去还踟蹰[7]。反顾鸠鹄残[8],羊皮不蔽肤。求索多意外[9],能无宽征输?得罪诚所甘[10],但愿汝欢愉。悲风吹出关,犹自立须臾。

【注】

(1) 解组:解除印绶,指罢官。组:印绶。

(2) "作吏""赋畀"二句:此二句谓做官要珍视美好的声誉,应清正廉洁,账项清楚,不要有非分之想。令名:美好的声誉。赋畀:天赋的权利。畀,给予。毋乃,不要。迂,拘泥于世俗观念。

(3) 金钱夜来:指贪污受贿。

(4) 逭殛诛:逃避惩罚。逭(huàn):逃避。殛:诛。

(5) 膏脂:民脂民膏,指俸禄。

(6) 区区:少,小,微不足道。

(7) 踟蹰:犹豫。

(8) 鸠鹄:鸠形鹄面,形容老百姓因饥饿而面黄肌瘦。残:指民众因逃荒或瘐毙而所剩无几。

(9) 求索:官府征收赋税。意外:不顾实际。

(10) 甘:甘心情愿。

二

出门见驾鹅，呼我东南翔[1]。萧然一行李，敝裘仍裹将。忆昔在署时，蟋蟀鸣我床。忧来揽衣起，明星何煌煌。仰见喉舌箕，中夜忽开张[2]。心知难久留，此方非无良。我仆亦已疽，我马亦已疮[3]。飘然一叶轻，勿为祖道旁[4]。

【注】

(1) "驾鹅""呼我"二句：此二句意谓罢官后准备回家。驾鹅，即野鹅。

(2) "忆昔"等六句：回忆任职期间因连年干旱忧心如焚之情景。喉舌箕：即箕宿，二十八宿之一，四星如箕，又似人之喉舌，故名喉舌箕。

(3) "我仆""我马"二句：此二句申说自己的窘况。疽(jū)：局部皮肤下发生的疮肿。

(4) 祖道：古代为出行者祭祀路神和设宴送行的礼仪。

三

连年遭旱暵[1]，退公常蒿目[2]。徒跣祷东山[3]，斋戒及僮仆。悬瓶汲神泉，计量占秋熟。自春而徂夏[4]，引咎惟素服[5]。莫为丰年玉，但为荒年谷。维时稍休豫[6]，庶无忝食禄[7]。行矣勿兴戎[8]，鼠雀非汝福[9]。六则炳王言[10]，早晚须当读。

【注】

(1) 旱暵(hàn hàn)：亦作"旱熯"，不雨干热。

(2) 蒿目：即"蒿目时艰"，指对时事忧虑不安。蒿目：极目远望。时艰：艰难的局势。

(3) 徒跣(tú xiǎn)：赤足步行。

(4) 徂：到。

(5) 引咎：归过失于自己。

(6) 休豫：安逸悠闲。

(7) 庶：也许，或许。忝：有愧于。

(8) 行矣：行事，办事。兴戎：起衅，滋事。

(9) 鼠雀：鼠牙雀角的省略，原意是因为强暴者的欺凌而引起争讼，后比喻打官司的事。鼠、雀，比喻强暴者。

(10) 六则：一和众，二发都，三明怨，四转怨，五惧疑，六因欲。

四

一命甫下车[1]，远与卓鲁期[2]。坚白反见诬[3]，廉吏不可为。三五银蟾蜍[4]，皎洁常缺亏。

来日当别离,尔辈安得私? 直道故难容⁽⁵⁾,三黜亦士师⁽⁶⁾。此邦非我邦,奚能缓辕绥⁽⁷⁾。家在沧海东,山川乃间之⁽⁸⁾。愧无赫赫名,去后休见思!

【注】

(1) 一命:官阶从一命到九命。甫:刚,初。下车:官吏初到任为下车。

(2) 卓鲁:指东汉卓茂、鲁恭,两人都以循吏见称,后世诗文中以卓鲁合称,作为能吏的典范。期:期望,要求。

(3) 坚白:比喻操守坚贞,不可动摇。见:被。

(4) 三五:指每月十五日。银蟾蜍:指月亮。

(5) 直道:正直之道。

(6) 三黜:形容官场失意。黜:罢官。

(7) 缓:放慢速度。绥:车上的绳索,登车时所用。

(8) 间:阻隔,隔断。

访王贻上于慈仁寺双松下仝作歌⁽¹⁾

骑马横过五都市⁽²⁾,独数中原问王子。才闻近自泰山来,置身却在双松里。入门拔地摇苍穹,老树盘根浑四旁。白日蔽亏郁萧莽,樛枝拂拂栖凤凰⁽³⁾。世间灵物忌孤美,此松殊有相连理。青铜绛粒神仙家,黑铁修鳞帝王里。银栏绣砌徙岩峣,六月高寒气弗骄。科头其下吾与尔⁽⁴⁾,摩崖索碣寻前朝⁽⁵⁾。长啸悠悠自千古,虚坛忽听生雷雨。月石风泉迥绝尘,如入灵源不知处。因之雅欲游山东,齐州九点摩秦封⁽⁶⁾。尔归岱侧吾闽海,明年野夫来看松。

【注】

(1) 王贻上:王士禛(1634—1711),字贻上,号阮亭,自号渔洋山人,山东新城(今山东桓台县)人,为清朝一代文宗,与朱彝尊并称"朱王"。慈仁寺:本为明朝成化年间周太后弟吉祥所建,在故报国寺山门之东南。

(2) 五都市:战国时期齐置五都,性质略同于其他各国之郡,设有常备兵。

(3) 樛枝:向下弯曲的枝条。拂拂:风吹动貌。

(4) 科头:结发不戴冠。

(5) 摩崖:在山崖石壁上镌刻文字。

(6) 摩:切磋,体会。秦封:指秦始皇在泰山封禅。

送舍弟珝南归五首

一

独行惊远客,几度梦高亲。最白三秋月,长圆万里人。笑啼犹记忆,离别最酸辛。觍缕临歧路⁽¹⁾,匆匆难及晨。

二

风霜真未惯,努力且加餐。笑我为官误,怜君行路难。不才遭白简⁽²⁾,无罪羡黄冠⁽³⁾。他日归欤得⁽⁴⁾,相依忆六盘⁽⁵⁾。

三

河干杨柳色⁽⁶⁾,青上远人衣。泪逐行云湿,心随落日飞。须怜诸姊寡,莫念拙兄饥。此地首阳近,余生学采薇。

四

继序惭余长⁽⁷⁾,秉祧赖汝贤⁽⁸⁾。幸叨荣一令⁽⁹⁾,虚度忝三年⁽¹⁰⁾。分析终难免⁽¹¹⁾,边庭总可怜。劬劳颁少弟⁽¹²⁾,书生草堂偏。

五

正得对淋热⁽¹³⁾,奚堪牵袂悲⁽¹⁴⁾。长途骐骥志,高义鹡鸰诗⁽¹⁵⁾。倾覆岂无故,风雷应有时。好为长铩计⁽¹⁶⁾,莫定大刀期⁽¹⁷⁾。

【注】

(1) 觍缕(luó lǚ):弯弯曲曲。

(2) 白简:古时指弹劾官员的奏章。

(3) 黄冠:道士之冠。亦借指道士。

(4) 归欤:回归故里。

(5) 六盘:指六盘山。

(6) 河干:河岸,河边。

(7) 继序:先后次序。

(8) 秉祧:主持奉祀祖先的宗庙。

(9)叨：古汉语中用于对受人恩惠及礼物表示感谢的谦词。

(10)忝：辱,有愧于,常用作谦辞。

(11)分析：分别,离别。

(12)劬劳：劳累、劳苦。

(13)潇(xiū)：水去貌,一曰水貌。

(14)牵袪：牵着衣袖,意为分别。

(15)鹡鸰：比喻兄弟。

(16)长镈计：指务农。

(17)大刀期：指归期。

关山月

皋兰一片月[1],皎皎夜如霜。闻笛声逾苦,当窗色倍黄。秋风吹陇水,闺梦傍沙场。愁绝从军者,何年罢望乡？

【注】

(1)皋兰：即皋兰山,绵延20余里,东西环拱甘肃省兰州市,兰州即因皋兰山而得名。

陪姜司理游兴云寺同和刘黄门壁间韵四首(选一)[1]

给事昔年闲独咏,法曹今日惬同游[2]。亭前台静一花落,门外沙明二水流[3]。且喜寺僧迎白马,漫劳关吏报春牛[4]。到来金粟三生话[5],忘却风尘万斛愁。

【注】

(1)司理：司理参军的简称。宋初各州有马步院,以军人为判官,掌狱讼。兴云寺：古寺名,位于定西东山,始建于元代,后被毁。黄门：官名,黄门侍郎、给事黄门侍郎的简称,一般由宦官充任。

(2)法曹：古代司法机关或司法官员的称谓。

(3)二水：定西城郊东西祖、厉两河。

(4)春牛：立春节的汉族传统风俗之一。立春日劝农春耕的象征性的牛,用泥捏纸黏而成,也叫"土牛"。古时习俗,在"立春"日要进行迎春仪式,由人扮成主管草木生长的"句芒神",鞭打春牛；由地方官吏行香主礼,叫做"打春"或"鞭春"。

(5)金粟："金粟如来"之简称,过去佛之名,指维摩居士之前身。三生：指佛教三世,过去世、现在世、将来世。

武部谒杨公椒山词三首（选一）⁽¹⁾

夫子非沽直⁽²⁾，君王为表忠。局成开党祸⁽³⁾，衅起论边功⁽⁴⁾。凭吊乾坤外，须眉松柏中。岩岩有生气⁽⁵⁾，薄暮响悲风。

【注】
(1) 武部：兵部。杨公：指明代名臣杨继盛。
(2) 沽直：沽名钓誉。
(3) 党祸：指明代宦官专权。
(4) 衅：边患，外族入侵，这里指土木堡之变。
(5) 岩岩：高大，高耸，威严。

临洮寒食⁽¹⁾

六时减饭护巢鸦⁽²⁾，板屋安闲即是家。今日他乡寒食好，幸无风雨送梨花。

【注】
(1) 寒食：即寒食节，亦称"禁烟节""冷节""百五节"，在夏历冬至后一百零五日，清明节前一或二日，在这一日禁烟火，只吃冷食。
(2) 六时：佛教分一昼夜为六时，即平旦、日中、日入、人定、夜半、鸡鸣。

四十、杨继盛

杨继盛(1516—1555),字仲芳,名继盛,号椒山,直隶容城(今河北容城县北河照村)人,因阻仇鸾开马市,被贬为临洮府狄道县典史,不久起用,弹劾权奸严嵩,下狱被杀。

送狄道训导李南峰掌教清水

七载青毡多士服⁽¹⁾,九重紫诏五云开⁽²⁾。熙城桃李含春雨,渭水鱼龙惊夜雷⁽³⁾。怅望德星辞碧野,乡思明月照秦台。弦歌漫奏别离调,衰柳西风无限哀。

【注】

(1) 青毡:这里指清寒贫困的生活。

(2) 紫诏:指皇帝的诏书。

(3) "熙城""渭水"句:此二句赞美李南峰的教学成就。"桃李""鱼龙",比喻学子。

送张兑溪之庐州

我期玄素回天力⁽¹⁾,何事赤符此日行⁽²⁾?几度为亲焚谏草⁽³⁾,百僚忌尔著时名。莺啼秦树晴烟暮,旌拂庐云曙色明。若遇超然同志问,为言终不负平生。

【注】

(1) 玄素:指张玄素,唐太宗时著名谏臣,魏征称赞其有回天之力。

(2) 赤符:"赤伏符"的简称,泛指帝王受命的符瑞,这里指皇帝的诏书。

(3) 谏草:谏书的草稿。

绝命诗

一

浩气还太虚,丹心照千古。生前未了事,留与后人补。

二

天王自圣明,制作高千古。生平未报恩,留作忠魂补。

四十一、李镜清

李镜清,字伯渠,别号见吾,四川大邑人,能诗,善书法。

题杨椒山祠

结何私怨竟成仇,养贼恐遗君父忧。圣主未能容两疏,先生已自有千秋。芳名万古狄人仰,热血一腔燕市留。易水之西洮水北,祠堂几处祀吾侯。

四十二、周应沣

周应沣(1861—1942),字伯清,号棣园、鼎元、花萼大王,甘肃永登树屏镇咸水河人。

定西怀古

一

旧迹安通县址留,当年原号定西州。四山匼匝围城峙,二水回环抱郭流。市井荒凉莽榛棘,衣冠零落郁松楸。我令再遇登临恨,不见元明古寺楼。

二

面对南安翼凤凰,河流永定北归黄。魏国英名森壁垒,文山正气壮城隍。人才度越王冰鼎,宦迹追怀许铁堂。抚此凋残休养义,弦歌莞尔笑潮方。

四十三、慕寿祺

慕寿祺(1875—1948),字子介,号少堂,甘肃镇原平泉镇古城山人。

超然台(在狄道城东,杨椒山讲学处。民国七年)

君不见八千里路古潮阳,文学开自韩侍郎。又不见文翁教授巴渝乡,卓哉汉代传循良。晚近空言果何补,对此谦让辄未遑。典吏一官九品耳,世上几见歌甘棠。自古空同人好武,风气大抵安其常。腐儒那知重风化,谁尸俎豆贻芬芳。明代杨忠愍,郎官老冯唐。求学纯以正,养气大而刚。鸣凤一声天下晓,谏开马市论煌煌。朝上封章夕窜逐,谪官狄道何踉跄。此邦夙昔苦征战,长城遗址白骨藏。辛氏有才皆将帅,长枪大剑资腾骧。况复洮水波浪恶,腥风膻雨杂戎羌。公以邹鲁视西鄙,鸿蒙万劫开天荒。超然台上望超然,昔剪茅茨兴黉庠。鹿洞有规无膏火,时闻闺阁质明珰。干城吾道在人才,莫令邪说纷鼓簧。官虽卑,史有光。名已墟,沧化桑。铁肩担道义,辣手著文章。至今狄道士大夫,凛然书绅效子张。昌黎文翁昔讲学,得此与之堪颉颃。